京都暮らしの大百科

まつり・伝承・しきたり12カ月

梅原猛
森谷尅久
市田ひろみ
［監修］
横山健蔵
［写真］

淡交社

序

京都暮らしの大百科 - 監修にあたって

京都は千二百年余の歴史を経て、今日までなお生き続けている大都市である。歴史都市といわれる由縁でもある。

いうまでもなく、京都は、平安京の建設によって延暦十三（七九四）年に誕生した。以後、千年以上にわたって、日本の首都として君臨することになるが、こうした長期にわたる首都の位置を保ったことは、世界史的にみても、まことに稀なことだった。

とはいえ、京都は常に順調な歩みを続けてきたわけではない。その間にはたびたび危機存亡の事態に直面している。しかし、そのたびごとに、京都は市民やその郊外に住む人々の支援によって回復したのである。つまり、その時代の変化に応じて新しい文化を創造し、都市を甦らせたのである。

当然、京都とその周辺には、この千二百年にわたる、時代の変化と営みの諸相が凝縮されたかたちで、いたるところに刻みつけられている。ひとくちにそれを伝統文化というが、その中味は膨大である。祭礼・行事・言語・慣習・伝承など生活文化の総体は多彩であり、さらにそれが路地裏にまで浸透しているところに、京都の奥深さがある。

これら京都の生活文化の有り様は、現在でもきわめてビジュアルに実見できるものもあれば、非視覚的で目にみえないものもある。かつて、これらの諸相を、江戸時代の京都の儒医であった黒川道祐が十七世紀の後半に調査したことがある。彼は、これを『日次紀事』という著書にまとめているが、これによると、京都とその周辺には、祭礼・行事だけを採りあげても約千二百に及ぶとしている。

はたして、江戸時代前期にみられたこれらのものが、現在どれだけ残っているのか、興味深いところであるが、本書を編集するにあたっては、祭礼行事約七〇〇項目、イベント約一五〇項目、生活約三〇〇項目、自然気象約一五〇項目、動植物約一五〇項目、ことわざ・慣習を約五〇項目に分類し、総計約一五〇〇項目を収録した。むろん、これで、京都のすべてを網羅したというわけではないが、現在まで生きている生活文化のかなりの部分を収載することができたと考えている。

なお、本書をなすにあたっては、お名前を挙げないが多くの機関・関係者から多大の御支援と御協力をいただいた。心から御礼を申し上げる次第である。

平成十四年　十一月

梅原　猛（哲学者）
森谷　尅久（武庫川女子大学教授）
市田ひろみ（服飾評論家）

京都　暮らしの大百科

目次

序　梅原猛・森谷尅久・市田ひろみ …… 1

凡例 …… 6

京都　四季暦 …… 7

京都　暮らしの大百科 …… 49

一月　睦月 …… 49
二月　如月 …… 85
三月　弥生 …… 105
四月　卯月 …… 125
五月　皐月 …… 157
六月　水無月 …… 189
七月　文月 …… 205
八月　葉月 …… 237
九月　長月 …… 269
十月　神無月 …… 289
十一月　霜月 …… 341
十二月　師走 …… 365

京都生活便利マップ …… 393

京都生活便利情報 …… 421

京都のお天気365日 …… 422
京都三大祭巡行図 …… 424

祭礼境界図……425
五山送り火の火床図……426
平安京大内裏図……428
平安京内裏図……429
幕末頃の京都御所付近図……430
難読地名一覧……431
わらべ歌・かぞえ歌……434
京都の伝説・伝承……436
能・狂言・歌舞伎の舞台となった京都……440
京ことば……444
わが町のお国自慢……446
京都の文学碑……448
京都のご利益さん……453
体験できる寺院……456
京都の通称寺……458
除夜の鐘が撞ける寺院……459
京都のおすすめ宿泊情報……460
休日に出かけてみませんか……462
町家に出かけよう……466
もっと京都を楽しむために……468
花火大会・個人で参加できるお祭り……469
朝市＆フリーマーケット……470

参考図書……471

跋……472

監修者・執筆者一覧……527

凡例

―本書の収録対象地域は、京都府下全域である。

―本書で取り上げた項目は、祭礼・神事・行事・生活習慣・しきたり・伝承・動植物・二十四節気・七十二候・季語・ことわざ等である。

―現在中断していたり、廃絶してしまった行事や祭事も後世への記録性ということを考えて、現在把握し得るものは原則として収録した。

―項目見出しや事項、社寺名等は利用者の便宜を考え、必ずしも正式な呼称によらず通称、俗称を用いた場合がある。

―項目配列は原則として月日順としたが、日にちを確定できないものや、年により移動のあるものは利用しやすい位置に掲載した。

―祝祭日の移動に伴い、開催日が連動する行事は概ね行なわれると思われる日の近辺に掲載した。

―祝祭日の変更や主催者の事情で行事の開催日は、近年かなり流動的になっている。行事の開催日時については、必ず主催者に確認の上、お出かけくださるように。

―地図データーは原則として収録項目の表記を心がけたが、表記スペースの関係で割愛したものもある。

―本文項目末尾のＭＡＰデーターは、付録の「京都生活便利マップ」と対応するようになっている。

―データーは平成14年6月現在のものである。

【二十四節気】約２０００年前の中国で始められた季節の変わり目を示すもの。1年を24の節に分け、その最初の日に名が付けられている。もともと中国華北地方の気候にもとづいてつけられた名称なので、日本の気候と一致しないものもあるが、現在の日本では季節感をあらわす言葉として大切に扱われている。

【七十二候】二十四節気をさらに3つに分けて、5日間隔で漢文調で季節を表現したもの。二十四節気よりも具体的に、季節の動植物の変化や自然現象に伴って表現されている。

京都　四季暦

京都は「歴史の冷凍庫」（梅原猛）だといわれます。
源氏物語の世界が今につたわり、
1000年前の祭礼が
あたり前のように行なわれています。
伝承やいい伝えの中に、
素晴らしい智恵が隠されています。

京都の正月飾り

正月を迎えた京都の町は、
さまざまな正月飾りで、華やいだ中にも、
厳粛な空気が張りつめ、心があらたまります。

門松飾りに施された鶴の水引細工

松の翠に南天の鮮やかな色がはえる門松飾り

客迎えの玄関飾り

床の間には、結び柳や神鈴が飾られて、ふだんとは違った、厳(おごそ)かな気分になります。

三方飾り

二段重ねの鏡餅は
月と太陽をあらわし、
さまざまなお飾りには、
子孫繁栄の願いが
こめられています。

結び柳に神鈴でととのえた床の間の飾りつけ

門松

玄関飾り

歳神さまを迎える依代（よりしろ）としての松飾りは、町家や、商家によっても異なります。

松の内の夕ぐれ

結び柳

注連縄

注連縄

飾る場所もさまざまです。
家内安全や、豊作を願います。

結界としての注連縄

井戸飾り

田飾り

竈飾り

台所、竈、雪隠(せっちん)……、
日頃お世話になっている所に飾りつけをします。

竈飾り

歳徳神

結界としての注連縄

とんど

京北町のとんど

とんどの火を体にあてると、健康になると信じられています。

三栖神社の左義長〈伏見区〉

東一口のとんど〈久御山町〉

どんど、左義長（さぎちょう）ともいいます。
正月飾りである松飾りや書初め、注連縄（しめなわ）を
一カ所に集めて焼く行事です。
病気や災厄（さいやく）から逃（のが）れられるように、
学業成就するように
という願いがこめられています。

浄楽堂の御弓〈左京区〉

弓の神事

馬に乗らずに弓を射るので
「歩(武)射神事」と呼ばれています。
弓矢で的(まと)を射ることにより、
その年の吉凶を占う年占い的な意味と、
悪霊を祓う破魔(はま)の意味があります。

神明神社の御弓〈宇治田原町〉

伏見稲荷大社の奉射祭〈伏見区〉

志古淵神社の御弓〈左京区〉

八瀬天満宮の御弓〈左京区〉

的には「鬼」の字か、同心円が描かれています。

相楽神社の餅花飾り〈木津町〉

水度神社の粥占神事〈城陽市〉

相楽神社の豆焼〈木津町〉

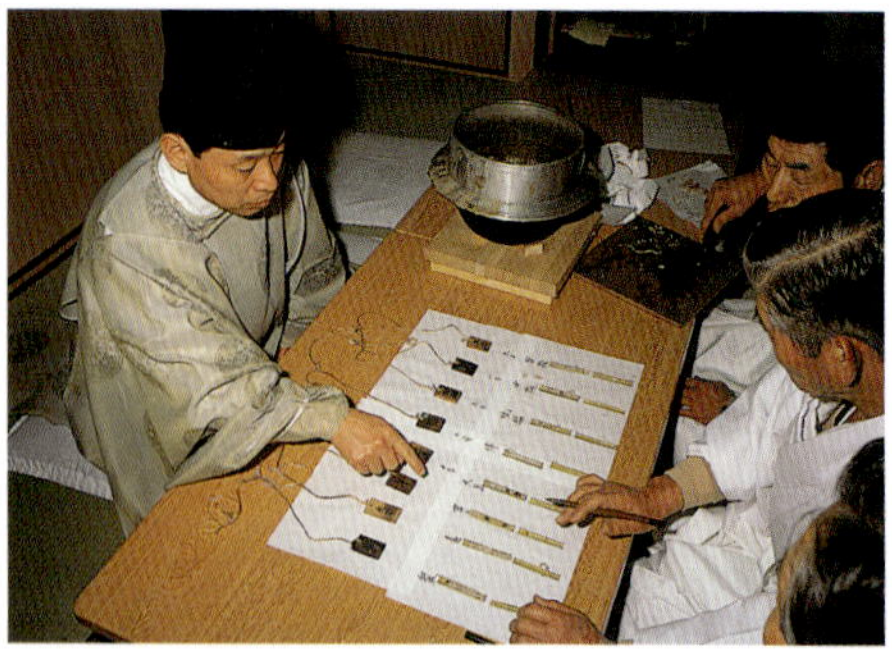

雙栗神社の粥占神事〈久御山町〉

占い

粥の中に筒や管をいれて、その中に入る米粥（べいしゅく）の具合によってその年の豊凶を、大豆の皮のはぜ具合で降水量を占います。

農耕を糧（かて）とする民族にとって、その年の豊凶はとても大切なことでした。

八瀬天満宮の湯立神楽〈左京区〉

湯立神楽

神前で湯を沸かし、神職（しんしょく）や巫女（みこ）がその熱湯に笹の葉をひたして、自分の身や、参詣人に振りかけ無病息災を願います。古代の盟神探湯（くかたち）の一種といえます。

城南宮の湯立神楽〈伏見区〉

新日吉神社の湯立神楽〈東山区〉

豊作祈願

五穀(米・麦・粟・黍・豆)の豊作を祈る行事は、農耕民にとって、一番大切な行事です。今も、年頭にさまざまな形で行なわれます。

八坂神社の御田植〈丹波町〉

松尾大社の御田祭〈西京区〉

伏見稲荷大社の御田植〈伏見区〉

涌出宮の居籠祭〈山城町〉

相楽神社の御田〈木津町〉

市野々の菖蒲田植〈久美浜町〉

京都の伝統芸能

花踊り、花笠踊り、田踊り……豊作や、雨乞い祈願、或いは豊作を祝して奉納された、太刀振り、サラサ、手踊りなどが、田楽や芸能として定着していきました。

田山の花踊〈南山城村〉

出雲大神宮の風流花笠踊〈亀岡市〉

出雲大神宮の風流花笠踊〈亀岡市〉

野中の田楽〈弥栄町〉

田歌の神楽〈美山町〉

月読神社の隼人舞〈京田辺市〉

広谷神社のヤンゴ踊〈三和町〉

矢代の田楽〈京北町〉

菅野の神楽〈伊根町〉

神泉苑大念仏狂言〈中京区〉

嵯峨大念仏狂言〈右京区〉

壬生大念仏狂言〈中京区〉

えんま堂狂言〈上京区〉

四大狂言

「門で押さるる壬生念仏」と、芭蕉（ばしょう）も詠（よ）んでいる壬生大念仏狂言は、一切セリフを用いない無言劇です。

壬生大念仏狂言のほか、えんま堂狂言、嵯峨大念仏狂言、神泉苑大念仏狂言をあわせて、京都四大狂言と呼んでいます。

はねず踊り

小野小町と深草の少将に少女たちが扮して踊ります

はねず踊り〈山科区〉

山鉾巡行・17日

祇園祭

平安時代、都に疫病(えきびょう)が大流行しました。
これを牛頭(ごず)天王の祟(たた)りと信じ、
日本国と同じ66本の鉾(ほこ)を立てて、
祟りを鎮(しず)めるために祇園御霊会(ごりょうえ)を行なったのが
始まりといわれ、今に伝えられています。

宵山・16日

山鉾巡行・17日

屏風飾り・14〜16日

屏風飾り（びょうぶかざ）

山鉾町の町家で家宝とされている、屏風や書画が飾られ、宵山見物の人々の眼を楽しませてくれます。

祇園祭の鷺舞（さぎまい）

八坂神社の拝殿前で16日に奉納されます。雌雄2羽の白鷺が優雅に舞います。

鷺舞〈東山区〉・24日

注連縄切りの練習

稚児舞の練習

長刀鉾(なぎなたぼこ)の稚児

囃子の練習

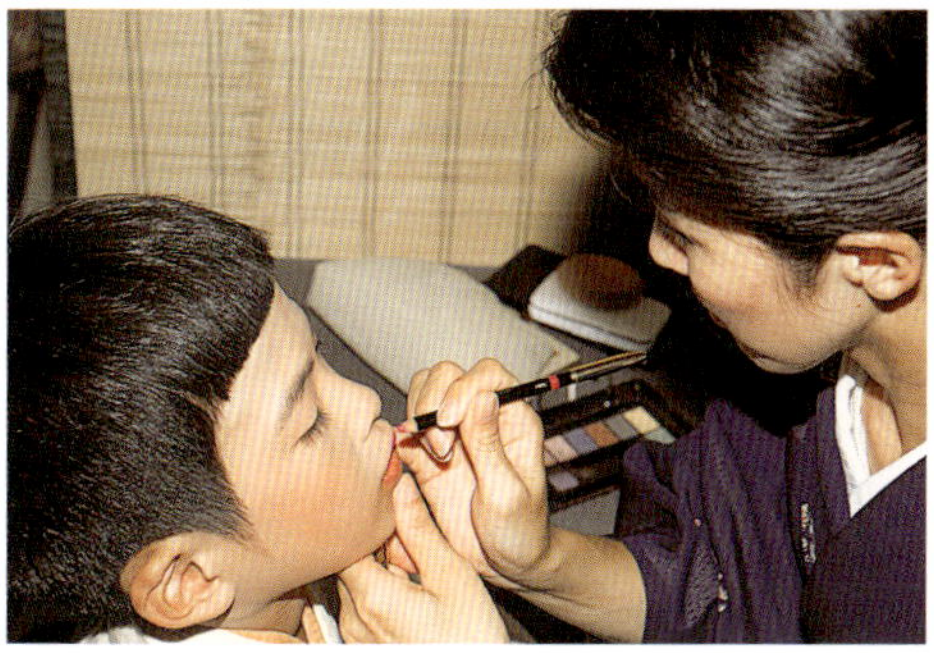

化粧

お位もらい

披露

長刀鉾の注連縄切り・17日

伊根の船屋台

丹後の祇園祭

（伊根の船屋台）

舟屋で有名な伊根の祭礼。
祭礼船が海上を渡っていく姿は壮観です。
船を横に並べて、板を敷き詰めて屋台を組み上げます。
屋台には化粧船（楽屋）が随伴し、
浜に接岸して芸能を競演していきます。

伊根の船屋台

幟

芝居が行なわれる船屋台

義経千本桜

太刀振り

芝居の出し物

梅津六斎〈右京区〉

中堂寺六斎〈中京区〉

上鳥羽六斎〈南区〉

嵯峨野六斎〈右京区〉

桂六斎〈西京区〉

壬生六斎〈中京区〉

久世六斎〈南区〉

吉祥院六斎〈南区〉

六斎念仏

お盆の頃に、鉦や太鼓を打って囃しながら節をつけて踊ります。
空也上人が民衆教化のために始めたとされる
踊躍念仏と、
娯楽性豊かなさまざまな芸能を取り込んだ
芸能六斎があります。

❶ 六波羅蜜寺かくれ念仏〈東山区〉
❷ 空也堂念仏踊〈中京区〉
❸ 千本六斎〈上京区〉
❹ 小山郷六斎〈北区〉
❺ 西方寺六斎〈北区〉
❻ 円覚寺六斎〈右京区〉
❼ 西教寺六斎〈木津町〉
❽ 西光寺六斎〈八木町〉

松尾寺の仏舞〈舞鶴市〉

踊りに祈りをこめて

各地では神仏を信仰するとともに、踊りを捧げることで祈りの心をあらわします。

大原の八朔踊〈左京区〉

福知山踊〈福知山市〉

題目踊〈左京区〉

紅葉音頭〈左京区〉

チャッタおどり〈舞鶴市〉

久多花笠踊〈左京区〉

赦免地踊〈左京区〉

河梨の十二灯

久美浜町内の愛宕神社にお参りして、神前の火をうけ、その火でお灯明をたて十二灯にともします。

松明に長い紐がつけられ、子供たちがヒューヒューと振り回す光景は、なかなか美しいものです。

虫よけと豊作を祈る行事とされています。

河梨の十二灯〈久美浜町〉

河梨の十二灯〈久美浜町〉

河梨の十二灯〈久美浜町〉

松上げ

愛宕信仰の火除けと、
五穀豊穣と共にお盆の精霊を送る送り火をかねた行事です。

花背の松上げ〈左京区〉

美山町の松上げ

花背の松上げ〈左京区〉

船形

船形の火床

大文字

五山の送り火

精霊を彼岸に送るとともに、人々の無病息災を願い、8月16日の夜、五山に送り火が灯されます。

大文字の火床

左大文字

左大文字の火床

鳥居

鳥居の火床

妙法

妙法の火床

吉原の万灯会〈舞鶴市〉

丹波・丹後の送り火

丹波や丹後地方でも、万灯会(まんどうえ)やお松明(たいまつ)行事が行なわれます。

牧山の松明〈日吉町〉

薬師の松明〈綾部市〉

化野念仏寺の千灯供養〈右京区〉

化野念仏寺の千灯供養

かつて化野（あだしの）は葬送の地でした。
無数の無縁仏があり、
年に一度８０００体を越す石塔・石仏に
蝋燭の火が灯され供養されます。

化野念仏寺の千灯供養〈右京区〉

灯籠流し・精霊船

お盆の終わりに魂送り行事として、各地で灯籠流しや、精霊船が川や海に流されます。

上　：灯籠流し〈宮津市〉
右中：蒲入の精霊船〈伊根町〉
右下：精霊船〈舞鶴市〉
左中：広沢池の灯籠流し〈右京区〉

秋まつり

五穀豊穣を祝して、
各地で感謝の気持ちを込めた、
祭礼がくり広げられます。
収穫した実りを神仏に供え、
感謝の気持ちをあらわします。

白山神社祭〈宇治市〉

北野天満宮の瑞饋祭〈上京区〉

大将軍八神社祭〈上京区〉

御園の青物祭〈八幡市〉

棚倉孫神社祭〈京田辺市〉

春日神社祭〈瑞穂町〉

葛城神社祭〈丹波町〉

神谷太刀宮祭〈久美浜町〉

鍬山神社の秋祭り

山鉾は京都の祇園祭に負けないくらい立派なものです。
曳山6基、舁山4基、飾山1基からなります。
24日の宵宮は山鉾見物の人たちで、夜遅くまで賑わいます。

鍬山神社祭〈亀岡市〉

鍬山神社祭の宵山〈亀岡市〉

鞍馬の火祭〈左京区〉

鞍馬の火祭

時代祭の夜、鞍馬の町は炎で包まれます。

平岡八幡宮祭

勇壮な剣鉾差しが奉納されます。

平岡八幡宮祭〈右京区〉

加悦谷祭〈加悦町〉

御勝八幡祭〈福知山市〉

流鏑馬〈園部町〉

祭りの子役たち

純真な子供たちは、
常に祭りの主役です。
神仏への仲立ちを
つとめるだけでなく、
子供歌舞伎や、
子供相撲、
子供神楽をつとめます。

やすらい祭〈北区〉

竹野のテンキテンキ〈丹後町〉

棚野の千両祭〈美山町〉

竹野のテンキテンキ〈丹後町〉

黒部の踊子〈弥栄町〉

京の師走

京の師走は、お坊さんや、お師匠さんばかりでなく、
世間の人々も大忙しです。
除夜の鐘が始まれば、もう今年もお終い、
明ければ、新しい歳神さんが待っています。

井上八千代家の事始め〈東山区〉

東本願寺の煤払い〈下京区〉

萬福寺の煤払い〈宇治市〉

西本願寺の煤払い〈下京区〉

知恩院の除夜鐘〈東山区〉

八坂神社の鑽火式〈東山区〉

東寺の終い弘法〈南区〉

石清水八幡宮の餅搗き〈八幡市〉

一月

睦月　むつき

根引きの松は、年神さまの依代

年神さまを
お迎えするにふさわしく京都の元旦は、
はんなりと明けます。
何事も分相応を美とするこの町では、
神の依代（よりしろ）となる門松も簡素な根引の松。
常には自動車の排気ガスや
騒音で埃っぽく騒がしい大路小路も
冬年に掃き清められた家々も、
居ずまいを正して清浄な佇まい。
お正月は、古都・京都が
その面目をほどこす時でもあります。
元旦の朝、今年の恵方（えほう）を拝し、
まずは大福茶で「おいわいやす」と
初春を寿（ことほ）ぐのがおおかたの家々の習わし。
お屠蘇（とそ）がそうであるように、
このお茶もまた本来は薬で、
この一年の計や願いはいろいろあっても、
なにはともあれ、
一族の無病息災を祈るのです。

●1日……わかみずさい

若水祭

●日向大神宮／山科区日ノ岡夷谷町　MAP10・A1

古くは立春の日の午前2時から4時ごろに汲む水を若水と呼んだが、現在は元日に汲む水をさす。この時刻の水は1日で最も清冷とされ、宮中では井華水として1年の邪気を払う神聖な水として天皇が召された。日向大神宮でも午前3時に朝日泉から若水を汲み、神前に供える。この水で雑煮を煮ると縁起が良いとされる。神前に若水を供えるのは多くの社寺で行なわれ、民間でも神棚やお仏壇に若水を供える風習は根強い。

若水祭〈日向大神宮〉

●1日……しほうはい

四方拝

●日向大神宮など市内各神社

四方拝は平安時代から元日の早朝、宮中で行なわれている儀式。神宮、山陵、四方の神祇を拝する。天皇が病気などで遥拝できない場合は代拝を認めず中止となるほどの厳粛なもの。四方拝は宮廷だけでなく諸公卿も各家で行なった。神社では元日に限らず毎朝、四方を拝むことが神官の1日の始まりのようになっており、民間でも旧家の主人が四方に向かって柏手を打つ風景が見られる。四方の邪気を払う民間信仰である。

四方拝〈日向大神宮〉

●……はつぞら

初空

初空は新春の空のこと。初空月は旧暦正月の異称であるとともに、初めてその季節らしくなった日の空の呼称でもあり、春夏秋冬、各季節の初空がある。

【初詣】

●各社寺

五穀豊穣や無病息災、商売繁盛から学業成就など、京都の神社はその御利益も多彩で、それぞれ叶えたい夢を抱く人々が、お目当ての神社に出かけ、まずはあらたまの年を寿ぎ、それぞれの願い事などを神に伝える初詣。古くは、除夜の鐘が鳴り終わるのを待って、身繕いもそこそこに近所の氏神さまに詣でるのが初詣の習わしであったといいます。年が明けたとはいえ、まだ正月支度の調わない家も多く、とりあえず割烹着だけぬいで、氏神さまへと急いだのだとか。その年の歳徳神が坐す神社にも足を伸ばし、一年の福徳を祈ったのです。こちらの方は恵方詣でと呼ばれています。初詣で賑わう京都の神社は「お稲荷さん」と親しまれる伏見稲荷大社や、「祇園さん」の名で知られる祇園の八坂神社。そして、上賀茂・下鴨の両神社や「天神さん」こと北野天満宮。とりわけ、学問の神・天神さんには、受験を間近に控えた子どもたちが境内にあふれます。

初詣〈東寺〉

初詣〈伏見稲荷大社〉

●1日～14日……しゅしょうえ・さいたんさい

修正会
歳旦祭

●各社寺

国家安穏、五穀豊穣などを祈願する年頭の行事で寺院、神社を問わずなんらかの法要、神事がある。前年の諸悪を正すという意味も込められる。修正会は寺院により新春祈祷会、改旦法要、元旦会、祝聖などと呼ばれ、神社は歳旦祭が多い。

京都の修正会で代表的なものは3日の南区、東寺（教王護国寺）の修正会。天長4（827）年の薬師悔過以来の重要儀式で開祖弘法大師の大師堂で法要が営まれ、護符の牛玉宝印が修正会結願として大師堂の柱に押される。三弘法といって東寺、右京区の真言宗御室派総本山仁和寺、北区西賀茂の厄除け大師像で知られる神光院に参る風習が残る。東山区の清水寺も元日から7日まで、牛玉宝印を授与。修正会は寺院により期間はまちまちで、伏見区の法界寺は2週間にわたる。

歳旦祭〈下鴨神社〉

修正会〈東寺〉

●1日～3日……おうぶくちゃ

皇服茶

●六波羅蜜寺／東山区大和大路通五条上る東入る　MAP 9・A2

同寺開山の空也上人が京都に疫病が流行した時に薬茶をふるまったのが起源とされ、村上天皇も服したことから皇服茶と呼ばれる。結び昆布と小粒梅に若水でたてた煎茶。皇服と大福、大服をかけている。有料。

皇服茶〈六波羅蜜寺〉

●1日～3日……おおぶくちゃ

大福茶

正月の三が日は、一年の無病息災を願って茶碗に小さい梅干と結び昆布、または短冊形の昆布を入れたお茶を飲む。梅干は、古くから薬用とされ、皺のあることから老人にあやかって長寿を願い、昆布は「よろこぶ」に転じ、縁起を祝う。毎年、12月13日に、北野天満宮では境内の梅林から採れる梅の実を梅干にして、大福用に授与している。

●……おとしだま

お年玉

本来は歳神より頂戴する丸い餅のこと。現在でも元旦に分け与える餅を「年玉」と呼ぶ地方もある。餅のかわりにぽち袋に入れたお金へと変化したが、目上から目下の者に与える賜り物であって、目上の人には「年賀」と書いて贈る。

お年玉

●1日～3日……はつごま

初護摩

●狸谷山不動院／左京区一乗寺松原町　MAP 8・B2

護摩木を焚いて不動明王、愛染明王に厄除け祈願する年の最初の護摩供養。護摩壇を持つ密教系寺院や山伏修験の各社寺で行なわれている。護摩木の火中に五穀、五香などを投じて、世の平穏無事を祈願する。

松の内

●まつのうち

関西では、元日から小正月（15日）までの期間を「松の内」と称し、家の門口の両脇に邪気を払うとされる門松や根引き松、注連縄を飾り付けておく。こうした飾り物は14日の夜に取り、15日の早朝に「とんど」で書初めとともに焼き払う。

蓬莱船

●1日～15日　ほうらいぶね

●上賀茂神社／北区上賀茂本山　MAP2・B1

その昔、上賀茂の辺りは農家が多く、作った注連縄や正月飾りなどを市中に売りに出ていた。こうした人々が注連縄を用いて作った蓬莱船（宝船）を、招福を願って上賀茂神社に奉納したのが始まり。神社ではこの蓬莱船が、初詣の参拝者を迎えてくれる。

蓬莱船（宝船）〈上賀茂神社〉

獅子舞

●1日～3日　ししまい

正月や祭りなど、祝い事がある日には獅子舞が太鼓の音と共に家々を回る姿が見受けられた。太鼓の音が聞こえると、家の者は祝儀を渡して家内へ招き入れる。笛や太鼓にあわせて、獅子は軽やかな舞を披露した。そのあと、家内に子供がいると、賢く育つように願って、おまじないに獅子に子供の頭をくわえてもらった。

獅子舞

十六社朱印めぐり

●1日～2月末日　じゅうろくしゃしゅいんめぐり

京都の町中の古社十六社を年頭に巡拝すると1年間あらゆる御利益が得

正月の飾り

正月飾りには昔の人たちの、招運・福徳への願いと智恵がつまっています。視覚的にも美しく楽しいものです。

正月飾り

【1日～15日】

年が改まり、初春を迎える正月飾りには、主に邪気を祓い長寿を祝い、子孫繁栄を象徴するものが好まれる。床飾りには、神の依代である松が飾られる他、卯の方角（東）から太陽が出て正月の神が来るので、それを木にたとえ柳〈木＋卯＝柳〉を飾るところも多い。

門松

【1日～15日】

正月には歳神の依代として、玄

られるといわれている。期間中に全十六社の朱印を受ければ記念の干支置物が授与される。

今宮神社…わら天神宮…上御霊神社…春日神社…六孫王神社…市比賣神社…岡崎神社…熊野神社…若王子神社…豊国神社…粟田神社…新熊野神社…吉祥院天満宮…藤森神社…御香宮神社…長岡天満宮

〔連絡先〕岡崎神社
TEL075（771）1963

十六社朱印めぐり

千両・万両

せんりょう・まんりょう

千両はセンリョウ科の常緑小低木で、12月から翌年の2月にかけて直径5〜7㎜の実をつける。万両はヤブコウジ科の常緑小低木で、11月から翌年の4月にかけて直径6㎜の実をつける。千両より実が多いので万両の名がついた。葉の上に実をつけるのが千両で、葉の下にぶら下がるようにたくさんの実をつけるのが万両。冬枯れの山野や庭に、青々とした葉とあざやかな赤い実がよく映えて美しい。どちらも縁起のよい正月の植物である。右京区花園妙心寺の東林院には、「千両の庭」と「万両の庭」がある。

関をはさみ左右一対の門松を飾る。砂を盛り、松・竹・梅の木を立てる。軒には、これより内は清浄な家であることを示す注連縄を張って邪神を祓い、招運福徳を願う。こうして迎えた神を家内に移す場として、座敷などに若松の生花を生ける。

根引松

【1日〜15日】

門松を簡略化したもので、一般には1尺余りの根付きの松の若木を釘で留めつける。さらに簡略化して絵に描いた根引き松を貼りつけることもあった。

鏡餅

京都で「お鏡さん」と親しみをこめて呼ばれる鏡餅は、鏡に似せた二段重ねの餅で、太陽と月を表現し、歳神の依代とされている。地方によって飾り方はさまざまで、京都では長寿と心の清らかさを表現する裏白、世代を譲り繁栄を願うゆずり葉、子を生む、あるいは喜ぶの意をこめた昆布、外はにこにこ、仲睦まじくの意味をこめ、竹の左右に2個、中央に6個の古老柿を刺し、子孫代々の繁栄を祈って橙を鏡餅とともに飾る。

餅花飾り

【1日〜15日】

柳の枝に紅白の餅をつけ、神棚に飾る。柳の木は正月の神が卯の方角（東）からやって来ることから、正月には欠かせない縁起の木。餅花でおめでたい気分に華やかさが添えられる。

歳徳さん

●1日～8日　としとくさん

米俵に松を立てたものを床の間や蔵で祀るものと、恵方棚と呼ばれる特設の棚で祀るものなどがある。亀岡市南金岐では四斗俵の上に松、榊、梅、笹を束ねて立て、床の間に飾っている。米俵の代わりに三方に米を盛り、餅をのせるところも多い。歳徳さんは「百姓の神様」ともいわれ、農家以外では飾らないという伝承が広く聞かれることから、元来は稲作の神であったと思われる。

初夢

●　はつゆめ

新年に初めて見る夢。大晦日は寝ずに過ごす習慣であったことから、元旦の夜見る夢、または二日に見る夢などの説がある。古くは節分の夜から明け方に見る夢。初夢で吉凶を占う習俗は「垂仁紀」にも見られる古い伝承で、宝船、富士山、春駒が縁起がよいとされる。一富士、二鷹、三茄子の説もある。

歳徳さん

竈飾り

【1日～3日】

竈のことを京都では「おくどさん」という。その中に正月の三が日以外は使わない「飾り竈」があった。元日の早朝にはこの竈に火打石で切火をして火を入れ、邪気を払って神々に捧げるための雑煮を作り、その残りを家族でいただいた。昔はこの竈の炭を顔につけて宮参りをしたり、子供たちが川へ泳ぎに行くとき、河童にさらわれないおまじないとして体につけたものである。

●2日……ちょうなはじめ

釿始め

京都市登録無形民俗文化財

●**広隆寺**／右京区太秦蜂岡町　MAP⑭・B2

釿は大工道具の手斧の一種で、社寺建築の宮大工がよく使う。かつては年頭の仕事始めの行事だったが中絶、昭和56年に番匠が保存会を結成し復活した。本堂前で長さ8mのヒノキ材に烏帽子狩衣姿の番匠が木遣音頭とともに釿で荒くこなしした後、墨打ちする。大工、左官、屋根葺きら番匠職人は聖徳太子を祖とする太子講を信仰しており、聖徳太子ゆかりの広隆寺で古式にのっとり伝統行事を奉納、一年の無事と繁栄を祈る。

釿始め〈広隆寺〉

●2日～3日……まおどし

魔おどし

●**来迎院**／左京区大原来迎院町　MAP⑦・B2

●**勝林院**／左京区大原勝林院町　MAP⑦・B2

両院とも天台宗三千院門跡に属する古刹。来迎院（2日）勝林院（3日）の魔おどしはともに修正会行事のひとつで、宮座の人たちが鉦や太鼓、

正月の食

お正月の食べ物には、縁起かつぎや、語呂合わせの中に、招福の願いがこめられています。また、主婦の労力を減らすための保存食の意味合いもあります。

柳箸

【1日～15日】

お正月の祝い膳には、柳箸が必ず用いられる。木へんに卯と書く柳がお正月の木であることもさることながら、頭芋や小芋を食べるのに、すべらず、切りやすく重宝する。

おせち料理

【1日～3日】

正月や節句に用意される特別な料理のこと。京都では、「お重」とか「組重」などの呼び方で親しまれている。昔は暮の31日に用意したお重で、正月三が日の挨拶に見えるお客様をもてなした。お重の中身は、かち栗・昆布巻き・照りごまめ・牛蒡・芋・人参・くわいなど縁起を担いだものや、人参やこんにゃくなどを煮しめたものを詰める。

魔おどし〈勝林院〉

ササラをすり合わせて僧侶の声明を邪魔をすることで邪鬼が法力に負けて退散する。牛玉宝印が授与される。両院は開山が慈覚大師円仁で、中国から仏教音楽である声明を伝えた。

●2日〜4日……………かきぞめ

書き初め

●**北野天満宮**／上京区御前通今出川上る　MAP 3・A1

学問の神様である菅原道真は、能書家としても有名。書道上達を願って幼稚園児や小中学生たちが家族が見守るなか「平和」「うめ」など思い思いの書き初めをする。神殿前の回廊は順番を待つ子供でいっぱいになる。作品は2月の梅花祭で展示される。

書き初め〈北野天満宮〉

●3日……………かるたはじめ

かるた始め

●**八坂神社**／東山区祇園町北側　MAP 9・B1

小倉百人一首のかるたを、十二単におすべらかしの長い髪の娘さんたちが目にもとまらぬ早さで取り合う。その瞬発力は100分の1秒というすごいもの。日本かるた院との共催。日本選手権もあり、勝者は名人・クイーンと呼ばれる。家庭でのかるたは廃れたが、競技としてのかるた大会はTVの影響もあって年々盛んになっている。

数の子

鰊の卵巣を乾燥、または塩漬にしたもの。米のとぎ汁につけてやわらかくし、また塩抜きをすると渋みがぬける。鰊はおびただしい数の卵を持っているので、子孫繁栄を祈り祝う意味で、正月の三種肴の一つである。

ごまめ

正月の祝いの三種肴の一つ。日干しの片口いわしの幼魚を煎って甘辛く照りがでるくらいに煮詰めた汁をからめて胡麻をふる。ごまめとは「マメで達者に」という意味がこめられている。また別名田作りともいい、昔いわしを田んぼの肥料にしたことにちなむ。三種肴はあと黒豆がある。

たたき牛蒡

正月料理の一つ。牛蒡の皮をこそいで3〜4㎝の長さに切りそろえ、食べやすい太さに割って水にさらしてゆでて胡麻酢で和えたもの。味がなじみやすいように叩くことからこの名がついた。

お屠蘇

屠蘇散が正式名称で、山椒、防風、白朮、桔梗、蜜柑の皮、肉桂の皮などを調合し、屠蘇袋に入れ、酒、味醂に浸して元旦に飲む漢方薬。平安時代からの習俗で一年の邪気を払い、齢を延ばすと伝えられる。

お雑煮

【1日〜3日】正月三が日は、朝食にお雑煮を食べる。この時、家族一同膳に着き「お祝いやす」「おめでとうさん」などと挨拶する。京都では、白味噌汁に丸餅、小芋、頭芋と、薄く輪切りにした祝い大根を入れるのが一般的である。

かるた始め〈八坂神社〉

にらみ鯛

【1日〜3日】

家族そろってお雑煮を祝う部屋の中央に置かれる、おかしらつきの鯛をにらみ鯛という。三が日の間は箸をつけずに飾ってめでる。お雑煮を終えると、お台所の冷えたところ、今なら冷蔵庫にしまい、4日の日に干支の順に箸をつけていただく。残った骨は、捨てずに伏見の稲荷山か家の庭に埋めることになっている。

はなびら餅

【1日〜15日】

丸く平らに伸した求肥に、薄紅の白味噌風味の餡を重ね、そこに甘く煮しめた牛蒡を2本置いて二つ折りにしたお菓子。宮中の鏡餅の上に載せた葩に由来している。白味噌風味は雑煮を、牛蒡は押鮎（塩押しした鮎）を意味している。鮎は文字が示すとおり、その年の吉凶を占う意がある。

●3日……くたのやまのかみ・おゆみ

久多の山の神・お弓

京都市登録無形民俗文化財
●志古淵神社／左京区久多中の町
MAP 7・B1

朝から宮座の関係者が集まり、ムラサキシキブの木を削って弓矢と鏑矢、宝剣と鯛を作る。その後、白の浄衣に烏帽子をつけ、エビと称する特異なワラ草履を履いた2人の神職が、山の神の祠に入って神饌を供え、祝詞を奏上するなどの神事を行なう。終了後、神職は拝殿前の広場に進み、最初にその年の恵方に向かって矢を放ち五穀豊穣と家内安全を祈願する。次に10m先の的に向って矢を放ち見事に射ると一年の豊作が約束される。

久多の山の神・お弓〈志古淵神社〉

●3日～15日……はしがみとり

箸紙とり

京都には、古いしきたりを守り続けている祇園、先斗町などの花街が点在する。そこでは、元日に常客の名を書いた金銀の水引を掛けた箸紙を準備し、歳徳棚に供えて常客の無病息災を祈る。松の内に店に来た常客は、その祝い箸で三種の肴をいただき、お屠蘇を飲む。舞妓、芸妓は、めでたい舞を披露する。

●……すいせんうごく

水泉動く

七十二候の66番目。新暦の1月1日～5日頃。水泉とは湧き出る泉のこと。寒さのため地中で凍ってしまった泉が動き始める時節。

●3日……ぜずのかんじょうなわ

銭司の勧請縄

●春日神社／相楽郡加茂町銭司
MAP 18・B2

春日神社は山の中腹にあり、参道を登り切った所にある椿の木に毎年正月に勧請縄を張り渡す。太いワラ綱にワラの網を取りつけたもので、毎年交替で当番の男性たちが各自ワラ

【南山城地方の正月】

南山城は、村落組織の結びつきが強く、正月行事も氏神などで行なう村の行事の中に特徴的なものがみられる。そのため家の正月行事として、他の地域に比して特徴的なものは少ないが、日を追って見てみると、年末には、この日専用の自家製の竹箒で煤払いをし、その後「苦を搗く」といって29日を避けて餅つきをする。餅花を作るところもある。

31日には餅を神棚、仏壇、便所、農道具、門松などに供え、注連縄は母屋、小屋のなど出入口、神棚、三宝荒神に張り、便所、井戸、農道具にも輪注連を付ける。形は細縄にゆずり葉、うらじろを付けた形で、縄に特別な造形はほどこさず、昔は母屋全体を囲むように張った。門松はカド（屋敷の庭）に盛った砂の上に山から取ってきた松を挿した形のものを一対立てる。梅と竹を加えるところもある。母屋に、歳徳神を祀る。床の間に鏡餅を供え、あるいは台所の天井に作った専用の棚に餅など供え物をする形で祀るところもある。またこの日お礼参りとして氏神や墓に参るところもある。

元旦は、朝早く、家の主人が井戸から若水を汲んで神棚などに供え、雑煮を作る。雑煮を炊く火は歳徳神の灯明を使ったり、まめに暮らせるようにと豆の枝を燃料に使う家もある。雑煮は神棚などにも供え、また門松に供えるところもある。雑煮は白味噌仕立てで、餅の他、頭芋、小芋、大根、人参などの具を入れる。食べ上がりといって、二日、三日と雑煮の餅の数を増やすところもある。元日は家族で雑煮を食してその日は何もせず家で過ごす。

翌2日は、鍬始めとして、田んぼに行って餅など供え、鍬で土を一起こしする。この日から親戚の年始回りをする。7日には、七草粥を食べる。七草を刻むときは俎板を包丁で叩きながら鳥追いの唱えごとをする。14日には主人は隣組で寄り合う日待講に出かける。翌朝小豆粥を食べ、組ごとに家の正月飾りを持ち寄ってとんどで燃やす。歳徳神

を持ち寄って作る。勧請縄を張り、神主役の宮守が祝詞をあげる。網を張るのは、悪魔が集落に降りてこないようにするためだといわれている。

●3日……………ふくたばえ

福給会

●穴太寺／亀岡市曽我部町穴太　MAP19・B3

穴太寺は西国観音霊場三十三番札所のうち二十一番札所で、現在でも京阪神を中心に信仰を集めている。本殿の前に仮設された櫓の上から、この年の年男数人が牛玉宝印（厄除けの護符）の福札３千枚を団扇であおぎながらまくと、札は風にあおられてふわふわと舞いながら落ちてくる。集まった大勢の参拝者は、３千枚の中に３枚混じった赤札を取ると、幸福が授かるということから我さきにと札にとびつく。福札は箪笥に入れておけば衣装持ちになるともいわれている。

●4日……………けまりはじめ

蹴鞠始め

●下鴨神社／左京区下鴨泉川町　MAP8・A2

福給会〈穴太寺〉

に供えた箸紙や煤払いの箒も燃やすところもある。そのとき餅を焼いて、「ぶとの口」とか「蚊の口」などと唱えごとを言いながら餅をちぎって投げる虫の口焼きをする。久御山町東一口では、14日に地区全体で竹とワラを使って、高さ7ｍくらいある大きな三角のトンドを組み上げ、餅を供えて翌朝日の出と同時に燃やす。

城陽の山の神祭り

年明けの行事として、城陽市の中地区では山の神に1年間の山仕事の安全を祈願する祭りを初寅の日に行なわれる。祭りは地区が主催し、毎年当番の町が交替で行なう。

祭場は山裾にある「一の口」「二の口」「三の口」と呼ばれる3つの場所。「二の口」は戦後の開発でなくなり、今は残りの「一の口」「三の口」の二ヵ所で行なわれている。早朝、太鼓を打ち鳴らして町内を歩いて祭りの開始を知らせ、その後、組長宅に町の家の主人が集まり、自治会役員、龍福寺住職も同道して太鼓を先頭に「一の口」に向かう。そこで事前に用意した御幣を神木の前に立て、竹で作った手作りの祭壇に御神酒、洗米など供え、蝋燭を灯して住職が祈祷をする。次に太鼓を先頭に「三の口」に行き同様の祈祷を行なって解散して終了となる。

この日は山が荒れるからと女性は山の口から奥に入ってはいけないといわれ、また各家では個別的に持参した餅をつけた御幣を神木に付けたて、祈願する。

また「二の口」があったときはここの男松を持って帰って苗代の水口にさして豊作祈願をするが、同市富野地区では、家の松に餅をつけた御幣を飾る。南山城では各家で山の神への祈願をするところが多く、村の行事として行なう山の神まつりは、山城地方の貴重な初春の行事といえるだろう。

蹴鞠始め〈下鴨神社〉

蹴鞠は、奈良時代に中国から伝わった球技。直径24cmほどの牡鹿の皮で作った鞠を6～8人で蹴り上げ、落とさないように続ける優雅な遊び。水干烏帽子姿の鞠人が「アリャー」「アリー」などと掛け声をかけながら独特の皮沓で蹴り上げる。飛鳥井流、難波流などの各流派があり、のんびりとした球技は王朝風俗の再現として人気がある。勝負を競うものではなく優雅さ、華麗さが命。蹴鞠の名人を上足と呼んだ。京都御所の小御所北側に7間半四方の「蹴鞠の庭」がある。

●4日～15日……けいこはじめ

稽古初め

初めての稽古事は、松の内に行なわれることが多い。初釜、生初め、書初め、舞初め等、家元の多い京都ではこの時期、初稽古に向かう晴れの着物姿を多く見かける。初稽古は、改まった厳粛な雰囲気のなかにも福引などの余興もあり、常の稽古とはひと味ちがった晴れやかさがある。

●4日頃……しごとはじめ

仕事始め

仕事始めの日は年々遅くなる傾向にあるが4日に始めるところが多い。市中では、新年の挨拶回りに出向く正装の会社員の姿が多く見受けられる。呉服を商う室町界隈では、紋付の羽織袴に身を包んだ旦那衆の姿もある。

●……はつに

初荷

正月2日、新年の商い始めに商品を美しく飾り立て、馬や車に乗せて売り先に送り届ける儀礼的な行事、あるいは商品そのもののこと。初荷は縁起物であり、品物を届けられた方もご祝儀の意味をこめ、返品はしないとされる。

正月の遊び

かるた

正月の娯楽を代表する遊び。その語源はポルトガル語のカルタにあるとされる。種類も多岐にわたるが、大きく分けて日本古来の和歌をモチーフにした貝合せ、百人一首を代表とする歌ガルタの系統と、16世紀にポルトガルから伝来したウンスンカルタの流れを汲む花札の系統がある。現在では、子供が親しめるように、時代を反映するキャラクターが用いられたものもある。

羽根つき

ムクロジの実に美しい羽根をつけたものを、羽子板で突いて返す遊び。突き羽根を売る駄菓子屋や玩具屋が減り、近年「かんかん」と羽根を突く乾いた音は数え歌とともに聴かれなくなった。そして羽子板は、豪華に装飾されたお飾り用のものが主流となっている。

凧上げ

凧を上げて楽しむには広い場所と風を必要とする。電線の多い市中での凧上げは難しくなったが、御所や鴨川べりで凧上げに興じる親子の姿を見ることができる。うまく風をとらえるコツや、糸をひく加減、凧の足でバランスを調整する楽しみは、寒

小寒

●……………………しょうかん

二十四節気の23番目。冬至から15日目で、新暦の1月5日、6日頃。寒の入りともいう。

初生け式

●5日……………………はついけしき

●**池坊**／中京区六角東洞院西入る　MAP4・C2

華道家元池坊では例年1月5日に「初生け式」が家元道場などで、行なわれる。全国から集まった門弟が晴れ着姿で生け花に取り組み、松や南天などを生け込み、池坊専永家元の指導をうける。

初生け式〈池坊〉

大山祭

●5日……………………おおやまさい

●**伏見稲荷大社**／伏見区深草藪之内町　MAP12・A1

標高233メートルの稲荷山は東山三十六峰の締めくくり。山そのものが稲荷大社の聖地で、神蹟巡拝を「お山する」という。本殿での神事のあと、中腹の奉拝所でかわらけに濁り酒を供える山上の儀の後、宮司、神職、信者らが山中の七神蹟を巡る。このさい神職は縁起もののヒカゲノカズラと呼ぶシダ植物を胸に掛け、信者が魔除けとして競って貰い受ける。

八千枚大護摩供

●5日……………………はっせんまいおおごまく

●**赤山禅院**／左京区修学院開根坊町　MAP8・B1

信者から奉納された8千枚の護摩木

八千枚大護摩供〈赤山禅院〉

さや時間を忘れて熱中させてくれる。

独楽まわし

独楽にくるくると糸を巻き、斜めに空を切るように地面に投げ、独楽が地に着く寸前に糸を引き抜く。いきおいよく回すには、ちょっとしたコツがいる。独楽同士を当て合う「けんか独楽」に興じる子供等の姿は見られなくなったが、現代版の独楽・ベイブレードを楽しむ子供の目は昔の子供たちとかわることはない。

投扇

江戸時代に始まった遊戯である投扇は、台の上に「蝶」と呼ばれる銀杏形の的を立て、1mほど離れたところから開いた扇を投げる。扇と的の落ちた形を源氏五十四帖になぞらえた図式に照らし合わせて採点し、優劣を競う。

双六

日本の双六の起源は奈良時代の貴族の遊戯具・盤双六に始まり、江戸時代にこれに着想を得た子供でも楽しめる絵双六が生まれて広く普及した。絵双六はサイコロを振り、出た目の数だけ盤の上の持ち駒を進めて数人で上がりを競う。「3コマすすむ」「1回休み」など指示の書かれたマスもあり、容易にはあがれないように面白い工夫がされている。

を本尊雲母不動尊前の護摩壇で焚く。白の浄衣の修法者は日本で最も苛酷な比叡山千日回峰行を満行した大阿闍梨がつとめるとあって雲母堂はいつも熱心な信者であふれる。

●5日……はつあがたまつり

初県祭

●県神社／宇治市宇治蓮華　MAP17・A2

県神社の年初の月次祭。一事一願の成就を祈願する。午前10時の朝御饌の神事が終わると、子どもたちが鳳輦の御輿を御旅所から宇治橋、服部、三室戸といった旧宇治市内を鏡獅子とともに巡行する。巡行は午後3時頃終わり、5時から夕御饌の神事が行なわれる。昭和初年まで、大阪の北河内から五穀豊穣を祈願して赤褌に鈴をつけ、米俵を担いだ裸参りが行なわれていた。

●……おこない

おこない

年頭に五穀豊穣と除災を願う行事。平安時代に都の大寺院で行なわれていた国家の安穏と豊穣を祈願する修正会・修二会に由来し村落にこの行事が伝わり、祈祷が行なわれるようになった。村落に伝承されたおこないの儀礼は山城地域の場合、仏前や神前に牛玉宝印（厄除けの護符）のお札を供え、僧侶もしくは宮司の祈祷の間に漆の枝などで板を叩いて魔を払う「らんじょう」が行なわれる。牛玉宝印は農家に配られ、春の苗代作りの時に稲の順調な生育を願って苗代に供える。

おこない〈宇治田原町〉

●1日～14日……ふしみごふくめぐり

伏見五福めぐり

史跡の多い伏見の町には、古来より庶民に深く信仰されている寺社が多い。その中の代表的な5寺社を「伏見御利益巡り」として初詣をかねて散策するコースは、年頭の行事とし

伏見五福めぐり

めんこ遊び

京都 ちょっと昔のくらし

めんこ遊び

めんこはトランプより小振りで花札ほどの硬さのカード。自分のめんこで相手のめんこをひっくり返せば勝ちで、相手のめんこがもらえるというゲーム。舞台は道路や公園でした。めんこには当時の人気俳優や野球選手、ノラクロなどの漫画の主人公、あるいは兵隊さんなど少年たちの憧れのヒーローが描かれていました。お目当てのめんこを1枚でも多く取るため、油を塗ったり角を反らしたり、少年たちは知恵を絞って工夫を凝らしました。

て親しまれている。
長建寺…藤森神社…大黒寺…乃木神社…御香宮神社
〔連絡先〕洛南保勝会
TEL 075（611）0559

●6日……たやまのおこない

田山のおこない

●観音寺／相楽郡南山城村田山　MAP18・C2

宮本座・仲間座という2つの宮座の長老衆によって行なわれる。仏前には長老衆が作った「観音寺牛玉宝印」「大日如来牛玉宝印」と墨書された2種類の牛玉印のお札に宝珠の印を押して漆の棒にはさんで供える。祈祷は本堂で行なわれ、両座が分かれて座ると住職の読経が始まる。途中3回住職が「らんじょう」と声を掛けると、最年長の長老がお札をはさんだ棒で板を叩き、堂の外でも待機していた子供達が同様に板を叩く。昔は耳の病にならないようにということで赤ちゃんに「らんじょう」の音を聞かせたという。祈祷後、牛玉宝印は参詣者に配られる。「大日如来」の方は春の苗代に、「観音寺」の方は味噌が腐らないようにと味噌桶に供える。

田山のおこない

●7日頃……かがいしぎょうしき

花街始業式

花街始業式

京都にある五花街で行なわれる芸妓、舞妓さんの仕事始め。7日頃には祇園甲部・祇園東・宮川町・先斗町の各花街、9日頃に上七軒で行なわれる。祇園甲部ではお正月決まりの稲穂のかんざしに黒紋付の礼装で歌舞練場に集う。京舞井上流の舞や、前年成績優秀な芸舞妓やお茶屋の表彰などがあり、一年の精進と業界の繁栄を祈願する。

●6日～20日頃……かんちゅうみまい

寒中見舞

小寒の初めから大寒の終わりまでの、寒さが最も厳しい期間に交わす挨拶。特に、喪中などで新年の挨拶を遠慮した場合に交わされることが多い。

●……かりきたにむかう

雁北に郷う

七十二候の67番目。新暦の1月6日～9日頃。雁は秋に北国にやってきて、春になると再び北国に帰っていく渡り鳥である。ちょうど寒の入りの時期、雁が故郷の北を向くという意味。

●……はるのななくさ

春の七草

正月7日の朝に粥に入れて食べる七種の野草のことを春の七草、またはこれを食べて無病息災を願う行事をいう。一般的に七草というと、セリ・ナズナ・ゴギョウ・ハコベラ・ホトケノザ・スズナ・スズシロとされている。

●7日……はくばそうらんしんじ

白馬奏覧神事

●上賀茂神社／北区上賀茂本山　MAP2・B1

宮中の白馬節会に由来する神事。天皇が紫宸殿で21頭の白馬をご覧にな

白馬奉覧神事〈上賀茂神社〉

ったのにならい、本殿中庭に神馬をひいて好物の大豆などを与える。正月に白馬を見たり夢にみるのは縁起がよいとされ、白馬には豪華な飾り衣装をつける。

●初卯の日……うづえのしんじ

卯杖の神事

●上賀茂神社／北区上賀茂本山 MAP2・B1

皇室の繁栄を祈願する重要な儀式。卯杖は三方に空木の枝2本に石菖、赤い実の藪柑子とシダ性植物の日蔭蔓を巻いたもの。日蔭蔓は「天の岩戸」神話でアメノウズメノミコトが裸身に巻きつけて踊ったとされ、天皇の即位の大礼には必ず身につける神聖な植物。卯杖は『枕草子』『源氏物語』にも登場する。本殿に景物として奉献され、後に宮司が皇居に届ける習わしである。

●初辰の日……はったつしんじ

初辰神事

●貴船神社／左京区鞍馬貴船町 MAP7・A2

貴船神社の祭神は水をつかさどるタカオカミノカミ。龍は水の神でもあり、一年最初の辰の日に本殿で祭典と粕汁接待がある。五穀豊穣と開運を祈願する。

初寅大祭〈鞍馬寺〉

●初寅の日……はつとらたいさい

初寅大祭

●鞍馬寺／左京区鞍馬本町 MAP7・A2
●毘沙門堂／山科区安朱稲荷山町 MAP10・A1

鞍馬寺は京の鬼門を守るお寺で国宝毘沙門天で有名。宝亀元（770）年、鑑禎上人が寅の歳、寅の月、寅の刻に鞍馬の地で感得したのにちなむ行事で毘沙門天の福徳を授かる。深夜から続々登山し寅の刻（午前3〜4時）には大護摩が修され、お宝札が授与される。江戸時代の名所記には「諸人群参」と記されている。山科の毘沙門堂も毘沙門天を本尊とし初寅の日には魔除けの虎の面などが授与され、にぎわう。

●初庚申の日……はつこうしん

初庚申

●八坂庚申堂／東山区金園町 MAP9・B1
●猿田彦神社／右京区山ノ内荒木町 MAP14・C2
●尊勝院／東山区粟田口三条坊町 MAP9・B1

庚申信仰は、中国の道教によると庚申（かのえさる）の夜に人体の三尸という虫が天界にのぼり、その人の罪科を告げるので、その夜は眠らずに謹慎して朝を待つ。これを庚申待ちと呼び、庚申堂に集まって夜明かしする。青面金剛や猿田彦をまつる。「見ざる・聞かざる・言わざる」の三猿を祀る例が多い。八坂庚申堂では厄除けのコンニ

京都 ちょっと昔のくらし

百人一首と坊主めくり

家にテレビがなかった時代、お正月の遊びの定番はいろはかるたや百人一首。家族全員が源平に別れての合戦で、読み手はたいてい母親の役目。小さな子どもには少し難しい遊びでしたが、歌の響きから日本語の美しいリズムを学びました。一方、百人一首のかるたを使っての坊主めくりは、めくった札が「ぼうさん」なら持ち札全部差し出し、「お姫さん」なら全部もらえるという単純な遊び。誰も皆、「お姫さん！」といいながらめくりました。

百人一首と坊主めくり

ヤクと三猿のお札の授与があり、猿田彦神社では護摩供養がある。江戸時代の浄瑠璃・歌舞伎脚本作家近松門左衛門の『心中宵庚申』は八百屋半兵衛とお千世の心中物語で、「卯月五日の宵庚申、死なば一緒と契りたる、その一言は庚申」の名調子で知られる。

初釜

はつがま

●7日〜

●茶道各家元

新春を祝って年の初めにかける釜。稽古始め、点初ともいう。干支にちなむものや勅題にちなむめでたい道具が取り合わされる。各流派では内外の招待客を招き華やかな中にも厳粛な雰囲気で歓談の場をもつ。

初釜

初甲子祭

はつきのえねさい

●初甲子の日

●松ヶ崎大黒天／左京区松ヶ崎東町

MAP 8・B1

甲子の日は招福の大黒天の縁日。肩に大きな袋をかついで打出の小槌を持つ大黒さんは台所の神様として庶民の人気が高い。松ヶ崎大黒天は正しくは日蓮宗妙円寺。本堂には日蓮聖人像を本尊に大黒天を祀る。京都七福神巡りの第一番。裏山にはお盆の五山の送り火の妙法の「法」の字が灯る。

おくすべ

おくすべ

●6日〜7日

●大雲寺／左京区岩倉上蔵町

MAP 7・A3

本堂内で松葉をくすべながら加持祈祷が行なわれ、この煙にあたるとその年は病気にならないという。宮中へもこの煙を空櫃に入れて運び、煙に触れて無病息災を願ったとされる。ここ大雲寺は、天禄2（971）年創建の天台宗園城寺の別院。古来より「岩倉の観音」として有名で、『源氏物語若紫』の「北山のなにがし寺」のモデルとされている。

笠置の勧請縄

かさぎのかんじょうなわ

●7日

京都府登録無形民俗文化財

●布目川／相楽郡笠置町飛鳥路

MAP 18・C2

飛鳥路地区の集落西側を北西に流れる木津川支流の布目川に勧請縄を張り渡す行事。これは太いワラ綱で氏神の天照御門神社境内に地区の住民が集まって作る。縄の中央には御幣を立て、木製の鋤・鍬・鎌の雛形の他、ワラ製の水引、五徳、男女のシンボルを吊り下げる。川の両岸の木に張り渡した後、神主役の宮守が右岸の木の根本に洗米・御神酒・鰯・飯を供えて、御神酒で回りを清め、祝詞を奏上する。北に流れる川は村の財産を持っていくので、それを防ぐために勧請縄を張るという。

都七福神めぐり

みやこしちふくじんめぐり

●1日〜15日

●市内各所

各地にいろいろな七福神めぐりがあるが、京都市内と宇治市にかけての七福神めぐりのひとつ。七福神のそれぞれの功徳により、いろいろな災難を転じて、福を授かりたいという

京都ちょっと昔のくらし

福笑い

紙に輪郭と頭だけ描かれたお多福などの顔を、目隠しをして作り上げる福笑いは手ぬぐいで目隠しをし、見当をつけて目鼻や口の形の紙を置いていくのですが、眉毛が顔からはみ出したり鼻と口が横に並んだり。見ている方は笑いをこらえながら「もうちょっと右」などと声をかけ、わざと間違いを教えます。完成後、手ぬぐいをほどいた瞬間、さらにひょうきんな表情のお多福さんに皆で大笑いする他愛もない遊びでした。

福笑い

願いからうまれた民間信仰。赤山禅院（福禄寿）…妙円寺（大黒天）…革堂（寿老神）…恵美須神社（えびす神）…六波羅蜜寺（弁財天）…東寺（毘沙門天）…萬福寺（布袋尊）

●1日～15日……しちふくじんめぐり

七福神めぐり

●泉涌寺／東山区泉涌寺山内町　MAP 9・B3

松の内に七福神に参詣し、1年間の開運招福を願う。泉涌寺塔頭の即成院で福笹を求め、福禄寿に参拝し絵札を求め福笹に吊るす。こうして次々に塔頭を巡拝してまわる。これを家に持ち帰り飾りつけて、福を招く縁起ものとする。各塔頭の福神がすべて開扉され、甘茶や昆布茶などの無料接待もある。

七福神めぐり〈泉涌寺塔頭〉

七福神めぐり

●8日……ぜんじょうじのかんじょうなわ

禅定寺の勧請縄

●綴喜郡宇治田原町禅定寺　MAP 17・B2

勧進縄を岩山地区との境にある椋の木に巻きつける行事。かつては道を挟んで向かい側にある欅との間に張り渡したという。当番の組が毎年交替で、組内でクジをして決めた頭屋宅で作る。完成すると夕方椋の木に持って行き、前年の縄を燃やして新しい縄を巻き、頭屋が用意した榊を刺す。その後、供物を供えて全員で御神酒をいただく。伝承では悪病退散と豊作を祈願する行事だという。

禅定寺の勧請縄〈禅定寺〉

●8日……にのえ

二の会

●新殿神社／相楽郡精華町山田医王子　MAP 18・A2

御供餅を奉納して五穀豊穣を祈願する行事。6日、宮座の頭屋宅に長老の十人衆が集まり、頭屋とともに身を清めて御餅搗きを行なう。そして8日の早朝、再び身を清めてから神社に奉納し、宮司による祝詞奏上と頭屋による御幣舞の儀礼が行なわれ

後七日御修法〈東寺〉

る。その後、長老、頭屋、宮司が参列しての直会の儀があり、そこで巫女神楽が舞われる。その間に境内入り口の木に御幣を3本刺した10mの大注連縄を張る。

●8日～14日……ごしちにちみしゅほ

後七日御修法

●**東寺**／南区九条町 MAP6・B1

勅使から天皇の御衣を納めた唐櫃を奉戴し東寺灌頂院で国家安泰、皇室繁栄を祈願する重要儀式。弘法大師が中国の故事にならい宮中で始めたとされる。真言宗各派管長クラスが出仕する最高の儀式で「後七日」とは元日から7日までの宮中神事のあとを受けるための呼称。御衣は結願の14日、宮中に奉還される。天台宗総本山延暦寺でも4月4日から11日まで御衣加持の御修法が営まれる。

●8日……えんださん

道切様

●**伏見区竹田内畑町内の薬師さん** MAP12・A2

古来、悪疫など村落の平和を脅かすものの侵入を防ぐために行なわれた道切り呪術の遺風と見られる。早朝に身を清めて注連縄を作り、同町の入り口付近の道路をはさむ一対の椋の木に掛ける。近くにある安楽寿院の絵馬形の守札を中央に両脇には剣先札の十二神将を6体ずつ取り付け、樒などを飾って「えんださんだ」と呪文を唱えて悪疫を祓う。古くは「えんざさんざ」と呼び、お堂の縁をたたいて回ったことに由来するらしい。

●8日……おおごしん

大御身

●**西本願寺**／下京区堀川通花屋町下る MAP5・B2

9日から始まる報恩講に先がけて、御影堂に祀る宗祖親鸞聖人の木造座像のご洗拭の儀式。門主が出仕してお像を北の余間にお移しし、3種類の羽箒で清める厳粛な儀式。現在、御影堂は平成の大修理中で完成は平成20年。このため阿弥陀堂で全儀式が執り行なわれる。

●8日～18日……かんちゅうたくはつ

寒中托鉢

●**聖護院**／左京区聖護院中町 MAP8・A3

聖護院は修験宗の本山。寒中托鉢は昭和12年、学僧の心身鍛練を目的に始まった。本山での開白式の後、聖護院門跡ら100人の山伏が鈴懸、頭巾、結袈裟に錫杖を持ち、ホラ貝を吹きながら、期間中市内7千軒を浄財托鉢する。

寒中托鉢〈聖護院〉

●8日……わらのしし

ワラの獅子

●**与謝郡伊根町菅野** MAP24・B1

5軒から10軒でなる火祭り講の講中の三組と四組によって行なわれる行事。講中で当番の宿が決められ、年頭のあいさつの後、ワラで獅子とカザリナワ（注連縄）を手分けして作る。獅子の顔は醜いほどよいとされ、ワラの始末など切りそろえず荒々しい作りにする。完成すると塩水で清められ、三組は中山ノ谷（村の峠）、四組は滝根（村の入り口）と寺坂（妙光寺の入り口）にそれぞれ掲げる。獅子により、村と家を守ると伝えられている。同様の行事が近隣各所でも行なわれる。

ワラの獅子・わぁわこさん〈伊根町峠〉

●8日……じじばいこう

ジジバイ講

京都市登録無形民俗文化財

●**梅林寺**／下京区御前通七条下る MAP5・A2

直径25cmほど、長さ4mの丸太ん棒を前にして長さ40cmの青竹を割り裂けるまでたたきつける豊作祈願の正月行事。丸太ん棒を大蛇に見立てて退治するとか、大きな音で豊作の雷雨を呼ぶなどの説がある。浄土宗には珍しい祈祷儀式だが、もとは明治

ジジバイ講〈梅林寺〉

18年に梅林寺に併合された近くにあった天台宗宝蔵寺の行事。滋賀県などに多いオコナイのひとつといわれる。

●9日……やまのかみまつり

山の神祭り

●北区中川の北山杉生産地 MAP1・A2

北山杉の順調な成長と林業労働者の安全を祈願する。山頂近くの大木の根元に御神酒をそそぎ、鏡餅などを供える。この日より早く山に入ると山の神の祟りがあるとされ、古くから守られている。

●9日……はつだいこく

初大国

●下鴨神社／左京区下鴨泉川町 MAP8・A2

大国神をまつる同神社の初大国は繁昌大国として商店主らの信仰を集めている。5合枡に大国神を納めた縁起物の授与があり、5合（一升の半分だから半升）＝繁昌という語呂合わせ。年頭から3日まで東山区清水寺境内の地主神社でも初大国の神事がある。

初大国〈地主神社〉

●9日〜16日 しんらんしょうにんごしょうきほうおんこう

親鸞聖人御正忌報恩講

●西本願寺／下京区堀川通花屋町下る MAP5・B2

親鸞聖人は弘長2（1262）年11月28日に亡くなった。西本願寺では新暦で行なう一年のうちで最も重要な法要。全国から10万人以上が上山し、聖人の遺徳を偲ぶ。初逮夜法要から16日まで毎日3度の法要が営まれ、連日、満堂となる。式衆の僧侶と門徒が一体となって念仏正信偈を唱え感動を呼ぶ。期間中、宗門大学による音楽法要やお斎と呼ぶ精進料理の接待が国宝対面所で行なわれ、本山ご用達の人々が接待役をつとめる。また、西本願寺では平成14年春から国宝飛雲閣、書院が予約制で無料公開されている。

注連縄神事〈大原江文神社御旅所〉

●10日……しめなわしんじ

注連縄神事

●大原江文神社御旅所／左京区大原野村町 MAP7・B2

若狭の殿様に恋した女性が捨てられ、大蛇となって暴れたという伝説のある花尻の森に小さな祠がある。注連縄は村に疫病などの邪悪なものが入らないための結界として大原野村町の講中により長さ8m、高さ2mの注連縄が張られる。

●成人式のころ……おかみそり

おかみそり

●西本願寺／下京区堀川通花屋町下る MAP5・B2

おかみそりは正式には帰敬式という。浄土真宗は僧侶でも有髪であるが、門徒の子弟などが20歳の成人を迎えるのを機に門主から黄金のかみそりで3度、髪をなぜてもらい剃髪、つまり浄土真宗に帰依することを誓う儀式。京都女子大学や大阪の相愛女子大学など宗門立大学の娘さんが輪袈裟振り袖姿でおかみそりを受ける。おかみそりは毎日あるが、1月8日は中止。役僧がつとめる。

●10日 ……… はつえびす

初ゑびす

●恵美須神社／東山区大和大路四条下る　MAP⑨・A1

商売繁盛の神様とあって、8日から12日までの5日間は四条界隈は大混雑する。とくに初ゑびすの10日は福笹を求める人で大和大路は参拝客で動きがとれないほど。熊手、宝船、打出小槌、鯛などをつけた2、3万円もする福笹が売れる。福俵、福銭などのお札も人気だ。8日は招福祭、9日は宵ゑびす、11日の残り福、12日は撤福祭。8、9日には宝恵籠に女優や花街のきれいどころが乗って「ほえかご、ほい」とはやしたてながら練る。

初ゑびすの宝恵籠〈恵美須神社〉

●10日 ……… かものえびすまつり

加茂の恵美須祭

●恵美須神社／相楽郡加茂町河原　MAP⑱・B2

河原地区の氏神恵美須神社の祭り。宵宮の9日の夜に区長、氏子総代が参列し宮司が祭典を行ない、その後、舞殿で吉兆を参拝者へ配布する。吉兆は笹に縁起物を吊り下げた福笹である。笹は当番の組が用意し、祭典で祈祷した後、縁起物をつるす。吉兆を買った人にはくじ引きもある。翌10日の祭り当日も終日吉兆の配布があり、夕方再び祭典をして終わる。

● ……… すいせん

水仙

ヒガンバナ科の多年草。原産は地中海沿岸で、シルクロードを経て日本に伝わった。白や黄色の花は八重咲き、大輪、房咲きなど園芸品種も多い。水仙の別名は雪中華。冬の厳しい寒さのなか、気品のある凛とした立ち姿は、正月の生け花や茶花として好まれる。英語名のナルシスは、美少年ナルシスが泉に映る自分の姿に恋焦がれ、そのまま花になってしまったというギリシャ神話から名づけられたものである。

加茂の恵美須祭〈恵美須神社〉

●10日頃……にししちじょうほうしゃさい

西七条奉射祭

●**松尾大社御旅所**／下京区西七条南中野町　MAP5・A2

鬼と書いた的を射て邪鬼を払う神事。四方の隅と天地を射てすべての鬼の侵入を防ぐ。地元の奉射講員が出仕する。

西七条奉射祭〈松尾大社御旅所〉

●10日……はつこんぴら

初金比羅

●**安井金比羅宮**／東山区東大路松原上る　MAP9・A1

讃岐の金刀比羅さんの祭神を勧請した京都では数少ない金比羅さん。清浄砂の祈祷や宝の入り船の授与などがあり、縁起物として人気がある。同社は良縁祈願と同時に縁切りでも知られ、繁華な地に囲まれているだけに女性の参拝が多い。

●申日～戌日……いごもりまつり

居籠祭

京都府指定無形民俗文化財

●**祝園神社**／相楽郡精華町祝園作ノ森　MAP18・A2

稲作を模擬的に演じて豊作を祈願する正月行事。行事は3日あり、初日の申日は、夜に「風呂いの儀」と呼ぶ、境内門前の井戸で神職が祝詞をあげる儀礼が行なわれる。翌酉日は氏子から選ばれた若者が夜に大松明を背負って「こうのもり」と呼ぶ場所に行き、御田の儀礼を行なう。あらかじめ、田の形にした砂地で模造の鍬、鋤、唐鋤、鎌を使って畦きり、田起こし、種まきまでの稲作の所作を演じる。3日目の戌日は、神社の鳥居の前で綱引きが行なわれる。祝園地区の子供が南北に分かれて青竹で作った綱を引っ張り合う。3回行なわれ、3回目の勝敗で勝った方が豊作になるといわれる。

居籠祭〈祝園神社〉

●10日……ゆみはじめしき

弓始め式

●**春日神社**／相楽郡精華町菱田　MAP18・A2

豊作を願って弓で的を射る行事。神社には真座、本座、今座の3つの宮座があり、真座から一人、本座・今座から一人の2名の宮守が選ばれて

弓始め式で授かるトウビョウ〈春日神社〉

弓始め式〈春日神社〉

1年間神社の祭典などの世話をする。弓を射るのはこの宮守で、白装束に烏帽子姿で恵方に置かれた紙で作った的に向けて10本の矢を射る。多く当たると豊作だと言われる。式の前に氏子はワラ束に米を入れた紙袋を取り付けたトウビョウというものを神前に供え、式が終わった後、解体された的の黒丸部分の紙片をトウビョウに付けて持ち帰り、春の苗代作りのとき花と一緒に苗代に供える。

●

鵲始めて巣くう（かささぎはじめてすくう）

七十二候の68番目。新暦の1月10日～14日頃。鵲が巣を作り始める時期。鵲は、縁起の良い鳥とされ、めでたい知らせを告げるといわれる。

●

寒椿（かんつばき）

ツバキ科で原産は中国。山茶花の品種か、山茶花と椿の雑種と考えられている。公園樹や街路樹として人気が高く、冬の花木の代表的な存在。直径5、6cmの赤い花は八重咲き。花の蜜は、メジロなどの冬を越す鳥の貴重な栄養源となる。左京区鹿ケ谷の霊鑑寺の「八重侘助」と呼ばれる古木は、京都でも名高い寒椿。

寒椿

●11日

御田（おんだ）

●大宮神社／相楽郡木津町土師宮ノ前　MAP18・A2

稲作を模擬的に演じて稲の豊作を祈願する正月神事。交代で勤める宮座の神主と巫女が演じ、拝殿に宮座の長老が見守る中始まる。まず神主が鍬で田を耕し、次に別の神主が玄米を撒く。その後長老が作った松苗を神前に供えて巫女神楽が舞われ、最後に巫女が松苗を持って床にトントントンと立てる仕草を演じる。松苗は各家に配られ、農家では春の苗代作りの折に苗の順調な生育を願って苗代に供える。

御田〈大宮神社〉

●上旬～下旬

小豆粥の会（あずきがゆのかい）

●妙心寺東林院／右京区妙心寺町　MAP14・C1

白粥にやわらかく炊いた小豆と、別に炊いた餅の入った小豆粥は友禅の模様の様にはんなりとしている。小豆は縁起が良く、1月15日の小正月に食す小豆粥の風習は、平安時代から続くもので、一年中の邪気を払い万病を除くと言い伝えられている。妙心寺の塔頭・東林院にはこの小豆粥が精進料理として伝えられており、1月の小正月を中心にこの催しが開催されている。有料・要予約（梅湯茶礼、小豆粥の精進料理他）。

〔連絡先〕東林院
TEL075（463）1334

●12日

勢観忌（せいかんき）

●百万遍知恩寺／左京区田中門前町　MAP8・A2

浄土宗を開いた法然上人の弟子勢観房源智の命日法要。勢観房はもとは上京区の相国寺北にあったが、勢観房が知恩寺とし専修念仏の道場とした。知恩寺は知恩院、清浄華院、黒谷金戒光明寺と並び浄土宗四カ本山のひとつ。京都大学北に広大な寺地を占める。毎月15日、大念珠繰りが営まれる。

●13日

弓座（ゆみざ）

●小倉神社／乙訓郡大山崎町円明寺　MAP16・A1

弓座〈小倉神社〉

疫病退散、五穀豊穣、方除を祈願する神事。「花びら」という餅と弓矢、的を神殿にお供えし、祝詞を奏上後、弓が射られる。この弓は、長さ5尺の青竹で、矢6本は葦竹で杉原紙を羽として神主が作る。また、宮年寄6人が菰2枚と鬼と書かれた的を作る。拝殿の入口に的を置き、本殿側から、神主が射る。射終わった矢は、宮年寄によって下げられ、保管された矢が6本たまるのをめでたいこととして喜んだ。

●14日……………ばばのおこない

馬場のおこない

●**卒台寺**／長岡京市馬場

MAP 16・A1

馬場のおこない

向日神社総代と宮座の頭屋が参列して行なう。仏前の横に「正一位向日大明神」と記された掛軸を掛け、牛玉宝印のお札を供える。お札は「卒台寺」と摺られた和紙に宝珠印を押して樫の棒にはさんで巻いたもの。導師をつとめる乙訓寺住職は、本尊阿弥陀如来の前での読経後、向日神社の掛軸の前で神名帳を読み上げ、「らんじょう」と3回声を掛けると参列者が2回拍手をする。祈祷終了後に頭屋が宝珠の印を参列者に向けて押す所作をする。お札は座衆の家々に配られ、春に苗代へ供える。

●14日……………かんじょうなわとぶしゃしんじ

勧請縄と歩射神事

●**走田神社**／長岡京市奥海印寺走田

MAP 16・A1

一の鳥居に約12mの注連縄が取り付けられ、その下を潜ることで厄除けになるという。また注連縄から12本の榊が垂れ下がり、この長さで米の相場を占ったともいう。そして御弓講による「歩射神事」があり、村人の厄を祓う。参拝者には三角の御供えが配られ、お千度祭の別名もある。

●14日……………みたなえしんじ

御棚会神事

●**上賀茂神社**／北区上賀茂本山

MAP 2・B1

御棚会神事〈上賀茂神社〉

平安時代から河上、大宮、小山、岡本、中村、小野を賀茂六郷と呼び、上賀茂神社の社領で守護不入の特権的な地域であった。御棚会神事はこの地の領民が同社に山海の珍味を献じたことに由来する神事。神官4人がかつぐ棚に神饌を載せて神前に供える。

●14日……………まめやき

豆焼

●**相楽神社**／相楽郡木津町相楽清水

MAP 18・A2

1年間の月ごとの降水量を占う正月

豆焼〈相楽神社〉

神事。社務所の火鉢で注連縄を燃やして灰にする。その上に一枚の瓦を載せて、各月に相当する12粒の大豆を置く。そして灰の熱で大豆がはぜて皮が割れるのを待つ。皮の割れ具合によって各月の降水量を判断する。結果は神社に張り出され、氏子の農家の人はそれを見て1年間の農作業の進め方を考える。

●14日……………おんごろどん

おんごろどん

●**宮ノ口地区**／京田辺市宮ノ口　MAP⑯・B3

小正月に小学生の男の子が行なう土竜追いの行事。昼間、男の子は家で作った樫の枝にワラを巻いた棒を氏神白山神社に供える。地元ではもぐらを「おんごろどん」と呼んでいるが、ワラの棒も「おんごろどん」という。夕方になると神社に集まり、各自棒を持って全員で唱えごとをいいながら境内の地面を打つ。そして地区の各家々を回って同様に屋敷の庭を打つ。その時家の者は子供にお駄賃を与える。唱えごとは「おんごろどん、うちにか、よこづちどんのおんまいじゃ、おまけ、おまけ、おまけ」である。南山城では他に精華町祝園などでも行なわれ、また11月の亥子の日に行なう地区もある。

●成人の日前後の日曜日……………とおしや

通し矢

●**三十三間堂**／東山区三十三間堂廻り町　MAP⑨・A2

1001体の観音菩薩像で有名な三十三間堂の「通し矢」は江戸初期から伝わる行事。かつては120メートルの距離から射る矢数を競うものだったが現在は競技ではなく新年の弓始め。成人に達した有段者が着物、袴、白タビ姿で60メートルの距離から大的に引き初めを行なう。江戸時代中期の「翁草」によると、紀伊の若者・和佐大八郎が8133本の新記録を達成したとある。

●15日……………やなぎのおかじ

柳のお加持

●**三十三間堂**／東山区三十三間堂廻り町　MAP⑨・A2

三十三間堂は後白河法皇の勅願により平清盛が造営した。法皇が頭痛を病んだとき、前世に頭に柳の枝が刺さったためとされ、三十三間堂を建立、棟木に柳の大木を利用したという。柳のお加持は正しくは楊枝浄水供と呼び、楊枝は柳の枝の意味。浄水に柳の枝を浸してその水を信者の頭上に振りかける秘儀で、頭痛に効くと信じられている。歌舞伎『三十三間堂棟由来』で知られる。

通し矢〈三十三間堂〉

柳のお加持〈三十三間堂〉

●成人の日の前後……………げんぷくしき

元服式

●**伏見稲荷大社**／伏見区深草藪之内町　MAP⑫・A1

元服式は男子が成人になったことを祝う儀式。伏見稲荷大社では、新成人（満二十歳）なった男女を祝う儀式としてとり行なわれている。

●14日……………ほうかいじはだかおどり

法界寺裸踊り

京都市登録無形民俗文化財

●**法界寺**／伏見区日野西大道町　MAP⑪・B1

法界寺裸踊り〈法界寺〉

修正会の結願の行事。同夜、阿弥陀堂の外縁で数十人の若者が下帯ひとつで激しくぶつかりあう。両手を頭上で合わせ「頂礼々々」と背中で押し合い湯気が立つ。同寺は乳薬師と呼ばれ安産、授乳の信仰があり、下帯を安産のお守りにする習俗が残っている。境内では粕汁の接待がある。寒の入りの底冷えの時期に行なわれる行事。

●14日……かわたにのきつねがえり

川谷の狐がえり

●北桑田郡美山町川谷　MAP20・A1

この行事は14日の夜から15日未明にかけて、川谷地区の小・中学生たちによって務められ、子供たちが連れだって各家を門付けし厄払いを行なう。また、災いを在所の外に追いやるともいう。在所の上と下の場所に般若心経を唱え、御幣を納めるのもその意味である。本来は、稲荷信仰からきたとされ、狐に五穀豊穣を神に伝えてもらうという。現在は、川谷地区のみに残っているが、昔は各地域で行なわれていた風習である。

川谷の狐がえり

●第2日曜日……じょしえきでんきょうそう

女子駅伝競走

●京都市内

正しくは、全国都道府県対抗女子駅伝競走大会という。昭和58年に第1回大会が開催され、今や京都の正月の風物詩ともなっている。各都道府県を代表する女子アスリートでチームが編成され、たすきリレーが行なわれる。1チームは中学生から社会人までの9名で、中学生区間が2区規定されている。西京極総合運動公園陸上競技場をスタートし、五条通→西大路通→北大路通→堀川通→紫明通→烏丸通→丸太町通→東大路通→今出川通→白川通を北上し、京都国際会議場前での折り返し、先のコースを反対に戻り競技場でゴールする42・195kmのコース。平成14年で第20回を数えた。

女子駅伝競走

一月　睦月

●歴代優勝府県一覧

回	府県	回	府県
第1回	千葉	第11回	大阪
第2回	京都	第12回	千葉
第3回	千葉	第13回	宮城
第4回	鹿児島	第14回	京都
第5回	神奈川	第15回	熊本
第6回	京都	第16回	埼玉
第7回	京都	第17回	福岡
第8回	京都	第19回	長崎
第9回	京都	第18回	兵庫
第10回	京都	第20回	京都

●中旬

管弦雅楽始め（かんげんががくはじめ）

●下鴨神社／左京区下鴨泉川町　MAP8・A2

平安雅楽会の出仕により参集殿で行なわれる。王朝の優雅な音楽と舞楽の事始め。笙、篳篥、竜笛、太鼓などの古典楽器に合わせ雅楽を舞う。現代音楽と舞楽の共演コンサートが開かれるなど日本古典音楽は近年、若者にもファンが増えている。

●1月中旬の日曜日

京都ビッグバンドフェスティバル

●京都コンサートホール（大ホール）／左京区下鴨半木町　MAP8・A1

京都市内の幼稚園から高校までの各学校や社会人の各種団体から選抜された吹奏楽クラブ、バトントワリングクラブなどのプレーヤーが合同で演奏・演技を行なう。鳴り響く音楽に聴衆は魅了され、音楽に合わせた華麗な演技に、場内は割れんばかりの拍手喝采に包まれる。昭和52年より開催されている市の催しで1月の風物詩ともなっている。有料。

〔連絡先〕京都芸術センター　TEL075（213）1000

●

鯛かぶら（たいかぶら）

鯛の頭と蕪、または聖護院大根の炊き合わせを柚子の香りでいただく京の冬を代表する一品。鯛の頭は、あらかじめ熱湯をかけて臭みをぬき、蕪は厚いめに皮をむいて大ぶりの角切りにする。鯛の頭を炊いた煮汁を別に取り、蕪を炊く。土鍋にそれぞれを盛りつけ、柚子の皮の千切りを天盛りにする。体が真から温まる。

●15日

小豆がゆ（あずきがゆ）

小正月には、各所で小豆と丸餅を粥に入れて食べる風習がある。粥は小豆を入れることで呪力を持つ赤色に染まる。この赤色の力を借りて、邪気を払い万病を除け、小正月のハレの日に一年の無病息災を祈り、小豆粥を食べるという。

●15日

粥占祭（よねうらさい）

●出雲大神宮／亀岡市千歳町　MAP19・B2

しのべ竹の竹管三本に、一（早生）、二（中生）、三（晩生）と刻印しこの三本を麻で固く結ぶ。15日午前0時神火を薪に移して火を焚き続け、この火で小豆粥を炊き、炊けた粥と竹管三本を朝になって皿に盛り三方にのせる。午前7時から粥占祭を行ない、祭典終了後直ちに竹管が社頭に展示され、参拝者は小豆粥の具合いでその年の稲の作柄を占う。また、小豆粥を椿の葉につつんで御札と一緒に竹にはさみ、苗代の水口に挿すと虫除けになるという。

粥占〈雙栗神社〉

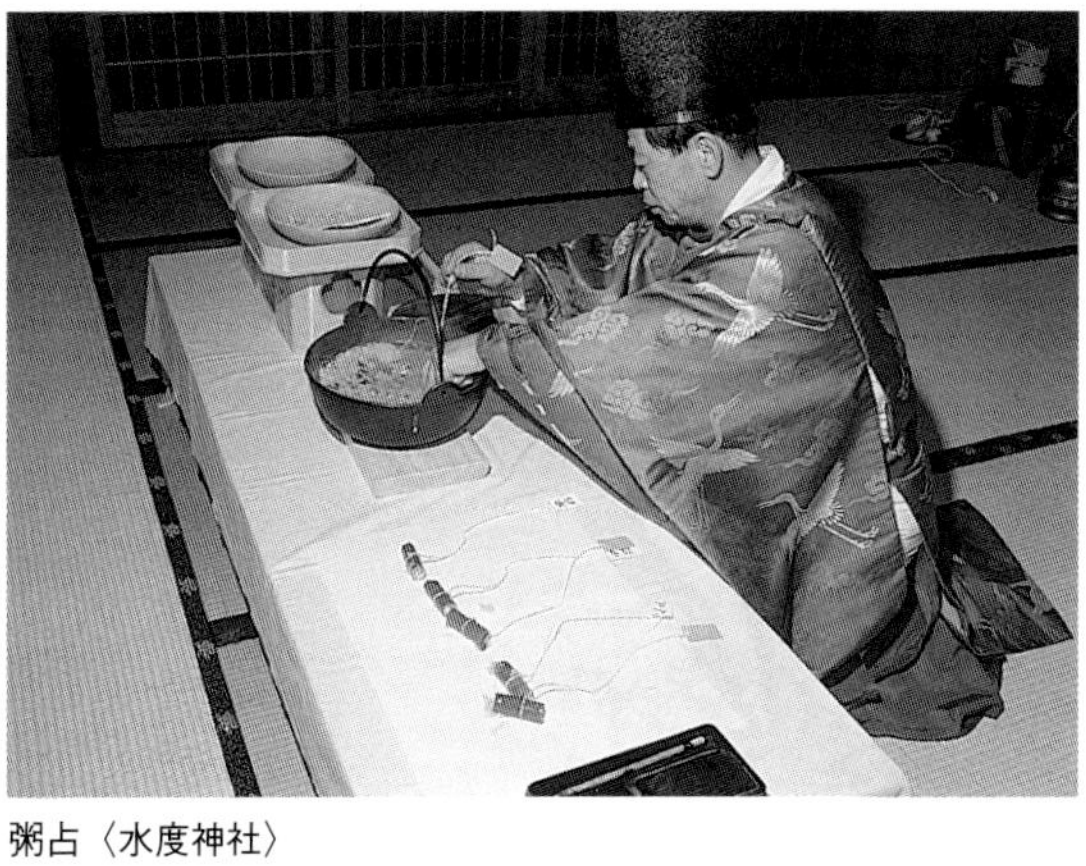
粥占〈水度神社〉

●15日

相楽の御田（さがなかのおんだ）

京都府指定無形民俗文化財

●相楽神社／相楽郡木津町相楽清水　MAP18・A2

稲作りの所作を模擬的に行なってその年の豊作を願う神事。相楽神社は相楽地区の氏神で9つの宮座があり、これらは大きく南座、北座に所属して分かれている。御田は宮守とソノイチと呼ぶ巫女によって行なう。午前中、拝殿でソノイチが神楽を舞い、午後同じ場所に筵を敷き詰め、宮守の一人が白衣に烏帽子姿で太夫となり、祝詞を奏上した後、鍬初、鋤初、苗代しめ、種蒔、春田打と鍬や苗籠などを使って、口上や歌を挿入しながら演じる。続いてソノイチと氏子の男の老人2人が並んで苗に見立てた松葉を植えていく所作をする。御田が終わると直会をする。神前には漆の木に宝印を押した紙を挟んだ牛玉宝印が供えられており、式典の後、苗松と一緒に各家に配られる。各家では春の苗代作りのとき、苗代に供える。

御田・宮守〈相楽神社〉

御田　祭の道具〈相楽神社〉

● すはま

州浜

大豆粉を麦芽飴、水飴、砂糖で練り、竹3本を用いて横断面が州浜の形になるよう成形した棹物菓子。小口切りにして取り分け、瑞祥を表わす州浜形を楽しむことから、正月菓子として好まれる。

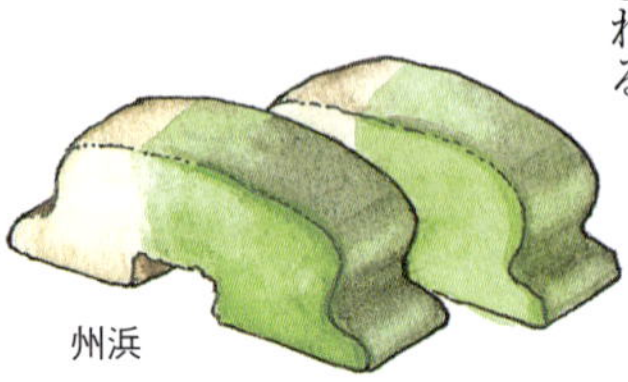
州浜

●第2日曜日　せいじんのひ

成人の日

二十歳を迎えた男女に対して、各自治体などの主催で式典が行なわれ、社会的に大人と認めて祝う日。厳粛な意味を持った儀式であり、そのように認識されてきたが、近年はその趣に変化がみられる。

成人の日

●15日　おこない・おゆみ

おこない・御弓

京都市登録無形民俗文化財

●浄楽堂／左京区大原上野町　MAP7・B2

青年団により、椀に盛られたサイコロ状の大根の角切りを少しずつ取り出しては転がす「サイコロ転がし」と呼ぶオコナイが終了した後、お堂近くの田にあらかじめ作りつけておいた的に向かって一和尚と二和尚の役を務める青年によって、1人5本ずつ矢が放たれる。

京都ちょっと昔のくらし

雪隠の神さん

お正月にはお鏡餅のほか「星つきさん」とか「おけそくさん」と呼ばれる小さなお餅を家のあちこちに供えます。このお餅は、鏡餅のミニチュアでちゃんと二段重ね。今もおくどさんの残る家では火の神・荒神さんはじめ、ガスレンジのそばや各部屋、そしてお手洗いにも供えます。特にお手洗いには、餅を供える大晦日、一家総出で雪隠（トイレ）の前に座り「雪隠の神さん、今年もありがとうございました」とお礼を言う家もあります。

おこない・御弓〈浄楽堂〉

●15日

銭司の鬼立て

ぜずのおにたて

●相楽郡加茂町銭司 MAP18・B2

鬼の面を取りつけた竹竿を地区の東西に立てて、15日のトンドの日の朝に燃やす行事。鬼は、木枠に紙を張って鬼の顔を描き、色紙で作った足20本をつけたもので、13日に公民館で子供たちが作る。

●

寒牡丹

かんぼたん

二季咲き性ぼたんの変種で、古くから正月の生花として珍重されてきた。花は春に咲くボタンよりも小さく、直径10cmほど。冬に花を咲かせるために、夏咲の花芽を摘み取って、花が咲くのを遅らせる。寒くなってくると、霜や冷たい風にあたらないように、藁の霜囲いをして大切に育てられる。藁苞の下で、うつむきかげんに咲く姿は優美で可憐。別名、冬牡丹。

●15日

御粥祭

おかゆさい

●上賀茂、下鴨神社など各神社

小正月の15日に小豆粥をいただく風習はほぼ全国に共通する。宮中でも平安時代からあった。新年を祝い邪気を払う行事で五穀豊穣を願う農耕神事のひとつ。御粥は小豆だけでなく粟、黍、稗などさまざま。地方によってはぜんざいや汁粉で祝う。主要神社では神前に御粥を供える。

御粥祭〈上賀茂神社〉

御粥祭〈下鴨神社〉

●

野鶏始めて鳴く

やけいはじめてなく

七十二候の69番目。新暦の1月15日～20日頃。野鶏とは、雉のこと。雄の雉が春を前に鳴きはじめる時節という意味。

●15日

御弓神事

おゆみしんじ

●北白川天神宮／左京区北白川仕伏町 MAP8・B2

白川から滋賀県大津市に抜ける志賀越道の小高いところにある北白川天神宮は「白川女」の里にある。御弓神事は拝殿前で「上寺」「下寺」の二つの地元組織に別れて行なわれ、神職が恵方に1本、反対方向に1本、的に向かって1本を射て五穀豊穣を祈願する。同社の創建は京都有数の古さを誇り、10月の「高盛御供」の古式神事で知られる。

京都のことわざ

京の着倒れ大阪の食い倒れ

大阪は食べ物に目がなく、うまいものには金を惜しまないが、京都人は着物には目がなく、衣服代に金を惜しまない。

京都のことわざ

京のぶぶづけ

京都の古い町家ではミセノマ・ダイドコ・オクがうなぎの寝床のように細長く配置され、オクにはよほど気心の知れた人しか入れない。「お茶漬けでも…」といわれ、その気になったら軽蔑される。「へえ、おおきに」と受けて辞去するのが京都流である。

京都のことわざ

知らぬが仏見ぬが極楽

人間、事実を知ってしまうと怒りや嫉妬など煩悩になやむ。なにも知らなければ心に波風がたたず極楽気分だ。

京都のことわざ

レンコンを食べると見通しがきく

レンコンには穴があいているため、将来の見通しがよいという縁起をかつぎ。

● 15日 ……さぎちょう

左義長

●各神社や学校行事

お正月の火祭りの一種。京都では「とんど」といわれる。注連縄（しめなわ）や青竹を立てた中にお正月の松飾りや書初めなどを積み上げて燃やし、無病息災を祈る。この火で焼いた餅を食べると病気をしないとか、火の手が高く上がると書道が上達すると信じられ、近年は小学校の校庭でもよく行なわれる。東山区の新熊野（いまくまの）神社、伏見区横大路の三栖（みす）神社、北桑田郡京北町山国（けいほくちょうやまぐに）の刈田神社など各神社、地域で行なわれている。青竹など三方から立てるため、正月のまり遊びの「三毬杖（さんぎっちょう）」が語源のひとつという。

● ……だるますとーぶ

だるまストーブ

石炭を燃料にしたストーブ。昭和50年頃まで、小学校などで使われていた。毎朝、日直（にっちょく）が火を起こす当番となり、授業中でも時間が来れば石炭をくべ、放課後には火の始末をした。こうして、自然と火の扱いを覚えたものだったが、遠い昔話になりつつある。

だるまストーブ

● ……こたつ

炬燵

京都では「おこた」という。底冷えの厳しい京都では、一度足を入れたらそこから出るのは容易ではない。電気炬燵が普及する前は、床に炉を切り、そこにやぐらを置いて布団を掛けて暖をとった。炉を切らない、置き炬燵もあった。

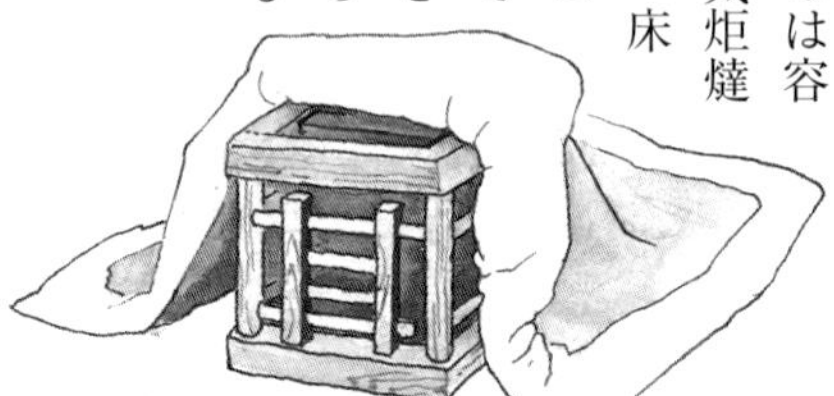

炬燵

● ……きょうゆば

京湯葉

中世以来の京名物。水でふやかした大豆を臼（うす）で挽（ひ）き、水でのばして布でこしたものを弱火で煮て上皮を引き上げた大豆の加工食品。引き上げたままのものが生湯葉、また引き上げ湯葉で乾燥したものが干し湯葉。精進料理には欠かせない植物性蛋白質（たんぱくしつ）の豊富な食品。

とんど〈久御山町〉

● 15日 ……ひがしいもあらいのとんど

東一口のとんど

京都府登録無形民俗文化財

●大池神社近くの田／久御山町（くみやまちょう）東一口（ひがしいもあらい） MAP16・B2

地区の人たちが本当座、御幣座（ごへいざ）、御箸座（おはしざ）の3つに分かれ、役割分担してとんどを作り上げる。とんどは大竹で支柱となる三角形の骨組みを作り、周囲をオシメサンと呼ぶ注連縄（しめなわ）できれいに飾りつけ、最上部には御幣と扇子をつけた竹を一本高く立てる。高さは7m以上に及ぶ。夜明けに浄火で点火され、その年の無病息災を祈る。

● ……なんてん

南天

きびしい冬に清らかな緑の葉と赤い実を鈴なりにつけるので、正月の床飾りに用いられる。南天を難転とかけて、災いを転ずるものとして好まれている。葉の質が堅く、切ってもみずみずしさを失わないので、赤飯や魚などを贈る時には、南天の葉の上にのせて贈る。これにも食あたりを転ずるための願いが込められている。冬の遊びとして子どもがつくる雪兎（ゆきうさぎ）は、眼には南天の実を使い、耳には譲葉（ゆずりは）を差して兎に見立てたもので、愛らしい冬の風物詩のひとつである。

一月の俳句

海鳴りを加へてゐたり初句会　秋本ひろし
懸想文売に火の粉の降り懸かる　前田摂子
獅子頭脱ぐやすらりと美少年　小野耐
雑炊や花見小路を東入る　安田守男
どの石を積むも祈りや四方拝　宇都宮滴水
裸踊夫が揉まれてをりにけり　樹下淑子
松飾川中に置く貴船かな　中次郎
宇治川の滾つ瀬くみて初茶の湯　鈴鹿野風呂
乾鮭も空也の痩も寒の内　松尾芭蕉
寒の入り山垂直に坐りゐる　境良一
恵方詣り仁王の大き草履古り　田中満枝
元日や比枝も愛宕も雪の山　高濱虚子
歳旦をしたり皃なる俳諧師　与謝蕪村
初稽古亡母の帯地の笛ぶくろ　先斗町笑寿
初雀個々の名もたず空無限　丸山佳子
水の音火の音かはりなき三日　鈴鹿百合子
的近き左眉上げ弓始　丸山海道
臘梅に雨のとろけて野はうるむ　加藤翅英

●16日……ぶしゃしんじ

武射神事

●上賀茂神社／北区上賀茂本山　MAP 2・B1

歩射神事とも呼ばれている。境内参道横の芝生に射場を設け、あでやかな狩衣を身にまとい烏帽子をつけた8人の神職たちが射場に並び、1人2本ずつ裏に鬼と大書された直径約1・8mの的を射る。終了後、近畿菱友会による古式にのっとった弓射の奉納行事がある。平安時代、宮中の建礼門院で五穀豊穣、無病息災のために始められたという。

武射神事〈上賀茂神社〉

●17日……つなひきしんじ

綱引神事

京都府登録無形民俗文化財

●大送神社／船井郡八木町日置　MAP 19・B2

朝八時頃からその年の当番の人たちがほぼ一日がかりで長さ14mを超える綱と弓の的を作る。この綱は推古天皇の時代、農作物を荒らしては村人を苦しめた大蛇に擬したものという。五時頃、大蛇の目にあたるという的を弓で射抜いた後、府道を境に南北に分かれた区民により7回綱引きが行なわれる。綱引きの勝ち負けはその年の作柄を占うもので、北が勝てば麦、南が勝てば米が豊作になるという。

綱引神事〈大送神社〉

青山祭〈石清水八幡宮　頓宮〉

●18日……あおやまさい

青山祭

●石清水八幡宮／八幡市八幡高坊　MAP 16・A2

疫神封じの神事で、厄除祭（15日～19日）中の18日に行なわれる。道饗祭、厄神詣、八幡参り、また深夜の神事であることから、暗闇祭とも呼ばれている。頓宮前に八角形に竹を立て、南方を開いて、入口左右に忌竹を立てて注連縄を張る。中央には、榊の枝で青垣を作って、その中の盛砂に榊を立てて神籬として、献饌、祝詞を奏上し、疫神をこの中に封じ込める。

●19日……えきじんさい

疫神祭

●八坂神社内の疫神社／東山区祇園町北側　MAP 9・B1

疫神社は八坂神社の西楼門を入ったところにある小さな社殿だが、八坂神社にとって大切な神社。1カ月に及ぶ祇園祭の仕上げもこの疫神社で行なわれる。もろもろの疫病退散を祈願する神事で、スサノオノミコトに一夜の宿を貸した蘇民将来に疫病から逃れるために茅の輪を腰につけるよう諭したという伝説に由来する。

●19日……やくじんさい

厄神祭

●篠村八幡宮／亀岡市篠町篠　MAP 19・B3

境内にある疫神社は、延久3（1071）年後三条天皇によって、平安京に通じる主要街道に六社設けられたうちの一つである。京都からみて乾（北西）の方向に当たるので「乾疫神社」とも称された。当日は、天候に関わらず午前9時から午後5時まで定時に厄除けの御祈祷が行なわれる。紅白の反物一反を9枚に切って氏名等を記し、厄年の人などが九つの摂末社に奉納する鈴の緒は、毎年二百反近くにのぼるほど多くの参拝者でにぎわう。

●19日

蛇綱（じゃづな）

●今福公民館作業場／宮津市今福（いまふく）　MAP24・B3

江戸時代に悪病が流行した際、悪病を追い払うためにワラ縄で大蛇を作り、村の入り口に掲げたと伝えられる。18日から蛇綱作りが行なわれ、19日の午前に完成した体長6m余りのジャヅナを老人会の人たちが担いで、法螺貝（ほらがい）を先頭に各戸を廻り、家人の頭を噛（か）んでまわる。噛んでもらうと一年間「無病息災」で暮らせるといわれ、村の入り口にある荒木神社境内の木にジャヅナを掲げる。

蛇綱

●

大寒（だいかん）

二十四節気の24番目。小寒から15日目で、新暦の1月20日、21日頃。一年中で最も寒さが厳しい時期とされる。一年の内で最も寒い時期だが、春に向かい、太陽は日ましに力が強まっていく。

●

すぐき（すぐき）

冬の京野菜を代表する蕪（かぶら）のお漬物。すぐきは、上賀茂が産地。べっ甲色に漬けあがった蕪の頭に、長い葉をくるくると巻いて売られるその姿もさることながら、すっぱい味わいが特徴。年々高価になりつつあるが、一度は必ず賞味したくなる京の冬の味。

すぐき

すぐきを漬ける上賀茂の農家

●20日……………………ほねしょうがつ

骨正月

冷蔵庫がなかった頃の正月の保存食として用意された塩鮭や塩鰤も、この頃には身は食べられて、頭と骨を残すのみ。それを出汁に粕汁を作り、いよいよ最後の始末をつける。具には大豆、大根が好まれる。鮮魚を手に入れることが難しかった頃の京都の食文化の知恵である。

●20日……………………はつかこう

二十日講

●右京区栂尾上ノ町・下ノ町・奥ノ町、梅ケ畑殿畑町 MAP13・B2

前年に町内で生まれた長男を神前に奉告し家系の繁栄継続を祝う行事。長男が生まれた家が頭屋となり、簡単な酒食で祝う。町内がその家の後継者として認知する意味がある。

●20日……………………ゆたてかぐら

湯立神楽

●城南宮／伏見区中島宮ノ後町 MAP11・B1

方除けで知られる城南宮の神事。拝殿で2人の神楽女が笛、太鼓に合わせて舞い、直径90cmの大釜の湯に笹をつけて豪快に笹の湯を振りかける。天から受けた水を杓取りして煮立てる神事で、この湯のしぶきを受けると無病息災と信じられる。

湯立神楽〈城南宮〉

●……………………きょうのそこびえ

京の底冷え

冬になると、三方を山に囲まれた京都盆地では、「放射冷却」がおこる。放射冷却は風のない快晴の夜に地面の表面から地熱が表出される現象で、冷気がたまりやすくなり冷え込む。冷気湖、寒気湖と呼ばれ、「京の底冷え」といわれる由縁である。この「京の底冷え」が、肥沃な土壌、美しい川の水や地下水をはぐくむ。また、カブラの漬物なども、底冷えがはじまる立冬以降に漬けたものが最良とされる。

●21日……………………はつこうぼう

初弘法

●東寺／南区九条町 MAP6・B1

弘法大師空海は承和２（８３５）年3月21日に没した。1年最初の縁日が初弘法。東寺では遺徳を偲ぶ御影供法要が営まれ、境内には骨董など１２００軒の露店が並ぶ。近年は外国人が「プリーズ、マケテヨ」と値切る姿も。12月21日は終い弘法と呼ぶ。

●21日……………………ようげんいんだいはんにゃきょうえ

養源院大般若経会

●養源院／東山区三十三間堂廻り町 MAP9・A2

大般若経６００巻を転読する儀式で経巻を巻名などのみを唱えて経典を流し読みにする。巻物を波打たせるように開く名物行事。

●……………………にわとりはじめてにゅうす

鶏始めて乳す

七十二候の70番目。新暦の1月21日～25日ごろ。鶏が春の気を察して、

初弘法〈東寺〉

卵を産み始める時節。また、交尾をはじめる時節という説もある。

●24日……あたごのひまつり

愛宕の火祭り

●坂本神社／綾部市田野町　MAP 23・A3

火災を防ぎ、生活安全を祈願する祭として消防関係者を始め、古式にのっとった火鎮式が行なわれ、大勢の参拝者で賑わう。

●25日……はつてんじん

初天神

●北野天満宮／上京区御前通今出川上る　MAP 3・A1

学問の神様で祭神の菅原道真は延喜3（903）年2月25日、左遷された太宰府で没した。1年最初の縁日が初天神。初天神には今出川通の参道から1000軒以上の露店が並び、合格祈願の親子らの姿が目立つ。平成14年には修復された国宝本殿で1100年大萬燈祭が営まれた。

初天神〈北野天満宮〉

●……わらばい

わら灰

十月になると、火鉢を出し、ワラ灰を作る。ワラはその年に刈り取られた太めのものを選び、同じ長さに切りそろえ、炮烙（素焼きの平たい土鍋）で炒って炭化させて作る。寒中の時期には、たっぷりと火鉢に入れる。

●……れんたん

練炭

木炭、石炭、コークス等を粘着剤で混ぜ、強く押し固めて形成された円筒形の燃料。燃焼を良くするために縦に幾つも穴が通してある。七輪の燃料として用いられた。

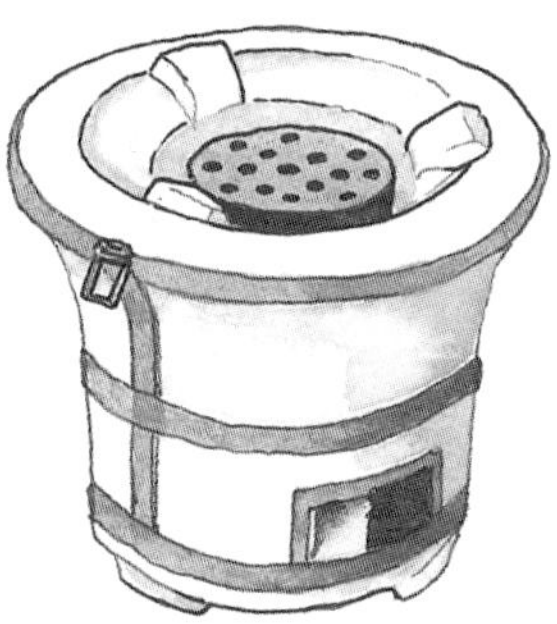

練炭七輪

●27日……みなもとのさねともき

源実朝忌

●大通寺／南区西九条比永城町　MAP 6・C1

鎌倉幕府3代将軍源実朝は建保7（1219）年1月27日、鎌倉鶴岡八幡宮で頼家の三男公暁に暗殺された。大通寺は実朝の妻であった本覚尼が実朝の菩提を弔うため創建した。同寺には源実朝の木像があり、命日に法要を行なっている。

●最終日曜日…ふなやのさとほっかほっかまつり

舟屋の里ほっかほっか祭り

●舟屋の里公園／与謝郡伊根町亀島　MAP 24・B1

「YYやろう海やー」の掛け声のもと平成7年1月に始まった町おこしイベント。舟盛料理・ビックリ大漁鍋など海の幸がふんだんに味わえることから「はらいっぴゃあ祭」とも呼ばれている。パンゲアミュージック（和洋様々な楽器を演奏する音楽）のステージも開催されている。

〔連絡先〕伊根町商工会
TEL ０７７２（３２）０３０２

●……しちょうれいしつす

鷙鳥厲疾す

七十二候の71番目。新暦の1月25日～30日頃。鷙鳥とは、荒々しい鳥という意味。冬の厳しさを象徴する鷹や隼が空高く、するどく飛びまわる時節。

●……ひばち

火鉢

火鉢を使っている家はどのくらい残っているだろうか。木炭を使うから、機密性の高い住宅では当然使うことはできない。火鉢にかけておいた鉄瓶の湯のたぎる松風の音、その湯の甘味、炭火の温もりを知る人が少なくなるのは淋しいものだ。火を使いこなす知恵が、火鉢と共に失われつつある。

火鉢

豆炭 まめたん

石炭、無煙炭、木炭などの粉末を練って丸みのある四方型に形成した家庭用の燃料。火持ちがよいことから、ふだんは木炭の節約もかねて火鉢にも入れた。昭和50年ごろまでは、寝床の暖に「あんか」の火種としても用いられた。

●28日

初不動 はつふどう

●**狸谷山不動院**／左京区一乗寺松原町　MAP8・B2

怖い顔をしたお不動さんは一切の魔除けになる庶民の味方。午前7時と11時、午後3時の3回、大護摩供養が行なわれる。太い青竹から御神酒（笹酒）をついでもらい、無病息災を祈る。元気な人は裏山の三十六童子巡りに汗を流す。

初不動〈狸谷山不動院〉

水沢腹く堅し すいたくあつくかたし

七十二候の72番目。新暦の1月31日～2月3日頃。水沢とは、水のある沢のこと。寒さで、沢に氷が厚くはりめぐらされる時節。

神移し かみうつし

●**厳島神社**／左京区静市市原町　MAP7・A3

明治まで粟穂弁財天と称した。1711年にできた『山州名跡志』によれば美女と化した弁財天が土地の老翁の夢枕にたち「ここはよい福地だからここに祀れば村は繁栄する」と託宣。夢がさめて川のほとりを見ると粟の穂に小さな白蛇がいたので仮殿に移した。粟穂御前として信仰された。神移しはこの故事を伝える素朴な神事。現在は中断している。

神移し

京都ちょっと昔のくらし

おしくら饅頭

正しくは「おしくらまんぞ」で子どもの好きな饅頭になったということですが、真偽のほどは不明。子どもたちが5、6人集まると何となく始まり、ただ体を押し合うだけの単純な遊びでしたが、冬は体がぽかぽかと暖まりました。「おしくら饅頭、おされて泣くな」とか「踏まれて泣くな」とかけ声をかけ合い、背中と背中をおし合って互いに暖めあい、心も温まった懐かしい遊び。大きい子は小さい子をおす時の力加減も学びました。

おしくら饅頭

二月

如月 きさらぎ

春は名のみの底冷えに 衣更に着て

立春とはいえ、春は名のみ。
二月の京都は底冷えいよいよ厳しく、
衣を更にもう一枚着こんで
この月を過ごしたことから
衣更着(きさらぎ)―如月(きさらぎ)―と呼んだとか。
先人の繊細な季節感が伝わってきます。
節分には、吉田神社や壬生寺、千本釈迦堂など
方々の神社や寺院で
それぞれ工夫を凝らした追儺(ついな)の式が行なわれ、
町の家々でも「福は内、鬼は外」の
かけ声も高らかに家中に豆をまいて
鬼に見立てた災厄や邪気をうち祓い、
福を招き入れます。
そして、最初の午の日、
伏見稲荷大社で「初午大祭(はつうまたいさい)」が行なわれます。
お稲荷さんの拝殿は、
杉と椎(しい)とで清々しく「青山飾り」され、
町家では畑菜(はたけな)の辛子和え(からしあえ)を食べて
家内安全、商売繁盛を祈ります。

湯立神事〈石清水八幡宮〉

湯立神事

●1日と3日……ゆたてしんじ

●石清水八幡宮／八幡市八幡高坊　MAP16・A2

節分行事の一つで、無病息災、厄除開運、五穀豊穣を祈る。早朝、神社内にある石清水社の井戸「石清水」から汲み上げた水を、本殿前の三つの釜で沸かし、塩、米、酒を入れて清める。清められた湯は、神楽女によって神前に献上される。その後、神楽女が熱湯に笹の葉をひたし、参拝者に振りかけ、厄を祓う。神事の後、参拝者に湯や笹が配られる。

雪花

●……ゆきばな

どんよりとした寒空から、ひらひらと雪が舞ってくる。ひとひら、ふたひらと舞う雪の姿を花びらに見立て、雪花という。

鶯

●……うぐいす

ウグイス科。全長約14cmで褐色。全国で見られる留鳥。夏は里や山の笹の多い林にすみ、冬は街までおりてきて、庭先や公園にくることもある。「ホーホケキョ」「ケケケケキョケキョ」と鳴く。早春から美しい声でさえずるので春告鳥とも呼ばれ、初夏のホトトギスとならんで、古くから多くの詩歌に詠われている。

餅花まつり

●1日……もちばなまつり

京都府指定無形民俗文化財

●相楽神社／相楽郡木津町相楽　MAP18・A2

餅花を奉納して豊作を祈願する祭。餅花は粘土をワラ束で包んだものに3個ずつの団子餅を刺した竹串12本を花のように広げてさしたもの。9つの宮座がそれぞれ作って神社拝殿につるす。巫女の神楽が奉納されたあと下げて、団子をはずして各家に配る。

鎮火祭

●3日……ほしずめまつり

●大原神社／天田郡三和町大原　MAP21・A2

大原神社の摂社火神神社では、毎年この日、古儀にならって井桁に組んだ火炉を設け、これが燃え上がった頃火を消す火鎮め神事が行なわれる。夜には本殿で節分の追儺式があるが、

餅花まつり〈相楽神社〉

その際「鬼は内、福は外」と珍しい掛け声がかかる。これは、大原は九鬼氏の治める綾部藩だったことから、鬼を迎え福を氏子に分けるためともいわれている。

福寿草

●……ふくじゅそう

キンポウゲ科の多年草。高さは10～30cmで、四国をのぞく全国の山に自生している。正月の飾りに使う縁起のよい花で、広く栽培されている。元日草、賀正草という名もある。野生のものは3月から5月に咲く。黄金色の花は昼間は開いて、夜は閉じる。

福寿草

茗荷祭

●3日……みょうがまつり

●阿須々伎神社／綾部市金河内町

MAP23・A2

神社の境内にある茗荷田から、神職が早稲、中稲、晩稲の三種類の稲の分だけ茗荷の芽を刈って神前に供え、茗荷の根の形態によりこの年の五穀豊穣を占う。志賀郷七不思議の一つともいわれる祭で、この日は近隣より多くの参拝者で賑わう。

口焼き

●……くちやき

●左京区花背八桝町

この地域では、節分ごろになると雪が多いことから節分のことを「節分雪中」という。八桝での節分の習わしは、家の周囲に柊にさした鰯の頭を取りつけて厄除けし、焙烙で大豆を炒りながら田畑の害虫に見立てた榧の葉を1枚ずつちぎっては火にくべ、病虫害を駆除する。農家の豊作を願う習慣であるが、近年は農薬の進歩もあり、こうした風習を行なう農家もめっきり少なくなっている。

口焼き〈花背八桝〉

厄払い

●……やくはらい

かつては、節分の晩に「厄払いましょう、厄払いましょう」といって町を流し歩く男がいた。手拭いをかむり、張りぼての籠を背負い、扇子を持っていたりする。厄年（男42歳、女33歳等）の者のいる家では、その男を呼びとめて銭や豆をあたえた。

左女牛の神事

●4日……さめうしのしんじ

●若宮八幡宮／東山区五条橋東

MAP9・A2

大寒の大安の日の水が無病息災の霊水として参拝者に授与される。若宮八幡宮はその昔、左女牛西洞院（現在の下京区）にあり、鎌倉幕府、足利幕府将軍家の手厚い庇護を受け、石清水八幡宮と並ぶ巨大神社だった。手水鉢は足利義満の寄進といわれ、旧地の井戸水は名水とされた。また同社は、五条坂の陶器まつりの神社として知られる。

立春

●……りっしゅん

二十四節気の1番目。新暦の2月4日、または5日頃。節分の翌日が立春である。天文学的には太陽が黄経315度の点を通過する時をいう。この日の前夜を年越しと考える風習があり、正月節・歳首月などともいう。気温はまだ低いものの、暦の上では春の始まり。太陽が高くなり光が明るさを増すため、春の気立ちを感じ始める頃でもある。和歌の用語では「春立つ」、もしくは、「立つ春」が使われる。この日の早朝、禅寺では入り口に「立春大吉」と書いた紙札を貼る。

左女牛の神事〈若宮八幡宮〉

節分祭

陰陽師が祭文を読み、殿上人が柳の杖で四方の大地を打つ。

大極殿前庭で古式に則り盛大に

【平安神宮】節分祭

節分祭〈平安神宮〉

方相氏が鬼退治

ユニークな面をつけた方相氏が、「鬼ヤロー」と叫び祭場を三周する。

平安神宮の方相氏の絵のあるお札

大極殿前庭で古式に則り盛大に

【鞍馬寺】節分追儺式

節分追儺式〈鞍馬寺〉

節分祭

立春の前日の3日が節分。春を待つ行事であるものの、この時期の京都は最も寒い。魔除けの柊に鰯の頭をさして玄関口に置く習俗は今も健在、とくに左京区鞍馬寺の門前町に残っている。豆をまいて「鬼は外、福は内」と唱えるのは豆で鬼を追い払う意味。年齢よりひとつ多く豆を食べると一年間、無病息災と信じられる。家庭での節分豆まきはかなり少なくなったが、社寺の節分行事は盛んだ。左京区の吉田山にある吉田神社の節分をはさんでの3日間。京都最大の節分行事で数1万人が参詣する。追儺式は3匹の鬼が追い詰められて退散する古式ゆかしいもの。京都大学前から山上にかけて露店が集中、大元宮で全国の神々を参拝する。

上京区の御所の東にある廬山寺では、境内特設舞台で鬼法楽が演劇性たっぷりに演じられる。また同じく上京区の千本釈迦堂ではおかめ節分会があり、おかめの面をかぶった名士が豆まき、木遣り音頭の実演、狂言などもある。このほか平安神宮、北野天満宮、伏見稲荷大社、八坂神社、上賀茂・下鴨神社、六波羅蜜寺、聖護院、狸谷山不動院、日向大神宮、毘沙門堂、福勝寺などの各社寺で、特色ある行事が行なわれる。交通神

京都には百鬼あり

独特の所作がある鬼踊り

廬山寺

追儺式鬼法楽

追儺式鬼法楽の鬼踊り〈廬山寺〉

法弓師が天地四方に矢を放ち、蓬莱師が紅白の豆と餅をまき邪鬼を祓う。

廬山寺のお札

八坂神社のお札

福をもたらす鬼！

八坂神社

節分祭

蓬莱鬼は福をもたらす目出度い鬼といわれ、大変な人気者である。

節分祭〈八坂神社〉

石清水八幡宮の鬼

八幡かぐや姫たちが鬼払い

石清水八幡宮

節分祭

社として知られる左京区の須賀神社では珍しい懸想文売りがある。烏帽子、白覆面の神職が良縁祈願の恋文を授与する。中京区の壬生寺では無言狂言『節分』が奉納される。

豆まき

立春の前日は年越しの日とされ、邪気を払う行事のひとつとして豆まきが行なわれる。炒った大豆を枡に入れて神棚に供え、夕刻に下ろして、自分の年より一粒多い数を食べ、同じ数だけの大豆を肩越しに後ろへ投げて厄を払う。残りは、家長が「鬼は外、福は内」と唱えながら家中に豆をまく。商家では、鬼を大荷にたとえ、「福は内、大荷は内」とも唱え、家人は、その後ろをうちわであおぎながら「ごもっとも、ごもっとも」と続いた。

北野追儺狂言が奉納

【北野天満宮】

福の神が鬼を払うという狂言が奉納される。

節分祭

節分祭〈北野天満宮〉

北野天満宮のお札

節分会のお札〈壬生寺〉

鬼の数だけ護符がある

それぞれの社寺では工夫のこらされた、さまざまなお札や授かりものが用意されている。

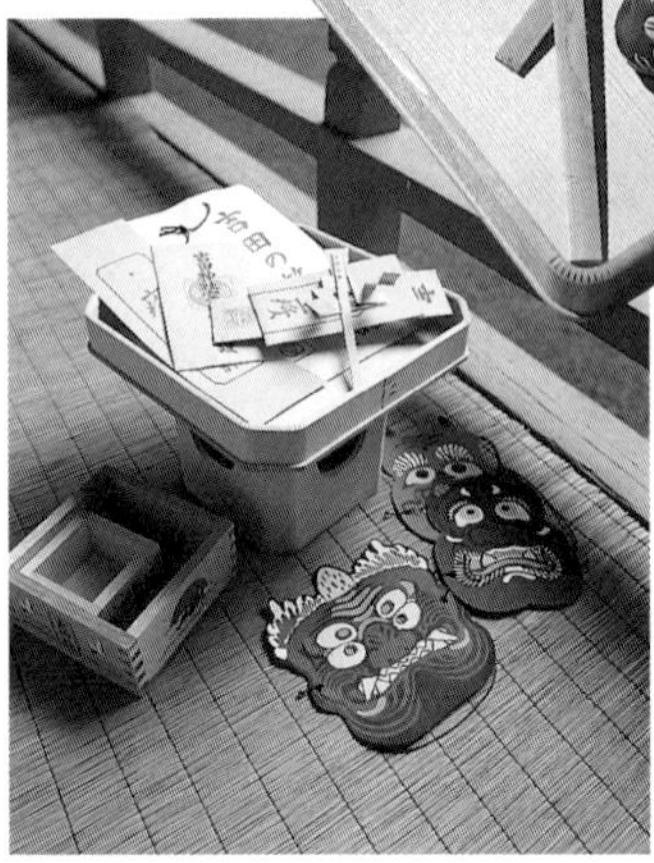

節分祭のお札〈吉田神社〉

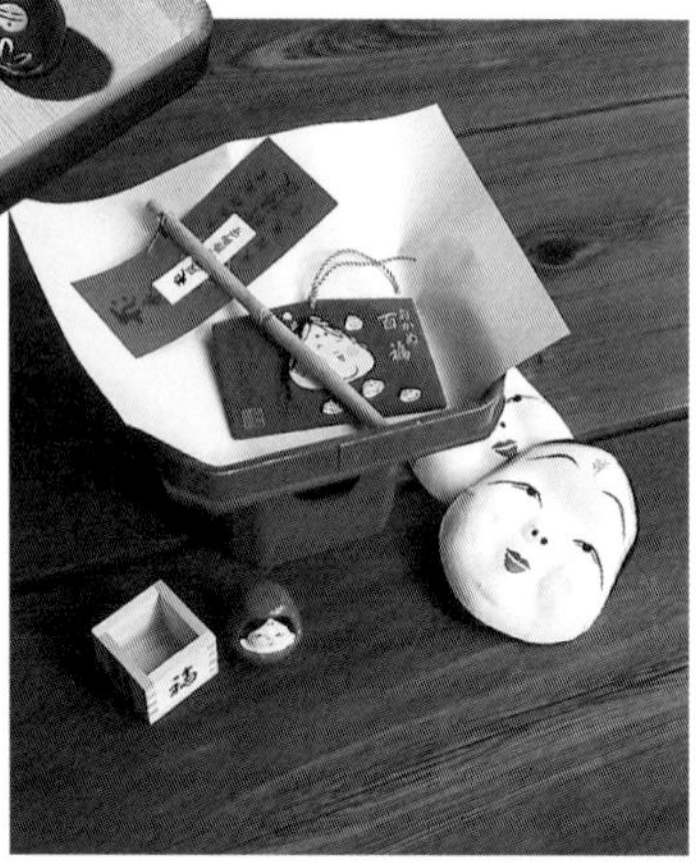

おかめ節分祭のお札〈千本釈迦堂〉

鰯

京都の町では節分に、必ずいわしの塩漬けを食べる。塩気が強くてとてもからい。脂がのってよく肥えたいわしを焼くと、家中に臭いと煙が充満する。それが鬼や疫病を退散させるのだという。麦飯とともにいただき、残った頭は、柊の枝に刺して門口に立てる。

鰯

鰯の頭も信心から

大衆魚である鰯の頭も信仰心によってありがたいものになるというたとえ。節分に鰯を食べるのは、その匂いで鬼が逃げるという呪術的な信仰からだという。鰯の頭を柊にさし、門口につるす地域もある。

土竜追

おんごろもちおい・おんごろどん

田畑を荒らすモグラの害を除くため、京都・西賀茂地区で神様の正月である節分の夜に子供たちが鉦や太鼓を打ち鳴らしてモグラを追いながら町内をまわる行事。京田辺市宮ノ口地区には、小正月に小学生の男子が行なう土竜追いの行事がある。昼間男の子は家で作った樫の枝にワラを巻いた棒を氏神である白山神社に供える。地元ではモグラをおんごろどんといい、このワラの棒もオンゴロドンという。夕方になると神社に集まり、各自棒を持って全員で唱えごとをいいながら境内の地面を打ち、そして地区の各家々をまわって同様に屋敷の庭を打つ。唱えごとは「おんごろどん　うちにか　よこづちどんの　おんまいじゃ　おまけ　おまけ　おまけ」である。南山城地域では精華町祝園などでも行なわれ、11月の亥の子の日に行なう地区もある。

おんごろもちおい〈北区西賀茂〉

いぬふぐり

いぬふぐり

越年性草木で、草丈は15cm位。葉のつけ根に小形で淡紅紫色の花が咲く。実は扁平で縦に凹状の線があり、2個に見える形が、犬の陰嚢に似ている所からこの名前がつけられた。瓢箪草、天人唐草とも呼ばれる。

おんごろどん〈京田辺市〉

朔弊祭

さくへいさい

朔弊とは1年の初めの1日（朔日）に神前に奉幣することで、「さっぺい」となまって呼ばれる。神殿や町内の要所の潅縄を新しいものに取り替え、集落に邪鬼が入らないように祈願する。大正、昭和初年には神楽が奉納されていた。井上頼寿著『京都古習志』（昭和15年、臨川書店）には向日市の向日神社、洛西三宮神社では御神酒、白米、鯛などが捧げられたとある。朔弊は古い歴史があり京都の吉田神社や宮津の籠神社、安芸の厳島神社などは朔弊のための料田「朔弊田」があった。

●6日

索餅祭

さっぺいさい

●向日神社／向日市向日町北山　MAP16・A1

向日神社の月次祭。3月と6～9月を除く毎月6日に月ごとに決められた各地区の宮座で行なわれる。午前、頭屋に集まって索餅を作り、午後、神前に供える。戦国時代、武士の掠奪を恐れた農民たちは座を結成して、一時的に自分たちの私財を同神社に施入して保護をはかり、後に各戸にその所有を復したのことに感謝

五色豆

宮中五節句から取ったとされる五色を用いて、香ばしく炒った大豆にそれぞれの色の砂糖をかけた菓子を五色豆という。緑は青海苔、赤は紅、黄はウコン、黒はニッキ、白は砂糖となっている。色目、香ばしい風味が目にも舌にも楽しい。

おばけ

祇園花街／東山区祇園

節分には「おばけ」と称して、常とは違う装いに身をやつす風習が残っている。舞妓、芸妓は丸髷に結って町の奥さんの風を装ったり、歌舞伎の役どころに扮したり男の格好などしてお座敷をまわり、ご祝儀を貰う。また、町娘が舞妓や芸妓の格好をすることもある。

おばけ〈祇園〉

して始められた。ただし、10月だけは、新穀による索餅を供えるために16日に行なわれる。

索餅祭〈八瀬八幡宮〉

●4日……たけのこさん

筍さん

●**篠田神社**／綾部市篠田町　MAP23・A3

あらかじめ行事の中心となる祢宜が選ばれ、この祢宜が水垢離をし、般若心経を唱えてから、神社後方の神聖な藪から、未明に筍を掘り出してきて、その形態でこの年の五穀豊穣を占う。この祭も志賀郷七不思議の一つといわれており、各地からの参詣者で賑わう。

筍さん〈篠田神社〉

●**第1もしくは第2日曜日**……みやまゆきまつり

美山雪まつり

●**美山町自然文化村**／北桑田郡美山町中　MAP20・B1

自然文化村河鹿荘が主催するイベントで、毎年雪の多い時期に開催される。大雪だるま大会やクロスカントリースキーの競争などが行なわれ、雪を楽しむ地域の人々や雪を楽しむ観光客で賑わう。

〔連絡先〕自然文化村　TEL0771（77）0014

初午大祭

【初午の日】

伏見稲荷大社／伏見区深草藪之内町

2月初午の日は稲荷大社創建にかかわる重要な日。和銅4（711）年、稲荷の三つの峰に神が降臨したと伝えられる。この日は境内主要建物に杉と椎の枝で青山飾りをする。古来から「三都随一の初午詣で」といわれ、ごったがえす。縁起物の「験の杉」が授与され、商売繁盛を願って全国から人々が参集する。

初午大祭〈伏見稲荷大社〉

きつね面

初午の日に詣でると、伏見稲荷の参道には甘味噌風味のきつね面の形をした煎餅を売る店が多く並んでいる。おいなりさんといえばやはり狐。茶の湯の席でも、この時分の干菓子には、白い煎餅種に砂糖のすり蜜をつけ、三方折り曲げて焼印で目をつけた狐や、紅白の有平を捻った、ねじり棒が好まれる。

きつね面の煎餅

●……………………とうふうこおりをとく

東風凍りを解く

七十二候のうちの1番目。新暦の2月4日~8日頃。東風とは、春になって東から吹く風のことで、春を到来させる風のこと。東風が吹き、冬の間、池や湖に厚く張った氷を解かしはじめる時節。東風は、梅を咲かせる風ともいわれる。

●8日……………………はりくよう

針供養

●法輪寺／西京区嵐山虚空蔵山町　MAP⑮・B1

裁縫や手芸の上達を祈願し、針に感謝する。本堂前の祭壇に長さ40cm厚さ10cmのコンニャクを供え、これに飾り糸のついた長い針を刺して供養する。他府県からの参拝者もあり、12月8日にも営まれる。

●8日……………………せんぼんづき

千本づき

●右京区嵯峨野

昔は祭や祝ごとには必ず餅を搗いた。千本づきもそうした風習である。丸太の杵数本でつくのは京都でも珍しい。長老衆が餅を搗き、男子15歳の成人を祝う儀式。

針供養〈法輪寺〉

千本づき〈嵯峨野〉

●8日……………………はつろくあみだめぐり

初六阿弥陀めぐり

●真如堂ほか

1年最初の六阿弥陀めぐり。阿弥陀如来は浄土教の本尊で、名号を念ずれば、極楽往生するとされる。洛中にある六カ寺の阿弥陀を毎月1回の功徳日に参拝し、3年3ヵ月続ければ特別な功徳を受けられるとし、江戸時代初期に木食正禅上人が始めたといわれ、以後広く行なわれるようになった。功徳日の朝、まず第1番の真如堂に参り「京洛六阿弥陀巡拝の証」に蓮華の朱印を受け、永観堂…清水寺阿弥陀堂…安祥院…安養寺…誓願寺の順に阿弥陀仏を拝み、結願所の誓願寺で御詠歌を奉納する。

功徳日は1・4・8月が15日、2・10月が8日、7月が14日、5・9月が18日、6月が19日、11・12月が24日、及び春秋の彼岸。

〔連絡先〕真如堂　TEL075（771）0915

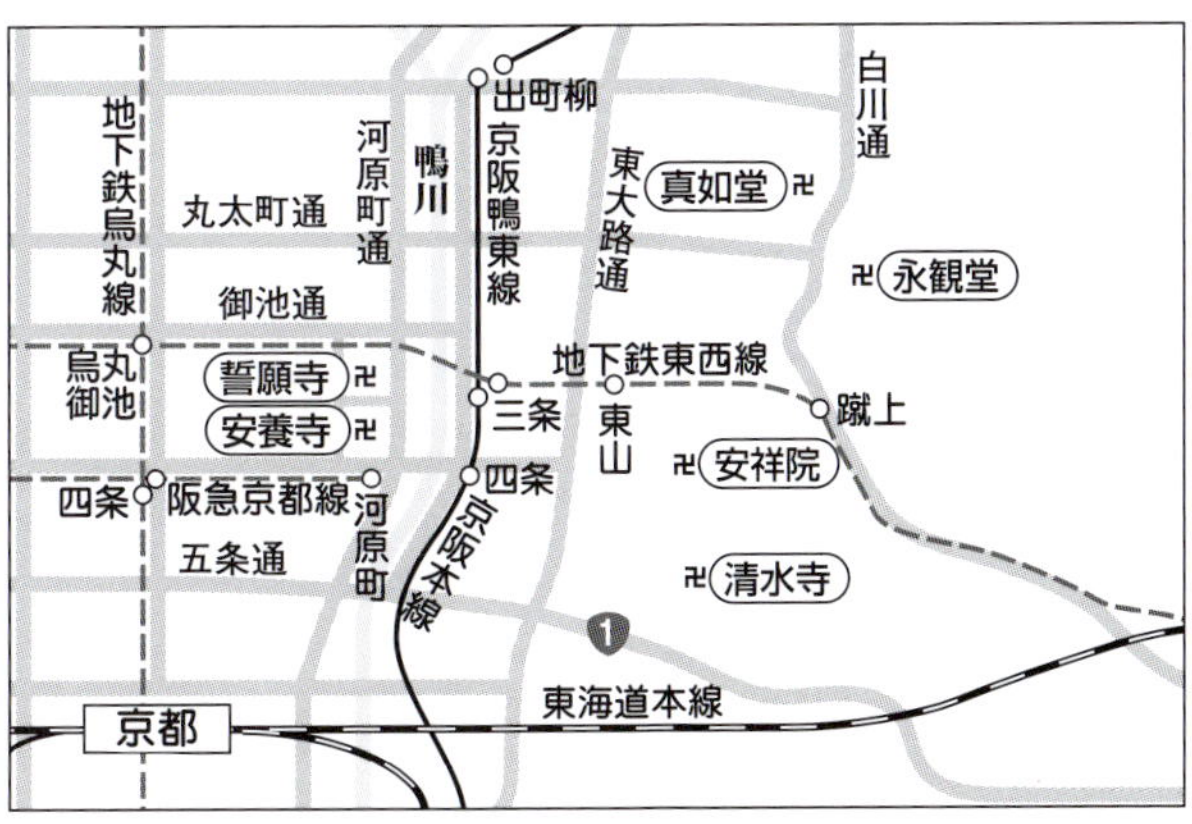

初六阿弥陀めぐり地図

●8日……………………かんじょうざ

神縄座

●綴喜郡宇治田原町立川　MAP⑰・B2

毎年厳冬のこの日、在所の安全と無

病息災を願い行なわれる行事。神仏混淆の風習。熊倉神社の宮守をつとめる頭屋に集まり、長さ6m、直径30cmのワラの大蛇を作り、浄土寺の住職が正念を入れ、在所の入口、神縄の森に祀る。

●9日……にのこう

二九

京都市登録無形民俗文化財

●山科区小山小川町

鎌倉時代、牛尾観音参りの人々を襲う大蛇を四手井景綱が退治した。土地の人は大蛇の後難を恐れ供養のため、ワラと太い青竹で大蛇の形を作り奉納した。大蛇の目は2個の橙、青竹を割って赤い口を作り、松の大木に差し渡す。大蛇は、親を亡くした戸主が二人一組で作り、実際に御神酒を注ぎこむ。これを終えると村で一人前と認められた。蛇（龍）は雨を呼ぶ神で豊作祈願に結びつく。

二九〈山科区小山〉

●……ちっちゅうはじめてふるう

蟄虫始めて振るう

七十二候のうち2番目。新暦の2月9日～13日頃をさす。蟄虫とは、土の中で冬ごもりをしている虫のこと。春の気を感じて、土中で眠っていた虫がごそごそと動き始める時節。

●9日……やしゃご

矢射講

●長岡京市井ノ内

15歳になった男子を総領が講の諸行事に参加資格を与える式。入講といい、いわゆる元服式。氏神でお祓いを受け、牛玉のお札と御神酒をいただき、床の間に供えて式に入る。三三九度の盃から始まり、それが終わると床の間に準備されていた乙訓大明神の掛け軸が降ろされる。それを合図に女性も宴に加わることを許される。昔は、氏神に詣って射場で大蛇の形を射た。牛玉法印のお札は、苗代に立てておくと豊作と虫除けになるとのいい伝えがある。同市今里、向日市鶏冠井でも、同じような行事が行なわれている。

●……ふしみにんぎょう

伏見人形

伏見人形は、稲荷山で採れる粘土質の高い土を型にとり、登り窯で素焼にした後、彩色された素朴な郷土人形。初午にお稲荷さんに詣で、伏見人形の布袋さんを小さいものから順に毎年一体ずつ求めて帰り、7年越しで7体そろえる。おくどさん（竈）の近くにずらりと並べられた布袋さんの黒光りした姿に、その家の歴史を垣間見る思いがする。

伏見人形

●……ぶぶづけ

ぶぶづけ

京都では、ぶぶづけ（お茶漬）をよく食べる。つけ合わせは取り出したばかりのおどぼ（ぬか漬）や塩昆布、あられなど何でもよい。ちょっと小腹が空いた時や、忙しい時にカサカサっといただく。冷ご飯に熱いおぶう（お茶）でも、夏場に冷たいおぶうでも、何の手間も掛けないぶぶづけだが美味しいもの。

ぶぶづけ

●11日

建国記念日

けんこくきねんび

明治5（1872）年、神武天皇即位の日を記念して「紀元節」として制定された。第二次世界大戦後、一時中止されていたが昭和41年から建国記念の日として再び祝日となった。

●11日

竹送り

たけおくり

●観音寺／京田辺市普賢寺　MAP 16・B3

東大寺二月堂の十一面観音を信仰する山城松明講がお水取りの竹を奉納する行事。市内の山で孟宗竹を切って観音寺に運び、講の名前を墨書したあと、住職に道中安全を祈願してもらって荷車や舟を使い二月堂まで運ぶ。明治時代には山城地域で竹を奉納することが行なわれており、道に置いておくと通行人が順次送っていったという伝承もある。こうした伝統を背景に、昭和54年、町内の有志によって山城松明講が結成され、竹の奉納を復活させた。

竹送り〈京田辺市〉

●11日

阿含の星まつり

あごんのほしまつり

●阿含宗本殿／山科区北花山大峰町　MAP 10・A2

恐らく日本最大の護摩供法要。参詣

阿含の星まつり

者は全国から7万人を越える。巨大な護摩壇は高さ4m以上になり、100人の山伏が奉納された護摩木を次々と放り上げ、20mの高さに届く炎は不動明王の姿に見えたりするという。

●11日……ななくさかゆ

七草粥

●**城南宮**／伏見区中島宮ノ後町　MAP 11・B1

七草粥は正月7日に宮中でも食され、『枕草子』『源氏物語』にも登場する。城南宮では七草や春の野菜を神前に献じ、信者には七草粥を接待する。七草は現代風に言えば小カブ（すずな）、大根（すずしろ）、コオニタビラコ（ほとけのざ）、母子草（ごぎょう）、ハコベ（はこべら）、セリ、ペンペングサ（なづな）。

七草粥〈城南宮〉

●11日……えじそんせいたんさい

エジソン生誕祭

●**石清水八幡宮**／八幡市八幡高坊　MAP 16・A2

発明王トーマス・エジソンの功績を讃え、エジソン彰徳会（日本電気協会内）の主催で行なわれる碑前祭。エジソンが八幡市の竹を炭素白熱電球のフィラメントとして使ったことにちなみ、この功績を讃えるために昭和9年に境内北側に記念碑が建てられた。昭和33年に現在地に移されたのち、昭和59年に現在のものになった。日米の国旗を掲揚し、献花をする。なお、10月18日の命日にも碑前祭が営まれる。

●11日……みょうがさい

茗荷祭

●**須代神社**／与謝郡加悦町明石　MAP 24・A3

稲作の豊凶を茗荷の発芽の具合によって占う。氏子代表らが拝殿に上がり、玉串を捧げ、豊作を祈願したあと、茗荷を生育している境内近くのお宝田で、早稲・中稲・晩稲に仕切られた茗荷の芽を見比べる。その結果はすぐに木版刷りにされ、参拝者や氏子に配られ秋の豊かな実りに期待をかける。

●11日～13日……もちざ

餅座

●**小倉神社**／乙訓郡大山崎町円明寺　MAP 16・A1

小倉神社の氏子地区で行なわれる座。久貝地区では13日、頭屋が餅をついて近所の人たちが小豆餅を作った。小倉神社には大花びらという直径15cmほどの薄い餅の間にワラを挟んだ餅16個と、直径10cmほどの薄くのばした餅30枚、酒を神饌として供え、各戸に餅を配った。調子地区でも早朝から餅搗きが行なわれる。下海印寺地区では11日、頭屋に小倉大

京都 ちょっと昔のくらし

節分のおばけ

「おばけ」と呼ばれる節分の奇習がありました。元は節分にだけ結われる女性の厄除けの髪型のことで、「お化髪」と書かれました。老女は島田など若い女性に扮し、若い娘は丸髷などに髪を結い、神社に詣でたという習慣で、階層や年齢、性別などの転換の呪術的な習俗。男性の女装や女性の男装、子どもの化粧なども行なわれていました。現在は芸妓や舞妓が歌舞伎の主人公や老婆に扮するなど、おばけの習慣は花街を中心につながれています。

節分のおばけ

餅座・氏子に餅をくばる〈小倉神社〉

明神の軸をかけ、小豆餅をはじめとして御神酒等を神饌として供えて宴を設けた。金ケ原でも同じような宴が行なわれる。

●14日……………ばれんたいんでー

バレンタインデー

聖バレンタインの殉教した日を記念して、女性から男性に愛の告白が許される習慣が生まれた。この日、日本では女性が意中の男性にチョコレートを贈るだけでなく、日ごろお世話になっている男性にも義理チョコと称して贈る習慣が定着し、年間のカカオ消費量の大方がこの時期に集中する。

●15日～17日……………いごもりまつり

居籠祭

重要無形民俗文化財

●涌出宮／相楽郡山城町平尾里屋敷　MAP18・A2

稲作の手順を模擬的に演じて豊作を祈願する正月行事。3日間行なわれ、初日の15日は「饗応の儀」と呼ぶ、与力座が3つの座の長老を接待する儀礼が行なわれる。その夜、境内で大松明を燃やす「松明の儀」がある。翌16日は歩射座と古川座が勧請縄を境内に吊って奉納する。17日は御田の儀で、巫女と与力座の子供2人と宮司が拝殿において稲作の所作を演じる。最初1人の子供が田船を引き、次に宮司が種蒔きを行ない、最後に巫女と子供2人が並んで苗に見立て

居籠祭の饗応の儀〈涌出宮〉

居籠祭の田船引き〈涌出宮〉

た松葉を植える仕草をする。御田の儀の前にも15日同様の饗応の儀がある。

山焼き

やまやき

右京区中川を中心にした北山一帯毎年、北山の山間では1～2月ごろになると、雪で白くなった山肌から幾筋もの煙が立ち上る光景が見られる。厳冬のこの時期は、下草が枯れて杉の伐採作業が効率的に行なえることに加え、何よりも良質の北山丸太を産出できる。山焼きはこうして伐採された杉の枝葉を焼き払い、春に植林を行なうための山肌を整理するためのもの。焼かれた灰も自然の肥料ともなる。

山焼き

釈迦涅槃会

15日

釈迦涅槃会

しゃかねはんえ

妙心寺ほか各寺院

旧暦2月15日は釈迦が涅槃に入られた日にあたる。涅槃会は寒さを避けて参詣しやすい3月に行なわれることが多いが、大寺院内部では釈迦賛嘆の法会が行なわれている。妙心寺は仏殿に釈迦涅槃図を掲げていとなむ。

魚氷を上る

うおこおりをのぼる

七十二候の3番目。新暦2月14日～18日頃をさす。ようやく厳しい寒さも遠のき、池や湖の底でじっと息を潜めていた魚たちが春の兆しを感じて泳ぎだす。水がぬるみ、氷の割れ目を破って魚が水面上に躍り出てくるような時節。

15日

水行・火焚祭

すいぎょう・ひたきさい

松ケ崎大黒天／左京区松ケ崎東町

MAP 8・B1

日蓮上人ゆかりの千葉県市川市、法華経寺の荒行堂・遠寿院で100日間の修行を終えた僧が冷水を手桶で頭から何度もかぶり、無病息災と招福を祈願する。信者多数が見守り、修行僧の御利益を受ける。このあと護摩の火焚祭がある。また、蕎麦の接待もある。

水行〈松ケ崎大黒天〉

初音

はつね

初音は、その年に初めて聞く鶯の声のこと。2月半ばにもなれば、庭木の植え込みの間にさえずりが聞こえはじめ、人々は春の訪れを感じる。鶯には、その明るい声が待望の春の訪れを告げるものとして、古くから、春告鳥という異名がある。そのため、初音といえば、必ず、鶯の声のことをさす。

二月の俳句

いちにんの舸子の余地なき宝船　丸山　海道

かくしおほせしや薄氷流れだす　森　茉明

きさらぎの京人形のひとひき目　豊田　都峰

京なれや男もすなる針供養　山西　白閃

紅梅やお土居の土の薄じめり　有岡　巧生

小振りなる泪の茶杓利休の忌　吉田みゆき

ちさい子の麻上下や梅の花　小林　一茶

どの道も湯豆腐の旗南禅寺　尾池　和夫

中京の古き醫院や梅寒し　本庄百合子

真四角に曲り伏見や厄落　金久美智子

壬生炮烙墨たつぷりと厄落し　吉川多佳美

節分の句の関守りて老いにけり　鈴鹿野風呂

節分や嘘一つ持ちかへりけり　田中　千茜

草色をつけ立春の飴細工　高木　智

太秦や木仏はげて梅の花　高濱　虚子

如月の色は赤なり髪に挿す　宇都宮滴水

利休忌や卆寿毅然と紅帛紗　藤井冨由木

鶯や今日の本尊にこやかに　鈴鹿野風呂

梅

●16日

日蓮上人降誕会

●本能寺／中京区寺町御池下る　MAP4・C1
●本圀寺／山科区御陵大岩　MAP10・A1

日蓮宗の開祖日蓮上人は貞応元（1222）年2月16日、安房国（＝千葉県）の漁師の家に生まれ、12歳で清澄寺で出家。鎌倉や比叡山などで修行、31歳で日蓮宗を開いた。本能寺、本圀寺は上人ゆかりの本山寺院。お祝いの法要や芸能の奉納がある。

●

飛び梅

菅原道真が太宰府に左遷されることになって、住み慣れた紅梅殿を離れるとき、庭の梅の木に向かって「東風ふかば匂ひおこせよ梅の花あるじなしとて春な忘れそ」と詠いかけた。梅の木は道真を追って筑紫国まで飛んでいき、そこに根づいて花を咲かせたというのが飛び梅の故事。現在、紅梅殿の跡には北管大臣神社が建てられている。

●

梅

バラ科。中国が原産で、古くから観賞用として親しまれてきた。花は五弁で、白や紅、薄桃色など。まだ冬の風が冷たい時期につぼみをほころばせ、馥郁とした香りは春の訪れを知らせてくれるので、梅に寄せた組香も多い。

京都近辺の梅の名所は月ヶ瀬、青谷の梅林や北野天満宮など。

●

九条葱

和銅4（711）年、伏見稲荷大社が建立された時、大陸から渡ってきたネギを農耕の神である稲荷大社に神饌用として植えたのが京都のネギの始まりと伝えられる。その後、九条あたりの肥えた土地で栽培され、改良されたのが九条葱。品種は青い葉の部分が多い青ネギで、ぬめりが多く甘みがある。京の伝統野菜の一つ。

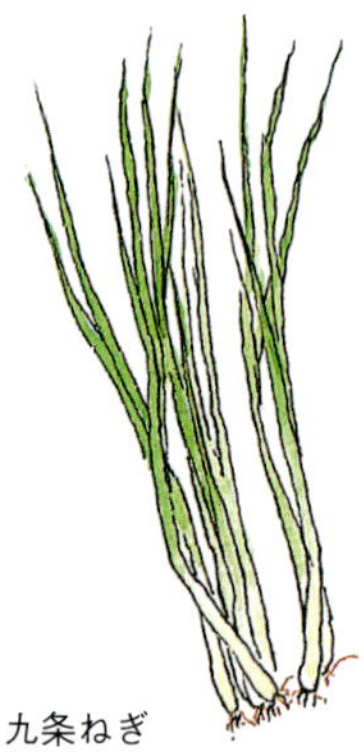
九条ねぎ

●

畑菜

稲荷大社の初午の日、畑菜の辛子和えを食べる習慣がある。稲荷大社を建立した秦伊呂具に掛けて畑の菜を、大社に仕えるキツネの好物である辛子を効かして食すと縁起がよいと伝えられ、2月の初午の日のおばんざいの定番となっている。畑菜の蕾は菜の花。和えものや漬物として食される。

畑菜

●中卯の日

御弓始神事

●御香宮神社／伏見区御香宮門前町　MAP12・A3

烏帽子、狩衣姿の氏子代表の射手が30mの距離から「鬼」の字を裏返しに書いた的を射る。的中率が高いほど霊験があると信じられている。鬼字を射るのは悪疫祓い。

獺魚を祭る（たつうおをまつる）

七十二候のうち4番目。新暦の2月19日～23日頃。この時期の獺は、採った魚をすぐには食べず、岸や岩に並べてから食べる習性があるという。人間が物を供え、先祖をまつる姿に似ているところから、先祖の祭りをする「獺が正月に生まれた。「獺の祭」「獺祭魚」という俗信が生まれた。「獺の祭」「獺祭魚」「獺祭」ともいう。

雨水（うすい）

二十四節気の2番目。立春から15日目で新暦では2月18日、19日頃。雪や氷が解けて、大気中の水分が雨となって降るようになる時節。水がぬるみ草木が萌え出し、ようやく春の気が動き出すといわれる。農耕の準備をする目安となる節目である。

●第2子の日

燃灯祭（ねんとうさい）

●上賀茂神社／北区上賀茂本山　MAP1・B3

神職が神社神域の神山の麓で、年が明けて2度目の子の日に小松を引いて玉箒を添えて神前に献ずる。平安時代からの優雅な野辺遊びの神事化。紀貫之は「ちとせてふこ松ひきつつ春の野に　とをさも知らず我はきにけり」とうたい、『源氏物語』の「初音」にも子の日の小松ひきが出ている。

燃灯祭〈上賀茂神社〉

●下旬

宇治川マラソン大会（うじがわまらそんたいかい）

●宇治市内

昭和59年より毎年行なわれるロードレース。ハーフマラソン、10km、5kmの3種目があり、参加者は3000人を数える。コースは太陽が丘陸上競技場を発着点とし、宇治市内の観光名所をめぐるコース設定になっている。ただし、5kmコースは運動場の周回コース。

〔連絡先〕宇治市体育協会　TEL0774（32）1905

宇治川マラソン大会

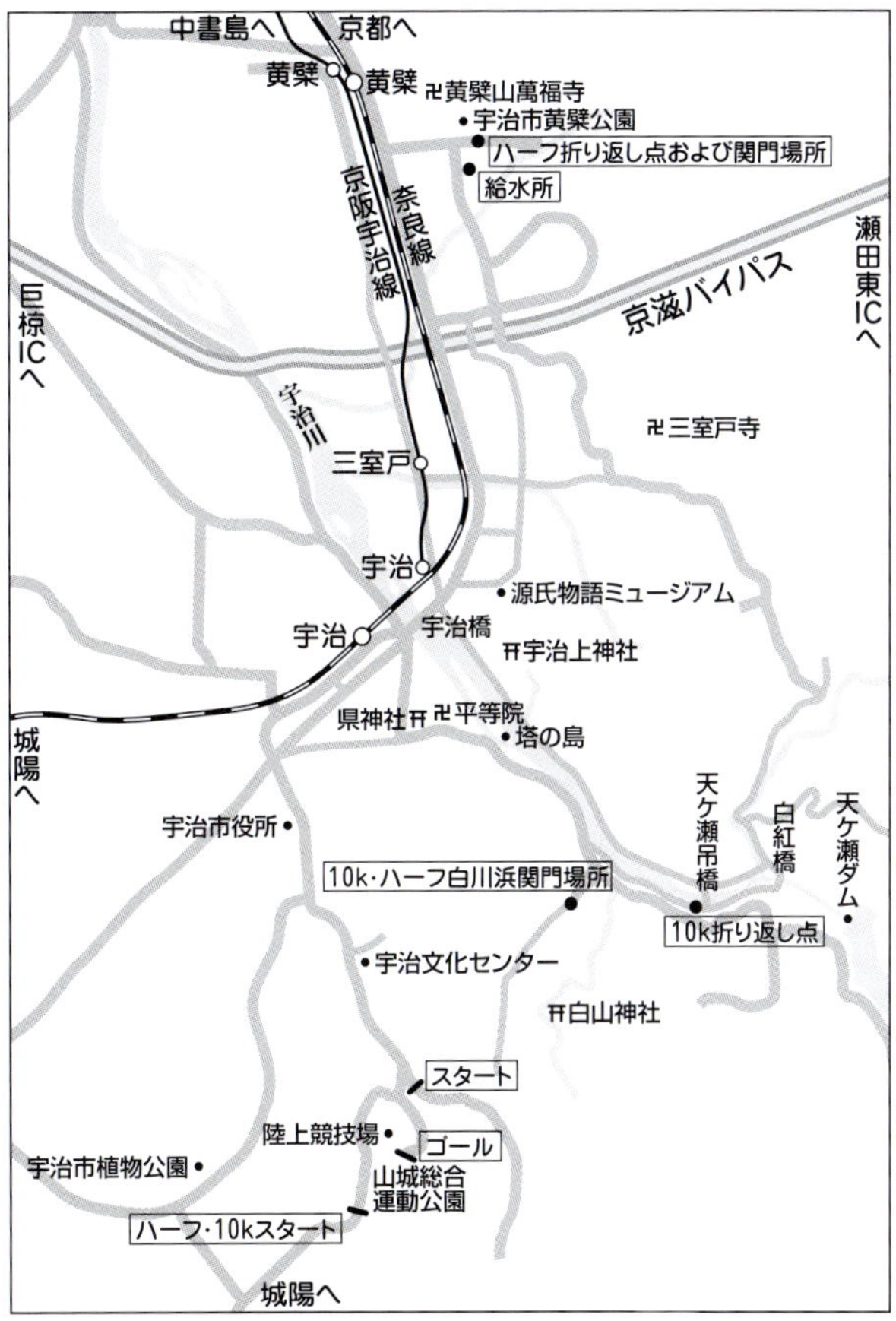

宇治川マラソン大会コースマップ

●20日……ぎゅうばじょうえきさい
牛馬攘疫祭
●水主神社／城陽市水主宮馬場　MAP17・A3
水主神社の摂社、樺井月神社の例祭。当社は、木津川の樺井（綴喜郡）の渡の守護神であったが、木津川の氾濫で水主神社の境内に遷ったという。承和12（845）年、綴喜・相楽郡で、虫にかまれて牛馬が病死するという出来事が起こった。原因が樺井月神の祟りであることがわかり、朝廷が勅使を派遣して平癒を祈願したところ、悪疫はたちまちおさまったという。これにより牛馬の守護神として信仰を集めるようになった。

●……うめごろも
梅衣
2月を代表する花といえば、梅。和菓子にも梅の意匠を取り入れられたものは多く、その愛らしい姿、かたちがモチーフとなっている。梅衣もそのひとつ。柔らかな餅皮を薄く延ばして三角形に切り、餡をのせてくるむように折りたたみ、表面に梅の焼印を押したもの。技巧をこらすことなく洗練された姿は、京菓子の心を感じさせる。

●……うぐいすもち
うぐいす餅
うぐいす餅は求肥や餅で餡を包み、鶯の形にととのえて青きな粉をふったもの。素朴ながらこの鶯の姿をよくあらわしている。近頃は、その季節だけに限定して販売される菓子が減ってきたが、しっかりと販売時期が守られている菓子のひとつである。

●23日……ごだいりきそんにんのうえ
五大力尊仁王会
●醍醐寺／伏見区醍醐東大路町　MAP11・C1
●積善院準提堂／左京区聖護院中町　MAP8・B3
五大明王の功徳をたたえる行事で、愛称「五大力さん」。上醍醐の五大堂で仁王会と大法会と柴灯大護摩供が修せられ、下醍醐の金堂では国家平穏を祈願する大法要が行なわれる。最大の呼び物は金堂前広場で行なわれる五大力の餅上げ力競べ大会。男子150kg、女子90kgの特大鏡餅を持ち上げる時間で勝負する。かつては山上の上醍醐の五大堂で行なわれていた。優勝者（横綱）にはこの鏡餅が授与される。

また左京区聖護院町の積善院準提堂でも法要、大般若経の転読、山伏数十人による柱源護摩供が行なわれ、秘仏五大力尊が特別開扉される。お札は盗難と遺失除けのお守り、大般若経転読には、自由に参加できる。

五大力尊仁王会〈醍醐寺〉

五大力尊仁王会〈聖護院準提堂〉

●中旬の日曜日……せやこうげんゆきまつり
世屋高原雪まつり
●世屋高原家族旅行村／宮津市松尾　MAP24・B2
標高400〜600mの世屋高原は小楢・栗などに赤松が混在し、南には水苔の湿原が広がる自然の宝庫。家族旅行村は若狭湾を見下ろす広大なロケーションが自慢で、雪まつりは冬季の高原のイベント。自作そり大会、スノーボードジャンプ大会など冬の楽しいイベントが行なわれる。

〔連絡先〕世屋の里ふるさと協議会　TEL0772（27）0795

●22日……しょうとくたいししょうとうき
聖徳太子正当忌
●広隆寺／右京区太秦蜂岡町　MAP14・B2
広隆寺は聖徳太子建立七大寺のひとつで京都最古の寺。この日は推古30（622）年に聖徳太子が亡くなった日にあたるため、上宮王院太子殿で法要がある。本尊の聖徳太子像は11月22日のお火焚祭に開扉される。

●23日〜24日……さんやれさい

幸在祭

京都市登録無形民俗文化財

●上賀茂神社　北区上賀茂本山　MAP 2・B1

●大田神社　北区上賀茂本山町　MAP 2・B1

男子15歳の元服を祝う行事で、子どもたちだけで氏子町内を練る珍しい行事。幸在がサンヤレとなまったもの。成人入りする男子は「上がり」と呼ばれ、23日の夜は自宅で同じ町内の小中学生の友達と一夜を過ごす。24日は午前11時ごろ、先頭の大将は大将木という幣をつるした青木を持つ。副大将は鉦を持ち、主役の上がりは大島紬に白襟巻、黒足袋、下駄ばき姿で締太鼓を打ち後に続く。「おんめでとうござる。どっこい」と囃しながら明神川沿いの旧社家町を練り、大田、上賀茂両社に参る。

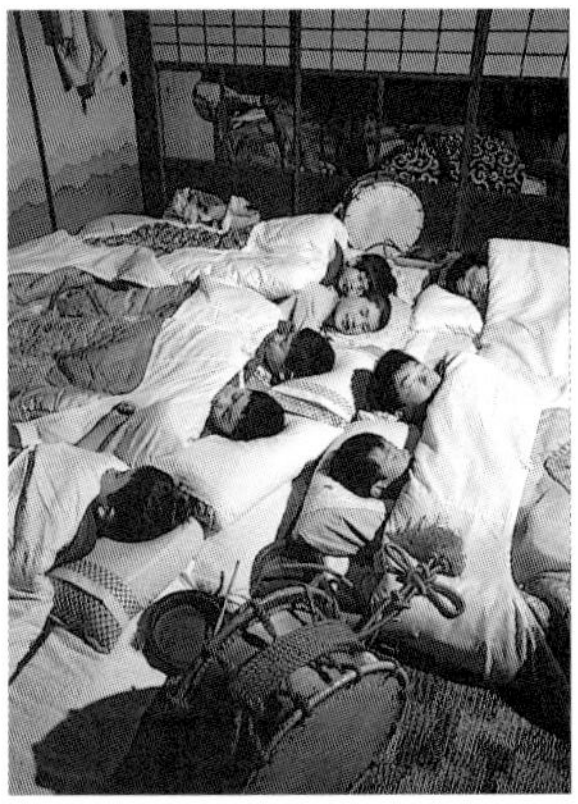

幸在祭・泊まり込む子供たち

幸在祭・太鼓の奉納

●……ねこのこい

猫の恋

冬から春先にかけて発情期に入った2匹の猫が互いを呼び合い、赤子の泣き声のような声をよく聞く。「春の猫」「恋猫」と同じく早春を表す俳諧の季語。

猫の恋

●……こうがんかえる

鴻雁帰る

七十二候のうち5番目。新暦の2月24日〜28日頃。鴻も雁もカリのこと。冬の間、湖や沼で過ごしていた雁が、春の訪れとともに北へ帰っていく時期。雁は、秋に北国から飛来し、暖かい春になると再び北国へ帰っていくので、冬鳥と呼ばれる。秋分にやってきて、春分に帰るともいわれる。古来、渡り鳥の中でも、雁との別れは、一層あわれ深いものとされている。

●25日……ばいかさい

梅花祭

●北野天満宮／上京区今出川通御前上る　MAP 3・A1

25日は祭神菅原道真の祥月命日。梅をこよなく愛した故実にちなんで梅花御供を献饌する。国宝本殿には白米2斗を蒸してつきあげた大飯小飯を作り、紙たてに生コメを入れた器に厄年にちなみ、男は白梅を42本、女は紅梅を33本さし、御供とともに供える。男女の厄年を払う意味を込めている。上七軒の芸妓さんによる野点席もあり、道真公を偲んで早咲きの梅園を楽しむ。

梅花祭〈北野天満宮〉

●25日……おゆのしき

御湯式

●八瀬天満宮社／左京区八瀬秋元町　MAP 7・B3

菅原道真の命日にちなむ行事で形式は湯立神楽。巫女が御幣と神鈴を振って舞ったあと、ふたつの大釜の湯を酒、塩、米で清め、長い笹竹を浸して氏子たちに振りかける。八瀬は比叡山の麓にあり、この時期は雪があり、湯煙は一層、神秘的だ。

御湯式〈八瀬天満宮社〉

てんころ舟競争

● 最終日曜日 ……あまのはしだてかんちゅうてんころぶねきょうそう

天橋立寒中てんころ舟競争

●宮津市文珠・智恩寺海岸一帯

真冬の天橋立の内湾・阿蘇湾に繰り広げられるてんころ舟競争は、昭和59年2月に第1回が地元青年たちによって開催されて以来、年々盛会となり、冬の観光イベントとして人気を集めている。予選から決勝まで冬の寒風と荒波の中で行なわれる厳冬の勇壮なレースである。第3回大会から女性チームも参加し、男性チームに負けずホットなレースを展開している。男性は赤褌、女性はカラフルなコスチュームに身を包み、てんころ舟を並列に2艘をつなぎ合わせて、1チーム10人が5チーム単位に往復600mの距離でタイムを競う。てんころ舟は地元の漁師がアサリ貝やジャコ漁などに使う伝統的な木造船トモブトのこと。

〔連絡先〕天橋立観光協会
TEL 0772(24)1313

● ……はるいちばん

春一番

立春が過ぎて最初に吹く強い風のことで、2月中旬から下旬にかけての冬の終わり頃に吹く。ふつう、日本海を発達した低気圧が通過するときに吹く南風で、湿気を多く含み雨を伴うこともある。

もともと春を呼ぶ風として漁師たちの間で使われていた表現で、戦後、マスコミで使われるようになったのをきっかけに、一般に口にされるようになった。この春一番で木々の芽がほころびはじめ、春二番で花が咲きはじめるといわれる。

● 2月〜3月初旬 ……きょうとえんげきふぇすてぃばる

KYOTO演劇フェスティバル

●京都府立文化芸術会館／上京区河原町通広小路下る MAP3・C2

昭和55年から開催されている京都府の演劇祭。公演は児童青少年部門と一般部門の2部門からなり、児童青少年部門は演劇や人形劇など、一般部門は演劇・朗読劇・狂言などが上演される。上演団体は、京都府下に活動拠点をおく劇団の公募の中から選抜されるが、近年は演劇レベルの向上を目指して、小学生から社会人までがワークショップをへて作り上げる合同創作劇や高校演劇の招待公演なども多彩に上演されている。

〔連絡先〕KYOTO演劇フェスティバル実行委員会
TEL 075(222)1046

三月
弥生（やよい）

春の陽気、のどかに満ちて

草木が「いや生い茂る」ことから、
弥生と名付けられた三月。
京都の町のあちこちでも、
都ぶりゆかしい行事や祭りが行なわれます。
三日は、上巳（じょうし）の節供とも呼ばれる雛祭り。
人形の寺で知られる宝鏡寺では、
歴代皇女ゆかりの雛人形が公開され、
下鴨神社では御手洗川に紙雛を流して、
上巳の節供の古来の意味を今に伝えます。
月半ばの十五日、
各寺院で釈迦入滅を追悼する
「涅槃会（ねはんえ）」が営まれると
すぐに春の彼岸で、
陽気もいよいよ町に満ち、
のどかな気配が漂います。
春分の日と呼ばれる彼岸の中日は、
太陽が真西に沈むことから、
西方浄土にいますと伝えられる
先祖の霊に「ぼたもち」こと、
牡丹餅（ぼたんもち）を供えて先祖供養し、
きたるべき季節の招福を祈ります。

●1日……すいぎょうきとうえ

水行祈祷会

●三宝寺／右京区鳴滝松本町　MAP13・B2

本堂前の道脇で、百日荒行を修した僧侶たちが下帯姿で経文を唱え、手桶に汲んだ冷水を頭からかぶり荒行をする。水行のあと、僧侶たちと共に同寺の上人による開運厄除けの加持祈祷が行なわれる。

水行祈祷会〈三宝寺〉

●……そうもくほうどうす

草木萌動す

七十二候の6番目。新暦の3月1日～5日頃。春になって草木が芽を吹き始める時節。

●……このめどき

木の芽時

春、草や木一気に芽吹き、山々に生命力あふれる時季のこと。木の芽は「このめ」と発音する。「きのめ」と発音するのは山椒の芽だけ。

木の芽

●……こうさ

黄砂

春先の晴れた日に辺りの景色が黄色くかすんで見え、砂塵が舞う。これを黄砂といい、蒙古や中国北部の黄土地帯で大量の砂が舞い上がったものが、寒冷前線の西風にのって日本の上空にやってくるため起こる現象。春の到来を告げるもので、京都では3月から5月にかけてよく見られる。

●3日……くきざ

くき座

●小倉神社／乙訓郡大山崎町円明寺　MAP16・A1

小倉神社の神職が久貝地区の頭屋で太幣を作り祀る神事。この太幣はこの年の祭の御幣となる。午前10時、神職が頭屋を訪れ、そこに用意された材料で太幣を作る。作り終わると、直会を行なう。午後2時、頭屋の息子と年寄の一老から六老までが頭屋からお供え物を持って神社に出向き、宮元も一緒に本殿に新しい太幣を納め、お供え物を供える。頭屋から運んだお供え物は、大根の漬物やわかめのみそ汁など茎を有する物が多く、このことからくき座といわれるようになったとも。

●1日～12月29日……トロッコれっしゃうんてんかいし

トロッコ列車運転開始

平成元年に廃止されたJR山陰線・嵯峨～馬堀間の保津峡の渓谷美を観光のスポットにしようと平成3年にトロッコ列車が開業した。列車はトロッコ嵯峨駅からトロッコ亀岡駅までの全長約7・3kmを走り、8つあるトンネルを抜けるたび目に映る保津峡の美しさに車内は歓声に包まれる。水曜定休、祝日及び春・夏休み・紅葉シーズンは毎日運転。

〔問合せ先〕嵯峨野観光鉄道
TEL075（861）7444

トロッコ列車運転開始

● 薄氷（うすごおり）

早春、ぶり返した寒さで池や手水鉢に薄い氷が張っているといった情景を表す春の季語。「うすらい」とも読む。

●1日～4月3日

宝鏡寺春の人形展（ほうきょうじはるのにんぎょうてん）

●宝鏡寺／上京区寺之内通堀川東入る　MAP3・B1

臨済宗相国寺派に属する尼寺で、室町時代に創建され、江戸時代初期に後水尾天皇の皇女理昌尼（久厳）が入寺されてから歴代皇女が住持となった門跡尼寺。百々御所とも呼ばれ、歴代皇女ゆかりの人形を多く所蔵していることから人形寺として広く知られている。日野富子木像や雅やかな襖絵、庭園も見どころである。なお10月15日から11月10日には秋の人形展が開催される。時間は10時から16時まで。

〔連絡先〕宝鏡寺　TEL075（451）1550

宝鏡寺春の人形展

● 春浅し（はるあさし）

「浅き春」「浅春」と同義語で、早春の季語。風も冷たく、雪も残っているが、その下から蕗の薹が芽吹く下萌えの季節。唱歌の『早春賦』の「春は名のみの風の寒さよ」という情景。

●2日

関白忌（かんぱくき）

●平等院／宇治市宇治蓮華　MAP17・A2

天喜元（1053）年、阿弥陀堂（鳳凰堂）を建立した藤原頼通は、宇治関白とも呼ばれていたが、承保元（1074）年2月2日、83歳で没した。昭和32年、鳳凰堂の解体修理を機に、新暦によりひと月遅れの命日に、創建者の頼通を偲んで法要が行なわれるようになった。この日は、市内から各宗派の僧が集まり、読経のなか参列者の焼香が行なわれる。

関白忌〈平等院〉

● 百日草（ひゃくにちそう）

キク科の一年草でメキシコが原産。アメリカで育種が進み、紅、紫、赤、黄、白などの花冠は一重咲きや八重咲きのものがある。花の寿命が長く、初夏から秋にかけて美しい花を咲かせることからこの名前がついた。

● 蛤（はまぐり）

春の季語。ふくらみのある二枚貝で、対になっている貝殻以外は合わないので夫婦和合や貞節の象徴として結婚式や雛祭りの膳に供されることが多い。語源は浜辺の栗のようだから、あるいはグリ（小石）に似ているからの二説がある。

蛤

● 桃（もも）

バラ科。原産地の中国では、邪気をはらう霊力があると考えられていた。桃の節供には、病気や災いから逃れられますようにという願いを込めて、桃の花を飾る。若枝の新芽とやわらかな花の色は初々しく、女の子のお祭りに彩りをそえる。

●上巳の日

桃花神事（とうかしんじ）

●上賀茂神社／北区上賀茂本山　MAP2・B1

五節句の中でも大切な行事。神前に桃花とこぶしの花、よもぎ餅などの神饌を供え、女児の健やかな成長と無病息災を祈願する。

寺社行事　風習・行事　生活　天体・気候　自然

ひいなまつり〈市比賣神社〉

桃花神事〈上賀茂神社〉

●3日……ひいなまつり

ひいなまつり

●市比賣神社／下京区六条河原町西入る　MAP 5・C1

延暦14（795）年、藤原冬嗣が平安京の東西にある市場の守護神を勧請したのが始まりとされる神社。『古事記』に登場する女神五神を祀っており、雛祭には女児の成長を祈願して、内裏雛に扮して雛壇に並ぶ。また、投扇講や貝合わせも披露される。

宝鏡寺の雛祭り

島原の太夫が舞を奉納

●3日

鶏合（とりあわせ）

雄鶏を闘わせて勝負させる遊戯で、平安時代から宮中の清涼殿南庭で行なわれた。江戸時代には、気性の荒い軍鶏を戦わせ、庶民の娯楽にまでなった。しかし、賭博行為を生じやすかったり、一方の鶏が戦意を失うか死ぬまで戦わせるため、動物愛護の観点から廃止されたところも多い。現在は、一部の地方で行なわれるのみ。

●

丹後ちりめん（たんごちりめん）

京都の北部・丹後地方で織られる縮緬。西陣で織られるものと区別して地方絹と呼ばれた。享保年間（1716―36）、西陣織の撚糸技術を生かし、絹屋佐平治という人が峰山で縮緬を織ったのが始まりという説と、同時代に加悦の手米屋小右衛門、木綿屋六右衛門、三河内村の山本屋佐兵衛が習い伝えたという説がある。いずれにしても、18世紀後半には峰山、加悦、野田川などで活発な生産が行なわれ、丹後ちりめんを全国に知らしめた。

丹後ちりめん

●

柳（やなぎ）

ヤナギ科ヤナギ属の植物の総称。中国が原産で日本には約90種類のヤナギがある。代表的なものはシダレヤナギ、キヌヤナギ、ネコヤナギ、コリヤナギ、カワヤナギなど。水と縁の深い植物で、土手のヤナギ、川端のヤナギなど、川辺や池の塘によく育ち、湖畔にゆれるヤナギの枝は涼やかで詩情をよびおこす。コリヤナギからつくられる柳行李や弁当箱、籠類、椅子など、工芸品としてもヤナギは身近な存在である。

●

檜（ひのき）

ヒノキ科の針葉高木で日本の特産種。高さは30～40m、関東以南の山に植えられている。4月には枝の上に白い小花をつけ、10月から11月にかけて球状の実を結ぶ。樹皮は赤褐色、

下鴨神社のひな流し

葉は小鱗片状で枝に密生している。材は黄味を帯びた白色で、光沢があり緻密。香りがよく、耐水性も高いので浴槽や風呂桶に用いられることが多い。建材としては最高級品。

杉　すぎ

スギ科の常緑針葉樹で日本の特産種。高さは30～40ｍ、各地に広く植林されている。まっすぐに伸びるので直木と呼ばれこの名前がついたという。木目がまっすぐで、柔らかく、脂気に富んだ材質なので、家屋や船、桶、樽、曲物など、様々な用途に用いられてきた。また、樹皮は屋根を葺くのに用いられ、葉は線香の料となる。

3月から4月にかけて咲く花は、近年、スギ花粉症の原因として問題視されている。

北山杉　きたやますぎ

杉は日本の特産樹種で、常緑の針葉樹。まっすぐに伸びた幹は、50ｍにも達する。樹皮は褐色で繊維質で強靱。京都の北山杉の材質は白色なので、京都白杉ともよばれる。磨き丸太として床柱、茶室用材など、上等の建築物に用いられる。庭木としても名高く、京都府の木に選定されている。

北山杉の林

北山杉

雛まつり

上巳の節供とも呼ばれる雛まつりの起原は、中国古代の禊の行事であったといいます。この日、水辺で身体を清め、邪気を祓ったという中国の故事に習い、日本でも身の災厄を紙やワラで作った形代に移して、川や海に流したのが雛まつりの始まり。各地で伝承されている「流し雛」はその原初の姿で、京都では毎年、3月3日に下鴨神社の御手洗川にサンダワラに乗せた紙雛が流されます。この形代がいつしか、宮廷の姫君たちの無邪気な「ひひな遊び」となっていったのは平安時代。『源氏物語』や『枕草子』がその調度の愛らしさを伝えています。晴れやかな段飾りで桃の節句を祝うようになったのは、それからずっと後、江戸時代の寛永のころからということです。人形の寺として親しまれる宝鏡寺は、寛永文化の主人公ともいうべき後水尾天皇の皇女、理昌尼が住持となって以来、「百々御所」と呼ばれるようになった尼門跡寺院。歴代皇女たちの愛玩した人形たちが緋毛氈の上に勢揃いして、その高貴な姿を見せてくれます。

おばんざい

おばんざい

飯菜、または番菜と書き、京都の町家でのふだんのおかずのこと。嘉永2（1849）年に出版された『年中番菜録』という料理の本があることから、江戸時代よりの呼称と考えられる。「おぞよ」とか「おまわり」ともいう。

おばんざい

菜種きんとん

なたねきんとん

うららかな春を代表する和菓子。丸めたつぶ餡を芯に、緑色に染めた餡を裏ごしてそぼろ状にしたきんとんをつける。黄色に染めた餡は、すこし目の細かい裏ごしにする。これを緑のきんとんの上に三カ所ほど少しずつ置き、菜種畑に黄色い花が咲いている様子を表現する。

蓬餅

よもぎもち

草餅とも呼ぶ。蓬を湯がき、細かく刻んだものをさらにすり鉢でよく擂って餅に突き込み、香りも豊かな緑色の餅を作る。餅を丸く伸ばしてまん中に餡を置き、二つ折りにしてきな粉をまぶしたものや、伸した蓬餅をひし形に切って雛に供えることもある。

お水取り

おみずとり

奈良東大寺二月堂の行事。3月13日未明に堂前の若狭井の水を汲み、童子に松明を持たせ練行僧が続き、加持する。関西では「暑さ寒さもお水取りまで」といわれる。

東風

こち

春に東ないし北東より吹くやや強い風。もとは、瀬戸内海地方の漁師言葉。『万葉集』の「あゆの風」と同じ。「強東風」は激しい風。「朝東風」「夕東風」などの類似語も多い。

雛まつりの食

白酒

雛祭りに飲む酒で、糯米と米の麹を味噌や清酒などと混ぜて造る酒で白濁し、粘りがある。甘みと香気に特徴がある。濁酒の別称。

ばらずし

お雛様を飾ると、決まっていただく一品としてばら寿司は欠かせない。酢飯にチリメンジャコ、かんぴょう、椎茸、高野豆腐、ちぢみ麩などの具を入れて混ぜたものに、湯葉か金糸たまごをたっぷりのせる。いろどりに、紅生姜と木の芽を飾る。生の魚を置かない所がいかにも京都らしい。

てっぱい

雛料理のひと品。湯がいたワケギをまな板に乗せ、包丁の背で軽くしごいて中のぬめりを取り除く。この時、「ポン」と音が出るのでてっぽうあえとも称される。赤貝ととり貝を細造りにして、からしをきかせた白味噌仕立ての酢味噌であえる。

引き千切り

宮中の儀式に用いられた戴餅に由来し、京都の雛祭りには欠かせない和菓子。小餅を杓子形に引きちぎった様子からこの名がついた。現在は、餅の代わりに求肥、こなし、蓬団子などで作られることも多く、くぼみには丸めた餡かきんとんがのせられる。京都では「ひちぎり」とも呼び、色目の異なる2つをお内裏様とお雛様に見立てることもある。

菱餅

紅、白、緑の三色の伸し餅を菱形に切って三段に重ね、お雛様にお供えする。菱の実を粉にして作った餅や生姜糖で作られたものもある。

●5日 …… やませんさい

山宣祭

●**山本家墓前**／宇治市宇治善法　MAP17・A2

社会運動家、山本宣治の追悼会。京都大学や同志社大学で教鞭をとっていたが、次第に社会主義に傾き、京都労働学校校長、労働農民党京都府連委員長を経て、昭和3年、第1回普通選挙で衆議院議員となった。治安維持法改定に反対し、法案議決当日の昭和4年3月5日、東京神田の旅館光栄館で右翼によって暗殺された。当日は正午から墓前祭が営まれ、多くの人々が山宣の冥福を祈り、偉業を偲ぶ。

山宣祭

● …… しじゅうから

四十雀

シジュウカラ科。全国で見られる留鳥。街、里、山にすんでいて「ツピーツピー」とさえずる。背中は緑黄色で頬、胸、腹は白色。胸に黒いネクタイのような模様がある。

●6日 …… はちまきめしのしんじ

鉢巻飯の神事

●**常盤神社**／久世郡久御山町野村　MAP16・B2

鉢巻飯は、高さ15cmほどの円錐形の握り飯の上部にワラ縄を巻いたもの。これを水を守る水分大明神を祀る蔵王社に山や海の幸とともに供え、今年一年の豊作を祈願する。「頭に鉢巻を締めている気持ちで、額に汗しながら仕事に精を出すことを忘れぬように」という牛頭天王のお告げを、鉢巻飯を作って勤労の尊さを知らしめたものといわれている。

●6日 …… やかたもちのしんじ

矢形餅の神事

●**室城神社**／久世郡久御山町下津屋　MAP16・B2

聖武天皇の御代（奈良時代）、山城一円で疫病が流行したので、天皇自らが奈良から木津川を経て天王山の宝積寺に参詣した。その後、下津屋に行幸し、室城神社に弓矢を奉納した。以降、神社では、宮総代の家から、目黒魚、人参と大根のなますに弓と矢形をかたどった餅を総代が担いで、宮司を先頭に神社まで行列をする。到着すると、神饌として神前に供えて悪病退散の祈願が行なわれ、

矢形餅の神事〈室城神社〉

矢形餅の神事〈室城神社〉

京都 ちょっと昔のくらし

ままごと

女の子たちの大好きな遊びままごとは、家庭生活の疑似体験で、主人公は母さん役。玩具は人形と食器や台所道具のままごとセットで、人形は赤ちゃん役として着せ替えや授乳、おんぶなどで活用されます。草や花や実を菜や野菜に見立てて食事を作り、お客様には大人のような言葉遣いでもてなしました。遊びながら学んだ女性学でしたが、言葉遣いや物腰などをすぐに真似される母親たちにとってもよい躾になったのかもしれません。

ままごと

氏子や参詣人に疫病除けとして与えられる。

啓蟄

●…………けいちつ

二十四節気の3番目。新暦の3月5日、6日頃。冬の間、土の中でじっとしていた虫が春の陽気に誘われて穴を出て動き出す時節をいう。この時期には大陸から南下する寒冷前線の通過にともなって春雷が鳴ることが多く、それが地中で冬眠していた虫を目覚めさせると考え、春雷を「虫出しの神鳴（かみなり）」と呼ぶ。

行者講

●第1日曜日…………ぎょうじゃこう

●都々古和気神社／船井郡園部町熊崎　MAP19・A2

修験者が導師となって悪魔払いの「法剣の儀」、「法弓の儀」を執り行なった後、不動堂前に設けられた大護摩に点火すると、燃えさかる火の中に無病息災、家内安全、五穀豊穣などと書かれた御札や護摩木を次々と投げ込む。最後には、護摩を平にならして、その上に薪や柴を置き、その間から吹き出す炎の上を修験者たちが次々に歩いてわたる火渡りの儀式が行なわれる。

行者講〈都々古和気神社〉

かくれ念仏

●8日…………かくれねんぶつ

重要無形民俗文化財

●六波羅蜜寺／東山区松原通大和大路下る東入る　MAP9・A1

平安時代、京都の市中を踊り念仏で布教した空也上人が開いた寺。その踊躍念仏の様子が同寺に長く伝わり、昭和53年の民俗文化財指定を機に公開された。本堂内陣を4人の職衆がからだをゆすりながら法悦状態で行道する。普通の漢音読みと違う「モーダー、ナンマイトー」などと唱える。12月13日～31日にも行なわれる。

丹後震災記念展

●7日前後の土・日曜日を含む3～4日間…………たんごしんさいきねんてん

●峰山町中央公民館／中郡峰山町杉谷

昭和2年3月7日に発生した北丹後地震は、網野町を中心に死者2925人、全壊家屋5149戸、全焼家屋6459戸という大被害をもたらした。昭和48年より開催されている記念展は、震災前と後の町の様子を写した写真パネルや、地震を伝える新聞記事、被害にあった震災遺品などを展示することにより、震災の恐怖や日頃からの備えの大切さを再認識させる。

〔連絡先〕峰山町教育委員会
TEL0772（62）7711

雨乞祭

●9日…………あまごいさい

●貴船神社／左京区鞍馬貴船町　MAP7・A2

貴船神社は水の神として知られ、宮廷から雨乞いの時は黒馬、雨止みに

虚無僧

京都 ちょっと昔のくらし

虚無僧さんと尺八

虚無僧さんと呼ばれる人が時々町内に現れ、家の門口で尺八を吹き、心付けをもらうという有髪の修行僧がいました。天蓋という深い編み笠を被り、黒紋付の着物に丸ぐけの帯を締め、肩から袈裟を掛け、着物をからげて脚絆を着け、わらじ履きでした。天蓋は目のあたりだけ透けていて、こちらから顔は見えません。その姿も尺八の音色も子どもにはちょっと怖い存在でしたが、侍のようでもあり、男の子にとっては憧れの存在でもありました。

雨乞祭〈貴船神社〉

は白馬が献じられた延喜の名神大社。都の水源にあたり、新古今集にも「大御田のうるほうばかり堰かけて井堰に落とせ川上の水」がある。これは神社背後の山中にある雨乞いの滝で詠まれた。当日は神楽奉納などがあり、水を使う業界関係者らもつどう。

●……はるしぐれ

春時雨

春のにわか雨。降ったりやんだりする通り雨のことで、菜の花の季節には菜種時雨、桜の季節には花時雨などという類似語もある。ちなみに、時雨は冬の季語。

●10日……げいのうじょうたつきがんさい

芸能上達祈願祭

●法輪寺／西京区嵐山虚空蔵山町　MAP⑮・B1

日本3大虚空蔵のひとつで知られる虚空蔵山法輪寺は芸能、習い事の神様。この日は、狂言奉納などがあり、年齢を問わず女性の参拝が多い。

芸能上達祈願祭〈法輪寺〉

●10日……へびまつり

蛇祭

●左京区大原野村町

大蛇伝説に基づく祭礼のひとつ。自然の災いや人間の怨念を大蛇に見立て、怨霊の祟りを恐れ、神として祀り、鎮魂するために伝承されてきた民間信仰。野村町では、頭屋十数名が7m余りの注連縄を作って町外れにある蛇塚・竜神の森ともいう、お通ケ森にそろって参り、古い注連縄と取り替える。勧請縄つりともいう。

蛇祭〈左京区大原野村町〉

●……ももはじめてはなさく

桃初めて華く

七十二候の7番目。新暦の3月6日〜10日頃。桃の花が咲き始める時期。桃は3月3日の桃の節句を通じ、日本人の生活に深く関わりをもつ木である。その強い生命力から、魔よけや子孫繁栄を願う思想に結びついた。

●……そつぎょう

卒業

学校の卒業式が3月に行なわれることから、春の季語。学校などの卒業のほか、比喩的に1つの物事に対し、ある段階を超えたことをいう。

●……しゃおんかい

謝恩会

恩を受けたことに謝意を表し、一会を催すこと。この季節、卒業したば

京都のことわざ

あかん三切れ

京都の食堂では定食の漬物、たとえば沢庵は二切れが一般的。三切れは「身切れ」につながるという俗信。四切れもいやがる人がいる。

京都のことわざ

京の町人は五位の位

京都の町人の気位の高さを表現したことわざ。京都は明治維新まで天皇がお住まいになった宮都。五位といえば宮中で昇殿を許される殿上人だ。御所出入りの呉服、職人、芸術・芸能、菓子司らが多く自然にこういわれたようだ。

京都のことわざ

女房は京都

「主人は大坂、女房は京都、番頭は江州、蔵番は長崎、小僧は江戸」江戸時代、商店の理想的な組み合わせといわれた。大坂は天下の台所だから主人、女房には万事気がつき、人当たりが柔らかく始末屋の京女がふさわしく、江州（滋賀県）商人の勤勉努力は番頭向き、蔵番は外国貿易の長崎にまかせ、使い走りは江戸でよい。

保津川下り川開き

かりの学生がお世話になった先生方をお招きして礼を尽くし、感謝を改めて伝えるために行なわれる。

●10日～11月30日……ほづがわくだりかわびらき

保津川下り川開き

慶長11（1606）年、豪商角倉了以が大堰川を改修して以後、亀岡から木材・物資を輸送していた舟運が明治32年の鉄道開通により衰えたため、明治末から大正初期にかけて保津川下りとして現在の行楽化した形となった。亀岡から京都の嵐山、渡月橋上流までの渓谷約16kmを、ライオン岩や烏帽子岩を眺めながら約2時間で下る豪快な船下りは観光客を飽きさせない。春の川下りが始まるこの日は、イベントや花飾り船で「川開き」を祝い、以後1日の便数が増える。

〔連絡先〕保津川遊覧企業組合
TEL 0771（22）5846

●……そうこうなく

倉庚鳴く

七十二候の8番目。新暦の3月11日～15日頃。倉庚とは鶯のことで、山里で鶯が鳴き始める時節をさす。ふだんは山間部の広い範囲に棲息しているが、春先になると低地に移ってくるので、街の住宅街でも囀りを聞くことができる。「春告鳥」「歌よみ鳥」「匂い鳥」など、異名も多い。

●14日……ほわいとでー

ホワイトデー

バレンタインデーに女性からチョコレートを贈られ愛を告白された男性が、その愛に応える日。互いの気持ちが合えば、男性はその女性にお返しのプレゼントを贈るとされているが、チョコレートをくれた女性全員にお返しをする人が多い。

●14日～16日……しゃかねはんえ

釈迦涅槃会

●**東福寺**／東山区本町 MAP9・A3
●**泉涌寺**／東山区泉涌寺山内町 MAP9・B3
●**真如堂**／左京区浄土寺真如町 MAP8・B3

涅槃とは釈迦が入滅し、永遠の真理の世界に至ったことを意味する。釈迦涅槃の時に沙羅双樹の花がまるで鶴の羽のように白くなって散り、鳥獣までも嘆き悲しんだという。枕を北に右脇を下にした涅槃図が寺々で公開される。

釈迦涅槃会〈泉涌寺〉

東福寺の涅槃図（室町期）は明兆筆の重文。縦15m、横8mの大作で紙本。応永15（1408）年、57歳の製作。雄渾なスケールで、涅槃図には珍しい猫が描かれていることでも知られる。

泉涌寺の涅槃図は江戸中期の画僧狩野永納の弟子明誉古磵の作。絹本着色で縦16m、横8mでほぼ東福寺と同じ。15日のみ公開される真如堂の涅槃図は、これらより小振りだが、江戸中期の海北友賢の筆。極彩色で上辺左右に雲に乗る阿弥陀来迎が描かれている。

ほかに日蓮宗本法寺（上京区小川通寺之内上る西側）の宝物館で安土桃山時代の画家長谷川等伯筆の涅槃図（重文）が展観され、まじかに見られる。

各寺院はひと月遅れの涅槃会法要を営み、東福寺や泉涌寺ではアラレと黒豆を炒った花供御が授与される。これが「お釈迦さんの鼻くそ」となまったという。

●15日……さがおたいまつ

嵯峨お松明

京都市登録無形民俗文化財

●**清凉寺**／右京区嵯峨釈迦堂藤ノ木町　MAP14・A1

国宝秘仏生身の釈迦如来像で有名なお寺。お松明は釈迦涅槃の荼毘を暗示する行事といわれ、夜8時すぎ、本堂前に高さ9mの3基の松明に点火され、燃え具合によってその年の豊凶が占われたという。本堂には13本の高張り提灯が立てられ、これも米相場を占うものだったという。当日は嵯峨大念仏狂言の奉納もある。

嵯峨お松明〈清凉寺〉

●15日……かんむてんのうごちんざきねんさい

桓武天皇御鎮座記念祭

●**平安神宮**／左京区岡崎西天王町　MAP8・A3

平安神宮は明治28年に創建され、祭神桓武天皇がお祀りされた日を記念して祭儀が行なわれる。

●……なたねつゆ

菜種梅雨

畑や堤防沿いの道に菜の花が一面に黄色く咲くころ、雨模様のうっとうしい日が続くことがある。この時期の長雨を菜種梅雨と呼ぶ。しとしと降り続くこともあれば、少しまとまって降ることもある。芽吹いたばかりの野の植物にとっては、大切な雨である。

●……きがん

帰雁

秋に北から渡ってきて冬を越した雁は、3月下旬ごろ再び北へ帰っていく。それを帰雁と呼び、空に飛び立っていく雁との別れは、渡り鳥の中でも古来、ひとしおあわれ深いものとされてきた。

●……わらび

蕨

春先に頭の先を丸めたような愛嬌のある蕨が芽吹く。早春の蕨は柔らかく、香りよく、和え物などの料理にも用いられる。早春に萌えいずる蕨は早蕨。

京都ちょっと昔のくらし

お釈迦さんのはなくそ

3月15日（旧暦の2月15日）はお釈迦様の命日「涅槃会」で、この日「はなくそ」と呼ばれる花供御餅を食べます。「はなくそ」は、釜の底に残った飯を捨てずに大切に取っておき、それを溜めて炒り、黒豆やあられとともに飴で絡めたお菓子で、各家の仏壇に供えます。花供御から転じたのか、餅花のくずとも呼ばれたことから花くずが転じたのかは不明ですが、ほんとうのお釈迦様の鼻くそだと思っていた子も多かったようです。

はなくそ

鷹化して鳩と為る
たかけしてはととなる

●

七十二候の9番目。新暦の3月16日～20日頃。鷹が鳩に変身するという意味で、実際にはあり得ないが、古代中国の俗説が暦に取り入れられたもの。厳しい冬を象徴する鳥である鷹が、穏やかなイメージの鳩になるというところに、のどかな春の暖かさが表現されている。

延年祭
えんねんさい

●17日

京都府登録無形民俗文化財

●宇良神社／与謝郡伊根町本庄浜　MAP24・B1

延年とは、中世の寺院において法要の後で演じられた芸能の催しのことで、宇良神社では本庄上（野尻）、本庄宇治（今田）、本庄浜の三野姓を名乗る一統が構成する宮人と呼ぶ人々の宮座の祭事である。祭は一週間前のタチギ花と福棒づくりに始まり、16日の花納め、籠堂での直会、17日の本祭と続く。本祭のなかでもくじ取りは、一番棒から十二番棒までの福棒の当りくじを取るもので、福棒のうちで一番大きな一番棒を真棒と呼び、大漁を願う漁師たちの間ではお宝とされてきた。延年祭に引き続き、翁会による三番叟が昭和62年から奉納されるようになった。延年祭は時代の波の中で形を変えつつも、宮座の祭として受け継がれてきた。

延年祭〈宇良神社〉

春まつり（鉦講）
はるまつり

●中旬の土、日曜日

●安養寺／久世郡久御山町東一口　MAP16・B2

「南ー無ー阿ー弥ー陀ー仏ー」と鉦で調子を合わせた独特の節回しをした「六字詰念仏」の合唱が行なわれる。念仏は「大鉦」「六字詰」の2種類があり、いずれも南無阿弥陀仏の六字名号を唱える時に節回しを変化させたもので、「六字詰」の前奏曲となっている10基の鉦を打ち合わせつつ念仏を唱える。

春まつり〈安養寺〉

「花の天井」春の特別拝観
はなのてんじょうはるのとくべつはいかん

●中旬～5月連休最終日

●平岡八幡宮／右京区梅ケ畑宮ノ口町　MAP13・B2

平岡八幡宮は梅ケ畑八幡宮とも呼ばれ、平安時代の初め、空海が神護寺の鎮護のために豊前国（現在の大分県）宇佐八幡を平岡山崎に勧請したのが始まりとされ、鎌倉時代に浄覚によって現在地に移された。流造の本殿は江戸時代末期の文政9（1826）年の再建で、天井に綾戸鐘次郎・藤原之信による44枚の花弁画が描かれている。参拝者には縁起書の授与や大福茶の接待が行なわれる。秋の特別拝観は9月中旬から11月末に開催される。有料。

〔連絡先〕平岡八幡宮　TEL075（871）2084

花の天井〈平岡八満宮〉

椿の花を愛でる会
つばきのはなをめでるかい

●下旬～4月中旬

●平岡八幡宮／右京区梅ケ畑宮ノ口町　MAP13・B2

平岡八幡宮は梅ケ畑八幡宮とも呼ばれ、梅ケ畑一帯の産土神である。空海が平岡八幡を勧請した折りに白玉椿が一夜にして咲いたとも伝えられる。「願い成就し、白玉椿一夜にて花咲く」という伝説にちなみ、白椿、紅椿が見頃となる春、社務所、及び椿の小路が公開され、椿を愛でる会が開催される。珍しい椿約200種も同時に観賞できる。無料。

お通夜法要
おつやほうよう

●19日

●即成院／東山区泉涌寺山内町　MAP 9・B3

二十五菩薩練り供養で有名な寺。極楽往生をたのむ呑海講中のご詠歌、法話などがある。呑海上人は時宗の僧侶で、独特の節回しは「呑海節」と呼ばれた。かつては徹夜だったが現在は日中のみ。ポックリ信仰があり、参拝者はほとんど女性。9月22日にも行なわれる。

お通夜法要〈即成院〉

大石忌
おおいしき

●20日

●一力亭／東山区祇園町南側　MAP 9・A1

一力亭は四条花見小路東に豪壮な店構えを見せる著名な料亭。歌舞伎『仮名手本忠臣蔵』で一力で遊ぶ大石内蔵助の場面は有名だ。この日は四十七士の木像など遺品展示、京舞奉納などがあるが、招待者のみ。

大石忌〈一力亭〉

春分の日
しゅんぶんのひ

●21日頃

国民の祝日。自然をたたえ生物を慈しむ日とされている。春の彼岸の中日であり、昼夜の長さがほぼ同じになる。

彼岸
ひがん

●

春分の日を中日とした前後3日ずつの7日間を彼岸という。一般的に18日～24日まで。「暑さ寒さも彼岸まで」という言葉のとおり、暑さと寒さの境目であり、過ごしやすい気候である。昼と夜の長さが同じで、太陽がちょうど真西に沈むことから、西方浄土と関係づけて彼岸会の仏事が行なわれるようになった。彼岸には先祖の墓に参り、墓の掃除をし、樒や花を供える。俳句で彼岸といった場合は、春の彼岸をさす。

彼岸のぼたもち

あまご祭
あまごまつり

●最終日曜日

●河内谷あまご・ます釣り場／北桑田郡美山町河内谷

河内谷の特設あまご釣り場であまご釣りを楽しむイベント。初心者にも渓流釣りの魅力を感じてもらおうと、あまご・ますの解禁日に合わせて平成6年より開催。釣り上げた川魚はバーベキューにして食べられ、家族連れにも好評である。

〔連絡先〕美山町自然文化村
TEL ０７７１（７７）００１４

京都のことわざ
仏壇の灯明

「仏壇のお灯明は口で吹き消すな」。お寺の多い京都ではとくにやかましくいわれる。お灯明は神聖でお仏壇に俗臭を吹きかけるのは禁忌。手であおぐか、指で灯明の芯を摘まんで消す。

京都のことわざ
東男に京女

いなせで気っ風がよい東男にはおっとりと優しい京女がふさわしい。京女に対する憧れから出たことわざ。現代でも関東人には京女に対する引け目のような深層心理があるらしい。京女とは何か、難しいテーマだが…。

京都のことわざ
京の昼寝

「京の昼寝、田舎の学問」。京都は千年の古都。文化の集積があり、京にいて昼寝していても知識や情報が得られ、田舎の学問より一枚上の意味。田舎をあざけった言葉だが、情報化時代、学問に都会と田舎の差はない。

●春分の日……おなござのまつり

女座の祭

●涌出宮／相楽郡山城町平尾里屋敷 MAP18・A2

氏子の中村座、岡之座の女性が行なう祭り。祭礼当日の朝、家の主人が大根で男根をかたどった一対のオチンポウを作り、三方にのせて家の床の間に供える。昼に当番の家に女性が集まり、床の間の座敷で会食する。会食の後、オチンポウと料理を持って涌出宮に行き神前に供え、拝殿に参列する。そして宮司の祈祷と巫女神楽が奉納される。オチンポウは女の人が食べると子供ができるといわれ、子供に恵まれない女の人がいただいて帰る。

女座〈涌出宮〉

●21日に近い日曜日……おとう

おとう

●五社神社／西京区下津林楠町 MAP15・B2

おとうは全国にある正月行事のオコナイのひとつで、下津林では正月おとう、2月おとうなどがあり、現在は3月に行なわれる。年寄衆、神主、おとご（稚児）の11人で五社神社に参る。現在は、竹串に菱餅と泥芋をさし、ワラ束で巻いたもの3本を神前にささげるのは稲の早稲・中稲・晩稲を意味する。おとごを出す家を頭屋と呼ぶ。おとごは本来1人だが、最近は6歳ぐらいの男児数人が神職姿で出仕、古い伝承を今に伝えている。

おとう〈五社神社〉

●21日……しょうみえく

正御影供

●仁和寺／右京区御室大内 MAP14・C1

真言宗の宗祖・弘法大師空海の命日法要。御影供は毎月21日に行なわれるが、祥月命日を特に正御影供と呼ぶ。南区の東寺は4月21日に御影堂で営む。

正御影供〈仁和寺〉

●……げんちょういたる

玄鳥至る

七十二候の10番目。新暦の3月21日～25日頃。玄鳥とはツバメのことで、ちょうど南からやってきはじめる時期をさす。ツバメは春の彼岸頃にやってきて、民家の軒先などで巣を作り、子供を育て、秋の彼岸頃に再び南方に帰る。

●22日……せんぼんしゃかねんぶつ

千本釈迦念仏

●千本釈迦堂／上京区五辻通六軒町西入る MAP3・A1

千本釈迦堂（大報恩寺）の2世如輪は鎌倉時代、同寺の基礎を固めた人。涅槃会の遺教経読誦の伝統が今に伝わるもので、当日は真言宗智山派総本山智積院から50人の僧が出仕、大原の魚山声明の流れをくむ釈迦念仏を唱え国宝本堂に朗々と響く。鎌倉期の本尊釈迦如来座像（重文）を特別公開。千本釈迦念仏は『徒然草』

千本釈迦念仏〈千本釈迦堂〉

の第228段に「如輪上人、これを始められけり」と出ているほど有名だった。

●24～25日

蓮如上人祥月命日法要

●東本願寺／下京区七条通烏丸上る　MAP5・B2

蓮如は本願寺8世で本願寺を大教団に育てあげた中興の祖。お文というわかりやすい言葉で布教し、大衆の心をとらえた。明応8（1499）年3月25日、現在の西本願寺山科別院で没した。御影堂で法要が営まれる。西本願寺は新暦になおして5月13～14日。一般には略して蓮如忌という。

●25日

菜の花御供

●吉祥院天満宮／南区吉祥院政所町　MAP6・B1

祭神菅原道真の命日を陽春にかえた神事。正式には御供奉献祭と呼び、菜の花や季節の野菜を捧げる。北野天満宮は2月25日に梅花祭を開き、紅梅と白梅を献じる。神楽奉納などがあり、付近の農家は畑仕事の始まりとして豊作を祈願する。

菜の花御供〈吉祥院天満宮〉

●

虎杖

いたる所に生えてくるからこの呼び名があるともいわれるイタドリ。根や茎が長く、茎は中空で節があり、スカンポの異名もある。春に芽吹く若芽は独活と同じように食用にされる。

虎杖

●

雷乃ち声を発す

七十二候の11番目。新暦の3月26日～30日頃。春の気が盛んになるにつれ、春雷が鳴る時節。雷は本来夏の風物詩だが、春に鳴る雷のこと。

●

比良八荒

京滋地方では、比良八荒、もしくは比良八講と呼ぶ。3月26日、比良連峰の延宝寺で、法華経八巻の講義、討論が行なわれている。この法華八講は、延喜19（919）年より現在にまで続いているが、ちょうどこの時期、一時的に天気が冬型に戻る。冷たい季節風が吹き荒れ、琵琶湖は波立つので、それを比良八荒という。

●第4土曜・日曜日

はねず踊り

●随心院／山科区小野御霊町　MAP10・A3

庭梅の花の薄紅を「はねず色」とよび、古来、最も高貴な色とされる。平安の歌人小野小町ゆかりの寺であり、踊りは深草少将百夜通いの悲恋伝説をテーマにした今様踊りで、大正期まで残っていた童歌と舞の伝承を復活した。境内の梅林の特設舞台で少女たちが菅笠に梅の造花を高くさし、はねず色の小袖で舞う。

はねず踊り〈随心院〉

利休忌

●27日、28日……りきゅうき
●聚光院／北区紫野大徳寺山内、茶道各家元　MAP2・B2

茶道の大成者・千利休は天正19（1591）年2月28日、秀吉の命により自刃した。利休忌は1カ月繰り下げ表千家は27日、裏千家は28日に行なう。裏千家は利休御祖堂で法要のあと咄々斎に利休画像と遺品の三具足を飾り、お茶湯や七事式が行なわれる。聚光院には利休の墓所がある。

和泉式部忌

●第4日曜日……いずみしきぶき
●誠心院／中京区新京極六角下る　MAP4・C2

和泉式部は奔放な愛に生きた平安中期の女流歌人で、紫式部らとも交流があった。『和泉式部集』があり、貴船川の螢によせて歌った「物思へば沢の螢も我が身よりあこがれいずる魂かとぞみる」が有名だ。誠心院北の境内入り口に和泉式部供養塔がある。謡曲奉納、ゆかりの寺宝も公開される。同寺は京都一のにぎやかな商店街の中にあり、うっかりすると通りすぎる。

和泉式部忌〈誠心院〉

独活

●……うど

春の山野草。茎は長大で2mもの長さになるが柔らかい。そのことから体ばかり大きくて役に立たない人のことを「独活の大木」と例えるようになった。

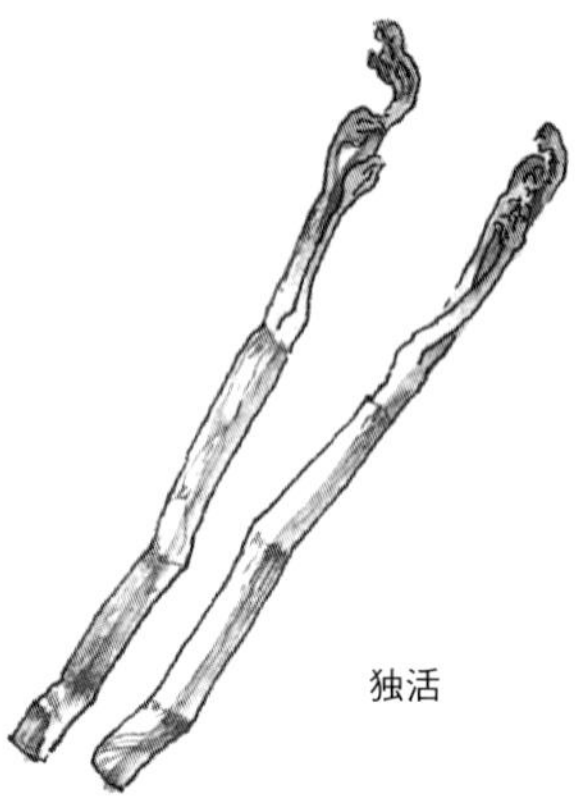

独活

枝垂れ柳

●……しだれやなぎ

ヤナギ科。別名イトヤナギ。中国原産で、日本には奈良時代に渡来したという。公園や市街地の水辺に植えられ、優雅でしなやかな立ち姿は、並木として親しまれてきた。早春、長くしだれた細い枝先に、ネコヤナギを小さくしたような黄緑色の花をつける。枝垂れ柳は京都市で選ばれた三つの木のうちの一つで、六角堂にある六角柳は有名。

沈丁花

●……じんちょうげ

ジンチョウゲ科の常緑低木で高さは1mほど。中国が原産で庭木によく用いられる。花びらのように見える部分はじつは萼で内側は白く、外側は紫赤色をしている。花には強い香りがあり、沈香に似ている。

山茱萸

●……さんしゅゆ

ミズキ科の落葉小高木で朝鮮半島が原産。庭木として栽培され、高さは4mほどになる。春の早いうちに鮮やかな黄色い小花をつけ、秋には珊瑚のような紅色の実を結ぶ。ハルコガネバナ、アキサンゴ、ヤマグミともいう。関西人は訛って、「サンシュウ」というい方をする。つつましく風情のある姿は、あたたかな春の訪れを予感させる。

木蓮

●……もくれん

モクレン科の落葉低木。中国が原産で、古くから高貴な花として宮殿に植えられたり、寺院の庭木として好まれてきた。春には葉に先立って暗紅紫色の六弁の花を開く。枝という枝に丸みを帯びた花をびっしりつけた姿は、春の訪れを感じさせる。花びらの白いハクモクレンもある。

チューリップ

●……ちゅうりっぷ

ユリ科の多年草で中央アジアが原産。日本には文久年間（1861〜64）にヨーロッパ経由でもたらされた。花のかたちがターバンを巻いているように見えることから、ターバンを意味するトルコ語のツリパムからチューリップの名前になったという。16世紀中頃にヨーロッパに渡り、オランダを中心に栽培されるようになる。その後、チューリップの球根は投機の対象となり、「チューリップ

三月の俳句

あたたかや藁天神の藁もらひ　加藤　常子

金閣の樋も金色春寒し　三浦　美穂

にび色に嵯峨の狩野や月おぼろ　杉木　坊斉

残り鴨くぐる新橋、巽橋　川田さちえ

春霞大臣名前の町に住み　今村ふき枝

ひひな月一対といふ安定感　境　初子

万亭の菜飯田楽大石忌　伊藤　昌子

啓蟄やとりまき衆に媚を売る　宇都宮滴水

故郷とはひそかに泣かす花わさび　丸山　佳子

語らひは雛雪洞の消ゆるまで　鈴鹿野風呂

行き合ひし公開の庵西行忌　木村　安子

酒倉の影ゆる水路春浅し　高山　知紅

舟人の引いて上るや夕かすみ　小林　一茶

小さなる揮毫の一間大石忌　鈴鹿野風呂

寝姿の三十六峰笑ひけり　多田　照江

水路閣流れはがねの春の川　熊谷　潺子

暖かき乗合船の京言葉　高濱　虚子

流る、は羽觴のみかはわが刻も　丸山　海道

狂時代」と呼ばれるほど、狂乱的な相場を招いたことはよく知られている。園芸上の品種はきわめて多く、6枚の花弁をもつ一重咲きと、複数の花弁をもつ八重咲きに分けられる。

馬酔木（あせび）

ツツジ科の常緑低木で、高さは2〜4m。山地に自生する。花穂にはスズランに似た壺型の小さな白い花をつける。葉は長円形で光沢のある濃緑色。トリカブト、ドクウツギと並び生葉には強い毒性があり、馬が間違って食べると酔うというのが名前の由来である。また、人間は生葉2〜3枚を食べると数分間で死ぬといわれる。昔、畑の境目に植えたものを「馬酔木境」といった。落ち着いたたたずまいでありながら、可憐な花を咲かせる馬酔木は、現代では庭園に好んで用いられる。

馬酔木

馬酔木

始めて電す（はじめていなびかりす）

七十二候の12番目。新暦の3月31日〜4月4日頃。雷の音がゴロゴロ鳴り響くだけでなく、雨とともに稲妻が初めて光る時節。

京都大骨董祭（きょうとだいこっとうさい）

●3月中の金曜日〜日曜日の3日間
●パルスプラザ／伏見区竹田鳥羽殿町　MAP 11・A1

平成6年11月より開催されている骨董祭で、全国300店以上のディーラーが集い、選び抜いた骨董品・古美術品を展示即売する。パルスプラザ大展示場に展示される100万点以上にも及ぶ品々は圧巻で、目を見張り、唾を飲むコレクターの姿がそこかしこに見られる。毎年春季2回、秋季に1回開催され、各回毎の特集展示は見もの。10時から18時。最終日のみ17時まで。入場無料。

〔連絡先〕
京都大骨董祭実行委員会（吾目堂）
TEL 077（522）2307

京都大骨董祭

陽炎（かげろう）

春の晴れた日、野や田園で遠くのものがゆらゆらと揺れて見えることがある。日射で地面が熱せられ、地表の空気密度が変化し、光の屈折が不規則になって起こる現象。「かげろう」または「かげろい」と読む。その様から、はかないものや見えるか見えないかわからないようなものを表現する時にも使う言葉。飛ぶ様子が陽炎の揺らめきに似ていることから、「蜻蛉」と書き、トンボのことをいう。

歩射の頭（びしゃのとう）

●月末の日曜日
●天照皇大神社／亀岡市旭町　MAP 19・B2

丹波一円には、現在でもなお株と呼ばれる同族組織があり、毎年決まった日に本家に当たる株親を中心に、姓が同じで共通の同族神を祀る人たちが集まって祭を行なっている。歩射の頭もそうした株の祭で、吉川株の株内2戸が弓矢を作り、本家の頭屋が供物を準備する。神社では注連縄を大木の枯れ株に掛け、御供はかわらけにのせ、三方に並べて12の膳を組む。用意ができると神主が弓矢を持って本殿にあがり、頭人が「東野向こうて千里四方、福徳得る」と唱えると、東へ矢を放ち、次に「西野向こうて千里四方、悪魔外道を射止め申す」といっては西を射る。矢は突き刺さったままにし、弓は弦をはずして本殿の後ろに納める。

四月

卯月　うづき

柳桜をこき混ぜて　京に花あり

卯の花の咲く時季であることから
卯月と呼ばれる四月。
しかし、京都の四月は
卯の花よりはやはり、桜こそ似つかわしく、
「見わたせば、柳桜をこき混ぜて、
都ぞ春の錦なりけり」と詠（よ）まれた
そのままの情景が洛中洛外、
いたる所で楽しめます。
京都の桜の、その格別の美しさは
桜ばかりがずらりと林立するのではなく、
緑の間に映える所々の桜色の美しさ。
まさしく「柳緑（やなぎはみどり）　花紅（はなはくれない）」の景が
楽しめるところです。
桜の背後にある神社仏閣は、
献花祭や花供養、そして桜の散るころには
花鎮めの神事や法要など、
花と人との物語を静かに語って
歴史や故事に趣を添え、
心まで「はんなり」と色づかせてくれます。

別れ霜
わかれじも

春がきて、最後に降りる霜のことで、「八十八夜の別れ霜」といわれるように立春から数えて88日目（陰暦の5月2日頃）の夜が降霜の終わりとされた。別れ霜が過ぎると春たけなわとなる。

氷供進
●1日～9月晦日　こおりぐしん

昔、冬の間に切った氷を、茅を敷き詰めた氷室と呼ばれる穴に保存し、夏期に氷を小出しにして宮中へ納める儀式が行なわれていた。1駄を一石二斗の容量として計算すると、4月と9月は毎日1駄、5月と8月は毎日2駄、6月と7月は毎日3駄が供進されたことが『小野宮年中行事』から知ることができる。

おかげ踊り
おかげおどり

江戸時代には何度か伊勢神宮へ群参するおかげ参りが流行したが、そのとき各村々では氏神において村人が踊りを踊った。それがおかげ踊りである。山城地方では文政13（1830）年と慶応3（1867）年に流行したが、昭和の御大典を最後に途絶えたところが多い。

玉津岡神社のおかげ踊り
●3日・10月16日　たまつおかじんじゃのおかげおどり

●玉津岡神社／綴喜郡井手町井手東垣内　MAP17・A3

井手地区の氏神玉津岡神社の春・秋の例祭に奉納される踊り。現在の踊りは昭和50（1975）年に神社絵馬堂等の竣工記念に復活させたものである。踊りは宮司による例祭の祈祷が終わったあと、氏子の女性が奉納する。踊り手は揃いの浴衣に赤襷を掛け、頭に菅笠を被り、日の丸扇を手にして円陣となり左回りにゆっくりした所作で踊る。

おかげ踊り〈玉津岡神社〉

春風
はるかぜ

春の風。のどかに吹く風の意から恩恵が深いことのたとえにも使う。春風駘蕩は性格や態度が大らかであること。

諸子
もろこ

コイ科の淡水魚で体長は約12㎝。一対の口ひげをもっている。背部は暗青色で腹部は白色、側面に蒼黒色の縦帯がある。美味な魚で、4月頃、琵琶湖沿岸のものが有名。京都の料理屋では塩焼の諸子を味わうことができる。

筍
たけのこ

食用として食べられる竹の子、つまり筍はマダケ（真竹）、モウソウチク（孟宗竹）、ハチク（淡竹）で、竹の地下茎から出て10日以内の若芽の部分を食べる。それ以上成長すると竹となる。京都西郊の竹藪は筍栽培に適している上、栽培技術も特殊。竹藪の土の中から春の光を受けてスクスクと伸びる姿が龍に似ていることから「龍孫」と呼ばれることもある。

筍

●２日……まつのおたいしゃれいさい

松尾大社例祭

●松尾大社／西京区嵐山宮町　ＭＡＰ⑮・Ｂ１

上賀茂・下鴨神社が都の守護神として東の厳神といわれたのに対し、松尾大社は西の猛霊とあがめられた。平安の貞観年間（８５９〜７７）以来の例祭。酒造の神で醸造業界の参拝がある。

●３日……とげまつり

土解祭

●上賀茂神社／北区上賀茂本山　ＭＡＰ②・Ｂ１

春の陽気に誘われて土が解けだせば種蒔き。田の水の取り入れ口に御幣を立て田の神を祭った水口祭の一種とも見られる。細殿前の芝生で神官がその年に蒔くモミ種の吉凶を占い豊作と出たモミを神田に蒔く。

土解祭〈上賀茂神社〉

●３日……いんげんぜんじしょうとうき

隠元禅師祥当忌

●黄檗山萬福寺／宇治市五ケ庄三番割　ＭＡＰ⑰・Ａ２

延宝元（１６７３）年に示寂した日本の黄檗宗の宗祖であり、萬福寺を開山した僧隠元隆琦禅師の遺徳を偲んで法要が行なわれる。前夜に新茶を献供し、逮夜勤行が営まれ、当日は御粥の法儀のあと開山堂にて法要を営む。ゆかりの煎茶道家元の献茶の儀も行なわれる。

●３日……ひのとさい

日使頭祭

●離宮八幡宮／乙訓郡大山崎町大山崎　ＭＡＰ⑯・Ａ２

同社で行なわれる春の例祭。昔、豊前国宇佐から八幡神を迎えたのが石清水八幡宮の始まりとされているが、その前に八幡神は大山崎にとどまられ、その後石清水に参られたという故事がある。この離宮八幡宮から男山への八幡神遷幸の儀式にのっとった祭。昔、社司が荏胡麻を搾って油をとり、我が国の油業を独占するようになったが、この油業により裕福になった地元の商人は、毎年順番に「日の頭」を務めて、この祭を行なってきた。献灯の儀、湯立ての神事などが続く。油脂関係者などが参拝する。

日使頭祭〈離宮八幡宮〉

●……かし

樫

ブナ科の常緑高木の一群の総称で、日本にはシラカシ、アラカシ、ウラジロガシ、アカガシ、ツクバネガシ、イチイガシ、ウバメガシなどがある。暖かい土地に多く、中部以南に数種みられる。晩春から初夏にかけて、小花を密生した穂をつけ、雄花と雌花がある。この木になる実がドングリ。材質は堅く、器具材などに用いられる。

●……はなぐもり

花曇り

桜の咲く頃は「花開いて風雨多し」のたとえのように高気圧と低気圧が通り過ぎる。天候がすぐれず、どんよりとした曇り日も多いことから、春の愁いを表現する時に使う季語。花曇りの空は、天気が下り坂になる兆候。花曇りで、遠くの景色がよく見えない状態、あるいは、霧や靄で、見通しが悪い状態を春霞という。霞という表現は、昼間に使うもので、夜は朧といい、「朧月夜」となる。

●……たけ

竹

竹はイネ科の植物で、マダケ（真竹）、モウソウチク（孟宗竹）、ハチク（淡竹）などがあり、百年に一度だけ花を咲かせるといわれる。春に筍が出ると、３カ月ほどで伸びきってしまい、それ以上大きくなることはない。

山桜　やまざくら

バラ科の落葉高木で、高さは15～25m。関東以南の雑木林や山に自生している。葉は卵形で若葉は赤褐色。4月頃、新葉とともに五弁の白い花を開く。花は小形で清楚。5月から6月には、赤紫色の実をつける。奈良の吉野山や京都の嵐山が名所で、古くは桜といえばこの花のことをさした。

桜　さくら

バラ科の落葉高木で園芸品種も多い。よく見られるのはソメイヨシノ、ヤマザクラ、サトザクラ、ヒガンザクラなど。4月から5月にかけて白色または淡紅色の五弁の花を開く。八重咲きのものもある。古くから花といえば桜をさし、花王と讃えられた日本の国花。

4月の初めには円山公園のイトザクラ、その後はソメイヨシノが枝いっぱいに花をつける。下旬になると御室のサトザクラが満開になり、5月の初めには北山の桜が花を開く。里から山へと順々に花をつけていくので、花を追いかける楽しみがある。

嵯峨野の竹林

山桜

枝垂れ桜

しだれざくら

バラ科の落葉高木。イトザクラともいう。3～4月にかけて長く垂れ下がった枝に葉が出る前に小さな花が開く。寺社によく植えられている。京都では円山公園のシダレザクラが有名で、鹿ケ谷の法然院には桜を愛した谷崎潤一郎の墓にシダレザクラが植えられている。また、平安神宮には八重咲きのヤエベニシダレと呼ばれるものがあり、ライトアップされ夜桜が見事。北桑田郡京北町の常照皇寺には国の天然記念物に指定されている九重桜がある。

清明

せいめい

二十四節気の5番目。春分から15日目頃で、新暦の4月4日、5日頃。清掃明瞭という意味で、春先のすがすがしい時期、すべてのものが清らかで生き生きしている様子をあらわす。

上賀茂神社の枝垂れ桜

桐始めて華く

きりはじめてはなさく

七十二候の13番目。新暦の4月5日～9日頃。陽気が暖かくなって、初夏を思わせる桐の花が咲き始める時節。

円山公園の枝垂れ桜

● **欅**（けやき）

ニレ科の落葉高木。高さは20ｍ近くなり、周囲は３ｍにも達する。山地に多く自生し、葉はするどい尖頭で鋸葉をもつ。早春、新葉とともに淡い黄緑色の花をつける。雌雄同株で果実は小さい。木材は黄ばんでいて、堅牢。磨くと光沢が出てくるので、建築用装飾材や器具材として用いられる。

● **6日**

白川女花行列（しらかわめはなぎょうれつ）

● **北白川天神宮**／左京区北白川仕伏町　MAP 8・B2

同宮には白川女の歌碑があり、市中に花売りに出た娘さんたちの地元にあたる。紺木綿の着物、三幅前垂れ、白脚絆、白手ぬぐいを姉さんかぶりにした白川女がさわやかに練る。

● **第１土曜日・日曜日**

福知山お城まつり（ふくちやまおしろまつり）

● **御霊神社・福知山城公園他**／福知山市中ノ町ほか

明智光秀の丹波平定により整備された福知山城は、慶長５（１６００）年入部の有馬豊氏が全面的に改造し、福知山は城下町として繁栄した。お城まつりは、昭和61年、福知山市のシンボルとして天守閣が１２５年ぶりに復元されたのを祝い、翌年より始められた市民の祭りである。子供たちによる各時代の風俗行列やアニメキャラクターの山車行列、福知山踊り大パレードなどが、広小路通りのメイン会場に繰り広げられる。

● **雪柳**（ゆきやなぎ）

春の季語。バラ科の落葉低木で春の葉とともに白い五弁の小花をたくさん咲かせる。小米花、小米柳の異称もある。

雪柳

● **4月第一卯の日**

御当渡し（おとわたし・おこと）

● **浦島神社**／福知山市戸田　MAP 22・B2

御当渡しは、戸田の氏神・浦島神社に祀る水神・虚空蔵・弁財天の３つの分神をそれぞれ家に持ち帰り、神

【花見】

卯月の京都は、一年で最も華やかな月。哲学の道の染井吉野、平安神宮の紅枝垂、仁和寺の御室桜、墨染寺の薄墨桜など、花見の名所ではそれぞれ趣の異なる桜が爛漫と咲き誇り、この月はまさに「都ぞ春の錦」の風情。人々を花見の遊山へと誘います。

桜の花の下で詩歌管弦の宴を催す花見の宴を最初に行なったのは平安時代の貴族たちだといわれていますが、農耕の民であったわが国では、それよりずっと以前から秋の実りを占うために花見が行なわれていたとか。サクラのサは稲の霊の名で、クラは神の座。その花に宿った稲の霊を迎えて祀り、五月に田植えを始めたのだといい伝えられています。

農耕儀礼であった花見が、京のまちにも定着していったのは江戸時代になってから。「凡そ京俗、春三月、花開く毎に良賤の男女出遊ぶ、是を花見と称す」と、17世紀の京に生きた黒川道祐という人が『日次紀事』で伝えるように、都市の人々もまた遊山としての花見を年中行事に定着させていったのです。

桜

棚にお祀りして1年間お守りをする引継式にあたる。その役を当人と呼び、30代の男3人が選ばれ、朝夕に洗米と水をお供えして拝む。浦島神社は牛の神のため、1年間は決して四つ足のものは口にすることはできなかった。平成13年度からこの行事も浦島神社で村の役員等でお守りすることになった。

●第1日曜日……………おゆみのぎ

御弓儀

●**わら天神**／北区衣笠天神森町　MAP2・A3

安産の神様として信仰されるわら天神は祭神はコノハナサクヤヒメノミコト。金閣寺造営にともなって現在地に移建された。衣笠一帯の尊崇を受ける。御弓儀は武者姿の射手6人が注連縄が張られた射場で20m先の的を射て、当たり具合で五穀豊穣などを占う神事。同日、神輿が氏子地域を練る。

わら天神の名前は同社の安産護符にワラの節のあるなしで男児、女児の

御弓儀〈わら天神〉

桜紀行〈京都〉

桜まつり

●**大覚寺**／右京区嵯峨大沢町　MAP14・A1

毎年4月、桜の開花時期に合わせて開催されているイベントで、大覚寺の東に位置する大沢の池の畔に咲く桜の花を愛でる。大沢の池は、平安時代に嵯峨天皇の離宮・嵯峨院の庭池で周囲1kmの日本最古の庭苑池である。桜まつりは、茶室望遠亭での茶席や池畔での野点、売店など様々に趣向が凝らされる。有料。

〔連絡先〕
TEL075（871）0071

桜の庭園開放

【1日～10日ごろ】

●**宇多野ユースホステル庭園**／右京区宇多野　MAP14・B1

宇多野ユースホステルの園内には枝垂桜、吉野桜など100本近い桜の花が咲き、艶やかな雰囲気に包まれる。宿泊客や地元民だけでなく、同庭園の開放を心待ちにしている行楽客も数多く、花見の隠れたスポットともなっている。開園期間は開花に合わせて変動する。無料。

〔連絡先〕京都ユースホステル協会
TEL075（462）9185

鴨川サクラまつり

●**鴨川河川敷**／三条大橋～四条大橋間

鴨川の四条大橋から三条大橋間の東岸を桜の季節に合わせてライトアップ。夜桜が楽しめる。対岸から遠目に見る花の風情もまた一興。

毘沙門堂観桜会

【第1日曜日】

●**山科毘沙門堂**／山科区安朱稲荷山町　MAP10・A1

京都七福神の一つに数えられる

天道花

出産がわかるという俗信から起こった。正式には敷地神社という。

天道花

てんとうばな

旧暦の4月8日に長い竹の竿の先にツツジ、シャクナゲ、ウツギ、フジ、ヤマブキなどを十文字に結び、屋外や玄関先に立てる。天道は太陽のことで1年の豊作を祈願する。現在、京都市左京区花背などの山間部や船井郡八木町、亀岡市などで行なわれ、卯月8日の天道花がなまって「お月八日の天道花」という。花籠に入れたり天神祭の日に花鉾を出す風習もあった。近畿から中国、四国地方の風習で近年は急激に姿を消している。

神鳩祭

しんきゅうさい

●**第1日曜日**

●**三宅八幡神社**／左京区上高野三宅町　MAP7・B3

小野妹子が遣隋使として筑紫の海を

毘沙門天を本尊とするところから毘沙門堂と呼ばれている天台宗の門跡寺院。正しくは護法山出雲寺。寺伝によれば、大宝3（703）年、文武天皇の勅願で僧行基により京都御所北方の出雲路に創建されたと伝え、その後のたびたびの兵火により荒廃し、寛文5（1665）年、現在地に再興され、後西天皇の皇子・公弁法親王が住持してから門跡寺院となった。観桜会は檀家会である大般若会が主催するイベントとして開催されている。9時～16時。有料。

〔連絡先〕山科毘沙門堂　TEL075（581）0328

二条城観桜茶会

【第2日曜日】

●**二条城**／中京区二条通堀川西入る　MAP4・B1

通常は非公開になっている二条城内清流園で催される茶会。清流園は城内北部にある面積約1万6500平方メートルの庭園で、江戸時代初期の豪商、角倉了以の邸宅の一部と庭石約800個をもとに、全国各地の名石を集めて、昭和40年に造園された。池泉回遊式の和風庭園と芝生を中心とした洋風庭園で、主に迎賓用に利用されている。観桜茶会は茶席2席の他、点心席も設けられ、桜を愛でる人で賑わう。9時～15時。有料。

〔連絡先〕元離宮二条城事務所　TEL075（841）0096

桜祭

【第3日曜日】

●**梅宮大社**／右京区梅津フケノ川町　MAP14・B2

楼門の上に酒樽が並ぶ梅宮大社は酒解神をまつり、酒造業界の守護神延喜式の名神大社、また二十二社に列せられ、松尾大社と並ぶ洛西屈指の大社。梅宮祭は相楽郡井手から檀林皇后によって遷座したことに始まる。平安時代、この月の例大祭は勅使祭であり、祭礼に雅楽が奉納され新酒が供えられた。平成8年、いったん途絶えていたこの祭を桜祭として復活させた。桜祭は雅楽祭ともいわれ、祭礼後に平安雅楽会によって雅楽と舞楽が奉納される。

渡ったときに病を得たが宇佐八幡に祈り平癒、帰朝後に宇佐八幡を勧請したのが起こりと伝える。神社の狛犬のかわりに可愛らしい鳩がとまっている。一般には子どもの「夜泣き」「カンの虫」封じに霊験があると信仰され祭礼には子連れの婦人が多く、境内に露店が出て、八幡神の使わしめの「鳩笛」を求める人で賑わった。残念ながら、現在は中断している。

●8日……………………はなまつり

花まつり

●各寺院

釈尊の誕生日と伝えられている日で、各寺院では祝いの仏事が行なわれる。仏生会、灌仏会、龍華会などとも呼ばれる。釈尊の母、摩耶夫人が藍毘尼園の無憂樹の下で釈尊を生んだこ

花まつり〈壬生寺〉

花まつり〈知恩院〉

紅しだれコンサート

【上旬の3日間】

●平安神宮／左京区岡崎西天王町　MAP8・A3

平安神宮の東神苑の紅枝垂桜を中心にライトアップし、栖鳳池と貴賓館を舞台にしてコンサートを開催する。毎夜2回公演され、各夜の奏者はクラシックから邦楽まであらゆるジャンルにわたる。一流の奏者が夜桜の幻想的な雰囲気の中で奏でる旋律は、多くの聴衆を魅了する。

〔連絡先〕京都新聞社企画事業局
TEL075（241）5233

紅しだれコンサート〈平安神宮〉

とにちなみ、春の花で飾った小御堂の中に誕生仏の小像を安置し、甘茶を注いで祝う。この小像は、右手は上を、左手は下を指し、「天上天下、唯我独尊」を表している。

●第1日曜日……ふしみいなりたいしゃさんぎょうさい

伏見稲荷大社産業祭

●伏見稲荷大社／伏見区深草藪之内町　MAP 11・B1

商売繁盛の神様に製造業、販売業、農林漁業などあらゆる分野の企業の参列があり、各社の製品も奉納される。桜花の舞、胡蝶の舞や尺八、琴の演奏などがある。

●10日……えぼしぎ

烏帽子儀

京都市登録無形民俗文化財

●左京区静市静原町

数え年で17歳の長男が元服し、町内の一人前の男として認知される厳粛な行事。長男の家では黒塗りと赤塗りのふたつの三方に鮑、活け鯛に松の枝、もうひとつの三方には桃の枝を差し立て伊勢海老、金柑、結び昆布、スルメなどを盛り、松と桃の枝には近所の谷川で採った生きた沢ガニをつるして「どんな困難にあっても乗り越える」という意味を表わす。内輪の祝宴は長男に紋入りの裃と大島紬の羽織。祝宴は親戚縁者を招いて三の膳まで続く。烏帽子儀といわれるが、烏帽子は着用しない。

このあと町内の20人で組織する若連中が出向き公的な儀式を行なう。静原神社の神主、氏子総代の一和尚若者頭らが上座、中座に元服の青年はこれに向かい合う。祝いの『高砂』が詠われ酒三献と汁のものが出る。最後に元服の青年が「かように祝いつつ程なく烏帽子折り立てて花やかに三色組みの烏帽子掛け緒取り出し気高く結い済まして召されてご覧候へとてお髪の上にうち置き立ち退きて見ればよい殿かな、あっぱれお器

烏帽子儀〈左京区静市〉

花祭り

旧暦の4月8日はお釈迦さまの誕生日。西本願寺や清凉寺、壬生寺など方々の寺院では釈尊降誕を祝い、花祭りが行なわれます。灌仏会とか仏生会とも呼ばれる花祭りは釈迦の生誕地、藍毘尼園と無憂樹をかたどった花御堂が境内に設けられ、その中に釈迦の誕生仏が安置されます。生まれたばかりの姿の釈迦像は、浴仏盆と呼ばれる水盤に立ち、右手を天に向かって掲げ「天上天下唯我独尊（てんじょうてんげゆいがどくそん）」の姿を表しています。誕生した釈迦の体に9つの龍が天から香湯を注ぎ、産湯を使わせたという伝説にちなみ、この誕生仏に甘茶をかけて釈迦降誕のお祝いをするのです。

灌仏会は古く推古天皇の時代から行なわれていた法会ですが、花祭りという名称で誰もが参加できる年中行事となったのは明治45年以降のこと。仏教青年伝道会によって、浅草公園で花祭りを行なったのが始まりで、京都の寺院で行なわれる花祭りも愛らしく着飾った稚児たちに見守られた誕生仏が、白象の背に乗って町をパレードします。

花御堂〈長福寺〉

用や、これぞ弓矢の大将と申すとも不足よもあらじ」と謡曲『烏帽子折』の一節を朗々と詠い挙げて終わる。『烏帽子折』は牛若丸にちなむめでたい曲。

●10日……じゅうこんほうよう

獣魂法要

●法輪寺／西京区嵐山虚空蔵山町　MAP15・B1

牛、豚、鳥など食肉となった獣類の霊を慰める法要。京都市内の400余の京都市食肉協同組合員が同寺の獣魂碑前で営む。

●10日……おおたじんじゃはるまつり

大田神社春祭

京都市登録無形民俗文化財

●大田神社／北区上賀茂本山　MAP2・B1

同社は上賀茂神社の境外末社。紫一色のカキツバタの群落で有名だ。春祭にはその音色から「チャンポン神楽」と呼ばれる里神楽が奉納される。男女2人ずつがゆっくりと舞う。男は素襖、女は千早と呼ぶ巫女衣装に緋の袴。太鼓、小鼓、銅拍子五十鈴を鳴らしながら静かに舞う。神楽の原型といわれる典雅な舞である。

●……でんそけしてうずらとなる

田鼠化して鴽と為る

七十二候の14番目。新暦の4月10日～14日頃。田鼠とは、もぐらのことで、たねずみともいう。もぐらが鶉になることは実際にはあり得ないが、ちょうどこの時期、畑の作物が根をはり勢い良く育ちはじめるので、地中のもぐらの動きが目立たなくなり、かわって鶉が鳴く姿が目立つようになる。

●4月上旬……にゅうがくしき

入学式

入学とは学校に入ること。転じて師につき、その道の弟子入りをすること。日本では4月に入学式が行なわれ、新学期が始まる。

入学式

●……さくらもち

さくら餅

薄紅に染められた小粒の道明寺粉を用いて作られるのが京都の「さくら餅」。こし餡を、あらかじめ蒸しておいた道明寺粉で包んで丸めたものに、塩漬した桜葉を巻く。桜の香りと塩味がおいしい。関東では、長命寺のさくら餅に代表されるように、白い麩焼の皮でこし餡を包むのが一般的。

●……はないかだ

花筏

春のお菓子には、桜花の形や色を意匠にとったものが多い。花筏は、薄紅の餅皮で餡を包んで短冊形に形成し、桜花の焼印を散らしたもの。色合いや柔らかい口当たり、そして散った桜花が川面を流れる様を筏に見立てた形といい京都らしい趣がある。

●……はなみだんご

花見団子

京都の春は、都をどりの幕開けでいっそう華やかさを増す。祇園の花街界隈も団子を連ねた模様の円く紅い提灯に照らされる。「花より団子」とは、よくいったもので、春の風情は目で楽しみ、舌で楽しむ。竹串に草色、白、薄紅色の三色の丸めた「しんこ」または「こなし」が刺してあるものが「花見団子」。1つめと2つめの団子の間隔が少し空けられているところが、こにくい風情。

●……はなびえ

花冷え

春先、日本海を低気圧に伴う寒冷前線が通過すると、暖かい陽気が一転して北西の風が強まり、気温が急降下することがある。ちょうど桜の花の季節なので花冷えと呼ぶ。花冷えは桜の開花を左右する。開花してからの花冷えは満開の時期を遅らせ、満開を過ぎてからは花の命を長びかせる。

●上旬の5日間……ごしょいっぱんこうかい

御所一般公開

●京都御所／上京区京都御苑　MAP3・C2

昭和22年に始まった京都御所の一般公開は、春は4月上旬、秋は10月中旬の年2回、各5日間公開される。宜秋門から入り、御車寄・日華門・紫宸殿・清涼殿・和徳門・小御所・御池庭・御学問所・常御殿などを経て清所門へ出る。部屋には束帯（そくたい）・十二単（じゅうにひとえ）・童直衣（わらわのうし）などをまとった等身大の人形や調度品が飾られていて王朝時代の宮廷の情景を偲（しの）ばせる。入門時間は9時～15時。

〔連絡先〕宮内庁京都事務所
TEL075（211）1215

●10日……おうかさい

桜花祭

●平野神社／北区平野宮本町（ひらのみやもとちょう） MAP 2・A3

花山（かざん）天皇が寛和元（985）年4月10日に桜をお手植（てう）えされた古例による。本殿神事のあと、神幸列（しんこう）の先頭を鬼神（きしん）が露払いし鳳輦（ほうれん）、騎馬（きば）、花山車（だし）をはじめ時代風俗として王朝、天平、元禄の各列が続く。神幸列は花山天皇陵に立ちより、祭の報告をする慣（なら）わしである。夜は「平野夜桜」として知られ、夜遅くまで花見客で賑わう。

桜花祭〈平野神社〉

●第2日曜日……やすらいまつり

やすらい祭

●今宮神社／北区紫野今宮町（むらさきのいまみやちょう） MAP 2・A2

京都の三大奇祭のひとつで、鎮花祭とも呼ばれ今宮神社の摂社、疫神社（えき）の祭礼である。平安時代、花が散る

やすらい祭〈今宮神社〉

頃に疫病がはやり、これを疫神の祟りと信じ花の精を鎮め無病息災を祈願したのが祭の起りと伝える。神事を終えた小鬼、赤毛鬼、黒毛鬼、風流花傘持ちなど20数人が1組となって唄い、鉦を打ち囃し町内をめぐる。花傘には待ちうけていた人々が競って入り、疫病退散を願う。やすらい祭は雲林院、玄武神社、西賀茂の川上神社、上賀茂神社にも伝わる。「やすらい花」は重要無形文化財。

太閤花見行列

●第2日曜日……たいこうはなみぎょうれつ

●醍醐寺／伏見区醍醐伽藍町

MAP 11・C1

慶長3（1598）年3月15日太閤秀吉は秀頼、北政所、淀君や諸侯を率いて盛大な花見の宴を開いたことは「醍醐の花見」として有名である。その故事にならい再現したのが、太閤花見行列である。著名人が太閤秀吉に扮し、それに従う約100人の行列が、桃山時代の装束をまとい、勅使門から練り歩く。

太閤花見行列〈醍醐寺〉

道成寺の鐘供養

●12～13日……どうじょうじのかねくよう

●妙満寺／左京区岩倉幡枝町

能の大曲『道成寺』や歌舞伎、舞踊で知られる安珍、清姫伝説の銅鐘の鐘供養法要。清姫に追われた僧の安珍が紀ノ川をわたり道成寺の鐘に隠れたが嫉妬に狂った清姫に鐘ごと焼き殺されたという伝説。鐘の銘に正平14（1359）年3月11日、道成寺に納めたとある。鐘は高さ1mほどのもので現在は仏舎利塔に安置されている。妙満寺は中京区の京都市役所北にあったが昭和45年、現在地に移転した。同寺の「雪の庭」は名園として知られる。

嵯峨大念仏狂言

●第2土曜日・日曜日・第3日曜日……さがだいねんぶつきょうげん

●清凉寺／右京区嵯峨釈迦堂藤ノ木町

重要無形民俗文化財

MAP 14・A1

中京区の壬生大念仏狂言と上京区の千本閻魔堂狂言とならび京都三大狂言のひとつ。鎌倉時代に円覚上人が融通念仏を広めるために始めたといわれる無言狂言。同寺の縁起には弘安2（1279）年に始まり「洛中辺土の道俗男女雲のごとくにのぞみ星のごとくにつらなり群集す」とある。鉦、太鼓、笛にあわせ『釈迦如来』『土蜘蛛』などの24演目を民俗色豊かに演じる。奈良で母子生き別れとなり釈迦堂の念仏狂言で再会を果たす能『百万』の舞台だ。昭和28年、復活上演された。

嵯峨大念仏狂言〈清凉寺〉

嵯峨大念仏狂言〈清凉寺〉

行く春

●……ゆくはる

春の終わり頃の季語。春の名残、春尽くともいう。人生の最もよい時代を春とたとえ、その時代が終わろうとする寂しさをいうこともある。

十三参り

●13日……じゅうさんまいり

●法輪寺／西京区嵐山虚空蔵山町　MAP15・B1

13日、数え年13歳になった少年少女が嵐山の虚空蔵法輪寺へ「大人の知恵」を授かりに行く伝統的な習俗。お参りの後、渡月橋を渡り切るまでに後ろを振り返ると授かった知恵がなくなるといい伝えられている。少女はこの日より本裁ち（大人用）の着物を着ることが許されるなど、成人前の重要な儀礼。13歳の正月に少年には六尺褌、少女には赤い腰巻きを贈る「初褌祝」の習俗が全国的に見られるが、十三参りもその1つと考えられる。

十三参り〈法輪寺〉

鴨川の茶店

●第2土曜日……かもがわのちゃみせ

●半木の道／左京区鴨川北大路橋上る東岸　MAP8・A1

鴨川の東岸、植物園の西側にある半木の道に緋毛氈を敷いた床几が並べられ、お茶の接待や琴、尺八の演奏や摸擬店がある。見事な枝垂れ桜の鑑賞と、環境美化の一環として京都鴨川ライオンズクラブと、鴨川を美しくする会の共催で行なわれている。

蝶

●……ちょう

春の虫といえば蝶というくらい、人々の生活に親しい。日本では260種を数え、文学や芸術のモチーフとしてさまざまな姿で描かれ、郵便の切手デザインにもなっている。モンシロチョウのようにどこでも見られるものもあるが希少な種も多く、天然記念物に指定されているものもある。府内にはオオムラサキをはじめギフチョウなど、貴重な種が棲息している。ちなみに国蝶はオオムラサキ。

菜の花

●……なのはな

アブラナ科の2年生作物で、セイヨウアブラナと在来種のアブラナとの2種類がある。古くから油をとるための重要な作物で、種子からとった菜種油は食用、灯用、工業用とさまざまに利用されてきた。葉は食用で、花は観賞用。桃の節句には、桃の花と一緒に飾られ、春の訪れを知らせる。塩漬にした菜の花漬は、やさしい春の味。

蓮如上人・中宗会

●13日～14日……れんにょしょうにん・ちゅうしゅうえ

蓮如上人・中宗会〈西本願寺山科別院〉

京都のことわざ
神泉苑の水

「神泉苑の水を放せば雨が降る」。二条城の南の神泉苑は平安京の造営とともに造られた貴族の遊宴の地。祈雨の霊場としても知られ、この地を舞台に天長元（824）年、東寺の弘法大師空海と西寺の別当守敏が法力争いを演じ、空海が勝利した。また貞観17（875）年に日照りが続いた時、神泉苑には龍神がおり、池の水を放流すれば雨が降るという老人の言葉に従い放流したところ雨が降ったのでこの頃から雨乞いの信仰があった。

京都のことわざ
門前の小僧

「門前の小僧、習わぬ経を読む」。お寺の門前に住んでいる子どもは法事、法要を見聞きしているうちにお経を覚えてしまう。

京都のことわざ
餅は餅屋

餅はやはり餅を商売にしている餅屋のものがおいしいという意味。ちなみにいろはかるたでは、京都は「餅は餅屋」、大坂は「桃栗三年柿八年」、江戸は「門前の小僧、習わぬ経を読む」である。

●**西本願寺山科別院**／山科区竹鼻サイカシ町　MAP10・A2

蓮如上人は本願寺中興の祖で、山科本願寺を開き苦難の布教の末、明応8（1499）年3月25日にこの地で亡くなった。盛装の僧侶が御廟まで行列、門徒が多数参列する。中宗は中興の祖の意味。御文という日常用語で念仏の教えを説いたものが多数残されている。

●**16日**……あやこてんまんぐうさい

文子天満宮祭

●**文子天満宮**／下京区間之町通花屋町下る　MAP5・C2

菅原道真を祭神とした洛陽天満宮二十五社のうちの1つ。道真の乳母多治比文子が道真左遷の折に道真自身が託した彫像を祀ったのが始まりとされ、毎年16日には例祭が行なわれる。

●**第2日曜日**……ちりめんまつり

ちりめん祭

●**アミティ丹後周辺**／竹野郡網野町　MAP25・A2

源義経の側室・静御前の故郷であった網野町で、町村合併後の昭和25年より開催されている祭。丹後縮緬の振興と観光や商業・地場産業の発展を祈念して行なわれ、静御前の静の舞、ちりめん小唄踊りパレード、フリーマーケットなど町民によるさまざまなイベントが催される。大呉服市、織物展示会など縮緬の里である網野にふさわしい着物を身近に感じる企画もふんだんに盛り込まれている。

〔連絡先〕網野町商工観光課　TEL0772（72）6602

●**第2日曜日**……ほうじょうえ

大龍寺放生会

●**大龍寺**／右京区梅ケ畑高鼻町　MAP13・B2

不浄を清め変成男子の法力により女性の守護神とされる烏樞沙摩明王で知られる大龍寺。昭和52年まで中京区裏寺町四条上るにあった寺。鯉などを放つ放生会のあと水子供養会が営まれ、女性の参詣が多い。

●**第2日曜日**……かもきょくすいのえん

賀茂曲水宴

●**上賀茂神社**／北区上賀茂本山　MAP2・B1

上賀茂神社での曲水の宴の歴史は古く、寿永元（1182）年に記録が残っている。その後、幾度か中断、復活をくり返しながら、昭和35年に吉井勇、堂本印象、鈴鹿野風呂等が再興したが2年あまりで中断。平成6（1994）年平安建都1200年を記念して復活され現在に至っている。古代朝廷で行なわれた、鵜鸉（盃）を楢の小川に浮かべ、自分の前を通過する前に歌を詠むという優雅な行事。当日はお茶席や協賛各社の露店も並ぶ。

●……おため

オタメ

祝い事には、ご祝儀が欠かせない礼儀。それを頂いた方にも返礼の心得がいる。「オタメ」は、べつに「おうつり」ともいうが、返す相手が主なら半紙に、お使いの者ならポチ袋に少しお金を入れたりする。

●**中旬**……ふぐくようえ

ふぐ供養会

●**霊山観音**／東山区下河原八坂鳥居前下る　MAP9・B1

10月から春先の3月ごろまでが河豚の旬。約半年間、河豚のお世話になった専門店主、河豚調理師らが祭壇にトラ河豚をまつり感謝を込めて供養し業界の発展と無事故を祈願する。

京都のことわざ

桜切る馬鹿、梅切らぬ馬鹿

京都は梅も桜も名所が多い。桜は剪定すると樹勢が弱るが、梅は剪定するとそこから勢いよく新枝が出る。桜は成長は早いが寿命は比較的短い。

京都のことわざ

阿弥陀の光もカネしだい

「地獄の沙汰もカネしだい」と同じ意味。阿弥陀如来のご利益もカネを多く積んだ方が効き目がある。阿弥陀の「光」と「金の光」をかけた言葉。

京都のことわざ

醍醐味

乳製品を精製して得られる五味のうちの第五の味で、現在のチーズのようなもの。乳を煮詰めた粥状のものは「酪」、さらに煮詰めてバター状になったものを「酥」、酥を精製しチーズ状になったものが「醍醐」で、最も美味な味のこと。仏教の最高の教えにもたとえられる。和銅6年（713）年、山背の国（京都）に搾乳場「乳戸」があったとの『日本書紀』の記述により、奈良時代より京都でチーズが作られていたことが分かる。

●14日・9月14日　あなかんのんはるのたいさい

穴観音春の大祭

●穴観音／舞鶴市東神崎　MAP 23・A1

昔、丹波の目の不自由な老婆が夢のお告げにより、神崎の里を尋ねて洞窟を探しあて、中に安置されていた三体の石の観音に祈り、開眼したと伝えられてる。当日は、午前9時から観音の供養が行なわれ、必ず一願成就するという謂われをたよりに進学や安産など、近々予定されていることの成就を祈願する参拝者も多い。9月14日は秋の大祭が行なわれる。

●14日　けまりほうのう

蹴鞠奉納

●白峯神宮／上京区今出川通堀川東入る　MAP 3・B1

祭神の淳仁天皇祭にあたり京都蹴鞠保存会により奉納される。同神宮の石灯籠に飛鳥井町と大きく彫られているのはこの地が平安時代、蹴鞠の名流、飛鳥井家の邸宅のあったところによる。境内末社の精大明神は「まり大明神」ともいわれる。本殿前に全国のサッカー、ラグビー選手らの祈願札が見られる。

蹴鞠奉納〈白峯神宮〉

●15日　かみみやづまつり

上宮津祭

京都府登録無形民俗文化財

●愛宕神社／宮津市小田　MAP 24・A3

愛宕神社は、小田・喜多・今福の総鎮守で、関ケ淵の集落の山頂にある。この氏子3地区から6組の芸能集団が競い合う。神楽・今福太刀振り・喜多太刀振り・小香河太刀振り・四区太刀振り・奴の順で境内や参道で奉納する。神楽と太刀振りは本殿前に練り込み、神楽は荷屋台を高く担ぎあげて練り回し、「カド舞」を演じる。太刀振りはそれぞれ「門振り」「道中振り」を見せ、前後同時進行となるため、この日ばかりは山頂の愛宕神社は大変な賑わいを見せる。

●第2日曜日　ほたいののさんばそう

布袋野の三番叟

京都府登録無形民俗文化財

●河上三神社／熊野郡久美浜町布袋野　MAP 25・A3

布袋野の氏神河上三神社で、毎年4月第2日曜日の祭礼に神社の境内にある舞堂で三番叟が奉納される。最初に翁が扇を広げ優雅に舞う翁の舞。次に春の耕作から秋の豊作を祈る白色尉と黒色尉の喜びの舞。そして翁と白色尉と黒色尉の問答。最後に面をつけて白色尉と黒色尉は、秋の収穫を身体一杯で喜びであらわし、力強く舞う。すべての配役は男たちで行ない、翁は女装姿で演じる。

京都　ちょっと昔のくらし

飴細工（しんこ細工）

子どもたちの目の前で糸切りバサミを上手に使って飴を切ったり伸ばしたりしながら、イヌやウサギ、風車や人形などの形に作りあげ、食紅などで美しく彩色し、仕上げに蜜をかけて売るのです。作ってほしいものをいうと、手際よくハサミを使ってあっという間に形に仕上げるおじさんに、子どもたちは拍手喝采。この飴はしんこを蒸して搗いた餅でしたが、食感は飴のようでしたから、子どもたちは飴屋さんと呼んでいました。

飴細工

●15日……たちふり・はなおどり

太刀振り・花踊

京都府登録無形民俗文化財

●**新井崎神社**／与謝郡伊根町新井　MAP24・B1

新井崎は不老不死の薬草を求めた徐福の漂着地と伝えられ、新井崎神社の祭神として祀っている。太刀振りはもと青年の持ち芸で、棒振・小太刀・大太刀・長刀・居合・葵太刀の6曲からなる。大太刀以外は2人1組になり、左右に分かれて切り組みを演じる。花踊りは家主会が中心で、踊り子10人のうち2人が太鼓打ちを務める。音頭に合わせて、右手の扇子で花の柄を打ち左右に足を踏みかえて踊る。その踊り子の周囲を太刀振りを務めた者たちが取り囲む。丹後の与謝地方に見られる太刀振りと花踊りを一組とする祭礼芸能の特徴を伝えている。

太刀振り〈新井崎神社〉

●15日……しちじんじゃさいれいげいのう

七神社祭礼芸能

●**七神社**／与謝郡伊根町泊　MAP24・B1

かつて棒太刀・小太刀・三人棒・葵太刀などの太刀振りのほか、花の踊りが演じられたが、現在は子供の減少とともに行なわれなくなり、宵宮の14日に幟を立てるだけになってしまった。

●第2日曜日……せんねんつばきまつり

千年椿まつり

●**椿公園・加悦町椿文化資料館**／与謝郡加悦町滝　MAP24・A3

加悦町では府指定天然記念物「滝のツバキ」をシンボルに、ツバキの里として、ツバキ公園の整備や加悦町椿文化資料館の開館など特色ある地域づくりが進めてきた。滝のツバキは3月下旬から4月下旬まで濃紫紅色の中輪の花が咲き、満開時には紫紅色の花が緑の枝葉の間をうめつくす。日本一のクロツバキの名のとおり、壮観な姿が楽しめる。

●……ひとりあがり

ヒトリアガリ

春は宴会など、お酒の席が多い季節。そんな宴会の席上、ひとりで盛り上がって、やたらとはしゃぐ人がいる。周りが、何となくしらけていてもいっこうに気がつかないで、ひとり勝手に得意気な話をひけらかす人を指していわれる言葉。「あの人、ヒトリアガリしたはる」などと囁かれる。しかし、この言葉には批判めいた悪気はない。ヒトリヨガリとは違う。

●……にじはじめてみる

虹始めて見る

七十二候の15番目。新暦の4月15日～19日頃。春の雨が降った後に、鮮やかな虹が空に見え始める時節。

●……しゅんらい

春雷

雷といえば夏に多いものだが、春にも鳴る。春の日差しで地表近くに暖かい空気がたまり、上空に冷たい空気が入ると、大気の状態が不安定になり、入道雲が発生する。それが雷や突風、ときには雹を降らせる。春先、日本海を低気圧に伴う寒冷前線が通過すると、ぽかぽか陽気が一転

京都ちょっと昔のくらし

紙芝居

昭和5年から始まったといわれる紙芝居は、数枚の絵を見せながら物語を語り聞かせるもので、定期的に町内に現れ、拍子木を打って子どもたちに知らせ、水飴やえび煎餅などの駄菓子を売り、買った子どもにはおまけとして紙芝居を見せてもらえました。しかし、駄菓子を買わない子も最後列で見ることが許されました。昭和35年頃まで時々見かけましたが、テレビの普及とともにいつしか町中では見かけなくなった風景となりました。

紙芝居

して北西の風が強まり、気温が急降下することがある。そんなとき、雷が天地をとどろかす。春雷は、一つ二つ鳴って、それきりやんだりするのが特徴でもある。

●……やまぶき
山吹

バラ科の落葉低木で、高さは1m。春になると、黄金色の五弁の花をつける。山野に自生しているものは一重の花、八重のものは庭園に多い。綴喜郡井出町井出の玉川は、山吹の名勝として名高い。これは奈良時代、山吹を愛した左大臣橘諸兄が、晩年、自邸や玉川付近一帯に山吹を植えたのがはじまりだと伝えられている。

●中旬……たかやまもものはなまつり
高山桃の花祭り

●**徳光高山桃団地一帯**／竹野郡丹後町徳光　MAP25・B1

平成元年、国の開発パイロット事業として植栽され、同3年よりオーナー制度となった桃の木の、オーナーへの感謝の気持ちを込めて開催される桃の花見。餅つき大会や地元産の牛乳の試飲・販売など様々なイベントが開催される。19時より桃園がライトアップされ、花の香りとともに、辺りには艶やかな雰囲気が漂う。

〔連絡先〕JA京都丹後間人営農経済センター　TEL０７７２（７５）１１４７

●15日……ちゃそうみょうじんじゃしゅんきたいさい
茶宗明神社春季大祭

●**茶宗明神社**／綴喜郡宇治田原町湯屋谷　MAP17・B2

江戸中期に永谷宗円が、蒸し製の煎茶（現在の緑茶）を生み出してから、それまでの煮だした煎じ茶に対し、急須で湯に通す煎茶が広がった。この日本緑茶の創始者である永谷宗円が湯屋谷出身であることから、遺徳を称えて昭和28年に湯屋谷の氏神であった大宮神社内に創建され、以後茶の豊作を祈願する例祭として行なわれている。

●15日……くびづかだいみょうじんれいさい
首塚大明神例祭

●**首塚大明神**／西京区大枝　MAP15・A2

源頼光が大江山の酒呑童子を退治し、その首を都に持ち帰る途中、急に重くなり動かなくなったため、首塚として埋めたものが首塚大明神といわれる。一説には酒呑童子が首をはねられる際に、前非を悔いて、今後は首から上の病に苦しむ人々を助けたいといったともいわれ、例祭は霊験を求めて多くの参拝客で賑わう。

●17日……ごこうのみやじんじゃれいたいさい
御香宮神社例大祭

●**御香宮神社**／伏見区御香宮門前町　MAP12・A3

洛南有数の古社で地元民は「ごこうぐうさん」と呼ぶ。社名は境内から名水が湧き、香り高く万病に効くといわれたことによる。名水は一時涸れたが昭和57年に地下１５０mから汲み上げに成功、日本名水百選に指定された。祭神は神功皇后で大祭には舞楽奉納、献花、献茶があり、伏見随一の繁華街にあるため賑やかな祭り。同社は豊臣秀吉が伏見城造営で移転させたが、徳川家康が旧地に戻した。伏見城の遺構といわれる表門は重文。初代伏見奉行の小堀遠州が「おそらくこれほど見事な椿はないだろう」と絶賛したおそらく椿、京都市指定天然記念物の蘇鉄は樹齢４５０年という巨樹。境内は広く見るべきものが多い。

御香宮神社例大祭〈御香宮神社〉

●17日……とこなげさんせんにちまいり
独鈷抛山千日参り

●**千手寺**／亀岡市薭田野町鹿谷大タワ　MAP19・B2

4月と7月の17日、この日を俗に千日参りといって近郷から多くの参拝者がある。寺の縁起では本尊の千手観音の左目は射られたというが、実際に左目は瞳がなく白くなっている。そのため本尊は目の観音さんとして広く知られ、境内に湧き出る清水で目を洗ったり、飲んだりすると眼病を患うものに霊験あらたかといわれている。

四月の俳句

うつぎ咲く社家奥行に時ためて　豊田 都峰

肩越しに天使突抜春の夢　黒島 千佳

この庭の遅日の石のいつまでも　高濱 虚子

嵯峨の蝶ちらちら舞うて里狂言　樋口 嘉江

桜しべ降る自転車に舞妓の名　蓮井いく子

さくらわっと咲きぬ出雲の阿国の忌　北川 桊子

藤垂るる雲の菩薩を扉に描き　木田 千女

壬生狂言鬼女は十指をふるはせて　向井 久子

囲まれて十三まゐり橋渡る　鈴鹿野風呂

花回廊しだれ八分は四十代　田中 満枝

甘茶仏注ぐことばも京なまり　宇都宮滴水

春雨や酒買ひに行く陶たぬき　先斗町笑寿

巣立鳥出世払ひといふ重さ　加藤 翅英

白毫の月ひとつ懸け花の京　丸山 海道

筏士の蓑やあらしの花衣　与謝 蕪村

幕切れの妖しさ秘めし桜闇　鈴鹿百合子

満ちたるは欠けるにあらず蝌蚪泳ぐ　境 良一

門の蝶子が這へばとび這へばとぶ　小林 一茶

●18日……よしだじんじゃれいさい

吉田神社例祭

●**吉田神社**／左京区吉田神楽岡町 MAP 8・B3

同社は中納言藤原山蔭が奈良の春日神を勧請し寛和2（986）年、花山天皇が西京区の大原野神社に準じて春秋二季の官祭を宣した由緒ある祭。神事はごく内輪だが、奈良春日大社の南都楽所の楽人を招き、古式ゆかしい倭舞の舞楽が奉納される。

吉田神社例祭〈吉田神社〉

●18日……いずもふりゅうはなおどり

出雲風流花踊り

京都府登録無形民俗文化財

●**出雲大神宮**／亀岡市千歳町千歳 MAP 19・B2

丹波一宮と呼ばれた出雲大神宮の祭礼に行なわれる。口上役の総シンポチをはじめ、笹シンポチ、太鼓打ち12人で構成される。色とりどりの狩衣姿に12カ月の花を表わす笠をかぶり、音頭に合わせて太鼓を打ち踊る。丹波では代表的な風流踊り。元来は雨乞い踊りで、雨乞いの願をかけその願いがかなったときの願済ましの踊りとして盛大に行なわれてきた。

出雲風流花踊り〈出雲大神宮〉

●18日……ほうこくびょうれいさい

豊国廟例祭

●**豊国廟**／東山区今熊野阿弥陀ケ峯町 MAP 9・B2

豊臣秀吉の廟塔は太閤垣の長い石段を登ったところにある。豊臣家滅亡後、廟は破壊され明治31年に再興された。表千家、裏千家家元が1年交替で献茶奉仕する。豊国神社例祭は9月18～19日。

●中酉の日……まつのおたいしゃちゅうゆうさい

松尾大社中酉祭（醸造感謝祭）

●**松尾大社**／西京区嵐山宮町 MAP 15・B1

酒は古来から卯の日（11月上卯）に造り始め4月中酉の日に終わるといわれた。古くは夏から秋にかけての二段掛け仕込みだったが江戸以降、寒造りの三段掛け醸成で銘酒造りに成功した。醸造業界が全国から参詣、舞楽奉納などがある。井原西鶴の『西鶴織留』にも「上々吉、諸白松尾大明神」と酒造と松尾の神を記している。

中酉祭〈松尾大社〉

●18日～25日……ほうねんしょうにんぎょきだいほうよう

法然上人御忌大法要

●**知恩院**／東山区東大路通四条上る MAP 9・B1

浄土宗の開祖法然上人は建暦2（1212）年、念仏の重要さを一枚の紙に記した「一枚起請文」を弟子源智らにあたえて80歳で死去。念仏禁止で土佐に流されるなど波乱の生涯だった。御忌大法要は浄土宗最大の行事で御影堂は全国から宗門僧侶、吉水講などの信徒が参列、忌日の25日まで連日の満座法要となる。法然上人の忌日は1月25日だが、明治10年ごろから厳寒期を避けて4月となった。「御忌は都の衣装くらべ」「御忌は都の弁当始め」のことわざがあるほど賑わった。

法然上人御忌大法要〈知恩院〉

●18日……おにくすべ

鬼くすべ

●宝積寺（ほうしゃくじ）／乙訓郡大山崎町大山崎（おおやまざきちょうおおやまざき） MAP16・A2

護摩（ごま）の煙で鬼を追い払う追儺式（ついなしき）。言い伝えによると、聖武天皇（しょうむてんのう）のころ、奈良の都で疫病（えきびょう）がはやったことから、僧行基（ぎょうき）が勅命（ちょくめい）を受け、疫病を鎮（しず）めるために追儺式を行なったという。住職が導師（どうし）となって式衆（しきしゅう）（僧）や鬼、七福神、年男（としおとこ）などが山門から本堂に入ると、扉が密閉（みっぺい）され読経（どきょう）とともに護摩（ごま）がたかれ、青檜葉がくすべられる。煙が立ち込め、鬼が右往左往する。さらに鴨居（かもい）につるされた鏡餅（かがみもち）に映る自分の姿にも驚くなか、導師が蓬（よもぎ）の茎で作った矢を桃の木で作った弓で射ると、鬼たちは堂外へと退散する。その後、導師や七福神、福男らが福餅まきをする。鴨居の鏡餅は、魔除（よ）けとなるため、多くの信者が求める。

鬼くすべ〈宝積寺〉

●20日頃の日曜日……いなりさい

稲荷祭（神幸祭）

●伏見稲荷大社／伏見区深草藪之内町（ふかくさやぶのうちちょう） MAP12・B1

平安時代から続く稲荷大社の神幸祭（しんこうさい）。

稲荷祭〈伏見稲荷大社〉

5基の壮麗な神輿を中心に多数の供の列が続く。午後2時、大社を出発し南区西九条の御旅所まで氏子地域を練る。御旅所では勇壮な神輿の差し上げや練り回しがある。「おいで」「お渡り」と呼ばれ、5月3日の還幸祭で本社に戻る。神幸祭は4月の二の午、還幸祭は5月初卯に行なわれたため「ウマウマ来てウカウカ還る」と語呂合わせ遊びがあった。幕末の元治元（1864）年、江戸から二条城勤番となった萩原貞宅の『都紀行』には「御旅所で待っていたが来ないので東寺に行くとおびただしい賑わい。茶店が並び弁当を広げて拍手する者がいた。大宮通松原の道筋には軒ごとに幕を張り屏風を立て回していた」と記す。

東寺と伏見稲荷大社の関係は弘法大師の東寺造営に際して、稲荷明神が助けたとされ、稲荷は東寺の守護神の関係。還幸祭では東寺東門に神輿が止まり、東寺役僧から神饌を受けるのはこのような歴史的背景があるため。『花洛細見図』などに華麗な行列が描かれ、途中、行列から銭を投げて群衆に恵んだため「乞食祭」の異名まであった。稲荷最大の行事らしい景気のよい話だ。

●18日……かにくようほうじょうえ

蟹供養放生会

●蟹満寺／相楽郡山城町綺田浜　MAP 18・A2

蟹満寺は蟹の恩返し伝承の寺として知られている。蟹を助けた娘が蛇に結婚を迫られ、蟹が恩返しに蛇を退治し、その後、娘が蛇と蟹の供養のために蟹満寺を建立したという話で、平安時代末成立の『今昔物語』に記されている。こうした寺の縁起にちなんで、毎年蟹供養が行なわれ、蟹に関わる料理店など業者も全国から多数参列し、大護摩供養の後、用意したさわ蟹を手水鉢に流す。

蟹供養放生会〈蟹満寺〉

●19日……かそじんじゃはるまつり

菓祖神社春祭

●吉田神社山上の菓祖神社／左京区吉田神楽岡町　MAP 8・B3

京都の菓子業界が昭和32年に創建した吉田神社の末社。菓祖とは垂仁天皇の命を受けて常世国にわたり不老不死の非時香菓（現在の柑橘類）を求めた田道間守と京都建仁寺の龍山徳見が中国から帰国した時に同行した林浄因の手作り饅頭が御所御用となったことにちなむ。

●20日……よつがしらちゃれい

四つ頭茶礼

●建仁寺／東山区大和大路四条下る　MAP 9・A1

この日は臨済宗建仁寺派大本山建仁寺の開山・栄西禅師の誕生会にあたり、茶祖といわれる禅師をしのぶ茶会が開かれる。四つ頭とは4人の正客の意味。正客と相伴客8人に抹茶を盛った天目茶碗と菓子盆が配され、4人の供給の僧が浄瓶で湯をそそぎ、茶を点てる。茶席の方丈（重文）には栄西禅師の頂相（肖像画）が本尊として掲げられ、前に香炉、華瓶燭台の三具足が供えられ、厳粛な禅院茶礼として知られる。正客には左立てひざ、相伴客には中腰の姿勢で茶を点てる。

●20日……まんにんこう

万人講

●円福寺／八幡市八幡福禄谷　MAP 16・A2

円福寺は天明3（1783）年、臨済宗妙心寺派塔頭の海福院の斯経により再興され、日本最古の達磨大師坐像を祀ることから達磨堂とも呼ばれる。もとは修行中の雲水たちが日頃の托鉢で世話になった里人を寺に招いてもてなしたことが始まりともいわれている。当日、達磨堂に入った参拝者たちは、警策で肩を打たれた後、網代笠をかぶり、堂の東の厠を回る。笠は人生を表し、厠は下の

万人講〈円福寺〉

世話にならないようにということから、中風除けの信仰になっていった。お参りがすむと、赤膳のおときをいただくが、これは開運や厄除け、中風除けに霊験あらたかといわれている。また、本堂にある釈迦の母である摩耶夫人の木像をなでると、無病息災のご利益があるともいわれている。

●……うきくさはじめてしょうず

萍始めて生ず

七十二候の16番目。新暦の4月20日～24日頃。湖や池、沼地に生えている萍が、夏の繁茂の時期にむかって芽を吹きだし始める時節。

●21日・9月21日……やくのちゃどうだいしまつり

夜久野茶堂大師祭

●**放光院（茶堂）**／天田郡夜久野町平野　MAP22・A2

夜久野ケ原の大師堂放光院は、寛政年間（1789～1801）、西国三十三所観音霊場巡りの成相道に、巡礼者の休憩所として作られたもの。夜久野ケ原の宝山一帯には、茶堂を中心に四国八十八カ所大師霊場が移された石仏群が安置されている。大師祭は、毎年4月21日と9月21日に開催され、春は護摩供養や餅まき、秋には郷土芸能の奉納が行なわれる。

●……こくう

穀雨

二十四節気の6番目。清明から15日目頃で4月20日、21日頃。春の最後とされる。春の暖かな雨が、田畑の穀物を潤し芽をださせるという意味。

●……はなずおう

花蘇芳

マメ科の落葉低木。葉は丸いハート形で光沢がある。4月ごろ葉に先立って、蘇芳色（濃い紅色）の蝶々のような花を枝に密生させて咲く。

●……いじょうかんそう

異常乾燥

4月は移動性高気圧の出現回数が多く、3日に1回ほどあらわれる。この高気圧が三陸部から本州、黄海と帯状に連なると、全国的に乾燥した晴天が続く。京都では、1年のうち3月から5月が最も湿度が低く空気が乾燥し、山火事が起きやすい時期でもある。

●……みつがしわ

三槲

リンドウ科の多年草。やや冷たい水沢や池沼に自生する。高さは約30㎝。春になると根茎から花茎を出し、五弁の白花を総状につける。花冠の内面には毛が密生。葉は三小葉から成る複葉で、健胃薬として用いられる。深泥池のミツガシワは江戸時代から有名で、水草群落の重要な構成員として知られている。

●第3日曜日……りょうえんきがんさい

良縁祈願祭

●**地主神社**／東山区清水　清水寺境内　MAP9・B2

若い女性に恋愛成就の神様として人気の高い地主神社。白川女の献花、献茶や地主神社ゆかりの謡曲奉納などがある。

良縁祈願祭〈地主神社〉

●第3日曜日……ねこまつり

猫祭

●**称念寺**／上京区寺之内通浄福寺西入る　MAP3・A1

称念寺は通称「ネコ寺」といわれ、ペットのネコを供養する。同寺は江戸時代、松平家の庇護を受けたが、のちに途絶えて寺運が衰えた。このとき、住職がかわいがっていた猫の縁で松平家の姫の葬儀が同寺で営まれ再び栄えたという。こんな伝説から昭和31年から始められたネコの供養祭で本堂背後の小さな塚にはかつての飼い主が訪れる。

●21日～29日……みぶだいねんぶつきょうげん

壬生大念仏狂言

重要無形民俗文化財

●**壬生寺**／中京区坊城通仏光寺上る　MAP4・B2

国の重要無形民俗文化財に指定され海外公演にも招かれる壬生狂言。「ガンデンデン」と響く鉦に合わせ、ユーモラスな無言劇を展開する。鎌倉時代、円覚上人が融通念仏を広めるため始めた。なかでも有名なのは

壬生大念仏狂言〈壬生寺〉

壬生大念仏狂言〈壬生寺〉

壬生大念仏狂言〈壬生寺〉

初日の第1演目の『炮烙（ほうらく）割り』で、奉納された土器皿数十枚を狂言堂舞台からたたき落とすもの。ほかに『山端とろろ』『紅葉狩』『棒振り』など30曲余が伝わり、貴重な面多数を収蔵している。なぜ無言劇かというと、観客が大勢なため自然に無言になったという。

●24日……くずりゅうだいしゃしゅんきかんしゃさい

九頭龍大社春季大感謝祭

●**九頭龍大社**／左京区八瀬近衛町　MAP7・B3

一身に9つの頭のある龍は諸龍の王とされ密教擁護の善神。信州戸隠山の九頭龍権現などのほか、福井県九頭龍川流域の権現社など全国に信者がある。農耕、水の神様として農家や醸造関係者に信者が多い。同大社は昭和29年創立、当日は護摩供がある。

●……しゃくなげ

石楠花

ツツジ科の常緑低木で、標高600〜850mの深山に生える。高さは3〜4m、葉は革質で光沢がある。4月末頃から5月にかけて、鮮やかな紅色の花をひらく。比良連峰の八雲ケ原は石楠花の名所として知られていたが、井上靖の『比良のシャクナゲ』でとりあげられてから、さらに有名になった。京都では比良のほかに雲ヶ畑の岩屋不動志明院、シャクナゲ祭りの大悲山、鞍馬薬王坂、天ケ谷がシャクナゲの名所。

●第3日曜日……よしのたゆうはなくよう

吉野太夫花供養

●**常照寺**／北区鷹峯北鷹ケ峯町　MAP2・A2

吉野太夫は京都六条柳町の名妓で、美貌と才芸で知られた太夫。常照寺の通称「赤門」は吉野太夫が寄進した。豪商灰屋紹益の正妻となるが寛永20（1643）年死去。紹益は悲しみのあまり彼女の遺骨を食べたといわれる。花供養は島原の太夫が内八文字に歩く道中を再現し、吉野太夫の墓（供養塔）に禿とともに参列する。

●23日に近い日曜日…やまぐにたいぐんがく

山国隊軍楽

●山国護国神社／北桑田郡京北町辻　MAP20・B2

明治維新の際、山国村の農民が山国隊を組織して東征に参加し、錦の御旗を護衛して軍楽を演奏しながら江戸より凱旋した故事にちなむ。軍楽は、大太鼓1、小太鼓8、笛16で演奏され、曲目には礼式と行進曲の2曲がある。10月第2日曜日の山国神社の例祭では、神輿を先導し行進する様も見学できる。

吉野太夫花供養〈常照寺〉

山国隊軍楽〈山国護国神社〉

●24日……………………………このまつり

籠祭（葵祭）

京都府指定無形民俗文化財

●籠神社／宮津市大垣　MAP24・B2

丹後一宮である籠神社の祭礼で、丹後を代表する祭。丹後特有の太刀振り・笹ばやし・神楽の組み合わせで、大垣と難波野からそれぞれ神楽（獅子舞）が、溝尻・中野・江尻からはそれぞれに太刀振りと笹ばやしなど、氏子の各集落から奉納される。丹後では中野をはじめとする府中の太刀振りを習ったと伝承する地域が多く、

籠祭〈籠神社〉

籠祭〈籠神社〉

太刀振り伝播の中心とされる。華麗かつ勇壮な太刀振りは、地域の人たちや観光客もその伝統と格式が醸し出す緊張感に心洗われる。

●24日〜25日……すづまつり

須津祭

●須津彦神社／宮津市須津　MAP24・A2

かつては旧暦の9月の祭りであったが、現在では4月25日が本祭りである。宵宮は24日午後に神社に練り込んで太刀振り、神楽（剣、鈴、乱の舞）、笹ばやしを奉納する。須津彦神社の祭礼では笹ばやしと花の踊りの両方伝えており、シンポチが踊りによって笹を花に持ち替える。笹ではなく造花のついた小枝を手にして踊ることから花の踊りと呼ばれる。夜には神楽と太刀振りが新振りと呼ばれる新参の家をまわって竈清めの芸能を演じる。25日には、神楽の剣の舞を、太刀振りでは子供と青年がそろい振りをして神社に向かう。神殿前で太刀振りを奉納し、神幸行列が巡行する。

●24日……ちんかさい

鎮火祭

●愛宕神社／亀岡市千歳町国分　MAP19・B2

この神社は、火防せの神をお祀りしていることから、火の災難がないよう御神霊を慰めるため行なう祭である。神職による祝詞奏上の後、本殿の蝋燭の火で拝殿前のかがりが点火される。氏子の婦人会による献茶と献花の儀の後、巫女神楽、伊勢大神楽の獅子舞が行なわれ、また太鼓も奉納される。「愛宕の三つ参り」といわれるように、生後3歳で参拝すれば一生災難を免れ、成長できるという信仰があることから、毎年5月頃まで参詣者が多い。

●25日……すがののかぐら

菅野の神楽

京都府指定無形民俗文化財

●上山神社／与謝郡伊根町菅野　MAP24・B1

伊根の山村・菅野の神楽は、「菅野の尾張獅子」と呼ばれ、名の通った存在である。頭役と尻役による二人立の獅子舞が基本で、一人で舞うもの、天狗その他がつくものなど変化に富んでいる。「岡崎」にはじまり「神楽の舞」「剣の舞」「おそめの舞」「天狗の舞」「不動の舞」「大神女郎の舞」「和唐内」など12曲が演じられる。なかでも歌舞伎の「和唐内」は府内唯一の獅子芝居で、芸能色の豊かな獅子舞を今に伝える。なお、この祭礼には神楽とともに太刀振りと花踊が奉納される。

●25日……きっしょういんてんまんぐうしゅんきたいさい

吉祥院天満宮春季大祭

●吉祥院天満宮／南区吉祥院政所町　MAP6・B1

25日は菅原道真の命日。旧村社の吉祥院天満宮は道真を祀る。代々、吉祥院は家領のあったところで道真の祖父清公が遣唐使となったとき、海路を吉祥天女が守ったとされること

菅野の神楽〈上山神社〉

菅野の神楽〈上山神社〉

から祀られた。道真50歳の祝宴もここで行なわれたという。献花、雅楽などがある。

●26日

元伊勢例祭

●元伊勢皇大神社／加佐郡大江町内宮 MAP22・B1

杉の古木がつづく参道は昼なお薄暗く静まり返り、不思議な空間へと誘う。三重県のお伊勢さん（伊勢神宮）の元になったということから「元伊勢」と呼ばれるこの神社は、皇祖（皇室の祖先）天照皇大神を祀る神社で、正式には皇大神社という。4月26日の例祭は内宮の小・中学生女子によって神楽が神楽殿で奉納される。また、9月の第1日曜の八朔祭では練り込み行列が行なわれる。

●第4日曜日

松尾の神輿渡御

●松尾大社／西京区嵐山宮町 MAP15・B1

本殿で神事のあと、松尾七社といわれる各社の神輿が拝殿を一周し氏子地域を練り、桂大橋西岸から船に乗せて東岸に渡御、西七条の御旅所まで進む。松尾祭の船渡御として有名だが、船渡御は数年に1度。還幸祭は3週間後。この時、神輿などに桂と葵の葉をつけるため「松尾の葵祭」の名がある。還幸は松尾大橋を渡る。

松尾の神輿渡御〈松尾大社〉

●第4土曜日・日曜日

春の観光まつり

●乙訓寺／長岡京市今里 MAP16・A1

●長岡天満宮／長岡京市天神 MAP16・A1

長岡京市商工会・長岡京市観光協会が主催する春の観光イベント。乙訓寺は弘法大師が在住した真言宗の古刹で「今里の弘法さん」として親しまれている。4月下旬～5月上旬には、約2000株のボタンが大輪の花を咲かせ、まつりの期間には、野点などもある。長岡天満宮は、広大な境内に八条ケ池が広がり4月下旬には樹齢100～150年のキリシマツツジが満開になり、野点、生花展の他、様々なイベントが開催される。乙訓寺は入場有料、長岡天満宮は無料。

〔連絡先〕長岡京市観光協会
TEL075（955）9515

●

鳴鳩其の羽を払う

七十二候の17番目。新暦の4月25日～29日頃。鳴鳩とは、鳥の名で、いかる、いかるがのこと。また、一説には鳩、カッコウのことともいう。明るくおおらかなカッコウの声が響き、夏の訪れを期待させる時節。

●最終日曜日

加悦谷祭

●与謝郡加悦町・野田川町

4月下旬から5月上旬にかけて加悦町・野田川町の各町内で一斉に行なわれることから、加悦谷祭と呼ばれる。

その一つ後野の屋台行事（京都府登録無形民俗文化財）は、宮本町（愛宕山）・上ノ町（蛭子山）・中ノ町

京都のくらし ウナギの寝床

間口が狭く、奥行きの長い京都の町家の異称。通常、片側に表から奥まで部屋が続き、もう一方をハシリと呼ばれる土間空間が奥まで通る。家の大きさにより、通風、採光のための奥の庭や坪庭がある。商家などでは、坪庭を挟み、表をミセの間、内側にナカノマ、オクノマと部屋が続き、内玄関を設けて公私を使い分ける。ウナギの寝床とは、細長い家のさらに細長い空間となるハシリのこと。最近では町家一般の異称となった。

京都のことば かんにんえ

標準語の「すみません」「ごめんなさい」の意。かんにんは「堪忍」で、耐えてくださいという意味。「え」は標準語の「よ」「だよ」に当たる接尾語で京都特有の言葉。「そうえ」＝「そうよ」、「違うえ」＝「違うんだよ」など。ちなみに堪忍の思想は、江戸中期の心学者・石田梅岩の教えで、これを商売の理念とし、扁額として掲げる店も多い。

加悦谷祭〈後野の屋台行事〉

（大黒山）・大下町（建部山）・下ノ町（三輪山）の町単位で行なわれる。これらの山は芸屋台で子供歌舞伎を演じる移動舞台である。この芸屋台の巡行が中心で、社頭で神楽、鳥居下で各屋台の囃子が奉納される。子供歌舞伎の上演は宮本町が昭和37年を最後に途絶えたが、地域の人々の努力によって平成2年に28年ぶりに復活して、現在は隔年で上演されている。

●下旬と8月中旬……こまひき

駒牽

天皇が、左右馬寮や諸国の牧から献じられた馬を見る儀式。春と秋に行なわれた。春の駒牽は、主に5月5日の騎射の準備的な儀式で、天皇が武徳殿で左右馬寮の馬を見、その後饗宴が行なわれた。

●29日……おおかわじんじゃしゅんきれいさい

大川神社春季例祭

●大川神社／舞鶴市大川　MAP 23・A2

由良川筋の大川に鎮座する農耕に関する神を祀る大川神社は、養蚕奨励・海上安全の神としても信仰を集めていた。水害を被ることが多かった由良川では河川敷に水害に強い桑を植え、盛んに養蚕が行なわれた。春季の例祭には繭の豊作を願うお札が配られた。また由良川河口の神崎では、由良川の川底の砂利を船で運搬する海運業の人々が幟を立てて詣った。29日の祭礼では、神輿渡御が行なわれる。

●29日……たかうじきほうよう

尊氏忌法要

●安国寺／綾部市安国寺町　MAP 23・A3

安国寺は、足利尊氏の母上杉清子の生家である上杉氏の氏寺で、光福寺という名称であった。その後、夢窓疎石の勧めにより、足利尊氏・直義兄弟が元弘の変（1331年）以来の戦死者を弔い、平和を祈願するため全国に安国寺を設けることになり、光福寺から安国寺と改称され、諸国にある安国寺の筆頭として室町幕府より篤い庇護を受けた。延文3（1358）年のこの日に足利尊氏が没したことから法要が行なわれる。

●29日……きょくすいのえん

曲水の宴

●城南宮／伏見区中島宮ノ後町　MAP 11・B1

城南宮楽水苑を流れる鑓水を前にして平安王朝の衣装の歌人が歌を詠みくらべる。曲水とは曲がりくねった小川のこと。ここに盃を浮かべ、自分のところに流れつくまでに御題にちなむ和歌を詠み酒杯を飲み干す。一条兼良の有職故実書『公事根源』に「曲水の宴は中国周の世より始まりけるにや。文人ども水の岸になみ

曲水の宴〈城南宮〉

四月の俳句

道替へて戻る遅日の嵯峨めぐり　藤田　晴

孟宗の藪のざわめき春嵐　今井　孝子

八重山吹窖に咲きたる紫野　谷口かんな

白川の流れに届き紅しだれ　田口　勝政

京に入り花折峠花曇　古川　浄雪

雪描き戻りし京は春の月　石谷磨輝夫

九日や花一つなき花御堂　大城　和子

やすらひの所狭しと鬼跳ねる　尾向かづえ

やすらひの羯鼓激しく雨模様　米田　鑛平

野々宮は子供ばかりや春祭　待井でいろ

柝の音入り都をどりの鎮まりぬ　金森　幹子

おどけても影さみしかり壬生狂言　三宅　若水

雨激し壬生念仏の鉦勝る　吉田　恭子

井戸深き家や聞こえて壬生の鉦　金久美智子

草餅や京の内なる片田舎　川越　春扇

春灯下老妻何と学びだす　伊藤　華村

頼通の墓へ通ずる躑躅かな　梶　操

行きずりに卯の花手向け小督塚　楠田　千里

四月の俳句

名号は掛け破れてふ蓮如の忌　紹田　隆信

旧道のここより京や竹の秋　古川　邑秋

エジソンの八幡の藪も竹の秋　松山　和子

花冷えの昴じてなんと雪景色　成田　賢了

花曇り手の冷たさを膝に置く　田川　江道

花曇り徐々に値を引く茶碗市　西　敬介

竹林に灯の動きたる花の寺　長野　眞久

春雷や神渡りゆく暴き雨　北原　道隆

飛花一片母の降りたる車椅子　今井　幸

夜桜や殊に妖しき祇園街　桜井　英子

花衣脱げばこぼるる夜の砂　林田　和子

花守の藍ふかぶかと花衣　尾池　葉子

花吹雪たちまちわれの巻かれゐる　新藤　公子

花の果ひとひらづつに春ゆけり　辻　さだを

この辺り京のはづれや茶摘籠　西辻　勇一

焙炉場に詰めきりの夫茶が匂ふ　堀井　信子

焙炉場を片付け男老いゆくか　藤本　隆子

風鐸に日の残りゐる暮春かな　軒口　敏之

ゐて盃をながして我が前を過ぎざるさきに詩を作りてその盃をとりてのみけるなり。羽觴を飛ばすなどいふもこの事なるべし」と記す。羽觴は酒杯のことでスズメなどの小鳥の形に作られていた。平安時代、宮中で三公九卿、3人の大臣と9人の公卿によって行なわれた遊苑を再現したもので11月にも行なわれる。当日、楽水苑は無料公開。

飛行神社年次祭

●29日……ひこうじんじゃねんじさい

●**飛行神社**／八幡市八幡土井　MAP16・A2

航空殉難者の慰霊祭。同社は、日本航空界の先駆者である二宮忠八が大正4（1915）年、自宅内に航空殉難者を慰霊したことから始まる。年次祭には、飛行機会社をはじめ、自衛隊、国土交通省や航空機に関係のある団体などの人々が参列する。祝詞奏上、玉串奉納などが行なわれる。また、上空からは花束などを落として殉難者の霊も慰める。また、この神社は航空機や航空事故で亡くなった人々のお参りだけでなく、「落ちない」に掛けて、受験の合格祈願に来る人もいる。

旗立揚祭

●29日……はたたてあげさい

●**篠村八幡宮**／亀岡市篠町篠　MAP19・B3

篠村八幡宮は、元弘3（1333）年、足利尊氏が鎌倉幕府打倒の願文を捧げた旗あげの地として有名である。昭和61年11月、『全国足利氏ゆかりの会』が組織されたのを機に、神社として祭を創設し尊氏公の偉業を顕彰していくことになった。尊氏が社前に願文を捧げた日付に合わせて祭日は4月29日とし、昭和62年にて第1回目の祭典が行なわれ、現在に至っている。

舟屋の里つつじまつり

●29日……ふなやのさとつつじまつり

●**舟屋の里公園**／与謝郡伊根町亀島　MAP24・B1

舟屋を見下ろす公園に咲き乱れる6000本のツツジを観賞しながら、伊根の自然や海の幸など、伊根の味覚を堪能するイベント。伊根湾から見上げる、公園展望台へ続く160段の石段の両側に咲く満開のツツジは目を見張るほどに美しい。

〔連絡先〕ふるさと振興公社　TEL0772（32）0680

みどりの日

●29日……みどりのひ

国民の祝日。昭和天皇の誕生日で、崩御後、自然を愛しみ緑を大切にする日として定められた。各地で、植樹祭などが行なわれる。

どら焼

●……どらやき

一般にどら焼というと、2枚の丸い小麦粉の種を焼いたふっくらした皮につぶ餡をはさんだものだが、京都でどら焼といえば、竹皮に包んだ棒状の餡巻き。小豆のこし餡を小麦粉で作った皮で巻いて棒状にする。切り口が寺院などにある銅鑼に似ていることから名がついた。

長五郎餅

●……ちょうごろうもち

薄い羽二重の餅皮にエンドウの白餡を包み込んだ餅。天正年間（1573〜92）、まだ餅の上に餡をのせるだけの素朴なものしかなかった時代に、河内屋長五郎が作り出して北野天満宮の境内で売り出した。同15年の北野大茶湯に秀吉に用いられ好評を得、秀吉自らが長五郎餅と命名したという。京都の包み餅の最初といわれる。

戴勝桑に下る

●……たいしょうくわにくだる

七十二候の18番目。新暦の4月30日〜5月4日頃。戴勝とは、カッコウのこと。頭の毛の模様が婦人の髪飾りに似ているところから、この名がついた。カッコウには農民に農耕をすすめるという伝説がある。桑の木にカッコウがとまって蚕を生む時節。

神楽・太刀振り・笹ばやし

●30日〜5月1日……かぐら・たちふり・ささばやし

京都府登録無形民俗文化財

●**木積神社**／与謝郡岩滝町弓木　MAP24・A2

神楽は弓木区、太刀振り・笹ばやしは石田区の氏子が演じる。神楽は太神楽系の獅子神楽で、切払い・剣の舞・ごうらく・鈴の舞・乱の舞の五曲を舞う。太刀振りは棒に刃を取りつけた薙刀状の太刀を振り舞う大太刀型の太刀振りで、一番・二番・三番の振り方で振る。この太刀振りと笹ばやしはセットで、新発意1名、太鼓打ち2名、うたい手若干名で行なわれる風流踊りで、新発意が大きな笹を持つ振舞いに特色がある。

五月

皐月　さつき

山々の新緑
町にこぼれて爽やかに

三方を山に囲まれた京都の五月は、
若葉のあいだを渡ってきた風も薫(かお)り、
一年でもっとも爽やかな季節。
端午の節供はそんな季節の行事で、
「せちは五月にしく月はなし」と
清少納言も絶賛するほど。
上賀茂神社の「競馬(くらべうま)」、下鴨神社の「流鏑馬(やぶさめ)」、
藤森神社の「駈馬(かけうま)」など
勇壮な神事も行なわれ、
男子の節供らしい雰囲気に包まれます。
とはいえ、流鏑馬神事は
十五日に営まれる葵祭の清めの前儀。
葵祭の当日は、
衣冠束帯(いかんそくたい)姿の検非違使(けびいし)や
藤で飾り付けられた御所車など、
平安の王朝絵巻そのままの行列が
都大路を彩ります。
とりわけ美しいのは、
腰輿(およよ)に乗った斎王代(さいおうだい)とそれに従う女人列。
源氏物語の世界が甦る、典雅な祭りです。

● ………せいらん

青嵐

嵐は山の気のことで、青々とした山の気、または山の青葉を渡ってくるやや強い風。南風と同意。あおあらしとも読む夏の季語。

● 1日～9月30日頃……きぶねのかわどこ

貴船の川床

● 貴船／左京区鞍馬貴船町　MAP7・A2

鴨川の床とは異なり、貴船の川床はその下を貴船川の清流が流れるため、川床と称することが多い。貴船の川床は京都市内に比べて気温が5度から10度は下がるといわれ、川のせせらぎや豊かな自然がさらに涼を誘う。江戸時代中期に始まったとされる夏の風物詩であり、川沿いの料理屋・旅館が川床を出し、鮎料理や鍋などが味わえ情緒がある。期間は店により異なるので、連絡を。

〔連絡先〕貴船観光会

TEL075（741）2016

● 1日～9月30日……かもがわのうりょうゆか

鴨川納涼床

● 鴨川西岸

京の夏の風物詩として継承されている鴨川納涼床は、豊臣時代に裕福な商人が遠来の客をもてなすために、鴨川の浅瀬や中洲に床几を出し、宴を開いたことに始まる。寛文2（1662）年頃の著書には平安京の年中行事として記され、祇園会の季節を中心に、四条河原一帯に水茶屋の床几が並んだとされている。古くは東西両岸に床が広がっていたが、現在は鴨川西岸の二条から五条の間の料理屋・旅館などが禊川をはさむ形で鴨河原に床を張り出し、納涼の人々で賑わう。

〔連絡先〕鴨涯保勝会

TEL075（361）6799

● 1日～5日……むしはらいのさだめ

虫払定

● 神護寺／右京区梅ケ畑高雄町　MAP13・B2

虫払定は寺宝の虫干し、曝涼のこと。有名な国宝伝源頼朝画像や古文書、密教美術などがすぐ目の前で拝観できる。この時期は全山、新緑で目の覚めるほどの美しさだ。

神護寺は弘法大師空海が入寺し、伝教大師最澄にもゆかりのある大寺院。和気清麻呂が復興したと伝え、文覚上人が神護寺の荒廃を嘆き営繕再興を発起、後白河法皇に勧進を直訴して伊豆に流されたが、初志貫徹し復興をはたした。

生身天満宮祭〈生身天満宮〉

● 1日……いきみてんまんぐうさい

生身天満宮祭

● 生身天満宮／船井郡園部町美園町　MAP19・A2

子供御輿が出され、40～50人からなる稚児行列が、各区の御旅所を巡回する。

● 1日～24日……かもがわをどり

鴨川をどり

● 先斗町歌舞練場／中京区先斗町三条下る

明治5年、裏寺町の千代の家で始まった。同8年の第4回京都博覧会に参加して世に知られ、一時中断したが明治28年の平安遷都1100年を記念して先斗町歌舞練場（旧翠紅館）で再開された。踊りのテーマは古典文学、古典芸能などに取材し、初夏一番の華やかさに人気がある。

● 1日……かみごりょうまつり

上御霊祭

● 上御霊神社／上京区上御霊竪町　MAP3・C1

貞観年間（859～877）、悪疫退散を願って神泉苑で始まったという京都有数の古い神事。重さ50kg以上もある剣鉾を袋状の帯で支えて揺すると「ケンチコリン」と涼しい音がして魔除けになると信じられている。あまりに重いため相当技術が必要で、交替で捧持する。御霊神社は

上御霊祭〈上御霊神社〉

寺社行事　風習・行事　生活　天体・気候　自然

上と下（中京区）があり上御霊祭は神幸祭にあたる。

●1日〜3日

えんま堂大念仏狂言

えんまどうだいねんぶつきょうげん

京都市登録無形民俗文化財

●千本閻魔堂／上京区千本通鞍馬口下る MAP3・A1

丈六の巨大な閻魔様を本尊とする千本閻魔堂は正しくは引接寺と呼ぶ高野山真言宗の寺。平安末期、定覚が開き大念仏を始めたとされる。壬生寺、嵯峨釈迦堂の大念仏狂言とならび京都三大念仏狂言のひとつ。セリフが入るのが特徴で毎日初番に『閻魔庁』が上演され、ほかに『でんでん虫』『二人大名』『寺ゆずり』『千人切り』などが上演される。本堂の背後に紫式部供養塔、後小松天皇手植えの普賢象桜がある。1565年、この寺を訪れたルイス・フロイスは「閻魔大王ははなはだ大きく嫌悪すべきもので身の毛もよだつ。喜捨し、お祈りする参詣者が多い」と記している。

えんま堂大念仏狂言〈千本閻魔堂〉

●1日〜4日

神泉苑大念仏狂言

しんせんえんだいねんぶつきょうげん

京都市登録無形民俗文化財

●神泉苑／中京区御池通神泉苑東入る MAP4・B1

神泉苑は平安時代、天皇や公卿の遊宴の地で、家康が二条城を造営したため池は8分の1にまで縮小された。現在は祇園祭発祥の地として有名。真言宗の東寺に属する寺。放生池東の狂言堂で『焙烙割り』『土蜘蛛』などが奉納される。3日には法要や稚児行列がある。

神泉苑大念仏狂言〈神泉苑〉

●1日

岩滝祭

いわたきまつり

●板列稲荷神社／与謝郡岩滝町岩滝 MAP24・A2

●板列八幡神社／与謝郡岩滝町男山 MAP24・A2

板列稲荷神社の祭礼には、丹後地方の太神楽の源流といわれ、江戸後期に弥作太夫によって伝えられたという「岩滝神楽」のほか、岩滝区の神輿や子供神輿が奉納される。一方、板列八幡神社の祭礼には社殿前に的場があり、矢が的に命中しなければ、神輿を出すことができない。命中するとそれを合図に神輿が繰り出し、町内を練り歩く。

●

初風炉

しょぶろ

5月から10月の期間、茶の湯では風炉釜で湯を沸かす。炉の切り替わる5月は特に「初風炉」という。炉でたく香は練り香から香木に替わり、席中は清涼な香りで満ちる。風炉

岩滝祭

点前は暑中のもてなしであるから、その他の道具類も自然と「涼」を感じさせる取り合わせとなる。

●
八十八夜
はちじゅうはちや

立春から数えて88日目をいう。新暦の5月2日、3日頃。「八十八夜の別れ霜」といわれ、昼間は暖かいが夜間は霜が降りることもある。しかし、この頃をさかいに降霜はなくなるので、春から夏への節目となる。農耕では夏作物の種まきの目安とされ、この日より種まきを始め、茶の新芽が出揃うので茶摘みの最盛期でもあり、八十八夜に摘まれた茶は極上とされている。八は末広がりで縁起がいい数字であることから、この日に茶を飲むと長生きするともいわれた。

八十八夜

●2日

御茶壺道中
おちゃつぼどうちゅう

●建仁寺／東山区大和大路四条下る　MAP 9・A1
●八坂神社／東山区祇園町北側　MAP 9・B1

御茶壺道中は三代将軍徳川家光の時に制度化され、宇治の新茶はまず愛宕山に納めたあと、江戸城と京都御所に運んだ。この道中は将軍家と御三家につぐ権威があり、大名でも道を譲ったほど。幕末まで続いたが、のちに廃絶。昭和48年に宇治の茶師らにより復活された。建仁寺は開山栄西禅師が日本に茶をもたらしたゆかりの寺。ここからやっこ姿の6人でかつぐ大名駕籠に新茶を入れた茶壺を乗せ、約100人が八坂神社まで練る。御茶壺道中は沿道の庶民には大名行列以上に畏敬され、童謡『ずいずいずっころばし』に「茶壺に追われて戸ピッシャン」とある。

御茶壺道中〈祇園〉

御茶壺道中〈八坂神社〉

●

宇治茶
うじちゃ

宇治茶の起原は鎌倉時代初期。栂尾高山寺を開山した僧・明恵が、栂尾の茶を宇治で栽培すべく、五ヶ庄の里人に栽培法を教えたとの伝承がある。明恵は自ら馬に乗り、その蹄跡に種を撒くことを教えたことを伝える碑が黄檗山萬福寺の門前にある。以後、14世紀頃より足利将軍家より保護を受けて発展。茶の湯の流行とともに興隆する。江戸時代に玉露や煎茶などが開発されるまで、茶は碾茶（抹茶）のみで、日除けの幕を張る「覆下栽培」によって独特の甘みのある茶葉栽培に成功し、その名を全国に知らしめた。

宇治茶

●

新茶
しんちゃ

その年の茶の新芽を摘み、製した茶。茶摘みどきは気候などによって左右されるが、京都ではちょうど八十八夜頃（5月上旬）とされる。香気が高く、うま味も豊富なことから、新茶を飲むと寿命が延びるともいわれる。夏の季語。

新茶

●3日〜4日……みごちのひきやま

三河内の曳山

京都府登録無形民俗文化財

●倭文神社／与謝郡野田川町三河内　MAP 24・A3

倭文神社は機織りの祖神を祭神として、例祭には豪華な見送り幕を飾った山屋台が連ねて巡行することから「丹後の祇園祭」といわれる。三河内は梅谷・下地・上地・大道・奥地・中坪の6町内からなり、梅谷は大幟、下地は神楽と子供太鼓台、残る4町が山屋台・芸屋台・子供太鼓台の出し物を持つ。山屋台や太鼓台が町はずれの御旅所に集結し、「どれっさっさ」のかけ声と笛や鉦でにぎやかに囃しながら町内を巡行し、神社へ進む。各町内を山屋台が巡行するさまは、かっての丹後縮緬の活気を示すものである。

三河内の曳山〈倭文神社〉

●3日……かめおかはるまつり

亀岡春まつり

●JR亀岡駅周辺、南郷公園／亀岡市追分町

亀山城主であった明智光秀の遺徳を偲び、谷性寺で法要が行なわれた後、安倍清明、明智光秀、円山応挙、春日局、角倉了以など亀岡に縁のある21人が中心となった行列が行なわれる。NHKの大河ドラマ「国盗物語」が契機となって始められた祭。

●3日……おんだまつり

御田祭

重要無形民俗文化財

●多治神社／船井郡日吉町田原　MAP 19・B1

作太郎と作次郎と呼ばれる立人2人、少年が扮する牛1人、少女による早乙女4人、歌うたい大勢で行なわれる。内容は立人が中心となって、「日柄改め」から「刈り終い」までの稲作の各工程を模擬的に演じていく。芸能は狂言仕立てで、主要部分のセリフは決まっているが、その他は立人が互いに即興でセリフを掛け合っていく。作次郎が牛を値切ろうとして逆に高価で買ってしまうところや牛に突っ込まれてひっくり返るところが笑いを誘う。

御田祭〈多治神社〉

●3日……がんふうじまつり

がん封じ祭

●稗田野神社／亀岡市稗田野町佐伯　MAP 19・B3

全国からの参拝者が、いろいろな病気から身をまもることができるよう願いを込めて納めていた護摩木を山伏が焚きあげる。境内にある樫の木には多くの瘤があり、心を込めてなでると癌にかからないといわれていることから、この日には癌封じの祈祷が行なわれる。

●……おそしも

おそ霜

おそ霜とは、立春から数えて八十八夜（5月2日頃）頃に降りる霜のこと。昔から、「八十八夜の別れ霜」という言葉があり、また、ほぼ霜の終わりになるので「忘れ霜」ともいう。茶や桑などの作物が発育し始めているため、霜が降りると大きな被害となるので、おそ霜は、農家にとって最も恐ろしいものとされている。この時期に霜が降りるのは、大陸からの移動性高気圧の影響。冷たい北西風が弱まり晴天となるので、夜は放射冷却が起こり、地表付近の温度が急に下がり、霜が降りる。宇治山田の茶畑などでは、霜害を防ぐため、時期になると夜は地表に向けて扇風機をまわし、空気を循環させている。

●3日……ぎょうじゃこう

行者講

●岩根山行者堂／綾部市上原町　MAP23・A3

行者堂はこの日が山開きで、堂内で住職が内護摩を焚いて参拝者に祈祷札を授与する。9月第1日曜日は山じまいで、同様な行事が行なわれる。ともに上原町自治会が中心に行なう行事で、多くの参拝者で賑わう。

●3日……うめのみやさい

梅宮祭

●梅宮大社／右京区梅津フケノ川町　MAP14・B2

酒造の神様、安産祈願、カキツバタ群落で有名な梅宮大社は松尾大社と並ぶ洛西の大神社。主神が酒解神だけに酒造業界の参拝が多い。梅宮祭（神幸祭）は平安時代から続く祭礼で、家内安全を願って優雅な神輿と子供神輿、酒樽神輿などが氏子町内を巡行し、夕方に宮入りする。神輿が大社を出発する時、宮入りの時に和太鼓の奉納がある。同社は檀林皇后が相楽郡井手の橘氏の祖神を現在地に移したという。皇后は子宝に恵まれなかったが、梅宮大社に祈願して後に仁明天皇を生んだことから本殿東にある2個の丸い石を「またげ石」と呼び、子宝に恵まれない女性がこの石をまたぐと懐妊するとの俗信が生まれた。また神苑の砂は安産のお守りになると信じられている。

梅宮祭〈梅宮大社〉

●……きり

桐

ゴマノハエクサ科の落葉高木。幹は高さ10m位まで成長する。晩春に芳香のある薄紫の五弁の花が咲く。成長が驚くほど早く、苗木の間に曲がったものは根際から切っておくと、太い芽が立ち、ひと夏の間に2m位伸びる。材は軽くて軟らかく色が白い。その上、耐火性や吸湿性に優れているので、箏や箪笥・家具・下駄などに幅広く利用される。古来、農村では桐の木の成長の早い特性を生かして、女子の出産と同時に桐の苗を家の周囲に植えておき、嫁入りの時に、その木で箪笥を作る風習がある。

●……はつがつお

初鰹

サバ科の硬骨魚で黒潮にのって東上し、この時期に遠州灘の沖合いにやってくる。ちょうど脂ものってきて鰹の真の旨味を充分に発揮する。そのため、初鰹は、初夏の味として珍重され、江戸時代から多くの俳句に詠まれてきた。

目には青葉山ほととぎす初鰹　山口素堂

●3日……いなりまつり

稲荷祭

●伏見稲荷大社／伏見区深草藪之内町　MAP12・B1

4月20日頃に氏子区域を巡行し、御旅所へ向かった神輿が神霊とともに神社へ帰って来る日。午前、神社本殿の5条の御簾に5つの葵を結んだ桂の枝をそれぞれ3本ずつさす葵桂奉懸の儀が行なわれ、午後から美しく飾られた神輿が東寺の僧侶によって「献供」を受け、氏子町内を廻って帰ってくる。そして、約20日間にわたる稲荷祭は翌日4日午前の後宮祭を行ない、修了する。

●3日……はなまつり

花まつり

●石塔寺／向日市鶏冠井町　MAP16・A1

釈迦誕生を祝って行なわれる会。石

花まつり・鶏冠井題目踊り〈石塔寺〉

塔寺は、法性山と号し、本化日蓮宗の本山。延慶3（1310）年、向日神社の前に、日像聖人が法華題目の石塔を建てたことに始まる。午前11時のアヤメを手にした子どもたちが白象を引きながら商店街を練り歩く稚児行列が行なわれる。寺に到着すると法要が営まれ、子どもたちは献花をする。午後から京都府指定無形民俗文化財の「鶏冠井題目踊り」が奉納される。この踊りは、日像聖人が布教の時、昼食を用意していた炊煙にお題目が描かれたということで、村人たちが大喜びした様子をあらわしているという。

静原神社春祭〈静原神社〉

●3日……しずはらじんじゃはるまつり

静原神社春祭

●**静原神社**／左京区静市静原町　MAP7・A2

静原は急速に宅地開発が進んでいるが、まだ田園風景が残る。この祭の特色は神饌（御供）にある。餅を小判型、鶴亀、ひも状などさまざまな形に作る。これを平膳に入れて4、5人の少女が交替で頭の上に載せて上の宮から下の宮まで練る。この神饌を作るのは宮仕8人。神主宅で作り、大櫃で運び込んだ神饌を本殿に供える時に素袍に白足袋の一和尚、二和尚が口に榊の葉をくわえ無言で供える。五穀豊饒を願う神聖な神事だ。

大原神社祭〈大原神社〉

●2日～3日……おおばらじんじゃまつり

大原神社祭

●**大原神社**／天田郡三和町大原　MAP21・A2

安産および養蚕、五穀豊穣の神で知られる大原神社は、前を流れる河合川の対岸に今も茅葺きの産屋が残る。例祭は4月23日であったが、現在は5月3日に行なわれる。かつては華やかに飾り立てた屋台を中心に、大奴・小奴らが練り歩く練込み行列が行なわれた。寛政8（1798）年の本殿造替にあたって練り込んだのがはじまりと伝えられる。現在は稚児行列や2基の神輿による神輿担ぎが行なわれ、大原の里を巡回する。

●3日～5日……しみんせんちゃのかい

市民煎茶の会

●**二条城**／中京区二条通堀川西入る　MAP4・B1

京都に培われた文化、茶道の一端を市民に理解してもらおうと、京都市が昭和30年に始めた茶会。煎茶道の

市民煎茶の会〈二条城〉

家元である玉川遠州流家元、小川流家元、泰山流家元、瑞芳菴流家元、皇風煎茶禮式宗家、賣茶本流家元が2家元ずつ3日間にわたって、城内の庭園清流園に設けた野点席で手前を披露する。清流園は角倉了以邸の遺構を移して昭和40年につくられた庭園で、池泉回遊式庭園と、芝生が広がる西洋式庭園からなる。

〔連絡先〕元離宮二条城事務所
TEL075(841)0096

●3日～4日……そのべれんげふぇすた

そのべれんげフェスタ

●園部公園一帯、及び園部国際交流会館他／船井郡園部町小桜町

昔、園部の子供たちは日照り続きで水不足の村を助けようと、山の上にある池の岩盤を割って池の水をふもとに流そうとした。力不足でどうにもならずに困っていたところ、2匹の龍が現れ、岩を割り水をふもとに流してくれたという。この龍神伝説にちなみ、地域44区に各1基ある子供神輿を22基ずつ金銀の2匹の龍に見立てて、園部公園の豊かなれんげ畑を行列する。他にステージショーや特産品の販売など様々なイベントが開催される。

〔連絡先〕そのべれんげフェスタ実行委員会
TEL0771(62)0550

●3日……けんぽうきねんび

憲法記念日

国民の祝日。日本国憲法の施行を記念する日。

●4日～5日……いまくまのじんじゃまつり

新熊野神社祭

●新熊野神社／東山区今熊野椥ノ森町　MAP 9・A2

後白河法皇が紀州熊野権現を勧請し、平清盛に社殿を造営させた由緒ある神社。東大路通にまではみ出すクスノキの巨木は高さ22m、幹回り6・6mの神木。本殿と神木前で神事のあと謡曲奉納などがある。観阿弥清次とまだ幼い世阿弥元清父子が将軍・足利義満の前で演能したのは有名であり、境内に能楽発祥の地の碑が立つ。5月5日の子供の日に行なう祭には、鳳輦を中心に勇壮な子供神輿、可愛い保育園児の維新鼓笛隊、りりしい武者稚児や愛くるしい幼女の稚児等のほか、雌雄の獅子舞が氏子町内を門付けし清めて巡る。総数300余名もの神幸行列で、これほど子供が多い行列は京都市内でも珍しい。

新熊野神社祭〈新熊野神社〉

●5日……おおえやまはるまつり

大江山春祭

●鬼嶽稲荷神社／加佐郡大江町北原　MAP 22・B1

鬼退治伝説で知られる大江山の南麓にある北原は、伝説によると壇ノ浦の合戦後、平家の落人が隠れて住みついたと伝えられ、かつて紙すきが行なわれていた。北原は東に口北原と西に奥北原の2ヵ所からなる。その奥北原から急坂を登る大江山八合目、標高650m付近に鬼嶽稲荷神社が鎮座する。かつて祭りには浄瑠璃など演じられて、近郷からの参拝者でにぎわったが、近年は山開きをかねた祈願祭として行なわれている。なお、北原の氏神熊野神社の祭礼には、「鳥踊」と呼ばれる田楽が奉納されていた。

●4日～5日……のぼりたて

のぼりたて

●中郡大宮町三重　MAP 25・B3

「のぼりたて」とは5月を境に、この1年間にお嫁さんを迎えた新婚家庭に、鯉のぼりのかわりにガラクタののぼりを立てるというもの。4日の夜中、隣近所の男たちが寄ってたかって、バケツ・ジョウロ・ムシロ・肥桶・便器・自転車・三輪車などをつるしたのぼりを庭先に立てる。その後、木箱を棒でこすり付けてギーギーとイヤな音を奏でて、眠らせないようにする。新婚夫婦は一歩も

のぼりたて〈大宮町〉

外に出られず、その様子を見ることもできない。翌日、ガラクタをのぼりから降ろし、つるした物を持ち主の家を回り返す。それが挨拶がわりとなり、地区との交流が深まっていく。

●5日……………しょうぶたうえ

菖蒲田植

京都府登録無形民俗文化財

●天満神社／熊野郡久美浜町市野々 MAP 25・A3

5日の午後に氏神・天満神社の祭礼

菖蒲田植〈天満神社〉

菖蒲田植〈天満神社〉

行事として行なわれる。境内に四間四方に区切った砂場を設け、4つの角に青竹を立て、注連縄で囲み、その中に谷川から刈り取った菖蒲を18cmほどに切りそろえて敷き詰める。太鼓と青年たちが唄う「苗取り」や「植え付け」などの田植歌にあわせて、白い手ぬぐいを頭にかぶった男の子達は、敷き詰めてある菖蒲を「しょんぼり、しょんぼり、たぁうえ」の掛け声で空高く放り上げる。江戸時代以前から伝わり、健康と豊作を祈願する祭りとして知られる。

●5日

導観稲荷神社祭の曳山巡行

（どうかんいなりじんじゃまつりのひきやまじゅんこう）

●**導観稲荷神社**／船井郡丹波町須知　MAP21・B3

須知西ノ山から須知商店街を通り稲荷神社までの約1・5kmを曳山が巡行する。曳山の出立ちに当たっては、神官により巡行の無事を祈って祝詞があげられ、地区の組長の中でも屈強な人が曳山の舵取りを行なう。巡行は3時間ほどかけてお囃子に囃されながらゆっくりと神社に向かう。2年に一度提灯御輿も出る。

導観稲荷神社祭の曳山巡行〈導観稲荷神社〉

●5日

さんやれ祭

（さんやれまつり）

●**鷺森神社**／左京区修学院宮ノ脇町　MAP8・B1

七里祭ともいわれ、修学院、一乗寺、山端、高野など七つの里で同時に行なった。現在は鷺森神社、八大神社、崇道神社の3社の祭。鷺森神社では神輿が赤山禅院から本社まで練る。「さんやれ　さんやれ」と囃し立て、

さんやれ祭〈鷺森神社〉

端午の節句

端午の節句は男子の節句として親しまれ、各地の神社では邪気祓いの神事が行なわれる。各家でも鎧兜を飾りつけ、鯉幟が立てられる。しかし、住宅事情、生活文化の変化の為か唱歌に歌われた「こいのぼり」の歌詞から、脳裏に広がるかつての節句の風景が市街地では、無くなってしまった。

菖蒲刺し・葺菖蒲

現在ではあまり見られなくなったが、端午の節句にちなんで家々の軒端に菖蒲が刺された。菖蒲には、邪気を祓う力がある。邪気を祓う菖蒲を、門口の軒先に葺く。宮廷儀式だったものが次第に庶民にも伝わり、行なわれるようになった。住宅様式の変化に伴い、軒のある家が減少したためか、見かけることもなくなった。

鯉幟

江戸時代中期、武士は尚武（菖蒲）の節句を重んじ家紋をしるした旗差し物や幟を飾る一方、町人は鯉幟を男児の健康と出世を願って立てるようになった。中国には鯉は瀧を登る龍門伝説（登竜門）があり、立身出世の象徴とされ尊ばれていた。男児が生まれると、母親の実家などから初節句の祝いとして贈られることが多い。棹の先には矢車をつけ、吹流しのかたちをした鯉幟は上から真鯉（黒）、緋鯉（赤）の順にとりつける。

矢車

矢車矢を放射線状に並べ中心の軸に取りつけたもので、端午の節句の鯉幟の棹の先や武者飾りの吹き流しなどに使われる。形が似ていることから矢車菊、矢車草などの花がある。

菖蒲

尻を振りながら練る。八大神社ではその年に小学校に入学した男児が竹の先に五色の紙をつけた踊り竿を持って鉦や太鼓に合わせて踊る。5月5日はほかに著名な祭礼行事があるため報道されることはあまりないが、伝統の洛北の奇祭だ。

●5日……たいざんふくんさい

泰山府君祭

●赤山禅院（せきざんぜんいん）／左京区修学院開根坊町（しゅうがくいんかいこんぼうちょう） MAP8・B1

赤山禅院は比叡山延暦寺の慈覚（じかく）大師円仁（えんにん）ゆかりの禅院。中国の延命長寿や人の一生の吉凶を占う神、泰山府君を祀っている。日本で最も厳しいという千日回峰行を達成した大阿闍梨（あじゃり）が導師（どうし）となって法要を営み、参列者は大阿闍梨の念珠で頭をなでてもらう。信者にとって大阿闍梨は生き仏として熱烈な思いがある。回峰行者は必ず赤山禅院を通り、世に「赤山苦行」の名がある。

泰山府君祭

●……たけのこごはん

筍ご飯

筍の旬、5月は食卓に筍料理が供されることが多い。筍ご飯もその1つで、硬めに茹（ゆ）でた筍を細い短冊に切り、湯通しして油を抜いた油揚げも千切りにし、昆布出汁（だし）、薄口醤油、塩、酒、味醂（みりん）で味をつけて炊く。春らしく淡い彩りにするため醤油は控え、塩味で調える。炊き上がったら軽く混ぜ、香りのよい木の芽を天に飾ってその香りと共に食す。炊飯の時、少し糯米（もちごめ）を混ぜると冷めてもご飯が硬くならない。春の風味を運ぶご飯。

筍ご飯

菖蒲湯

あやめの湯ともいう。端午の節供は奈良時代に中国より伝わり、わが国でも節会として定着した風習で、菖蒲（しょうぶ）の葉を髪にかざし、菖蒲の葉を軒に吊したり屋根に葺くなどして邪気を祓った。また菖蒲は端午の節句には欠かせず、葉と根を湯に入れて浸かるのも邪気祓いの1つ。身を清めるために湯舟に入れる。浮かんでいる葉を1本とって頭に鉢巻きすると、頭痛封じになるという。

粽

端午の節句には、欠かせないお菓子。柏餅と同様に「しんこ」生地または、葛で作られる。5枚ほどの熊笹の葉で包み、藺草（いぐさ）で螺旋（らせん）状に巻いてすりこ木形に形成して蒸す。邪気（じゃき）を祓（はら）うとされるこの菓子は、茅（ち）の葉で包むので「ちまき」と称するなど、そのいわれには諸説ある。

柏餅

端午の節句に食べられる柏餅は、米粉を蒸し、それを搗（つ）いて作る「しんこ」を団子にし、柏の葉で包んだ菓子。京都では、白味噌に砂糖を加えて飴色になるまでよく練った餡が中に入れたものが好まれ、柏の葉が外表にしてある。一方、こし餡が入ったものもあり、こちらは柏の葉が中表。

矢車

駈馬神事〈藤森神社〉

●5日……かけうましんじ

駈馬神事

京都府登録無形民俗文化財

●藤森神社／伏見区深草鳥居崎町　MAP⑫・A2

藤森祭、深草祭ともいわれ、平安初期から始まった。神輿3基と鎧、兜の武者行列、鼓笛隊が伏見稲荷大社まで練る。呼び物の駈馬神事は午前11時、午後1時、3時の3回。戦陣にあって飛び交う弓矢の中を駆け抜ける勇壮なもので馬上に立ったままの立ち乗り、手綱くぐり、落馬したように偽装して敵を欺き突撃する藤下がりなど、8種の妙技が披露される。都会では馬さえ見ることは少ないが、現実に疾走する馬上での演技に観客は酔う。室町時代からの御所警備の武士や各藩の乗馬指南役が馬術を神前に奉納した。

安政2（1855）年、この祭を見た勤王の清河八郎（幕府に暗殺される）は「最も面白いのは馬乗り。氏子の若い衆が思い思いの装いをなして曲乗りする。鞍に逆さ立ち、扇を開き鞍に立ちあがり、あるいは片足で身を空に投げうち走ること飛ぶがごとく実に町人、百姓にては稀な巧み、修練の至り」と絶賛している。

●5日……うじかみじんじゃかんこうさい

宇治上神社還幸祭

●宇治上神社／宇治市宇治山田　MAP⑰・A2

宇治上神社の例祭。昔、離宮祭では3基の神輿が巡行したが、この社からは2基の神輿が出ていた。この2基の神輿が今も巡行する。1日の午前、御霊うつしの儀の後、御旅所となる宇治市槙島の公民館まで巡行する。5日は、氏子地域を巡行しながら、夕方本社に戻る。

●……わかば

若葉

芽吹いて間もない葉のこと。芽出しの葉ともいう。若葉が萌え出て、黄緑色に輝く様を「新樹」、若葉自体を「新緑」と呼ぶ。夏の季語で、若葉雨、若葉風などの関連語も多い。

若葉

立夏 りっか

二十四節気の7番目。新暦の5月5日、6日頃。春が終わりに近づき、山野に新緑が目立ちはじめ、風もさわやかになる。夏の到来を感じる気持ちを「夏の気立つ」「立夏」と表現している。

花菖蒲 はなしょうぶ

アヤメ科の植物。まっすぐにのびた茎の頂きに、白や紫の花がしっとりと咲く姿はあでやかで優美。アヤメやカキツバタによく似ているので、区別がむずかしい。平安神宮や府立植物園では、さまざまな名品を見ることができる。

花菖蒲

花しょうぶまつり はなしょうぶまつり

●中旬の日曜日

●城陽市観音堂

市花を「花しょうぶ」とする城陽市は、花しょうぶの産地としても知られている。多くの生産農家の花しょうぶ園を縫う「花の小径」、平成3年に完成した鴻ノ巣山運動公園の花しょうぶ池で開催される『花しょうぶまつり』は、咲き誇る花しょうぶやカキツバタの観賞のほか、花しょうぶの無料配布や茶席の無料接待、箏の演奏など多くの催しが行なわれる。平成3年より開催。例年、花の見頃にあわせて決定される。

〔連絡先〕城陽市商工観光課
TEL0774（56）4019

薬玉 くすだま

●5日

文字が示すとおり、本来「薬玉」は、沈香、麝香などの薬香料を錦の袋に入れ、邪気祓いと長寿を祈願して柱や御簾に掛けたもの。円形に整えた周りを蓬、菖蒲、季節の花で飾り、五色の糸を長くたらした。かつては、季節ごとに掛け替えられるべきものだったが、今は装飾として形を留めるにすぎない。

京都ちょっと昔のくらし 魚屋さんの出張料理

魚は近所の魚屋さんに買いに行くこともありましたが、かつて「回りの魚屋さん」がありました。ご用聞きの魚屋さんです。自転車の荷台に桶や木箱を積み、その中にいろいろな魚を詰め、家々を回るのです。その日の魚はヘギと呼ばれる木の皮に墨で書かれていて、魚を注文するとその家の台所でさばいてくれます。また、祭の前日などは特に注文をしなくても家の玄関先に鯖を放り投げて行き、後で家々を回り、寿司用にさばいてくれました。

魚屋さん

●螻蟈鳴く（ろうこくなく）

七十二候の19番目。新暦の5月5日〜9日頃。螻蟈とは、アマガエルのこと。アマガエルが鳴き、産卵を始める時節。

●松（まつ）

マツ科の総称。常緑の高木。雌雄同株で、4月から5月にかけて花をつけ、翌月に実を結ぶ。古来、松は長寿の象徴として尊ばれてきた。アカマツとクロマツが代表的な松で、木肌が黒っぽくて荒々しいクロマツは男松、アカマツは女松と呼ばれる。「白砂青松」と讃えられる海辺の松はクロマツのことで、幹がまっすぐ伸びないのが特徴。天橋立では、両方の松をみることができる。

●茶の木（ちゃのき）

ツバキ科の常緑低木。若芽を摘んで各種の茶を作る。原産地はビルマとされ、東南アジアを中心として世界各地で栽培、さまざまな種類の茶が生産されている。日本では緑茶を中心に生産されており、京都府では中でも最高品とされる宇治茶が生産され、宇治市をはじめ、宇治田原町、京田辺市、和束町など山城地方で多く栽培されている。

●野薔薇（のばら）

野薔薇・野茨がある。バラ科の落葉低木でノバラとも呼ばれる。全国の山野に自生していて、高さは2mほど。茎にはとげがあり、葉は羽状複葉。5月から6月にかけて香りのよい白い花が開く。秋には赤い実を結ぶが、この実は「営美」と呼ばれ、利尿薬になる。ノイバラは野生のバラだが、園芸種のバラを継ぎ木するための台木として用いられる。

●アイフサギ（あいふさぎ）

春は、卒業、入学、入社、転勤など、何かと人との別れや出会いで落ち着かないもの。新しい環境にも慣れてくる5月は、気の合う者同士のグループができてくる頃。また、しっくりとウマが合わない人もわかってくる。しかし、あからさまに「ウマが合わない」と表現しては角が立つ。そんな時に重宝するのがこの言葉で、含みのある奥の深い言葉である。言葉の含みを如何に汲むか、そこに京言葉の怖さと面白さがある。

●鶺鴒（せきれい）

セキレイ科の小鳥の総称。全長は20cmほどで、水辺にすむ鳥。羽色は黒と白、灰色と白、灰色と黄色などで、セグロセキレイ、ハクセキレイ、キセキレイ、イワミセキレイなどがいる。長い尾を上下に振る習性があり、「チィチン、チィチン」と鳴きながら波状に飛ぶ。

●はんなり（はんなり）

柔和で上品な華やかさ、明るさの表現で、人、物、事全般に使われる京言葉。世阿弥の「花あり」からの転化とも「花なり」の転化ともいわれる。

●8日 松尾寺の仏舞（まつのおでらのほとけまい）

京都府指定無形民俗文化財

●松尾寺／舞鶴市松尾　**MAP㉓・B1**

西国三十三番観音霊場の第二十九番札所である松尾寺では、8日の花祭

京都のことわざ　八十八夜のお茶

「八十八夜に摘んだお茶を飲むと中風にかからない」立春の日から八十八夜に摘んだお茶を飲むと、縁起がよく気力が充実し病気にならない。お茶はもともと薬として中国から輸入され、がんの抑制効果が科学的に証明されている。

京都ちょっと昔のくらし　菖蒲湯

湯ぶねいっぱいに浮かんだ菖蒲の束。端午の節句には、日ごろは内湯の家庭でも銭湯の菖蒲湯に出かける人は多いに違いない。

其角

銭湯を沼になしたる菖蒲かな

菖蒲湯を浴びる習慣は古く、藤原家実の『猪熊関白日記』正治元（1199）年5月5日の記に「終日降雨、浴菖蒲湯」とある。宮中では、5月3日に五衛府から菖蒲輿がまつられ、4日の夜は菖蒲枕をつくるか、枕の下に菖蒲を敷いて休み、翌5日はこの菖蒲で湯を立てて浴した。もともと中国の伝承で、菖蒲の独特の匂いが邪気を祓い疫病除けに信じられたという。

りに仏舞が演じられる。舞楽の『菩薩』の流れをくむ仏舞は、光背付きの仏面をかぶった6人の舞人（ホトケ）が大日、釈迦、阿弥陀の各2人ずつに扮して登場。本堂の一角6畳ほどの間が舞い場にあてられ、楽人の奏でる奏楽にあわせて優美な舞いが演じられる。回廊から差し込む光と本堂のほの暗さがあいまって、幻想的な雰囲気へいざなう。

松尾寺の仏舞〈松尾寺〉

●……さつきばれ

さつき晴れ

五月雨とは、もともと梅雨の晴れ間を意味していたが、現在では、5月の晴天を表現するのに使われる。大きな移動性高気圧が乾いた空気を運んでくるので、さわやかな気候に恵まれる。さつき晴れとは、五月雨に対し、五月晴という。

●8日前後の日曜日……たきみょうじんさい

滝明神祭

●直見谷の滝神社／天田郡夜久野町直見大山

大山にまつる滝神社の屋根葺き作業を、門垣と副谷の集落の人々が当日午前中に行なう。屋根は稲藁が使われるが、そこは氏子の守り神である蛇の住みかとなっており、新しく葺き替えられた屋根にていねいに戻される。かつて門垣は砂鉄の採掘が、副谷は水田稲作が行なわれ、いずれも水の恩恵に感謝する行事として行なわれている。

●8日……うじまつり

宇治祭（神幸祭）

●宇治神社／宇治市宇治山田　MAP 17・A2

京都のことわざ
病い弘法・欲稲荷

京の庶民信仰をズバリいい当てている。病気にならないように南区の弘法さん（東寺）に参り、商売繁盛、金持ちになりたいの「たいの病」には伏見のお稲荷さんが絶対。学問なら北野天満宮といったところ。

京都のことわざ
宇治は茶どころ

「宇治は茶どころ、茶は縁どころ」
宇治茶は日本一の品質を誇り、江戸時代にはお茶壺道中で江戸城まで新茶を献上した。茶摘み女が近在から集まり、自然に縁談話がまとまった。

京都のことわざ
後ろ弁天、まえ般若

後ろ姿は弁財天のように美しく見えるが、前に回って見ると般若のような怖い顔の女性。「後ろ千両まえ一文」というひどいいい方もある。英語のバック（後ろ）とドイツ語のシャン（美人）をつないでバックシャンといった。

宇治神社の例祭。古くは宇治上神社と合わせて、宇治離宮明神（八幡宮）と呼ばれ、上社（宇治神社）から2基、下社（宇治上神社）からは1基の神輿が出て離宮祭ともいわれた。平安時代後期には、田楽や競馬なども行なわれ、平安貴族が舟遊びをするなど、多くの見物人があった。江戸時代に入ると、七福神の行列などもあった。現在では、猿田彦面を先駆けとして、正一位神符、将軍家献上の破魔弓、古太刀、神職、神輿が御旅所に入る。神輿は宇治川で神輿洗いがなされるが、そこには宇治川沿いの神々を招く意味があり、宇治川の恩恵に感謝を表わす。還幸祭は6月8日。

●8日……やまかげじんじゃれいさい

山蔭神社例祭

●**吉田神社末社**／左京区吉田神楽岡町　MAP8・B3

吉田神社は中納言藤原山蔭によって創始された。山蔭は割烹の道にも優れた腕前を持っていたという。山蔭神社は藤原山蔭を祭神として昭和32年に吉田神社鎮座1100年を記念して創始された境内末社。当日は式包丁生間流により鯛、鯉などを包丁と押さえの道具だけで3枚におろす秘芸が披露される。生間家は平安時代から料理を家職とした名家で、鎌倉幕府の包丁方となり、後水尾天皇の二条城行幸の際にも活躍したという。この日は、魚に直接手を触れずに料理するのを京都の料亭主人や板前達が見守る。

山蔭神社例祭〈山蔭神社〉

●第2日曜日……たいしゃくてんはるのたいさい

帝釈天春の大祭

●**帝釈天堂**／船井郡八木町船枝　MAP19・B2

帝釈天堂は宝亀11（780）年和気清麻呂により開創され、本尊の帝釈天は経典に「百施の王者」と書かれるように、願い事の叶う仏さまとして広く信仰を集めているが、特に庚申の日には多くの参詣者で賑わう。108基の願いの鐘が参道に連なるが、その中に映画「男はつらいよ」の寅さんの願いの鐘も奉納されている。

●第2日曜日……すがまつり

須賀祭

●**須賀神社**／左京区聖護院円頓美町　MAP8・A3

須賀神社は、交通神社としてドライバーによく知られた神社。春の例祭は旧名が角豆祭。ささげは荒れ地でもよく育ち、たくさんの実をつけるので一門繁栄、家内安全の意味もある。祭礼には長さ7mもある剣鉾5基と鳳輦、12基の子供神輿が出る。子供若衆の法被に豆しぼりの小学生たちがかわいい。かつては祭礼を迎えるために各家ごとに篝火を焚いた。神前にささげを奉献する。古老の話では祭礼には一族以外の人は招くことはなく、氏子は1本の株に無数の実をつけるささげのようなもので同門繁栄を意味するという。

須賀祭〈須賀神社〉

●第2日曜日……しんりんこうえんまつり

森林公園まつり

●**野田川町森林公園**／与謝郡野田川町三河内　MAP24・A3

森林公園は子供たちに森の自然に触れ合ってもらおうと平成4年5月にオープンした施設。春のイベントである森林公園まつりには、ステージショーや木を利用した様々な遊道具のコーナーが設けられ、子供を連れた行楽客で賑わう。平成12年までは4月29日に開催されていたが、同13年より新緑の美しい初夏5月に開催されている。

〔連絡先〕コミュニティ野田川
TEL 0772（42）7711

● 五月雨（さみだれ）

梅雨（つゆ）のこと。陰暦では5月（新暦の6月）にあたるので、このように呼ばれる。梅雨の期間は夏至（げし）（新暦の6月22日頃）を中心とした前後約1ヵ月あまりの間である。五月雨の語源は、「さ」は五月（さつき）、「みだれ」は水垂（みだれ）の意味というが、「さ」は、早苗（さなえ）、早乙女（さおとめ）という諸説もある。五月雨が降らないと田植えに支障をきたすこともあり、その語にも農耕との深い関係がある。

五月雨

● 蚯蚓出ず（きゅういんいず）

七十二候の20番目。新暦の5月10日～14日頃。蚯蚓（きゅういん）とは、ミミズのこと。3月から4月にかけて卵からかえったミミズが植物の繊維などをあさりに地上に這（は）い出てくる時節。

● 中旬 梵灯のあかりに親しむ会（ぼんとうのあかりにしたしむかい）

●東林院／右京区花園妙心寺山内（はなぞのみょうしんじさんない） MAP⑭・C1

妙心寺塔頭（たっちゅう）の東林院は「沙羅樹（さら）の寺」として知られており、通常は非公開の寺院であるが、沙羅の樹が花をつける6月の梅雨（つゆ）の時期に一般公開する。梵灯のあかりに親しむ会は平成11年より始められた会で、夜間のみの拝観。手作りの瓦製（かわらせい）梵灯や、古瓦の上に立てられたろうそく300本が夜の闇に灯される。仄（ほの）かに照らしだされた方丈（ほうじょう）や書院の前庭は幽玄（ゆうげん）の世界を現出し、拝観者を魅了する。秋の10月中旬にも開催される。

〔連絡先〕東林院
TEL 075（463）1334

● 藤（ふじ）

マメ科の落葉蔓性木本。山野に広く自生し、古くから観賞用に栽培され、愛されてきた。蔓（つる）は右巻きにからみつき、10m以上の長さに成長する。5月には蝶形の花をつけた長い総状の花穂を垂らす。花の色は淡紫色や白色。蔓は強靱（きょうじん）で縄の代用や、籠などの工芸品として広く用いられている。平等院の藤棚は豪華で、藤の名所として知られ、また、龍安寺（りょうあんじ）では、山藤を観賞することができる。

藤

● 躑躅（つつじ）

ツツジ科ツツジ属の常緑または落葉低木の通称。山地に多く自生しているほかに、観賞用としても栽培されている。春から夏にかけて、赤、朱赤、白、紫、橙色などの大形の合弁花を咲かせる。京都市水道局の蹴上（けあげ）浄水場のツツジは有名で、一般公開される。京都付近には、野生のツツジの種類が多く、保津峡（ほづきょう）のサツキや夜久野（やくの）のレンゲツツジ、西山のコバノミツバツツジが、ツツジの名所として親しまれている。

躑躅

● 薔薇（ばら）

野生のバラは世界に200種ほどあ

り、日本には14種が自生している。庭で栽培されているバラの多くは西洋で品種改良されたもので、栽培の歴史をたどるとローマ時代にまでさかのぼることができる。19世紀中に諸系統のバラを交配して近代のバラの品種が生まれ、さらに交配を重ねて現在のバラの基礎が完成した。愛・喜び・美・純潔を象徴するバラは花の女王とされ、香り高く典雅な姿は多くの人々の心を魅了してきた。

●中旬の土曜・日曜日……かんぽばらてん

簡保ばら展

●京都簡易保険事務センター／左京区松ケ崎海尻町　MAP8・A1

かつて同事務センターの所長が、地域の方々に親しんでもらおうと、門前に赤いばらを飾ったことに由来する。毎年70種類、400本以上のバラが満開になる5月に開催され、京都市内だけでなく市外からも多くの観賞者が足を運ぶ。期間中は植木の苗などを販売する市も開催されている。入場無料。

〔連絡先〕簡易保険事務センター
TEL075（712）2013

●13日～15日……みやづまつり

宮津祭

●日吉神社／宮津市宮町　MAP24・B2
●和貴宮神社／宮津市宮本

宮津祭は宮津の西側の日吉神社と東側の和貴宮神社の祭礼。日吉神社の神輿渡御は、行列の先頭には四神旗鉾や飾り弓が立ち、その後に、重さ1tの神輿を約100人が交代でかつぎ市内中心を練り歩く。また和貴宮神社では、第二次世界大戦前まで芸屋台が各町内から出ていた。その芸屋台のひとつ万歳鉾が最近修理復元され、子供歌舞伎の『仮名手本忠臣蔵・お軽勘平道行ノ場』『三番叟』などが演じられ、町中が祭り一色に包まれる。

●15日……りょうしまちのうきだいこ

漁師町の浮太鼓

●日吉神社／宮津市宮町　MAP24・B2

日吉神社の祭礼に漁師町によって奉納される芸能で、宮津祭りでは神輿について日吉神社と御旅所の間を移動する際に演じられる太鼓芸。楽台と呼ぶ大太鼓をのせた屋台で移動しながら笛の囃子で打つ場合と、担った大太鼓を打つ場合がある。一人打ち、二人一対の二人打ちの型があり、一人打ちは数人が一列で並び交代しながらまわり打つ様式で入り拍子といわれる。二人打ちは一対で太鼓を打つ様式で、バチを持つ手を頭上で振り回し、跳びはねるなど太鼓を打つ所作そのものに見せる要素が加わり、人々を楽しませる。丹後の太鼓打ちの代表的なもののひとつである。

●第3・第4日曜日……さがまつり

嵯峨祭

●野宮神社／右京区嵯峨野々宮町　MAP14・A1
●愛宕神社／右京区嵯峨愛宕町　MAP13・A2

嵯峨祭〈右京区〉

野宮神社は『源氏物語』にも登場する古社、愛宕神社は火伏せの総本宮で奥嵯峨の氏神様。神幸祭には嵯峨釈迦堂の御旅所に神輿2基が駐輦、第4日曜日には高さ10mの剣鉾刺し、愛宕、野宮の神輿や稚児行列が嵐山まで練る。嵯峨祭は江戸初期の文献には釈迦堂あたりに桟敷席があったと記し、芭蕉の『嵯峨日記』にも短い記録がある。昔から有名な祭で、正徳3（1713）年、其諺著『滑稽雑談』には「この日、一基の金鳳は愛宕山より下す。この金鳳下るを期して神幸祭を催す。一基は野山大明神と申して野宮より還幸と言う。この祭に土人、嫁を妓女のごとく芸を習わせ屋台で踊らせる。近年、引山傘鉾を出す」と盛大な嵯峨祭を描いている。

●13日に近い日曜日……いちひめまつり

市比賣祭

●市比賣神社／下京区六条通河原町西入る MAP5・C1

平安京造営に際して今の七条通の東西に市場が設けられた。東市は現在の西本願寺あたりに相当する。この市場の守護神として創建されたのが市比売神社。市姫神社とも書く。天正19（1591）年、豊臣秀吉の命により金光寺とともに現在地に移転、商売の神様として中央市場関係者から尊崇されている。祭典ではごく狭い境内ながらお弓の神事があり、名前を書いた的にあたるとその神矢はその人に授けられる。藤原忠親の『山槐記』には平安時代末期、生後50日目の子供に神社で餅を買う習俗があり安徳天皇も治承3（1179）年正月4日にその儀式を行なっている。こうした伝統から子育て、安産の神社として知られている。

市比賣祭〈市比賣神社〉

●第2土曜日……おびまつり

帯まつり

●常照寺／北区鷹峯北鷹峯町 MAP2・A2

和装振興を願って始められた新しい祭。境内の帯塚で帯供養が行なわれ、島原の太夫道中、茶席、邦楽演奏や上七軒の芸妓による踊りの披露がある。西陣、室町の和装関係者がつどう。

帯まつり〈常照寺〉

●第2日曜日……いまひえさい

新日吉祭

●新日吉神社／東山区妙法院前側町 MAP9・B2

滋賀県大津市坂本にある日吉山王社を後白河法皇がこの地に勧請した神社。当時から小五月会という神事があり、流鏑馬、田楽奉納などがあった。現在の祭礼は二条天皇が応保2（1162）年に再興し勅祭だった。重厚な鳳輦が出て稚児、武者行列などが氏子地域を練る。翌日祭は湯立神事や里神楽奉納がある。

新日吉祭〈新日吉神社〉

●第2日曜日……ははのひ

母の日

アメリカのアンナ・ジャービスという女性が提唱し、1915（大正4）年、ウィルソン大統領の時、5月の第2日曜日を「母の日」として制定。同年、青山学院大学の教授であったアレクサンダー女史によってわが国に紹介され、キリスト教関係の団体を中心として広まる。昭和になり、皇后の誕生日3月6日を母の日と決めた時代があったが、戦後は再び5月第2日曜日とされ、全国未亡人団体協議会が中心となって全国的な行事となっていった。カーネーションを贈る習慣は、提唱者であるアンナの母親が好きな花だったからという説と、聖母マリアが十字架に架けられたキリストのため流した涙の後から生えてきた花だからなど諸説ある。ちなみに昭和23年7月に定められた祝日法では、5月5日の「子どもの日」のことを『子どもの幸福をはかるとともに母に感謝する日』としている。

葵祭

祭といえば葵祭をさすほど、由緒正しく格式の高い祭礼です。欽明天皇の御世に凶作が続き、賀茂神の祟りを鎮めるため、鈴をつけた馬を走らせたのが始まりとされています。

【15日】
●上賀茂神社／北区上賀茂本山　MAP 2・B1
●下鴨神社／左京区下鴨泉川町　MAP 8・A2

葵祭〈路頭の儀〉

葵祭〈社頭の儀〉

祇園祭、時代祭と並ぶ京都三大祭のひとつ。石清水祭、奈良の春日祭と並ぶ三大勅祭。奈良時代に始まり平安時代になってとくに盛大となり賀茂祭と呼ばれ、単に「祭」といえば賀茂の祭を意味した。『源氏物語』『枕草子』などの古典に頻繁に出てくる。葵祭の名前は行列の牛車や510人の行列すべてにフタバアオイの葉と桂の枝をさすことによるもので氏子の家でも玄関先に葵を飾る。

現代の葵祭は第1列（検非違使など）、第2列（牛車など）、第3列（舞人など）、第4列（陪従など）、第5列の斎王列（斎王代、女人）の総勢1・2kmの行列。京都御所を出発、下鴨神社をへて上賀茂神社に向かう。行列の装束は平安王朝の風俗を厳密に再現しており、古典文学を学ぶ学生はゼミの教授と必ず見学に訪れるほどだ。

葵祭は15日がハイライトだが、祭の前儀にも有名な神事が多い。

流鏑馬神事

【3日】　●下鴨神社

世界遺産に指定された下鴨神社糺の森参道で行なわれる葵祭の前儀。狩り装束の射手が約100mの参道を馬で駆け抜け、横向きになって的を射る勇壮な神事。杉板の的に矢が当たると真っ二つに割れ落ちて観衆の喝采を浴びる。流鏑馬は平安時代からある神事で、行縢に綾藺笠重藤の弓の姿は優美だ。流鏑馬の矢は先の丸いカブラのような矢を射って「ひょーっ」と鳴らし、敵を威嚇するので鏑矢という。

鳴弦蟇目（めいげんひきめ）神事・歩射神事

【5日】　●下鴨神社

葵祭の無事執行を祈願する。弓の弦をひいて鳴らし、邪鬼を払い鏑矢2本を楼門越しに放ち、斎庭では大的を射る神事などがある。五穀豊穣、国家安穏を祈願するごく内輪の神事。

葵祭・足汰式〈上賀茂神社〉

葵祭・競馬神事〈上賀茂神社〉

葵祭・御蔭祭で神霊を乗せる神馬〈御蔭神社〉

葵祭・禊の儀〈下鴨神社〉

賀茂競馬（くらべうま）

【5日】

●上賀茂神社

競馬の元祖のようにいわれるが必ずしも速さを競うものではなく、あくまでも神事。平安時代、宮中の女房が縁起のよい菖蒲の根の長さを競う「菖蒲合わせ」の際、上賀茂神社に祈願して勝ったので競馬を寄進したのにちなむという。2頭ひと組になって馬場を走り抜け、速さと優美さを競う。出場する馬に極端な差が出ないように調整する儀式が1日の競馬会足汰式で10頭の馬を試走させ、5日の競馬の組み合わせを決める。

斎王代御禊神事

【10日ごろ】

●上賀茂神社と下鴨神社

斎王とは天皇即位の時に伊勢神宮や上賀茂神社に奉仕して精進潔斎する未婚の皇女のことで、斎王代とはその代理を意味する。未婚の女性でお茶、花道、教養と才色兼備の民間人が選ばれる。斎王代は十二単白の小忌衣姿で、多くの童女や女官を従え上賀茂神社では楢の小川、下鴨神社では御手洗池で手を清め、人形を流して罪穢を払う。斎王代が一般の目にふれるのはこの神事が最初。

御蔭祭

【12日】

●御蔭神社／左京区上高野東山町　MAP 8・B1

荒御霊を下鴨神社に迎える神事。八瀬の御蔭神社は日ごろは無人で訪れる人もない。この日だけは下鴨神社から神職ら150人が行列して厳重に囲まれた神前で秘密の神事を行なう。各種の神饌を供えるが、内部は撮影禁止で外部には全く知られない。神霊を迎えてから下鴨神社糺の森の切芝で優雅な「東遊」の舞が奉納される。

御阿礼神事

【12日】

●上賀茂神社

深夜に行なわれる神迎えの神事、御阿礼神事。15人の神職が神山の裾の神籬に神の降臨を迎える秘儀で、千年以上も完全非公開の超秘密儀式。神事としての葵祭は御蔭祭と御阿礼神事で終わり、あとは15日の路頭の儀、一般にいわれる葵祭の行列となる。

田螺（たにし）

タニシ科に属する淡水産の巻貝の総称で、水田や池や沼にすんでいる。貝殻は卵円錐形で、殻表面は暗褐色の皮を被り、殻口には角質のふたがある。卵胎生で、6月から7月頃に子貝を産む。食用としてつくだ煮や和え物に供せられ、古くから早春の味覚として楽しまれてきた。マルタニシ、オオタニシ、ヒメタニシなどがよく知られている。ナガタニシは琵琶湖の特産品。

今宮祭（いまみやまつり）

●中旬の日曜日

●今宮神社／北区紫野今宮町　MAP2・A2

今宮祭（5日の神幸祭）の還幸祭。平安時代、疫病退散を願って始められた御霊祭で3基の神輿、12本の剣鉾、子供神輿など延々1km以上の大行列となる。葵、剣、蓮などの剣鉾は重すぎて水平にして4人でかつぐ。西陣の氏子地域をくまなく練り、要所要所では巨大な神輿を揺すり上げて「ガッチャンガッチャン」と鈴を鳴らす。まるで西陣の機織りの音のよう。平成14年には「玉の輿」神輿が新調され、女性だけでかつがれた。これは西陣の八百屋の生まれで徳川家光の側室となり、後に「玉の輿に乗る」の諺の起源になった徳川5代将軍綱吉の生母桂昌院が今宮神社を深く畏敬し、社領100石や葵の剣鉾も彼女が寄進した。「お玉神輿」の初登場で早くも「良縁祈願」の神輿との評判を得た。

今宮祭〈今宮神社〉

あぶり餅（あぶりもち）

●今宮神社門前／北区紫野今宮町　MAP2・A2

東参道に向かい合う二軒の茶屋で売られて入る「あぶり餅」。またの名を小団子、勝の餅という。荒く割いた10本ほどの竹串の先に親指の頭ほどの小餅をさして炭火であぶって焼き、きな粉を混ぜた甘白味噌をたっぷりつけて出される。寒い時分には、床机に手焙りが置かれるのも嬉しい。もともと、神饌菓子であり、厄除けのご利益がある。

松尾大社還幸祭（まつおたいしゃかんこうさい）

●神幸祭から3週間目の日曜

●松尾大社／西京区嵐山宮町　MAP15・B1

4月の20日を過ぎた日曜に行なわれた神幸祭で西七条御旅所に移った神輿が本社に帰る還幸祭。還幸祭では本社の社殿と神輿を葵と桂で飾り、神職も葵と桂をつけることから、松尾の葵祭とも呼ばれる。

袷（あわせ）

表地に裏地を縫い合わせた着物。一般的には冬の衣替えの10月から5月まで着用し、夏の衣替えの6月に単衣に着替え、7月、8月は絽や紗、9月に単衣に戻り、10月に袷への衣替えをする。明治初期までは、厳冬期には綿入れを着用したが、大正時代に廃れた。

無双（むそう）

絽や紗などの夏の薄物の袷の着物をさし、5月中旬ごろから6月中旬までの期間に着用する。絽と紗、または紗と紗が合わされたもの。下の地に絵が描かれ、その上に紗が重ねられると糸目の文様が揺れ動き、あたかも下地に描かれた絵模様が揺れ動いているように錯覚され、見るからに涼しげな装いである。

鯖寿司（さばずし）

3枚におろした鯖を酢と塩で締め、寿司飯の上に1枚ごと乗せて竹の皮で包んだ棒寿司。寿司飯用の飯は少し糯米を入れて炊くと粘りが出て

鯖寿司

美味となる。5月の祭りはもとより、祇園祭や秋祭りなど、季節を問わず祭りや行事には欠かせない京都のハレ食。祭りには各家で鯖寿司をたくさん作り、親戚や知人に配り、共に祝う習慣がある。鯖の上に白板昆布を乗せて締める場合と乗せない場合があり、乗せたものをバッテラともいう。天明年間（1781〜89）創業の祇園の「いづう」の鯖寿司は著名。

焼餅（やきもち）

●上賀茂神社門前／北区上賀茂本山　MAP②・B1

つぶ餡を餅で薄く包んで焼いた名物菓子。両面をこんがりと焼いた太鼓形にし、江戸期には祇園社（八坂神社）の西門下の餅屋がこの焼餅を売り「祇園の焼餅」と呼ばれた。現在では上賀茂神社門前の神馬堂のものが有名で、葵祭にちなんで「葵餅」とも称される。

唐板（からいた）

●上御霊神社門前／上京区上御霊竪町　MAP③・C1

上御霊神社の神饌菓子を厄除けの煎餅として庶民に授与されたのが始まり。小麦粉に砂糖を加えただけの生地を薄く伸ばして短冊形に切り、鉄板で押し焼きにする。素朴な焼き菓子ながら、品格を供えた菓子。

王瓜生ず（おうかしょうず）

七十二候の21番目。新暦の5月15日〜20日頃。王瓜とは、からす瓜のことで、青い実がなり始める時節。

鮴（ごり）

ハゼ科の淡水魚のヨシノボリのこと。体長は約7cm。ゴリというのは方言。赤紋などの美しい斑紋があり、美味しい魚。

鳧（けり）

チドリ科の鳥で全長35cm。灰色の頭が目印で、本州にすんでいる留鳥。北にすむ鳧は、冬になるとあたたかい土地へと移ってくる。田や河原、草地にすみ、貝や蛙を食べる。「キリキリキリ」と、するどく鳴き、気性もあらい。伏見の巨椋干拓地は、鳧の繁殖地として有名。

現代版楽市楽座（げんだいばんらくいちらくざ）

●下旬の土曜・日曜日

●伏見桃山城／伏見区桃山町大蔵　MAP⑫・B3

伏見桃山城は太閤豊臣秀吉ゆかりの城。現代版楽市楽座「太閤さんの日」は昔でいう〝のみの市〟で、インポートグッズやアンティーク品、本や衣服のリサイクル品など、多くの買い得品、掘り出し物が出品される。特設ステージでの区民によるライブやキャラクターショー、茶席など様々なイベントも開催されている。秋は10月下旬の土曜日・日曜日。

〔連絡先〕伏見観光協会　TEL075（622）8750

京都ちょっと昔のくらし

化粧品の量り売り

自転車の荷台に木箱を積み、チリンチリンと鉦を鳴らしながらやってくる化粧品売りがいました。鉦の音を聞いて、家々からポマードやクリームの瓶をもった人たちが外に出てきて、化粧品を目方で買うのです。箱の中には仕切りがあり、ポマードやクリームが詰まっていました。化粧品屋さんはそれを竹べらですくい、客持参の瓶に詰め、目方の分だけお金をもらいます。使い捨てなどという言葉もなかった時代の賢いショッピング法です。

ポマード売り

●満月の夜……うえさくさい

五月満月祭

●鞍馬寺／左京区鞍馬本町　MAP7・A2

ウエサク祭は長い間秘密の儀式としてその存在さえ知られておらず、昭和29年に初めて一般に公開された。全山に灯明を灯し、参列者は灯明を持って満月に鞍馬寺の本尊魔王尊に世界の救済と平和を祈念する。満月の宵には天界と地上に一本の栄光の道が開かれるとされ、心に願うことはひとつだけ必ずかなうと信じられている不思議で神秘的な行事だ。ウエサク祭はスリランカ、タイ、ビルマなど南方仏教の国にあり、ウエーサーカ月（4～5月）の満月の夜に釈迦が悟りを開いたとの信仰があり「盆と正月が一緒に来たようなにぎやかな祭になる」（岩波仏教辞典）。

五月満月祭〈鞍馬寺〉

●……かきつばた

杜若

アヤメ科の多年草。高さは約70㎝で、池や沼または湿地に育つ。初夏になると、大形の六弁の花を咲かせる。大きな3枚の外花被片の中央には、一本の白線が入っている。まっすぐにのびた茎の頂きに、白や紫の花がしっとりと咲く姿はあでやかで優美。「何れがアヤメかかきつばた」というように、美人を讃える時に用いられる花で、貌佳草とも呼ばれる。古代から野生している大田沢（上賀茂）の杜若は、国の天然記念物に指定されている。また、梅津の梅宮大社の池でも、種々の杜若を楽しむことができる。

杜若〈大田神社〉

●中旬～末日……おはらめまつり

大原女まつり

●大原周辺／左京区大原

洛北大原に住み、薪柴を京の町々に売り歩く大原女は、頭に縫文様が施された手拭いをかぶり、紺衣に御所染の帯をしめ、二巾半の前垂れを腰にあてがい、白い脚絆と甲掛をはめる。建礼門院に仕えていた阿波内侍が柴刈りに出る際にしていた服装を大原の女性たちが真似たと伝えられる。祭りの期間中には寂光院から勝林院まで、各時代の大原女たちに扮装した時代行列や大原女衣装の無料貸出し、紫蘇苗植え体験などが催される。

〔問合せ先〕大原観光保勝会
TEL075（744）2148

大原女まつり〈左京区大原〉

鮎擬（あゆもどき）

ドジョウ科の淡水魚で、全長12cm。琵琶湖のまわりと岡山県にしかいない。笹の葉のように平たく、体は褐色。鮎に似ているのでこの名がついた。

桂（かつら）

カツラ科の落葉高木で、高さは20～30m。全国の山や水辺でみられるが、街路樹や公園樹としても用いられる。ハート形の丸い葉が左右対称に枝につくのが特徴で、4月から5月にかけて紫色の花をつける。秋には美しく紅葉する。葵祭にはなくてはならないもので、行列に加わる人々は、アオイとカツラの枝を身につけなければならない。

●18日

上御霊祭（かみごりょうまつり）

●**上御霊神社**／上京区上御霊竪町　MAP 3・C1

上御霊神社は、桓武天皇が平安京の守りとして崇道天皇（早良親王）の神霊を祀ったのが始まり。古来、朝野の尊崇あつく、特に京都御所の守護神として皇室の尊信が篤く中世以来神殿の改築には内裏賢所を賜るのを例とした。1日に神幸祭を行ない、18日が還幸祭。3基の神輿が氏子町内を練る。このうち2基は後陽成天皇、後水尾天皇が寄進した鳳輦を神輿にした由緒あるもので、古来「安産神輿」の名がある。神輿行列は3基の神輿を中心に、牛車1基、騎馬3頭をはじめ太刀鉾、蓬莱鉾などが並び参加総員は500名、行列の長さは300mにも及び、市内各所の神輿行列のなかでも最大規模のものである。午後1時頃に神社を出発した行列が町内各所を練り歩いたあと、神社に帰着するのは午後6時半頃である。

●18日

下御霊祭（しもごりょうまつり）

●**下御霊神社**／中京区寺町通丸太町下る　MAP 4・B1

下御霊神社では前夜に十二灯と呼ぶ提灯行列があり、18日は鳳輦とともに、神輿4基、剣鉾8本が巡行する。神前右手の2基の神輿は重厚かつ巨大で、大宮神輿、若宮神輿と呼ばれる。下御霊神社は憤死した伊予親王（桓武天皇の皇子）とその母、藤原吉子ら無実の罪を着せられた人々を祀る。下御霊祭は最近、寺町商店街が町起こしのため積極的に参加、伝統芸能やアーティストによる特別公演などが行なわれ、賑やかになってきた。

下御霊祭〈下御霊神社〉

賀茂葵（かもあおい）

ウマノスズクサ科の多年草で、フタバアオイのこと。貴船や雲ヶ畑などの山中でも木陰にひっそりと生えていて、地下茎から細い地上茎を出し、

賀茂葵

京都ちょっと昔のくらし　お豆腐屋さん

豆腐屋さんの「回り」は、今でも見かける風景で、朝や夕暮れ時「トーフー」と聞こえるラッパや、チリンチリンと鉦を鳴らしながら町内を回ります。水槽に入った豆腐やおから、油揚げ、飛竜頭、こんにゃくなどを積んでリヤカーでやってきました。ラッパの音を聞き、家々から鍋やボールを持って門口に立っていると、お豆腐屋さんはリヤカーを止めて商いをします。豆腐は大きいままで、注文に応じて大きな包丁で切り分けて売りました。

お豆腐屋さん

2枚のハート形の葉をつけている。早春には、フタバの間に淡紫色の鐘状の小さな花をひとつだけつける。古くから賀茂神社の祭事に用いられ、葵祭ではフタバアオイを井桁に組み合わせたものを桂の枝にさして献上する。

●18日……ふしみぎみんさい

伏見義民祭

●御香宮神社／伏見区御香宮門前町　MAP 12・A3

天明5（1785）年9月26日、時の伏見奉行小堀政方の暴虐悪政に文殊九助ら町人が幕府寺社奉行に訴えた事件は伏見騒動といわれる。町役負担の増加、各種税の厳しい取り立て、業者との癒着、わいろ政治、頼母子講の強制加入と不正などを訴えたため小堀奉行は罷免され領地没収、与力、同心らも死罪、追放などの厳罰を受けた。直訴の九助らも入牢の身となり六人が獄死、ひとりは客死した。当時、手順を踏まない直訴、越訴は原則禁止だった。彼らは天明の伏見義民とたたえられ明治19年に御香宮神社境内に巨大な義民碑が建てられ毎年慰霊と感謝の義民祭が営まれている。碑文は勝海舟、題字は維新の功労者三条実美。

梛神社大祭〈梛神社〉

●第3日曜日……なぎじんじゃたいさい

梛神社大祭

●梛神社／中京区壬生梛ノ宮町　MAP 4・B2

貞観年間（859〜877）、播磨広峯社（姫路市）から牛頭天王を京都八坂に迎えた時にこの地で一時的に神霊を祀った。縁起のよい梛の木の森だった。梛神社から八坂に鎮座したため境内に「元祇園社」の大きな石柱が立つ。祇園祭の傘鉾はこの時に地元民が傘を立て、棒を振って八坂まで神霊を送ったのが始まりという。大祭では地元小中学生20人による少年鼓笛隊が呼び物で白ハチマキ、脚絆にワラジ、背中に太刀を帯びた少年武士のりりしい姿はまるで時代祭の維新勤王山国隊を思わせる。鳥居左手に御供石があり、祇園祭にはこの石に神饌を供えることになっている。梛は凪に通じるとして船員の信仰がある。

●……くさいひいず

苦菜秀ず

七十二候の22番目。新暦の5月21日〜25日頃。苦菜とは、ニガナのこと。ニガナがよく茂る時節。

●……しょうまん

小満

二十四節気の8番目。立夏から15日目で、新暦の5月21日頃。明るい太陽の陽射しのもと、すべての動植物が次第に成長して、ひととおり満足な大きさに成長するという意味。麦が実る時期である。

●23日……たむらき

田村忌

●清水寺／東山区清水　MAP 9・B2

清水寺は西国三十三番観音霊場の十六番札所で、日本を代表する観音信仰の寺。田村忌は清水寺を創建した征夷大将軍坂上田村麻呂の忌日。彼は弘仁2（811）年5月23日に没した。田村堂（重文）などで法要がある。清水寺には田村麻呂の蝦夷制圧で敗れた東北の英雄アテルイ（阿弖流為）の記念碑が近年建てられた。両雄ともに清水寺に眠る。

●第3日曜日……あらしやまみふねまつり

嵐山三船祭

●車折神社／右京区嵯峨朝日町　MAP 14・B2

車折神社は芸能の神様として有名で、

五月の俳句

牛につく童小走り加茂祭　中川　指月
大原女が菖蒲持ちくる本願寺　有岡　巧生
加茂祭果てて絵巻の外に出る　宮谷　昌代
桐原水汲みて一服夏点前　上田　弓子
しづしづと馬の足掻きや加茂祭　高濱　虚子
煙草屋に大臣立ち寄る加茂祭　林　めぐみ
葵さす輿に揺らる、朱唇ひとつ　丸山　海道
葵懸け神仕へとは片想ひ　高木　晶子
飴細工五月は青き鳥えらぶ　丸井　巴水
一髪の魂やすからず花は葉に　丸山　佳子
錦披て舞人五月の神を祝ぐ　池田十満里
限られし空より出でず幟り鯉　宇都宮滴水
歳月に人は癒され青山河　小林　紅輝
三界に住みて音なく夏立ちぬ　宮田津々絵
小原女の五人揃ふてあはせかな　与謝　蕪村
清滝や波に散込む青松葉　松尾　芭蕉
飛燕高し若葉をいそぐあらし山　鈴鹿野風呂
祝ぎ事の細筆下ろす白菖蒲　野村日出子

境内に数十本の芸能人の奉納灯籠や石柱が林立するほど。三船祭は平安時代、白河天皇が主催して公卿らが和歌、漢詩、管弦の3つの船を嵐山大堰川に浮かべて才を競ったという故事の復元。20隻以上の船が出され、船上で雅楽、日本舞踊、琴などの芸能を披露、船から和歌などを書いた美しい扇を流す風流なもので、この日の嵐山の両岸は観光客で身動きがとれないほど。関白藤原道長主催の宴では藤原公任が和歌の船に乗り「をぐらやまあらしの風の寒ければもみじの錦きぬ人ぞなき」と即興の和歌を披露した。公任は「わたしは漢詩の船に乗ればよかった」といい、三船のどれでも自信があったという話は『大鏡』にあり有名。「三船の誉れ」のことわざにもなっている。

嵐山三船祭〈嵐山〉

●23日…………でんでんぐうたいさい

電電宮大祭

●法輪寺／西京区嵐山虚空蔵山町 MAP 15・B1

十三参りや針供養で知られる虚空蔵山法輪寺には表門の左手にささやかな電電宮と右手には発明王エジソンとドイツの物理学者ヘルツの胸像を刻む電電塔がある。電信電波関係業者が創始した新しいお宮で、関係者が業界発展と無事故を祈願する。

電電宮大祭〈法輪寺〉

●第3土曜日・日曜日…………かんだいじんてんまんぐうれいさい

菅大臣天満宮例祭

●菅大臣神社／下京区仏光寺通新町西入る MAP 5・B1

菅大臣天満宮例祭

菅大臣天満宮例祭〈菅大臣天満宮〉

同社は学問の神様である菅原道真の邸宅のあったところで、白梅殿と呼ばれ道真生誕地とされる。宵宮は観音供養、聖護院門跡の山伏による護摩がある。日曜日は子供神輿の巡行や献茶、狂言など芸能奉納がある。この社のすぐ北に北菅大臣神社があり、道真の父是善を祀り紅梅殿と呼ばれる。道真が太宰府に左遷された時に有名な「こち吹かば…」の和歌は、紅梅殿で歌われたと伝えられている。

●21日……………しんらんしょうにんごうたんえ

親鸞聖人降誕会

●西本願寺／下京区堀川通花屋町下る　MAP 5・B2

浄土真宗の開祖親鸞聖人の誕生を祝う盛儀で、門主が親修、宗門校による仏教讃歌、音楽法要などがある。親鸞は承安3（1173）年4月、皇太后宮大日野有範の長子として生まれ、幼くして両親を失い9歳で東山粟田口の青蓮院で得度、20年間比叡山で学び、山を下りて法然上人に出会い、他力念仏に専念した。

親鸞聖人降誕会〈西本願寺〉

業平忌〈十輪寺〉

●28日

業平忌

●十輪寺／西京区大原野小塩町　MAP15・A3

十輪寺は文徳天皇の染殿皇后安産祈願のため比叡山の恵亮が開いたと伝え花山院家の菩提寺。ここに平安初期の歌人で六歌仙のひとり在原業平が閑居したという。本堂背後の丘に業平供養の宝篋印塔が立ち、彼が難波から海水を汲んで塩を焼いたといわれる塩竈の跡や塩汲み池が残り、地名も同寺の山号も小塩山。忌日にあたる28日には鳳輦造りといわれる本堂で住職が三味線に合わせて声明を唱え、仏前には業平の『伊勢物語』にちなむかきつばたの花が供えられる。

●26日　よりまさき

頼政忌

●平等院／宇治市宇治蓮華　MAP17・A2

治承4（1180）年5月26日、76歳の生涯を閉じた源頼政の命日にあたり、法要が行なわれる。『平家物語』の鵺退治で有名な頼政は、歌の道にも精通した文武両道の武将。平等院の扇の芝は、以仁王の平清盛の打倒に応じた頼政が、平家との戦いに破れ、軍扇を前に自害したところである。また、境内の塔頭最勝院には墓がある。午前10時、しめやかに読経が流れるなか、頼政の遺徳を偲ぶ。

●　びそうかる

靡草死る

七十二候の23番目。新暦の5月26日～30日頃。靡草とは、なずななど、枝葉の細い草のこと。死るとは、草木が枯れるという意味。田畑に生える草などが、初夏の強い日差しにあたり枯れる時節。

●　しょうしょいたる

小暑至る

七十二候の24番目。新暦の5月31日～6月5日頃。夏に向けて、暑さが厳しさを増してくる時節。

●30日　おせんぼうこう

御懺法講

●三千院／左京区大原来迎院町　MAP7・B2

三千院の最も重要な儀式。宮中で行なわれた儀式では三千院門跡の梶井宮が導師を務めたこともある。さまざまな罪を懺悔する悔過の行。三千院宸殿は宮中の紫宸殿を模して大正15年に造営された。かつては非公開の儀式だったが、現在は当日も拝観可能で厳粛な儀式にふれることができる。

御懺法講〈三千院〉

●最終日曜日　おんだまつり

御田祭

●八坂神社／船井郡丹波町下山　MAP21・B2

昭和40年頃、当地の八坂神社が京都市東山区祇園の八坂神社の分社であることが判明し、これを機に両社の交流が始まった。祇園の八坂神社が

京都のことわざ

大徳寺の茶面

「大徳寺の茶面、建仁寺の学問面、東福寺の伽藍面、妙心寺の算盤面」面は、「づら」。現在でも学者づらなどという。風貌、印象でその人の側面をいい当てる。大徳寺は茶道の大成者・千利休ゆかりの寺。墓所は大徳寺山内の聚光院。建仁寺は栄西禅師開山の教禅兼修の道場とし学僧が輩出した。東福寺は創建当初から奈良東大寺の「東」と興福寺の「福」を取って東福寺と名付けた巨大伽藍だ。妙心寺の算盤面は、同寺の金銭に厳格で始末したことを庶民が呼びならわした。

京都のことわざ

五月女に盆坊主

田植え時の5月は早乙女の引く手あまた、お盆の僧侶は檀家回りで大変だ。逆に「五月坊主にハエたかる」は農繁期には僧侶がヒマになることのたとえ。

山林を購入して田畑に復元し、ここを神饌田として御田も行なわれるようになった。御田は8人の早乙女が注連縄の張られた水田を雅楽の調べにあわせて苗を植えていくもので、その後、青年会による獅子舞や保存会による八坂太鼓も行なわれる。

御田祭〈八坂神社〉

●最終日曜日……まいづるたなべじょうまつり

まいづる田辺城まつり

●舞鶴公園／舞鶴市南田辺　MAP 23・A2

舞鶴公園は明治維新まであった田辺城の本丸・二ノ丸跡であり、舞鶴の地名は田辺城の別名舞鶴城に由来するものである。田辺城は細川幽斎（藤孝）・忠興親子が築き、その後、京極氏・牧野氏の居館となり明治維新を迎えた。田辺城まつりは平成4年に城門（田辺城資料館）が完成したのを機に開催された城下町であった田辺にスポットをあてた祭り。武者行列や太鼓・芸屋台などの芸能の他、特産品の販売など多くの催しが繰り広げられる。

〔連絡先〕舞鶴市商工観光課
TEL0773（66）1024

●……くすのき

楠（樟）

クスノキ科の常緑高木で、高さは20～35m。50mの大木になることもある。関東以南でみられる常緑高木。街路や公園、神社などにもよく植えられている。木全体に佳香があり、虫よけの樟脳や漢方薬を作るのに用いられるので、「薬の木」からこの名がついた。葉の3本の葉脈が特徴。

京都のくらし

小屋根の鍾馗さん

京都の古い町筋を歩くと、町家の小屋根の上にすっくと立った瓦人形の鍾馗に出会う。髭面に破帽をかぶり、身にまとった藍袍を風になびかせ、小さいながら勇ましいいでたち。その姿は正面を睨みつけた像や剣を振り上げた像などさまざまである。

鍾馗は、病に臥した唐の玄宗皇帝の夢に登場する伝説の武将で、魔除けである。

京都の町中では、かなり古い習俗で、江戸末期の『街談文々集要』にこんな記述がある。文化2（1805）年、三条のほとりに大きな鬼瓦を屋根に挙げた薬屋が建った。これを見た向かい家の女房が突然、寝込んでしまった。駆けつけた医者の診たてによると、原因は、鬼瓦。早速、深草の瓦屋で鍾馗の人形を作り、鬼瓦をにらむ姿で庇に取りつけた。『街談文々集要』は「病気、全快せしは妙なり」と結んでいる。

端午の節句

乱好む太刀にはあらずと飾りけり　阿波野青畝

鯉幟

粽

端午の節句は、もともと武を尚ぶ男の子の行事。

もとは武運長久を祈った武家の行事で、公武年中行事五節句の一つに数えられている。菖蒲を軒に刺し、男の子のいる家では幟をたて、菖蒲刀や武者人形などを飾る。菖蒲は尚武（武を尚ぶ）とかけて武家の社会で菖蒲飾りが定着したものが民間にも広がったものである。鯉幟は出世魚の鯉の縁起にあやかり、民間に広がったものである。

出格子や外に向かいし武者人形

菖蒲刺し

六月

水無月　みなづき

水無月の雨に濡れ燻銀に光る町

六月を水無月と呼ぶのは、
五月に早苗を植えて
「農のことども皆つきたるゆゑ」であるからとか、
「この月、まことに暑くして、
ことに水泉涸れ尽きたるゆゑ」だとか、
さまざまに伝えられています。
しかし、新暦の六月は梅雨どき。
一年で最も降雨量の多い月となり、
家々の甍（いらか）は燻銀（いぶしぎん）に光って侘（わ）びた風情。
町は古都の風格を漂わせます。
平安神宮の薪能（たきぎのう）は、
六月初めの黄昏（たそがれ）どき、篝火（かがりび）を焚（た）き、
観世（かんぜ）、金剛、大蔵の各流派による
能狂言の競演が行なわれ、
人々を幽玄とおかしみの世界にいざないます。
晦日（みそか）には方々の神社で「水無月祓（みなづきばらえ）」が行なわれ、
善男善女は茅（ち）の輪を潜（くぐ）り
人形（ひとがた）を流してこの半年の厄や穢れを祓い清め、
あと半年の無事を祈るのです。

京都薪能〈平安神宮〉

●1日〜2日……きょうとたきぎのう

京都薪能

●平安神宮／左京区岡崎西天王町　MAP8・A3

奈良の興福寺御能にならって、昭和25年から京都市と京都能楽協会の共催で行なわれる野外演能。興福寺御能は、「薪の猿楽」とも呼ばれて室町初期から毎年2月の修二会に奉納され、能楽師の登竜門とされた。京都薪能は戦後、全国に先駆けて復興され薪能ブームの端緒となった。平安神宮拝殿前の龍尾壇下に能舞台を設置し、四隅に青竹を立てて、注連縄を廻らす。日がすっかり落ちるや拝殿中央の大篝火から白装束の神人による火入れ式で舞台に火が移される。出演は、京都観世流と金剛流、狂言の大蔵流が集い、演能を競う。

●1日……かみなりよけたいさい

雷除大祭（火之御子社例祭）

●北野天満宮／上京区今出川通御前上る　MAP3・A1

北野天満宮の摂社火之御子社の例祭。火之御子社は、中門（三光門）前にあり、延喜4（904）年には御祭が斎行されたと伝える。祭神は、火雷神で、例祭は一年の豊作と雷による被害のないことを祈る。当日は午前4時、宮司をはじめ全神職が奉仕して火打石で浄火を鑽って、「雷除札」に雷除けと火難除けを祈祷し、午前5時よりこの日に限り参詣者に御符を授与する。

雷除大祭〈北野天満宮〉

●……こうい・ひとえ

更衣・単

宮中では、衣替えが行なわれ、この期間の着物は単衣ものの着物にあらためられる。部屋のしつらえも網代・籐莚・油団を敷いたり、障子や襖から簾戸など夏用のものに取り替えられ、火鉢も仕舞われる。

著莪

しゃが

胡蝶花とも書く。アヤメ科の常緑多年草。葉は剣状で光沢がある。高さ30～60㎝位で、山地の斜面などに群生する。花はアヤメに似ているが、小形・白色で紫色の斑紋があり、中心部は黄色。地下茎でふえる。

皐月

さつき

五月躑躅の略で、ツツジ科の常緑低木。旧暦の5月に咲くので五月という。5月末から7月にかけて、漏斗形の花をつける。色は紅紫色が多いが、古くから観賞用として愛されてきたので、白色、絞り咲きなどさまざまな品種がある。寺社の庭などでは、饅頭型に刈り込まれたものがよく見られる。

笹百合

ささゆり

ユリ科の多年草。高さは70㎝くらいで、中部以西の山地に多く自生している。初夏になると、茎頂に淡紅色の大きな花を咲かせる。内面に斑点がなく、おしべの葯は褐色で香りは強い。高原や山野にひっそりとたたずみ、笹に似た葉をゆらしている姿は清らかで美しい。

代田

●1日　しろた

田植えの準備が調った田のこと。実際に田に苗を植える前、苗の発育をよくするために田に水を張り、鍬や馬鍬を使って田の面を平らに調える「代掻き」作業を行なうが、この作業後から田植えをするまでの間、池のように水が満たされた状態の田。夏の季語。最近の代掻き作業は牛馬ではなく、トラクターが使われる。田植え前の乾燥した田は「更田」、田植えを済ませた田を「植田」と呼ぶ。

代田

田植え

田植え

たうえ

苗代で育てた稲の苗を水田に移し植えること。実際の田植えの前に豊かな稲の稔りを願い、早乙女による模擬的な田植えを演じ、田植え歌や笛や太鼓で曲打ちし、神の霊を田にこめる「田遊び」が古来より伝わる。京都の伏見稲荷大社で6月10日に営まれる「御田植祭」も田遊びの1つ。平安時代の装束汗衫を着けた神楽女が御田舞を舞い、茜たすきに菅の笠の早乙女が神田で早苗を植えていく。田遊びは田楽の母体となった芸能である。

お田植祭

●吉日　おたうえさい

●石清水八幡宮／八幡市八幡高坊　MAP⑯・A2

同宮の斎田で五穀豊穣を祈願するとともに、神前に供える糯米を植えつける行事。斎田に神籬を設け、神事の後、烏帽子白丁姿の田植人、白衣緋袴の早乙女によって田植えが行なわれる。

お田植祭〈石清水八幡宮〉

田植祭

●10日　たうえまつり

●伏見稲荷大社／伏見区深草藪之内町　MAP⑫・B1

日々、神前に供饌するご糧米を収穫する田に苗を植える神事。本殿祭の後、4月12日の水口播種祭で苗代に蒔かれ育った早苗を豊作祈願をしながら神田に植える神事。汗衫姿の神楽巫女が田舞を舞うなか、神田では茜たすきに菅笠の三島初穂講の植女

田植祭〈伏見稲荷大社〉

達約30人が手際よく早苗を植えつけていく。新緑に植女達の衣裳が映える。

●早乙女（さおとめ）

早乙女

植女とも呼ばれる御田植えをする若い女性で、多数で手を揃えて植え下がっていく挿秧をする女性。神事以外は年齢にかかわりなく、高齢者でも早乙女という。白手拭いに菅笠を被り、手甲、脚絆、紺絣の野良着に茜色の帯とたすき姿は、近年では御田祭などの神事以外は見られない。かつては出稼ぎ早乙女もあった。

●1日〜7日…冠島老人嶋大祭（かんむりじまおいとしまたいさい）

●老人嶋神社／舞鶴市冠島　MAP23・B1

若狭湾に浮かぶオオミズナギドリの繁殖地として知られる冠島は、若狭湾沿岸各地の漁師たちの信仰の島である。冠島のことを漁師たちはオシマサンと親しみを込めて呼び、冠島参詣を「オシマサン参り」または「シマ参り」と呼ぶ。冠島には老人嶋神社、船玉神社、瀬ノ宮神社の三つの神社があり、6月上旬を中心に船に大漁旗をなびかせ、老人嶋大明神と書かれた幟や2匹の鯛を結んだカケノイオなど思い思いの供え物を持って参拝する。老人嶋神社をはじめとする神々に、漁師たちは海上安全と大漁を祈願する。また養蚕が盛んであった頃は、由良川流域の農家が繭の豊作を祈願して参った。

冠島老人嶋大祭〈老人嶋神社〉

冠島老人嶋大祭〈老人嶋神社〉

●雄島づけ（おしまづけ）

冠島にまつわる話に「雄島づけ」がある。その昔、冠島の所有権を争って、伊根の漁師と野原・小橋・三浜の三村の漁師が雄島を目指して舟競争をした。伊根の漁師は舟をまわしてトモ（船尾）から接岸した。三村の漁師はそのままオモテ（船首）から突っ込んだため、舟を回した分だけ遅くなった伊根の漁師が負けた。それ以来、オモテから舟を付けることを「雄島づけ」と呼ぶようになったと伝える。いずれにしても漁船も動力化し、漁具・漁法も向上し、技術革新が進んだ今日であっても、オシマサンに対する漁師の信仰はかわることはない。

●郭公（かっこう）

カッコウ科の鳥で全長23㎝の夏鳥。里や山の林や田畑にすんでいる。カッコウの呼び名は「カッコウ、カッコウ」という鳴声に由来。ホオジロ、モズ、オオヨシキリなどの巣に卵を産んで、自分の子どもを他の鳥に育てさせる。

●2日……のぶながこうき

信長公忌

●聖隣寺／亀岡市東竪町　MAP⑲・B3

天正11（1583）年織田信長の第四子で秀吉の養子となった羽柴秀勝が亀山（現在の亀岡）に入り、前年本能寺の変で亡くなった父の菩提を弔うため聖隣寺に墓を建立した。信長の命日であるこの日に法要が行なわれている。

●2日……こうりん・けんざんき

光琳・乾山忌

●泉妙院／上京区寺之内通新町西入る　MAP③・B1

琳派の祖・尾形光琳と京焼色絵の祖・尾形乾山兄弟の供養会。京の呉服商雁金屋尾形宗謙の二男三男に生まれ、兄の光琳ははじめ絵を狩野派の山本紫軒に学び、のち俵屋宗達に私淑し、その影響で装飾的な画風を確立した。代表作に「燕子花図屏風」「紅梅梅図屏風」「八橋図硯箱」（いずれも国宝）など。弟の乾山は、本阿弥光悦を慕い、空中斎光甫から焼物の手ほどきを受け、御室に住んで野々村仁清に陶法を学んだ。鳴滝に窯を開いて、光琳の絵付で合作による清新な色絵の傑作がある。晩年は江戸に住み、『陶工必用』『陶磁製方』を著した。光琳は、享保元（1716）年4月6日、乾山は寛保3（1743）年6月2日に没した。

●4日……はくよう

歯供養

●ぬりこべ地蔵／伏見区深草大門町　MAP⑫・B1

歯痛封じで知られるぬりこべ地蔵尊の堂前でいとなむ歯の供養。6月4日は虫歯予防デーにあたり、これにちなむ。ぬりこべ地蔵尊は、もと直違橋11丁目の摂社の境外墓地にあり、塗りこべの堂内に安置されていたのでこの名がある。治癒すれば、お礼参りに塗りこべの箸を奉納する。

歯供養〈ぬりこべ地蔵〉

摩気神社の御田〈摩気神社〉

●5日に近い日曜日…まけじんじゃのおんだ

摩気神社の御田

●摩気神社／船井郡園部町竹井　MAP⑲・A2

絣の着物に赤い帯をしめた15人ほどの早乙女たちが、太鼓と歌い手2人の回りを囲み、田植え歌にあわせて踊る。宮主は神殿階段を苗代に見立てて、鳴子で代作りの所作を行なう。そして踊子の早乙女2人が昇殿し、宮司よりお供えの粽を受けて上の階段より順次下へ粽を早苗に見立てて田植えの所作を行なう。現在の田植え歌と踊は昭和9年に作られたものだが、代作りは古い形態をとどめている。

●5日……のがみのしんじ

野神の神事

●野神／久世郡久御山町佐古　MAP⑯・B2

佐古の若宮八幡宮の西に古い石塔を集めて祀られた野神がある。この神事は、疫病退散と五穀豊穣を祈願して行なわれる。5日の午前零時、宮司を先頭に、宮総代たちが供物を捧げて社参する。この供物は、宮総代たちが前日に作る真孤で巻いた直径10㎝、長さ70㎝ほどの粽や淡竹の竹の子、へくそづる、塩、米、味噌、干かますで、桑の箸を添える。この暗闇の神事は30分ほどで終わるが、この間の柏手は無音で、祝詞の奏上も無音で行なわれる。後、参列者は粽を持って帰り、夜明けまでに、佐古地区の全戸の入り口に置くが、この時も無言のままに行なわれる。

野神の神事〈久御山町野神〉

●上旬〜9月下旬……………たかおのうりょうかわどこ

高雄納涼川床

●高雄／右京区梅ケ畑高雄町　MAP13・B2

紅葉の名所高雄は京都市内に比べて気温が3〜5度低く、清滝川の上流の渓谷沿いには、料理屋や旅館が立ち並ぶ。町の喧騒を離れ、清滝川のせせらぎや河鹿の鳴き声に耳を澄まし、深い緑のもみじを愛でながら賞味する京料理に舌鼓を打つ観光客は多い。6月中旬から7月初旬の夕暮れにはホタルが飛び交い、高雄ならではの風情が満喫できる。床の期間は店によって違うので確認を。

〔連絡先〕高尾保勝会　TEL075（871）1005

●5日……………ようさいき

栄西忌

●建仁寺／東山区大和大路通四条下る　MAP9・A1

わが国禅宗の始祖で、臨済宗建仁派総本山建仁寺の開山である栄西禅師の遠忌法要。栄西は2度にわたって入宋して禅を学んだほか、茶の種を持ち帰って栽培、喫茶の風習を広めた茶祖といわれる。『喫茶養生記』などの著書がある。この日は本堂での法要とともに、裏千家家元による献茶式がある。

栄西忌〈建仁寺〉

●第1土曜日……………さなぶりぎょうじよいみや

さなぶり行事宵宮

●宮津市大島

田植えが終わると村が一斉に休みとなる。大島ではサナブリという。その前夜、トモブトと呼ぶ木造小型和船4隻を組み合わせて、その上に竹を山形に組み上げ提灯をつけて、笛や太鼓を鳴らしながら沖合をゆらゆらと回るサナブリ行事が行なわれる。そして翌日には船を仕立てて冠島へ参る「オシマ参り」が行なわれる。

●5日〜6日……………あがたまつり

県祭

●県神社／宇治市宇治蓮華　MAP17・A2

県神社の例祭。夜中に行なわれることから暗闇祭ともいう。県神社での朝御饌、夕御饌の後、午前1時、奉書約1600枚を束ね、長さ2・5mほどの青竹の先に挟み込んで球状にした梵天渡御が宇治神社の御旅所から宇治橋、県通りを練り歩き、県神社へと進む。その際、宇治橋西詰で行なう「ぶん回し」という梵天回しが呼びものである。県神社では神移し神事が行なわれる時、町中の明

京都のことわざ　夜、爪を切ると

夜、爪を切ると夜道が怖い

「日本の俗信・京都府」にある。こうしたいい伝えは全国にあり、「親の死に目にあえない」「病気する」「早死にする」などさまざま。夜の禁忌はほとんど迷信に近く「夜、口笛吹くな」もある。

京都のことわざ　賀茂川の水と山法師

「賀茂川の水　双六の賽山法師」

白河天皇の力をもってしてもどうにもならなかったのは賀茂川（鴨川）の氾濫、サイコロの目と博打の流行、そして比叡山延暦寺の悪僧（僧兵）。これを天下三如意と言う。

京都のことわざ　江戸店持ちの京商人

江戸時代に京都に本拠を置いて江戸に販売店を持った商人を「江戸店持ちの京商人」と呼んだ。その代表が京呉服の江戸店だ。「江戸は京でもつ」の言葉さえ生まれた。三井家の越後屋（現三越百貨店）はその代表格。

県祭〈県神社〉

かりが消され、暗闇の中、本町通を宇治神社の御旅所へと戻る。御旅所では、梵天の奉書は魔除けになるといわれ、人々が奪い合う。この祭は昔から宇治へ河内から出稼ぎに来ていた氏子衆によって行なわれ、今もその子孫が行っている。

●鮎かけ　あゆかけ

鮎の掛釣のひとつ。錨のような形の鮎掛鉤をつけた糸に、おとりの生きた鮎をつないで水中に放し、他の鮎を誘いよせる。なわばり意識の強い鮎の性質を利用したもので、友釣りともいう。五月下旬から六月上旬の解禁日を迎えると、桂川や鴨川に太公望の釣竿がならぶ。

●蟷螂生ず　とうろうしょうず

七十二候の25番目。新暦の6月6日～10日頃。蟷螂とはカマキリのこと。カマキリが生まれる時節。

●芒種　ぼうしゅ

二十四節気の9番目。新暦の6月5日、6日頃。芒のある植物（イネ科植物の花の外殻にある針のような突起がある植物）の種をまくという意味。農家では田植えの時期である。

●山女　ヤマメ

サケ科の魚で全長20～30㎝。イワナよりも下の渓流にいる。薄ピンクの体に濃紺のまだら模様が特徴。美味。

●蛙　かえる

日本には多種のカエルが生息しているが、中でもみじかな存在はアマガエル。平地や低産地の林、草原、生垣などの低木や草の上で生活している小形のカエルで、まわりの環境に合わせて体の色が変化する。雨が降る前には、鳴嚢を大きく膨らませて「クワッ、クワッ、クワッ、クワッ」と声だかに鳴いて知らせてくれる。

信長祭　のぶながまつり

●第1土曜・日曜日

●本能寺／中京区寺町通御池下る　MAP④・C1

戦国武将織田信長を偲ぶ法要。信長は天正10（1582）年6月2日、蛸薬師通西洞院にあった本能寺に宿泊中、明智光秀の謀反にあって自刃した。その命日にちなんで法要が行なわれ、武者行列、女人行列が寺町通を下り、四条から河原町通を通り御池通までを練る。寺内では寺宝の

信長祭〈本能寺〉

京都のことわざ　京はお口のべっぴん

京言葉の上品さ、奥ゆかしさをほめると同時に口はべっぴん（美人）でも「実がない。裏がある」の意味を込める。江戸初期の『人国記』は「女の姿、音声の尋常なること並ぶ国なし」と絶賛する。

京都のことわざ　譬えにうそ無し、坊主に毛無し

「蒔かぬ種は生えぬ」など物事を譬え話にすると分かりやすく、真理をついている。坊主に毛なしはごろ合わせ。ただし浄土真宗の僧侶は有髪が多い。

京都のことわざ　綸言汗のごとし

天皇や君主の言葉である綸言は一度出た汗が再び戻らないように取り消すことができない。中国の『漢書』に由来。「天子には戯れの詞なし」（『平家物語』）とも。

一般公開、境内には露店が並ぶ。北区紫野大徳寺町にある信長の菩提所の総見院、信長父子や本能寺の変で亡くなった森蘭丸ら諸臣120人の墓のある上京区寺町通今出川上るの阿弥陀寺でも行なわれる。

●第1日曜日……ぎおんほうじょうえ

祇園放生会

●巽橋／東山区祇園新橋辰巳稲荷前　MAP 9・A1

赤山禅院住職叡南覚照大阿闍梨によって昭和59年にはじめられた放生会。覚照師のもとに集まった学生で組織した「関西学生クリエート」のメンバーが社会参加の一環として毎年行なっている。大阿闍梨を先達に学生が列をなして、町中を切り廻りの修行をし、途中、祇園新橋の辰巳稲荷に立ちよって法要のあと、巽橋の上から地元住民や芸妓が日ごろの殺生を悔いて錦鯉の稚魚およそ2千匹を白川に帰す。

祇園放生会〈巽橋〉

大幣神事〈県神社〉

●8日……たいへいしんじ

大幣神事

●県神社／宇治市宇治蓮華　MAP 17・A2

平安時代、藤原頼通が疫病の退散を祈願したことに始まると伝えられる。県神社で神事を行なった後、猿田彦面を先頭に大きな御幣の上に竹と松の枝、さらにその上に傘を3つつけた大幣を持って練り歩く。その後に

【床開き】

鴨川の西岸、二条から五条までの料理旅館や割烹店などでは毎年、5月から鴨川西側の支流「みそそぎ川」の上に木組みの高床を設けて床を開きます。洛北貴船では5月から9月の間、貴船川の真上に床几を張りめぐらし、水の上、緑陰の下で夏料理を供し、洛西高雄では、花見から紅葉の季節までの4月から11月まで、清滝川に床が設けられます。

洛中の夏風情として馴染み深い鴨川の床の歴史は古く、慶長年間にさかのぼるといわれています。洒脱の町衆が五条河原に床几を持ち出し、夏の宴を催したのが始まりとか。その風流に想を得た川岸の茶店が河原や中洲に床几をしつらえ、夏の商いをしたということです。この床が、祇園会の神事とも関連し、ただ夏の遊戯としてではなく「夏越の祓を為さしめんとする神慮なるべし」などと解釈され、京の年中行事に組み入れられていくのは綱吉の生きた江戸時代。以来、川の改修とともにその姿を変えながらも今につながれている京の夏の風物詩です。

鴨川の床

は、馬と神職、お供などが続く。県通りを北上、宇治橋から商店街に折れ、御旅所から一の坂を通り神社に戻った後、再び県通りを宇治橋まで向かうが、その際、一の坂を7往復半勢いよく馬を走らせる「馬馳せの儀」が行なわれる。それに続いて、大幣を引きずって宇治川へ投げ込んで、疫病とともに流す。

螢
ほたる

ホタル科の昆虫は40種ほどいるが、代表的なのはゲンジボタルとヘイケボタル。ゲンジボタルは体長1・5cmで、幼虫の時は水のきれいな川にすみ、カワニナ以外はほとんど食べない。ヘイケボタルはゲンジボタルよりも小さくて、体長約0・9cm。光もゲンジボタルより弱い。幼虫は沼や田にすみ、巻貝なら何でも食べる。梅雨の頃には、清滝や加茂川の上流で、ゲンジボタルの乱舞を見ることができる。近年、農薬や生活廃水の流入、河川の改修工事などで水質が汚染され、螢の数が激減したが、最近では少しずつ回復してきている。

螢

螢狩り
ほたるがり

初夏の風物詩。螢は火垂る、星垂るとも書かれ、古く万葉集の時代から胸の思いを焦がす象徴として詠みこまれている。螢狩りは平安時代の貴族より始まり、江戸時代で一般化した。山城の宇治、近江の石山、江戸の王子や隅田川が螢の名所とされた。戦国時代には多数の螢が飛ぶ様を「螢合戦」と捉え、源氏螢、平家螢の名もこの頃生まれた。

杜鵑
ほととぎす

カッコウ科の鳥でカッコウより少し小形の全長28cmの夏鳥。冬には南の地方へ渡って行く。自分では巣を作らず、鶯の巣などに卵を産んで、ひな鳥を育てさせるという習性がある。時鳥、不如帰、子規、沓手鳥とも書く。中国ではその鳴き声を不吉とし、わが国でも平安時代にはその声を厠で聞くことを忌み、聞いてしまえば災いを避けるために後で衣裳を替えるという風俗があったという。しかし『枕草子』や『十六夜日記』にはその初音を聞くことを楽しんだことが見られ、和歌などにも詠まれている。「キョッキョ、キョッキョ」という鳴き声は、「特許許可局」や「テッペンカケタカ・ホッチョンカケタカ」と聞こえ、夜昼ともに鳴く。腹部分の斑点が似ていることから同名の草花がある。ユリ科の多年草で杜鵑草と書き、こちらは秋の季語となる。

杜鵑

蓴菜
じゅんさい

スイレン科の多年生水草で、古名は沼縄、葉の形が馬のひづめに似ていることから馬蹄草とも呼ばれる。各地の池沼に自生し、中部以北に多い。地下茎は泥中を伸び、節ごとに根をおろす。夏には、水面に紫紅色の小さな花をつける。茎と葉の背面から寒天のような粘液を分泌し、若芽や若葉はすまし汁などの食材として珍重される。6月から7月にかけて、角形の船で行なうジュンサイ採りは、京の夏の風物詩として親しまれてきた。しかし、ジュンサイは水が豊かで清らかな池沼に自生する性質をもっているため、山野の開発が進むにつれて、姿を消しつつある。天然記念物にも指定されている京都上賀茂の深泥池は、1万年以上も前からあったことが分かっている。珍しい水性生物の宝庫である深泥池はかつてジュンサイの産地であったが、近年の水質の変化の影響もあって減少傾向にある。

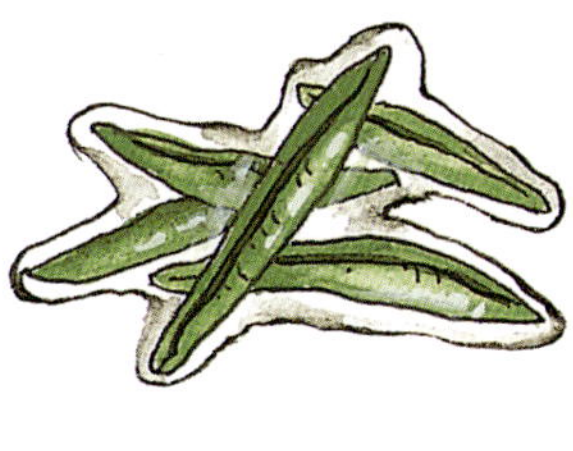
蓴菜

じゅんさいな
じゅんさいな

滑りのある膜で覆われ、箸でつまみ

にくく、歯にも噛みにくい上、味わう間もなく喉へ流れこむ。この特性から生まれたのが「じゅんさいな」という京言葉。捉えどころがないとか、調子がよいといった意味で使われる。

●8日……じゅうれん・あんらくぼうくよう

住蓮・安楽房供養

●安楽寺／左京区鹿ケ谷御所ノ段町　MAP 8・B3

開山の住蓮の供養会。安楽寺は、法然上人の弟子の住蓮房、安楽房（遵西）を開山とする念仏道場。正しくは、開山の名をとって住蓮山安楽寺と称する。鎌倉初期、後鳥羽院の寵愛を受けた松虫、鈴虫が住蓮、安楽のもとで出家。院の怒りをかって承元元（１２０７）年２月、住蓮・安楽の２人は死罪。さらに師の法然は流罪となり、道場は荒廃する。延宝９（１６９２）年に再興され、境内に両僧と松虫・鈴虫の供養塔がある。

●7日〜9日……さんぽういんもんぜきおおみねさんはなくにゅうほうしゅぎょう

三宝院門跡大峰山花供入峰修行

●三宝院／伏見区醍醐東大路町　MAP 11・C1

醍醐寺の塔頭・三宝院で行なわれる大峰山への入峰修行。醍醐寺は理源大師聖宝が吉野山、金峰山、大峰山に修験し、修験道当山派を創始したのを開創とする。これにちなみ一山の修行僧、信者が鈴懸に頭巾という昔ながらの山伏装束で大峰山などを3日にわたって巡る。初日の7日、三宝院を発ち大峰山麓洞川の龍泉寺まで錬行し、8日は大峰山の行場から小笹道場に至り護摩供を行なう。最終日の9日は吉野の大日寺・蔵王堂を参拝して三宝院に帰院、護摩を焚いて勤行を終える。

●8日……うじまつり

宇治祭（還幸祭）

●宇治神社／宇治市宇治山田　MAP 17・A2

神幸祭から1カ月間、御旅所で安置されていた神輿が還幸する。正午に神輿は御旅所を出発し、氏子地域を巡行しながら、夕方宇治神社に戻る。昔は、この還幸に先立ち、大幣神事が行なわれ、還幸祭の中の神事であったが、今は県神社の神事になっている。また、神輿の担ぎ手は、氏子9地域から毎年1地域ずつが担ぐため、9年に1度しか担ぐことはない。

●……つゆいり

梅雨入り

立春から数えて１２７日目を入梅といい、暦の上で梅雨入りをさす。新暦の6月12日前後。梅雨は、梅雨入りを入梅、梅雨明けを出梅といい、いずれも梅の実が黄熟する時期という季節感が込められている。また、湿気によって黴が生じる時節なので、「黴雨」とも表現する。

梅雨入りは古くは「ついり」と発音した夏の季語。実際の入梅は年によって違うが、例年、6月初旬から中旬頃。南海の黒潮の上に発生した梅雨前線が本州に移動して梅雨入りとなる。入梅前の梅雨模様の雨は「走り梅雨」と呼ぶ。

●……つゆざむ

梅雨寒む

梅雨の時期に冷えることを梅雨寒むという。梅雨前線の南側には湿った暖かい高気圧があり、北側には乾いた冷たい高気圧がある。梅雨前線が南に位置し、冷たい高気圧におおわれると、日中もひんやりと気温が低く、とくに朝晩は季節が逆戻りしたように感じることがある。これを梅雨寒むともいう。

●……かたつむり

蝸牛

蝸牛の仲間は雌雄同体。市街地でよく見られるのは、ミスジマイマイとウスカワマイマイ。ミスジマイマイは、関東に多く、殻に3本の線があるのでこの名前がついている。関西では、ナミマイマイが多い。ウスカワマイマイは田畑や庭で見られる、殻の薄い小さなもの。蝸牛は都会の公園でも、木が多く湿った場所を探すと、簡単に見つかる。雨上がりに見かける蝸牛の姿は、梅雨時の風物詩。

●……もずはじめてなく

鵙始めて鳴く

七十二候の26番目。新暦の6月11日〜15日頃。鵙は、百舌鳥のこと。百舌鳥が人里で鋭く鳴くのは秋であるが、鳴き始める時節をさす。

●……むぎてもち

麦手餅

桂離宮の側にある「中村軒」の麦手餅は有名。2つ折りにした餅の中には、たっぷりと粒餡が入り、ハッタイ粉が振られている。ひとつ食べると、この菓子が農作業の合間に食べ

六月の俳句

ほとゝぎす大竹藪をもる月夜　松尾芭蕉

花あぢさゐそつと水切る蛇の目傘　吉川多佳美

蛍の火生命線をくすぐれり　高木智

犬どもが蛍まみれに寝まりけり　小林一茶

青芒下駄を啞へし犬走る　田中千茜

竹伐や錦につゝむ山刀　鈴鹿野風呂

竹伐会竹のあをさを引きだしぬ　宇都宮滴水

昼もなほくらき鞍馬の岩清水　森茉明

白川に藻の流る日を蜻蛉生る　藤井冨由木

魔王駆く夜天百千の火蛾の舞　豊田都峰

夕蛍末はひとつの律呂川　丸山海道

六月や峯に雲置くあらし山　松尾芭蕉

慈悲心鳥山中にある塔礎石　植田左和

寺田屋の井桁の手摺軒簾　荻野正明

駅前に始まる古道花樗　茂里正治

青葉潮のぞく手にヤス一人舟　土田祈久男

時鳥回峰道の第一歩　南條美知

白川の浅き流れや夏の恋　山田秀

られていたという由来を納得させるだけの腹持ちがある。近頃は、小ぶりの餅も作られている。

●12日……やつはしき

八橋忌

●**法然院**／左京区鹿ケ谷法然院町　MAP 8・B3

箏曲の開祖八橋検校の命日を偲んで営まれる法要。八橋検校は、貞享2（1685）年6月12日に亡くなったといわれる。磐城国平の人、壮年期に江戸に出、法水に筑紫箏曲を学び、流派を創始した。三味線・胡弓の名手であった。一説に、洛東・黒谷金戒光明寺山門前の塔頭常光院を宿坊にしていたといわれ、墓が残る。法要は、八橋検校の没後、その遺徳を偲んで弟子たちによって営まれたといい、琴と三絃、舞が奉納される。

八橋忌〈法然院〉

●……やつはし

八つ橋

京土産の代表菓子のひとつ。琴の形を模した煎餅「八ッ橋」は、八橋検校にあやかって創案された。煎餅のほかに「生八つ橋」と称して中にあんこを入れた三角形のものとがある。肉桂の香りが喜ばれる。黒谷の八橋検校の墓にお参りする参拝者に向けて界隈の茶店で作られたのが始まりともいわれる。

●14日……みつひでこうき

光秀公忌

●**谷性寺**／亀岡市宮前町　MAP 19・B2

この日は明智光秀の命日に当たるため、回向法要が行なわれる。お寺の境内には光秀の家紋である桔梗が咲き乱れることから、この寺は別名桔梗寺、光秀寺とも呼ばれている。

●15日……ひゃくまんべんだいねんじゅくり

百万遍大念珠くり

●**知恩寺**／左京区今出川通東大路東入る　MAP 8・A2

大念珠を参拝者が回しながら念仏を唱える法会で、起源はインドにさかのぼる。できるだけ多く念仏を唱えるのが功徳、という専修念仏の教えである。元弘元（1331）年8月、第八世住持善阿空円が宮中で疫病退散に百万遍念仏を修めた故事による。大念珠は、桜材の数珠玉が1080個、長さ100m、重さ320kg。堂内に集まった数100人の信者が、鐘の音に合わせて大念珠を繰り、念仏を唱和する。

●……うじがわうかいびらき

宇治川鵜飼開き

●**宇治川観光通船**／宇治市宇治塔ノ島　MAP 17・A2

宇治川の夏は、鵜飼から始まる。袖を絞った黒い着物に腰蓑をつけ、風折烏帽子のいでたちの鵜匠が鵜の手綱を操る。篝火を掲げた鵜船は、宇

建具

京都ちょっと昔のくらし

建具替え

6月1日、京都の家々では住まいの建具や敷物を夏用に替える「建具替え」をします。身の厄や災いを祓う「夏越の祓」の行事の一環として、住まいもまた塵や埃をさっぱりと清め、建具も夏用の葦戸に替えます。縁先には見た目も涼やかな簾や葦簀を吊し、客を通す座敷には籐筵を敷き詰めるなどしてきっぱりと夏のしつらいに調えます。掛物や調度品だけでなく、電灯の傘を涼感のあるものに替え、電球の明度も落とすという家もあります。

治橋上流の喜撰橋から出る。宇治川の浮島の南に鵜飼瀬と呼ばれていた川瀬もあった。『蜻蛉日記』には、天禄2（972）年7月、道綱の母が初瀬詣での際、夜が更けるのも忘れて、鵜飼に見ていた、と書かれている。その他『源氏物語』など多くの古典文学にも描かれている。

宇治川鵜飼開き

●18日……さんもんせんぼう

山門懺法

●妙心寺／右京区花園妙心寺町　MAP 14・C1

妙心寺南総門北の三門楼上で営まれる行事。懺法は諸罪を懺悔する法会である。三門は、慶長4（1599）年に造営された建物で、上層は極楽世界が荘厳され、コの字型の須弥壇、中央に本尊円通大士と脇侍の善財童子・月蓋長者、左右の壇に十六羅漢の群像を安置する。

山門懺法は、日ごろは閉ざされたままの三門の楼上を開いて行なわれる。午前8時過ぎ、円通大士を迎える勧請楽にはじまり、一心に自己だけでなく衆生の過ちを懺悔する。法会のあとに赤飯がふるまわれる。

山門懺法〈妙心寺〉

●15日……あおばまつり

青葉まつり

●智積院／東山区塩小路通大和大路東入る　MAP 9・A2

真言宗智山派の総本山智積院で営まれる宗祖弘法大師（空海）と根来寺の開山興教大師（覚鑁）の誕生会法要。青葉の季節の法会とあって、この名がある。法要のほか大峰山入峰の修験者による柴灯護摩供、嵯峨御流社中の献花式がある。大書院では茶席接待や華道展が催され、長谷川等伯筆になる国宝の障壁画も一般公開される。

青葉まつり〈智積院〉

京都ちょっと昔のくらし

夏への衣替え

住まいに「建具替え」があるように、衣服もまたきっぱりと夏用に替える日が6月1日の衣替え。学校の制服なども一斉に爽やかな白色に変わり、男子は帽子も白に替わりました。着物は袷から単になり、帯も小物もすべて夏向きに替えます。単を着るのは6月と9月だけで、7月から8月はさらに涼しげな絽や紗、羅と着替えていくのです。人が季節に添って暮らすための衣服の工夫です。

夏服

●15日…………こうぼうたいしごうたんえ

弘法大師降誕会

●**東寺**／南区九条町 MAP6・B1

弘法大師空海の生誕日にちなみ、その恩徳を偲ぶ法要。空海が生まれたのは宝亀5（774）年6月15日。讃岐国多度津郡屏風ケ浦（現香川県善通寺市）で、生家は佐伯氏。15歳で国学に入学し、やがて京にのぼり大学に進学。突然、大学を去って山林修行に励み、延暦23（804）年、入唐し長安・清龍寺の恵果のもとで学び、その伝法の地位を獲得して帰国する。弘仁14（823）年、造東寺別当に任じられ、東寺を真言密教の根本道場とした。こうした空海のゆかりから降誕会は、大師堂内に花で荘厳した花御堂を設け、弘法大師の生誕を喜び、恵み深い徳に報謝する。

弘法大師降誕会〈東寺〉

●…………はんぜつこえなし

反舌声無し

七十二候の27番目。新暦の6月16日〜20日頃。ウグイスが鳴かなくなる時節。反舌とは、本来、鵙のことだが、日本ではウグイスが鳴かなくなる時期に当てはまるので、反舌をウグイスと意訳した。

●中旬…………きたののうめのみさいしゅ

北野の梅実採取

●**北野天満宮**／上京区今出川通御前上る MAP3・A1

境内には、約50種、2千本の梅の木がある。2月に梅花祭で、可愛らしい花と芳しい香りで参拝者を喜ばせてくれた木々に、たくさんの梅の実がつく。早朝から神職、巫女、氏子達が3日がかりで採取する青梅は、ていねいに水洗いされ、梅雨明けごろまで塩漬けにされた後、天日に干される。こうしてできる梅干は、毎年12月13日から、お正月の大福茶用の福梅として授与される。

北野の梅実採取〈北野天満宮〉

●16日…………かじょうがし

嘉祥菓子

室町時代より江戸時代にかけて、宮中ではこの日に厄除け招福を願い菓子を食べる儀式があった。和菓子屋では「嘉祥菓子」の伝統を今に伝えるため、今日では、この日を和菓子の日と称し、一般に受け継いでいる。

●19日…………かんあみさい

観阿弥祭

●**京都観世会館**／左京区岡崎円勝寺町 MAP8・A3

能楽観世流の始祖であり、能楽の大成者である観阿弥を供養するのが観阿弥祭である。観阿弥は元弘3（1333）年、伊賀の生まれ。名を清次、通称は三郎。伊賀で座を結成し進出したあと、足利義満に見出され、大和猿楽の向上をはかった。作能は「自然居士」「卒塔婆小町」「通小町」など。至徳元（1384）年5月19日、駿河で亡くなった。観世流では、新暦6月19日に法要を営んでいる。京都観世会は歴代の法名を記した軸を掲げ、観阿弥作の仕舞を献ずる。

●20日…………たけきりえしき

竹伐り会式

●**鞍馬寺**／左京区鞍馬本町 MAP7・A2

蓮華会ともいう。かつて行事が旧暦7月、本堂に蓮の花を飾って行なわれたのが由来。起源には諸説ある。一説に、平安期、中興の祖峰延上人が法堂で修行をしているときだった。雄雌2匹の大蛇があらわれ、上人は大威徳、毘沙門の呪文で蛇を調伏。1匹は斬って静原山に捨て、1匹は尊天御供の水を絶やさないと命乞いをしたので助け、本堂東の閼伽井護法善神として祀った。この故事により行事は、長さ4m、太さ10cmの青竹を大蛇に見立てて鞍馬奉仕（大惣仲間）が近江座と丹波座の2

竹伐り会式〈鞍馬寺〉

組に分かれて、それぞれが切断して遅速を競い合う。早く伐り終えた座の地が豊作になると伝えられる。当日は、午後2時、法螺貝を合図に素絹の法衣に帯刀、玉襷、武者草鞋を履き頭に五条袈裟を弁慶かむりにした法師が登場し、「丹波や」「近江じゃ」の掛け声とともに青竹を伐る。前行として18日に竹釣、19日夜に蛇棄ての儀式がある。途中、儀式として営まれる牛若丸の装束をした稚児による「七度半の使い」がある。

●第3日曜日 ちちのひ

父の日

5月に「母の日」があれば、やはり「父の日」もある。家族との団欒時間がなかなか取れない父親にとって、心弾む日に違いない。子供からの孝行を受けるより、自ら家族サービスを買って出て、かえって疲れる父もいることだろう。

● げし

夏至

二十四節気の10番目。新暦の6月21日、22日頃。夏のまん中とされる日。この日、北半球では太陽がもっとも高く、一年中で昼がもっとも長い日。

● しかのつのおつ

鹿の角解つ

七十二候の28番目。新暦の6月21日～26日頃。雄鹿の角が根元から落ち始める時節。雄鹿の角は、晩春から初夏にかけて落ち、夏の終わり頃になると、新しい角が立派なかたちとなる。

● あめんぼう

あめんぼう

カメムシ目のアメンボ科の昆虫。細長い棒状の体で脚は長く、先端に毛が生え、水の上に浮かんだまま滑走する。カワグモ、水馬の異名がある。飴のような匂いを発することからの名で夏の季語。「飴ん棒」と書くと棒状の飴菓子、または氷柱の意。

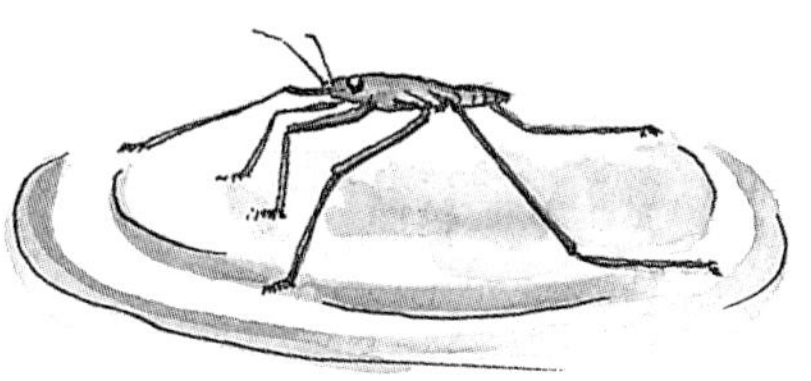

あめんぼう

●下旬 わちほたるふぁんたじー

和知ほたるファンタジー

●和知青少年山の家／船井郡和知町上粟野 MAP21・B1

山と川が織りなす四季折々の自然が魅力の和知青少年山の家は、由良川に注ぐ上和知川のさらに上流に位置し、味覚も春は山菜にアマゴ、夏はアユ、秋は栗や松茸、冬はボタン鍋と多彩に堪能できる。ほたるファンタジーは6月下旬に開催され、初夏の夜の清流にホタルが乱舞する中、宿泊客や地域の人々は、自然の素晴らしさを再認識し、神秘の世界に包まれる。

〔連絡先〕和知青少年山の家
TEL0771（84）1416

● せみはじめてなく

蜩始めて鳴く

七十二候の29番目。新暦の6月27日～7月1日頃。蜩とは、広く、セミのことをさす。セミが樹木にとまり、鳴きたてる時節。

● ふかいしすう

不快指数

不快指数とは、アメリカで考えられた体感温度のひとつで、気温、湿度による不快度を数値にあらわしたもの。体が感じる暑さは気温だけでなく、湿度や風速によっても変化する。扇風機程度の風で、不快指数は10ぐらい下がった感じがするといわれている。日本人の場合、不快指数が77になると65％の人が、85になると93％の人が暑さによる不快を感じるといわれる。

● みなつき

水無月

半透明の白い外郎の上に邪気を祓う小豆が散らばる三角形の餅菓子。三角に切り分けられたその形は、氷を模したといわれている。北区西賀茂の北部の氷室は、冬に張った氷を貯蔵する穴室のあった所で、陰暦6月1日にここから御所に氷を献上する

水無月

「氷室の節供」が行なわれた。貴重品である氷は貴族の食べ物で、庶民は氷片をかたどった菓子にして食した。この習慣は京都独自のものらしく、近年は白だけでなく、小豆、抹茶、黒砂糖など色も味もバラエティに富む水無月が出まわる。夏越の祓いの6月晦日に食べると厄払いができるといい伝えられている。

● みなづきのはらい

水無月の祓い

この日、各神社では夏越の神事が行なわれ、境内には茅の輪が取りつけられる。この輪をくぐって半年間のけがれを祓う。

● 15日頃～7月5日頃　さらのはなをめでるかい

沙羅の花を愛でる会

●東林院／右京区花園妙心寺町　MAP14・C1

梅雨の季節になると、『平家物語』に「祇園精舎の鐘の声、諸行無常の響きあり、沙羅双樹の花の色、盛者必衰の理をあらわす」とうたわれた、白い椿を思わせる沙羅双樹の花が咲き、また散れば庭一面の散華となる。この沙羅双樹は樹齢300年、高さ15mの古木である。

〔連絡先〕東林院

TEL075（463）1334

沙羅の花を愛でる会〈東林院〉

● うつぎ

空木

ユキノシタ科の落葉低木。枝を切ると髄が中空になっているので、空木と名づけられた。また、卯月に花を咲かせることから卯の花とも呼ばれる。山野や道端などでよく見かけるが、刈り込みに強いので生け垣にも使われる。5月から6月にかけて枝いっぱいに白い花をつける姿は、まばゆいくらいに美しい。材質が硬く、爪楊枝や木釘などが作られる。

● あじさい

紫陽花

ユキノシタ科。雨のなかで、水気を含んで咲くアジサイの花は清潔で美しい。花色は白から淡いブルー、青紫、ピンクと、様々に色変わりするので、別名七変化とも呼ばれる。藤森神社や三室戸寺では、アジサイの群生を楽しむことができる。

七月

文月 ふづき

相愛の二星と祇園祭に心焦がす夏

盆地、京都の夏はまるで豆を煎る焙烙(ほうらく)。
風はそよとも動かず、
油照りの熱気に身の置き所もないほどです。
しかも相愛の二星が出逢うという七夕の夜は、
星に願いをかける人の心も焦がします。
そして、京都の人々にとって七月は、
祇園祭で心も燃える月。
お朔日(ついたち)から晦日(みそか)まで、ひと月もの間、
八坂神社の祭り行事で埋められて
文字通り祇園祭一色のハレの季節です。

十七日の山鉾巡行はその山場。
京町衆の心意気をかけた三十二基の山鉾が
晴れ晴れしく巡行し、
これを観る人もまた、
その血を熱くたぎらせます。

●……はんげしょうず

半夏生ず

七十二候の30番目。新暦の7月2日～6日頃。半夏とは、カラスビシャクのことで、ちょうどこの時期に生える毒草なのでその名がついた。田植えもそろそろ終盤をむかえる時節で、農家ではこの日の天候で稲作の豊凶を占い、田の神を祀り、物忌みをする。また、野菜を食べないとか、この日まで田植えを終えておかないと凶作になるなどの迷信や風習が残っている。半夏雨はこの日に降る雨のことで、大雨になると恐れられたり、その年の吉凶を占ったりしたともいう。半夏生、半夏雨、共に夏の季語。

●1日……みとしろえしんじ

御戸代会神事

●上賀茂神社／北区上賀茂本山　MAP1・B3

天平勝宝2（750）年、孝謙天皇が田畑を寄進し、農家をねぎらって猿楽を奉納されたのが始まりで、田の害虫を駆除し、五穀豊穣を祈る。御戸代とは、神に献上する稲を栽培する神田のこと。本殿神殿前に、アヤメ科のカラスオウギを献上して神事がとり行なわれ、午後から庁舎の舞台で観世流による上歌、能、仕舞が奉納される。賀茂御戸代能と呼ばれる。

御戸代能〈上賀茂神社〉

●7月～8月……ろ・しゃ・あさ

絽・紗・麻

着物を日常的に着る人は少なくなってきたが、それでも伝統文化が根付く京都では、着物を着る機会は多い。肌を露出しがちな夏場には、絽や紗の着物姿のほうが、かえって凛とした涼しさが感じられる。お洒落着には、麻の着物が好まれる。

●……やまあじさい

山紫陽花

ユキノシタ科の落葉低木で野生のアジサイの一種。山紫陽花は沢紫陽花の別称。高さは1mほどで、山野の斜面や沢などに、しばしば群生している。7月から8月にかけて白色の細花を多数散形につけ、周囲の装飾花は碧色や淡紅色、白色。

●……すいれん

睡蓮

和名ヒツジグサの漢名でスイレン科の水草の総称。泥の中の根から長い茎を伸ばし、夏に水面で赤、白、紫などの花を咲かす。花は夜には閉じ、昼間また咲く。蓮に似ていることからこの名がある。夏の季語。

●……はす

蓮

スイレン科。全国の池や沼に植えられている多年草。地下茎のレンコン

蓮

京都のことわざ

お粥隠しの長暖簾

「京の室町衣棚　聞いて極楽来て見て地獄　お粥隠しの長のれん」

高級京呉服を取り扱う京都室町筋と周辺の衣棚。はた目には華麗な世界に見えても、内実は質素な食生活で倹約した。店先のあの膝まで垂れるような長のれんは、朝の質素なお粥の食事を隠すためのものと奉公人が自嘲的にいった言葉。もちろん過去の話だ。

京都のことわざ

焼けて口あく蛤御門

宝永5（1708）年の京都大火で御所が炎上、日ごろ閉じたままの門（禁門）が緊急避難で開放されたため、京都人が蛤御門と評した。幕末、御所を守る薩摩会津藩と長州藩兵軍の激突を「蛤御門の変」と呼ぶ。

京都のことわざ

伊勢へ七たび

「伊勢へ七たび熊野へ三たび愛宕様へは月参り」。伊勢神宮、和歌山の熊野三社、火伏せの神で有名な京都の愛宕神社への信仰を強調する言葉。標高924mの愛宕さんは7月31日の千日詣に万を越える人々が登山「火廼要慎」の護符をいただく。

が食べられるので、水田にも植えられる。水辺に咲くピンクや白の花は涼やかで、極楽浄土をあらわす花。インドが原産で仏典とともに中国から日本にもたらされたといわれる。法金剛院、勧修寺、府立植物園、智積院、東寺、天龍寺などが蓮の名所。

朝顔

● 朝顔 あさがお

ヒルガオ科の蔓性一年草。熱帯アジアが原産で、日本には中国を経てもたらされた。江戸後期に園芸植物として人気を呼び、様々な品種改良が行なわれた。茎は左巻きで、夏には葉の付け根にラッパ形の大きな花をつける。花は白、紫、紅、藍、縞、絞りなど多彩。朝方に開花することから、朝顔と名づけられた。同じように、開花時間で名づけられたものにヒルガオ（昼顔、ヒルガオ科）、ユウガオ（夕顔、ウリ科）、ヨルガオ（夜顔、ヒルガオ科）がある。

●7日 乞巧奠 きっこうてん

七夕の夜に牽牛・織女星を祀り、習字、手芸の上達を祈る祭り。宮中から、次第に民間にも広まった。星へたむけるために考案された風俗菓子も「乞巧奠」と称される。浅い曲物に天の川、願いの糸、索餅、梶の葉、ありの実、鞠、瓜つぶり、の七種の菓子を入れたもの。七夕前日に作られる。

●3日前後 冷泉家の乞巧奠 れいぜいけのきっこうてん

●冷泉家／上京区烏丸通今出川東入る MAP3・B1

『新古今和歌集』の撰で知られる藤原定家の流れを汲む冷泉家で行なわれる星祭の行事。乞巧奠は中国で始まり、奈良時代から宮中儀式として陰暦7月7日に行なわれた。冷泉家では、上の間の前庭に齋竹を立て、五色の糸や織物琴、琵琶などを飾った祭壇「星の座」を設け、牽牛・織女の星に供物をし、管弦の奏楽、和歌の披講があり、技芸の上達などを祈る。日没とともに上の間に灯りが入り、雅楽が奏でられてはじまる。和歌の披講は朗々と読師の声が響き、古式豊かに行なわれる。

●7日 七夕 たなばた

旧暦7月7日は銀河系を挟み、上方に琴座の主星「ベガ」、下方に鷲座の主星「アルタイル」が接近し互いに輝くことから、ベガを織物を司る織女、アルタイルを農耕を司る牽牛と捉え、その二星が出逢うという説話が中国で生まれた。この伝説が奈良時代にわが国に伝わる以前から、わが国の民間信仰として棚機の行事があった。先祖の霊を迎えるため、川や湖などの水辺に棚をしつらえ、祖霊に着せるための布を織り棚に置いておくという習俗で、陰暦7月15日の行事であった。現在の盂蘭盆会である。この行事が中国から伝わった七夕伝説から7日に早められ、「タナバタ」の語だけが残り、中国式の七夕の文字が充てられたといわれる。古くは貴族の間で行なわれた乞巧奠として福寿や諸芸上達を祈る節日とされ、江戸時代には庶民間でも願い事などを短冊に書き笹竹につるし、七夕祭が済むと竹を川に流す七夕送りの風習が定着。上京区の北

京都のことわざ 梅は食うても種食うな

「梅は食うても種食うな中に天神寝てござる」。梅のジンは食べるとおなかをこわす。天神とは梅を愛した北野天満宮の祭神であり、学問の神様とされる菅原道真。子供に向けていわれたようだ。

京都のことわざ ネコの鼻と愛宕山

「ネコの鼻と愛宕山とは真夏でも冷たい」。ネコの鼻は確かにいつも湿っていてひんやり。日常の観察を愛宕山頂の涼しさになぞらえた言葉遊び。「ネコの鼻と女の尻は大暑三日のほかは冷たい」ともいう。

京都のことわざ 京の厚化粧

「江戸の薄化粧 京の厚化粧」という。化粧は上方（京、大坂）で発達し、京紅や京おしろいは一級品。江戸時代、江戸の女性は薄化粧を好んだのは事実だが、現代では東京の若い女性のほうが化粧が濃いという意見がある。

七夕〈北野天満宮〉

七夕〈白峯神宮〉

野天満宮はじめ、各神社で七夕祭が行なわれる。

近年では、習字や裁縫の上達を願う行事であり、梶の葉に願い事をしたためたり、和紙で小さな着物を作ったり、それに関連した行事もあったが、今はそのほとんどが生活文化から失われつつある。今の暦では、七夕は梅雨時に当たってしまい、星空が望めることは稀。願いを記した短冊を吊った笹もむなしく雨にしなだれる。

【七夕】

牽牛と織女の二星が1年に1度だけ愛を語らうというロマンチックな七夕伝説は、遠い昔中国より伝わりました。この物語のヒロイン織女は機織り上手で、恋にひたむきな女星。七夕祭はそんな織女にあやかり、諸芸上達や恋の成就など、それぞれの願いを五色の短冊にしたため、笹に吊るして星に祈ります。

平安時代の宮廷では、詩歌管弦の巧みなることを乞うという意味から乞巧奠として歌会や管弦の宴が催されたということです。

しかしこの伝説が伝えられる以前から、わが国には棚機と呼ばれる祖霊迎えの俗習がありました。陰暦7月15日に川や海など水辺に棚をしつらえて、そのそばで機織りの乙女、棚機つ女が祖霊の衣を織ったということです。この棚機の習慣が七夕伝説と習合し、今日につながれているのが七夕祭。

北野天満宮や白峯神宮、地主神社などでの祭礼だけでなく、町の家々では勉強やスポーツの上達、あるいは家内安全など願いの丈を五色の短冊に書き、星に祈りを捧げます。

七夕〈高台寺〉

●……あまのがわ

天の川

数億以上の微光の星が銀色に輝き、大河のように見える銀河系の異称。中国では「銀漢」と呼ぶ。夏の夜空には、雲のように伸び横たわった星群を見ることができる。これを天の川といい、銀河と呼ぶこともある。旧暦の7月7日の夜に、牽牛と織女が年に一度逢うという二星伝説に登場する星の川である。天の川は秋の季語。

●7日……きづのぎおんまつり

木津の祇園祭

●**天王神社**／相楽郡木津町木津　MAP18・A2

天王神社の夏祭り。社伝では応永年間（1394～1428）に京都の祇園社（八坂神社）の祭神牛頭天王を勧請したといわれる。祭りは家の順番に当たる宮役が飾りつけや、神饌の準備をする。沿道には七夕の笹飾りが飾られ、数百mにわたって露店が立ち並び、夜中まで浴衣姿の子供で賑わう。天王神社は水の神さんともいわれ、子供が木津川で泳ぐときガタロ（河童）に足を引っ張られないように、きゅうりに子供の名前を書いて奉納する。

七夕の日には、川で泳ぐ、牛を水浴びさす、道具を洗うなど全国的に水に関する伝承が多い。山城地方でもこの日一般的に井戸の水替えを行なう。天王神社の祇園祭りも、疫病退散より七夕の習俗との関連が深く見られる。

●第1土曜……つばいのむしおくり

椿井の虫送り

●**松尾神社・椿井地区**／相楽郡山城町椿井　MAP18・A2

稲の害虫を祓う行事。夕方氏神の松尾神社で夏越祭が区長、農家組合長が参列して宮司により行なわれる。その後、神前に灯した火を提灯に移して、区長が集落のはずれの空き地まで持っていく。その火を移し、子供達が各自用意した松明に移す。全員の松明に火がつくと、行列を組んで太鼓を先頭に地区の西端を流れる木津川まで向かう。川につくと河原に松明をすてる。戦前は文政5（1822）年の銘がある鉦も鳴らしながら歩いた。木津町鹿背山や同町市坂でも同じ時期、同様に虫送りが行なわれている。鹿背山では西念寺薬師堂で祈祷した後、仏前の火を松明に移し田んぼを回って木津川に向かう。市坂は地区はずれの溜池に松明をすてる。

虫送り〈木津町鹿背山〉

●1日～8月末日……あらしやまのうかい

嵐山の鵜飼

●**大堰川**／右京区嵐山　MAP13・B3

大堰川で繰り広げられる夏の風物詩。鵜飼は、飼いならした鵜を船中から操って鮎を獲る漁法で、古く大和時代から文献に見える。大堰川の鵜飼には在原業平の歌に「大堰川鵜舟にともす篝火の　かかる世にあふ鮎ぞはかなき」の歌がある。現在は観光行事として、夏の風物詩となっている。嵐山の鵜飼は昭和24年、岐阜県長良川の鵜匠を招いて始められた。毎夜7時半ごろ、渡月橋上流付近で、鵜舟に篝火を焚き、風折烏帽子に腰蓑姿の鵜匠が手綱にくくった6羽の鵜を操って始まる。鵜がとった鮎は、船中の客に供する。宇治でも喜撰橋から鵜舟を宇治川に出して行なわれる。浮島の南は鵜飼瀬の名がある。

嵐山の鵜飼〈大堰川〉

●……うみねこ

海猫

カモメ科。全長47cm。全国で見られる留鳥。海岸や河口にすみ、集団で巣づくりをする。「ミャーオ」という鳴声が猫に似ていることからウミネコと呼ばれる。

芍薬（しゃくやく）

キンポウゲ科。中国が原産で、日本には平安時代に伝えられた。すっとのびた茎の先に、小首をかしげるように咲く花は優雅で、「牡丹は百花の王、芍薬は花の宰相」と讃えられる。「立てば芍薬、座れば牡丹」というように、美人のたとえに用いられてきた。花言葉は「はにかみ」「恥じらい」。薬としても万能で、芍薬の根を乾燥させたものは、鎮痙薬や鎮痛薬として、煎じて使用される。

犬甘野の御田（いぬかんののおんだ）

●第1日曜日

京都府登録無形民俗文化財

●松尾神社／亀岡市西別院町犬甘野　MAP 19・B3

御田は、化粧をして振袖を着た少年による早乙女2人のほか、アトシ2人、牛使い1人、太鼓たたき1人で構成される。早乙女以外は白の浄衣をつけた大人の役である。内容は田まわり、代かき、田植えの次第からなり、神社の本殿前の広場を田に見立てて上段では厳粛に、下段ではくだけた感じで滑稽な所作もとりながら行なわれる。代かきの際、牛使いが軽口をたたき、牛に見立てた木製のミニチュアの牛を見物人に突っ込ませ笑いを誘う。

犬甘野の御田〈松尾神社〉

雨乞い（あまごい）

旱魃の時、神仏に降雨を祈る古代からの習俗。種々の様式があるが、近世以降、氏神や龍神に踊りを奉納することを約束し、雨を乞う様式が一般化した。雨が降れば日を定めて鉦や太鼓で盛大に雨乞い御礼踊りを奉納する。鉦や太鼓などの楽器を用いたのは雷の音に似た音で雨を呼ぶと考えられていたため。平安時代より水を司る神・タカオカミノカミを祀る左京区の貴船神社では、旱魃になると朝廷から雨乞いの勅使が派遣され、雨乞いの神事が行なわれた。降雨があれば白馬が献上されたが、後に生き馬ではなく絵に描いた馬となる。絵馬の起こりである。

水祭（みずまつり）

●7日

●貴船神社／左京区鞍馬貴船町　MAP 7・A2

祭神の水の神に命の水への恵みを願い、徳をたたえ、恩恵を感謝する神事。貴船神社は、社伝によれば神武天皇の母玉依姫が黄船に乗って淀川、鴨川を遡り、この地に一宇を営んだのが創建とされる。祭神は、水を司

水祭〈貴船神社〉

京都のことわざ
公卿の達者なものは歌、蹴鞠

平安王朝の公卿や宮廷女房の最大の教養は和歌の心得。優雅な蹴鞠は京都に保存会があり、上京区の白峯神宮は飛鳥井家の旧地で、蹴鞠発生の地とされる。

京都のことわざ
寺を開かば唐傘一本

昔、僧侶が女犯や盗みなど不品行のため寺を破門されると、唐傘一本だけ持たされてたたき出された。恩義のある寺を出て新寺を開くのはよほどの覚悟が必要だ。

京都のことわざ
丹波太郎と山城次郎

真夏に京都の西北・丹波地方に出る雷雲、入道雲を京都や大阪で丹波太郎という。丹波山地で発生し京都市内にくるが、いったん衰えて京都市内に近づくと再び発達しアッという間に大雷雨。予測が難しいという。一方奈良から北上してくる雷雲を山城次郎と呼び、琵琶湖周辺から西進してくる雷雲を比叡三郎と呼ぶ。

るタカオカミノカミ。平安京遷都以来、鴨川の源流にあたる地であり、治水の神として崇敬を集めてきた。雨乞いもしばしば行なわれた。当日は本殿で神事のあと、裏千家による献茶式、京都舞楽保存会の舞楽奉納のほか、雅な伝統調理作法の生間流式包丁の披露がある。

小暑

●……しょうしょ

二十四節気の11番目。夏至の後、暦の上では15日目にあたり、7月7日ごろとなる。

温風至る

●……うんぷういたる

七十二候の31番目。新暦の7月7日～11日頃。温風とは、真夏から夏の終わりにかけて吹く暖かい風。盛夏をむかえ、暖かい風が吹いてくる時節。

とらしょうしょう

●旧暦5月28日……とらしょうしょう

●相楽郡木津町鹿背山　MAP 18・B2

鹿背山地区の人が鹿背山不動に五穀豊穣を祈願する行事。鹿背山不動は地区の南の丘陵にある洞窟に彫られた像高45cmの磨崖仏で、「建武元（1334）年甲戌十一月廿一日」、「石大工末次」の銘が像の左右に彫られている。行事では、区長と地区の代表が参列して、地元西念寺の住職によって護摩祈祷が行なわれる。この日に参詣すると女性の願いが叶うというい伝えから女性のお詣りもある。

鮎釣り

●初旬～……あゆつり

鮎釣りには友釣りとどぶ釣りがあり、友釣りは日本と韓国の一部のみの漁法で生きた鮎をオトリに使う。どぶ釣りは繊細に作られた虫などを模した毛針を使う。鮎釣りが解禁になると、鴨川や桂川でも釣り人の姿を見かけるようになる。近年は、鴨川の床もこの頃に開かれるので、いよいよ夏の到来を告げる風物詩。祇園祭も近づいて、お囃子の練習にも身が入る頃。

鮎釣り〈鴨川〉

鮎

●……あゆ

海で育った稚魚が2月から3月頃川に遡上し、夏に生魚となり清流に生息し、秋に産卵のため川を下る。産卵後その一生を終えることから「年魚」の異名もある。また「香魚」の異名のとおり、肉はスイカのような香りがする。

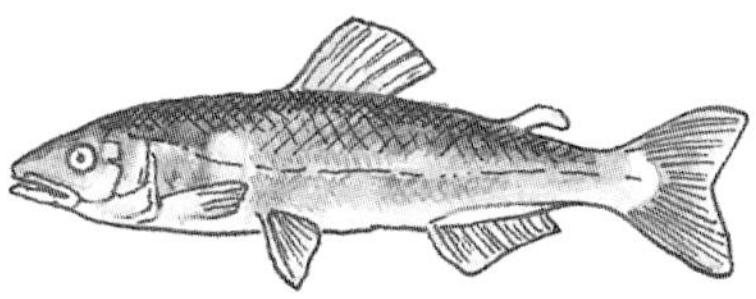

鮎

兜虫

●……かぶとむし

角の形が兜の前立てに似ているのでこのように呼ばれる。コガネ虫科最大の甲虫。幼虫は堆肥や枯葉を食べ、成虫は夏に、くぬぎ、楢、さいかちの樹液を吸いに集まる。

沢蟹

●……さわがに

サワガニ科。甲羅の幅は2・5cmから6cmほどで、丸みのある四角形をしている。上流や湧き水の出るきれいな水辺にすんでいる。体の色は赤、茶、薄青と、すむ場所によって異なる。食用にもなり、空揚げやつくだ煮にして食べる。

きゅうりもみ

●暑中……きゅうりもみ

きゅうりを薄く輪切りにし、塩でもんで軽く水切りしたものを三杯酢か、梅干を作るときにとれる生酢で和えていただく。食欲がない時分には、さっぱりとした嬉しい旬の味。

大水凪鳥

●……おおみずなぎどり

ミズナギドリ科。体長は50cmで、翼を広げると1mにもなる。上面は暗褐色で下面はやや淡色。先の曲がったくちばしで魚類を捕獲する。海洋上にすみ、繁殖期だけ島にあがって巣をつくる。海上を乱舞するので、サバやカツオが群れる「サバ鳥」「カツオ鳥」「一網千両鳥」と呼ばれ、漁民に親しまれてきた。オオミズナギドリは京都府の鳥に選定されている。また、繁殖地の冠島（舞鶴市）は、国の天然記念物に指定されている。南の海で越冬し、2月になると冠島に戻ってくる。

蟋蟀壁に居る

しっしゅつかべにおる

七十二候の32番目。新暦の7月12日～16日頃。蟋蟀とは、キリギリスのこと。キリギリスが壁で鳴く時節。

河鹿

かじか

河鹿蛙という蛙の一種。渓流などに棲み、ヒグラシに似た美しい声で鳴く。鹿の声にも似ていることから、河の鹿としてこの名がある。美声だが、姿は地味で、痩せて暗い灰色のため、目立たない。清流の減少した近年は特に河鹿を見つけることが難しくなった。河鹿を捕まえる時、吹

かじか

く笛を「河鹿笛」という。河鹿、河鹿笛とも夏の季語。

陶枕

とうちん

陶磁器製の枕で、その冷感から夏用の枕として愛用される。中国では唐時代に盛んに作られた。日本への伝来もこの頃と考えられる。染付、三彩、青磁など多様な技法や意匠がある。

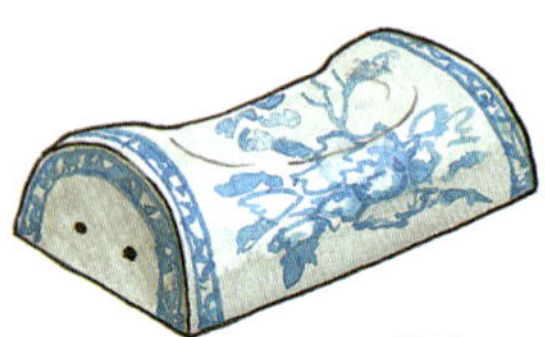

陶枕

夏安居

げあんご

陰暦4月16日から7月15日までの3カ月間、僧侶が室内に籠もって精進修行すること。釈迦が、雨季の3カ月間、弟子の外出を禁じて修行させたという故事に倣い、中世以降、一般の寺院に広まった。この夏の修行期間を夏百日、夏籠もりともいう。ちなみに、安居とは梵語の雨季のこと。夏安居に入ることを結夏、修行を解くことを解夏、精進料理のみで、酒肉を断つことを夏断ち、写経を夏書という。共に夏の季語。なお、禅宗では冬の修行冬安居もある。

合歓

ねむ

マメ科の落葉高木。陽当たりのよい山地に自生し、6月から7月に淡い紅色の花を球状に集めて咲く。葉は刺激を受けたり夜になるとゆっくりと閉じて垂れ、柔らかい刷毛のような形の花は夕方に開く。夜になると葉を閉じて眠ったようになることから眠りの木という意味でつけられた名。地方により七夕の日に合歓の木を流す合歓流しがある。夏の季語で、ねんねの木、日暮らしの木などの異称がある。

京都 ちょっと昔のくらし 洗い張り

着物をほどき、数枚の布切れにしてこれを「は縫い」して改めて反物になるようにします。それを張り板の上、またはたらいで洗い、伸子張りか張り板に張って乾かします。伸子張りは先端に針のついた竹籤のような串を反物の両縁に弓なりに刺し、布が縮まないようにピンと張るのがコツ。そして「ふのり」を薄く刷毛で塗り、乾かすとまた新品のようなハリのある反物になります。こうして着物は何度も仕立て直して着ていました。

洗い張り

●9日〜12日……とうきいちととうきくよう

陶器市と陶器供養

●千本釈迦堂／上京区五辻六軒町　MAP 3・A1

全国各地から集まった陶磁器業者が境内一杯に露店を並べ、陶器市を開く。また10日には本堂に磁器の原石などを供え、陶磁器への感謝と業界の発展を祈る陶器供養の法要があり、12日には琵琶、舞踊などの奉納があり、同寺の秘仏である釈迦如来坐像やおかめ人形も特別公開される。

陶器供養〈千本釈迦堂〉

●14日……たうたのかぐら

田歌の神楽

田歌の神楽の奴〈八坂神社〉

京都府登録無形民俗文化財

●八坂神社／北桑田郡美山町田歌　MAP 20・B1

般若面をつけた鬼2人、髷をつけ顔に隈どりをした奴3人、スリザサラを持ったひょっとこ、しゃもじを手にしたお多福、背に樽を背負い手ぬぐいで頬かぶりした髭面の樽負いじじいなどで行なわれる。小さな屋台に乗せた太鼓を回り打つ芸能で、鬼は少年の役だが、他は青年がおもしろおかしく演じる。特に樽負いじじいがお多福にちょっかいをだして突き飛ばされるところなどが笑いを誘う。伊勢太神楽の滑稽芸が太鼓打ちと結びついた芸能である。

●15日頃……そうさなぶり

総早苗振

●廣峯神社／亀岡市本梅町中野　MAP 19・A3

氏子たちが小麦と糯米を臼で搗き、小餅に丸めた小麦餅と早苗を持参し、本殿や摂末社にこれをお供えする。参拝した人は帰りに社務所に立ち寄り、竹皮包みの供物をいただいて帰る。田植えが終わり、植えた苗が定着したのでその早苗を神様に御覧いただき、今後の苗の生育が順調に進み豊作になるようお祈りするとともに、田植えで疲れた体を休め、栄養をとるための祭である。

●14日……だいみょうねりこみぎょうれつ

大名練込行列

●大森神社／舞鶴市森　MAP 23・B2

往年、国司や領主が毎年7月14日の例祭に、平穏安泰、五穀豊穣を祈願し泰平した故事を偲んで、50年前に大名行列を復活させた。この大名行列は氏子総代を中心に大名行列保存会の約80名が参加し、それぞれの役割を受け持って列を形成する。祭礼の行列は午後2時、公民館を出発し、大森神社周辺の氏子町を練り込み、途中、毛槍や奴振りを披露しつつ、本社へ参向する。神前では祈願文奏上と御幣の奉納を行なう。

大名練込行列〈大森神社〉

●16日 ばいさおうき

売茶翁忌

●萬福寺／宇治市五ケ庄三番割 MAP17・A2

売茶翁高遊外（月海元昭）の忌日法要。売茶翁は江戸中期の煎茶家。肥前国（佐賀県）の人で、萬福寺で修行後、肥前の龍律寺の住職となるが後上京し、東山に通仙亭を構えて売茶の業を営んだ。時に洛中洛外を煎茶道具を担いで茶席を設けて、多くの人々に煎茶を振舞った。そこには、銘茶の奥に潜む真味を人々に味わってもらいたいという煎茶の道があった。宝暦13（1763）年7月16日、享年89歳で没した。萬福寺では、境内に売茶堂を設けて売茶翁を祀り、1月と8月を除く毎月16日に法要を営む。

●16日 しんせんぐみくようさい

新選組供養祭

●壬生寺／中京区壬生梛ノ宮町 MAP4・B2

祇園祭の宵山に起きたとされる池田屋騒動の日を、現代の日にちに置き換えて「新選組隊士等慰霊供養祭」が、16日に行なわれている。当日は全国各地から熱烈な新選組ファンが多数訪れる。近藤勇の胸像前で慰霊法要が行なわれたあと、有志による剣技や、詩吟が披露される。

新選組供養祭〈壬生寺〉

● ちゅうげん

中元

現在では季節の変わり目に日ごろお世話になっている人々に物を贈ることとして知られるが、もともとは中国の道教の説によって、旧暦1月15日の上元、10月15日の下元とともに、7月15日を中元として祝う習俗。日本では、仏教の盂蘭盆と結びついて、盆のことをいうようになった。先祖の霊を供養し、日々の無事を祈願する日として燈籠を灯し、食べ物を供える。古くは宮中での盆行事だった

祇園祭

京都三大祭の一つである祇園祭は、7月1日の吉符入りからほぼ一カ月にわたり、八坂神社や市内の氏子町で諸行事が行なわれる。正式には祇園御霊会、または祇園会といい、平安時代の貞観11（869）年に疫病が流行した時に、その退散を祈願して長さ2丈（約6m）ほどの鉾を6本立てたのが始まりとされる。その後、天禄元（970）年からは毎年の儀となり、長保元（999）年には、雑芸者の無骨が大嘗会の標山に似た山を作って行列に加わったのが現在行なわれている山鉾の起源とされる。もとは、手で捧げた鉾に台車がつき、また山も趣向がこらされて南北朝期からほぼ現在のような形態の山鉾になったとみられる。室町期に入ると、祭の中心は神輿、馬長、田楽などから山鉾に移り、その数も年ごとに増え、15世紀中頃には総数58基に達したが、応仁の乱で中絶、乱後20年を経た明応5（1496）年に再興の気運が生じ、この頃から官祭的な性格を脱し、町衆の手で行なわれるようになる。同9年には先祭26基、後祭10基の山鉾が巡行、安土桃山期から江戸初期にかけて盛大となった。その様子は、「祇園祭礼図屏風」や「洛中洛外図屏風」などからうかがえる。また、この頃に山鉾周辺の町々が特定の山鉾の寄町となり、地口米という一種の賦課金を出して山鉾の経費を援助する制度が確立し明治維新まで続いた。江戸期には宝永・天明の大火による被害もあったが、その都度復興され、装飾品もベルギー製タペストリーやペルシャ・トルコ・中国などの緞通、精巧な飾り金具など、今日みるような豪華なものとなった。第二次世界大戦時に山鉾巡行は中止となったが、戦後昭和22年には復活、同31年、36年、41年に巡行コースを変えたり、巡行内容を変えながら現在のスタイルに落ち着いた。

が、次第に民間に広がった。

梅雨明け
つゆあけ

7月の中旬頃には太平洋高気圧の勢力が増し、梅雨前線が北上、梅雨明けとなる。雷が鳴ると梅雨が明けるともいわれるが、「戻り梅雨」などとして、また雨が続くこともある。「梅雨明け十日」といい、大方は晴天が続き本格的な夏の到来となる。夏の季語。

鷹乃ち学習す
たかすなわちがくしゅうす

七十二候の33番目。新暦の7月17日～22日頃。今年生まれた鷹の幼鳥が、飛ぶことを覚えて大空に舞い上がる時節。

鱧まつり
はもまつり

祇園祭の異称で、梅雨明けが最も美味とされる鱧を祭り料理としたため、この名がある。鱧は生命力旺盛な魚で、水揚げしてからも長時間生存することから、海に遠い京都では貴重な魚として江戸時代初期より食されている。祇園祭頃、旬を迎える鱧を使って、落とし、葛叩き、白焼、つけ焼、寿司、皮の胡瓜揉みなどさまざまな料理で祭りの日のハレ料理とする。

鱧料理
はもりょうり

祇園祭には、鱧をいただく。鱧は、小骨が多いため、3cmあまりの幅に30以上の包丁を入れる。決して皮まで切り落とさない骨切りと称するこの技は、板前の腕の見せどころ。料理には焼いた鱧の皮の千切りと胡瓜の酢の物「はもきゅう」、熱湯に通して梅肉といただく「はも落とし」、たれをつけて焼いた「焼きはも」などさまざまある。

鱧料理

◆主な行事日程

【1日】吉符入り
吉符入りとは神事始めの意味で、通例この日の午前中に行なう。この日から約一ヵ月に及ぶ祇園祭がはじまる。各山鉾町では祭神を祀り、祭の打ち合わせを行なう。

【2日】くじ取り式
山鉾巡行の順番をクジで決める。江戸期には六角堂で行なったが、現在は京都市長立ち会いのもと京都市役所で行なわれている。先頭は長刀鉾と決まっており、先祭の函谷鉾・放下鉾・岩戸山・船鉾、後祭の北観音山・橋弁慶山・南観音山は古例によりクジ取らずといってクジを取らない。

【10日】お迎え提灯・神輿洗
神輿洗の神輿を迎えるため、趣向をこらした提灯をたてて行列を整え、所定のコースをまわる。午後5時から祇園万灯会の主催で行なうが、行列の中心は子供で、市内各所で鷺舞などを披露する。その後、8時から神幸祭に出る神輿3基のうち、中御座の神輿を四条大橋まで運び、鴨川の水で清める。

【10日～13日】鉾立て
鉾町では鉾を倉から出し、組み立て、町内で曳き初めを行なう。また、同時に町会所に人形や緞通などを飾りつける。この日から各鉾町の駒形提灯に灯を入れ、鉾では祇園囃子を奏でる。一方、山町は14日頃から組み立てる。

【13日早朝】高橋町斎竹建て
四条麩屋町角に、巡行の折に長刀鉾の稚児が切る注連縄を張る葉つきの青竹を建てる。

【16日】宵山
山鉾巡行の前夜。鉾や山には灯がともり、祇園囃子が流れる鉾町を歩くと鉾や山にのることができ、粽を授けてもらえる。また、古い町家では秘蔵の屏風や書画を飾り、道行く人に披露する。宵山の前

稚児餅
ちごもち

●13日

長刀鉾に乗る稚児は、「十万石正五位」の位を授けられる。町内から白馬に乗って社参する行列は美しい。社参の後、稚児と禿は、南楼門前の茶屋で「稚児餅」を振舞われる。竹串に餅を刺し、甘白味噌が塗ってあるもの。一般は、いただくことはできないが、同じような菓子は、「稚児餅」として菓子屋が製造していて、手に入れられる。

行者餅
ぎょうじゃもち

●16日

昭和の初めまで、祇園祭は「先祭り」と「後祭り」に分かれていた。その頃は「後祭り」の宵山の日にだけ「行者餅」が売られていたが、現在は「先祭り」の宵山に売られている。小麦粉を溶いて薄く焼いた皮に、山椒風味の白味噌餡が包まれた、素朴な菓子。

粽
ちまき

●

祇園祭には、厄除けの粽が授与される。氏子の家々の門口には、その年の新しい粽が取りつけられ、一年の無病息災が約束される。

粽

西瓜
すいか

●

ウリ科の1年生果菜。アフリカ中部原産とされ、日本には16～17世紀頃に渡来したが、優良な種類は熱帯アジアから、明治以降に輸入されたといわれている。近年品種改良が著しく、今はほとんど一代雑種である。果実は球形もしくは楕円形で、皮色や大きさはさまざまで、果肉は普通赤色であるが、稀に黄色のものもある。非常に多汁で甘みがある。

清水焼団地陶器まつり
きよみずやきだんちとうきまつり

●7月中旬の3日間

●清水焼団地／山科区川田清水焼団地町

MAP 10・A2

辻まわし

船鉾

陶器まつり〈清水焼団地〉

昭和37年、五条坂や清水付近の陶磁器業者が、住宅の増加などにより生産地としての活動が困難になったため山科に集団移転して作られたのが清水焼団地である。陶器まつりは昭和50年、団地のイメージアップや地元民とのふれあいをめざして始められた催しで、朝10時から夜10時まで各窯元や卸業者が店を出し、平常価格より安価な陶芸品や日常の器を求めることができる。また生産地の利点を生かして作陶教室なども開かれる。

〔連絡先〕清水焼団地協同組合
TEL ０７５（５８１）６１８８

ラムネ
らむね

わが国で初めて製造された清涼飲料水。レモネードが転訛しての名だが、初期の頃は炭酸が泡立つ様子から沸騰水とか、舌にジンジンと冷たさを感じることからジンジンビヤなども呼ばれた。起原は不明で、幕末にアメリカのペリーが来航した時にもたらされたという説と、同じく幕末にイギリスの商船によって長崎に伝わったという二説がある。緑色の厚手の瓶の口にビー玉がはめこまれ、栓でこれを下方へ押し外して飲む。20cmほどの高さの瓶は、外れたビー玉が途中で止まるように上方５cmほどの所がくびれている。ビー玉の栓の発明はイギリス人・コットという人物で、その特許権が切れた明治21年、大阪の徳永玉吉という人物が研究開発。日本でも爆発的な売れ行きを示した。京都では明治期の殖産興業家・明石博高が木津川流域より湧き出る炭酸水を発見し、ラムネ製造を行なった。ビー玉が瓶の中で鈴のような涼しげな音を立てる情緒もあり、夏の季語ともなった。

ラムネ

日（宵々山）も同じように人々を迎えるが、宵山は人出も最高となり、祭は熱気であふれる。

【17日】　山鉾巡行・神幸祭

明治10年から昭和40年までは17日に先祭、24日に後祭として山鉾が巡行したが、同41年から現在のように巡行は17日に統一され、順路も改められた。現在の順路は、午前9時に長刀鉾を先頭に山鉾が四条烏丸を東行、途中四条堺町でクジ改め、麩屋町の角で長刀鉾の稚児が注連縄を切り河原町通まで行き北上し、御池通で西行して御池新町で解散して各町内へ帰る。

午後5時頃、3基の神輿が八坂神社を出発し、氏子区域内を巡行する。午後8時から9時頃までに3基の神輿は御旅所に到着し、24日までとどまる。

【24日】　花傘巡行・還幸祭

昭和41年に後祭山鉾巡行が17日に統一されたため、この日に獅子舞・鷺舞・織商鉾・馬長・児武者など約１０００人が寺町御池から寺町通を下がり、四条通を東行して八坂神社まで巡行するようになった。午後5時頃、御旅所に鎮座していた神輿が氏子区域を回り、神社に還幸する。

【28日】　神輿洗

鴨川で神輿を清めて倉に納める。

【29日】　神事済奉告祭

午後3時から宮本講社役員が祇園祭の終了を神前に奉告する。

◆巡行する山鉾

現在、山や鉾を出すのは32町。山20基、曳山3基、鉾9基で各町内で運営している。

長刀鉾　鉾先に疫病邪悪を祓うという長刀があることからこの名がついた。古来クジ取らずで、巡行では常に先頭を行く。下京区四条

甚平

じんぺい

男子用の袖のない羽織で、膝が隠れる程度の丈。前の打ち合わせを紐で留める。元来、綿を入れた冬の防寒着であったが、今は、木綿、麻製で、筒袖をつけた夏の家着とされている。

日傘

ひがさ

日差しを防ぐための傘。傘の原初の姿はエジプトの日傘から始まったといわれる。わが国には中国より伝わったといわれ、中国のものより和傘の方が繊細。古代の傘は柄が長い長柄傘で、『源氏物語』や『枕草子』にも登場し、供の者が後ろから差し掛けるものであった。傘が庶民の間で使われるようになったのは18世紀（天明年間）以降で、それまでは雨具としての傘も蓑や菅笠が一般的であった。洋傘は幕末の遣米使節船に随行していった日本の軍艦、咸臨丸の船長・勝海舟が洋行土産に持ち帰ったのが最初という。洋傘はその形状からコウモリ傘と呼ばれ、日本の傘の主流となり、趣味的なものを除き、和傘が衰退。日傘の利用は一時期廃れたが、近年、紫外線の弊害が叫ばれるにつれて、再び流行し始め、素材や色などで効果的なＵＶ（紫外線）カットのできる日傘が売れ行きを伸ばしている。夏の季語。

日傘

●18日　七面さん

しちめんさん

●本昌寺／中郡峰山町新町　ＭＡＰ25・Ｂ2

七面さんとは日蓮宗の守護神のことで七面天女ともいう。祭では昭和40年頃まで青年団（処女会）が夏の病気である食あたりや腹下しを予防するため、トコロテンがよく効くといわれ、夜店に並べていたという。ここ数年前から子供向けの催し物に変わった。

心太

ところてん

海藻のテングサを煮て抽出液を型に流して固め、3㎝程の幅に切って木製の四角い筒に入れる。筒の一方の

通東洞院西入る長刀鉾町

函谷鉾　孟嘗君が鶏の鳴き声によって函谷関を脱出したという中国の故事によって名がついた。屋根裏の天井絵は今尾景年筆・金地着彩鶏鴉図。下京区四条烏丸西入る函谷鉾町

放下鉾　天王座に放下僧（僧形の雑芸者）を祀っていることに由来。中京区新町通四条上る小結棚町

岩戸山　鉾と同じ車をつけた曳山。天の岩戸伝説に由来している。下京区新町通仏光寺下る岩戸山町

船鉾　鉾全体が船の形をしており、神功皇后の出陣説話による名前。舳先に金色の鷁、艫には飛龍文の舵がついている。下京区新町通綾小路下る船鉾町

北観音山　上り観音山ともいい、後祭の山鉾巡行の先頭をつとめていた。楊柳観音と韋駄天像を安置する。中京区新町通六角下る六角町

橋弁慶山　謡曲「橋弁慶」に取材し、弁慶と牛若丸の五条大橋での出会いの姿をあらわす人形をのせている。中京区蛸薬師通室町東入る橋弁慶町

南観音山　下り観音山ともいう。後祭の最後をつとめる曳山。楊柳観音と善財童子像を祀る。中京区新町通錦小路上る百足屋町

綾傘鉾　傘鉾のひとつ。下京区綾小路通新町東入る善長寺町

菊水鉾　名前の由来は同町にある菊水の井戸にちなむ。鉾頭に金色の菊花をつけ、祀る人形も菊慈童。昭和27年に再興した。中京区室町通四条上る菊水鉾町

月鉾　鉾頭に新月をつけることからこの名がある。下京区四条通室町西入る月鉾町

鶏鉾　中国の堯の時代に天下がよく治まり、訴訟用の太鼓も用がなくなり苔が生えて鶏が宿ったという故事による。下京区室町通四条下る鶏鉾町

芦刈山　謡曲「芦刈」に取材した名。難波の里で芦刈をする老翁の人形を祀る。下京区綾小路西洞院西入る芦刈山町

端には、3㎜角程の粗い目の網が張ってある。そこにトコロテンを押し出したら細く長いトコロテンのでき上がり。全国的には二杯酢に胡麻や青海苔を入れて食べることが多いが、京都では黒蜜をかけていただく。

●18日……こうしのむしおくり

口司の虫送り

●**鏡神社**／船井郡園部町口司　MAP⑲・A2

日暮れになると区民が境内に集まり、全員揃うと祝詞を唱える。子供たちが太鼓を叩くと、それに合わせて火を焚いて、40数本の松明が次々と点火される。赤々と燃える松明をかかげて自分の田のあぜ道を「稲の虫送った」とはやしながら順に田を回っていく。松明が左右に揺れていく様が美しい。

●20日……うみのひ

海の日

国民の祝日。各地の海水浴場が本格的に開放される。この日が祝日に指定されてからは、家族で海辺を訪れる姿が目立つようになった。水による事故が急増する時期でもある。

●20日……あまのはしだてほのおのかけはし

天橋立炎の架け橋

●**天橋立大天橋**／宮津市文珠　MAP㉔・B2

平成6年より始められた夏のイベントで、夜7時30分頃に上がる花火の打ち上げを合図に、天橋立大天橋から府中側約2・6㎞の間に用意された松明200本に灯火する。夜の海辺に幻想的にゆらめく松明の炎は、約40分間日本三景天橋立を妖艶に照らし出し、多くの人々を魅了する。

〔連絡先〕宮津市商工観光課　TEL0772（22）2121

●……ふまんじゅう

麩饅頭

こし餡をいれて団子に丸めた生麩を、熊笹で三角に包んだ菓子。折詰弁当によく入れられる。つるっとした感触と、もちっとした食感をあわせ持った菓子で、蒸し暑い日には特に喜ばれる。防腐効果を持つ笹の葉の香りも良い。

●……わらびもち

わらび餅

ひんやりとした口当たり、もちっとした食感、きな粉の香りが命のわら

油天神山　古くから同町に祀る天神を勧請してつくった山。下京区油小路通綾小路下る風早町

霰天神山　その昔、京都に大火がおこった時、霰と天神像が降ってきて大火が収まったとされる。この時に降ってきた天神像を祀る。火除天神山ともいう。中京区錦小路室町西入る天神山町

占出山　神功皇后が肥前国松浦川で鮎を釣り、戦勝の兆しにしたという説話をあらわす。鮎釣山とも称す。神功皇后は安産の神ともされ、宵山には安産のお守りと腹帯が授与される。中京区錦小路通室町東入る占出山町

郭巨山　貧窮のため、母と子を養えない郭巨が、子供を土にうめようとしたら黄金の釜を掘り当てたという逸話に由来する。下京区四条通西洞院東入る郭巨山町

太子山　聖徳太子を祀る。四天王寺建立の折り、太子自ら山に入って良材を求めた故事により、杉の真木を立て少年の聖徳太子像を飾る。宵山には智恵が授かる杉守りと智恵のお守りが授与される。下京区油小路通仏光寺下る太子山町

蟷螂山　中国の故事から取材。カマキリと御所車の車輪が動くからくりがある。中京区西洞院四条上る蟷螂山町

木賊山　謡曲「木賊」に取材、わが子をさらわれ、一人木賊を刈る翁のすがたをあらわす人形が祀られる。下京区仏光寺通西洞院西入る木賊山町

伯牙山　琴の名人・伯牙が友人の死を悲しんで斧で琴の弦を断ったという故事による。琴破山ともいう。下京区綾小路通新町西入る矢田町

白楽天山　唐の詩人・白楽天が道林禅師に仏法の大意を問う場面をあらわす。下京区室町通綾小路下る白楽天山町

保昌山　丹後守藤原保昌と和泉式部の恋物語に取材。縁結びのお守りを授与する。下京区東洞院通松原上る灯籠町

孟宗山　病身の母のため、雪の中から筍を掘りあてた孝行息子の孟宗の姿をあらわす。中国の史話「二十四孝」に取材。筍山ともいう。

び餅。ワラビの根からとれるデンプンを固めたもの。菓子店では、いろいろ工夫をして独自の味を出している。食べる方も、好みに合った店のものを、暑さをしのいでわざわざ買いに行く。

●20日……おすずみまつり

お涼み祭

●城南宮／伏見区中島宮ノ後町　MAP 11・B1

神事は午前9時頃から行なわれるが、夕方涼しくなってからの参拝者が多い。本殿前に、榊の入った高さ80cmくらいの氷柱が2本供えられ、この氷柱に触れると夏負けしないとされる。参道には露店もでる。

お涼み祭〈城南宮〉

●22日～23日……べんてんさい

弁天祭

●長建寺／伏見区東柳町　MAP 12・A3

22日夕刻から宵宮祭が始まり、弁天囃子が行なわれる。23日が大祭で神輿や子供神輿が大手筋の氏子地域を練り歩く。寺の門前から旅籠、寺田屋あたりまで篝火が焚かれ、多数の露店がでる。かつては船渡御もあったが、現在は中断している。

●22日……くたのむしおくり

久多の虫送り

●久多／左京区久多　MAP 7・B1

弁天祭〈長建寺〉

中京区烏丸四条上る笋町

山伏山　山伏姿のご神体を祀る。巡行の数日前から聖護院の山伏が巡拝、八坂神社からの清祓と、六角堂からの法印の祈祷もなされ、神仏分離前の姿が見られる。中京区室町通蛸薬師下る山伏山町

役行者山　神体は役行者と一言主神、葛城神。中京区室町通三条上る役行者町

黒主山　謡曲「志賀」にちなみ、大伴黒主が桜の花を仰ぐ姿をあらわす。中京区室町通三条下る烏帽子屋町

鯉山　龍門の滝を上る鯉の雄姿をあらわす。中京区室町通六角下る鯉山町

浄妙山　「平家物語」宇治川の合戦に取材。橋げたを渡り一番乗りしようとする筒井浄妙の姿。中京区六角通烏丸西入る骨屋町

鈴鹿山　鈴鹿山に出没する悪鬼を退治した鈴鹿権現を金の烏帽子を被り大長刀を持つ女人の姿であらわす。中京区烏丸通三条上る場之町

八幡山　同町内に祀る八幡山を勧請した山。中京区新町通三条下る三条町

四条傘鉾　祇園唐草模様の大傘に錦の垂を飾り、傘の上に御幣と若松を飾っており、応仁の乱以来の傘鉾の原形を伝えている。1988年、子供の赤熊鬼面の棒ふり踊りが復元された。中京区四条通西洞院西入る傘鉾町

久多は京都市最北端の集落で、上の町、中の町、宮の町、下の町の4地区からなる。各町が上流から下流に向かって、太鼓と鉦を先頭に、松明を持った地区の人々が、囃しながら田のあぜを歩き、虫を送っていく。稲の豊作を祈願するもので、昔どおり3日間行なわれている。

●第3日曜日……まつのおたいしゃおんださい

松尾大社御田祭

京都市登録無形民俗文化財

●松尾大社／西京区嵐山宮町 MAP15・B1

西京区下津林、松尾、嵐山の3地区から選ばれる12歳前後の3人の植女が、壮夫に担がれ、神前で授けられた早苗（早稲、中稲、晩稲）を両手に持ち、腕を水平に伸ばして拝殿を3周する。その後、拝殿では奉納能も行なわれる。

松尾大社御田祭〈松尾大社〉

●土用の頃……むしぼし

虫干し

普段仕舞い込んでいた書籍や衣類に、虫がついたりカビが生えないように風を通す生活の知恵。多湿な気候風土に根差しているばかりでなく、何処に何が仕舞われいているのかを整理、把握し、確かに保存していくための実用効果も大きい。

●……にゅうどうぐも

入道雲

夏の代表的な雲で、積乱雲のこと。山のようにムクムクとわきのぼる雲で、その様子を体の大きな坊主頭の化け物である大入道にたとえている。入道雲の中には、1秒間に10数mという激しい上昇気流に乗って空の高いところにまで成長する。この雲が空にあらわれると、夕立のような強い雨が降り、雷がおきることもある。

●……ゆうだち

夕立

夏の夕方、突然降る大粒の雨。入道

京都 ちょっと昔のくらし

松原通の鉾

昭和30年まで祇園祭の山鉾巡行は四条通から寺町通を南行し、松原通を西にとるコースでした。松原通に面した家々では2階の窓を全開し、道側の座敷に毛氈を敷き、茶菓や酒肴も調えて客迎えし、巡行を見物したのです。鉾は家々の屋根すれすれに揺れながら近寄り、目の前をゆっくりと通り過ぎます。その間に虫取りアミにお菓子やラムネを入れて鉾上の囃子方に差し出すと手早くそれを取り出し、代わりに粽をいっぱい入れて返してくれました。

松原通の鉾

雲が広がる晴天の夏空が一瞬にして曇り、突然激しいシャワーのような雨が襲う。短歌や俳句では驟雨と呼ぶ夏の季語。驟とは、にわかの意で、突然降って突然やむ雨のこと。夕立の意は、突然天から雷神が降臨することで、天から降りることをタツといったとする説がある。夕立つの動詞形で、夕方に起こる風や雨、波など、ある自然現象が起こること。白雨、夜立とともに同意の夏の季語。

●土用丑の前後 ……………きゅうりふうじ

きゅうり封じ

●**蓮華寺**／右京区御室大内町 MAP 14・C 1

●**神光院**／北区西賀茂神光院町 MAP 2・B 1

仁和寺東となりの蓮華寺のいい伝えによると、きゅうり封じは弘法大師が行なった、諸病をこれに封じ込める密教秘法。胡瓜に名前と年齢を書いてもらい家に持ちかえって地中に埋めるとよいとされる。神光院も同じで、信者は埋めたり川に流したりする。いずれの場合も胡瓜は食べない。蓮華寺は土用の丑の前日と当日と二の丑、神光院は土用の丑と7月21日、二の丑。両寺とも年配の女性らで盛況、どうやら中風除けに効くらしい。

井上頼寿『改定京都民俗志』によると、八坂神社の神紋が胡瓜の切り口に似ているとして祇園社の氏子は胡瓜を植えたり食べない地方がある。相楽郡木津町の牛頭天王の氏子は胡瓜を作らない。京都八坂神社の氏子は食べても差し支えないという人と絶対食べない人がいる。北区の今宮神社では江戸時代に胡瓜を捧げ、脚気封じのまじないとする風習があったと書いている。胡瓜は河童の好物とされ、川に流すのはそういった俗信によるものかもしれない。江戸の隅田川では流した胡瓜を拾って売るものさえ出たという。

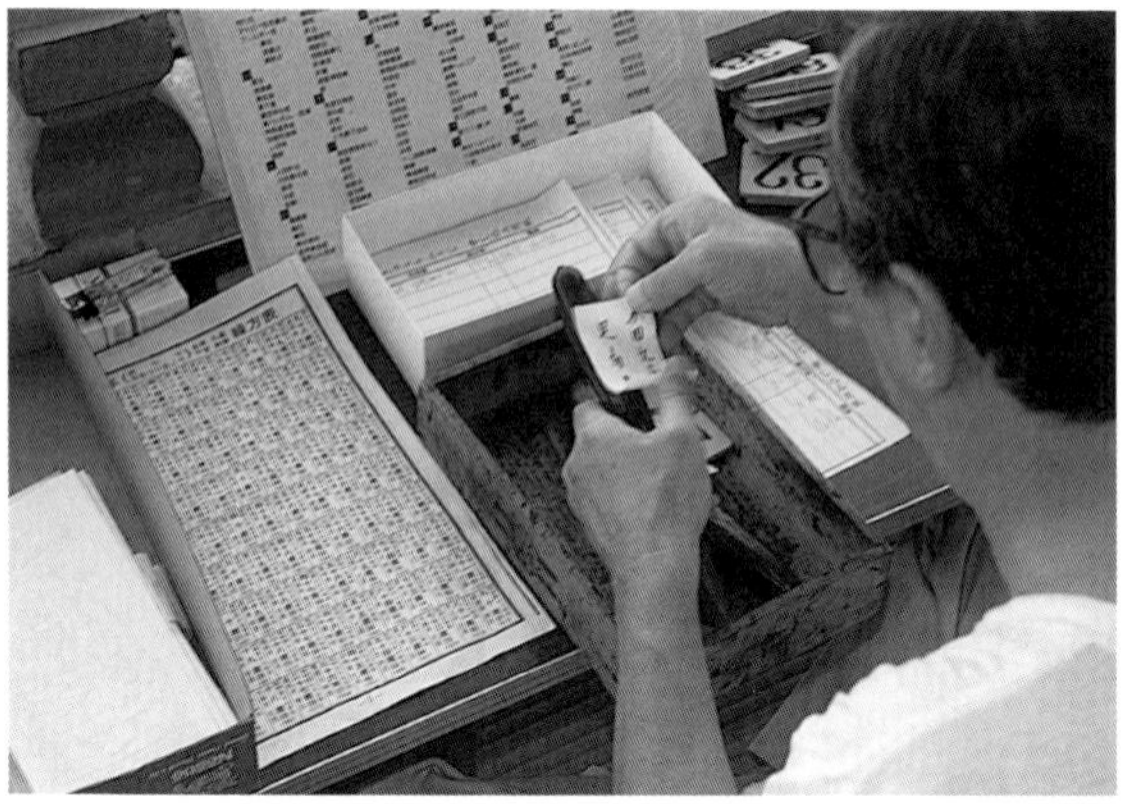

きゅうり封じ〈蓮華寺〉

祇園祭

朔日の「切符入」から晦日の「疫神社夏越祭」までひと月をかけて営まれる祇園祭は、千百有余年の歴史を重ね、規模、伝統ともにわが国を代表する祭礼です。ただしくは「祇園御霊会」と呼ばれ、貞観11（869）年、インド祇園精舎の守り神、牛頭天王を迎えて神泉苑にて疫病退散の祈願をしたのが始まり。牛頭天王はわが国の荒ぶる神・素戔嗚尊と習合し、都の祇園社、すなわち八坂神社の祭神として祀られ、神幸祭の17日夜、神輿に乗って氏子町内を渡御されます。

この荒ぶる神をよろこばせ、遊ばせるために美しい行列や歌舞音曲で神賑わいの風流としたのが山や鉾。動乱や火災など、幾多の苦難を乗り越えて、京の町衆がその心意気をかけて守り、あるいは復興した32基の山と鉾は、絢爛たる懸装品で飾り立てられ、晴れやかに祭りのクライマックスを飾ります。

京町衆の信仰心と風流の美意識が結実した山鉾巡行は、動く美術館と異名をとる荘厳華麗な文化財の行列でもあります。

蘇民将来

祇園祭の起原にも関わる厄除けの神。別名「天徳神」。天竺の神である牛頭天王が妃を娶るために竜宮へ旅した際、天王に一夜の宿と宝船を捧げて力を貸した。これにより、天王より夜叉国が与えられ、その子孫には疫病から守護することを約束されたという『備後の国風土記逸文』から厄除けの神として各地で信仰を集める。疫病退治を祈願して始まった祇園祭でも「我蘇民将来之子孫也」と書いた護符を粽やかざしにつけ、厄除けの呪いとする。

蘇民将来

七月の俳句

うすものの黒地着こなす知命かな　熊谷　潺子

コーヒー店舞妓がぽいと出て涼し　境　初子

すゞしさを絵にうつしけり嵯峨の竹　松尾　芭蕉

鉾の辻ひと筋さけて雨宿り　北原　道隆

雲を吐く三十六峰夕立晴　鈴鹿野風呂

汗しあと精進膳に和みたり　木村　安子

山里は水より明けて稲育つ　高山　知紅

神ながら天しる地しる落し文　丸山　佳子

清滝の水くませてやところてん　松尾　芭蕉

虫干に参り合せぬ大覚寺　高濱　虚子

半夏生地道に歩く足の裏　鈴鹿　仁

無垢極む京の源流花八つ手　多田　照江

涼しからん這入口から加茂の水　小林　一茶

水瓶持つおん手涼しく観世音　加美　明美

紙魚食ふも「善の研究」捨て難し　日下　徳一

よべ落ちし沙羅後朝の思ひかな　坂根白風子

鉾浴衣着て少年の眼の澄めり　武田一香女

夏季講座五百羅漢も加はりぬ　元藤　清香

●土用の丑の日と前日 ……みたらしまつり

御手洗祭

●**蚕の社**／右京区太秦森ケ東町 MAP 14・C2

蚕の社として親しまれる太秦の旧郷社木島神社で行なわれる御手洗神事。木島神社の創建は古く、『続日本紀』には平安京造営以前の大宝元（701）年4月に文武天皇の勅とともにその名が見え、祭神は水神として尊崇を集めていた。本殿西に3つに組んだ珍しい三ツ組鳥居で有名な神池がある。御手洗祭は、暑さ厳しい土用にこの神池で行なわれ、参詣者は足をひたして罪穢れを祓い、疫病除けを祈願する。

御手洗祭〈蚕の社〉

●土用の丑の日 ……みたらしまつり

御手洗祭

●**下鴨神社**／左京区下鴨泉川町 MAP 8・A2

境内末社御手洗社（井上社）で、土用の丑の日に行なわれる例祭。足つけ神事ともいう。人々の穢れや罪を流してくれる瀬織津姫を祭神とし、暑さ厳しい夏土用のこの日、境内の御手洗池に足をひたすと万病を水に流すといわれる。平安期には節の変わり目に貴族は禊祓いを行なっていて御手洗の風習もその名残である。御手洗池は日ごろ、干上がっているが、水が入れられて、参拝者は、膝まで衣類をたくしあげ、社殿に灯りを献じ、無病息災を祈願する。

御手洗祭〈下鴨神社〉

●土用の丑の日 ……みたらしだんご

御手洗団子

●**下鴨神社**／左京区下鴨泉川町 MAP 8・A2

下鴨神社では、御手洗祭が行なわれる。御手洗池に足をつけて罪穢れを祓うこの日には、竹串に五つの団子を付けて、人形を模した厄除けの団子を食べる。

●土用の丑の日 ……ほうらくきゅうきとう

炮烙灸祈祷

●**三宝寺**／右京区鳴滝松本町 MAP 13・B2

寛永8（1631）年、今出川経季らが日護上人を開山として創建された日蓮宗三宝寺の頭痛除けの修法。土用の丑の猛暑のなか、神妙な面持

京都 ちょっと昔のくらし

畑の姥

「梯子や鞍掛、いらんかぇー」というのんびりとした声で梯子や鞍掛、床几などを頭に乗せて行商する女性がいました。この女性は北山杉の故郷・梅ケ畑からやってくる畑の姥で、北山杉の廃材などで作った梯子や床几、鞍掛などを町に売りにくるのです。木綿の絣の着物に三幅前垂れ、手には白い手甲、脚には脚絆をつけて手拭いをかぶり、その上に小さな布団のような戴き袋を乗せ、床几や梯子を頭に戴いて行商するのです。腰のキセルも粋でした。

畑の姥

ちで信者は頭に呪文を書いた炮烙を戴き、その上に艾を据えられる。やがて住職が木剣で九字を切り、頭痛はたちどころに癒されるという秘法である。頭痛ばかりでなく暑気払い、中風除けにもご利益がある。

炮烙灸祈祷〈三宝寺〉

土用丑の日

どようしのひ

土用は陰陽五行説に基づくもので、四季の土用のうち特に夏の土用をいう。立秋前の18日間をいい、最初の日が土用の入り。俗説では平賀源内がうなぎ屋の看板に「土用の丑」と書いたのが土用にウナギを食べる習慣となったという。地方によっては土用餅、土用灸などがあり、衣類の土用干しはまだ死語になっていない。土用の丑にウナギを食べるのは現在もかなり一般的な現象。夏バテの頃で、栄養豊富なウナギは理にかなっている。土用に土を掘り起こしたり殺生を忌む地方もあり、土用に「う」のつくウナギ、ウドン、ウリなどを食べる地方がある。

土用鰻

土用鰻

どようなぎ

立春、立夏、立秋、立冬の各18日前を土用とし、その初日を土用の入りと呼ぶが、一般に土用といえば立秋前、夏の土用のこと。江戸時代より、土用の間の丑の日にウナギを食すと夏負けしないとの伝承がある。丑の日とするのは鬼門にあたる丑寅の方角やすべてが眠る丑三つ時など、危険日である丑の日に食し、夏ばて予防をしたと考えられる。夏ばて予防にウナギが効くというのは奈良時代から知られ、『万葉集』には2首のウナギの歌が収められている。共に大伴家持の歌で、痩せた人に妙薬として「鰻とり食せ」と薦めている。蒲焼法については関東と関西で違い、関東では背開きにして串を打ち、白焼にし、これを蒸してからタレにつけて焼く。関西は腹開きにし、尾頭をつけたまま、蒲焼にする。ウナギを扱う店には「う」の字があがるが、これは、ウナギを丸い桶に入れるから。ちなみに鱧は、四角い桶に入れるから「つ」。

鰻

うなぎ

ウナギ科。全長40cm。全国に棲息している。夜行性で、川の中の石垣の穴にすんでいる。木の枝に化けて、近づいてくる小魚を食べる。夏のスタミナ料理として有名だが、本来の旬は冬。

京都 ちょっと昔のくらし 白川女と番茶

白川女は北白川から花を売りにくる女性。大きな箕に切り花をいっぱい乗せて「花いらんかえー」とのどかな売り声とともに町内に時々行商にきました。畑の姥と同じく絣の着物に三幅前垂れ、手甲、脚絆姿。花と一緒に番茶を箕に乗せていました。お茶屋さんで買う番茶と違い、葉も不揃いで焦げたような香りの番茶でしたが、芳しくおいしい番茶でした。今も北白川は花問屋さんが多い町ですが、その歴史は平安時代からの伝承だといいます。

白川女

●梅雨明け ……どようぼし

土用干し

●北野天満宮／上京区今出川通御前上る MAP3・A1

お正月の大福梅用に梅林で収穫した梅の実を天日干しする土用のころの作業で、風物詩として親しまれる。約2000本の梅の木がある梅苑などからは2tから3tの梅が収穫され、梅雨明けの日に、塩漬けした梅を本殿中庭、三光門北の広場いっぱいに広げて1ヵ月間かけて天日干しにする。干しあがった梅干は奉書に包み、12月13日の事始めから1年の無病息災を願うお正月の縁起物・大福梅として参拝者に授与される。

土用干し〈北野天満宮〉

● ……ひややっこ

冷奴

氷水などで豆腐を冷やしそのまま食す料理名。夏は木綿豆腐、絹ごし豆腐共に冷奴にすることが多いが、その繊細な食感から絹ごしが使われることが多い。絹ごしとは、豆腐製作の過程で絹の布で漉すわけではなく、木綿豆腐より水を減らし、濃い豆乳をとって、にがりを合わせてそのまま重しをせずに固めたもの。柚子や生姜のおろし、さらしねぎ、七味などの薬味と共に食す。

冷奴

● ……ふそうほたるとなる

腐草蛍と為る

七十二候の34番目。新暦の7月23日～28日頃。暑さで水辺の草が腐り、その下から、成虫になった蛍が現れ、夕闇に光を発し始める時節。

夏のくらし

蚊帳

蚊帳とは蚊を防ぐための寝床の覆い布で、麻、絽、木綿などがある。四方形に縫い、その先に環緒と環をつけ、部屋の四隅には釣手緒をつけ、これを蚊帳の環に通して引っ張り、その中で寝た。「かや」または「かちょう」の読み方がある。古くは「蚊屋」「蚊屋帷」とも言った。『日本書紀』に、応神天皇の頃、呉の国から「蚊帳衣縫」という女性の技術者が渡来したとあるが、その形状などは不明。清少納言も蚊に悩んだ様子を『枕草子』で「いとにくけれ」と伝え、蚊帳を使用していなかったことが分かる。形状を伝える最古の文献は鎌倉時代の『春日権現霊験記』で、透けた素材で作られた蚊帳の中に尼僧の寝姿が描かれ、侍女たちは蚊帳の外で寝ている様子が描かれている。このことから、蚊帳は身分の高い人が使用したことが分かる。庶民に広まるのは江戸時代になってからで、井原西鶴の『西鶴織留』には富裕な町人が誂えた豪華な蚊帳の様子が描かれている。江戸時代、近江で作られた蚊帳が大量に出回り、近江蚊帳として名を馳せ「近江蚊帳汗やさざ波夜の床」という松尾芭蕉の句もある。夏の季語。

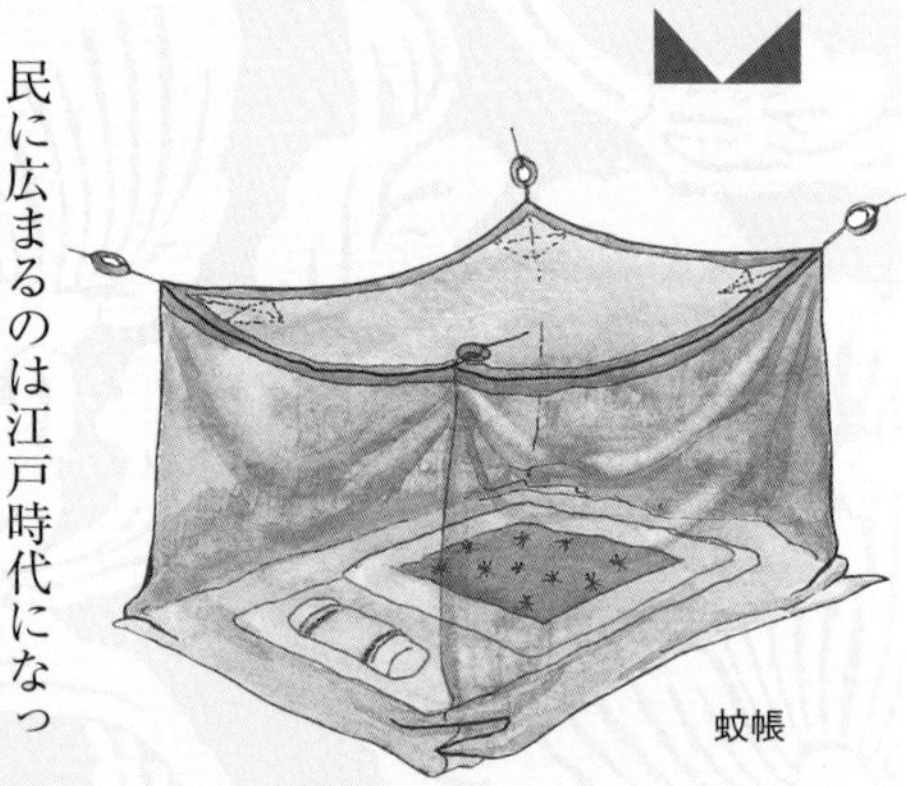

蚊帳

蚊取り線香

蚊取り線香の香りがすると夏を実感する。機密性の高いマンションなどでは、煙たく、衣類などへの匂い移りのために敬遠される傾向にあるが、渦巻き形の線香から立ち上る煙の揺らぐ風情は、夏の風物詩として健在。どこか、郷愁を誘うものがある。

●

大暑（たいしょ）

二十四節気の12番目。小暑から15日目で、新暦の7月23日、24日頃。夏のもっとも暑い日々のこと。この時期を乗り切るため、土用の丑の日にウナギを食べる風習が生まれた。

●7月または8月の日曜日

三和町鮎まつり（みわちょうあゆまつり）

●新橋サンダル公園／天田郡三和町芦渕　MAP 21・A2

丹波高原の西部に位置する三和町には、若鮎のはねる清流・土師川が流れている。鮎まつりは、河原での鮎のつかみ取りの他、ゲームなどさまざまなイベントが開催される。町おこしのイベントとして、また夏休みに親子で自然に親しみ楽しめるイベントとしても好評で、町外からも多くの参加者がある。有料。

〔連絡先〕三和町商工会
TEL 0773（58）3667

三和町鮎まつり〈新橋サンダル公園〉

●25日

鹿ケ谷かぼちゃ供養（ししがたにかぼちゃくよう）

●安楽寺／左京区鹿ケ谷御所ノ段町　MAP 8・B3

中風除けとして鹿ケ谷かぼちゃを振舞う安楽寺の行事。鹿ケ谷一帯はか

ラジオ体操

朝の7時頃になると、近所の公園からラジオ体操の音楽が聞こえる。昔から変わらない、始まりの歌、第1・第2体操のメロディー。子供時代の夏の思い出が、走馬灯の様に頭を駆け巡る。

行水

行水のもとの意味は、禊ぎのため清水で体を洗い清めること。このことから盥に水や湯を張り、それに浸かって汗を流すことをいうようになった。夏の季語。

床几

京都の旧家には、必ず表に床几というのがある。通称ばったり床几といって、折りたたんで容易に仕舞ったり出したりできる様になっていて、用途も豊富で大変に便利な仕組みになっている。夏の夕涼みの場にも使われる。ばったり床几とは別に細長くて持ち運びのできる床几があり、夏の夜には将棋をさしたりした。

昼寝

熱帯夜での睡眠不足を補うため、夏は昼寝をする。このことから、夏の季語となった。昼寝覚め、昼寝起きも同意。昼食後、30分程度の午睡は効果的で昼寝覚めがよいが、それ以上の睡眠は却って夜の睡眠を妨げるといわれる。夏目漱石の小説『三四郎』で、三四郎が田舎から東京に出てきてその躍動ぶりに驚き、今までの自分の学問は「洞が峠で昼寝をしたと同然である」と不安がる。「田舎の学問より都会の昼寝」という言葉も情報量の差をいったもの。

団扇

冷房や扇風機が普及し、家の中で団扇を扇いだり、人に団扇で風を送ってあげるという行ないは、どこか非日常めいてきたように思われる。売られている団扇も、すかし模様の「飾り団扇」が多く、見て涼しそうだが、扇いで風がつくれるものではない。人に風を送ってあげるのにほどよい、しなりの良い団扇は、消えつつある。

鹿ケ谷かぼちゃ供養〈安楽寺〉

つて瓢箪のようなカボチャの産地として知られた。いまは京の伝統野菜として栽培されているが、京都でカボチャといえば鹿ケ谷南瓜であった。江戸期、安楽寺の真空上人が、夏の土用にカボチャを供養すれば、病からのがれることができるとの夢のお告げを受け、仏前に供えて供養し、食したのが始まりという。当日は、本堂祭壇に供えられた鹿ケ谷南瓜が参拝者にふるまわれるほか、寺宝の一般公開がある。

鹿ケ谷南瓜

ししがたにかぼちゃ

瓢箪形の独特の形で大きなものは10kgを超える。肉質が緻密で煮くずれないのが特徴だが、味がよいのは瓢箪形の下部分で、上の部分の味が悪く、昭和初期以降、他品種との競争に負け一時その姿を消した。わが国でのカボチャの栽培は比較的新しく、1800年頃からといわれる。その頃、洛東粟田村の玉屋藤三郎という農民が津軽から持ち帰ったカボチャの種子を鹿ケ谷の庄兵衛と又兵衛に分け与え、栽培させたのが始まり。当初は扁平な菊形のものができ、数年間のうちに瓢箪形になったといわれる。現在は衣笠、鷹峯、太秦で品種保存用と鹿ケ谷安楽寺での南瓜供養用に栽培される。西京南瓜とも呼ばれる。

鹿ケ谷南瓜

どぼ漬

どぼづけ

京都では、ぬか漬のことを「おどぼ」という。季節の野菜をお漬物にして年中いただくが、夏のおどぼは格別。食欲も失せる蒸し暑い日には、胡瓜、茄子のおどぼでさらさらとお茶漬を食べる。

納涼

盆地の夏の蒸し暑さといったらない。真昼は、ぴたりと風が凪いでしまう。京都人は、そんな暑さをしのぐために、貴船、下鴨の糺の森、鴨川などに設けられる納涼床に涼みに出かける。川面をわたる風にしばし暑さを忘れる。

夕涼み

夕暮れ時から夜にかけて、京都盆地には、不思議なことに「すうーっ」と山の冷気が市内に流れて良い風が吹くことがある。団扇片手に門に出て、床几に腰を下ろしてこの風を楽しむ。ご近所とも、ちょっとした世間話を交わすくつろいだひと時。

風鈴

ガラス、陶磁器、金属などでできた小形の鐘状で、本体の中に舌が下がり、この下方に短冊がつるされ、これが風を受け舌を動かし、素材によりさまざまな音を出す。風鈴の原初の姿は中国の占風鐸といわれる。これは竹林に下げ、風向きや音色によって吉凶を占う道具で、仏教の伝来と共に日本にも伝わり、寺院や塔の軒の四隅につるされるようになった。ガラスの風鈴は江戸風鈴と呼ばれるがこれは昭和39年、風鈴業者がつけたブランド名。江戸期には当時貴重品であったガラスの風鈴は風琴とかビードロ風鈴と呼ばれ、大名や豪商たちの間で流行したという。庶民の間に浸透するのは、江戸の末期からといわれている。

風鈴

文殊出船祭〈智恩寺〉

文殊出船祭〈智恩寺〉

文殊出船祭〈智恩寺〉

●24日……もんじゅでふねまつり

文殊出船祭

●智恩寺／宮津市文珠　MAP 24・B2

夕暮れ時、天橋立文殊堂の水路に松明が灯され、幻想的な雰囲気のなか、海上に悪龍が現れ、火を吐きながら荒れ狂い、文殊菩薩と壮絶な戦いが繰り広げられる。やがて悪龍は善龍に変わるという伝説を題材にした祭。

●……かつらうり

桂瓜

白瓜の1種で西京瓜の異名がある。京都市西京区桂で産することからの名で、来歴は桂離宮建立より古いといわれるが不明。白瓜そのものは吉田あたりをはじめ、あちこちで栽培され越瓜と呼ばれた。そのうち、大越瓜と呼ばれた大型の系統を選び、品種改良したもの。江戸時代よりの呼び名と考えられる。

桂瓜

加茂茄子（かもなす）

黒紫の大きな球状のナスで、北区上賀茂で採れることからこの名がある。江戸時代に刊行された『雍州府志』という地書に「なすはいろいろな所で産するが、丸くて大きいのがよく、洛東河原のものが特によい」との記述がある。洛東河原とは現在の出町柳から三条までの鴨川の河原のことで、吉田、田中あたりのナスが最も優れていたという。明治時代になってこのナスの栽培が上賀茂へ移り賀茂茄子と呼ばれるようになった。丸茄子は別名大芹川と呼ばれるが、古くから洛南下鳥羽の芹川で採れる丸いナスがありこれが洛東河原に移り、大きな丸ナスに改良されたのではないかといわれているが、確かなことは不明。賀茂茄子の代表的な料理法鴫焼は江戸時代からの食べ方。享保6（1721）年に描かれた鴫焼の絵が料亭萬亀楼に残っている。

賀茂茄子

水蜜桃（すいみつとう）

水蜜桃は汁気が多く甘美な桃の一種で、明治8年から9年に上海水蜜桃、天津水蜜桃が中国より輸入され、岡山で栽培が始まった。同32年、この水蜜桃を品種改良し白桃が生まれるなど、次々新品種の桃が開発された。桃は中国原産でわが国には弥生時代に伝えられていたといわれ、中国では長寿の実、仙菓として尊ばれた果物。平安時代末期には食用として利用されるが、硬くて小さく果肉の甘みも少なかったという。秋の季語。

水蜜桃

蝉（せみ）

日本人にとっては夏の風物詩である蝉の声。法師蝉と蜩以外は夏の季語ともなっているが、欧米人にとっては単なる雑音と聞こえるという。神社の森など樹木の茂った所では一斉に鳴き始め、これが時雨の音と似ていることから蝉時雨と呼ばれる。鳴くのは雄のみで、幼虫は地中で植物の根から養分を吸収しながら数年をかけて成虫となるが、地上に出て10日前後で殻を脱いで死ぬ。蝉の羽は、蝉の羽のように薄い夏衣の形容で薄し、ひとへの枕詞。空蝉は蝉の抜け殻。転じて、魂の抜けた虚脱状態。

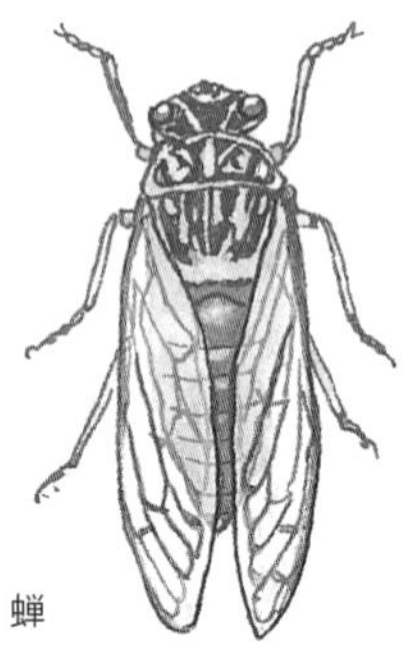
蝉

翡翠（かわせみ）

カワセミ科の鳥で全長17cm。全国に見られる留鳥で、街、里、山の川や池にすんでいる。「チー」と、するどく鳴きながら飛ぶ。水中に飛び込んで魚を捕り、丸ごと飲み込む。鮮やかな緑色のグラデーションは、さながら空を飛ぶ宝石のよう。

京都のくらし　あんころ餅

土用にあんころ餅をたべることは、古くから京都では広く行なわれている。7月の土用が近くなると、町の餅屋さんや和菓子屋さんの店先に「土用のあんころ　あります」と大書したビラが下がる。人々は、あんころ餅のビラで土用が近いことを知るのである。

それにしても、暑い最中にあんころ餅とは……。あんころ餅は暑気を払い、疫病に罹らないといういい伝えがある。疲れたときにはなんとなく甘いものが欲しくなり、あんころ餅は格好の甘味補給にもってこいというわけだ。

なるほど土用から暑さは本格的になる。熱さで食欲は減退、疲れも溜まる。よく搗き上げたあんころ餅は口あたりがよく腹持ちもする。渋茶のお茶受けにもよい。こんなところにも、京都の合理的な暮らしの智慧が生きている。

みなと祭

●25日～26日……みなとまつり

●竹野郡丹後町間人　MAP25・B1

●竹野郡丹後町中浜　MAP25・B1

1艘は北前船をかたどったもので、子供七福人が乗り込み福餅などをまく。午後8時半から花火大会が行なわれ、間人港に打ち上げられる花火がつかの間の暑さを忘れさせる。翌日の26日は中浜みなと祭で花火大会が催される。

夕凪

●……ゆうなぎ

夕方に海上の波風が凪ぐこと。海陸の温度差の関係で昼間は海から陸へ風が吹き、夜は陸から海に吹くが、夕方に海と陸との気温が平衡を保ち、風が止まったようになる。この海陸の風の交替する一時的な無風状態のこと。朝にも同じことが起こり、こちらは朝凪と呼ぶ。共に夏の季語。

羽蟻

●……はあり

じりじりと暑い夏の昼下がり、アリは庭や路上、人の家の台所にまであがりこみ、活発に働いている。アリは地中や朽木のなかに巣をつくり、女王アリ、雄アリ、働きアリとで社会生活を営んでいる。新しく羽化した女王と雄には羽があり、空中に舞い上がって交尾するので、羽蟻と呼ばれる。シロアリにも羽があるので、羽蟻と呼ばれるが、アリとは種類が違う。

寛平法皇祭

●26日……かんぴょうほうおうまつり

●寛平法皇堂／竹野郡網野町網野　MAP25・A2

丹後地方最大の前方後円墳銚子山古墳の前方部前面に寛平法皇陵がある。寛平法皇が諸国を巡遊した折り、当地で亡くなり火葬して京都に送り、神霊をここに祀ったと伝える。その命日にあたる7月26日に、かつては七町内の青年団が昔話や歌舞伎などを題材に作り物を作り競い合った。現在は子供太鼓や網野神社の神楽舞の奉納が行なわれる。

夾竹桃

●……きょうちくとう

数少ない夏の花で、インド原産の低木の常緑樹。江戸時代に中国経由で伝来した。葉が竹に似て細く、花が桃の花に似ていることからの名。夏の季語。

夾竹桃

金魚

●……きんぎょ

コイ科の魚でフナの変種。原産は中国で、16世紀にわが国に伝わったとされ、江戸時代には観賞用に飼育される。主な品種には和金、蘭鋳、秋金、和蘭陀獅子頭など。出目金は明治中期にハワイから伝来。『和漢三才図会』には「筑前および泉州堺に多くこれを養う者ありて以て四方

京都
ちょっと昔のくらし

汲み取り屋さん

ご不浄と呼ばれていた頃のトイレは、まだ水洗ではありませんでした。便器の下に深い穴があり、そこに溜めておいたのです。時折田舎からお百姓さんがやってきて、きれいにもって帰ってくれました。天秤棒の前後にぶら下げた肥え樽に柄の長い肥え柄杓でご不浄の下から不浄のものをすくい取り、家のはしりを何度も往復して大八車に積み込みます。そしてお礼にお米や野菜をくれました。大八車を田舎まで曳いて帰るのは牛や馬でした。

汲み取り屋さん

に販ぐ」とあり、当時は珍種の魚として主に上層社会に愛玩された。庶民の間にも普及するのは元禄、享保の頃（18世紀初頭）で、大和郡山は産地として名を馳せた。堺の安達喜之の著した『金魚養玩草』は金魚の飼育法を詳しく紹介したもの。井原西鶴の『置土産』には金魚を売る店の様子が記されている。天秤棒の桶に金魚を入れて行商する金魚売りの出現は安永（18世紀末）頃からで、金魚すくいとも合わせて夏の風物詩として親しまれるようになった。夏の季語。

金魚

●最終土曜・日曜

みなと舞鶴ちゃった祭

みなとまいづるちゃったまつり

●**西舞鶴商店街・東舞鶴海岸**／舞鶴市

「ちゃった」とは、「～された」「～しゃはった」など動作を意味する舞鶴の方言で、この祭りは昭和50年から行なわれている。前夜祭は西舞鶴の真名井・平野屋商店街で吉田音頭にあわせて民謡流しと手作り神輿が出る。日曜日は東舞鶴の三条から七条の海岸で、花火大会など多彩な催しが繰り広げられる。

みなと舞鶴ちゃった祭

●

水中花

すいちゅうか

金魚鉢やコップなどの水中に入れると開く造花。水に強い和紙や紙のように薄く削った木、セルロイドなどで花や葉を作り、美しい色を着けたもので、水中で揺らめく様が涼しげで古くから夏用の小物として親しまれてきた。江戸時代には、杯や杯洗に浮かべる酒中花が流行したが、現在ではほとんど見ることがない。夏の季語。

金引の滝大祭〈金引不動〉

●最終日曜

金引の滝大祭

かなびきのたきたいさい

●**金引不動**／宮津市滝馬　MAP 24・B3

「日本の滝100選」（平成3年6月）に選ばれた金引の滝の不動尊に感謝する祭。滝馬神社で採火した松明を持ち、滝まで練行。火の滝太鼓と巫女舞が披露された後、滝に神火の矢が放たれ、炎の滝と化す。

●最終土曜日または日曜日

あやべ水無月まつり

あやべみなづきまつり

●綾部市並松町　MAP 23・A3

100年に及ぶ伝統のある夏祭りで、明治39年頃、並松町の人々が先祖供養に手製の灯籠を由良川に流したのが起源とされる。大正時代には、綾

あやべ水無月まつり

部実業会が、この灯籠流しを「平和祈願の万灯流し」として10万個の灯籠を流し、花火大会と組み合わせた。「神様を奉る」という本来の祭の要素をもつ夏祭りで、近年はあやべ踊りと高知よさこいをあわせた「あやべ良さ来い踊り」も開催され、市外からも多くの参加者で賑わう。

〔連絡先〕綾部市商工会議所
TEL 0773（42）0701

●27日～28日……いねまつり

伊根祭（八坂神社祭礼船屋台）

京都府登録無形民俗文化財

●**八坂神社**／与謝郡伊根町亀島　MAP24・B2

舟屋で知られる伊根町の亀島4区（亀山・耳鼻・立石・高梨）、平田、日出の氏神八坂神社の夏祭りは27～28日に行なわれる。亀島4区から太刀振り、立石から神楽、平田から稚児舞、日出から神輿をそれぞれ奉納する。本祭では、まず平田の稚児舞が奉納され、続いて亀島から出た一行は祭礼船に乗り高梨の宮の浜に乗りつけ、宮入りをする。先頭にトッケッが立ち、神楽、シンポチ、棒振り、太刀振りの順ににぎやかに宮へ練り込み、太刀振りと神楽を奉納する。この祭の圧巻は大祭における船屋台である。大祭は大漁の年に区長協議のうえ決定される。この大祭では、亀山から宝来山、耳鼻から稲荷山、立石から神楽山、高梨から蛭子山という4艘の舟屋台が登場し、歌舞伎などが上演される。背後を豪華な見送りで飾られた船屋台が、本祭りで湾内を巡航する姿は、海の祇園祭にたとえられる。

伊根祭〈八坂神社〉

●28日……せんにちもうでとひわたりまつり

千日詣と火渡り祭

●**狸谷山不動院**／左京区一乗寺松原町　MAP8・B2

不動尊の縁日に狸谷不動院で行なわれる行事。28日夜8時、貫主が導師になって一山の僧に山伏が加わって本堂で開白護摩供を上げ、大般若経の転読が行なわれる。火渡りは、道場の護摩堂前で山伏約40人が柴灯大護摩供の加持祈祷を厳修した後である。まず山伏が素足で火渡りを行ない、続いて一般信者が般若心経を唱えながら後に続く。護摩火を素足で渡ることで心身を清め、無病息災を得る修行である。参拝者に夏越の護符が授けられる。

千日詣と火渡り祭

●……つちうるおいてじょくしょす

土潤いて溽暑す

七十二候の35番目。新暦の7月29日～8月2日頃。溽暑とは、非常に蒸し暑いこと。暑さと湿気が入り混じり、土までじっとりとして蒸し暑くなる時節。

●30日……かわすそまつり

川裾祭

●水無月神社／熊野郡久美浜町甲山 MAP25・A2

甲山の通称、川裾さんは、下（腰の部分）の厄を払う、また川上からの穢れを払うということから女性の参拝者が多く、かつては盆踊りや出店などで賑わった。現在でも神社の参道には、晒しで作った小幡が立てられ、お札が出される。今なお川上や海部など上流にあたる地区からの参拝もあるという。

●29日～30日……いわたきのかわすそまつり

岩滝の川裾祭（水無月祭）

●水無月神社／与謝郡岩滝町弓木 MAP24・A2

●板並神社／与謝郡岩滝町岩滝 MAP24・A2

川裾祭（水無月祭）は岩滝町の弓木と岩滝の2カ所で行なわれる。弓木は昭和48年まで野田川の弓木大橋畔の中洲に水無月神社を祀り、29日に青年団によって万灯を灯し、露店なども出て大変な賑わいをみせた。同年11月野田川の改修工事に伴い神社は現在の弓木公園の一角に移された。岩滝は天神川河口の海岸で、30日に板並神社の水無月さんを移し、仮祭壇を設けて講中の人たちによって行なっている。かつては弓木同様に大変盛んであった。河川も様変わりした今日であっても、ささやかながらも続けられている。

●30日……みなづきまつり

水無月祭

●島児神社／竹野郡網野町浅茂川明神山 MAP25・A2

水の恵みをもたらす川裾大明神に感謝する祭りで、「川裾さん」とも呼ばれる。浅茂川の河口にある浦島太郎をまつる島児神社を中心に行なわれる。地区内から海岸までの神輿の巡行。八丁浜での海上渡御。花火大会など、多くの見物客で賑わう。

水無月祭〈島児神社〉

●……しみず

清水

石清水と同意で、岩や石の間からこんこんと湧き出る清冽な水、またはその湧き出る様をいう。湧き出る場所や様子から岩清水、山清水、草清水、苔清水などという。共に夏の季語で、清らかで冷たい水のこと。

●……いわな

岩魚

サケ科の淡水魚で、日本の淡水魚の中では最も標高の高い渓流に棲む。岩の穴にすむことから岩穴魚が語源で、略されて岩魚になったといわれる。灰色がかった緑色に淡い朱色の斑点があり体長約30cm。鮎と共に渓流釣りの代表格であり、美味。夏の季語。

●31日夕……せんにちまいり

千日詣り

●愛宕神社／右京区嵯峨愛宕町 MAP13・A2

「伊勢へ七度、熊野へ三度、愛宕さんへは月詣り」と唄われる愛宕詣。愛宕神社の祭神は、迦倶槌命で、火伏せの神として厚い信仰を集める。京都の家々の台所には、必ずといっていいほど、この愛宕神社の「火廼要鎮」の護符がかけられる。31日夜から8月1日にかけたこの日の参拝は、通夜祭と呼ばれて、千日分のご利益があるとされる。標高924mの山頂の愛宕神社までの参詣は安易ではなく、生まれた風習という。午後9時、夕御饌祭、午前2時、朝御饌祭、この間、火伏神事（鎮火祭）、人長祭（雅楽）などを行なう。山頂では護符と樒をうける。3歳までの子供が参ると、その子は一代、火難を免れるとのいい伝えがある。

千日詣り〈愛宕神社〉

●31日……ちのわ

茅の輪

●疫神社（八坂神社内）／東山区祇園町北側　MAP⑨・A1

祇園祭を締めくくる行事として、疫神社の夏越祭りがある。鳥居に取りつけられた大きな茅の輪をくぐり一年の穢れを祓うとともに、無病息災を祈願する。茅を一本抜いて持ち帰り、お守りにする。

疫神社の茅の輪

松尾大社の茅の輪

平安神宮の茅の輪

【夏越の祓】

水無月祓、大祓とも呼ばれる夏越の祓は、半年間の厄や穢れをはらい、晦日に茅の輪くぐりや人形を川に流す禊が行なわれます。

それぞれの神社の氏子の家には、あらかじめ着物姿に切り抜かれた半紙が配られ、めいめい年と姓名を記して体を撫で、三度息を吹きかけて枕の下に敷いて眠るのが京都の習わし。人形とか形代と呼ばれるこの紙に身についた厄や穢れ、災いを移すのだとの言い伝えで、災いを移された人形は前もって、神前でご祈祷を受けます。この日、神社に詣でた人々は蘇民将来の故事により、厄除けの呪力があるといわれる茅の輪をくぐり、この半年に身についた厄や穢れを祓い清め、人形は神官によって川に流されます。上賀茂神社では楢の小川、北野天満宮では紙屋川、貴船神社なら貴船川など神社近くの川は人の願いを託された人形がくるくるとまわりながら禊を行ない、夏草の茂みに消えていきます。

貴船神社の茅の輪くぐり

上賀茂神社の人形流し

八月

葉月　はづき

夏を燃えつくし
秋を迎える五山の送り火

日中は真夏と変わらぬ暑さでも、
夕暮れどきに吹く風や雲の景色が、
秋がめぐり来たことを
報せてくれます。
十三日から十六日までの盂蘭盆会は、
おしょらいさんこと、
先祖の霊が家に帰る日。
町の家々ではそれぞれに、
団子や野菜、精霊用の小さな膳を調えて
祖霊の供養をします。
十六日の朝は、
おしょらいさんが再び浄土に帰る日。
追い出しアラメを炊いて、
その湯がき汁を門口に撒き、
きっぱりと精霊に別れを告げるのです。
そしてその夜、
京都の町全体を護摩壇に見立てた
五山の送り火で、
京都中の精霊を一斉に浄土に送ったら
夏も燃えつき、
町はにわかに秋めきます。

八朔〈祇園〉

●

八朔（はっさく）

旧暦の8月朔日（1日）のこと。新暦の9月1日頃。武家や公家では、正月についで贈答が行なわれていた。現在でも農家では、この日を八朔の節句といって大切にしているところがあり、団子などをこしらえ祝う地方もある。京都では8月1日を祝儀の日として、この日から中元の挨拶をはじめることになっており、祇園の花街では芸舞妓が礼装で芸事の師匠や茶屋に挨拶してまわる。社寺では五穀豊穣祈願の八朔の行事が行なわれる。

●1日

八朔祭（はっさくさい）

旧暦8月1日のこと。朔は月の第1日。古くは、田の実の節といった。怙恃の節、たのみの節とも。田の実は、稲の穂のことで、たわわに実った稲の穂を神に感謝し、祝ったのが八朔である。各神社では、豊穣祈願の神事を行なう。

八朔前日の31日、八朔祭法楽会を行なうのは蔵王堂光福寺。法要のあと、境内で民俗芸能の久世六斎念仏踊が繰り広げられる。

大原の産土神の江文神社では、宮座による八朔踊がある。神社で豊穣祈願の神事の後、夜の更けるとともに大原八郷の若者たちが頭に菅笠をかぶり絣の着物姿で踊る。音頭取りは器楽を使わずに持ち歌を披露する。

松尾大社では、第1日曜日に行ない、朝から奉納相撲、子供神輿が出て、午後には嵯峨野の六斎念仏の奉納がある。境内に数千の提灯を飾り、参拝者で賑わう。

※八朔祭が行なわれる寺社

●1日

●安行山稲荷宮／亀岡市下矢田町

●江文神社／左京区大原野村町

●松尾大社／西京区嵐山宮町

●元伊勢大神宮／加佐郡大江町内宮

●豊受大神社／加佐郡大江町天田内

●7月31日

●蔵王堂光福寺／南区久世上久世町

●上旬

江州音頭京都大会（ごうしゅうおんどきょうとたいかい）

●岡崎公園グランド／左京区岡崎 MAP8・B3

正式名称は「江州音頭フェスティバル京都大会」。滋賀県、京都滋賀県人会や京都市、大津市などが中心になって1981年より行なわれている。「ヨイト、ヨイヤマカ、ドッコイサーノセー」の名調子で一般市民のほか、八日市江州音頭普及会、豊郷、土山、信楽の各町や京滋の企業連など多数の団体参加者で賑わう。琵琶湖の水への感謝の思いをこめて毎年8月のはじめに開かれている。

●

海水浴（かいすいよく）

浜に寄せては返す波を眺め、足元の砂が波に解けるように流れる感触や海水の塩辛いことなどを初めて知ったのは、いつの事だったろうか。遠い思い出には、どこか感傷的な気持ちを誘うものがある。

●

大雨時に行く（たいうときにゆく）

七十二候の36番目。新暦の8月3日～7日頃。時として大雨が降る時節。

●

金魚売り（きんぎょうり）

声を上げながら、通りで物を売って歩く物売りの定番は、金魚売りだった。「きんぎょー、きんぎょ」今、耳にすることはなくなった。

得度式

●上旬

●東本願寺／下京区烏丸通六条上る　MAP⑤・C2

得度式〈東本願寺〉

夏休み期間に行なわれる児童、生徒の臨時得度式。朝、御影堂で門主による剃刀の儀は堂の唐戸を閉ざし、蝋燭の灯りのなかで行なわれる。親鸞聖人の得度が深夜であったことに由来する。勤行のあと、大谷祖廟に参拝、ついで大寝殿で僧侶の証明書ともいうべき度牒と法名を伝達される。この日から児童、生徒たちは真新しい法衣をまとい、僧侶としての第一歩を踏み出すことになる。

得度式〈東本願寺〉

●上旬の土曜日・日曜日

京の夏まつり友禅流しファンタジー

●鴨川河川敷（三条〜四条間）　MAP④・C2

京都と和装業界の振興をはかるため、京都染色青年団体協議会が昭和53年

友禅流し〈鴨川〉

ドラゴンカヌー選手権〈久美浜湾〉

より毎年夏に開催している催し。友禅流しは友禅染の最終工程で、防染糊や余分な染料を水で洗い落とす作業。かつては鴨川や高野川でも行なわれ、京都の風物詩の一つにもなっていたが、水質汚染防止のために昭和30年代に行なわれなくなった。再現される夏の友禅流しでは完成品が使われ、ゴム長・ゴム引き前掛け姿のメンバーが川に入り、生地を次々に川に流してすすぎ、終わると河原に干していく。ライトアップされた鴨川の流れに色鮮やかな文様の染め生地が揺れ、友禅のふるさと京都を彷彿とさせる。両日とも夕方より2回実施。

〔連絡先〕京都染色青年団体協議会
TEL075（211）0015

●上旬の日曜日

ドラゴンカヌー選手権大会（どらごんかぬーせんしゅけんたいかい）

●久美浜湾カヌーレーシング会場／熊野郡久美浜町（くみはまちょう） MAP㉕・A2

正式名は久美浜交流ドラゴンカヌー選手権大会。カヌーの町久美浜をPRしようと平成2年より開催されているイベント。町が製作した竜を形どった華麗なカヌーに1チーム10名の選手が乗り込む。太鼓の音や掛け声に合わせて、豪快な水しぶきを上

京都 ちょっと昔のくらし

富山の薬売り

1年のうち何度か、富山から薬売りが訪れました。「越中富山の薬売りでございます」といって親しげに家に入ってきて框（かまち）に座り込むと雑談などをはじめます。家の者が柱や鴨居（かもい）に吊しておいた大きな油紙の袋を薬売りに渡すと、薬売りは何種類かの新しい薬袋と取り替えるのです。子どもたちにとっても顔なじみのおじさんといった感じで、紙風船や塗り絵などのお土産をくれました。大人はこの薬売りを親戚のように茶菓でもてなしていました。

富山の薬売り

げながらゴールを目指し、スピードを競う。真夏の海のイベントとして定着し、地域の住民だけでなく、府外からも多くの参加者がある。有料。
〔連絡先〕久美浜町商工観光水産課
TEL０７７２（８２）２００６

●上旬……………ふぇすたみねやま

フェスタ峰山

●峰山町役場前広場／中郡峰山町杉谷 MAP㉕・B2

峰山町には2つの羽衣伝説が伝わる。1つは『丹後風土記』にある日本最古の伝説で、水浴びしている天女の羽衣を老夫婦が隠し、自分たちの娘にしたという伝説。もう1つは、やはり水浴びしている天女の羽衣を隠した狩人「さんねも」と天女が結ばれ、3人の美しい娘をもうけたが天女は再び天上に戻っていったという伝説である。フェスタみねやま「飛天」は羽衣伝説をコンセプトに町民が手づくりで実施するイベントで、ミニコンサートやフリーマーケットなどが行なわれる。
〔連絡先〕峰山町企画商工課
TEL０７７２（６２）７７０１

●6日～7日……………うらじんじゃまつり

宇良神社祭

京都府指定無形民俗文化財
●宇良神社／与謝郡伊根町本庄浜 MAP㉔・B1

地元では宇良神社を浦島神社・浦島大明神、あるいは筒川大明神などと呼んでいる。祭神は浦島子。以前は長延・蒲入・河来見・新井など、旧筒川庄の村々十三ケ村が花踊りと太刀振りを演じて集まり、大変な賑わいであった。現在も宵宮には裸の若者の太鼓打ちがあり、本祭には付近の本庄浜、本庄宇治、本庄上などの地区の若者が鳥居前と本殿前で次々に花踊りと太刀振りを奉納する。典雅なメロディーの花踊りと勇壮な太刀振りが好対照をなしている。

宇良神社祭〈宇良神社〉

花火

●……………はなび

花火

イタリヤのフィレンツェで14世紀に始まったといわれる花火が、わが国に伝来されたのは16世紀。南蛮人によって火薬が伝えられ狼煙など、主として戦闘用の通信手段に使用された。火薬製造専門の武家もあったが、次第に民間の技となっていった。慶長18（1613）年、徳川家康が娯楽用の打ち上げ花火を観賞したという記録があり、この頃より将軍家や大名家など上層階級では花火観賞が行なわれ、花火師や花火売りなども登場し、庶民の間にも広がり、主として子ども用の線香、流星、鼠などの花火が流行。しかし、江戸の町にしばしば花火による火災が発生し、半面、川以外の花火が禁止された。江戸町人の川遊びの場であった隅田川両国橋あたりでの打ち上げ花火は年中行事となった。花火観賞時のかけ声「玉屋、鍵屋」は花火業者の名で、鍵屋は大和篠原から江戸に出てきた「弥兵衛」の店。玉屋は鍵屋7代目の時の職人「清七」が分家して起こした店。わが国の花火技術は世界でも高く評価され、外国へも輸出されている。

●……………せんこうはなび

線香花火

近頃、線香花火の人気が高まってきていると聞く。素朴な姿から想像する以上の花火の変化の多様さと、はかなさが流行の「いやし系」なのだろう。今は、中国産のものが主流を占めているが、わずかながら国産の線香花火も生産され続けている。

●上旬の土曜日・日曜日……………あかれんがさまーじゃずいんまいづる

赤煉瓦サマージャズin舞鶴

●赤煉瓦倉庫群特設ステージ／舞鶴市北吸 MAP㉓・B2

平成3年より開催されている、夏の夜のジャズの祭典。港に立ち並ぶ旧海軍時代の赤煉瓦の倉庫群を活用した町おこしのイベントで、国内だけでなく国外からも一流のアーティストが集まる。倉庫群に設けられた特設ステージに響くジャズの旋律は、異国情緒漂うベイエリアとともあいまって観客の心をジャズ発祥の地ニューオーリンズへと導く。有料。

〔連絡先〕赤煉瓦ジャズ祭実行委員会
TEL 0773（63）7710

●6日……こもりじんじゃまつり

古森神社祭

●古森神社／与謝郡伊根町長延　MAP24・B1

かつて宇良神社の本庄祭には、周辺の村々ともども太刀振りを演じて盛んであったが、現在では、伝承者の高齢化と祭りの担い手である若者不在のため、宵宮の6日に氏神・古森神社で祈祷をうけるだけになってしまった。

●6日……えのひめじんじゃまつり

江之姫神社祭

●江之姫神社／宮津市江尻　MAP24・B2

宮津市江尻弁財天にある江之姫神社は、明治43年に天橋立神社の本殿を移築したもの。当日は、籠神社の宮司がお祓いをする。また地元江尻の太刀振りが奉納される。

●……ゆかた

浴衣

夕方、行水で汗を流した後、浴衣に着替える。昔は、真昼間から浴衣を着て外を出歩くことはなかった。着物が高価になると共に、今は浴衣がおしゃれ着として定着し、色柄も豊富で、見た目には着物と変わらないものもある。着こなしにも、洋服感覚の自由な発想が見られるようになってきた。

●7日～10日……ろくどうまいり

六道まいり

●六道珍皇寺／東山区松原通東大路西入る　MAP9・A2

六道とは仏教の世界観の一部をなすもので、すべての生物が善悪の業によっていずれかに往くべき六種の境界のことで、地獄・餓鬼・畜生・阿修羅・人・天の六界をいう。珍皇寺が六道といわれるのは葬送地であった鳥辺野に近いためで、六道の辻とも呼ばれ、現世と冥界の分れ道という。この期間、多くの人が訪れ、迎え鐘をつき、先祖の法名をかいた水塔婆を槇の葉で水をかけて供養し、その槇を持って帰ると先祖の霊が槇に乗って家に帰るといわれる。

六道まいり〈珍皇寺〉

●立秋前夜……なごしのしんじ

夏越の神事

●下鴨神社／左京区下鴨泉川町　MAP8・A2

古式を伝えて行なわれる禊祓の神事。別に矢取神事とも呼ばれる。かつては、六月祓の一部として行なわれたが、いま立秋前の夜にされ、葵祭の斎王代御禊神事や御手洗祭が行なわれる御手洗池に組まれた八角の枠に、先に四垂をつけた大小50本の竹の斎串を神職の祝詞とともに裸の男たちが競って奪い合う。斎串を取るの

京都のしきたり　たのみの節句

陰暦8月1日は二百十日頃で、早稲の実が熟しかかる頃。農村では収穫の無事を祈りタノミと呼ばれる共同体で寄り合い、早稲の実をカワラケに乗せ、まわしながら酒を飲む素朴な宴を催した。この農耕儀礼が鎌倉時代には主従の信頼関係を確認するための寄り合いや贈答の習慣となり、人間関係の頼みと田の実を掛け憑の節供と呼ばれる行事となった。江戸時代には徳川家康の江戸入りが天正18（1590）年8月1日であったことから祝儀が催された。吉原では白無垢の遊女による仲之町道中が行なわれ、農村ではタノミ（ユイ）での酒宴や贈答を行なった。京都の祇園花街では、舞妓や芸妓が師匠やお茶屋などに礼装して挨拶にまわる。また、茶道家では家元や師匠へ、商家では分家が本家へ挨拶に行く八朔の回礼の習慣が一部残っている。八朔の贈答習慣はお中元として現代につながっている。

夏越の神事〈下鴨神社〉

は福を得ること、さらに五穀の豊穣を願うと信じられている。矢取の名は四垂をつけた斎串が矢に似ていることからである。

●5日……………たんばなつまつり

たんば夏まつり

●須知地区内／船井郡丹波町須知　MAP㉑・B3

須知の名は、古くは天永年間（1110〜13）、この地の豪族須知慶吉が山上に居館を構えたことに由来する。江戸時代は山陰道の宿場町として栄え、現在の国道9号線の西側に走る旧山陰道には、宿場町の面影が残っている。夏まつりは、その頃の伝統を今に伝える古い祭りで、800発の花火大会や、よさこい踊り、丹波音頭などの盆踊りなどが開催され、多くの人で賑わう。

〔連絡先〕ふれあい祭実行委員会
TEL0771（82）0575

●……………りっしゅう

立秋

二十四節気の13番目。新暦の8月7日、8日頃。この日から立冬の前日までを秋といい、暦の上では秋だが、実際にはまだまだ暑い日が続く。

●……………おおさんしょううお

大山椒魚

サンショウウオ科。全長1m。日本最大の両生類で、本州中部以南の川に棲息している。夜行性で、夜に沢蟹や魚をとって食べる。どん欲で食欲旺盛、口に触れる生き物は何でも食べる。賀茂川の上流に棲息しているが、梅雨時などに増水すると、街中まで流れてくることもある。

●……………りょうふういたる

涼風至る

七十二候の37番目。新暦の8月8日〜12日頃。涼しい風が立ち始める時節。

●……………たんばたろう

丹波太郎

夏、京都の西北の空に湧き上がる入道雲と、その雲がもたらす雷のことを丹波太郎と呼ぶ。南の空からやってきて山城地方を中心に被害をもたらすものは山城次郎といい、琵琶湖周辺で起こる雷を比叡三郎という。中でも雨量が多いのは、山城次郎である。

●上旬……………さまーないとこんさーときょうと

サマーナイトコンサート京都

●西京極総合運動公園／京都市右京区西京極　MAP⑬・B3

幼稚園から高校までの児童・生徒や警察音楽隊・消防音楽隊などにより華麗な吹奏楽が次々に演奏され、バトントワリング、カラーガードなどが音楽に合わせて力強く演じられる。夏の夜に鳴り響く吹奏楽のリズムは、聴衆に元気と盛夏を乗り切る力を与えてくれる。入場料は無料。但し、問い合わせを。

〔連絡先〕サマーナイトコンサート京都実行委員会
TEL075（222）4105

京都ちょっと昔のくらし

傘の張り替え

「傘、コーモリ傘の張り替え」と歌うように町内を歩き、道ばたの手頃な一角に腰をおろして傘の張り替えをする職人さんがいました。3段か4段くらいの引き出しのついた道具箱の中には、修理道具一式が収まっていて、傘骨が折れたり、布が破れたりしたコウモリ傘を手際よく修理します。コウモリ傘の骨は鉄製で、現在のように軽いものではありませんでしたが、傘が軽量になっていくほど、その扱いも軽んじられるようになったようです。

傘の張替え

陶器市〈五条坂〉

陶器市　とうき市

●7日～10日

●五条坂／東山区五条橋東　MAP 9・A2

京の夏の風物詩で親しまれる五条坂の陶器市。全国最大規模の陶器市で、東大路から五条大橋詰までの両側で開催される。地元の陶器商、陶器作家の店をはじめ瀬戸、有田、九谷といった窯どころからの出店が並び、日用雑器を求める人々から業務用の高級食器を品定めする料理店関係者や観光客で会期中、賑わう。大正期、五条坂の陶磁器の工房などが近くの珍皇寺のお精霊迎えにお参りする善男善女のみやげ用として露店を出したのが始まり。

若宮八幡宮大祭　わかみやはちまんぐうたいさい

●8日

●若宮八幡宮／東山区五条橋東　MAP 9・A2

陶器市会期中の8日には、陶器神社で知られる若宮八幡宮で陶器大祭が営まれる。天喜元（1053）年、後冷泉天皇の勅願で、源頼義が左女牛西洞院に創建、歴代足利氏の尊崇を集めた。慶長10（1605）年、現在地に移転し昭和24年に陶祖神椎根津彦大神を勧請した。境内には陶磁器で作り物を作って飾り、8日午前中に大祭を営み、陶器神輿も出御する。また、陶器市の期間に陶器絵馬の授与がある。

若宮八幡宮大祭〈若宮八幡宮〉

流星　りゅうせい

宇宙空間にある微小物体が地球の引力によって大気圏に突入し発光する流れ星。大抵、大気中で燃焼するが、時に地上まで消滅しないまま落下する。これが隕石や隕鉄。星飛ぶ、夜這い星、走り星とも呼ばれる秋の季語。流星群は太陽の周囲を巡る高密度の宇宙の塵の群の中を地球が通過する時、無数の流星が傘を拡げたように観測される現象。

林間学校　りんかんがっこう

夏休みなどを利用して山野での体験活動や自然観察などの教育活動を行なうこと。学校の分校など、特定の施設のある場合だけでなく、キャンプなども含まれる。自然観察しながら歩くオリエンテーリング、キャンプファイヤー、ゲームや炊事、工作などを体験する山の学校。

向日葵　ひまわり

キク科の一年草で北アメリカが原産。花は観賞用で、種子からは油を採る。コロンブスの新大陸発見後、ヨーロッパに広まったとされ、「太陽花」「太陽の方向に回る花」などと呼ばれた。太陽を追って花がまわるという俗説があるが、実際にはほとんど動かない。炎天に向かって咲く堂々とした姿は、真夏のシンボル。

芙蓉　ふよう

アオイ科の落葉低木。秋牡丹の異称もある初秋の花。朝、桃色の花を咲かせ、夕方に花弁を閉じる一日花。八重咲きのものは酔芙蓉で、夕方から花が濃い桃色に変化する。秋の季語。

芙蓉

夜の特別法要　よるのとくべつほうよう

●上旬の3日間

●比叡山延暦寺／大津市坂本本町　MAP 7・B3

夏の夜の静寂の中、根本中堂・大講堂・文殊楼ほか、東塔の堂塔や樹林が美しくライトアップされる。200余の提灯や置行灯が幻想的な雰囲気をさらに増し、山が一層の霊気に包まれる中、根本中堂で夜の法要が厳かに営まれる。拝観受付は夜の8時30分までで、観覧は9時までとなる。平成10年から開催されており、納涼をもかねて参拝する観光客も多い。有料。

〔連絡先〕比叡山振興会議事務局
TEL077（529）2216

お中元（おちゅうげん）

中国の暦法からきた言葉で陰暦の7月15日のこと。ちなみに上元は1月15日、下元は10月15日で三元と呼ばれ、この日に饗応すると罪が免れるという中国の思想とわが国の盂蘭盆会の行事や八朔の贈答習慣とも混淆して贈答習慣として伝承されている。ただし、一般庶民に定着していったのは江戸時代以降で、お中元のやりとりは近年になってのこと。

お中元

天瓜粉（てんかふん）

行水やお風呂からあがったら、首筋、背中、腕などに天瓜粉をはたく。「ぽんぽん」とも言うが、子供から大人まで、汗を流してさっぱりした後には「ぽんぽん」。襟足から覗く白い首筋と「ぽんぽん」の香りは郷愁をよぶが、この習慣はいまも息づいている。

帰省（きせい）

盆、正月を故郷で過ごすため、一時故郷の実家に帰ること。帰省子は帰省する人。かつては藪入りと呼ばれ、正月と盆に生家に宿下がりすることで、嫁が実家に帰ることも含まれる。親見参と呼ぶ地域もあったことから、養父入り、家父入りとなったという説や、嫁が実家に帰り焼き畑仕事を手伝うことから藪入りとなったなど、諸説あるが確かなことは不明。藪入りの言葉は元禄時代より始まったという。

納涼古本まつり（のうりょうふるほんまつり）

●11日〜16日
●下鴨神社糺の森／左京区下鴨

京都ちょっと昔のくらし

家族でラジオ体操

ラジオ体操が始まったのは昭和3年。アナウンサーの元気な声と軽快なピアノ伴奏での第1、第2のラジオ体操は今も続いています。かつての小学校では毎週月曜日、全校朝礼の後、ラジオ体操のレコードをかけて全校生徒が一斉に体操しました。戦争中は富国強兵策の一環でもあったといいます。夏休みは毎朝7時から始まる放送に合わせて大人も子どもも町内の広場に集まりました。体操の後、町内の掃除をするのは子どもたちの役目でした。

ラジオ体操

MAP 8・A2

昭和63年より開催されている古書市で、今や京都の夏の風物詩ともなっている。京都、大阪を始め岡山や徳島からも約40店の古書店が参加し、下鴨神社糺の森には約80万冊の古書が並ぶ。市内だけでなく近畿一円から目当ての古書を捜し求めるファンが集まり、盆の行事や、五山送り火の観光客とも相まって、神社の境内は一日中賑わいを見せる。

〔連絡先〕京都古本研究会 TEL075（221）0307

●12日

盆市

ぼんいち

●相楽郡木津町木津　MAP 18・A2

盆用品を売る朝市。旧奈良街道の本町通りに露天が立ち並び、蓮の葉や杉、花、仏具などの盆用品や衣類や果物などが売られ、近在の買い物客で賑わう。

●

くず切り

くずきり

夏には、やはり葛を用いた菓子が喉ごしも良いことから好まれる。葛をといて火に掛け、薄く固めたものを細く切って冷やし、黒蜜を掛けていただくのがくず切り。葛に特有のコシとすべらかさが美味しい。

●

甘子

あまご

サケ科。体側に黒色斑紋のならぶ清楚な魚。西南日本の太平洋側河川の上流にすみ、体長は約20cm。琵琶湖や海に下るものもいて、それらの体長は50cmくらいで銀白色。梅雨にはいって、川の水かさが増すころはアマゴ釣りに最高の季節となる。アマゴはまるまると太り、動作も俊敏で、なかなか釣りにくいのが、渓流釣りにはたまらない魅力となる。俳句の季題としては夏の魚。

●14日

城屋の揚松明

じょうやのあげたいまつ

京都府登録無形民俗文化財

●雨引神社／舞鶴市城屋　MAP 23・A2

揚松明行事は氏神雨引神社の火祭りとして、雨乞いと豊作を祈る。愛宕信仰を背景に広まった柱松行事が雨乞と習合し、それが氏神祭礼になったものである。境内広場の中央に柱状の約16mの大松明を立て、オガラの束でハチと呼ぶ逆円錐形の先端部を作る。中央にはさらに御幣をつけた長さ10mほどの青竹を立てる。夜になると青年たちが集まり、先端部めがけて小松明を投げあげ、だれが最初に点火させるか競う。すり鉢形をした大松明に火がつき、炎が上がるたびに、大きな歓声とどよめきがおこり、祭りは最高潮に達する。最初に点火したものは名誉なこととされ、落下してきた御幣を神前に供える役目を担う。

城屋の揚松明〈雨引神社〉

●

盆踊り

ぼんおどり

起源については諸説あってさだかではないが、お盆に先祖の霊を慰めるために行なった踊りとされる。念仏踊の一種。文献として『二水記』永正17年（1520）7月の条に盆踊りを勧修寺で行なった記録があるという。六斎念仏踊、松ケ崎題目踊り、久多花笠踊、上賀茂紅葉音頭などはその名残りを伝える。一方、古い神迎え、神送りの神事と関連づける説がある。踊る姿は、輪になって踊る輪舞と列を組んで踊る行進の2種類があるが、それぞれが地蔵盆の時期に行なわれた。やがて踊りは娯楽化して、夏の風物詩として、炭坑節や江州音頭で広く親しまれるようになる。8月上旬には左京区岡崎グラウンドで、京都新聞社と滋賀県人会などの主催による「江州音頭フェスティバル京都大会」が広く市民を集めて行なわれる。

●14日〜17日、23日〜25日

ドッコイセ祭（どっこいせまつり）

●福知山市広小路通（ひろこうじどおり） MAP22・B2

「ドッコイセ」とは、明智光秀が織田信長の命を受けて福知山城を築城する際に領民たちが木材や石材などを運ぶのに、「ドッコイセ」「ドッコイセ」と手を振り足を振り面白く唄いだしたのが始まりと伝わる。広小路通を会場に、官公庁、事業所、自治会、団体等の連による参加と、一般市民の自由参加で、福知山踊りの輪が広がる。期間中の15日には花火大会も催される。

ドッコイセ祭〈福知山市〉

●15日〜16日

松ヶ崎題目踊り（まつがさきだいもくおどり）

京都市登録無形民俗文化財

●涌泉寺（ゆうせんじ）／左京区松ヶ崎堀町（まつがさきほりまち） MAP8・B1

涌泉寺は日蓮宗の寺で、徳治2（1307）年村人の多くが天台宗から法華宗に改宗したおり、住職がそれを喜び法華題目を唱えると、村民も一緒に喜び踊ったという。太鼓に合わせ、男女ふたつの輪で身体をまげ、伸ばし、団扇を上下に回転する単調な踊りに歴史を感じさせる。

松ヶ崎題目踊り〈涌泉寺〉

●16日

あやべ盆踊り大会（あやべぼんおどりたいかい）

●綾部市西町アイタウン MAP23・A3

市内各地区で行なわれていた盆踊りを昭和49年から綾部地区連合会として統一して行なうようになった。当日の夜7時頃、保存会による「綾部太鼓」を皮切りに、太鼓や三味線の囃子にのって、色鮮やかな浴衣（ゆかた）や法被（はっぴ）姿の老若男女が、商店街に設けられたやぐらを中心に、軽快に綾部踊りを9時頃まで踊る。また、7月28日には水無月祭が由良川の丹波大橋下流で花火大会とともに行なわれる。

●

白露下る（はくろくだる）

七十二候の38番目。新暦の8月13日〜17日頃。白露（はくろ）とは、きらきら光る露のこと。夏も終盤を迎え、秋の気配がやや強くなり、きらきら美しい朝露が降り始める時節。

●

桔梗（ききょう）

キキョウ科の多年草。夏の終わりから秋にかけて、青紫色か白色の五裂の鐘形花を咲かせる。星のかたちのような端正な花と、ふくらんだ紙風船のようなつぼみは、凛とした気品にみちている。秋の七草の「朝顔」とは桔梗のことで、古典的な秋の花の代表格。

夜店
よみせ

祭りに夜店はつきもの。常は閑散としている神社やお寺の境内も、この日賑う。金魚すくい、カルメラ焼き、綿菓子、飴細工、冷やし飴、風船釣りなどは定番。昔はシジュウカラがおみくじを運んでくるという出し物もあった。

夜店

百日紅
さるすべり

ミソハギ科の落葉高木。原産は中国・インドで、日本には元禄年間にもたらされた。夏の間の百日間、紅い花が咲いているので百日紅と書く。幹にはこぶが多く、すべすべしているので、猿も滑るという意味をもたせてこの名前がついた。夏から秋にかけて、鮮やかな紅色や白色の小花が群がるように咲きほこる。葉はだ円形で、秋には紅葉する。庭や公園に植えられるほか、街路樹としても好まれている。

百日紅

14日
市坂太鼓念仏
いちさかたいこねんぶつ

念仏石堂／相楽郡木津町市坂　MAP 18・B2

お盆の精霊供養の六斎念仏。市坂地区の氏神幣羅坂神社宮座の中老が中心となって演じている。14日の早朝に念仏石という石を祀ったお堂に集合し、そこで演じてから新仏の家を回り、最後に墓地で演じて解散する。20人くらいで構成され、導師が大太鼓を打ち、残りが鉦を叩く。特別な六斎の曲は伝承されておらず、念仏の唱和が中心で振りなどもない。ただ新仏の家では念仏が始まると家族の者が精霊棚にお茶を献じる風習がある。

14日
五郷しょうらい踊
いつごうしょうらいおどり

京都府登録無形民俗文化財

上狛地区／相楽郡山城町上狛　MAP 18・A2

中世の念仏踊りの系譜を引く精霊供養の盆踊り。町内の各地区で広く踊られたが、戦後すべて廃絶した。その後昭和60（1985）年に上狛地区で、「五郷精霊踊保存会」が結成されて復活した。上狛はかつて5つの郷に分かれており、各郷ごとに若衆が踊り手となって新仏を迎えた家の庭で踊った。若衆は白装束で背中に御幣を挿し、胸元にはカンコと

京都 ちょっと昔のくらし
ロバのパン屋さん

「ロバのおじさんチンカラリン、チンカラリンロンやってくる」と、童謡を鳴らしながらやって来たロバのパン屋さんがいました。ロバだと信じていたのは、実は小さくても力持ちの木曽馬だったそうです。パンはほとんどが蒸しパンのようなものでしたが、おやつの種類も少ない時代、子どもたちに夢を運んでくれました。ロバのパン屋さんは昭和35、36年頃までやってきましたが、町に自動車が増えるに従い、いつしか姿を見なくなりました。

ロバのパン屋さん

呼ぶ締太鼓を付ける。そして音頭取りの歌に合わせて体全体を使って勇躍して踊る。現在は「しょうらい踊り保存会」という名称で、町全体の保存会となっており、盆の時期に公的施設で広く町民に披露している。

西教寺六斎念仏〈西教寺〉

●14日

西教寺六斎念仏（さいきょうじろくさいねんぶつ）

京都府登録無形民俗文化財

●**西教寺**／相楽郡木津町木津　MAP 18・A2

木津地区に伝承されたお盆の精霊供養の六斎念仏。戦前木津には東西2つの六斎講があったが、戦争前に廃絶した。昭和51（1976）年に元東六斎講の講員によって復活され、毎年14日の午後西教寺と初盆の家で演じてきた。東六斎は、戦前は木津の橋本町の家々で組織されていて、町内の男子はみな加入した。8月初旬に厳しい練習を行ない、13日に墓地付属の長福寺でまず演じてから、14日、15日に家々を回った。構成は鉦5人、太鼓6人で、伝承された六斎の曲を唱和しながら、鉦・太鼓を独自のリズムで打っていく。昭和60（1985）年に京都府登録無形民俗文化財に登録されたが、現在講員の高齢化によって中断している。

●14日

佐伯灯籠（さえきどうろう）

京都府指定無形民俗文化財

●**稗田野神社ほか**／亀岡市稗田野町佐伯　MAP 19・B3

社伝によれば、寛喜元（1229）年広幡大納言が勅使として参向し、灯籠5基を下賜されたことから始まったという。四季の農耕の様子をあらわした5基の神灯籠と透かし彫りの御殿を持ち、大きさ約30cmの串人形による人形浄瑠璃の移動舞台を兼ね

佐伯灯籠〈亀岡市〉

京都のしきたり

大文字のからけし

銀閣寺あたりの家々でよく見かけるのが、門や軒下に下げた水引きで結んだからけしだ。周辺は毎年8月16日の盂蘭盆会に行なわれる伝統行事五山の送り火の一つ、如意ケ嶽の大文字を守り続ける町である。からけしは、火床に残った送り火の薪の燃え残り。門口に下げておくと厄病除け、魔除けになると伝えられる。こうした慣わしがいつはじまったのかさだかではないが、ちいさなころ、腹痛をおこしたおり、送り火のからけしを年寄りから飲まされたことがあると、大文字保存会の人から聞いたことがある。送り火には、あかあかと燃え盛る五山の火を盆やコップに注いだ水に映して飲めば、中風にかからないというい伝えもある。

京都のことわざ

医者の若死に出家の地獄

医者の不養生と僧侶の破戒を冷やかした言葉。

練込ばやし〈天神社〉

た台灯籠が中心となる。灯籠はいずれも紅白の色紙などで色鮮やかに飾りつけられる。午後7時半から佐伯灯籠資料館で人形浄瑠璃が行なわれ、午後11時から灯籠追い、太鼓掛け、灯籠吊りといった行事も行なわれる。

●15日……………ねりこみばやし

練込ばやし

●天神社／綴喜郡宇治田原町奥山田　MAP17・B2

伝承されている囃子を氏神に奉納する行事である。小学生が法被鉢巻き姿で奥山田会館に集合し、太鼓、笛、鉦を各自持ち、それらを奏しながら神社境内まで練り歩く。本殿前で囃子を奏してから解散し、境内に並ぶ夜店を楽しむ。伝承によると、かつては太鼓踊りとも呼ばれ、踊りを伴ったもので、若衆連が囃子に合わせて踊りながら踊り場まで練り歩いたという。また盆以外にも雨乞いのときも踊られたという。戦時中に中断したが、昭和45（1970）年に復活した。

●15日……………しゅうせんきねんび

終戦記念日

戦争を体験した世代と、そうでない世代とでは、この日の捉え方はかなり異なるだろうが、体験者の心から語られる戦争の記憶、意味を受け止めて、次の世代へ橋渡し続けることが大切なのではないだろうか。

●12日～15日……………しょうらいぶねぎょうじ

精霊船行事

京都府登録無形民俗文化財

●舞鶴市小橋　MAP23・B1

10歳から14歳までの少年たちによる子供組が中心となって行なう。12日は船の材料となる竹切り、13日は行事の基地となる小屋作りと相撲の土俵作り、14日は船の組み立てと飾りつけ、夜は子供組主催の相撲が行なわれる。15日昼前、寺での施餓鬼が終わると色紙で作った旗や供物で満載された精霊船を沖に流す。

精霊船行事〈舞鶴市小橋〉

京都の蝉

京都市は山に囲まれ、市街地にも古い歴史をもつ社寺林が多い。緑が豊富なので、夏になるとどこからともなく、セミの鳴き声が聞こえてくる。

京都府内には10種のセミが生息しているが、市街地でよくみられるのは、アブラゼミ、クマゼミ、ニイニイゼミ、ツクツクボウシ。山地の山林にはミンミンゼミ、ヒグラシ、ハルゼミ、チッチゼミが、さらに深い山に入るとエゾゼミ、アカエゾゼミが生息している。最もはやい時期から鳴き始めるのはニイニイゼミで、「チーーーー」と続けて鳴く。クマゼミは「シャーシャー」、ツクツクボウシは「オーシツクツク」、アブラゼミは「ジリジリジリ」。ミンミンゼミは「ミーンミーン」、ヒグラシは「カナカナ」、ハルゼミは「ムギームギー」、チッチゼミは「チッチチッチ」、エゾゼミは「ギーーー」と、それぞれ特徴ある鳴声で夏らしさを演出してくれる。

●14日～16日……かまにゅうのしょうろうぶね

蒲入の精霊船

京都府登録無形民俗文化財

●西明寺／与謝郡伊根町蒲入　MAP24・B1

小1から中3までの少年による子供組が行なう行事。最年長の子が大将となって行事を取り仕切る。14日は大きな松明を2本作り、これを14、15日両夜一本ずつ燃やす。15日は西組、中組、東組と地区別に分かれ、各組ごとの船作りで、各戸の大人が木と板を持ち寄って、平底の木造船を本物同様精巧に作る。16日昼、寺での施餓鬼が終わってから精霊船にお盆の供物や水、野菜を乗せて海に流す。

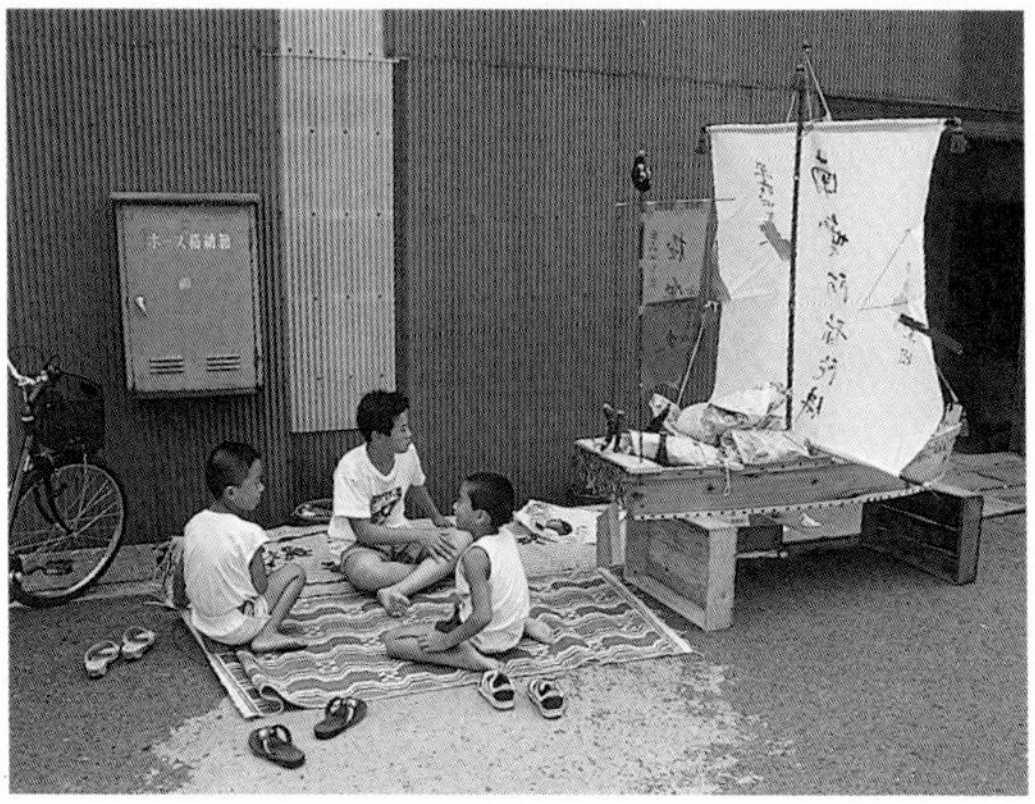

蒲入の精霊船〈伊根町〉

●15日～16日……かめしまのしょうろうぶね

亀島の精霊船

京都府登録無形民俗文化財

●亀島地区／与謝郡伊根町亀島　MAP24・B2

亀島の4地区（高梨・立石・耳鼻・亀山）が、それぞれ精霊船を作る。野菜で作る人形は子供の役で、竹と麦わらによる船作りは大人の役である。16日早朝、お盆の供物や水、野菜を積み込み漁船に乗せて沖まで運び海に流す。船は福井県永平寺町にある曹洞宗総本山永平寺に流れていくともいわれている。

●13日～16日……おしょらいさん

お精霊さん

お盆が近づくと、各家では家内を清め、仏壇の掃除をし、先祖の御精霊を家に迎える準備をする。仏壇のお飾り付けは、各家、各宗派で異なるが、先祖を身近に感じ、敬う気持ちは同じである。16日の送り火まで、生活を共にする。

●お盆……ゆうれいあめ

幽霊飴

●六道珍皇寺門前／東山区松原通東大路西入る　MAP9・A2

幽霊が、我が子を飴で育てたという、昔話にちなんだ飴。麦芽糖を用いた琥珀色の素朴な飴は、舐めていると柔らかくなって歯にくっつく。忘れられないお盆の味。

●15日……ていぼうじんじゃまつり

堤防神社祭

御霊公園／福知山市中ノ　MAP22・B2

由良川西岸の福知山は洪水の被害を幾度となく被ってきた。この祭りは御霊公園にある堤防神社の祭りで、洪水から福知山を守る堤防に愛護と日頃の感謝を込めて行なわれるようになった。

当日は神輿と渡御行列で市街地を巡る。途中、音無瀬橋など五カ所で清め払いの神事を行なう。夜は花火が夏の夜空を彩る。

●16日……とおのいちてんじんささばやし

多保市天神笹ばやし

●天神神社／福知山市多保市上野　MAP22・B3

笹ばやしは夜7時から集落の南端の和田家の立石から山すその天神神社へ向かう渡御の途中五カ所で行なわれる。「笹持ち」と呼ぶ2m余りの青笹をもつ少年たちが、大人たちが

京都のことわざ

朝題目、夕念仏

比叡山延暦寺で朝の法華懺法で南無妙法蓮華経（題目）を唱え、夕方には阿弥陀経（念仏）を唱えたことをいった。のちに神仏習合、宗教宗派にこだわらない日本人の信仰を批評する意味が強くなった。

京都のことわざ

盆過ぎての蓮の花

お盆のお供えは七色盆菓子、蓮の花、ホオズキなど。盆過ぎの蓮は手遅れ。「十日の菊、六日の菖蒲」も1日ちがいで無意味になるという譬え。

京都のしきたり

送り火の燃えさし

「大文字の送り火の燃えさしを軒につるすと病気しない」。お盆の8月16日の夜、東山の大文字山に灯る「大」など京都五山の送り火。この燃えさしを和紙で巻き、水引をかけて玄関先につるす。この風習は平成の現在も根強いものがある。

道路に樫材の「より棒」（六尺棒）を組んで作った堰を打ち破り進んでいく。このより棒は土師川の堰に見立てたもので、水が豊かに流れる様子を表している。この笹ばやしはかつて干ばつで苦しめられた地域の人々の願いを集めた雨乞いの行事である。

●15日……………はなせのまつあげ

花背の松上げ

京都市登録無形民俗文化財

●花背八桝／左京区花背八桝町　MAP⑦・A2

灯籠木場と呼ばれる河原の一角に約1000本の地松を立て、中央には約20mの檜丸太の先端に逆円錐形のモジ（笠の部分）をとりつけた灯籠木を立てる。夜9時になると地松に火がつけられ、保存会員がクルクルと手松明を投げ上げ点火を競う。最後に灯籠木が倒される瞬間は迫力がある。松上げは愛宕山への献火行事という。終了後、愛宕社に参り、惣堂で総愛宕講を行ない、深夜まで盆踊を踊り続ける。

花背の松上げ〈花背八桝〉

花背の松上げ〈花背八桝〉

京都ちょっと昔のくらし

お精霊さんの好物

お盆の間、仏壇におしょらいさん（精霊）に毎日お膳を供えます。特に決まった料理はありませんが、13日のお迎えだんごと16日の追い出しアラメは定番メニュー。牛臭を慎み、出汁は昆布だけで季節の野菜や湯葉などで精進料理を作ります。おやつはけんずいと呼ばれ、おはぎや素麺など、あるものを供えます。16日、アラメの黒い茹で汁を門口に撒くと精霊はこの世に未練を残さずに浄土に帰るのだと伝えられています。

お精霊さんの好物

●16日……だいもんじおくりび

大文字送り火

8月16日に行なう盂蘭盆会の行事。仏教が庶民一般に浸透するようになった室町時代以降に起こったといわれている。口碑によると、昔、大文字山の山麓にあった浄土寺が炎上した時、本尊の阿弥陀如来が峰に飛び移って難を逃れた。その時の光明をかたどって点火したのが起源と言われている。弘法大師（空海）はこの光明を未来に残して、人々の極楽の機縁にしようと思いたたれ、「大」の一字に封じ込まれた。それが大文字送り火の由来となった。

「大」の字には「あまねく」や「優れている」という意味があり、大師の思いがこめられているという。

現在「大文字の送り火」は大文字山山麓の町内が維持。点火に用いる護摩木に氏名・年齢・性別を書いて志納すると厄除けになるといわれ、当日、銀閣寺門前で受付けられている。また、盃に送り火を映して飲むと中風にならず、息災でいられるともいわれている。

当日は午後8時にまず「大」の字に点火される。つづいて「妙法」「船」「左大文字」「鳥居」と点火されていく。「妙」「法」は松ヶ崎の西山（万灯籠山・水源地山）と東山（大黒天山）に、「船」形は西賀茂の船山（妙見山）に、左大文字は衣笠金閣寺に隣接した大文字山（左大文字山）に、「鳥居」は嵯峨の曼荼羅山にある。

因みに、「大」の第一画は80mあり、火床の数は18ケ所である。

送り火が行なわれる五山それぞれは、京都市登録無形民俗文化財となっています。

大文字

京都 ちょっと昔のくらし

盆行灯

一般的に盆行灯といえば、盂蘭盆会の時、仏壇の前に飾る家紋や絵柄入りの行灯のこと。蝋燭の火の熱気での対流によって絵柄が回るものもあります。地蔵盆の時にも行灯を飾りますが、こちらは地口行灯。地口、すなわち家の敷地と道路の境目に懸ける行灯で、地蔵盆前に子どもたちが手作りの行灯を作り、そこに自由に絵を描き、自分の名を書いて家の門口に懸け、地蔵盆の日に地蔵菩薩の前に供えます。また、各家の子どもの名を書いた提灯を地蔵菩薩の前に吊しますが、この提灯は赤が女の子、白が男の子という地域と、赤は地蔵菩薩、白は大日如来という地域があるようです。

地口行灯

● しらぬい

不知火

陰暦7月頃の夜中に、漁船もいないのに無数の光が明滅し、横にひろがり、灯火のようにあらわれる火。かつて景行天皇が海路肥前の国に熊襲征伐に向かった時、海上に無数の火があらわれ、水先案内をつとめたという。しかし、誰が導いた灯火か知れなかったので「不知火」と呼ばれるようになった。そして、この神秘さと詩的な情景は古来詩歌の題材とされてきた。実際には夜になって海面の温度が下がり、海水と空気の温度差によって生じた小気塊が、微風のため移動する結果、沖に浮かぶイカ釣り漁船の漁火が微妙に屈折し、さまざまな形に変化し、無数の影像を示すのだといわれている。

●16日 けいほくなつまつり

京北夏まつり

●ウッディ京北前／北桑田郡京北町周山　MAP20・B3

北山杉で知られる京北町は、町の中央を上桂川が流れ、川沿いに懐かしい農村風景が広がる。京北夏まつりは伝統的な夏祭りで、町の内外から多くの人が集まる。鮎の火祭りや300発の花火大会、盆踊り、灯籠流しなど、さまざまな催しが行なわれる。

中でも鮎の火祭りは山の中腹に、木型を組んで作った巨大な10m四方の2匹の鮎に火をつけるという渓流の里・京北をイメージした祭りで、炎に包まれた鮎が幻想的に夏の夜空に浮かび上がる。

〔連絡先〕京北町観光協会事務局
TEL0771（52）1816

●16日 けいほくおおおどりたいかい

京北大踊大会

●京北町役場前／北桑田郡京北町周山　MAP20・B3

大踊はいわゆる盆踊で、櫓の上で音頭をとりその周囲を回り踊るもので、「流し」「文七」「潮汲み」「裾はらい」などの曲目がある。いつから始まったか詳しいことはわからないが、京都市右京区御室から一人の僧侶が仏の供養にと浄瑠璃くずしなる音頭をもたらし、それが何の娯楽もなく、すさみきった人々の心をたちまちとらえ、爆発的に流行したといわれている。

●14日〜16日 あまだおどり

天田踊

●福知山市堀　MAP22・B2

六斎念仏

空也上人が始めた踊躍念仏が起源。

仏典に説く六斎日は、毎月の8、14、15、23、29、晦日の6日間をいい、この日は悪鬼が出て人命を奪う不吉な日なので、謹んで仏の功徳を修し、鬼神に回向して悪行から遠く離れ、善心を発起せしめる日とされていた。六斎念仏は、平安時代空也上人が始めた踊躍念仏に始まり、後にその六斎が盂蘭盆に結びつき、盆行事として定着したもので、すでに江戸時代初期には京都近郊の六斎念仏講中がお盆に決まった場所を巡って六斎念仏を演じるという習慣ができていた。

六斎念仏には、念仏を唱えながら鉦や太鼓をたたくものと、最初と最後は念仏ながら、途中にさまざまな芸能を取り込んだ娯楽性豊かなものの2種類がある。前者を念仏六斎、後者を芸能六斎とも呼んでいる。芸能六斎では、1人ないしは2人で太鼓の曲打ちをする四ツ太鼓、祇園祭山鉾のお囃子を導入した祇園囃子、能の『土蜘蛛』に取材した『獅子と土蜘蛛』など、共通する内容を持つ。

壬生六斎念仏〈壬生寺〉

この踊りは祭文口説きの形式で、一人の唄い手のまわりを時計まわりに廻りながら、「ハーヨィヨィ」「ドッコイナー　サノサ」「ハーヤットセノ　ヨイヨイ」の囃子言葉と掛け声で踊り手は調子をとり、その場で1回りしながら踊っていく。福知山音頭の隆盛によって現在では旧曽我井村の一部の人たちによって伝えられているにすぎないが、明治の頃には周辺農村でも踊られていた。唐臼引き作業を彷彿させる素朴な農村風景を伝える踊りである。

●14日～16日……

峰山おどり大会

●峰山町役場前／中郡峰山町杉谷　MAP25・B2

『風俗問状答書』文化13（1816）年の7月の項には、若者たちが出町の馬場先（現在の御旅市場の西南）で在方でも村々の辻堂などの前で少しずつ踊る。歌の文句は、町方では「いろは音頭」、在方では「那須の与市扇の的」と書かれている。明治、大正、昭和の初期を通じて、峰山ではおもに「鈴木主水」「石童丸」「阿波の鳴門の巡礼お鶴」などの口説き（音頭）で、長編のものは2時間以上かかるので、前半で切り上げる場合が多かった。最近では、「丹後ちりめん小唄」「炭坑節」などが取り入れられている。

●14日～16日……

宮津灯籠流し花火大会

●島崎公園／宮津市鶴賀　MAP24・B2

15日午後6時からは本町通り及び駅

宮津の盆踊り

宮津の灯籠流し

壬生六斎念仏

【9日】**壬生寺**／中京区坊城通仏光寺

芸能六斎の一つで『発願』に始まり、『鉄輪』『海女』『手まり歌』『四ッ太鼓』『祇園囃子』『四季』『越後獅子』『願人坊』『太鼓獅子』『獅子舞』『蜘蛛』『結願』などの奉納曲がある。壬生寺での精霊迎えの日に本堂前の架設舞台で行なわれるが、4月第1日曜日に大山崎町の山崎聖天花祭の際にも公開される。重要無形民俗文化財。

千本六斎念仏

【15日】**千本閻魔堂**／上京区千本鞍馬口

芸能六斎の1つで『発願』、『万歳』『山姥』『四ツ太鼓』『祇園囃子』『願人坊』『獅子』『阿弥陀打ち』等の奉納曲がある。11日から14日までの4日間は棚経と称し、毎夜学区内を回り門口で念仏をあげていく。重要無形民俗文化財。

円覚寺六斎念仏

【16日】**円覚寺**／右京区嵯峨水尾

白絣の着物に黒の羽織をつけた青年たちにより行なわれる念仏が主体の六斎で、『発願』と『白米』の2曲がある。16日は円覚寺の本堂で施餓鬼の後奉納されるが、14日夜は新仏へのお参り、24日の地蔵盆にも行なわれる。重要無形民俗文化財。なお、円覚寺では7日が灯籠立てで、寺の前庭に5間余の柱を立て、その上方に灯籠をつる。以来一ヵ月近くそのままで、30日に灯籠こかしと称して柱を片づけ、盆行事が終わる。

中堂寺六斎念仏

【16日】**壬生寺**／中京区坊城通仏光寺

芸能六斎の1つで『発願』に始まり、『六段』『すがらき』『石橋』『四ツ太鼓』『七草』『橋弁慶』『祇園囃子』『段々段』『山姥』『越後獅子』『うかり』『猿廻し』『獅子太鼓』『獅子舞と土蜘蛛』『結願』などの奉納曲があり、壬生寺での精霊送り

宮津の灯籠流し

前通り会場に総おどり大会が行なわる。16日午後7時半、宮津市鶴賀の島崎公園に面した宮津湾で、流し筏から追掛け灯籠と初盆の供養に流される精霊船が次々に流され、ほの暗い海を彩る。人々は静かに手を合わせて精霊を見送る。午後8時からは3000発の花火が夜空を染め、櫓を囲んで宮津節の盆踊り大会が続く。

●17日……………みずほちょうのうりょうたいかい

瑞穂町納涼大会

●**高屋川畔**／船井郡瑞穂町橋爪　MAP 21・B2

真夏の夜の納涼と、全町民の伝統事業として開催されているイベント。町を貫いて流れる高屋川の川畔で花火大会や鼓笛隊の演奏、夜店などの出店がある。他地域からも大勢の人が集まり、往く夏を惜しむ風物詩となっている。

〔連絡先〕瑞穂町観光協会
TEL0771（86）0003

●17日……………やなぎだにのせんにちもうで

柳谷の千日詣

●**楊谷寺**（**柳谷観音**）／長岡京市浄土谷　MAP 16・A1

柳谷観音は清水寺の開祖、延鎮僧都

日に本堂前の架設舞台で行なわれる。12日から15日までの4日間は棚経と称し、毎夜学区内の170軒を回り、門口で念仏をあげていく。2月3日に六波羅蜜寺、10月上旬の日曜日に伏見稲荷でも行なわれる。重要無形民俗文化財。

西方寺六斎念仏

【16日】
西方寺／北区西賀茂鎮守庵町

船形の送り火が終わった後、行なわれる念仏六斎。太鼓18人、鉦5人ほどがお寺の本堂前に馬蹄形に並び、『導師』『うらおこし』『一のかけ』『中のかけ（東のおもて）』『中のかけ（西のおもて）』『しんぱち』といった曲目を奉納する。順番に太鼓を打ったり、と太鼓をかけあいに打ったりもので、最初の導師と最後のしんぱちのみ鉦役が念仏を唱える。重要無形民俗文化財。

桂六斎念仏

【22日】
地蔵寺／西京区桂春日町

地蔵寺は京都六地蔵の1つで、朝から六地蔵巡りの人々で賑わう。六斎は、『発願唄』『道行』『青物尽くし』『式三番叟』『土蜘蛛』『かっぽれ』『祇園囃子』『四太鼓』『さらし』『八兵衛さらし』『お公卿踊』『道成寺』『猿廻し』『石橋』『獅子太鼓』『獅子舞』などの曲目がある。13日から15日までは各家に棚経にまわる。重要無形民俗文化財。

上鳥羽六斎念仏

【22日】
浄禅寺／南区上鳥羽岩ノ本町

浄禅寺も京都六地蔵の一つである。六斎は鉦講による念仏六斎で、『節白舞』、西国観音霊場をうたいこんだ『飛観音』、『焼香

梅津六斎念仏

が、霊告によって当地の柳の木の間から観音像を見つけ堂を建立、本尊として安置したことに始まる。この日は開山・延鎮僧都の命日にあたり、千日詣りと称して多くの信者が参詣する。暑い日にお参りすることで、千日にわたる無病息災・五穀豊穣などの諸願がかなうとされている。

●18日

囀市（さえずりいち）

●**上御霊神社**／上京区上御霊竪町（かみごりょうたてまち） MAP3・C1

かつて各神社では毎月決められた日に夜店がでていたが、近年生活習慣の変化などで、すっかり廃（すた）れてしまった。上御霊神社では神社と氏子のつながりを深める目的で、数年前から夜店に変わる行事として毎月18日に境内で囀市を開いている。古物商や、ボランティアの参加者が、骨董品や古着などを販売して朝から夕刻4時頃まで賑わう。

囀市〈上御霊神社〉

●

寒蝉鳴く（かんせんなく）

七十二候の39番目。新暦の8月18日～22日頃。寒蝉とは、ひぐらし、または、秋に鳴くセミのこと。

●

蜩（ひぐらし）

通称、カナカナと呼ばれる5cmほどの中型の蝉。栗褐色で緑色と黒の斑点がある。晩夏から初秋にかけて美しい声を響かせ、夏の終わりを告げる。人家近くの木などではなく、山や杉木立、深い森などで夕方や明け方に鳴く。名の由来は日暮れに鳴くから。秋の季語。

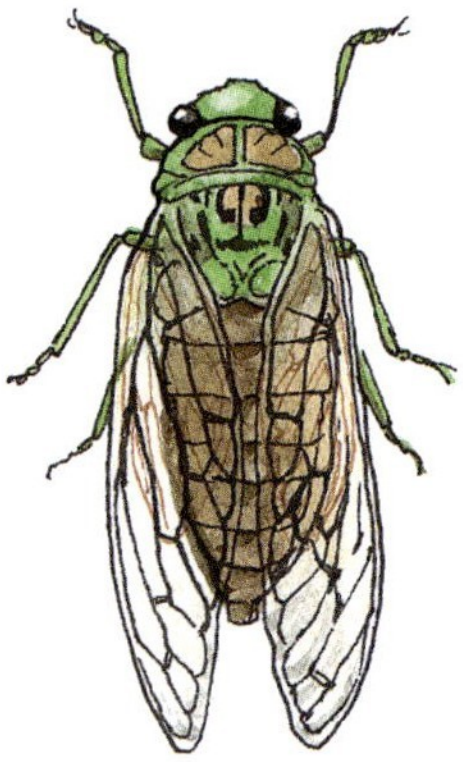

ひぐらし

太鼓（だいこ）』の三曲を伝承する。13、14日は2班に分かれて講中の家へ棚経（たなぎょう）に回る。23日は町内で焼香太鼓と念仏を奉納し、27、28日は大日如来に16カ所で、『焼香太鼓』を奉納する。重要無形民俗文化財。

嵯峨野六斎念仏

【23日】

阿弥陀寺／京都市右京区嵯峨（さが）野宮（のみや）ノ元町（もとちょう）

芸能六斎の1つで『発願』に始まり、『四段たぐり』『猿まわし』『願人（がんにん）坊主（ぼうず）』『四季』『せりあげ』『娘道成寺』『時雨（しぐれ）』『八島』『四ツ太鼓』『祇園囃子』『鉄輪（かなわ）』『越後獅子』『獅子さらし』『四枚獅子』『神楽獅子』『土蜘蛛』『阿弥陀打ち』といった曲目を奉納する。13日は嵯峨野の家々を棚経（たなぎょう）と称して回り、9月第1日曜日、西京区松尾の松尾大社でも一山（いっさん）打ちとして全曲行なわれる。重要無形民俗文化財。

嵯峨野六斎念仏

立花行事〈大井神社〉

●19日……りっかぎょうじ

立花行事

京都府指定無形民俗文化財

●**大井神社**／亀岡市大井町並河　MAP⑲・B2

氏子の6地区（大井町並河区、土田区、小金岐区、南金岐区、北金岐区、薭田野町太田区）が5組に分かれ、それに並河区大井垣内が参加する形で行なわれている。各区がボクと呼ぶ枝ぶりのいい松の木に、松葉、苔、松の皮などを取りつけ立花を作る。花作りは各区の集会所などで日中行なわれ、夜に大井神社に並べられる。民俗として行なわれる立花行事としては府内唯一の伝承であり、華道の資料としても価値が高い。

●下旬……あらしやまなつまつり

嵐山夏まつり

●**嵐山中ノ島公園一帯**／右京区嵯峨天龍寺　MAP⑭・A2

観光客が気軽に参加できるようにと、嵐山保勝会と京都市観光協会により平成11年から始められたイベント。渡月橋がライトアップされ、好評を得ていたが、平成14年より渡月橋行灯灯しとして継承され、幻想的な風情を見せている。嵐山の夏の夜の情緒をたっぷり楽しんでいただこうとゆかたの貸出しも行なわれる。期間中の夏まつりでは嵐山音頭・京都音頭などの納涼おどりのほか、バンドコンサート、鵜飼ショーなど様々なイベントが繰り広げられる。

〔連絡先〕嵐山保勝会　TEL075（861）0012

嵐山夏まつり〈嵐山中ノ島公園〉

小山郷六斎念仏

【22日】
上善寺／北区寺町通鞍馬口東入る

上善寺は京都六地蔵の1つで六地蔵巡りの第1番とされ、その縁日で賑わうなか、境内に架設舞台を設けて六斎念仏が上演される。芸能六斎の1つで、『発願』に始まり、『打ち出し』『鳥追い』『三社』『四ツ太鼓』『てまりうた』『祇園囃子』『万歳』『獅子太鼓』『獅子と土蜘蛛』といった曲目を伝承する。重要無形民俗文化財。

久世六斎念仏

【31日】
蔵王堂光福寺／南区久世上久世

芸能六斎の一つで『発願』に始まり、『鳥辺山』『鉄輪』『妹背山』『七草』『八兵衛さらし』『祇園囃子』『四ッ太鼓』『野路の玉川』『八島』『お俊伝兵衛』『汐汲』『源平盛衰記』『獅子太鼓』『神楽獅子』などの曲目を奉納する。蔵王堂の八朔祭の宵宮に、二間半四方の拝殿で行なわれる。重要無形民俗文化財。

吉祥院六斎念仏

【25日】
吉祥院天満宮／南区吉祥院政所町

芸能六斎の一つで『発願』に始まり、『つつて』『お月さん』『朝野』『鉄輪』『四ツ太鼓』『安達ヶ原』『玉川（上・下）』『晒』『大文字』『祇園囃子』『岩見重太郎』『盛衰記（上・下）』『羽衣』『獅子太鼓』『和唐内』『獅子』『土蜘蛛』『回向唄』等の曲目を奉納する。吉祥院では、最盛期には8組の六斎組があったが、現在は菅原町のみが活動している。4月25日の吉祥院天満宮春の大祭でも行なわれる。重要無形民俗文化財。

梅津六斎念仏

【最終日曜日】
梅宮大社／右京区梅津フケノ川

芸能六斎の一つで『発願』に始まり、『六段』『さらし』『うかり』『四ツ太鼓』『頼光と土蜘蛛』『越後さらし』『八兵衛さらし』『祇園囃子』『獅子太鼓』『獅子と土蜘蛛』といった曲目を奉納する。重要無形民俗文化財。

八月の俳句

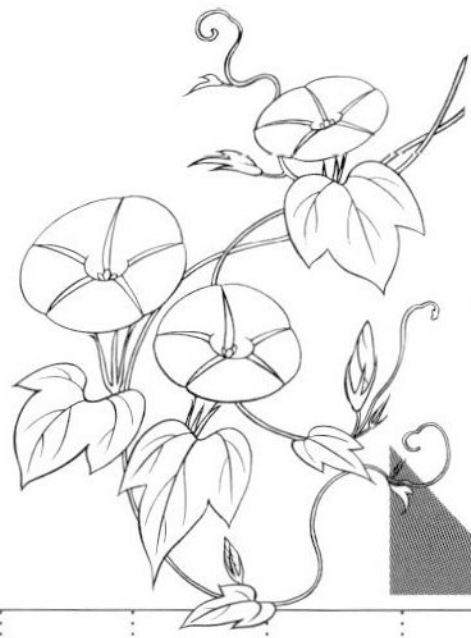

大いなる昼寝の山や大文字　市村鼓六

ひぐらしの音色消しゐる貴船堰　先斗町笑寿

愛宕みちうす紙ほどの秋がゐて　豊田都峰

駒迎ことにゆゝしや額白　与謝蕪村

弘法の筆まことと健大文字　鈴鹿野風呂

子らの胃に赤のつまりて地蔵盆　丸山海道

秋の蝉ぷっつり途絶え松の鬱　田中満枝

秋蝉の餘分な刻は水となり　鈴鹿仁

秋津とぶ吾妹子の髪ほどけぬや　境良一

大文字やあふみの空もたゞならね　与謝蕪村

大文字を待ちつゝ歩く加茂堤　高濱虚子

朝顔を裂きし日照雨のふらちもの　加藤翅英

唐突に蝉の木となり親しめり　鈴鹿百合子

大文字の燠を戴き茶の湯かな　高井茂子

しばらくは仏と座して夕蜩　田中愛子

東山よりの鐘の音風は秋　牧悦子

千灯供養千の灯一つ一つ仏　安田千恵

老富と称べる集落御所水引　山下美代子

盆行事

迎え鐘を撞いて先祖の霊をお迎えします。16日には精霊が再び浄土に戻っていくので、送り火で送る一連の行事が各地で行なわれます。

六道珍皇寺
【迎え鐘】

迎え鐘〈六道珍皇寺〉

六道絵説き説法〈西福寺〉

松ケ崎
【盆の門火】

盆の門火〈松ケ崎〉

西福寺
【六道絵説き】

住職が地獄道や餓鬼道などについて分かりやすく解説されます。

壬生寺
【万灯会】

1000個以上の灯籠が点灯され精霊供養が行なわれます。

万灯会〈壬生寺〉

東大谷

万灯会（まんとうえ）

2万個以上の万灯提灯に献灯され、盂蘭盆会の精霊供養が行なわれ、夕方から浴衣姿で詣る人も多い。

万灯会〈東大谷〉

六波羅蜜寺

万灯会（まんとうえ）

万灯会〈六波羅蜜寺〉

矢田寺

送り鐘（おくりがね）

先祖の霊を浄土へ送ります。

送り鐘〈矢田寺〉

●19日～20日……おべっさん

おべっさん（伊根恵比須祭）

●蛭子神社／与謝郡伊根町亀島 青島 MAP24・B2

伊根湾口には青々とした青島が浮かぶ。この島に祀られた蛭子神社の祭りが8月19・20日に行なわれる。宵宮の19日は亀島の4地区が祭礼船に提灯を灯し、笛や太鼓で祇園囃子を奏でながら蛭子神社へ参り、本祭の20日は、くじ順にしたがって亀島4地区の祭礼船が幟を立てて青島へ参る。同神社の拝殿をたたいて祭神を起し、海の安全と豊漁を祈願する。かつては境内前の広場で子供や青年による奉納相撲が行なわれたが、近年、青年の減少で花相撲は行なわれなくなった。この後、四地区の若者は神楽樽と幟を担いで石段を駆け下り、手こぎの祭礼船に乗り込んで、激しく船競争を繰り広げる「こばりやい」を行なう。打ち鳴らされる太鼓と笛の音に合わせ、海の男たちが力強く櫓を漕ぎ、競い合う。

おべっさん・こばりやい〈蛭子神社〉

●20日、23日……さいこうじろくさいねんぶつ

西光寺六斎念仏

京都府指定無形民俗文化財

●西光寺／船井郡八木町美里 MAP19・B2

鉦3人、太鼓10人が基本編成で行なわれ、仏殿の正面中央に鉦が座り、向かい合うように太鼓が馬蹄形に広がる。念仏に始まり、御詠歌で終わる念仏中心の六斎で、「六鼓」「花振り」の2曲あり、太鼓を掛け合いに打ったり、1人ずつ受け渡しながら打つなど太鼓の打ち方に特徴がある。芸能化した京都市内の六斎の原形をとどめているようである。

西光寺六斎念仏〈西光寺〉

糸人形

笹屋町の作りもん

明治8年の夏、西陣・笹屋町の辺りに疫病が流行しました。頭を痛めた町内の人達は、「お地蔵さんを盛大に祀って疫病を退散させよう」と、町内家族総出で、願いをこめて糸人形を作り、家々の格子に展示しました。すると、たちまちにして疫病は鎮まり、町内の人達は、大いにお地蔵さんに感謝したといいます。以後、笹屋町では毎年地蔵盆の時期に糸人形を作り、町内は見物の人並みであふれ、西陣の夏の風物詩になっていきました。

糸人形は、材木や新聞紙、綿などでかたどった人形の土台に、絹糸で人形の顔や手足などの露出部をつくり、西陣織の帯や着尺で人形があたかも着物を着たように着付けます。鋏は一切入れずに人形に着付け、使用した帯や着尺は地蔵盆が終われば再利用しました。人形の姿の多くは歌舞伎や古典、おとぎ話の場面に取材したもので、例えば武士の鎧は紋紙、橋の橋脚は重箱を積み重ね、屋根瓦には謡本をと、あらゆるものが利用されました。

戦争の一時期に中断はあったものの、長年続いてきた糸人形も、昭和43年を最後に笹屋町から姿を消しました。町屋がビルへ、格子がサッシへと西陣の町並みが近代化され、人々の服装も変化していく中では、仕方のなかったことなのかも知れません…。

●19日……かみたかのねんぶつくようおどり

上高野念仏供養踊

京都市登録無形民俗文化財

●宝幢寺／左京区上高野釜土町 MAP8・B1

囃子をつとめる男性の太鼓打ち1人、

鉦打ち4人が位牌台に向かって並び、その周囲を浴衣姿の女性が右手に団扇を持って念仏を唱えつつゆっくり踊る。華やかな歌などないが、念仏を唱えながら踊るところに盆踊の古い形をうかがうことができる。

● 22日～24日……ぼんぎょうじ

盆行事

地蔵菩薩の縁日の24日、町内に祀られた地蔵菩薩が祠から出て、子どもたちと過ごすのが地蔵盆。地蔵信仰は平安時代、貴族間で広まったといい、民間でも地蔵菩薩がまつられるようになる。ことに地獄の鬼から救ってくれるという信仰から、縁日に子どものために行事がうまれた。京都では地蔵盆は盛んで、町中には一町内に地蔵菩薩を祀る祠があるといわれるほどで、大まかにその数5千ともいわれる。22日か23日から、各町内では、お飾りの当番が石の地蔵菩薩を祠から出して、顔の目鼻立ちを整え、涎掛けを新調。飾りつけは、祠の前であったり当番の家であったり。夏休みも残り少なくなった子どもたちは、地蔵菩薩の前で1日ゲームをしたりして楽しむ。24日には、百万遍の数珠繰りがある。大日如来を祀る町内では、27日～28日の2日間、子どもたちのためにいろいろな催しが繰り広げられる。

地蔵盆

● 23日……じぞうぼん

地蔵盆

京都市には公式町名がざっと5000ある。旧市内なら必ずといってよいほど地蔵盆がある。中京区の旧家ではベンガラ格子をとりはずすとお地蔵さんが祀ってあり、その部屋が地蔵盆会場だ。テントを張ってお地蔵さんを祭り高い提灯をかかげる。22日から24日まで。こどもたちのすこやかな成長を願いご先祖の加護に感謝する。

金魚すくい、カラオケ、ゲーム、スイカ割り、数珠回し、マンガ映画、紙芝居、奇術、ご詠歌奉納、新興団地では盆踊りの企画もある。悩みは旧町内の過疎化、少子化。このため他府県にいる孫をたのんで来てもらうケースもある。

モノが豊富になりこどものおやつや景品選びは大人の悩み。中京や下京では民家の2階からロープをひいて景品を畚に入れて下で待つこどもにあたえる「畚おろし」がわずかだが残っている。減った理由はクルマの通行の邪魔になり子供に危険だからだという。京都市全体の行事としては恐らく最大の年中行事。最近は世話をする人の関係で土、日曜日にするところが増えている。

地蔵盆の数珠まわし

地蔵信仰は地獄の鬼から子供を救い上げると信じられ、平安時代の貴族に広まりやがて庶民にひろがっていった。六地蔵めぐりは観光バスが出るほどだ。市内の寺院で○○○地蔵とつくところでは期間中、花が絶えない。ゆく夏を惜しむ京都らしい宗教行事だ。

●……たかすなわちとりをまつる

鷹乃ち鳥を祭る

七十二候の40番目。新暦の8月23日～27日頃。鷹が捕らえた獲物である鳥を並べて食べる時節。七十二候の4番目（獺魚を祭る）と同じく、鷹は捕らえた獲物をすぐに食べず、しばらく並べておく習性があるといい、人間が物をそなえ、先祖をまつる姿を思わせるところから生まれた表現。

● 23日……こうなしのじゅうにとう

河梨の十二灯

京都府登録無形民俗文化財

● 熊野郡久美浜町河梨　MAP㉕・A2

兵庫県境の河梨地区では、23日の盂蘭盆に十二灯または万灯と呼ばれる火祭り行事が豊作と虫除けを願って行なわれる。当日の夕方、万灯山

河梨の十二灯〈久美浜町〉

の頂上に高さ8・5mの柱にほぼ逆三角形の枠を取りつけた十二灯を立てる。先端に取りつけられた13束の松明に火をつけて愛宕山の方に向かって手を合わせる。しばらくしてから松明の火を持ち下山し、大神田川の両岸で子供たちは松明を振り回す。ヒューヒューと音を立て美しい円を描きながら回る。松明が燃え尽きるとドッと歓声が上がる。

●24日……………まきやまのたいまつぎょうじ

牧山の松明行事

京都府登録無形民俗文化財

●普門院（観音堂）／船井郡日吉町中世木　MAP19・B1

京都　ちょっと昔のくらし

地蔵盆

毎年8月23日か24日、京都では地蔵盆が行なわれます。子どもにとっては夏休み最後のイベントで、各自絵を描いて地口行灯を作り、町内の端に吊す横長の大行灯を共同制作してお地蔵さんに供えます。行灯の絵の指導は中学生や高校生。一番の楽しみは「ふごおろし」という福引きでした。紐に吊したふごがクジを引く場所である道路と2階を往復し、景品を運ぶという単純なしくみでしたが、ふごの中身が楽しみでドキドキして待ちました。

地蔵盆

牧山はバス停上谷からさらに2㎞山間部に入った戸数10数戸の山村である。松明には大松明、添松明、小松明の3種類あり、大松明は長さ約5mの松明3本を扇状に組み立てたものである。朝から地区の男性によって準備され、夜半点火する。終了後、お寺の横に切子灯籠を吊り、その下で輪になって浄瑠璃くずしの丹波音頭を踊る。

牧山の松明行事〈普門院〉

●20日前後の日曜日……ゆやだにじぞうぼん

湯屋谷地蔵盆

●長福寺／綴喜郡宇治田原町湯屋谷　MAP17・B2

湯屋谷地区は4つの集落に分かれており、地蔵盆の日に各集落ごとに燈籠を作って長福寺境内に立て、そこで盆踊りを踊る。燈籠は木枠に和紙を張って竹竿を挿したもので、和紙には豊作祈願や時世を諷刺した文を記し、上には野菜で作った干支の動物を乗せる。夜8時過ぎに住職による読経があり、その後江州音頭の盆踊りが始まり、参詣に来た人は踊りの他に個性的な燈籠の出来栄えを比較して見るのが楽しみとなっている。

●20日前後の日曜日……やさいかざり

野菜飾り

●宇治田原湯屋谷地区・長福寺／綴喜郡宇治田原町湯屋谷　MAP17・B2

宇治田原の湯屋谷地区には、4つの谷があってそれぞれの谷を代表する家、当家がある。その当家が毎年、地蔵盆にあわせた時期に、その年収穫した夏野菜（かぼちゃ、カモ瓜（冬瓜）ナス、胡瓜）などで、その年の干支を形作り、それを台に乗せて長福寺に奉納し、五穀豊穣を祈る。台の張り紙には、その年の願い事を書く。

野菜飾り〈長福寺〉

薬師祭〈徳雲寺〉

●24日……やくしまつり

薬師祭

●徳雲寺／綾部市老富町　MAP23・B2

その年の春に選ばれた村の先達を中心に地区のもので大松明を作り、この日の夕刻薬師前に集まり、仏前の灯明から松明に点火する。各家から持ち寄られた小松明とともに燃やして稲作の吉凶を占う。

●24日……のうりょうまつりとたいまつ

納涼祭と松明

京都ちょっと昔のくらし

氷冷蔵庫

昭和30年代後半まで食品冷蔵は氷冷蔵庫。整理タンスを小振りにしたような木製の箱で、内部はブリキ張り。1対2程度の割合で2つのドアがあり、上段は氷用、下段が冷やしたい食品用の室です。溶けた氷の水分は最下部のバッドで受け、時折水を捨てるのです。夏にはリヤカーに氷の塊を積んだ氷屋さんが毎日やってきて、ノコギリでシャッシャッと氷を切り分け、玄関に無造作に置いて行きます。夏以外、あまり使わなかった道具でした。

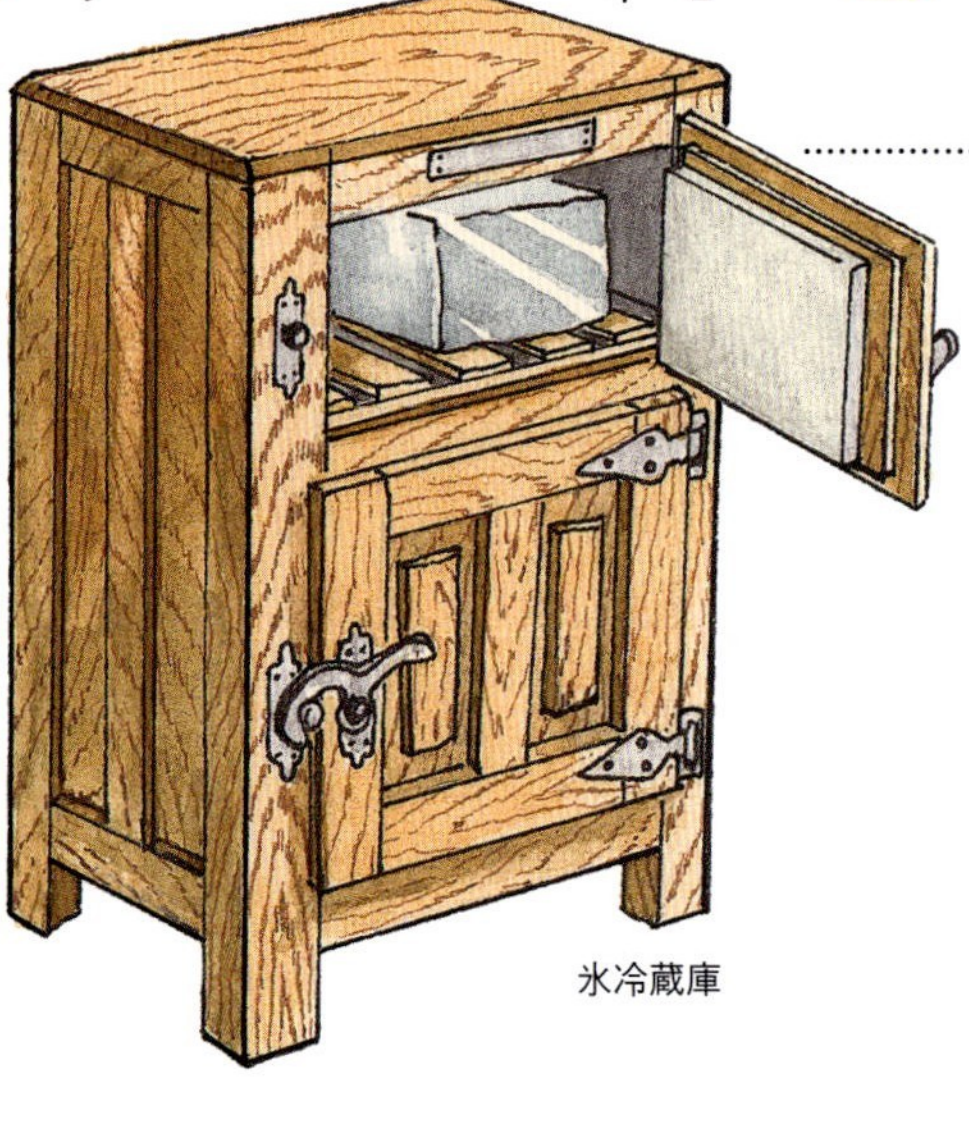
氷冷蔵庫

●栃／綾部市老富町 MAP23・B2

薬師祭を行なう大唐内地区の行事に習って、平成元年頃から始められた。各家で松明を作り、橋の上に集まる。

●23日・24日……せんとうくよう

千灯供養

●化野念仏寺／右京区嵯峨鳥居本化野町 MAP14・A1

境内をうめる多数の無縁仏の精霊に灯明をともし供養する地蔵盆の行事。大文字の送り火、万灯流しと並ぶお盆の風物詩である。化野とは、二尊院から念仏寺にいたる小倉山麓一帯を指し、平安時代より東山の鳥辺野と並ぶ葬送の地で知られた。『徒然草』第七段に「あだし野の露きゆる時なく、鳥辺野の煙立ちさらでのみ住み果つるならひならば、いかに、物のあはれもなからん」とある。化野念仏寺は、寺伝によれば庶民の死者を捨て風葬としたため、平安時代より無数の石仏がすえられていたが、弘法大師がこの地を訪れ、葬られた多くの無縁の死者を弔って創建したという。千灯供養がはじまったのは、明治38年。夕方、境内の石仏・石塔約8000体の精霊に灯明を献じ、供養する。独特の節まわしの回向が流れる中、風にゆらめく蝋燭に幽玄な雰囲気が漂う。点灯時間は17時30分～20時30分。参加は申込制で、6月15日より往復はがきで先着順に受付。行事協力費要。

〔連絡先〕075（861）2221

千灯供養〈化野念仏寺〉

●23日・24日……あたごこどうかいどうともし

愛宕古道街道灯し

●化野念仏寺付近／右京区嵯峨鳥居本化野町 MAP14・A1

化野念仏寺の千灯供養にあわせて平成7年から開催されているイベントで、道端や広場、家々の軒先に様々な行灯や提灯が飾られる。街道沿いの各店に申し込んで、協賛金を払えば自作の行灯を作り、取り付けてもらうことができる。化野から清滝へ抜ける古街道沿いに夕闇の中1つ1つ灯される行灯の明かりは、夏の終わりの静寂ともあいまって、幻想的でロマンティックである。19時～21時30分。

〔連絡先〕嵯峨野保勝会 TEL075（882）2056

●……しょしょ

処暑

二十四節気の14番目。新暦の8月23日、24日頃。夏の暑さがおさまって、涼風が立ち始める時節。

●23日……くたのまつあげ

久多の松上げ

京都市登録無形民俗文化財

●左京区久多宮の町 MAP7・B1

ここの松上げは地元ではチャチャンコと称されており、愛宕山への献火として行なわれている。柱松の頂上の点火部分めがけて、鉦や太鼓が鳴るなか、手松明を投げ上げ点火する。現在は、青少年の減少により容易に点火できるよう柱松の高さは約10mと以前に比べ短くなっている。

●23日に近い土曜日……おしおのあげまつ

小塩の上げ松

京都府登録無形民俗文化財

●北桑田郡京北町小塩 MAP20・B2

上げ松の形態は柱松で、洛北や美山町で行なわれているものと同じ形態をとる。柱松は氏神の川向こうの今井谷口に立てられるが、その辺りは地松明も一面に並べられる。夜8時、鉦の音を合図に「南無愛宕権現大菩薩、火を鎮めさせ給え、権現様に捧げる火、これがイッチョイッチ」と唱えながら手松明を放り上げ点火させる。

●24日……ぶっしょうじろくさいねんぶつ

仏生寺六斎念仏

京都府登録無形民俗文化財

●仏生寺公民館／相楽郡加茂町例幣 MAP18・B2

仏生寺地区に伝承されたお盆の精霊供養の六斎念仏。戦前までは8月14日、15日に六斎念仏講によって演じられた。講は地区の家の跡取り全員によって組織され、14日に初盆の家を回り、15日に墓で演じた。鉦方8人と太鼓方8人の16人構成で、伝承されたいくつかの六斎念仏の曲を唱えながら鉦、太鼓を打つ。特別めだった振りはない。戦後廃絶したが、昭和50（1975）年に老人会によって仏生寺六歳念仏保存会が組織されて復活した。以後地蔵盆の24日に旧大福寺跡の公民館において、阿弥陀如来の掛軸を掛けて演じてきたが、会員の高齢化で現在は中断している。

● 24日……あなもんじゅまつり

穴文殊祭

●**万福寺境外仏堂穴文殊堂**／竹野郡丹後町袖志　MAP㉕・B1

文殊菩薩を祀り丹後三文殊の一つとして信仰を集める。かつて24日の祭りは、宇川牛の牛市がたち、露天商人たちも多く集まった。境内には宇川牛の碑が残る。現在は町や自衛隊関係者、地区民（尾和・袖志）の出席で、夕方より祈祷が行なわれ、花火が打ち上げられて夜店などで賑わう。

● 24日……ひろがわらのまつあげ、ぼんおどり

広河原の松上げ、盆踊

京都市登録無形民俗文化財

●**観音堂**／左京区広河原　MAP⑦・A1

松上げは長い丸太の先端に逆三角錐形の燃焼部がついた柱松形式のものである。松上げ終了後、山行き姿の男性が伊勢音頭を歌いながら観音堂に練り込み、浴衣に前掛をつけた女性と一緒に男女の掛け合いで盆踊を踊る。ヤッサコサイ、ションガイナなど床を蹴る下駄の音でリズムをとって踊る古い形態の盆踊を残す。

● 24日……つるがおかのあげまつ

鶴ヶ岡の上げ松

京都府登録無形民俗文化財

●**川合、殿**／北桑田郡美山町鶴ヶ岡　MAP⑳・A1

鶴ヶ岡では川合と殿の2地区で、ともに松河原と呼ばれる河原で上げ松を行なう。棹と称する長大な丸太の先端に、杉葉など燃料となるものや花火をつめた逆円錐形の先端部をつけ、地区の男子が総出で夜、小松明を投げ上げ着火、炎上させる行事である。集落から松河原までの道端や川の両岸に地松が立てられ、また家ごとの松明もあって辺り一面火の海といった壮観を呈する。美山町内では盛郷や芦生でも行なわれている。

● 最終土曜日・日曜日……あまのはしだてあーとあんどくらふとふぇあ

天橋立アート&クラフトフェア

●**天橋立大天橋**／宮津市文珠　MAP㉔・B2

平成10年より開催されている、天橋立を美術館に見立てた野外美術展。全国から公募した様々な作品が並び地域の人々だけでなく、出品者グループ、観光客など多くの人々の目を楽しませている。出品者は高校生以上のアマチュアに限られる。

〔連絡先〕天橋立アート&クラフトフェア実行委員会
TEL０７７２（２２）０６１０

● 最終日曜日……やくのこうげんまつり

やくの高原まつり

●**夜久野高原**／天田郡夜久野町平野　MAP㉒・A2

町の西部に広がる夜久野高原は兵庫県の2町にまでまたがる悠大な高原。やくの高原まつりは、四季折々の色彩をみせる夜久野高原の晩夏のイベントで、秋の気配の漂うなか開催される。大自然の中でのステージコンサートやフリーマーケットは夏休みの終わりを楽しむ親子連れで賑わう。

〔連絡先〕やくの高原まつり実行委員会　TEL０７７３（３７）１１０１

● 下旬……こふんまつり

古墳まつり

●**湯舟坂古墳**／熊野郡久美浜町須田　MAP㉕・A3

古墳時代後期後半のものとされる湯舟坂古墳は2基の円墳から成り、昭和56（１９８１）年の発掘調査では、2号墳から４５０点余りの副葬品が出土した。金環・玉類・土器類・武器類・馬具など多種にわたる出土品の中でも、特に金銅装双竜環頭太刀は重要文化財に指定されている。古墳まつりはこれを契機に開催された須田地区の祭り。

〔連絡先〕久美浜町商工観光水産課
TEL０７７２（８２）２００６

● ……てんちはじめてしじむ

天地始めて粛む

七十二候の41番目。新暦の8月28日～9月1日頃。ようやく暑さが鎮まる時節。粛むとは、おとろえる、ちぢむという意味。

● 24日……くたはながさおどり

久多花笠踊

重要無形民俗文化財

●**志古淵神社**／左京区久多中の町　MAP⑦・B1

精霊送りにちなむ花笠踊で、京都の最北の集落で古式が守り伝えられる。踊りに用いられる花傘は、四角形の行灯を本体として、六角形の台を組み合わせ、菊、牡丹、バラ、菖蒲などの造花で飾る風流灯篭。毎年、24日の本番に先立つ十四日、盆行事の施餓鬼を終えてから、花宿と呼ばれる4軒の持ち回りの家で制作に当たる。作業はすべて男手で、数は1軒で、2個から4個。祭当日、花宿の

床に志古淵神社、上の神社、大川神社の軸を掲げ、灯りを灯籠に移して踊りがはじまる。拍子は太鼓と鉦。小歌の音頭に乗せて、浴衣姿の若者たちが、花傘を揺すって3つの神社を巡りながら心静かに踊る。

久多の花笠作り

久多の花笠踊〈志古淵神社〉

●24日……さんやれ

サンヤレ

●土ケ畑／亀岡市畑野土ケ畑　MAP 19・A3

地域の小学生たちが、あらかじめ各戸の縁先に用意された柴の束を集めて歩き、夕刻から子供たちのグループだけで近くの円山に登り、柴や薪の山を焚き、愛宕灯籠に火を灯し、足元の石にローソクを立てて献灯する。子供の健やかな成長と火難除けを祈願する。

サンヤレ〈亀岡市〉

●24日……くもがはたのまつあげ

雲ケ畑の松上げ

京都市登録無形民俗文化財

●北区雲ケ畑　MAP 1・B2

青年たちが朝から割木を山上に運び、出谷町土滝と中畑町丸谷の山上の2カ所に、松明を字の形にした櫓にくくりつける。夜になって同時に点火され浮かび上がる2つの文字は、毎年異なるのがここの松上げの趣向である。愛宕山へ献火として行なわれるという。

雲ケ畑の松上げ

●25日……うしまつり

牛祭

●積善寺（桜天満宮）／亀岡市稗田野町柿花　MAP 19・B3

午後2時頃、天満宮本殿に灯明をあげ、線香をたき、積善寺住職により般若心経があげられる。終了後、関係する各戸に、雄牛を飼っている家には「又蔵」、雌牛を飼っている家には「かね」と書いた御札を、牛のいない家には霊石判のある御札が配られる。亀岡市内の神社祭礼の中で、唯一仏式による祭としても知られる。

●25日……ぶんしちおどり

文七踊

●JR和知駅前広場／船井郡和知町本庄　MAP 21・B2

駅前に大きな櫓を組み、音頭取りがそこに乗り込んで音頭をとる。この日は「傾城阿波鳴門」「絵本太功記」「鎌倉三代記」などの浄瑠璃のさわりを中心にまとめ、楽器は一切使わない浄瑠璃くずしの盆踊が踊られる。音頭取りの美声と踊子たちの手拍子と掛け声のやりとりで進行し、大勢の町民による踊の輪が櫓の周囲を取り囲む。

●28日……だいにちぼん

大日盆

●京都市内各地

京都には24日を中心にした地蔵盆に対し、28日を縁日とした大日盆がある。京都の辻々に祀られる地蔵尊には、地蔵が地を表し、また大日は天を表すとして一緒に祀っている例が多い。地蔵盆は子どもたちの行事だが、大日盆の大日尊を祀るのは大人である。一般的には老人たちによる静かな祭が多い。

九月

長月　ながつき

美しく、おもしろく
秋を告げる空
そして月

天高く空澄み渡る昼間も
月光うるわしい夜も、
そして雁たちが
棹になり鍵になりして渡る様子を
夕陽が紅(あか)く照らす黄昏(たそがれ)どきも
九月の空はそれぞれに表情豊かで、
美しく、おもしろく
秋の訪れを告げてくれます。
この月の月はそのきわみ。
東山からゆらりと顔を出した
鏡のような月が中空に昇るころ、
町のあちこちで月見の宴や祭りが営まれます。
竜頭鷁首(りゅうとうげきす)の船を池に浮かべて、
雅やかに営まれる観月の宴から、
町家や農家の縁側に
萩や芒(すすき)を供えてのお月見まで、
さまざまな思いや祈りを受けとめて、
仲秋の名月は
町を美しく照らします。

風祈祷〈広谷神社〉

●1日……かぜきとう

風祈祷

●広谷神社／天田郡三和町大身 MAP21・A2

台風など風にともなう災難除けのために行なう行事で、当日は地区を流れる土師川に注連縄を張り、大峰山から先達を頼み、裸にまわしをつけて川に入り、陰陽を3回唱える。祭壇が設けられた広谷神社の社務所に戻り、般若心経を唱える。

●……にひゃくとおか

二百十日

立春から数えて210日目をいう。新暦の9月1日、2日頃。この時期は季節の変わり目で、台風や暴風雨に襲われることが多い。そのため農家では、風雨により収穫前の作物、ことに稲が荒らされることを恐れ、この日を厄日としている。台風の三大厄日といわれるのは、「八朔」「二百十日」「二百二十日」である。

●1日・10日…にひゃくとおか・にひゃくはつか

二百十日・二百二十日

●天満宮／相楽郡南山城村南大河原 MAP18・A2

天満宮は南大河原地区の氏神で、二

京都のことわざ

地獄の釜

「盆の16日は地獄の釜のふたがあく」この日は地獄で責め苦を受ける餓鬼も許され地獄の鬼もお休みだ。昔、奉公人は正月と盆の日に主人から休暇をもらって実家に帰った。これを藪入りといった。

京都のことば

はばかりさん

はばかりといえばトイレのことで、はばかりさんというとご苦労さま、お世話さま、恐縮ですの意となる。ただし、京言葉はその場の雰囲気やニュアンス、言葉とともに表現される所作などから言葉自体のもつ意味が自在に変化するため、多少の皮肉をこめたお気の毒にとか、お構いなくになったりもする。おおきに同様、あいまいだが便利な京言葉。

京都のことば

もっちゃり

動きが鈍いとか気が利かない、あるいはあか抜けない意のもっさりの転化。現在のダサイと同意。もっさりは、盛り切り飯や武家の下僕の意である物相の転化か。

八朔踊り〈江文神社〉

百十日は五穀豊穣と害虫、天災除けの祭りである。この日は「もっそう」と呼ぶ三角に象った御飯を供え、氏子が参列して宮司が祈祷を行なう。この後、願掛けの儀礼として七度垢離を行なう。これは各自が木津川の河原で小石を拾い、社殿のある敷地に繰り返し7度供える儀礼である。二百二十日は、氏子が境内の榊の葉を口にくわえて無言で河原に行って葉を置いてくることを33度繰り返す儀礼。時期的に台風除けや氏子各自の厄祓いなどの願を掛けて行なうが、戦後は簡略化の傾向にある。

●1日……………………はっさくおどり

八朔踊り

京都市登録無形民俗文化財

●江文神社／左京区大原野村町　MAP7・B2

大原八郷を守護する江文神社の宮座の行事。八朔の夜、青年達が、絣の着物に菅笠をかぶり、音頭取りが中に入って輪をつくって踊る。昼間、本殿で八朔祭が執行された後、宮座の役員たちは夜に奉納する八朔踊りの持ち歌の順番を決める。音頭取りの一人は楽器を使わずに声だけで、息の続く限り音頭をとる。

京都のことわざ

江戸紫に京鹿子

江戸時代の染色では紫は江戸、手間のかかる高級品の鹿子絞りは京都を第一とした。「江戸紫に京紅」とも。江戸時代、山形産の紅花は京都の紅花問屋14軒、紅染屋148軒が公認され、独占取引が許されて京紅の名は一層有名になった。

京都のことわざ

弘法さんが雨なら天神さんは晴れ

弘法さん（東寺）の縁日は21日、天神さん（北野天満宮）は25日。このことわざは京都の天気が統計的にほぼ5日周期ごとに雨になることから的を射ている。弘法と天神を逆にしたことわざもあり、どっちにしても正しいことになる。

京都のことわざ

藁屋の雨と仏法は出て聞け

ワラぶき屋根に降る雨は家の中にいると音がしないので雨と気づかない。仏法も家にくすぶっておらず、積極的に寺に出向き聴聞しなさいとの教え。

八朔祭〈松尾大社〉

八朔祭〈元伊勢神宮〉

松尾大社の八朔祭

●第1日曜日…まつのおたいしゃのはっさくさい

●松尾大社／西京区嵐山宮町　MAP15・B1

松尾大社は洛中最古社の一社で、この日、宮司以下神職により二百十日前後の風雨平穏、五穀豊穣、家内安全を祈願する。境内一円にて数千の提灯が灯り、多数の参拝者で賑わう。朝から奉納相撲、子供神輿の出御があり、午後からは嵯峨野六斎の奉納がある。

残暑

●……………………ざんしょ

立秋の後、秋になってなお続く暑さをいう。残暑見舞いは立秋から8月末頃までに出すもの。暑中見舞いを出していれば、残暑見舞いは不要である。

大滝祭

●1日……………………おおたきまつり

●湯屋谷の滝／綴喜郡宇治田原町湯屋谷　MAP17・B2

湯屋谷地区が行なう雨乞いの祭り。1日は厄日でこの頃は日照りが続くといわれることからこの行事が行なわれる。祭場は同地区の中谷の集落の谷を奥に入ったところに流れる滝の下にある小さい祠で、ここに大滝大明神と墨書し御幣を挿した燈籠を

京都
ちょっと昔のくらし
鳥居の上の石

神社の参道の入口に立ち、神域を示す一種の門である鳥居の名の由来はもともと、神に供えた鶏の止まり木であったからだといわれています。鳥居は左右2本の柱の上に笠木と貫の2本の梁が通っています。鳥居の下から小石を投げて笠木に乗せることができたら縁起がよいとか、願いが叶うとされる俗信があり、神社の鳥居の上にたくさんの小石が乗っているのはそのためだとか。

鳥居の上の石

立て、生きた鰻を供える。祭典は地区の役員や組長、宮総代が参列して、宮司が祝詞奏上など祈祷を行ない、その後鰻に御神酒を飲ませ、滝の下に放つ。

●2日・4月2日

恋志谷神社大祭

●恋志谷神社／相楽郡南山城村南大河原　MAP⑱・A2

恋志谷神社は、南大河原の氏神の天満宮社地に祀られている神社で、恋志谷姫神を祭神とし、4月2日と9月2日に天満宮の氏子総代と宮守が大祭を営み、宮司が祝詞奏上による祈祷を行なっている。恋志谷姫には次のような伝説がある。

後醍醐天皇が笠置山で幕府軍と合戦におよんでいるとき、妃である恋志谷姫は病気療養のため伊勢にいた。病気が治って急ぎ姫は笠置に向かったが、南大河原までくるとすでに天皇は敗れて、隠岐に流刑となり、笠置にはいないことを知る。姫は悲しみのあまり、病気が再発して自刃して果てた。亡くなるとき姫は天皇の身の上と自らの病苦を顧みて、後の世の人々の病苦厄難を救いたいと願われたため、この地に祀られたという。

萩

マメ科の落葉低木。公園や庭に植えられ、切り花としても好まれる。よく植えられているのはミヤギノハギやマルバハギ。山野にはヤマハギが多い。どれもよく似ていて区別がつきにくいが、秋の七草にあげられている萩はヤマハギのこと。

京都には高台寺や双林寺、常林寺など萩の名所が多く、なかでも御所の東側にある梨木神社の萩まつりは、短冊を社頭の萩の枝に結ぶ神事を行なうことで有名。

萩

お掃除

京都 ちょっと昔のくらし

新聞紙でお掃除

電気掃除機が普及するまで、掃除は「払い」「掃き」「清める」ものでした。まず、ハタキで障子の桟や調度品などを上から下へ払って埃を畳の上や廊下に落とし、それを帚で畳の目や木目に沿って掃き、最後に雑巾で清めます。最後の清め、雑巾がけを省略するために工夫されたのが新聞紙での掃除。埃が舞い上がらないようあらかじめ新聞紙を水で浸して固く絞り、部屋の隅々に撒いておきます。それを帚で掃き集めると雑巾がけが省略できました。

燕帰る（つばめかえる）

夏の間元気に飛びまわっていた燕は、秋になると南方に帰る。いつの間にかいなくなった燕の巣は、秋の到来を寂しげに告げる。

沢桔梗（さわぎきょう）

キキョウ科の多年草。山野の湿地に自生する。高さは1mほどで、葉は笹形。夏から秋にかけて、鮮紫色の美しい唇形花を総状につける。京都の周辺の山地の湿地でも見ることができ、とくに深泥池の浮島に群生して咲く姿はみごと。

禾乃ち登る（かすなわちみのる）

七十二候の42番目。新暦の9月2日～7日頃。禾とは稲のことで、登るとは、成熟すること。稲が実る時節。

ヨメナ（よめな）

キク科の植物。高さは50㎝から1m。本州中部以南の田畑や川の土手に生える多年草。春の摘み菜の代表で、若葉は菜飯などにして食べる。昔は嫁が摘んだのでヨメナと呼ばれた。初秋の頃には薄むらさき色の花をつける。

●6日

湯立神事（ゆだてしんじ）

●岩城神社／亀岡市千代川町北ノ庄　MAP⑲・B2

大釜に入れた水を浄火で焚いて忌み湯を沸かし、小笹を刈り取って束ね、湯を大麻で混ぜ、これで拝殿や参拝者を祓い清める。万物を湯水をもって洗い清めて悪疫を防ぐ神事だという。終了後は笹が1本ずつ氏子宅へ配られ、門前に飾られて魔除けとされる。

●第1または第2土曜日

名月の宴（めいげつのうたげ）

●勝龍寺城公園／長岡京市勝龍寺　MAP⑯・A1

古典音楽・伝統芸能の理解と伝承を目的として開催されているイベント。平成4年から復興された勝龍寺城公園にステージを移し、特設舞台では、琴・尺八などの邦楽の演奏や、詩吟・仕舞などの古典芸能の上演がある。また公園内には野点の席も設けられる。勝龍寺城は暦応2（1339）年に細川頼春が築城し、天正6（1578）年、明智光秀の娘、玉（ガラシャ）が細川忠興に嫁いだ城で、山崎の合戦では光秀が本陣を構えた。名月の宴は、18時から20時30分まで開催。

〔連絡先〕長岡京市生涯学習課　TEL075（955）9734

●7日

お登勢まつり（おとせまつり）

●寺田屋／伏見区南浜町　MAP⑫・A3

維新の英傑坂本龍馬の定宿寺田屋の女将で、その窮地を救ったお登勢を偲んで命日に催される。お登勢が亡くなったのは明治10年9月7日。48歳だった。昭和58年、寺田屋保存会が屋敷内にお登勢明神を建て法要を行なっている。お守りなどが授与される。

●第1日曜日

大護摩法要（だいごまほうよう）

●金胎寺／相楽郡和束町原山　MAP⑱・B1

役小角が開創し、泰澄和尚が再興し

京都のしきたり

小便除けの鳥居

路地の入口や塀の下部に、打ちつけられたかわいい鳥居。近頃はあまり見かけなくなったが、それでも繁華街の片隅で、ひょっこり出会ったりする。鳥居は、不浄除けのおまじないである。

京都に古くから伝わる習俗のようだけれど、もともとは、江戸によく見られたようで、こんな古川柳がある。「小便に鳥居は書かぬ京の町」京都には、辻々に桶をおいた辻便所があった。これが明治維新後、入洛客も増え、辻便所も消えた。不届きな輩も増え、町通りに面した家々では自衛策として、鳥居を置いたのであろう。日ごろ信心に縁のない輩も鳥居を前にしては臆せざるを得ない。かわいい鳥居は、伏見の稲荷大社で授けたものである。

京都のことわざ

がたり三文

西陣の帯屋さんなどでは年中、織機を動かして休む間もない。こんな時に来客があって玄関ががたりと音がすると織り賃三文の損になる。「ごめん一寸」も客の応対で織物一寸（3㎝）の遅れ。西陣の全盛期と勤勉を示している。

たと伝えられる修験道の寺。鷲峰山は大峰山と並ぶ二大修験霊峰。伏見上皇が多宝塔（重文）を建立し、後醍醐天皇も笠置山へ遷幸する前にこの寺へ入ったという歴史的にも重要な寺。盛時には53の堂宇を数えたが、焼き打ちにあって規模は縮小した。この日は多くの人が集まり、行者堂の前の護摩壇で山伏姿の行者や僧侶が護摩木に点火して法要を営む。

●7日……………もみじおんど

紅葉音頭

京都市指定無形民俗文化財

●上賀茂神社／北区上賀茂本山　MAP2・B1

上賀茂神社前で繰り広げられる盆踊り系統の民俗芸能。江戸初期から中期にかけて下鴨、上賀茂で盛んだったという。昭和初期ごろに一度衰退したが、現在はここと修学院で行なわれている。櫓を取り囲んで、地元の女性が頭に簪、紺絣に襷掛け、赤い鼻緒の草履で、音頭とりの「四条八景」や「紅葉の錦」などに合わせて踊る。

紅葉音頭〈上賀茂神社〉

●……………こうがんきたる

鴻雁来る

七十二候の43番目。新暦の9月8日～12日頃。鴻雁とは、秋に飛来する渡り鳥の雁のこと。雁が北の方からやってくるのを見かけるようになる時節。

●第2日曜日……………おたかりさい

御田刈祭

●大原野神社／西京区大原野南春日町　MAP15・A2

延暦3（784）年の長岡京遷都の際に奈良春日大社を勧請した古社の祭で、稲を刈り取り、収穫を感謝する神事のあと、江戸時代から伝わる神相撲が奉納される。土俵の盛砂に榊を立てて清めたあと、四本柱と相撲をとる真似をする珍しいもの。子供たちの奉納相撲も行なわれる。

御田刈祭〈大原野神社〉

御田刈祭〈大原野神社〉

京都のしきたり

角大師

角大師と呼ばれる護符がある。肋骨を浮き立たせた体に、どんぐり眼の顔、二本の角を頭に立てた異様な姿の木版刷で、戸口に張っておけば災厄を免れるというい伝えがある。角大師は、比叡山延暦寺の中興の祖で、十八代天台座主の慈恵大師良源の仮の姿。元三大師とも呼ばれる慈恵大師には伝説が多い。護符の姿には、こんな伝承がある。厄病神が大師を襲ったとき、大師は厄病神を小指に宿したが、高熱に見舞われた。大師は自ら降魔の姿で屈服させたという。『元亨釈書』には「良源は自ら鏡をとって、我像を置く所は必ず邪鬼を砕くといったので、像を模写して、現在はほとんどの家の門や扉に貼つける」とある。

京都のことわざ

住まい京都に武士薩摩

「酒中国に江戸女、住まい京都に武士薩摩」酒は広島など中国地方に銘酒があり、女は江戸、家を構えるなら風光明媚な京都、武士は勇猛で知られる薩摩（鹿児島県）武士。お国自慢を表現したものだが、江戸女とは意外な言葉。遊女のことかも。

●9日………ちょうようのしんじとからすずもう

重陽の神事と烏相撲

●上賀茂神社／北区上賀茂本山（かみがもちょうやま） MAP 2・B1

重陽の節句に行なわれる行事。3月3日を桃の節句というのに対して菊の節句ともいう。神事は、朝10時、前夜から菊の花にかぶせておいた「菊の被綿（きせわた）」を神前に供える神事につづき、烏相撲（京都市登録無形民俗文化財）が行なわれる。本殿に菊花を供え不老長寿（ふろうちょうじゅ）、悪霊（あくりょう）退散を祈ったあと、境内細殿前の土俵の左右から円錐形（えんすいけい）の立砂（たてすな）の前に弓矢を手にした2人の刀禰（とね）が横とびしながら2つの立砂の前へと現われ、「カアカアカア」「コウコウコウ」と烏の鳴きまねをした後、氏子（うじこ）の子供たちによる烏相撲がある。重陽は陽と陽がぶつかるという意味で、子供たちの相撲はめでたいとされた。相撲は禰宜（ねぎ）方、祝方（はふり）に分かれる。その間にも2人の刀禰が弓矢を背負って、烏の真似をして横に飛んだり、扇であおいだり、笏（しゃく）で土俵（どひょう）をかくなど、奇妙でユーモラスなしぐさをみせる。かつては、相撲の勝敗で、その年の豊凶（ほうきょう）を占ったという。

重陽の神事と烏相撲〈上賀茂神社〉

重陽の神事〈上賀茂神社〉

●9日………ちょうようのせちえ

重陽の節会

●法輪寺（ほうりんじ）／西京区嵐山虚空蔵山町（あらしやまこくぞうやまちょう） MAP 15・B1

法輪寺は和銅6（713）年、元明（げんめい）天皇の勅願（ちょくがん）で創建（そうけん）され、開山は行基（ぎょうき）。昔、中国の山奥に住む菊慈童（きくじどう）が菊の花の露を飲み700歳も延命（えんめい）したことにちなみ、菊酒をいただき延命長寿（えんめいちょうじゅ）、無病息災を祈願する。

重陽の節会〈法輪寺〉

●………ちょうよう

重陽

旧暦9月9日のこと。この日は九という陽の数字（奇数）がふたつ重なることから、大変めでたい日といわれ、「重九（ちょうく）」とも呼ばれた。また、菊の節句としても知られる。中国ではこの日、高い岡に上り菊の花びらを浮かべた酒を飲めば、長寿とともに厄払いできるとされ、日本でも天武天皇のころから菊花の宴が催されるようになった。京都に伝わるユニークな重陽の行事としては、上賀茂神社の重陽神事と烏相撲がある。

●11日……ゆたてさい

湯立祭

●日慈谷神社／亀岡市東本梅町赤熊　MAP19・A2

上町、中町、下町の3つの組の中から選出された神主役がゴクサンを用意し、拝殿での直会のとき参列した戸主がそれを食べる。ここの湯立は旧暦8月1日の八朔の行事の代わりに行なっているという。大正時代までは巫女による湯立があった。

●中旬～11月下旬……かんこうせんじゅっこくぶねうんこう

観光船十石舟運航

●伏見運河／伏見区南浜町　MAP12・A3

古くから京都と大阪の中継地として、人や物資で賑わった伏見は、角倉了以の高瀬川の開削によりさらに発展し、旅人や西国大名の参勤交代の宿場町としても繁栄した。また豊かな地下水に恵まれた酒どころでもあり、明治から大正時代の酒蔵が立ち並び、風格のあるたたずまいを見せている。十石舟は、かつて栄えた伏見港の周辺である宇治川流域及び濠川を巡る観光船で、美しい伏見の町並みを水上から楽しんでもらおうと平成10年に復活された。春と秋に運行され、春は4月上旬～5月末まで、秋は9月第1土曜日～11月末までの土・日曜を中心に運航されている。運航日要確認。有料。

〔連絡先〕伏見夢工房
TEL０７５（６２３）１０３０

●……げんちょうかえる

玄鳥帰る

七十二候の44番目。新暦の9月13日～17日頃。玄鳥とは、ツバメのこと。春の彼岸の頃にやってきてヒナを育てたツバメが、秋の彼岸を迎え、ふたたび南へ帰っていく時節。

●……しゅうりん

秋霖

秋の長雨を秋霖という。夏前の梅雨とは逆に、北の方から始まり、南に下がってくる。雨量も逆で、東北や関東では梅雨より多く、西日本では少ない。秋の雨は、寂しい趣がある。

●15日……よしつねまつり

義経祭

●鞍馬寺／左京区鞍馬本町　MAP1・B2

源平合戦の悲運の武将源義経を偲び、供養する行事。牛若丸と称し、7歳で鞍馬山に入った義経は、僧正ケ谷で天狗僧正坊のもとで修行した伝承があり、牛若丸の背比べ石などが残る。鞍馬寺には、義経堂もある。この日、剣道鞍馬流居合術の披露や児童の奉納剣道試合が行なわれる。

義経祭〈鞍馬寺〉

●15日……いわしみずさい

石清水祭

●石清水八幡宮／八幡市八幡高坊　MAP16・A2

魚鳥草木の霊を慰める放生会。平安時代の初め、宇佐八幡宮の放生会に倣って催したのが起源ともいわれている。勅祭で賀茂祭（葵祭）を北祭と呼ぶのに対して南祭とも呼ばれ、奈良の春日祭と併せて三大勅祭という。午前2時の神職参進から始まり、祭神を3基の鳳輦に遷す神幸の儀、3時から神幸列を整え鳳輦が出御する。途中、絹屋殿の儀が行なわれ、午前5時30分、鳳輦が頓宮に着くと勅使を迎えて奉幣の儀を行なう。午前8時、魚や鳥を放つ放生会が行なわれ、胡蝶の舞が奉納される。夕方の午後5時に還幸の儀が行なわれて山上の御本殿に戻る。

石清水祭〈石清水八幡宮〉

●15日……りきゅうはちまんさい

離宮八幡祭

●離宮八幡宮／乙訓郡大山崎町大山崎　MAP16・A2

同社で行なわれる秋の大祭。油座まつりともいう。貞観元（859）年、僧行教により豊前国宇佐から石清水八幡宮の祭神を勧請したとき、八幡神がまずここにとどまられたことから創建された。また、社司が長木による搾油を始めたことから、この地は油座として繁栄をきわめた。献灯の儀、祝詞奏上、湯立の神事などが行なわれる。式後は、八幡太鼓の奉納などもあり、油脂関係者や地元崇敬者など多くの参拝がある。

●仲秋の名月……めいげつさい

名月祭

●北野天満宮／北区今出川通御前上る　MAP3・A1

神前に里芋や月見団子を供え、名月を観賞する。里芋を供えるため、芋名月の名がある。旧暦の9月十三夜には、枝豆を供える豆名月が行なわれる。

●……つきみだんご

月見団子

昔は、里芋をふかしたものをお月さんに供えた。その姿は今でも和菓子に見ることができる。しかし、もっとも一般に親しまれているものは白玉団子にこし餡を帽子のように被せた関東風の月見団子である。

名月祭〈北野天満宮〉

●15日……けいろうのひ

敬老の日

国民の祝日。核家族化が進み、老人と生活を共にする機会が少なくなった今、改めて先人の知識や体験に対して敬う気持ちを育てる日として認識されている。特に、子供と老人との交流会などが盛んに行なわれるようになってきた。

●中旬の土曜・日曜日　…うるとらまらそん

丹後100kmウルトラマラソン

●竹野郡網野町・丹後町・弥栄町
熊野郡久美浜町

正式には、歴史街道・丹後100kmウルトラマラソンという。風光明媚な海岸線を100kmと60kmの2コースで走る。競技というのではなく、道路交通法を遵守して走る。

京都のことわざ

下戸の建てたる蔵

「下戸の建てたる倉は無し御神酒あがらぬ神は無し」酒を飲めない下戸はその分カネを貯めて蔵を建てたという話は聞かない。御神酒は「神の酒」と書くぐらいで神に捧げるもののうち最重要なもの。「上戸のつぶした蔵はある」とまぜっ返すのは大酒飲み（上戸）は蔵を建てるどころか親の蔵まで飲みつぶす。

京都のことわざ

根生い分限の大名貸し

根生いは代々、京都にしっかり根をおろした生まれながらの町人。分限は大金持ち、大名貸しは貧乏大名に巨額のカネを融資すること。「元禄時代、根生い分限の大名貸し」は京都町人の理想とされた生活。茶の湯、能、和歌などの古典の教養を積み、文化サロンの社交に明け暮れた。やがて元禄も過ぎると、大名がカネを返済できず貸し倒れ続出で、富豪町人が没落した。

九月の俳句

いわし雲地に生くものは水に恩　丸山　佳子

水澄めり北山指呼に御蔭橋　高山　周治

愛の木の下で九月の噴井汲む　池田十満里

花葛や滅びし家紋菓子となる　丸井　巴水

我がきぬにふしみの桃の雫せよ　松尾　芭蕉

嵯峨の虫いにしへ人になりて聞く　鈴鹿野風呂

釈迦も粧ふ初秋の襞こまやかに　丸山　海道

草の葉の応分といふ露の玉　小林　紅輝

中秋に誘ひ出されし太郎冠者　高木　晶子

鳥羽殿へ五六騎いそぐ野分かな　与謝　蕪村

萩括る骨の髄まで萩でゐる　宮田津々絵

名月や黒谷ぬけて真如堂　高濱　虚子

韋駄天の雲の果なむ露残す　鈴鹿　仁

おしろいの花咲き盛る機休み　岸田　明樹

韜晦の秋の扇子を離さざる　柴田　靖子

鴨川を鯉溯る秋の昼　二谷　絢子

祇王寺や竹伐人は声出さず　富井　康夫

芋名月黄檗山を黒うして　村上菜々子

赤蜻蛉（あかとんぼ）

赤蜻蛉は小形で赤みを帯びたトンボの俗称で、茜蜻蛉とも呼ばれる。アキアカネ、ナツアカネ、ショウジョウトンボなど、赤蜻蛉の仲間は約20種類ほどいる。昼間は暑くても、朝晩は涼しくなる9月になると、いたるところで赤蜻蛉の姿を目にするようになる。これらの多くはアキアカネで、赤蜻蛉の代表格。暑さが嫌いなアキアカネは、6月から7月に平地で羽化すると、山地に出ていく。成熟するにつれて赤みを増し、秋には赤蜻蛉となって再び平野に戻ってくる。

秋の七草（あきのななくさ）

ハギ、ススキ、クズ、ナデシコ、オミナエシ、フジバカマ、キキョウの7種で、春の七草に比して観賞用の草花。『万葉集』で山上憶良が「秋の野に咲きたる花を指折りてかき数ふれば、七種の花」として「萩の花、尾花葛花瞿麦（なでしこ）の花、をみなえし、また藤袴、朝貌（あさがお）が花」と詠み、以来、この7種を秋の七草としたもの。アサガオは、現在の朝顔ではなく、桔梗のことではないかとされている。

撫子

撫子（なでしこ）

ナデシコ科の多年草で秋の七草のひとつ。日当たりのよい草地や川原などに自生している。ピンクの花びらは先が糸のように細かく裂けていて、なよやかで優しい姿をしている。和歌などでは愛しい子というときに「このなでしこ」という。万葉集には26首も撫子の歌が収められているがすべてカワラナデシコのこと。可憐な姿や色から「撫でし子」の名がついた。カワラナデシコと呼ばれているものの実際には河原にはあまり見られない。古名は常夏。別名大和撫子、瞿麦、石竹、懐かし草とも呼ばれる。大和撫子は平安時代に中国から渡来した唐撫子に対してつけられた名。表が紅、裏が青色の平安朝の襲の色目の名でもある。

京都　ちょっと昔のくらし

満月の夜の糠袋縫い

仲秋の名月の夜、月明かりを頼りに紅絹の小裂で糠袋を縫うと裁縫上手になるのだとのいい伝えがあります。紅絹は着物の裏などに使う紅花染めの絹。この紅絹の糠袋で顔を丸くこすりながら洗顔すると、肌が美しくなるのだとか。ほんの少し前までは女性の洗顔用として重宝されていました。その糠袋をなぜ、満月の夜に縫うのかは不明ですが、月明かりだけで運針の感覚を養うだけでなく、裁縫上達への月への祈りをこめたのかもしれません。

満月の夜の糠袋縫い

●中旬の10日間……にじょうじょうないほんまるごてんとくべつこうかい

二条城内本丸御殿特別公開

●二条城／中京区二条通堀川西入る　MAP 4・B1

二条城は平成15年に築城400年を迎える。本丸は寛永3（1626）年、3代将軍家光により増築された本丸にかつて5層の天守閣があったが寛延3（1750）年の落雷により焼失、また本丸内の殿舎も天明8（1788）年の大火による類焼で失われた。現在の本丸御殿は、もと京都御苑内にあった旧桂宮御殿を明治26年から27年にかけて移築したもので、弘化4（1847）年に建てられた宮御殿の遺構を唯一完全な形で残し、重要文化財に指定されている。例年この時期と5月中旬の10日間にも公開される。有料。

〔連絡先〕元離宮二条城事務所
TEL075（841）0096

二条城本丸御殿〈二条城〉

●18日・19日……とよくにじんじゃれいたいさい

豊国神社例大祭

●豊国神社／東山区大和大路通正面　MAP 9・A2

豊国神社は、慶長3（1598）年、亡くなった豊臣秀吉の遺言で、東山阿弥陀ケ峰に葬られたあと、翌年に創建された。のち徳川幕府によって荒廃をみたが、明治になって再興された。例祭は、居祭で、行列は出ない。祥月命日に当たる18日（陰暦8月18日）に本殿で神事があり、京都古楽保存会による舞楽の奉納があり、19日は藪内家家元による献茶祭、豊秀舎で茶会などがある。

豊国神社例大祭〈豊国神社〉

●彼岸の日曜日……かわせがき

川施餓鬼

●大堰川／西京区嵐山　MAP 15・B1

無縁仏の救済を願って行なわれる施餓鬼供養。大堰川に施餓鬼船を漕ぎ出し、楽が奏でられる中、本門仏立宗大本山本能寺の僧の読経で法会が営まれる。信者がそれぞれに戒名をしたためた水塔婆を流して、不幸にして亡くなった人々を供養する。

川施餓鬼〈大堰川〉

●中旬の日曜日とその前日……はぎまつり

萩まつり

●梨木神社／上京区寺町広小路上る

萩まつり〈梨木神社〉

萩まつり〈梨木神社〉

三条実萬、実美父子の業績を讃えて明治18年に創建された社。萩が見ごろとなる2日間の祭典では、紅白の萩の花を青竹に生け、これに献句された短冊をつるし鈴虫の虫籠を添えて巫女が献饌する。拝殿では池坊家元による献花、茂山社中の狂言「萩大名」や、舞踊の奉納等がある。俳句結社「京鹿子」の人たちで詠まれた俳句が短冊にしたためられて、萩の枝につるされた姿は味わい深いものである。

MAP 3・C2

● 羣鳥羞を養う（ぐんちょうしゅうをやしなう）

七十二候の45番目。新暦の9月18日～22日頃。来たるべき冬に備え、多くの鳥たちが食べ物を蓄えはじめる時節。羣鳥とは、郡れる鳥、たくさんの鳥という意味。羞は、おいしい食べ物ご馳走のことで、養うとは、蓄えること。

● 台風（たいふう）

台風とは、太平洋の西南で発生した熱帯低気圧が発達したもの。毎年、8月から9月にかけて、激しい暴風雨を伴って日本列島を襲う。最大瞬間風速が17・2m以上になれば、台風とよび、それ以下のものは単に熱帯低気圧とよぶ。

● 21日

大般若経会（だいはんにゃきょうえ）

● 養源院／東山区三十三間堂廻り町　MAP 9・A2

養源院は文禄3（1594）年豊臣秀吉が浅井長政追善のため創建された。般若経全600巻を御宝前で導師と出仕の僧4人で転読する。

大般若経会〈養源院〉

● 女郎花（おみなえし）

オミナエシ科の多年草で秋の七草のひとつ。おみなめしの別称がある。同科の白い花をつける男郎花に対し、優しい姿をしていることからの名。女郎花の文字表記は、菅原道真撰の『新撰万葉集』からとの説がある。高さは1mほどで陽当たりのよい山野に自生し、秋の七草の中では最も早く花をつける。小粒の黄色の小花を多数傘状につける様子が、粟に似ていることから粟花とも呼ばれる。漢方ではオミナエシの根を乾かしたものを利尿剤として用いる。平安朝の襲色目では表の縦が青、横が黄、裏が青で夏の色目。また、平安時代の宮廷では女郎花の花に歌を添えて、歌の優劣を競う「女郎花合」が流行した。ちなみに女郎花月は陰暦7月の異称。

女郎花

● 秋刀魚（さんま）

サンマ科の海魚。9月から10月頃、三陸沿岸に南下するものは脂肪が多く、秋の味として好まれる。体長約40cmで細長く、青光りすることから秋刀魚の名がある。体が細いことから狭真魚が変化したとの説も。塩焼きは秋の味覚の代表。

● 案山子（かかし）

稲穂が頭をたれ、収穫が近づくと、田んぼには案山子の姿が目立つ。雀やカラスに荒らされないように、田んぼの見張り役として案山子を立てる。竹の棒を十字に縛り、帽子と着物を着せつける簡単なもの。じっとして動かない人の姿にどれだけの効果があるのか知れないが、田んぼの景色に案山子は欠かせない風物。

●21日～25日……おすなふみほうよう

お砂踏法要

●観音寺／東山区泉涌寺山内町　MAP⑨・B3

西国三十三番観音霊場の、第十五番札所、今熊野観音寺で行なわれる法要。方丈に第一番那智山青岸渡寺（和歌山県）から結願の第三十三番谷汲山華厳寺（岐阜県）まで霊場のお砂が敷き並べられ、何日もかかる遍路の行程を1日で巡ることができる。信者たちは、遠く順路を思い描きながら口々に般若心経を唱え、三十三ヵ所霊場のご利益を授かる。

●……すすき

芒

イネ科の植物。すっくとのびた茎につく花穂は、秋の陽射しをあびて薄紅から銀、鈍色へと変わり、花穂が風になびくさまは郷愁をさそう。秋の七草の尾花はススキのことで、花穂のかたちから名づけられたもの。十五夜のお月見には、お団子とともに欠かせない秋の草。

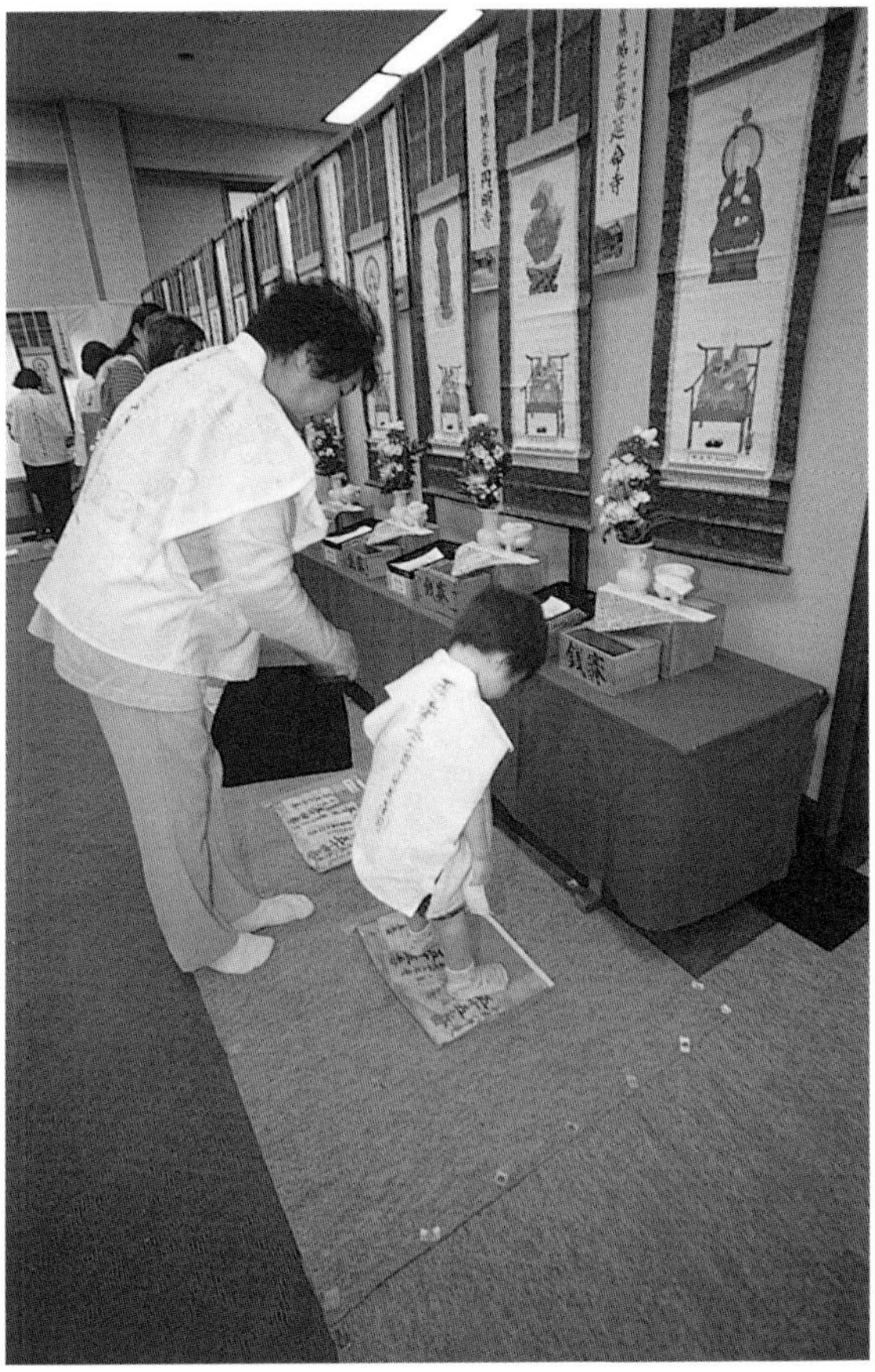

お砂踏法要〈観音寺〉

名月祭〈平野神社〉

●中秋……ひらのじんじゃのめいげつさい

平野神社の名月祭

●平野神社／北区平野宮本町　MAP②・A3

延暦13（794）年、桓武天皇が長岡京から平安京へ遷都する際、大和の国から4柱の神を勧請して遷されたのが平野神社の始まり。桜の名所としても有名であるが、名月祭では神事のあと拝殿で、狂言、舞楽、雅楽などが奉納される。

●……かみなりすなわちこえをおさむ

雷乃ち声を収む

七十二候の46番目。新暦の9月23日～27日頃。夏の風物詩であった雷も秋の到来で鳴り響かなくなる時節。

京都ちょっと昔のくらし

布団の打ち直し

季節の変わり目は「布団の打ち直し」をしました。ガワと中綿を外し、綿は布団屋さんへ打ち直しに出します。ガワは洗濯をしたり、新しく縫い直したりします。綿が新品のようになって戻ってくると、元のガワに入れ直すのです。裏返したガワの上に縦横交互に綿を平均に敷き、最後に四隅の綿とガワとを糸で縫っておきます。この時、糸は長くたゆませておくのがコツ。ガワを綿ごと表に返し、四隅の糸を引っ張ると綿がきちんと収まります。綿埃にまみれての作業でした。

布団の打ち直し

大覚寺の観月の夕べ〈大覚寺〉

●中秋……だいかくじのかんげつのゆうべ

大覚寺の観月の夕べ

●大覚寺／右京区嵯峨大沢町　MAP⑭・A1

大沢の池に十五夜の月がのぼると、龍頭船、鷁首船、屋形船などの観月船が浮かぶ。池畔からは琴や尺八の調べが流れ、虫の音が秋をかなでる。昔の宮廷人の月を愛でる姿が見事に再現されている。奈良の猿沢の池、大津の石山寺とともに日本三大名月観賞地とされている。

【名月祭　芋名月】

陰暦8月15日の月は仲秋の名月。陰暦では7月から9月までを秋とし、7月を孟秋、8月を仲秋、9月を季秋と呼び分け、仲秋、つまり8月の十五夜の月に限って中秋の名月と呼び、古代より観月の宴が催されました。この月見の風習は中国の仲秋節に由来し、わが国に伝わったのは奈良時代とも平安初期とも言われています。しかし、この頃の月見は朝廷のみの行事で、池に竜頭鷁首の船を浮かべ、詩歌管弦の観月の宴が催されたということです。嵯峨大覚寺の大沢池で行なわれる観月祭や下鴨神社の名月管弦祭は、平安の王朝絵巻さながらの雅やかな観月の宴を今に伝えてくれます。鎌倉から室町期には月見の風習が武家や庶民にも及び、年中行事となっていきますが、むしろ農村では秋の収穫の始まる時季と重なり、収穫の予祝としての月見が重要な農耕儀礼となっていくのです。神格化された月に収穫物の里芋を供え、稲穂に見立てた芒の穂を飾り、今秋の実りを祈る行事で、芋名月と呼ばれる所以です。

●中秋……へちまかじ

へちま加持

●赤山禅院／左京区修学院開根坊町　MAP⑧・B1

中秋の名月の日に千日回峰の阿闍梨が秘法のへちま加持祈祷を奉修し、喘息を封じる。本堂にはへちまが供えられ、1日中祈祷を受ける人たちで賑わい、へちま護符が授与される。

●22日～23日……せいめいじんじゃれいさい

晴明神社例祭

●晴明神社／上京区堀川通一条上る　MAP③・B1

かつては祭神である平安中期の陰陽師安倍晴明の命日9月26日に行なわれていた。22日の宵宮祭には、お迎え提灯が氏子区内を練り歩き、巫女が釜に煮立てた熱湯に笹を浸して打ち振りながら祈る湯立神楽が奉

晴明神社例祭〈晴明神社〉

納される。23日の神幸祭では、少年鼓笛隊を先駆けに鉾車、八乙女稚児、御神宝、飾り馬などに導かれて神輿が氏子区内を巡行。途中、御旅所祭を行なう。宵宮には神社前に夜店が出て賑わう。

●22日……おつやほうよう

お通夜法要

●**即成院**／東山区泉涌寺山内町　MAP⑨・A3

極楽往生を願う信者らとともに夜を徹して営まれる彼岸の法要。3月19日にもある。午後7時半ごろから呑海講中の御詠歌がはじまり、法話のあと翌朝午前5時にはじまる朝勤行で終わる。

●23日……せんにちくどくえ

千日功徳会

●**金蔵寺**／西京区大原野石作町　MAP⑮・A3

7月31日に行なわれる愛宕山の千日詣と同じように、一日のお参りで千日の功徳が得られることからこの名がある。金蔵寺の山号は、西岩倉山。平安遷都に際して四方に経を収めて王城の鎮護とした四岩倉の1つ。養老2（718）年の創建以来、しばしば火災にあい、そのたびに復興されたが、明治の神仏分離で愛宕山の勝軍地蔵が移された。権現堂内で護摩法要が営まれ、火事除けや心の煩悩の火まで消滅させてくれる。

千日功徳会〈金蔵寺〉

●23日頃……しゅうぶんのひ

秋分の日

国民の祝日。昼と夜の長さが、ほぼ同じになる日。彼岸の中日でもある。先祖を敬い、亡くなった人を偲ぶ日とされている。

彼岸供養〈東大谷〉

●……おはぎ

おはぎ（ぼたもち）

春と秋のお彼岸の中日には、糯米の白蒸をつぶ餡で包んだお菓子を作り、食べる。同じお菓子でも、春と秋では呼び方が違う。春は、牡丹の花が見ごろなのに合わせ、「ぼたんもち」（ぼたもち）、秋は、萩が見ごろとなる時分なので「おはぎ」と呼ぶ。

●秋分の日……たかせがわふねまつり

高瀬川舟まつり

●**高瀬川一の船入付近**／中京区　MAP④・C1

高瀬川は慶長16（1611）年から14年かけて豪商角倉了以が物資運送の便をはかるため、鴨川の水を引いて開いた運河である。江戸時代、京阪間の貨物輸送のほとんどに利用されており、二条から五条までに7つの船入りがあった。高瀬川水運の起点であり、現在も唯一残っている一の船入付近で平成2年より開催されている。先斗町の舞妓さんによるお茶の接待やスタンプラリー、昭和59年に復原された高瀬舟にも乗ることができる。

〔連絡先〕金茶寮

TEL075（231）3722

九月の俳句

光秀は槍にかかりし彼岸花　金久美智子

簾納む遙けきものにけふの事　友永美代子

蚯蚓鳴く火廼要慎と阿多古祀符　安田守男

翠黛山の日暮れて来り藍の花　前田攝子

夜遊びの連れ待ちてをり秋団扇　尾池和夫

書を伏せて梨を冷やしに立ちにけり　清水葵

町家にも秋風の立つ通し土間　井上康子

丸太干す峡より来たる秋気かな　榎本典子

早々と雨月の門を閉めにけり　梅谷和声

時折りは風を背負ひて居待月　大伴楠渓

風一陣ここ竹春の野々宮ぞ　大島千鶴子

さやけしや藍の暖簾のよく動く　宮井恵子

楽しむや金木犀の二度咲くを　宇野督子

おほかたは散りし木犀匂ひけり　橋口千代加

お賓頭盧敬老の日に赤き帽　辻まさ子

俎に濃き色残す秋茄子　栢幸子

ブラウスの豹の吹かるる野分けかな　濱田美智子

去来碑を去りて戻らぬ秋の蝶　田口悠香

九月の俳句

病院の裏門を出る秋の暮　井上美代子

親拒む子の部屋照らす月明　南田美恵子

風が来て蓮の葉の露太らしぬ　中村　幸子

山霧を懐に抱き奥比叡　見澤　勝子

水抜きし池に風立つ吾亦紅　川崎まこと

ペン置けば吾れを恋ふごと夜のちちろ　磯部　福枝

秋霖の寺の厠へ傘さして　葉山　酒童

笛の音の遠きにありて虫すだく　内藤　増之

白桔梗好む齢となりにけり　川島美枝子

秋日汲む音羽の滝の長柄杓　城阪しづ子

杜鵑草こぼるるほどを活けてみる　矢削みき子

竹林に女ごゑある良夜かな　多田芙紀子

一歩づつ月に近づく磴のぼる　三浦　孝子

鶏頭に我が影重ね日暮濃し　市川　誠子

大様に秋刀魚烟らす通し土間　森光ゆたか

東司とて伽藍の一つ空澄めり　松山　和子

露草に露の重たき朝かな　朝倉　花枝

姿見に身丈定めて秋袷　村田　昭子

●24日……いしだばいがんぼぜんさい

石田梅岩墓前祭

●春現寺・石田梅岩記念公園／亀岡市東別院町東掛　MAP 19・B3

心学は石田梅岩（1685〜1744）によりはじめられた庶民の教学で、日常生活の中に道徳の実践を説いた。商業が持つ社会的意義を重んじ、利益追求の正当性を認めたため、町人の哲学として受け入れられ、倹約と正直などの徳目を説き、庶民の道徳を高めた。彼の遺徳を偲び顕彰するため、命日に当たるこの日に墓前祭が行なわれている。

●……ちっちゅうとをとざす

蟄虫戸を坏す

七十二候の47番目。新暦の9月28日〜10月2日頃。蟄虫とは、土の中にいる虫。寒さに備えて土の中に隠れこもる時節。

●第4月曜日……くしまつり

櫛まつり

●安井金比羅宮／東山区東大路通松原上る　MAP 9・A2

女性の化粧に欠かせない櫛に感謝して行なう神事。京都東山美容師会が主催で、昭和36年、クシにちなんで9月4日に始まったが、第4月曜日になった。安井金比羅宮境内の久志塚に使い古した櫛を納めて供養。古代から現代に至るさまざまな髷型に結い上げた和装の50人に芸舞妓たちも加わって「時代風俗行列」が祇園石段下から花見小路を巡る。

櫛まつり〈安井金比羅宮〉

●30日……あーえーのすもう

アーエーの相撲

●涌出宮／相楽郡山城町平尾里屋敷　MAP 18・A2

子供が行なう神事相撲。相撲をとるのは氏子の宮座の子供4人で、宮司が祈祷した後、紅白の回しをつけて末社天神社前と本殿前の土俵で相撲をとる。取組は最初土俵の中で、「あーえー」と唱えながら太刀を振り、前後に歩くなどの所作を行ない、その後3回勝負の相撲をとる。3回のうち2回は交互に勝ち、3回目に真剣に勝負する。

アーエーの相撲〈涌出宮〉

●下旬……だいかくじかんげつのゆうべこんさーと

大覚寺観月の夕べコンサート

●大覚寺／右京区嵯峨大沢町　MAP 14・A1

秋の観月のシーズンに合わせて、大覚寺の宸殿に設けられたステージでクラシックなどが演奏される。夕闇が迫り、月が東の空にのぼる頃、静かにクラシックの音色が聞こえてくる。平安の昔、宮廷人たちが雅びやかな管弦の音に心を酔わせた旧嵯峨御所大覚寺庭園で、西洋のクラシック音楽を聴くという趣向に、多くの申込みがある。宸殿は御水尾天皇の中宮・東福門院の旧殿を移築した寝殿造風の建築で、重要文化財。無料、事前申込制。

〔連絡先〕JR東海関西広報室
TEL06（6375）9893

●30日〜10月2日……みとじんじゃれいさい

水度神社例祭

●水度神社／城陽市寺田　MAP 17・A2

本殿から御旅所に向かう神幸祭は、「おいで」と呼ばれる華やかな神輿行列で、裃をつけた人々が太刀や鉾を持って先導する。また、雌雄の獅子も行列に加わるが、この獅子に頭をかまれると賢くなるという。1日の宵宮に先立ち、夕方、神楽の奉納、午後9時頃からは湯立の神事が行なわれ、巫女が笹の葉につけた熱湯をふりまく。人々はしずくにかかって厄除けとする。

十月

神無月　かんなづき

神無月の名を欺き　京都の町は祭りたけなわ

八百万(やおよろず)の神々が酒造りのこと、
縁結びのことなどを相談されるため、
出雲にお出ましになるのが神無月。
その謂(い)われを欺(あざむ)き、
京都の神無月はお祭り月。
方々の神社で収穫の歓びを神に感謝し、
火祭り、酒祭り、花の祭りなどが
賑やかにとり行なわれます。
とりわけ興味深いのは
北野天満宮の瑞饋(ずいき)祭。
里芋の茎で葺(ふ)いた屋根、
頭芋(かしらいも)の鬼瓦、賀茂茄子の鈴など
すべて収穫物で飾り立てられた神輿が
いかにもうれし気な祭りです。
あるいは五穀で作った神饌(しんせん)を
誇らし気に高々と盛り上げて
神に捧げる高盛御供(たかもりごくう)や、
おかしなお面を着けた神さまと
それを奪おうとする人々とが
追いかけっこをする牛祭など、
神無月の京都は、神と人との素朴な交わりと
歓びに満ちています。

●10月初旬頃の日曜日　たんごおうこくこだいまつり

丹後王国古代まつり

●加悦町古墳公園／与謝郡加悦町明石　MAP24・A3

古墳まつりともいう。全国に誇る歴史文化遺産である加悦町古墳公園を正しく理解し、多くの人々が気軽に古墳に親しみ、楽しく交流できる場を提供することを目的に平成6年から行なわれている。この古墳公園は国史跡「作山古墳」「蛭子山古墳」を復原した公園で、その一角には「はにわ資料館」が建ち、古代の暮らしがわかる出土品が展示されている。古墳が造られた1600年前に思いをはせながら催しに参加するのも楽しい。

丹後王国古代まつり〈古墳公園〉

丹後王国古代まつり〈古墳公園〉

●9月30日～2日　てらだのみこしぎょうれつとゆだて

寺田の神輿行列と湯立

●水度神社／城陽市寺田水度坂　MAP17・A2

寺田地区は江戸時代には寺田村と呼ばれ、3000石近い石高を有する南山城屈指の大村であった。集落の中は7つの町と呼ばれる地縁組織に分かれていた。1つの町が一村規模もあり、町惣代によって自治的に運営されていた。今も自治会の単位となっており、秋祭りで、大南町が神饌を入れた長持、北西町が天狗と獅子、中西町が鉾、小南町が弓矢などと各町によって神輿巡行の際の祭具が決まっている。祭具は町にとっては神聖なもので、祭り前に頭屋に祀られ、29日に宮司がお祓いをしてまわる。30日は御出の日で、鴻巣山山腹にある水度神社の本殿前に各町自治会長が並び、宮司が神輿に神を移す。そして行列を組んで出発し、集落西端にある御旅所に下る。今は子供神輿になっていて、本神輿は御旅所に据え置きし、子供神輿が到着すると本神輿に神移しをする。御旅所では各町の道具は神輿前に供える。夜店が出て賑わい、翌1日の夜には人だかりの中で湯立神楽が行なわれる。神輿前に湯釜が置かれ、巫女が手にした笹で煮え立った湯を周囲に散らす。2日午後に再び子供神輿に神移しをして、本宮に還幸し、本殿に神を移してから祭典を行なう。なおすべての祭典において栗栢座と呼ぶ宮座の人々が各町自治会長と並んで参列する。座の名前は戦前まで栗と栢の実を一つずつ竹串に刺して小麦のワラ束に花のように広げて飾った神饌を奉納したことによる。小規模なものは同市富野の荒見神社の秋祭りで見ることができる。寺田の秋祭りでは、宮座といった中世的な祭祀組織と、町という近世的な祭祀組織をともに見ることができ、そして長い松並木の参道を華やかな神輿行列が里の集落に向けて下る様子は「寺田三千軒」と呼ばれた大村の面影を偲ぶことができる。

水度神社祭〈水度神社〉

●　てんたかし

天高し

中国の杜審言の「天高く馬肥ゆる秋」から来たことわざで、秋になると夏の間、たっぷりと草を食べた馬に乗って蒙古が襲来してくることを警戒するための句であったというが、わが国での天高しは大気澄み渡り空が高く感じられる秋晴れの情景。湿気の多い夏の空気に変わり、大陸より乾燥した空気が日本の上空を覆うと視界が広がり、天が高く見える。

●……むらさきしきぶ

紫式部

クマツヅラ科の落葉低木。実紫、玉紫、紫珠の別称がある。もと、ムラサキシキミと呼ばれていたが、鮮やかな紫の実が枝に垂れる様子から紫式部のイメージと重なり、一般的な呼称となった。2mほどの高さになり斜めに小枝が張り、コムラサキに似た花を付け、11月に濃い紫の実をつける。葉や花の大きいものがオオムラサキシキブ。

紫式部

●1日……あまざけこう

甘酒講

●聖神社／綾部市老富町　MAP23・B2

昔、地区の人々を苦しめた大蜘蛛を退治してくれた藤元善右衛門の恩義を忘れず感謝の気持ちを表すため、聖大明神の例祭に甘酒を作って祭をする。

甘酒講〈聖神社〉

甘酒講〈聖神社〉

●1日〜10日……ごこうのみやさい

御香宮祭

●御香宮神社／伏見区御香宮門前町　MAP12・A3

1日から10日にかけて繰り広げられる洛南有数の大祭。1日に花傘が神社に集まるので、花笠祭の呼称もある。かつては9月9日の重陽の節句に行なわれた伏見九郷の総鎮守社の祭とされた。1日、氏子区内で趣向を凝らした花傘が社前に集まりお祓いを受け、9日には行列がある。風流傘と呼ばれるもので、神輿のお迎え提灯である。10日は神輿渡御祭で、大きな雌雄一対の獅子頭を担った先駆けに続いて神輿が出て氏子区内を練る。現在は9月下旬から10月上旬にかけて行なわれている。

●1日〜5日……ずいきまつり

瑞饋祭

京都市登録無形民俗文化財

●北野天満宮／上京区今出川通御前上る　MAP3・A1

御香宮祭・花笠〈御香宮神社〉

瑞饋祭〈北野天満宮〉

瑞饋祭〈北野天満宮〉

五穀豊穣に感謝する秋季大祭。全国に類を見ない「ずいき（芋茎）」の神輿が出るので、瑞饋祭の名がある。神輿は、かつて西ノ京の北野神社の社家が新穀や野菜を神前に供えたのがはじまりで、いまは瑞饋神輿保存会の手で制作が守られている。ずいきで入母屋唐破風の屋根、四本柱を作り、かしら芋で鬼瓦、瓔珞は茄子、唐辛子、ほおづきなどで飾る。1日は神幸祭で、午前中に御霊を移した3基の神輿は午後から松鉾、梅鉾を従え御旅所へ。御旅所では八乙女田舞が奉納され、2日に献茶式、3日に甲御供が行なわれる。4日は還幸祭で奉射祭が行なわれ、5日は後宴祭といい八乙女舞が奉納される。

●1日～5日……あらみさい

荒見祭

●荒見神社／城陽市富野荒見田 MAP17・A3

荒見神社の秋の例大祭。1日の「おいで」から始まる。御旅所へ移る神幸祭は富野の三地域が年毎の交代で行なう。御旅所には高張提灯が並ぶ。5日の巡幸祭は三地域に神輿がバトンされていた。神輿が練り歩くのは、地域の厄や病気を追っ払ってもらうことと秋の実りを見ていただくという感謝の気持ちであった。また、5日には、栗・榧の実を神饌として御供えすることから、栗榧神事とも呼ばれた。

荒見祭・栗榧神事〈荒見神社〉

●……こうい・あわせ

更衣・袷

季節の節目を大切にする風習は、失われることなく続いている。この時分の日中は、まだ暑さを感じるが、着物は袷を着る。柄は、やはり秋を感じさせる秋草や紅葉、菊の模様を選びたい。

●……しんせいまめ

真盛豆

きな粉を水飴と砂糖で練って作られる州浜に青海苔をまぶしたお菓子。竹皮の箕に入れて売られている。また、天正15（1587）年10月の北野大茶湯の折、千利休が使用したと伝わる井戸がある西方尼寺では、炊いた黒豆に塩味をつけた大根の葉をまぶしたものを「真盛豆」として作っている。

●……みずはじめてかる

水始めて涸る

七十二候の48番目。新暦の10月3日～8日頃。涸るとは、水が尽きてなくなること。水田の水を抜きはじめ、収穫に備える時節。

●……にぬき

にぬき

煮抜きと書き、もとはたっぷりの水から炊いた飯で作る粘液のこと。おねばともいう。京都ではゆで卵のこと。よく茹でることからの名か。

●第1日曜日……うじちゃまつり

宇治茶まつり

●宇治橋・興聖寺・塔の島付近／宇治市宇治　MAP⑰・A2

日本に茶を招来した栄西禅師、宇治に茶園を開いた明恵上人、茶道の始祖千利休および茶業功労者を顕彰する行事で、茶樹への供養を併せて営む。伏見在城の豊臣秀吉が毎日、宇治橋守の通円に水を汲ませた故事にちなみ、午前9時、宇治橋三の間から水を汲み上げ、青竹筒に入れて興聖寺に運ぶ。同寺では新茶の口切式、表千家、裏千家（1年交替）の献茶式、法要の後、各所に茶席を設け、宇治川では屋形船上での煎茶席も出る。午後には宇治神社御旅所から時代行列が出発する。昭和7年に指定された全国茶業記念日を昭和27年10月に産業記念祭として復活させたことに始まる。

〔連絡先〕宇治商工会議所内宇治茶まつり奉賛会
TEL０７７４（２３）３１０１

宇治茶まつり〈宇治橋〉

●第1日曜日……ちゃせんくよう

茶筅供養

●興聖寺／宇治市宇治山田　MAP⑰・A2

宇治茶まつりの中で行なわれる茶筅の焼却供養祭。午前9時、宇治橋三の間より汲み上げられた水が興聖寺に運ばれる。新茶を石臼で抹茶に仕上げたものに、汲み上げた水を使った湯でお茶を点て茶祖に供える。1年ごとに表千家と裏千家が交替してつとめることになっている。11時半、山門前の茶筅塚に使い古した茶筅が集められ、供養法要が営まれる。茶道に関係のある人や宇治茶に関係する多くの人々が、感謝の気持ちを表わす。

●5日……たなののせんりょうまつり

棚野の千両祭

京都府登録無形民俗文化財

●諏訪神社／北桑田郡美山町鶴ヶ岡　MAP⑳・A1

諏訪神社は旧鶴ヶ岡19ヵ村の氏神で、大祭（30年毎）及び中祭（15年毎）には、様々な行事で賑わう。その中心となるのが各地区が持ち寄る芸能で、高野、鶴ヶ岡は神楽、豊郷は姫

棚野の千両祭・姫踊り〈諏訪神社〉

棚野の千両祭・振物〈諏訪神社〉

踊りと獅子舞、盛郷と福居は合同で振物である。神楽はお多福やひょっとこによる滑稽芸と太鼓打ちが一体となったもので、「諏訪神社祭礼芸能」として京都府登録無形民俗文化財となっている。振物は2人1組で太刀や長刀で切り組みを演じるものである。姫踊りは青年の中踊と女装の少年による側踊りが輪踊りを見せるもので、府内でも屈指の風流踊である。文化財の登録を受けるまでは、毎年の例祭で特別な行事はなかったが、それ以後、各地区が輪番で芸能を奉納している。

●4日……こうみょうじだいふさつえ

光明寺大布薩会

●光明寺／長岡京市粟生西条の内　MAP16・A1

懺悔式。人は授戒により、仏弟子になることができるが、なかなかその戒律（五戒）を守ることができないのが常である。1年に1回の布薩会を行なうことで、自分の行跡を反省する。布薩は梵語で浄住、長寿の意。この日は午前9時ごろから法要が営まれ、参加した人々は説教を聞いたり、半紙で作った白蓮の花びらを導師に渡して、自分の心の穢れを払うなど、仏道に精進する。

●5日〜7日……くせまつり

久世祭（大かがり火神事）

●久世神社／城陽市久世芝ヶ原　MAP17・A2

例祭に先立って、迎え火として大篝火を献ずる。久世神社は、日本武尊を祭神とする。日本武尊が死後、白鳥となって飛び去ったという白鳥伝説に由来する鷺坂伝承地が近所にあることから、白鳥の宮とも呼ばれる。7日の例祭に際し、5、6日の宵宮に、御旅所には神社の森から集められた木々に御神火が点けられる。火の粉は勢いよく舞い上がるが、この姿は、日本武尊が東奔西走して、大和朝廷に敵対したものを討伐する姿ともいわれる。

久世祭・大かがり火神事〈久世神社〉

●……こおろぎ

蟋蟀

『万葉集』にも詠われているコオロギは、鳴く虫の代表として古くから愛されてきた。コオロギにはミツカドコオロギ（三角蟋蟀）、ツヅレサセコオロギ（綴れさせ蟋蟀）、エン

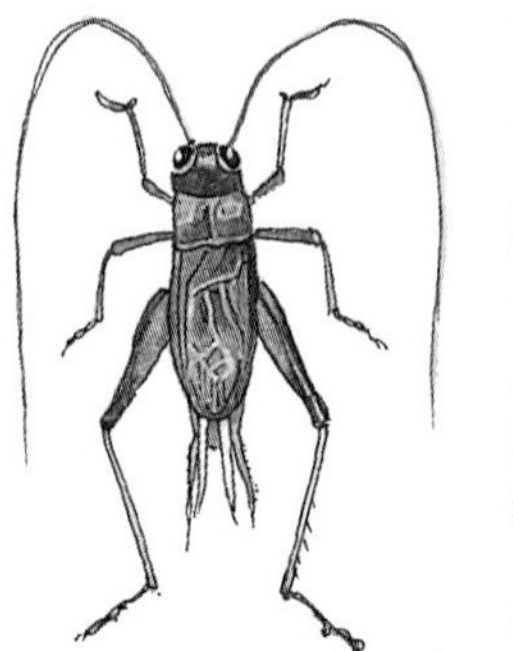

蟋蟀

鳴声を楽しむ虫

美しい鳴声で秋を彩る虫にはスズムシなどの他にも、さまざまな種類がある。

クツワムシ（キリギリス科）は体長約50㎜、体色は緑色と褐色のものがいる。「ガチャガチャ」と鳴くことからガチャガチャと呼ばれる。

コオロギ（コオロギ科）には、ミツカドコオロギ、エンマコオロギ、ツヅレサセコオロギ、など、様々な種のコオロギがおり、鳴声もちがう。エンマコオロギは「コロコロ」という軽快で涼しげな鳴声。その他のものは「リィリィ」「リッリッー」「リッリッリィー」と鳴く。

カネタタキ（コオロギ科）は体長約10㎜で、「チンチンチン」というかわいらしい鳴声の虫。

クサヒバリ（コオロギ科）は体長約7㎜。「フィリリリ」とよい声で鳴く。マダラスズムシ（コオロギ科）は体長約6㎜。「ジィーッ、ジィーッ」と区切って鳴く。カンタン（コオロギ科）は体長約12㎜。鳴く虫の女王といわれ「ルルル」と鳴く。マツムシ（コオロギ科）は体長約25㎜。「チンチロリー」と鳴く。

マコオロギ（閻魔蟋蟀）、オカメコオロギ（阿亀蟋蟀）など様々な種がいて草地などにすんでいる。エンマコオロギは「コロコロ」と軽快に、その他のものは「リィリィリィ」「リッリッー」「リッリッリィー」と鳴き、長い秋の夜を彩る。

体長は15㎜と太く短い体で、触覚は体長より長い。光沢ある黒褐色で、8月に鳴き始めて早々と秋を告げ、晩秋まで鳴き続ける秋の虫の代表。鳴くのは雄。その鳴き声から「ちちろ」「つづれさせ」の別称がある。つづれさせは「綴れ、刺せ」で、針仕事をして秋の用意を促す声だといわれる。古代は、キリギリス、スズムシを含めての総称とする説もある。

● ……………… すずむし

鈴虫

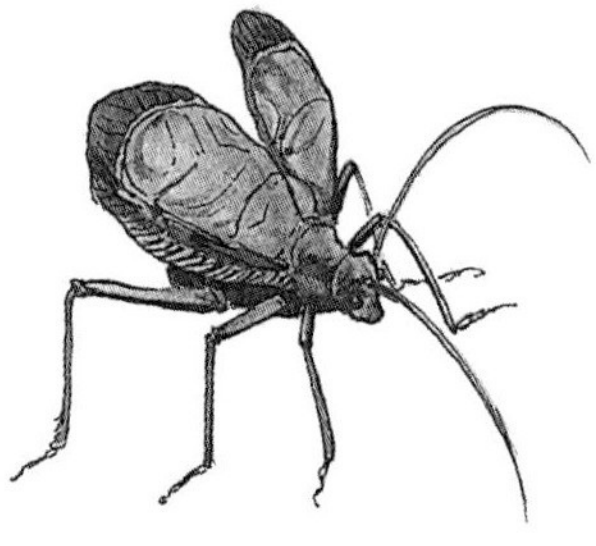

鈴虫

コオロギ科の昆虫で体長は2㎝ほど、卵形扁平の体で黒褐色。脚は白色を帯びている。湿気の多い林や茂った草原の地面近くにすんでいる。8月初旬には「リーン、リーン」と雄が鳴きはじめ、9月に交尾を終えると声もか細くなって雄は死に、雌は産卵後の10月頃まで生きるという。鳴き声も飼育されている鈴虫の声は「リーンリーン」とテンポが速く、野生のものは「リーーンリーーン」とテンポが遅い。この美しい鳴声が古くから珍重され、江戸時代には京都市内にスズムシ、マツムシ、コオロギを売る店があったという。小泉八雲は『異国風物と回想』のなかで、鳴く虫の声を楽しむ日本人の風流を紹介している。また、平安時代の文学に登場する「松虫」と「鈴虫」は置き換えて解釈するとの定説があり、本来、スズムシとはマツムシにつけられた名で、雄の鳴き声「チンチロリン」が、鈴に似ていることからの名だとする説もある。京都市西京区の華厳寺は、1年中、鈴虫が鳴いているため鈴虫寺と呼ばれる。

● ……………… かまきり

蟷螂

カマキリ科の昆虫。体長7〜8㎝。草緑色で細長く、三角形の頭と鎌状になった前脚に特徴がある。カマキリの雌は交尾中に雄を食べることで知られ、蟷螂の雌はしばしば悪女に例えられるが、すべての雌が雄を食べるわけではない。また、「蟷螂の斧」の語は弱者が強者に立ち向かうさま。「蟷螂の斧を以て隆車の轍を禦がんと欲す」という中国故事に取材した祇園祭の山、蟷螂山がある。

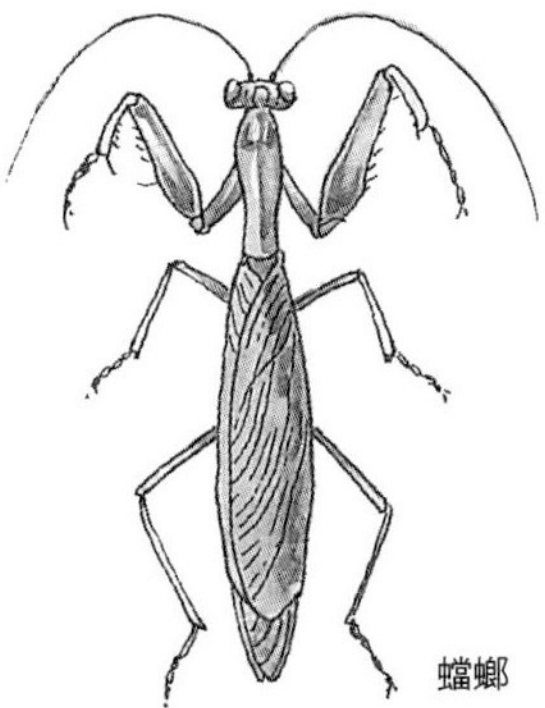

蟷螂

● ……………… きんもくせい

金木犀

モクセイ科の常緑小高木。中国原産で漢名は丹桂。古くから庭木としてもちいられてきた。葉は細長い楕円形で、革のように硬い。雌雄異株だが、日本で栽培されているものは全て雄株で、実をつけることはない。秋には、橙黄色の小花を咲かせる。つよく甘い香りは、遠くからでもキンモクセイの存在を知らしめるよう。

● **第1土曜日・日曜日** ……………… あきのふくちやましみんまつり

秋の福知山市民まつり

● **御霊神社**／福知山市中ノ町　MAP 22・B2

この日は御霊神社の大祭にあたり、雅楽による2種の舞が舞われるほか、御霊太鼓保存会による太鼓や睦会による神輿などが練る。御霊神社と共催の福知山青年会議所は舞殿をステージにさまざまな催しを行なう。

● **第1日曜日** ……………… やまぐちまつり

山口祭

● **山口神社**／舞鶴市堂奥

昭和28年、13号台風によって神社本殿等が壊れるまで太鼓・神楽・太刀振りなどが行なわれていた。その影響で一時休止したが、昭和57年から復活し、現在、太鼓台・神楽・三番叟などが奉納されている。山口神社の氏子は、となりの地区の多聞院も含まれ、一年交代で芸能が奉納され、多聞院は杓子舞を演じる。

● **6日** ……………… たかもりごく

高盛御供

京都市登録無形民俗文化財

● **北白川天神宮**／左京区北白川仕伏

高盛御供〈北白川天神宮〉

高盛御供〈北白川天神宮〉

町　MAP 8・B2

古代の供物の型を伝える祭儀で、土器に収穫したばかりの米、小芋、大根なます、刻みするめなどを味噌をつなぎとして円錐形に盛り上げ、五穀豊穣を感謝する。「朝御饌献饌の儀」ともいう。午前8時、神宮の3つの鉾ごとに御本膳（神饌）を準備し、高盛保存会の人々が神饌を盛り上げる。この神饌を黒木綿の着物に赤前垂れの女性が槽に入れ、頭上に掲げ、行列して社前に奉納する。神饌は盛相に米飯、桶に豆腐が盛られる。当日は、神輿が出るが、各家では、小豆餅を作って祝う。

●8日……おおみのやんごおどり

大身のヤンゴ踊り

京都府登録無形民俗文化財

●広谷神社／天田郡三和町大身　MAP 21・A2

広谷祭の宵宮に神社のチョウノヤで奉納される田楽踊り。踊をつとめる田楽衆は2組編成され、前後2回に分けて6番ずつ合計12番踊る。ヤンゴ踊りとは、曲のひと区切りごとに唱える「ヤンゴー」から出た呼び名である。田楽衆は笛1人・太鼓1人・ビンササラ3人で構成され、笛を中心にその周囲に太鼓・ビンササラが円陣をつくり、左まわりに踊る。

大身のヤンゴ踊り〈広谷神社〉

●9日～10日……ひろたにまつり

広谷祭

●広谷神社／天田郡三和町大身　MAP 21・A2

前日の宵宮ではヤンゴ踊りが奉納されるが、祭当日には鉦、太鼓2人ずつの少年の囃子方が曳山に乗り込み、青年たちは伊勢音頭で賑やかに山を曳く。

●8日～10日……よどじんじゃれいさい

与杼神社例祭

●与杼神社／伏見区淀本町　MAP 12・A2

古くは、淀祭、淀姫明神祭ともいった。与杼神社の例祭で、淀、納所、水垂町、大下津町の氏子区内を子供神輿が練る。8日に祭儀、子供神輿は10日で、稚児の社参がある。拝殿は五間社流造で、桃山様式の装飾を伝えて重要文化財に指定されていたが、昭和50年8月に焼失した。

●9日……さぐりじんじゃさい

雙栗神社祭

●雙栗神社／久世郡久御山町佐山双栗　MAP16・B2

雙栗神社の例祭。この神社は延喜式にも「雙栗神社三座」として現れる由緒ある古社である。昭和9年9月の室戸台風の被害により、2基の神輿の渡御が廃止された。以来、10月7日の神幸祭には、御幣に神霊をうつして御旅所に巡行する。8日の宵宮には、御旅所で2基の神輿を拝することができる。ただ、神輿とともに参加していた佐山地区の稚児と獅子と天狗、林地区の獅子と天狗は現在も各家を神幸する。獅子頭に頭をかんでもらうと、賢くなるといわれている。大正時代までは本祭のあと、駈馬の神事もあった。

雙栗神社祭〈雙栗神社〉

●9日……どうそうかぐら

道相神楽

京都府登録無形民俗文化財

●道相神社／北桑田郡美山町宮脇　MAP20・A2

警護2人、天狗1人、獅子2頭、屋台1基、屋台引きの子供大勢、太鼓打ち5人前後、笛10人以上、鉦1人、音頭大勢、幟さし8人、おかめ1人、ひょっとこ1人、恵比須1人、大黒1人、俵振り大勢（30人以上）で構成される大規模な神楽。朝10時、板橋公民館を出発した一行は、道相神社までの約3kmの行程を1時間半かけて練り込んでいく。神社前から俵振りは伊勢音頭にあわせて踊りはじめ、拝殿横に据えられた屋台を太鼓打ちの少年が打ち巡る。

秋桜

●……こすもす

秋桜

メキシコ原産の渡来植物でキク科の1年草。わが国への渡来は明治期で、12年説、29年説と2説あるが、詳しいことは不明。明治末期には全国で普及し、各地で栽培されていた。茎の高さは1・5mほどでかたく、葉は線状に細く裂けている。大きな頭花は白、ピンク、深紅色などさまざまで、静かなたたずまいは日本の里山の風景にすっかり溶け込んでいる。8月から11月初旬まで花を咲かせ、日本晴れの秋空の下、大原や嵯峨野では秋風に揺れるコスモスの群生を楽しむことができる。コスモスとは秩序ある世界という意味があり、化粧のコスメチックも語源でもある。

●8日〜9日……いまみやじんじゃれいたいさい

今宮神社例大祭

●今宮神社／北区紫野今宮町　MAP2・A2

今宮神社は、正暦5（994）年6月、洛中に疫病が蔓延し、朝廷で神輿を造って船岡山で御霊会を行ない、長保3（1001）年に三社を建てたのが創建の由来。大祭は人長舞、東遊びの奉納がある。

今宮神社例大祭〈今宮神社〉

●連休の3日間……みぶだいねんぶつきょうげん

壬生大念仏狂言

重要無形民俗文化財

●壬生寺／中京区壬生梛ノ宮町　MAP4・B2

無言の仮面狂言。鎌倉時代に中興の円覚上人が念仏の真意を平易に説くため狂言にして布教したのがはじまり。30の演目が伝えられ、能から主題を得た『土蜘蛛』『羅生門』や狂言からの『節分』『花盗人』、独自の『餓鬼責』『愛宕詣』など幅広い。節分と春秋2回の開催で、鉦、太鼓、横笛で囃し、その音がのどかに「ガンデンデン」と奏でられることから「ガンデンデン」とも呼ばれる。境内の狂言堂で連日、5～6番ずつ演じられ、4月の演能時にのみ毎日最初に行なわれる『炮烙割』はつとに知られ、人気の的。

●第2日曜……たいいくのひ

体育の日

国民の祝日。昭和39年に開催された東京オリンピックを記念して、その開会日である10日が「体育の日」として同41年に制定された。その後、平成13年より第2日曜となった。

●上旬……ぐりーんふぇあ

グリーンフェア

●梅小路公園／下京区梅小路　MAP5・B2

暮らしに活かせる花と緑のあり方を提案するとともに、公園や街路樹を守り、創り、育てる運動を推進する10月の「都市緑化月間」に合わせて開催されるイベント。花壇や庭園の展示、植木市・花市、みどりの相談コーナーなどが開かれ、花や自然を愛する人で賑わう。4月末から5月初めのゴールデンウィーク中にも、緑の日・子供の日の祝日に合わせてイベントを拡大して開催している。

〔連絡先〕グリーンフェア実行委員会事務局

TEL075（352）2500

●10日……やすいこんぴらぐうしゅうきれいたいさい

安井金比羅宮秋季例大祭

●安井金比羅宮／東山区東大路通松原上る　MAP9・A1

全国にある金比羅宮で一斉に行なわれる秋季例大祭。元禄8（1695）年、讃岐の金刀比羅宮から祭神を勧請した安井金比羅宮では、保元の乱で敗れた崇徳上皇のゆかりから、子供の武者行列が出る。

安井金比羅宮秋季例大祭

赤ちゃん初土俵入り〈杉末神社〉

●10日……あかちゃんはつどひょういり

赤ちゃん初土俵入り

●日吉神社内杉末神社／宮津市宮町　MAP24・B2

子供のすこやかな成長と健康を願って行なわれる。行司に抱えられた化粧まわしをつけた赤ちゃん（1歳以上）は、土俵で追いつめたり、押し戻されたり、見えない神を相手に相撲をとり、尻もちをついて終わる。赤ちゃんの泣き声とその家族の歓声が境内に賑やかにこだまする。

●……こうがんらいひんす

鴻雁来賓す

七十二候の49番目。新暦の10月9日～13日頃。渡り鳥の雁がやってきて、湖や沼地が鳴き声でにぎやかになり始める時節。

●……かんろ

寒露

二十四節気の17番目。秋分から15日目で新暦の10月8日頃。寒露は、露が冷気にあたって凍りそうになる頃という意味。晩秋から初冬の頃に降りる露のことを寒露と呼ぶこともある。野山では木の葉や木の実が色づき始め、やがて紅葉へと変わっていく。柿の収穫がはじまる時期でもある。

●9日〜10日……こうたにたちみやさい

神谷太刀宮祭

●神谷太刀宮神社／熊野郡久美浜町新町 MAP25・A2

久美浜町内の十楽（神楽山）、仲町・土居・栄町（双葉山）、東本町・新橋（霧島）、西本町・新町（新城山）、向町（松江山）から5台の太鼓台が出る。太鼓台は神輿に太鼓を乗せ、2人の太鼓打ちが向かい合って座り、前後に布団をたらしたもので、40人以上で担ぐ。本宮では太鼓台を垂直に立てるソラノセ、回転させるマワセ、先端を傾斜させて走るサキダカなど、太鼓の強弱によって足並みをそろえ、それぞれ勇壮な技を競い合う。宵宮には本宮が日和になることを願って、日和神楽太鼓台が町内を練り歩く。

神谷太刀宮祭の太鼓台〈神谷太刀宮神社〉

●体育の日の前日……てんまんじんじゃさい

天満神社祭（相撲甚句）

●天満神社／天田郡夜久野町直見 MAP22・A2

当日の午前中、太鼓台を引っ張り子供たちは祭があることを村中触れて回る。午後から天満神社の境内に設けられた土俵で子供の奉納相撲が行なわれる。つづいて化粧まわしをつけた男たち12人が土俵の周囲を囲み、相撲甚句を唄いながら踊る。その後、横綱の土俵入り、弓取り式で行事が終わる。平成10年まで大人の奉納相撲も行なわれていた。かつてこの奉納相撲は、但馬など近郷近在に知られ、力自慢が集まったと伝えられる。

●体育の日……おおまたさい

大俣祭（大俣太鼓）

●嶽神社ほか／舞鶴市大俣 MAP23・A2

この太鼓芸は、源頼光一行が大江山の鬼退治の凱旋を祝い、山麓の嶽神社に奉納したのがはじまりと伝えている。鬼退治伝説が太鼓という形で定着していることは興味深い。大太鼓の一人打ちからはじまり、舞い打ち、合い打ち、まわり打ちとつづき、最後に「ヤリベス」という師匠格の打ち手による急テンポな打ち方で終わる。これを上の木戸神社から、段神社、嶽神社、そして下の西飼神社までの4カ所を回る。

大俣祭・大俣太鼓

●体育の日……にしがいまつり

西飼祭（地頭太鼓）

●西飼神社／舞鶴市地頭 MAP23・A2

西飼神社の秋祭りに奉納される太鼓芸は、源頼光一行が大江山の鬼退治に向かう際、由良川を下り、この神社に戦勝を祈願し、そして鬼を退治した一行を喜び迎えて村人が太鼓を

西飼祭・地頭太鼓〈西飼神社〉

打って祝ったのがはじまりと伝えている。屋台につけた大太鼓を中心に、打子が一列あるいは円陣を組み、また二人一組になり、大太鼓、二人組打ち、舞い打ち、まわし打ち、早打ちの5種類の勇壮な芸打ちを演じる。

●10日……およぎはちまんぐうのさいれいげいのう

於与岐八幡宮の祭礼芸能

京都府登録無形民俗文化財

●**於与岐八幡宮**／綾部市於与岐町下村　MAP 23・A2

獅子舞、鼻高、田楽からなる。獅子舞は二人立ちの獅子で、鼻高は天狗面をつけ鉾を採って舞う王の舞、田楽はビンザサラ1人と太鼓3人の少年により行なわれるが、踊が欠落し、神輿の渡御を先導する囃子となっている。

獅子舞、王の舞、田楽がセットになった祭礼芸能は、鎌倉時代に京都を中心に流行した芸能構成であり、内容は風化していても貴重である。

於与岐八幡宮例祭の王の舞

島万神社の振物〈島万神社〉

●第2日曜日……しまじんじゃのふりもん、たいこおどり

島万神社の振物、太鼓踊

京都府登録無形民俗文化財

●**島万神社**／綾部市中筋町　MAP 23・A3

振物は刀や棒、長刀を持ち、一方が斬りかかれば一方が受けるという二人一組で行なわれる芸能である。少年が担当する「大長刀」から青年の担当する「露払」まで六番あり、年令階梯的なしくみで、後になるほど切り組む技が高度になる。太鼓踊はシンブチ1人、オヤブチ1人、コブチ2人、音頭5人で行なわれる風流踊で、2つの芸能が神社の拝殿を舞台に同時に始まり、同時に終わるのがしきたりである。振物はオンヤー、太鼓踊はテンテコテンとも呼ばれている。

●9日……てんぐとび

天狗飛び

●**阿上三所神社**／船井郡和知町坂原　MAP 21・B1

10日の本祭前の宵宮に、安栖里の片山株四家のものがこれに携わる。天狗飛びは、鉾持1人、天狗役1人が向かい合い、天狗が東西南北の順に鉾に向かってぴょんぴょんと飛びは

天狗飛び〈阿上三所神社〉

ね、四方を飛び終わると最後に鉾持の鉾をとって終わりとなる。このあとオドリと称し、全員寄り集まって腰を下ろし、皮太鼓持ちの先導で「ホー」と声を張り上げ、拍手しながら立ち上がる所作をとる。著しく簡略化されているが、中世に流行した王の舞と田楽と呼ばれた芸能。

●10日・2月第1日曜日……ひゃくどうち

百度打ち

●早尾・三柱・稲荷の三神社／竹野郡丹後町間人岡成 MAP 25・B1

相撲の化粧まわしをつけた男たちが町内を駆けめぐり、無病息災を祈る百度打ちは、江戸時代、漁師たちが豊漁と安全を祈願したのが始まりとされる。午前7時、褌に化粧まわし、わらじ姿の若者10数名が地区公民館を出発。「わっしょい、わっしょい」と勇ましい掛け声を上げて、間人漁港の海中から小石6個を拾い、早尾・三柱・稲荷の3神社を駆け回り2個ずつ奉納し祈る。厳寒の2月にも行なわれ、気迫に満ちた勇壮な姿に寒さを忘れさせる。

●9日…………はんじょうだいこくあきまつり

繁昌大国秋祭

●下鴨神社／左京区下鴨泉川町 MAP 8・A2

招福繁盛の神で親しまれる大国主命を祭神とする本殿前七社の秋祭。境内の橋殿で、大黒音頭の踊りや舞楽、箏曲の演奏などが、崇敬者の集まり大国会の人々によって奉納される。

繁昌大国祭〈下鴨神社〉

●第2土曜日・日曜日 ぬかたのだしぎょうじ

額田のダシ行事

京都府登録無形民俗文化財

●一宮神社／天田郡夜久野町額田 MAP 22・A2

上ダシ、下ダシ、および御神木の巡行が行なわれる。上ダシはダンジリ（山車）ともよばれる曳山で、下町と上町・旦の2基がある。上ダシは上下2段構造で上段は回るようになっており、趣向を凝らした人形の作り物を飾る。下段にそれを囃す囃子方が乗る。下ダシは栗や柿や唐辛子など地元で採れた農作物を使った作り物で、地面に飾りつけられる。下町・上町・旦・奥・向の氏子5ヵ町で各1基ずつ作り、趣向を競う。身近なありあわせの材料を使って思いも掛けないものを作り出す。御神木は長さ2間の桧の柱で、青年たちが一団となって縦横無尽に町内を巡行する。

額田のダシ行事〈一宮神社〉

額田の作り物〈一宮神社〉

●10日……ゆらじんじゃさい

由良神社祭

●由良神社／宮津市由良　MAP24・B3

由良川河口の「山椒太夫」の伝説で知られる宮津市由良の祭は、昔は3日間行なわれた。1日目は神輿渡御で由良神社から御旅所へ行き、神輿と宮司は御旅所に泊り、翌日帰還した。3日目は、宮本山・八幡山（宮本）、照日山（浜野路）、照国山（港）の4基の芸屋台が村をまわり、祭り囃子や芝居が演じられた。今日の祭に打つ太鼓を「奉納太鼓」あるいは「神楽踊り」「扇踊り」とも呼び、3地区それぞれ練習を行ない祭礼当日に合同で本殿前で奉納する。太鼓打ちは「神楽踊り」が中学生、「船頭踊り」を青年が打つことになっている。なお、この祭に合わせて伊勢神楽が訪れ、人々を楽しませる。

●第2土曜日・日曜日……かんざきのおうぎおどり

神崎の扇踊

京都府登録無形民俗文化財

●湊十二社／舞鶴市西神崎　MAP23・A1

由良川河口の右岸の西神崎・東神崎は、かつて廻船業に従事する人々が多かった。この地区の氏神湊十二社の祭礼は、第2土曜日（宵宮）と日曜日（本祭）に行なわれる。宵宮の早朝、青年たちは各家々を回り神楽を奉納。一方、境内では大型の北前船の模型を台車にのせたオフネ（船屋台）が組み立てられ、子供たちによってオフネと太鼓台の巡行。本祭は子供たちの神輿巡行にはじまり、傘鉾を先頭に両地区からお宮入り。境内で「お庭入り」「神楽踊」「練り込み太鼓」「東西口上」「神楽踊」「打ち込み太鼓」「室町踊」の順で進められる。なかでも「神楽踊」「室町踊」は扇踊りと呼ばれる奉納舞で、扇を手にした大勢の踊手が踊る。

●第2日曜日……みたけねりこみだいこ

三岳練込太鼓

●森尾神社／福知山市常願寺　MAP22・A2

以前は三岳神社の大祭で奉納されていたが、大祭が中断して以降、森尾神社の秋の祭礼に時々演じられる。太鼓打ちの衣装は、飾り紐のついた編み笠を被り、格子縞の着物を着て、白の兵児帯と縄をしめる。両肩に襷を掛け、背中から五色の飾り布を垂らし、黒の股引に白足袋、草鞋履きというでたちで、「四つ拍子」「舞打ち」の2種類を披露する。

●10日……いっきゅうじんじゃあきまつり

一宮神社秋祭（牧の練込太鼓）

京都府登録無形民俗文化財

●一宮神社／福知山市牧　MAP22・B2

牧の一宮神社では、毎年10月の秋祭りに練込太鼓が奉納される。太鼓屋台に大太鼓と小太鼓を各1基ずつ積み込み、若い衆が「数打ち」「まわり打ち」「練り込み」の順に打ち方を披露する。なかでも「数打ち」は太鼓屋台に向かって7人が一列となり、鮮やかなそろい打ちを見せる。この練込太鼓のほかに神輿の渡御や屋台囃子、獅子舞や馬駆けなどさまざまな行事が執り行なわれる。

●10日……ししまい・てんぐのまいとずいきみこし

獅子舞・天狗の舞と瑞饋神輿

●御園神社／八幡市上奈良御園　MAP16・B2

秋祭に奉納される民俗芸能と野菜を飾った神輿。祭はまず氏子総代他が参列して宮司が祭典を執り行なう。それが終わると最初天狗の舞が行なわれる。太鼓が鳴らされ、「天狗よー」という掛け声とともに本殿裏手から天狗の面を被った子供が現れる。拝殿前に進むとまず拝礼し、そして左手を前に伸ばして3回まわし、人

京都のことわざ

神無月のお留守番

「天神と金毘羅は神無月のお留守番」旧暦10月は全国の神々が出雲に集まるため神無月、出雲では逆に神有月と呼び、島根県大社町の稲佐の浜で神迎えが行なわれる。天神さんと金毘羅さんは例外で、出雲にでかけなくてもよいとの信仰によることわざ。

京都のことわざ

京では右と左が逆になる

平安京は中国にならって君子南面、天皇の御所紫宸殿は南向き。天皇の位置から見て左が左京、右が右京。JR京都駅から北を望むと右手が左京区、左手が右京区と逆になる。現在の京都御所紫宸殿も南面。左近の桜、右近の橘も君子南面から見た位置だ。

京都のことわざ

差し引きすれば仏様に貸しがある

熱心に信心してお寺の維持や仏事に尽くしてきたが、その割りにご利益が小さい。１００万円喜捨してご利益50万なら50万の貸しが仏様にある。ちょっとせこい考えだが…。

差し指を前に突き出す。右手で同様に行ない、今度は杖を左手で持ち、同じようにして杖を突き出す。右手に杖を持ち替えて同様にする。そして3回円を描くように歩いて回った後、拝礼して本殿裏に下がる。次に再び太鼓が鳴らされ、「獅子よー」という掛け声で本殿裏から獅子が現れ、拝殿前で一礼してから体を低くして、ゆっくり3歩あゆみ、口を大きく開けてぱたんと音をたててとじる。そして3歩下がる。もう1回行なってから一礼して下がる。この後、同じようにもう一度天狗の舞、獅子舞が繰り返される。芸態はかなり儀礼化しているが、中世の祭礼芸能の王の舞、獅子舞の系譜を引く民俗芸能として貴重である。祭典の前には芋茎神輿の町内巡行がある。

御園の青物祭〈御園神社〉

この神輿は芋茎で屋根を葺き、かんぴょうや、唐辛子、なすなど30種類くらいの野菜で飾ったもので、保存会によって2日がかりで作り上げる。

●10日……みそののあおものさい

御園の青物祭

●御園神社／八幡市上奈良御園　MAP16・B2

五穀豊穣を感謝する祭。御園神社は、延暦6（787）年の創建で、奈良春日社の分霊を祀る。この地域では、昔朝廷に献上する野菜を作っていたが、この神社が創建されたことにより、野菜を献上するかわりに青果物で作った神輿を奉納することになった。神輿は、芋茎（サトイモの茎）で屋根が葺かれ、茄子や唐辛子など、その年に採れた30種類もの野菜で飾りつけられ、地域を練り歩く。言い伝えによると、この芋茎神輿の担ぎ手で、今までに怪我をした人はいないという。

●第2日曜日……ひやそおどり

ヒヤソ踊

●高倉神社／綾部市高倉町　MAP23・A3

吉美地区の6集落から各4人ずつ、合計24人のササラと、有岡から出る太鼓、笛各1人によって行なわれる田楽。裃姿の笛以外はすべて子供で、絣の着物に襷を掛け、鉢巻きを締める。

平氏討伐に敗れた高倉宮以仁王がこの地に落ちてきたとき、人々が王を慰めようとして始めたと伝える。

●第2日曜日……やまぐにたいぐんがく

山国隊軍楽

●山国神社／北桑田郡京北町山国　MAP20・B2

山国神社の還幸祭に軍楽を奏でて神輿を先導する。明治維新の際、王政復古の大号令が発せられ、幕府追討令が布告された。このとき、全国から官軍挙兵布告に応じて農兵隊が名

山国隊軍楽〈山国神社〉

京都のことわざ
二十坊主に牛の金玉

修行したての若い僧侶は女やカネの誘惑に落ちそうで意外と落ちない。牛の金玉と同じ。「五十坊主に鹿の角」といい、老僧は秋に鹿の角が落ちるように誘惑にはまりやすい。

京都のしきたり
ネギとはんぺい汁

10月20日は恵美須神社の蛭子講。商家にとっては、安売りの店卸し誓文払いとともに、えべっさんを祀って商売繁盛を願う日で、この日、食膳には、尾頭つきの焼き魚とネギとはんぺいの汁が出た。ネギは福笹、はんぺいは小判に見立てた縁起物。えべっさんにちなんで食べ物にも招福を願ったのである。商家だけでなく、一般家庭でもこの季節のお惣菜として親しまれている。目に鮮やかなネギの青とはんぺいの白。食感もネギのサクサクした感じとはんぺいの柔らかさ。しかも汁にしたのが晩秋の食膳には絶妙である。この汁を1月10日の初恵美須に出す家庭もある。

乗りをあげたが、この山国隊もその1つである。明治28年、平安建都1100年を記念して行なわれた第1回時代祭に、維新勤王隊として先頭を行進、大正8年まで時代祭に参加した。

●10日 かしわらのでんがく
樫原の田楽

京都府登録無形民俗文化財

●川上神社／北桑田郡美山町樫原　MAP 20・A1

樫原には、鮨講と呼ぶ九人衆の講があり、その9人が裃に烏帽子をつけて田楽を行なう。構成は、ビンザサラ4人、太鼓4人、笛1人で、動きはきわめて素朴なものである。ビンザサラのうち1人は新入りの役で、「カア、カア」と烏の所作をするところから、別名「烏田楽」とも呼ばれている。

樫原の田楽〈川上神社〉

●10日 うしまつり
牛祭

京都市登録無形民俗文化財

●広隆寺／右京区太秦蜂岡町　MAP 14・B2

京都の3大奇祭の1つ。寺伝によれば、『往生要集』を著して知られる恵心僧都源信が長和元（1012）年、国家安泰、五穀豊穣、悪霊退散を祈って行なったのが起こり。祭の主役は、摩吒羅神。恵心僧都が勧請した神で祭当日、宝冠に鼻のとがった紙の白面をつけ、白衣で牛に乗って祭壇に登場。矛を持った赤鬼、青鬼の四天王に守られ、囃子方、高張提灯持ちとともに、松明に導かれて寺の周りを練り歩く。やがて境内薬師堂で長い祭文を読み上げ、脱兎のごとく祖師堂に駆け込む。厄除けになるという白面を見物衆に奪われないためである。もともと12日の深夜にわたって行なわれたが、現在は午後7時頃から始まる。

牛祭〈広隆寺〉

牛祭〈広隆寺〉

●10日 きじまじんじゃまつり
木島神社祭

●木島神社（蚕の社）／右京区太秦森ケ東町　MAP 14・C2

蚕の社として親しまれる木島神社の例祭。延喜式には名神大社とみえる古社で、創建はこの地に勢力を持った秦氏が祀ったという。5本の剣鉾と1基の神輿、10数基の子供神輿が氏子区内を巡る。

木島神社祭〈木島神社〉

●10日 ひらおかはちまんぐうれいさい
平岡八幡宮例祭

京都市登録無形民俗文化財

●平岡八幡宮／右京区梅ケ畑宮ノ口

町梅ケ畑一帯の産土である平岡八幡宮　MAP⑬・B2

の例祭。鉢巻と締め込み姿も凛々しい子供力士が土俵に上がって大人と取り組み、勝ち名乗りとともに榊をうける三役相撲がある。行司の所作も見どころの一つ。本殿前広場では、重たい剣鉾を巧みに差し上げる剣鉾差しの披露がある。

平岡八幡宮例祭の子供力士〈平岡八幡宮〉

平岡八幡宮例祭の剣鉾差し〈平岡八幡宮〉

●10日……なしのきじんじゃれいさい

梨木神社例祭

●梨木神社／上京区寺町通広小路上る　MAP③・C3

京都御所の東、萩祭りで知られる神社の秋の例祭。明治維新に功のあった三条実満・実美父子を祀り、明治18年に、その邸跡に創建された。例祭には、舞楽久米舞が奉納される。

柿御供〈吉祥院天満宮〉

●10日……かきごく

柿御供

●吉祥院天満宮／南区吉祥院政所町　MAP⑥・B1

菅原道真を祭神とする吉祥院天満宮で、創建以来行なわれている行事。豊作を感謝して収穫した柿を神饌として供える。かつては、割った竹の串に柿餅を挿し、餅花のように供えた。

●10日……ろくそんのうじんじゃれいさい

六孫王神社例祭（宝永祭）

●六孫王神社／南区壬生通八条上る　MAP⑥・B1

9日に宵宮祭、10日に神幸祭がある。神幸祭の行列が見もので、金幣と銀幣、楯や弓矢、太刀を持った人々、稚児、神輿を従えた、奇妙な衣装の鬼（青龍鬼、白虎鬼、朱雀鬼、玄武鬼）が先駆けとなって邪気を祓いながら氏子区内を巡行する。宝永祭とも呼ばれる。六孫王神社は、平安中

六孫王神社例祭の鬼〈六孫王神社〉

期の武将六孫王こと源経基を祀るが、宝永4（1707）年に再興されたのにちなむ。

●10日……しゃめんちおどり

赦免地踊

京都市登録無形民俗文化財

●秋元神社／左京区八瀬秋元町

赦免地踊〈秋元神社〉

MAP7・B3

八瀬八幡宮の摂社秋元神社で行なわれる奉納踊り。赦免地とは、租税を免除された土地のこと。江戸時代、比叡山延暦寺と八瀬の間に土地争いが起こり、八瀬の土地が危機に直面したとき、老中秋元但馬守の努力で、かつて八瀬童子の功に報いて後醍醐天皇が与えた一切の年貢、諸役免除を示して免租された。里人は、但馬守に感謝の気持ちを込めて八瀬八幡宮境内に秋元社を建て、踊りを奉納した。踊りは、灯籠踊りともいう。午後8時、花小袖に赤手甲、脛巾、襷掛けの女装で、頭に切子型灯籠をかざした灯籠着の少年8人、赤小袖に金襴の太鼓帯を締めた踊り子の少女10人、そのほか音頭名取りなどで行列を組み秋元社へ。石段あたりから道歌がはじまり、踊りを奉納する。

●体育の日……こうさかのさんばそう

甲坂の三番叟

京都府登録無形民俗文化財

●山木神社／熊野郡久美浜町甲坂

MAP25・A2

この三番叟は甲坂の山木神社の秋祭りに奉納される芸能で、社殿に向かって建つ常設舞台で演じられる。三番叟は小中学生演じる一番叟・二番叟・三番叟とよぶ舞方3人、若い戸主は本笛・影笛・小鼓・太鼓・座方5人をつとめ、年寄数人が警固をして行なわれる。基本的な芸態は能の翁と同じで、同町栃谷の三番叟と同様である。

●……でっちようかん

でっち羊羹

竹の皮に包んで蒸した羊羹。平たい形と蒸し羊羹独特のこしのある食感、それに竹の香りが特徴。丁稚も買えるくらい、安くて素朴なお菓子だったことからこの名がある。

●13日……くんだすみよしじんじゃまつり

栗田住吉神社祭

●住吉神社／宮津市上司蟹ケ社

MAP24・B2

10月の住吉神社祭は神輿渡御が中心で、上司と小寺のみで行なわれる。神前中央に上司と小寺の神輿を据え、太鼓の合図とともに神輿は前の浜まで7度半往復する。途中には相撲場があり、そこで神輿を捧げて時計回りに回転し、かき棒の先達争いを行ない、妨害して頭を殴るといった荒っぽい祭りで喧嘩祭りともいわれる。住吉の神は隠岐から流れついたという伝説があり、7度目に隠岐に参るのだといって海に神輿が入る。

運動会（うんどうかい）

秋は、学校行事の多い季節。小・中学校へ、我が子の走り競う姿を観戦しに行くだけでなく、学区ごとに開かれる町内対抗の運動会に参加する親子の姿も見受けられる。校庭は、万国旗に彩られ、軽快な音楽が流れる。フォークダンス、リレー、障害物競走、グループ演技などは、変わらぬ種目。ひと昔前までは、学校行事には必ず紅白の上用饅頭が配られたものだ。

上乙見の田楽（かみおとみのでんがく）

●第2日曜日

京都府登録無形民俗文化財

●熊野神社／船井郡和知町上乙見　MAP 21・B1

田楽は、踊子10人、笛1人、太鼓1人で行なわれ、いずれも紋付、羽織、袴をつけ、足は裸足である。ビンザサラを持つ踊子10人は円陣を作り、その中心に笛と太鼓が入る。踊りは、尋取り、肱、息の3曲あり、一通り踊ると田楽は1回終了で、初回は氏神の熊野神社に奉納するといい、以下大川神社、八幡神社などの小宮へ奉納するため同じ場所で合計8回同じ踊りを繰り返す。芸態は丹波に特有の輪舞する形式で、他に例のない長さ30㎝近い大きなビンザサラは珍しい。

上乙見の田楽〈熊野神社〉

伏見三栖神社祭（ふしみみすじんじゃまつり）

●12日と16日に近い日曜日

●三栖神社／伏見区横大路通下三栖　MAP 11・B1

炬火祭といわれる。古く天智天皇が大津行幸にこの地をお通りになった折、村人が炬火を点じて迎えた故事による。秋祭で御出祭と本祭の2日間行なわれる。御出祭の炬火は、葦を固く束ねた直径１・５m、長さ６m、重さ８００kgの一対で、旧街道中書島から京橋まで練る。本祭は人櫓に担がれた直径１mを越える雌雄一対の獅子頭が氏子の家々の厄を祓いながら練る。子供神輿の巡行、高張り提灯の行列もある。

伏見三栖神社祭の獅子頭〈三栖神社〉

今様歌合わせの会（いまようたあわせのかい）

●第2日曜日

●法住寺／東山区三十三間堂廻り町　MAP 9・A2

今様をこよなく愛した後白河法皇ゆかりの法住寺で催される。今様は七五調四句の歌で、平安中期から鎌倉初期にかけて流行した。その場で詠んだ歌を即興で歌い、舞う優雅な遊び。歌はパチリ、パチリという笏拍子や尺八、琴の音に合わせて節を付けて詠まれ、直垂、烏帽子姿の女性らが扇を手に舞を披露する。

今様歌合わせの会〈法住寺〉

照り葉（てりは）

紅葉して赤や黄色に照り輝く葉。てりばともいう。カエデだけでなく、ハゼやマユミなど紅葉した葉の総称。現在では紅葉といえば葉が紅く染まることをいうが、万葉集の頃は「黄葉」の文字をあてているが、万葉時代の紅葉が黄葉が中心であったのではなく、漢詩の読み方で表記したもの。

秋祭

実りの季節、神に感謝し、喜びをあらわす丹後の芸能。

竹野のテンキテンキ〈竹野神社〉

舟木の踊り子〈奈具神社〉

竹野のテンキテンキ

【9日〜10日】
竹野神社／竹野郡丹後町宮　MAP 25・B1

正式には、竹野祭という。竹野神社は通称「斎宮」といい、丹後一円の漁師たちは「イツツキさん」と呼んで信仰をよせている。祭礼はテンキテンキと呼ぶ太鼓持ち・太鼓打ち各1人とササラ4人の6人編成で行なう芸能である。竹野地区の子供組が伝承し、神輿の渡御について御旅所で奉納したあと、地区の各戸を踊り歩く。テンキテンキの名は、その際に唱える「テンキテンキ始めよう」によるが、弥栄町舟木の踊り子と同系の風流囃子物である。京都府登録無形民俗文化財。

舟木の踊り子〈奈具神社〉

黒部の踊り子〈深田部神社〉

深田部祭（黒部の踊り子）

【10日前後の日曜日】
深田部神社／竹野郡弥栄町黒部　MAP 25・B2

3基の傘鉾を先頭に、鬼に従えられた大太鼓・腰付・ササラと呼ばれる踊り子の一団が踊りながら村内をめぐる。踊子は大太鼓・腰付・ササラ各6人の構成で、それに鬼1人がつく。大人の役の鬼以外は少年がそれぞれの役目を担当する。大太鼓は赤の上衣を着てシャグマをかぶり、腰付は華やかに飾った烏帽子をかぶり、締太鼓を下げて腰鼓する。ササラもトリ帽子をかぶりササラを持つ。大太鼓・腰付・ササラが二列になって行進し、所定の場所に来ると、大将と呼ぶ年長者の合図で一斉に太鼓を打ち、ササラを摺って踊る。この踊り子は「舟木の踊り子」と同様に、風流田楽やその流れをひく風流踊の古い形態を偲ばせる。京都府指定無形民俗文化財。

丹波の芝むくり〈多久神社〉

笹ばやし〈奥大野若宮神社〉

笹ばやし〈心木神社〉

丹波の芝むくり

【体育の日の前日・前々日】

多久神社／中郡峰山町丹波　MAP㉕・B2

多久神社は、羽衣伝説で有名な豊宇賀能売命が祭神で、酒造りの神として崇拝され、別名を天酒明神とも天酒さんとも呼ばれている。

猿役の子供2人が3尺（約1m）の紅白の紙を巻いた竹を持って典芸を演じ、6人の太鼓打ちがこれを囃す。この時の囃子言葉から「ちゃあ」とも呼ばれる。また、「芝むくり」とは猿が棒を振り、2人組み合って曲芸的な回転技を意味するものらしい。京都府登録無形民俗文化財。

野中の田楽〈大宮神社〉

太刀振り〈若宮神社〉

野中の田楽

【10月10日前後の日曜日】

大宮神社／竹野郡弥栄町野中　MAP㉕・B2

この田楽は、ビンザサラ4人・手拍手1人と青年による太鼓4人が笛・鼓の囃子で演じる。ビンザサラ・手拍手は女装した少年で、襷をかけ、白布をハチマキ状に頭に巻き、後ろで結んで長くたらす。ササラはビンザサラを持ち、手拍手はササラの見習いといわれ、手拭いを持って、ササラと同じ所作をする。「飛び開き」「ハグクミ」「ササラ踊」「手踊り」「ユリ舞」の5曲のうち、「手踊り」ではササラを置き、ひざまずいて両手をあげ、天を仰いでササラを押さえる所作や、「ユリ舞」ではササラを扇子にかえて美しい手踊りを見せるなど、さまざまにササラを使う印象的な田楽踊りである。

なお、野中の田楽のほか、中津・田中から太刀振り、大谷から神楽が奉納されたが、現在では野間地区全体で行なわれている。京都府指定無形民俗文化財。

舟木の踊り子〈奈具神社〉

奈具祭（舟木の踊り子）

【10日前後の日曜日】
奈具神社／竹野郡弥栄町舟木　MAP㉕・B2

この踊り子は舟木の子供組によって伝承されており、大太鼓・カンコ・ササラ各4人の踊子と鬼1人の構成で演じられる。大太鼓は締太鼓を持つ太鼓持ちとそれを打つナグリ手に分かれる。また青年役の鬼以外はすべて少年が役をつとめる。踊りは大太鼓を先頭に縦に2列になって、一番・二番・三番に分かれて行なう。太鼓持ちが大太鼓を前・横・肩のかまえ、ナグリ手が所作をまじえてそれを打つ。カンコは首からつり下げた腰鼓としたカンコを打つ。そしてササラは摺り鳴らす。三種の楽器を奏でる踊子たちは変化に富み、それぞれ別々の動きを見せる。京都府指定無形民俗文化財。

三柱祭〈三柱神社〉

◆竹野郡の秋祭り◆

三柱祭

【9日～10日】
三柱神社／竹野郡丹後町間人　MAP㉕・B1

間人には三柱神社が3ヵ所に祀られている。その中心が大間の三柱神社で、当日は岡成・谷・向地・小間・小間東・小間西・砂方から7基の屋台神輿が町内を駆けめぐる。

遠下のチイライ踊

【9日～10日】
依遅神社／竹野郡丹後町遠下　MAP㉕・B1

依遅神社の祭礼は、太刀振りとともにチイライ踊が奉納される。現在、チイライ踊は太刀振りのなかに組み込まれ、小太刀（露払い）・チイライ踊・大太刀（葵太刀）の順に行なわれる。このチイライ踊は太鼓打ち1人、太鼓持ち1人、ササラ2人、腰細2人の踊子と呼ばれる6人の少年によって演じられる、中世囃子物の流れをくむ風流踊である。京都府登録無形民俗文化財。

◆中郡の秋祭り◆

金比羅神社祭

【体育の日の前日・前々日】
金比羅神社／中郡峰山町泉　MAP㉕・B2

航海の安全を守る神として知られる「丹後のこんぴらさん」の例祭。丹後縮緬を背景に発展した峰山は、かつては旧町内で山屋台や芸屋台を持ち、加悦谷祭と並ぶ曳山祭りの双璧をなしていた。しかし、昭和2年の丹後大震災で大被害を受けたため、現在では、上町・室町・呉服・浪速・泉の町内から屋台が交代で出るだけである。当日は、金比羅神社から御旅所である金峰神社へ神輿が向かう。山屋台や芸屋台が1基ずつ神社前でシャンギリ（囃子）を奉納して、道中囃子を奏でながら出発。山屋台や芸屋台は本囃子で門付けしながら町内を一日中巡行する。

周枳の三番叟・笹ばやし・神楽

【9～10日】
大宮売神社／中郡大宮町周枳　MAP㉕・B2

「丹後二宮」と称せられる大宮売神社は、祭礼に笹ばやし・神楽・三番叟、および太刀振りが奉納される。笹ばやしは小歌を基調とする風流踊で、12、13歳の子供10数人が太鼓方となり、このうち1人が新発意の役をする。囃子方には大人10数人があたる。神楽は太神楽を踏襲し、7～8歳から14～15歳までの少年が担当する。太刀振りは籠神社系の太刀振りで、これら4つの芸能が演じられる。

笹ばやし〈大宮売神社〉

五箇の三番叟

【体育の日の前日】
愛宕神社／中郡峰山町五箇　MAP㉕・A2

秋祭りに、本殿前の板敷の舞台で奉納される。三番叟は、一番叟・二番叟・三番叟とよぶ舞方3人、鼓（シリ）、太鼓（オオド）、カゲという囃子方4人、及び後見によって行なわれる。久美浜町甲坂や栃谷の三番叟と同じく、舞子の三人が粉飾化粧をし、囃子に拍子木が加わるなど歌舞伎色の強いもので、近世後期に流行した農村歌舞伎とかかわる伝承である。京都府登録無形民俗文化財。

その他の峰山町の中郡祭

【体育の日の前日・前々日】
比沼麻奈為神社／久次　MAP㉕・A2
高畠稲荷神社／新町　MAP㉕・B2
波弥神社／荒山　MAP㉕・B2

久次（比沼麻奈為神社）では、笹ばやし・太刀振り・神楽が演じられる。新町（高畠稲荷神社）では神楽・屋台、そして荒山（波弥神社）は、新町と同様に神楽・屋台が出る。

その他の大宮町の中郡祭

【体育の日の前日】
皇大神社／河辺　MAP㉕・B2
若宮神社／谷内　MAP㉕・B3
高森神社／延利　MAP㉕・B2
三重神社／三重　MAP㉕・B3
大屋神社／森本　MAP㉕・B2
心木神社／明田　MAP㉕・B2
若宮神社／奥大野　MAP㉕・B3

大宮町内では、河辺（皇大神社）は太刀振り、谷内（若宮神社）は神輿・太刀振り（休止）・三番叟、延利（高森神社）は笹ばやし・太刀振り、三重（三重神社）は神楽・笹ばやし・太刀振り（休止）、森本（大屋神社）は太刀振り・笹ばやし、明田（心木神社）は笹ばやし、奥大野（若宮神社）は笹ばやしなどが演じられる。

粟田神社大祭〈粟田神社〉

●9日・10日・15日……あわたじんじゃたいさい

粟田神社大祭

●粟田神社／東山区粟田口鍛冶町　MAP 9・B1

平安末期、東山山麓の瓜生石から現れた「感神院新宮」の額を奉納し、祭を行なったのがはじまり。夜祭でかつて陰暦9月15日にあった。2基の神輿、飾りつけた12灯の作り物、18本の剣鉾が出た。ことに剣鉾の曲持ちが見ものとされたが大正時代に絶えた。現在は、9日が御出祭で、氏子町で剣鉾が飾りつけられ、夜に阿古陀鉾（瓜鉾）、地蔵鉾の2基と子供の提灯、小型の12灯が夜渡りする。大型の12灯は、神社境内に飾ったまま。10日は大祭といい、神幸祭で柏鉾が練り、15日は大祭といい、神輿が巡行し18基の剣鉾がお供する。

瑞饋神輿〈棚倉孫神社〉

●第2日曜日……ずいきみこし

瑞饋神輿

京田辺市指定無形民俗文化財

●棚倉孫神社／京田辺市田辺棚倉　MAP 16・B3

棚倉孫神社の秋祭りで担がれる神輿。2年に1度行なわれる。里芋の茎である芋茎で屋根を作り、他30種類くらいの野菜で飾りつける。京都市の北野天満宮の瑞饋神輿を取り入れたといわれ、かつては大豊作のときだけ作られた。

●14日〜15日……まけじんじゃのやぶさめ

摩気神社の流鏑馬

●摩気神社／船井郡園部町竹井　MAP 19・A2

新穀を神に捧げるニイナメ神事の一環として行なわれる。流鏑馬稚児は、介添者から弓・矢を受け取り、矢をつがえ、的持ちが的を近づけると神前に向かって3本の矢を射る。その後、泥鰌を捕るしぐさをする練りや相撲、ご千度等を行なう。相撲は、氏子の竹井区と横田区で対戦するものだが勝負はない。神と対戦するという半相撲（1人で行なう）では神が勝つならわしである。

摩気神社の流鏑馬〈摩気神社〉

●15日……いきみてんまんぐうれいさい

生身天満宮例祭

●生身天満宮／船井郡園部町宮ノ下　MAP 19・A2

14日の宵宮に、宮町が屋台巡行と囃子を行なっている。宝暦元（1751）年園部藩5代藩主小出英持が城下町の氏子に祭礼の活性化を促し、それに5町が応えたのが屋台行事の始まりという。屋台の前方には太鼓、後部には三味線が乗り込み、鉦は側面に掛け、笛とともに歩きながら伴う。昭和初期までは若松町、上本町、新町、本町からも屋台が出たが、現在は宮町の1基だけになっている。往時の祭礼の様子を表した絵巻が園部文化博物館に展示されている。

●第2日曜日……しつみのひきやまぎょうじ

質美の曳山行事

京都府登録無形民俗文化財

●質美八幡宮／船井郡瑞穂町質美　MAP 21・B2

質美の行仏、下村、中村、宮本（上野・庄の路・和田）から曳山と囃子屋台が出る。宮本は神楽も行なう。この祭礼は、地区の印としての額、囃される曳山、囃す屋台がセットになった曳山巡行の典型的なあり方を伝えるものとして貴重である。囃子は三味線、笛、鉦の洗練されたいわゆる三味線囃子である。

質美の曳山行事〈質美八幡宮〉

田原のカッコスリ〈多治神社〉

●15日に近い日曜日……たはらのかっこすり

田原のカッコスリ

京都府指定無形民俗文化財

●多治神社／船井郡日吉町田原　MAP 19・B1

胸にカッコと呼ぶ小太鼓をつけた4人の稚児を中心に、裃をつけ小鼓を持ち、それを擂るような所作をとるカッコスリ4人、榊を持ちその四方に立つサンヤレ4人、笛6人、太鼓打ち・太鼓持ち各6人、踊り衆大勢で構成される。祭は2本の傘鉾、神輿、踊り衆などの一団が御旅所に渡御する盛大な御旅が中心で、カッコスリは多治神社、小多治神社、御旅所で行なわれる。中世に流行した囃子物と呼ばれた芸能を今日に伝えるもので歴史的な価値が高い。

●第2日曜日とその前日……かすがまつり

春日祭

●春日神社／右京区西院春日町　MAP 14・C2

春日という名でもわかるように奈良の春日社を勧請して創建された春日神社の例祭。神幸列は、少年鼓笛隊列、稚児、武者行列、5基の剣鉾、2基の神輿が氏子区内を巡行する。白の法被姿の若者に担がれた2基の神輿は、1基は総重量が1tで、千木と呼ばれる角飾り、1基は総重量4tで、鳳凰飾りが施された豪華な造り。それぞれに御旅所の野々宮神社に渡御する。

春日祭の剣鉾〈春日神社〉

引声阿弥陀経会〈真如堂〉

●14日〜16日……いんぜいあみだきょうえ

引声阿弥陀経会

●真如堂／左京区浄土寺真如町　MAP8・B3

引声とは、仏教の儀式や法要で唱えられる声楽、声明の一種。真如堂の声明は比叡山の慈覚大師円仁が中国の五台山で文殊菩薩から受けたといわれ、わが国に唯一伝承されているという。結願のこの日、本堂で厳修される。寺内で、「浄土変相図（当麻曼荼羅）」の展示がある。

●……すずめたいすいにいりこはまぐりとなる

雀大水に入り蛤と為る

七十二候の50番目。新暦の10月14日〜18日頃。大水は大きな河、湖、海などのこと。空を飛んでいた雀が海に入って、蛤になるという時節。

●第2日曜日……あまごいねりこみおどり

雨乞練込踊

●天照玉命神社／福知山市今安　MAP22・B3

シンポチ2人を中心に、太鼓打ち4人が時計とは反対回りにまわり、「雨ほしいなぁ〜ハハイ」と唄いながら太鼓を打ち踊る。そのまわりには笛5人、鉦2人、小太鼓2人の囃子方がつく。大正7年、天照玉命神社の大改修の折に演じられたのを最後に、しばらく演じられることはなかった。昭和38年に伝承者が健在なうちに学ぼうと青年団が立ち上がり、しばらく続けられた。しかし、演者の大人が揃わなくなり、子供を中心に「天照神社雨乞練込保存会」が結成され伝承活動が行なわれている。

●……あめよろこびみたけおろし

雨喜び三獄おろし

●三獄神社／福知山市上佐々木　MAP22・A2

その昔、大干ばつの折、上山保（上佐々木・中佐々木・下佐々木・一の宮・常願寺の各村）と下山保（喜多・上野条・下野条・行積・天座大呂の各村）の総氏神である三獄神社に10ヵ村の山中近くにある三岳山の村人たちが集まり、護摩を焚いて雨乞いを祈願した。しかし、一向に雨が降る気配がなく、遠方の村人たちは帰りが遅くなるので帰ってしまい、地元の上佐々木の人たちが最後まで残り一心に祈った。そのお陰で大雨になり、小躍りして喜び、手振り足振り踊ったのがはじまりと伝えられる。

●第2土曜日・日曜日……あかれんがふぇすた

赤れんがフェスタ

●舞鶴市政記念館周辺／舞鶴市北吸　MAP23・B2

東舞鶴のベイエリアは、舞鶴市政記念館や赤れんが博物館の赤煉瓦倉庫群、ガス灯風の街灯など異国情緒を漂わせる散策路ともなっている。赤れんがフェスタはエキゾチックな町並みを利用して平成5年から開催されたイベントで、アートやクラフトの展覧会の他、豊富な海産物や農産物を活かしたグルメイベント、フリーマーケットやステージショーなど多彩な催しが開催される。

〔連絡先〕
TEL0773（66）1096

●……あきふかし

秋深し

たけなわの秋も過ぎ、少しうら寂しさを感じ、ものの哀れも極まる時季のこと。晴れやかな紅葉も散り、草木も枯れはじめた寂寞の心情を詠む時などに使われる秋の季語。

十月の俳句

お見舞の言葉つまづく秋しぐれ　田中　千茜
さにづらふ紅葉の雨の詩仙堂　鈴鹿野風呂
柿熟れてこれから先の二卯性　鈴鹿　仁
角文字のいさ月もよし牛祭　与謝　蕪村
京都は菊もかぶるや綿帽子　小林　一茶
紅葉して寺は階つみ山を占む　豊田　都峰
皿割りし日は神妙に神の留守　吉川多佳美
四條のつぎは三條冬が近くなる　森　茉明
少年の太刀音棒の実がこぼれ　高木　智
色鳥の川をかすめて恋遊び　藤井冨由木
深草の低き木にかけ囮籠　高濱　虚子
物いへば唇寒し秋の風　松尾　芭蕉
秋天に十三重の石の塔　福田　孝雄
火祭のすとんと暮れて始まれり　大城　和子
九体寺の木賊いくばく刈られあり　松本　節子
舟からも鋏を伸ばし松手入　西　敬介
団栗の沈む小流れ嵯峨野ゆく　尾池　葉子
あだし野の冷え累々と石仏　軒口　敏之

●14日……はやとまい

隼人舞

●月読神社／京田辺市大住池平　MAP 16・B2

月読神社の例祭に奉納される舞踊。当社は大住地区の産土神で、月読神・伊邪那岐尊・伊邪那美尊を祭神とする。神社のある大住は鹿児島県の大隅に由来し、宮廷警護として九州の大隅半島から来た大隅隼人が住んでいた。この大隅隼人が宮廷で奏した舞踊が起源とされることが『続日本紀』にも記されている。今の舞踊は昭和45年に復興されたもので、振剣・盾伏など6つの舞踊からなっている。

隼人舞〈月読神社〉

隼人舞〈月読神社〉

●3年毎……おくえばらのねりこみだいこ

奥榎原の練込太鼓

京都府登録無形民俗文化財

●榎原神社／福知山市奥榎原　MAP 22・A3

福知山市西南部の兵庫県境に位置する奥榎原では、榎原神社の秋祭りに練込太鼓が奉納される。戦前までは毎年行なわれていたが、中断をはさみ昭和60年からは3年に1度披露され現在に至っている。「おおど」と呼ぶ大太鼓打ち1名と「しめ」と呼ぶ腰に締太鼓をつけた者2名によって行なわれ、太鼓を打つ際には練込音頭を唄う。太鼓打ちは揃いの浴衣に金襴の刺繍を施した前垂れをつけ、頭には梅と牡丹をあしらった花笠を被る。両手に持ったバチを巧みに振りながら型を決めて太鼓を打つ。

●15日……おちやまかぐら

落山神楽

●下垣神社／宮津市日ヶ谷落山　MAP 24・B1

日ヶ谷地区の落山で行なわれる落山神楽は、過疎化による後継者不足と伝承者の高齢化によって太刀振りとともに、近年は演じられなくなった

落山神楽〈下垣神社〉

が、山一つ越した「菅野の尾張獅子」とともに「落山の伊勢神楽」と呼ばれ名の通った存在である。伝承される神楽は、『練込み』『幣の舞』『花の舞』『神供舞』のほか7曲があり、二人立ちの獅子舞で全員が白装束で従事する。花と呼ぶ笹にさげた薬玉を割り、中に詰めた紙吹雪を散らす『花の舞』、さまざまに獅子が乱れ舞う『神供舞』など多彩な獅子舞が演じられるのが、この神楽の特色であった。

●15日……ようろうまつり

養老祭

●宮津市養老地区

養老祭は、旧養老村域で行なわれる祭礼で、大島（白山神社）、岩ヶ鼻（日吉神社）、田原（岩尾神社）、戸垣（大森神社）、奥波見（白山神社）、里波見（高峰神社）、では地区ごとにそれぞれの氏神に、神楽や太刀振り、踊子などが奉納される。田原では昭和30年代で休止となった。

●14日……ゆとう

ユトウ

●**月読神社**／京田辺市大住池平　MAP16・B2

秋祭りに奉納される神饌。四座と呼ぶ宮座が作って奉納する。作るのは一年交替の頭屋である。米粉を水で溶いて練り、蒸してから油をつけてユウの葉を挟んで形を整えて油で揚げる。餃子に似た形をしたユトウは一般にはぶとと呼ばれ、中国から伝わった唐菓子である。春日若宮の御祭などの神饌でも見られる。

●15日……やしろでんがく

矢代田楽

京都府指定無形民俗文化財

●**日吉神社**／北桑田郡京北町矢代中　MAP20・A2

六苗と称する株座によって伝承されてきた田楽で、ビンザサラ4人、笛1人、締太鼓4人で行なわれる。笛のリードでビンザサラと太鼓が楽器を打ちつつ踊る。太鼓役は白の素襖をつけ、ビンザサラ役は黒、竹ひごを組み合わせたような変わった笠を被る。背を丸めた前屈の姿勢で足を高くあげたり、千鳥かけに足を踏みかえ、輪舞したり、左右に位置を入れ換えたりするなど、田楽踊の特色をよく伝えている。

矢代田楽〈日吉神社〉

●15日……くすのきまつり

大樟祭

●**新熊野神社**／東山区今熊野椥ノ森町　MAP9・A3

新熊野神社は後白河天皇が、紀州熊野権現本宮の祭神を勧請して、平清盛が造営したのが始まり。大樟祭は後白河天皇のお手植えという、創建当初からの大樟をお祀りする行事。

●……ひわ

鶸

アトリ科の鳥で、金翅雀とも書く。穀食型のくちばしをもつ小形の鳥で、村落周辺や疎林に群れをなしてすむ。小さな木の実や草の種子を食べる。日本の村落近くで見られるヒワの仲間はマヒワ、カワラヒワ、ベニヒワなど。

●……ゆうやけ

夕やけ

太陽光は7色に分けられ、日中は青色の光が空気中に散乱するため空が青く見える。しかし、夕方になると、太陽の光が地平線にそってななめにすすむので、太陽光が地球に届くまでの距離が昼にくらべて長くなる。そのため短い波長の紫や青の光は大気中で散乱されてしまい、赤や黄色の光だけが地上に届く。このようにして空が赤く見えるのを夕焼けという。秋はとくに空気が澄んでいるため美しい夕焼けを見ることができる。天気は西から変わるので、西の空に雲が無く夕焼けがよく見える日の翌日は、晴れることが多い。

夕やけ

●第2日曜 ……おひたきさい

御火焚祭

●向日神社／向日市向日町北山　MAP16・A1

罪穢を払い清め、安全栄達を願う神事。午後1時より、本殿で御火焚を前に、各地区の安全を願った大火焚串を供える。2時より氏子総代にあたる2人が本殿の灯明の火を松明につけると、払諸役を先頭に松明諸役、神主、各地区の大串を持った人の順に神楽殿左の円形状に火焚串を井桁に積み上げたところへ行き、その周囲を3回周り、お払いのあと松明の火が点火され、残りの火焚串も次から次へと火の中に放り込まれる。

●中旬の3日間 …きょうとにしじんゆめまつり

京都西陣夢まつり

●西陣織会館／上京区堀川通今出川下る　MAP3・B1

京都を支えてきた地場産業である西陣織を再認識し、日本の伝統文化である和装の振興を目的として、平成7年から西陣織工業組合が中心になって開催している秋のイベント。着物のファッションショーや参加者が着物で集う着物パーティー、綴織やビロード織の実演など、和装を身近に感じ、伝統工芸に親しんでもらう催しが多数開催される。また西陣織製品の秀作や新商品を一堂に公開する西陣織大会も好評である。平成13年度より時代衣装パレードも開催されている。

〔連絡先〕西陣夢まつり実行委員会
TEL075（431）6131

● ……かみしばいのおかし

紙芝居のお菓子

放課後、公園などの子供の集まる場所には「紙芝居やさん」がやって来て、人気を集めていた。紙芝居を積んだ自転車には、お菓子を入れた引き出しがついていて、中には水飴、型抜き麩せんべい、ジャム、ソースなどが入っていた。割り箸に水飴を巻きつけ、両面に麩せんべいを貼りつけて、ジャムやソースを糊に二つに割った麩せんべいをさらに貼り、ウサギの形にして手渡してくれた。そんなおやつをほおばりながら、おじさんの紙芝居に見入ったものだ。

● ……いわしぐも

いわし雲

空の高いところにできる上層雲で、小さな固まりがたくさん集まったように見える雲。気象学では絹積雲と呼ぶ。秋によく見られる。移動性高気圧が東へ遠ざかるにつれて現れるので、この雲が出ると天気が下り坂になりやすい。鰯の大漁の前兆とみていわし雲、鯖の体の斑点に似ているのでさば雲、魚のうろこに似ているのでうろこ雲などといわれる。

● ……たうなぎ

田鰻

京田辺市あたりでは秋になると水田横の溝などで、ヒレのないウナギのような魚が見つかることがある。これが田鰻で、大正年間に二条城のお堀で発見され、1960年代以降、木津川流域に現れるようになった。空気呼吸が巧みで、小さいうちは雌、大きくなると雄へと成長に伴って性が変わる。中国大陸では、これを油で炒めた料理があるが、日本ではあまり食べない。

●中旬の5日間 …あきのごしょいっぱんこうかい

秋の御所一般公開

●京都御所／上京区京都御苑　MAP3・C2

昭和22年に始まった京都御所の一般公開は、春は4月上旬、秋は10月中旬の年2回、各5日間公開される。宜秋門から入り、御車寄・日華門・紫宸殿・清涼殿・和徳門・小御所・御池庭・御学問所・常御殿などを経て清所門へ出る。部屋には束帯・十二単・童直衣などをまとった等身大の人形や調度品が飾られていて王朝時代の宮廷の情景を偲ばせる。

〔連絡先〕宮内庁京都事務所
TEL075（211）1215

●17日 ……ぜずのししまい・でんがく・すもう

銭司の獅子舞・田楽・相撲

京都府登録無形民俗文化財

●春日神社／相楽郡加茂町銭司　MAP18・B2

秋祭りに奉納される芸能。奉納しているのは西座と呼ぶ宮座である。最初頭屋の家から祭りの役をつとめる者が行列を組んで神社にお渡りをする。そして座の最長老の一老が祝詞を奏上した後、芸能が演じられる。最初が獅子舞で、頭屋の叩く太鼓に合わせて祭場を7周する。次が田楽で3人がそれぞれ鼓・太鼓・ビンザサラを持ち、一列に並んで各楽器を鳴らしながら同じく祭場を7周する。最後が相撲で、一老から太刀を受け、儀礼的な所作をした後、本殿に向かってばんざいをする。褌姿だが、実際の取組はない。いずれの芸能も儀礼化しつつあるが、中世の祭祀芸能を伝えるものとして貴重である。

岩船のおかげ踊り〈白山神社〉

●16日……いわふねのおかげおどり

岩船のおかげ踊り

京都府登録無形民俗文化財

●白山神社／相楽郡加茂町岩船　MAP⑱・B2

岩船地区の氏神白山神社に奉納される踊り。現在のおかげ踊りは戦後の昭和42年に復活させたもので、「岩船おかげ踊り保存会」によって伝承されている。踊りは午後拝殿前広場で奉納される。2人が御幣を持って立ち、その前に太鼓、拍子木、音頭とりが並び、保存会の女性の踊り手がそれらを取り囲むように輪になる。踊り手は紫の着物に黄色の襷を掛け、編笠を被った装いで、手にシデとよぶ房のついた棒を持って、お囃子に合わせてそれを振る所作を中心として足を前後に動かしながら踊る。

●16日……なきずもう

泣き相撲

●国津神社／相楽郡笠置町有市　MAP⑱・C2

国津神社秋祭りで行なわれる神事相撲。行事は、子供神輿が神社に到着した後、湯立神楽があり、その後宮司による祈祷と巫女神楽が行なわれ、最後に泣き相撲を行なう。相撲を取るのは1年の間に生まれた赤ちゃんである。有市地区で役に当たった大人の男性2人が裃袴姿で裸の赤ちゃんを1人ずつ抱き本殿前に進む。そして別の役の男性1人が2人の前に立ち、手にした扇を「ほーい、ほーい、ほーい」と3回唱えながら上下させる。その所作に会わせて2人も赤ちゃんを上下に揺する。先に泣いた方が負けといわれる。

泣き相撲〈国津神社〉

●……くりがり・まつたけがり

栗狩・松茸狩

秋は、実りの季節。栗、松茸狩に行く。形は不揃いでも、自分で採っただけで満足できる。近頃は輸入物が出回り値段も手頃なものが多いが、味、香り、姿、どれをとってもやはり丹波産が一番。

● きずし ……… きずし

鯖は、脂ののった秋が美味しい。京都では、浜塩の鯖を好んで調理する。「きずし」は、簡単で、鯖の旨みが良く引き出された一品。3枚におろして腹骨を毛抜きでぬき、皮を引いた鯖と、三杯酢をかけて粘りと旨みを出した糸目こぶを2、3時間なじませる。時間がたち過ぎると、身がしまり過ぎて白く「かすかす」になってしまうので、タイミングが大切。

● 16日 おかげ踊り ……… おかげおどり

●玉津岡神社／綴喜郡井手町井手　MAP18・A1

井手地区の氏神玉津岡神社の春・秋の例祭に奉納される踊り。江戸時代には何度か伊勢神宮へ群参するおかげ参りが流行したが、そのとき各村々では氏神において村人が踊りを踊った。それがおかげ踊りである。山城地方では文政13（1830）年と慶応3（1867）年におかげ参りが流行した。城陽市寺田の水度神社の旧神主家に伝わる江戸時代の『中島白檮日記』には文政13年に井手の踊り手が寺田まで来たことを記している。現在の踊りは昭和の御大典のときを最後に途絶えていたものを昭和50年に神社絵馬堂等の竣工記念に復活させたものである。踊りは氏子の女性が奉納する。踊り手は揃いの浴衣に赤襷を掛け、頭に菅笠を被り、日の丸扇を手にして円陣となり左回りにゆっくりした所作で踊る。4月3日にも行なわれる。

おかげ踊り〈玉津岡神社〉

● 16日 田山・高尾の翁舞 ……… たやま・たかおのおきなまい

●諏訪神社／相楽郡南山城村田山　MAP18・C2

秋祭りの宵宮で奉納される翁舞。宮司の祭典を行なった後、拝殿において宮座の長老衆が居並ぶ中、舞姫踊とよぶ巫女神楽が舞われる。その後白い浄衣を着て立烏帽子を被り、翁面を着けた演者が、地謡3人の謡に合わせて翁を舞う。終わると長老衆から「もう一番」の声でおひねりが投げられ、願文を唱えた後、再び短い舞を舞う。昔は専門の演者を招いていたが、現在は地元の人が演じている。同村高尾の春日神社でも翌17日に同様の翁舞が演じられている。

●16日……おかざきじんじゃまつり

岡崎神社祭

●岡崎神社／左京区岡崎東天王町　MAP8・B3

岡崎天王祭ともいう。承安2（1172）年、祇園会に諸国末社から鉾66本を出した時、岡崎社から大鷹鉾を出したことが社記にある。16日の神幸祭には剣鉾8本が神輿に先んじて出る。内1本は、鍔の上に泥粘土で作った犬と鷹をのせる。神輿は12基の子供神輿が出る。かつては、牛に引かせた大太鼓が出て氏子区内を巡り奇祭とよばれたが、今はない。

岡崎神社祭〈岡崎神社〉

●第2日曜日……とちだにのさんばそう

栃谷の三番叟

京都府登録無形民俗文化財

●深谷神社／熊野郡久美浜町栃谷　MAP25・A2

栃谷の深谷神社の秋祭りに奉納される芸能で、社殿下の常設舞台で演じられる。一番叟は千歳、二番叟は翁、三番叟は揉の段・問答・鈴の段を舞い、能の翁の形式と同じである。しかし、舞子の3人の少年が粉飾化粧をし、囃子に拍子木が加わるなど、歌舞伎色を感じるさせる。

●16日～17日……ひむかいだいじんぐうれいさい

日向大神宮例祭

●日向大神宮／山科区日ノ岡夷谷町　MAP10・A1

朝日宮、日岡大神宮、蹴上大神宮とも称される。社殿は伊勢神宮の内・外宮を模して造られたといい、縁結び、方除けで知られる。例祭は、16、17の両日で、16日が外宮大祭、17日が内宮大祭である。宮中や伊勢神宮の儀式にならい、内宮前の拝所で、御神楽、人長舞が行なわれる。

日向大神宮例祭〈日向大神宮〉

●17日に近い日曜日 …みかつはちまんまつり

御勝八幡祭（紫宸殿田楽）

京都府登録無形民俗文化財

●御勝八幡神社／福知山市上野条　MAP㉒・B2

福知山市北部・三岳山の東麓にある御勝八幡神社は近郷7カ村の総鎮守で、25年に1度の大祭には「紫宸殿田楽」が演じられる。最近では平成3年に大祭が行なわれたが、大雨にみまわれた。この田楽は、大江山の鬼退治で有名な源頼光の一行がこの宮で加護を祈り、功をたてることができたことに感謝し、当時、紫宸殿で行なわれていた田楽を奉納したのがはじまりと伝えている。踊り手は、ビンザサラ12名・太鼓2名・笛2名からなり、兜武者と山伏各1名がつく。踊りは前に捧げたビンザサラを左右・正面に向いて打ち摺る。踊り手が背中あわせになり横に飛んだり輪になったり、田楽踊りの特色をよく今に伝えている。

御勝八幡祭の紫宸殿田楽〈御勝八幡神社〉

御勝八幡祭の紫宸殿田楽〈御勝八幡神社〉

●16日のあとの日曜日 …すみよしおおともじんじゃしんこうさい

住吉大伴神社神幸祭

●住吉大伴神社／右京区竜安寺住吉町　MAP⑭・C1

承和元（834）年、伴氏が葛野郡上林郷に氏神として祀った住吉大伴神社の例祭。宵山には呼び物の住吉太鼓があり、当日は剣鉾、稚児、子供獅子、子供神輿、神輿が氏子区内を巡る。子供獅子は雌雄3組6頭による獅子舞で、見物の目を楽しませる。

住吉大伴神社神幸祭〈住吉大伴神社〉

●

蝗

…いなご

稲子とも書く。体長約3㎝のバッタ科の昆虫で、稲の害虫。体は緑色、羽は淡褐色で後ろ脚が発達してよく跳ぶ。夏から秋にかけて田畑に群をなして出現する。バッタ科の昆虫が大群で移動することを飛蝗と呼び、田畑の作物を食い尽くすことは蝗害。秋に土中で産卵する。トノサマバッタ、ショウリョウバッタも同種。

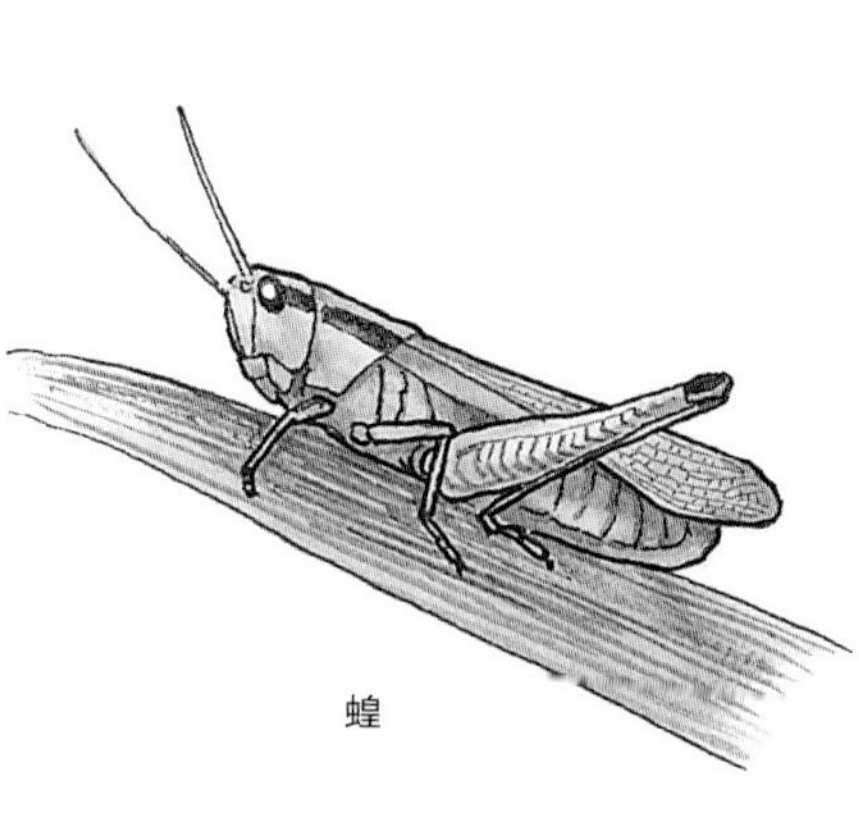

蝗

●17日より前の日曜日……すわまつり

諏訪祭

●諏訪神社／綾部市物部町城山　MAP23・A3

幟、槍、挟箱、立傘、台傘、鳥毛などからなる奴振りと屋台、太鼓、笛、鉦等から構成され、囃子方は祇園囃子を演奏し、一団となって賑やかな練り込みが行なわれる。前日の宵宮では物部大橋から、祭り当日は上市境から練り込みが始まる。

●……なごり

名残

茶の湯の世界では10月を名残月と呼ぶ。口切から1年間使ってきた茶壷の茶が残り少なくなるため、茶そのものに名残を惜しみ、また新緑の5月から半年使い続けた風炉との別れを惜しむ気持ちを表している。風炉の名残月として、しみじみと侘びた風情の茶事が行なわれる。

●……やまどり

山鳥

キジの一種で日本の特産種。本州、四国、九州の山林にすんでいて、深い山地を好む。「あしびきの山鳥の尾のしだり尾の長々しき夜をひとりかも寝む」（拾遺和歌集）という歌にも詠まれているように、ヤマドリは尾が長いのが特徴。キジよりもやや大きく、顔は赤色。全体的に光沢のある赤銅色で、背と胸と腹に黒白のまだらがある。キジと同じで雌鳥は地味な姿。

●17日……かんばらまつり

綺原祭

●綺原神社／相楽郡山城町綺田　MAP18・A2

綺田地区の氏神、綺原神社の秋祭りである。祭では屋根に布団をかたどった太鼓台が地区内を練り歩く。担ぎ手は氏子青年会で、上に子供が乗って中の大太鼓を叩く。

綺原祭〈綺原神社〉

●……しか

鹿

鹿といえば一般的にニホンジカのことで、体も四肢も細く、体毛は赤褐色で背に白い斑点がある。雄は枝のような大きな角があり、毎年生え替わる。秋が交尾期で牡鹿が牝鹿に求愛する声が野や山から盛んに聞こえる。これが「萩野鹿」「八月鹿」の鳴き声。秋の深まりにつれてその声はより哀れを誘う煩悶の声に変化する。「九月鹿」「紅葉鹿」である。その背の白い斑点模様から鹿子の語が生まれた。ちなみに馬鹿の語源は矛盾したことを無理に通すことで、「鹿を指して馬となす」という中国の故事成句に由来。

鹿

●15日に近い日曜日……ごまひよしじんじゃのうまかけ

胡麻日吉神社の馬駈け

●胡麻日吉神社／船井郡日吉町胡麻　MAP19・A1

主役を演じる馬場量ほか4人が前夜に宮籠もりをして梨、ぜんざい、栗、枝豆、菓子、蒲鉾、甘酒からなる「七色の膳」を食すことから始まる。

胡麻日吉神社の馬駈け〈胡麻日吉神社〉

当日早朝、神馬、騎手、射手、矢取りが禊ぎを済ませると、八幡宮や稲荷社などを参拝する。その後、馬場量の手で清められた馬場を駈け、3つの的を射る形を見せる。馬場を騎手が3回、射手が5回、神馬が1回疾走する。

●17日……うじたわらさんじゃまつりのまいもの

宇治田原三社祭の舞物

京都府登録無形民俗文化財

●御旅所／綴喜郡宇治田原町郷の口

MAP 17・A2

三社祭で奉納される芸能。三社祭は旧田原村に鎮座する大宮神社、御栗栖神社、三宮神社の三社が合同で行なう秋祭りで、14日に各神社の神輿が御旅所に神幸する。そして17日に馬駈けの他、声翁、王鼻、田楽、獅子舞が神輿の前で奉納される。これら芸能の組み合わせは中世の神事芸能の形を今に伝えるものだが、それぞれの芸は簡素化され、儀礼的になっている。

宇治田原三社祭

百味の御食〈涌出宮〉

白山神社祭〈白山神社〉

●17日～18日……………はくさんじんじゃさい

白山神社祭

●白山神社／宇治市白川娑婆山　MAP17・A2

氏子から集めた田畑や山の収穫物を固い蔓草の茎に刺し、さらに南瓜に突き立て、周りを茶の葉や枝で整えて神饌をつくる。これは頭屋と呼ばれる三軒の家が担当するが、18日の夜中に供えて夜明け前には下げる。

●17日……………ひゃくみさい

百味祭

●佐牙神社／京田辺市宮津　MAP16・B3

駕輿丁と稚児が氏子の家々をまわり100種類にものぼる農作物を集め、神饌として御旅所の神輿に供える。

●17日……………ひゃくみのおんじき

百味の御食

●涌出宮／相楽郡山城町平尾里屋敷　MAP18・A2

涌出宮に氏子が神饌を供え、神に感謝する祭り。前日に宮座の長老衆が手分けして氏子の家をまわり神饌を集め、三方に載せて拝殿に飾りつける。神饌は決まったものでなく、野菜でも果物でも各家にまかせている。そして17日に長老衆は再び神社に参集して神饌を本殿に供え、宮司が祭典を執り行なう。本殿に供えるとき長老は並んで手送りするが、そのとき穢れがないように口に樫の葉をくわえる。

●17日～18日……………ごうしゃまつり

郷社祭

●園天満宮／相楽郡和束町園大塚　MAP18・B1

和束郷の12地区を氏子とする天満宮の秋祭り。本殿前に神輿行列が参列して宮司のお祓いを受けた後、山腹にある上の宮にお渡りする。社殿で宮司が祭典を行なった後、本宮に戻

郷社祭〈園天満宮〉

る。神輿は昔は若衆が担いだが今は区長が担いでいる。本宮には2棟の長い桟敷屋があり、各区の人々が決められた場所で酒宴を催す。18日は子供神輿がお渡りし、本宮に戻った後、おかげ踊りが奉納される。

●18日……おかげおどり

おかげ踊り

京都府登録無形民俗文化財

●園天満宮／相楽郡和束町園大塚　MAP⑱・B1

園天満宮の秋祭りに奉納される踊り。昭和3年の御大典に踊られたのを最後に途絶えた。昭和55年に復活させ、「和束おかげ踊り保存会」によって伝承している。踊りは午後に神社の祭が終わった後、拝殿前広場で奉納される。三味線、締太鼓、音頭とりの囃子に合わせて、保存会の女性が輪になって移動しながら「さんはらい踊り」「手踊り」「扇踊り」の順に、「さんはらい踊り」のときは「さんはらい」を、「扇踊り」のときは「扇」を持って、手を振る所作を中心に踊られる。

●18日……きりやまおゆみのぎょうじ

切山お弓の行事

●八幡宮／相楽郡笠置町切山　MAP⑱・B2

秋祭りに行なう弓打ちの行事。最初頭屋の家に祭の役をつとめるものが集まり、行列して神社にお渡りをする。本殿で宮司が祭典を行なった後、馬場に移りお弓の行事を行なう。弓打ちは頭屋の一人がつとめ、他の頭屋と宮総代が的を持つ。的は板の的をつけた板的と、扇をつけたものとがあり、ともに竹棹の先につける。最初に板的を射って、再び行列を組んで馬場をまわり、次に扇の的を射る。射られた板的の破片は縁起物として家の神棚に供えたという。現在では立ったまま射るが、かつては馬から射る流鏑馬であったと考えられている。

●19日……ふなおかまつり

船岡祭

●建勲神社／北区紫野北舟岡町　MAP②・A3

戦国武将織田信長・信忠父子を祀る建勲神社の例祭。永禄12（1569）年、信長が入洛した記念の日で、祭はこれにちなむ。拝殿で仕舞、舞楽の奉納があるほか、甲冑を身に着けた氏子の少年による行列が西陣一帯の氏子区域を巡る。社殿では、信長ゆかりの甲冑、刀剣の一般公開がある。

船岡祭〈建勲神社〉

●……きくにこうかあり

菊に黄華有り

七十二候の51番目。新暦の10月19日～23日頃。晩秋を彩る菊の花が咲き出し、美しい黄色の花を見るようになる時節。

●20日……せいもんばらい

誓文払い

●冠者殿／下京区四条通寺町東入る　MAP⑤・C1

商人が1年の間、商売上の駆け引きで不当な利益を得たのを神に悔い、二十日恵比須の日に行なう罪滅ぼしの大安売りを誓文払いという。商人はあわせて冠者殿（八坂神社御旅所）に参る。祭神は、土佐坊昌俊。土佐坊は、堀川の館の源義経を討つべく密かに源頼朝の命を受けるが、義経に策謀を見破られ、夜討ちをしないとの誓文を書きながら翻して襲ったという伝承による。

●19日～21日……はつかえびすたいさい

二十日恵比須大祭

●恵美須神社／東山区大和大路通四条下る　MAP⑨・A1

社伝によれば、江戸初期、京の商人が江戸で商いをして10月20日に帰り恵比須大神を祀って神徳に感謝したのを始まりとする。19日は宵恵比須といい、20日を恵比須講大祭、21日を残り福として3日間、境内に恵比須囃子を奏で、大和大路通に露店が出て、福を授かる人々で賑わう。

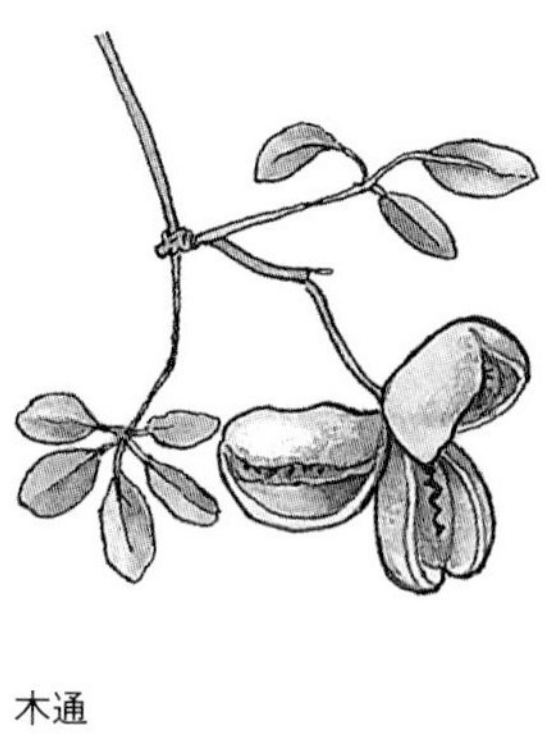
木通

●……あけび

木通

アケビ科の蔓性落葉低木。本州から九州にかけての山野に自生する。通草とも書き、木通葛、山姫、てんてんこぼしなどの異称がある。秋郁子（むべ）からの変化とも実が熟して割れた様があくびに似ているからと

木津の太鼓台

もいわれる。左巻きの蔓が他の木に巻きつき、4月頃に淡紫色の小花を房状に咲かせ、晩秋には楕円形の灰紫色の果実をつけ、熟すと縦に割れる。果肉は乳白色で美味。蔓は籠細工などに利用される。

●20日・21日……きづのたいこだい

木津の太鼓台

●岡田国神社／相楽郡木津町木津　MAP18・A2
●御霊神社／相楽郡木津町木津　MAP18・A2
●田中神社／相楽郡木津町木津　MAP18・A2

江戸時代、奈良街道の宿場町であった木津は2～3の町1組で1基の太鼓台を所有しており、秋祭りで担がれる。太鼓台は屋根を布団でかたどり、中に大太鼓を入れてある。若者が担いで、上に乗った子供が太鼓を叩きながら町内を歩き、神社に練り込む。

●20日……ほづのひまつり

保津の火祭

●請田神社／亀岡市保津町　MAP19・B3
●保津八幡宮／亀岡市保津町　MAP19・B3

京都ちょっと昔のくらし

笹に小判

10月20日は京都の人が「えべっさん」と呼ぶ夷講。商売繁盛を願って商人たちが恵美須神社に詣で、福笹をいただいて帰り、1年間、店や事務所に飾っておきます。そしてこの日の定番のおかずは「笹に小判」。はんぺいとネギだけのお汁で、吸物より濃いめの出汁で少し葛をひいたもの。小判形のはんぺいは丸ごと入れて笹の葉に見立てた縁起物。その名のめでたさとは裏腹に質素なおかずです。

笹に小判

保津の火祭

火祭と呼ばれる宵宮の神幸祭は、本宮から八幡宮境内の頓宮（仮宮）に請田大神様を迎えるものである。赤熊姿の太鼓叩きと榊を捧持する8人の稚児が掛け合いで「トクワイリンノウ、バンザイラーク（万歳楽）」と囃し、御旅所に到着する。ここから4基の剣鉾を中心に、高張提灯、松明、御弓、御太刀などが加わり、総勢170余人の行列となる。70人が持つ高張り提灯と55人が持つ行灯の明かりが美しい。頓宮につくと、榊を持った子供や御幣などが、社前の大きなたき火のまわりを3回まわる。その後、一行が捧持物を御神殿に納める。翌日は本宮への還幸祭となる。

●20日に近い日曜日

城南宮神幸祭

じょうなんぐうしんこうさい

●城南宮／伏見区中島宮ノ後町　MAP11・B1

上鳥羽、下鳥羽、竹田地区の産土で、方除けの神として尊崇を集める城南宮の秋祭り。御神宝を持った直垂姿などによる神幸列と、松竹梅の3基の神輿が広い氏子区内を巡行するので、かつては還幸は夜になり松明が焚かれたというが、徒歩の神幸列は自動車に変えられた。古くは氏子の家々で餅をつき、親戚、知人に無理やり食させてもてなしたので餅祭ともいった。

城南宮神幸祭〈城南宮〉

●下旬の3日間

町かどの芸能

まちかどのげいのう

●般若林／上京区相国寺北門前町　MAP3・C1

「おさだ塾」が、江戸時代の京の都の芸商人を再現する。観客参加型の終日野外劇で、塾生によりけん玉売りや、あやつり人形や南京玉すだれなど様々な芸商人の生活や芸が演じられ、観客はいつでも入場でき、また気に入った品物なども買うことができる。昭和50年秋から開催されており、江戸時代にタイムスリップできる場として好評を得ている。有料。

〔連絡先〕演劇塾長田学舎
TEL075（211）0138

●

松茸狩り

まつたけがり

秋の遊山の代表で、明治期には丹波などの山へ松茸狩りに出かけることを恒例行事としていた家や店が多かった。松の木を下からのぞくと枯れ松葉の上が少し膨らんで見える箇所があり、この下に松茸が生えている。松茸はふんだんに採れ、その松茸ですき焼きや焼き松茸などを料理に家族や店（会社）の親睦会とし、さらに籠一杯の土産もついた。年間5千tもの収穫のあった時代の習慣で、200～300tに減少した現在、松茸狩りそのものもなくなりつつある。

松茸

●21日……ひどころのやぶさめ

氷所の流鏑馬

●幡日佐神社／船井郡八木町氷所　MAP19・B2

氷所と日置の2地区合同で行なわれる秋祭で、氷所の幡日佐神社は男神、日置の大送神社は女神で、夫婦神といっている。流鏑馬は、幡日佐神社参道の馬場で行なわれる。馬を3回歩かせた後、4回目から的に向かい3本の矢を射る。的は40㎝角で約50m間隔に3つ立てる。5回、6回と的を射、7回目は馬は空走し、矢を放たずに終わる。流鏑馬は一の矢が当たれば早稲が豊作になるなど、来年の稲の収穫を占うものといっている。

氷所の流鏑馬〈幡日佐神社〉

●20日……まんにんこう

万人講

●円福寺（達磨寺）／八幡市八幡福禄谷　MAP16・A2

円福寺は、日本三大達磨の一つといわれ、わが国最古の達磨像（重要文化財）を祀り、通称達磨寺の名がある。禅の修行道場で知られ、修行の雲水が托鉢で施し米を受けているお礼として里人を寺に招いて行なう行事。年2回春秋に行なわれている。

福王子神社例大祭〈福王子神社〉

●第3日曜日…ふくおうじじんじゃれいたいさい

福王子神社例大祭

●福王子神社／右京区宇多野福王子町　MAP14・C1

鳴滝祭の名がある。神輿1基に6本の剣鉾があり、氏子区内を巡ったあと、仁和寺の勅使門から入り奉幣を受ける。かつて仁和寺の鎮守で、神輿は仁和寺から賜った故事によるという。本来は18日が祭日だが、いまは第2日曜日に御出祭、第3日曜日に還幸祭を行なう。

●……たんばぐり

丹波栗

大粒で1個40gもあり、甘味の多い丹波栗。江戸時代頃より大粒で有名になった。その栽培方法は大粒の品種を集め、接ぎ木によって品種改良を重ねたこと。甘さの理由は丹波高原の昼夜の寒暖の差や由良川などの川が丹波の肥沃な土壌を育てたためといわれる。平安時代はすでに丹波の特産品として朝廷に納められていた。

丹波栗

●第3日曜日……まいづるさかなまつり

まいづる魚まつり

●舞鶴水産流通センター／舞鶴市下安久　MAP23・B2

平成2年より開催されている町おこ

しのイベント。かつての軍港としてのイメージが強い舞鶴を、漁港としても見直してもらおうと市民参加の大セリ市、大漁鍋、海鮮バーベキューなど、水揚げされたばかりのさまざまな海の味覚がふんだんに味わえる。

〔連絡先〕舞鶴水産流通協同組合
TEL ０７７３（７５）３２７５

●第３日曜日……ののみやじんじゃれいさい

野宮神社例祭

●野宮神社／右京区嵯峨野野宮町　MAP14・A1

もとは16日に行なわれていた例祭。危機に瀕していた野々宮竹が回復し、例祭に竹まつりを始めたのを機に第３日曜日になった。竹まつりには、珍しい竹神輿が出て氏子区内を練り歩く。

●第３日曜日か第４日曜日……だいしょうぐんはちじんじゃれいさい

大将軍八神社例祭

●大将軍八神社／上京区一条通御前西入る　MAP3・A2

自然からの収穫に感謝する秋祭。数々の野菜や穀物で飾りつけ、子供たちに担がれた子供神輿が可愛い掛け声とともに氏子区内を巡る。

大将軍八神社例祭〈大将軍八神社〉

●21日……じょうぞうさい

醸造祭

●伏見稲荷大社／伏見区深草藪之内町　MAP12・B1

兵庫県の灘に並ぶ清酒の生産地、伏見の醸造業者による行事。参加業者が一同に参拝し、生産した銘酒を神前に供えて、業界の繁栄とともに醸造の無事と感謝をこめて祈る。

●21日……じゅうしちれっしぼぜんさい

十七烈士墓前祭

●天王山／乙訓郡大山崎町大山崎

真木和泉守以下17名の勤皇の志士の招魂祭。元治元（１８６４）年７月19日の禁門の変で長州藩が幕府軍に破れたことで、長州藩の別働隊として向日町や桂、物集女方面に出撃していた真木和泉守らも幕府軍の追撃を受け、大山崎の天王山中で自刃した。天王山十七烈士奉賛会の人々や末裔の人々が参列し、十七烈士をたたえる祝詞奏上後、玉串を供える。

●第３日曜日……たなかまつり

田中祭

●田中神社／伏見区横大路天王後　MAP11・A1

八坂神社の祭神を勧請して祀り、下

田中祭〈田中神社〉

鳥羽と横大路の両地区に御旅所がある田中神社の例祭。下鳥羽地区から子供神輿と神輿、横大路地区から鳳輦と子供神輿が出て御旅所を練る。

●中旬の4日間

普度勝会（ふどしょうえ）

●萬福寺／宇治市五ケ庄三番割　MAP17・A2

在日華僑による先祖をはじめ、有縁無縁一切の万霊を慰める法会。日本の盂蘭盆会にあたる。本堂の大雄宝殿の軒下には、1年間に亡くなった死者の霊を迎えるために、紙と竹で作られた冥府（家）が並び、いろいろな食べ物や菓子、果物が供えられ、中では精霊が現世で生活する様子が再現される。堂内に読経が流れる。期間中、龍踊りや獅子踊りが奉納される。最後の夜には、10時30分からの「大施餓鬼」という読経に続き、ドラや鉦が鳴る中、冥府など飾りものを燃やして精霊を送る。

普度勝会〈萬福寺〉

普度勝会〈萬福寺〉

普度勝会〈萬福寺〉

●第3日曜日

二十五菩薩お練り供養法会（にじゅうごぼさつおねりくようほうえ）

●即成院／東山区泉涌寺山内町　MAP9・A2

本尊阿弥陀如来、二十五菩薩が極楽浄土から現世に来迎して衆生を救い、浄土に導く様子を現した法会。本堂

二十五菩薩お練り供養法会〈即成院〉

を極楽浄土、地蔵堂を現世に見立てて長さ約50ｍの橋がかけられ、本堂から稚児が地蔵堂に供物を運び入れてはじまる。やがて一山の僧の読経のなか、金色の菩薩面に金襴の衣装をつけた稚児25人が来迎和讃にあわせて橋を往き還る。ついで観世音菩薩、勢至菩薩の舞が繰り広げる。

二十五菩薩お練り供養法会〈即成院〉

●22日……………じだいまつり

時代祭

●**京都御所**／上京区京都御苑　MAP 3・C2

●**平安神宮**／左京区岡崎西天王町　MAP 8・A3

平安京の遷都1100年を祝う記念事業として平安神宮が創建されたのを機に、市民による平安講社が組織され、始まった記念行事。葵祭、祇園祭とともに京都三大祭の1つとして親しまれる。長岡京から遷都した10月22日にちなむ。平安神宮で神幸祭を行なったあと、鳳輦が京都御所に入り、正午から建礼門前から時代風俗行列の巡行が始まる。平安時代の延暦期から明治維新までの時代を歴史人物や行事を現した、総勢二千数百人に及ぶ参列者の行列である。

列次第は逆時代順で、維新鼓笛隊を先頭に幕末志士列、徳川城使上洛列、江戸時代婦人列、豊公参朝列、織田公上洛列、楠公上洛列、中世婦人列、城南やぶさめ列、藤原公卿参朝列、

時代祭〈京都御苑〉

平安時代婦人列、延暦武官行進列、延暦文官参朝列、神饌講社列、前列、神幸列、弓箭列と続く。王城千年の歴史を目のあたりに見ることができる。巡行路は、烏丸通丸太町、烏丸通御池、河原町通御池、三条通東大路、三条通神宮道、神宮道、平安神宮。

時代祭〈京都御苑〉

●22日・23日……くらまのひまつり

鞍馬の火祭

京都市登録無形民俗文化財

●由岐神社／左京区鞍馬本町　MAP 7・A2

時代祭の夜に、鞍馬の町を火で包む豪壮な由岐神社の火祭である。社伝によれば、天慶年間（938～47）にもと内裏に祀られていた靫社を鞍馬に移された時、鞍馬の人々が火を焚いて迎えた故事にもとづく。16日、鞍馬3在所で精進竹立て、火改め、注連縄張り等を行ない、祭り当日の

鞍馬の火祭〈由岐神社〉

鞍馬の火祭〈由岐神社〉

23日、家の門口に篝火（かがりび）を焚いて待つ。午後6時、「神事、参らっしゃれ」の声で締め込み姿の若者が大小の松明をかざして「サイレイ」「サイリョウ」の掛け声で町内を練り（ね）、鞍馬仁王門前石段に勢ぞろい。やがて大太鼓を合図に、石段に張り渡した注連縄を切って、神社に参集し、神社から神輿（みこし）が御旅所に神幸（しんこう）する。火祭のクライマックスは午後10時ごろである。かつては夜を徹して行なわれた。

●……

霜降 そうこう

二十四節気の18番目。寒露（かんろ）から15日目の新暦の10月23日頃。霜降は、露が冷気によって霜となって降り始める頃という意味。霜降という言葉は霜が降りることを指して使うが、転じて「しもふり」と読むと、霜のような細かい白い点が一面にある模様のことを指す。

●月末～11月上旬……

策伝忌 さくでんき

●誓願寺（せいがんじ）／中京区新京極通三条下る（しんきょうごくどおりさんじょうさがる） MAP4・C2

笑話の辻説法や『醒睡笑（せいすいしょう）』の著作で知られる誓願寺の第55世住持・安楽庵（あんらくあん）策伝の忌日法要（きじつ）。亡くなったのは、寛永19（1642）年1月8日だが、この期に営まれている。午後4時頃から墓の前で法要があり、午後6時頃から落語の始祖と呼ばれる策伝を偲（しの）んで、安楽庵策伝奉賛会主催による奉納落語がある。素人の演者をふくめて、上方落語家の高座が披露される。

●23日……

木野愛宕神社烏帽子着 きのあたごじんじゃえぼしぎ

京都市登録無形民俗文化財

●木野愛宕神社／左京区岩倉木野町（いわくらきのちょう） MAP7・B3

16歳になった氏子（うじこ）中の嫡子（ちゃくし）が、成人になった証（あか）しとして宮座（みやざ）入りをする元服（げんぶく）の儀式。午後7時、新成人は、裃（かみしも）姿に盛装して神社に入る。神前にはワラで包んだ赤飯の御供（ごく）のほか、柿や栗を盛った花膳、野菜の一の膳、二の膳が並べられ、氏子の見守るなか神事がある。饗応（きょうおう）の酌人（しゃくじん）の役にあたった新成人は、この日から地域行事の参加が認められる。

烏帽子着〈木野愛宕神社〉

●……

豺乃ち獣を祭る さいすなわちけものをまつる

七十二候の52番目。新暦の10月24日～28日頃。豺（さい）とは、ヤマイヌ（オオカミの類）のこと。七十二候の4番目「獺魚（たつ）を祭る」や、40番目「鷹乃ち鳥を祭る」と同じ性格のもの。ヤマイヌが獲物を捕らえてもすぐに食べない習性から、人間が物を供え、先祖を祀（まつ）る姿を思わせることから生まれた表現。

●……

渡り鳥 わたりどり

雁（がん）や百合鴎（ゆりかもめ）など秋に日本に渡ってきて、冬を過ごす冬鳥と、ツバメなど夏鳥がある。寒気や暖気を求めて渡る鳥を二季鳥（にきちょう）ともいう。太陽暦では10月9日頃が節気の寒露で、この日を鴻雁来（こうがんき）と呼ぶ。鴻はヒシクイという大型の雁。ユリカモメは都鳥と呼ばれるが、別種のシギやチドリもミヤコドリ科の鳥。

渡り鳥

●……

松風 まつかぜ

小麦粉に砂糖、水飴（みずあめ）を加えて水で溶き、鉄板で焼かれた円形のお菓子。表面に甘味噌が塗られ、ケシの身が散らしてある。しっかりとした腹持ちの良い焼き菓子。店によっては、生地自体に味噌と納豆を入れ、ふんわりとやわらかく濃密な味に仕上げるところもある。裏に模様がなく「うら（浦）淋しい」ことから、「松風」と名づけられたという。

菊 (きく)

キク科の多年草。原産地の中国では、古くから延命長寿の霊草として栽培されていた。日本には奈良時代にもたらされ、江戸時代に大きく改良された。品種が多く、花色は白、黄、桃、赤などさまざま。園芸上では大菊、中菊、小菊に分けられ、嵯峨菊、伊勢菊、肥後菊、美濃菊、江戸菊、奥州菊など、各地の風土や好みに合わせて育成された系統がある。切花や鉢植にして観賞用に、また薬用としても用いられる。また、工芸意匠や文学の題材に取り上げられるなど、日本人にとっては親しみ深い秋の花。大覚寺の嵯峨菊も有名だが植物園で行なわれる菊花展では、さまざまな品種を楽しむことができる。

天橋立岩滝温泉まつり (あまのはしだていわたきおんせんまつり)

●

●**岩滝町民体育館及び周辺・クアハウス岩滝**／与謝郡岩滝町岩滝　MAP24・A2

府下で最高温（58・5度）の天橋立岩滝温泉を贅沢に活用したクアハウス岩滝は、日本古来の温泉浴法にドイツの近代的浴法を取り入れた温泉保養施設で、温泉プール、箱蒸し、ウォータースライダーなどさまざまな施設が整えられている。岩滝温泉まつりはクアハウス岩滝と町の観光PRのため平成4年より開催されており、歌謡ショー、屋台、手作り品バザー、フリーマーケットなどさまざまなイベントが催され、多くの人で賑わう。

〔連絡先〕岩滝町産業課　TEL0772（46）3001

●**下旬の土曜日・日曜日**

八幡ふれあいまつり (やわたふれあいまつり)

●**八幡市民体育館・八幡市民スポーツ公園**／八幡市野尻正畑　MAP16・B2

昭和53年より開催されている市民による祭り。パレードや活動発表のステージや展覧会の他、各種団体の模擬店等が多数参加する。市内にある2つのふれあい市の出店や、農業団体によるネギ焼や山菜おこわの販売など、京都大阪間の近郊都市として、地元の農業関係が充実しているのが特長。

〔連絡先〕八幡ふれあいまつり実行委員会事務局　TEL075（983）1111

金色蚕糸神祭 (こんじきさんししんさい)

●**下旬の日曜日**

●**実相寺**／与謝郡加悦町加悦　MAP24・A3

織物業界の発展・隆昌を祈願し、実相寺の金色堂に祀られている養蚕、生糸、織物の守護神である金色蚕糸神のお祭り。実相寺界隈は古い町並みを残しており、通りでは丹後縮緬製品などが展示即売される。祭りは織物関係者だけでなく地域の人が集まり、参拝者には甘酒の振る舞いなどがある。「ちりめん街道まるごとミュージアム」の催しの行事の一つ。

〔連絡先〕加悦町商工会　TEL0772（43）1446

宇治大田楽 (うじだいでんがく)

●**下旬**

●**府立宇治公園（塔の島）**／宇治市宇治　MAP17・A2

平安時代の代表的な芸能である田楽は、ビンザサラという特殊な楽器と腰鼓、笛、銅拍子などを奏しながらシンメトリックな隊列を組みダイナミックに踊る芸能で、宇治では田楽を職とするプロ集団である本座が白川を拠点として宇治離宮祭をはじめ各地で活躍していたという。平成10年に復活された宇治大田楽は、笛や太鼓を演奏しながら平等院正門から宇治公園塔の島まで行進する。市民参加で幻想的な力強い田楽を再現。

〔連絡先〕宇治大田楽まつり実行委員会　TEL0774（22）5557

宇治大田楽

残菊 (ざんぎく)

晩秋に咲き残った菊。畑や生垣などで、ひっそりと咲いている菊の花のこと。陰暦9月9日を重陽の節句といい、それ以降の菊を「十日の菊」と呼び、時期外れの菊の意から残菊と呼ばれた。現在では11月も終わり頃、ようやく残菊の風情が味わえる。

晩秋の季語。平安時代には10月15日の下元の日に、この菊を愛でる残菊の宴が行なわれた。

●月末の金曜日～日曜日　きょうとだいこっとうさい

京都大骨董祭

●パルスプラザ／伏見区竹田鳥羽殿町　MAP11・B1

平成6年11月より開催されている骨董祭で、全国300店以上のディーラーが集い、選び抜いた骨董品・古美術品を展示即売する。パルスプラザ大展示場に展示される100万点以上にも及ぶ品々は圧巻で目を見張り、唾を飲むコレクターの姿がここかしこに見られる。毎年春季2回、秋季に1回開催され、各回毎の特集展示は見もの。入場無料。

〔連絡先〕京都大骨董祭実行委員会・吾目堂　TEL077（522）2307

●23日　いわくらのひまつり

石座の火祭

京都市登録無形民俗文化財

●石座神社／左京区岩倉上蔵町　MAP7・A3

岩倉地区の産土である石座神社の火祭。岩倉火祭ともいう。伝承によれば、2匹の大蛇の出現に苦しめられた村人が石座大明神に祈願し、神前の灯火で退治することを告げられて大蛇を滅ぼしたのが発祥。午前3時、本殿前の仮屋に雌雄2匹の大蛇に見立てた柴に青竹を束ねた2基の大松明を用意し神火で点火する。大松明が燃え尽きると、太鼓の音とともに神輿が出て、御旅所の山住神社を回る。

石座の火祭〈石座神社〉

石座火祭〈石座神社〉

●10月27日　かきまつり

柿祭

●板列八幡神社／与謝郡岩滝町男山　MAP24・A2

当日の夕方、年頃の娘たちを持つ母親が、八幡神社境内に実った縁結び柿（夫婦柿・ふたよ柿）を持ち帰り、良縁に結ばれるようにといただく。区の人たちは境内で焚き火をして籠もり、早朝、神社の神が出雲へ旅立つのを送るという。

●25日……ぬきほさい

抜穂祭

●**伏見稲荷大社**／伏見区深草藪之内町　MAP⑫・B1

種まき行事である4月の水口播種祭、6月の田植祭を経て、神田に稔った稲穂を刈り取り収穫する祭。「稲穂舞」が舞われる中、三島初穂講の人たちが稲を刈り取る。

●1日～26日……くわやまじんじゃのあきまつり

鍬山神社の秋祭

●**鍬山神社**／亀岡市上矢田町　MAP⑲・B3

鍬山神社の例祭は10月のほぼ1カ月間行なわれる。主な行事としては、18日の神輿洗い、神輿が御旅所の形原神社まで渡御する20日の神幸祭、24日は宵宮で、美しく飾られた山鉾見物の人々で遅くまで賑わい、25日は本祭で山鉾巡行が行なわれる。山鉾は、延宝9（1681）年亀山郷長、各町名主が、神輿、鳳輦を京都で作らせ、矢田社の祭礼を行なったのが始まりというが、現存する箱書の最も古いものは寛延2（1749）年である。現在の山鉾は、曳山6基、舁山4基、飾山1基からなり、京都の祇園祭の影響を受けて成立したこともあって囃子も祇園祭と同様で、また山鉾を懸装する染織品も西陣で制作された大型の綴織を始め、朝鮮毛綴、イギリス製の捺染など優品が多い。山鉾行事は亀岡市指定無形民俗文化財となっている。

鍬山神社の秋祭〈鍬山神社〉

鍬山神社の秋祭〈鍬山神社〉

●25日……いなりじんじゃれいさい

稲荷神社例祭

●**稲荷神社**／亀岡市吉川町吉田　MAP⑲・B3

神事の後に、小学校低学年生によって曳かれる車太鼓と高学年生による子供神輿がでて町内を練り歩く。

●26日……うなぎまつり

うなぎ祭

●**三島神社**／東山区本町十一丁目　MAP⑨・A3

鰻の放生会。祭神の神使が、牟奈岐といい、転化してうなぎとなり、鰻の絵馬が奉納される。放生会は広く親しまれている。境内の放生池で年2回祭りを行なった。近年、神社がいったん山科区に移転したが再び旧社地に戻り、小さな仮本殿が建てられ、再興が進められている。

●最終土曜日・日曜日 ……きょうとまつり

京都まつり

●御池通・市役所前広場・鴨川河原／中京区　MAP4・C1

平安建都1100年の明治28年には、平安神宮の創建と共に時代祭が始められ、今や京都三大祭の1つとなった。京都まつりは、市民参加の新しい祭を創ろうと、平安建都1200年を記念して平成6年に誕生した。世界の中で光り輝く「文化首都・京都」の実現を目指し、京都三大祭のように市民の中に定着し、親しまれる祭を目指している。御池通には都大路パレードや招請市町村の祭の披露、総踊りの輪が繰り広げられ、市役所前広場ではステージ発表、柳池中学校では文化サークルが日頃の文化・芸術活動を発信する。

〔連絡先〕京都まつり開催委員会　TEL075（222）4105

●最終日曜日 ……あすすぎじんじゃのさいれいげいのう

阿須々伎神社の祭礼芸能

京都府登録無形民俗文化財

●阿須々伎神社／綾部市金河内町東谷　MAP23・A2

金河内に鎮座する阿須々伎神社は近在4ヵ町の氏神である。祭礼に当たっては、まず初めに百射の神事が行なわれる。これは、各町から出た12人の射手が、1人2矢ずつ4回弓をひき大的を射、次に小さな金的にかえ、また2矢ずつ射る行事で、金的を誰かが射当てるまで祭は始められない。やがて首尾よく射上げ、金的が神前に供えられると祭礼が始まる。内容としては、年ごとに輪番で各町の持ち芸が奉納されており、金河内は狂言と御太刀、坊口は能と花の踊、仁和は露払、小太刀、薙刀、内久井は小太刀、大太刀となっている。全体的にみると、中世的な祭礼芸能に近世流行した風流踊が一体になったものである。

祭礼芸能・百射の神事〈阿須々伎神社〉

祭礼芸能・狂言〈阿須々伎神社〉

●……そうもくこうらくす

草木黄落す

七十二候の53番目。新暦の10月29日～11月2日頃。霜が降り、草木の葉が黄ばみ、葉を落とし始める時節。

●最終日曜日 …おおえやましゅてんどうじまつり

大江山酒呑童子祭り

●大江山酒呑童子の里特設会場／加佐郡大江町仏性寺　MAP22・B1

源頼光が大江山の鬼・酒呑童子を退治したという伝説で有名な大江山は、眼下に壮大な雲海が広がる。酒呑童子祭りは鬼伝説の故郷大江町のイベントとして昭和57年より開催されている。全国の酒呑童子伝説に関係のある市町村を招き、鬼をテーマに町民との交流をはかるとともに、全国鬼芸能の公開をはじめ、地元芸能が演じられる。町民が鬼に扮した鬼行列や武者行列、鬼芸能やステージショーなどが開催され、また、大江山の雲海ツアーなども行なわれる。

〔連絡先〕大江町産業課　TEL0773（56）1101

●10月末～11月3日のうち3日間 …しみんだいちゃかい

市民大茶会

●二条城・清流園／中京区堀川通二条西入る　MAP4・B1

市民に文化への理解を深めてもらおうと、京都市が主催する茶会。昭和44年より、通常未公開の庭園清流園で3日間にわたり開催され、表千家・裏千家・藪内家の各家元が奉仕し、清流園内の茶室和楽庵と野点の2席に釜がかかる。春には市民煎茶会が開催されている。清流園は角倉了以邸の遺構を移して昭和40年につくられた庭園で、池泉回遊式庭園と芝生が広がる西洋式庭園で構成される。

〔連絡先〕元離宮二条城事務所　TEL075（841）0046

葛城神社の曳山行事〈葛城神社〉

●最終土曜日……かつらぎじんじゃのひきやまぎょうじ

葛城神社の曳山行事

丹波町指定無形民俗文化財

●葛城神社／船井郡丹波町口八田　MAP21・B3

氏子の6地区から太鼓山（辻、中畑地区）、囃子山（笹尾地区）、造り山（中村地区）、舟山（下村地区）、御殿山（鎌倉地区）が出る。屋台に毎回趣向を凝らした作りものを飾る中村地区以外は、大太鼓、祇園囃子、伊勢音頭を持っている。笹尾の囃子山は、兵庫県の篠山から伝えられたものといい、笛、太鼓、鉦2人ずつの構成で、小学生たちが屋台に乗り込み、囃子を演奏する。

●最終日曜日……てんにょまい

天女舞

●阿良須神社／舞鶴市小倉　MAP23・B2

上田中と称する田中は小倉の阿良須神社が氏神で、天女舞を演じる。一方、下田中と称する田中町は鈴鹿神社の氏子で、三番叟・姫三社・徳若万歳を奉納する。この天女舞はするが舞ともいい、巫女姿の少女が優雅に舞う伝統的な神楽のひとつである。阿良須神社の祭礼は、上田中、吉坂、小倉、安岡、鹿原の5地区がそれぞれ5年ごとに1回奉納していたが、大正10年から中断した。しかし今復活しないと舞の作法を知る者がやがていなくなる上、中断してから地区内で不幸が続いたこともあって、昭和53年に57年ぶりに復活し、5年ごとに演じられている。

●31日……はろうぃーん

ハロウィーン

西洋の年中行事の一つ。アメリカで盛んに行なわれることから、徐々に日本でも耳にする機会が増え、関連イベントも開催されるようになってきた。この日の夜、子供たちは怪物、魔女、黒猫、海賊などに扮し、「トリック・オア・トリート！」（ご馳走しないと悪戯するぞ）といいながら町の家々を巡ってお菓子をせびる。「ジャック・オ・ランタン」と呼ばれる大かぼちゃをくりぬいた提灯も有名。悪魔除けに、ナナカマドの枝が玄関につけられる。

嵯峨菊

さがぎく

嵯峨菊はもともと、嵯峨野の大沢池の菊ヶ島に自生していたもので、江戸期に改良された古典菊の一種。一鉢に三本仕立てで下から七輪、五輪、三輪と茶筅状の花をつける。これは「天・地・人」をあらわす格調の高いもの。葉は下から黄朽ち葉色、濃い緑、薄緑になるように育て、春夏秋冬を表現する。右京区の大覚寺では毎年11月に嵯峨菊展を開催している。600あまりの嵯峨菊の鉢が並べられ、訪れる参拝者の目を楽しませている。

嵯峨菊

辛味大根

●5日

達磨忌

だるまき

●興聖寺／宇治市宇治山田　MAP 17・A2

●萬福寺／宇治市五ヶ庄三番割　MAP 17・A2

●ほか、禅宗諸寺院

禅宗寺院で、始祖・菩提達磨大師の忌日に行なう法会。達磨大師は南インドに生まれ、527年9月21日、中国広州に渡り、武帝に迎えられて問答、長江を渡って嵩山の少林寺に入った。面壁9年の坐禅はあまりにもよく知られている。生没年不詳だが、一説に538年10月5日に示寂したという。禅宗寺院は、始祖の忌日を偲んでそれぞれ法要を営む。

【お十夜】

陰暦10月5日から15日（現・11月5日から15日）の間、浄土宗各寺院で営まれる十日十夜別時念仏会は、極楽往生を願い、十日十夜にわたり念仏を唱える法要。「この世で十日十夜の間善行を行うことは仏の国で千年の善行を行うより尊い」という『無量寿経』の教えの実践で、俗にお十夜と呼ばれています。永享9（1437）年、足利義教の執権・平貞経の弟貞国が三日三晩の念仏修行の後、さらに七日七夜の修行を重ねたのが始まりとか。現世に無常を感じた貞国が真如堂に参籠し、三日三晩の念仏の後、仏門に入ろうとしたところ、夢に現れた僧に出家を止められ、翌日、貞経に代わり執権となります。そのご利益に感謝し、貞国はあと七日七夜の念仏に励んだというもので、貞国の勤めた十日十夜にちなみ法要が営まれます。お十夜の根本道場である真如堂では、5日の開闢法要から15日の結願法要まで、連日大鉦八丁が鳴りわたる中、引声念仏が勤められ、参詣者には十夜粥がふるまわれます。

辛味大根

からみだいこん

京都鷹峯で栽培される小形のダイコン。旧名、原谷大根の名からもわかるように北区原谷が原産で、江戸時代の元禄から宝永年間に鷹峯に移し植えられたという説がある。形状は小蕪に似て、根の直径は3cmほど。葉も蕪に似て滑らかである。辛味の名があるがそれほど辛くなく、風味がある。すりおろしても水分があまり出ないことから、吹散大根の異名がある。紙の上ですりおろして吹くと、散ってしまうというもので、そば出汁を薄めることがないので、薬味に適している。毎年、11月1日に行なわれる今宮神社の祭礼に疫病、中風の呪いとして神前に供えられる。現在は祭礼用の他、一部、そば屋に薬味用として供給する以外、一般の販路での入手は絶無となった。

十一月

霜月　しもつき

時雨れるごとに山燃えて
火の恋しい月

北山に淡く虹が架かって見えるときは、
山では時雨れているのだとか。
北山時雨と呼ばれる細い雨が降るたびに、
山は燃え、神社や寺の境内の木々も
紅葉の色いよいよ冴えて、
春とは別の賑わいと華やかさが町に漂います。
立冬のころには風も空気も冷たさが増し、
火が恋しい季節。
火入れはそんな気分の高まるころの行事で、
月初めの亥の日、
炭や練炭を熾して、
亥の刻に炬燵や火鉢に火を入れる日です。
とはいえ、
スイッチひとつでいつでも暖房のできる現代では、
茶人の炉開きに
その美風を残す程度となりました。
そして、伏見稲荷大社はじめ方々の神社では、
「おしたけ」こと、
お火焚祭が行なわれ、
除災招福と無病息災を火に祈り、
冬に備えます。

亥子祭

いのこまつり

●1日

●護王神社／上京区烏丸通下長者町下る MAP B・C2

旧暦10月上旬の初亥の日に行なわれる行事。中国が起源で、平安時代に宮中儀式となり、広く民間習俗にもなった。この日、亥の刻に餅を搗いて食べると、病にかからないとされる。餅は亥子餅と呼ばれる。護王神社では、1日夕刻、舞殿で宮中にならって束帯に身を正した宮司らが並び、神前に古式通りに三種の御玄猪餅を献ずる祈願祭がある。ついで御玄猪餅を唐櫃に入れて御所に献上する行列が蛤御門より参向する。帰参後は、斎庭で搗きあげた玄猪餅が参拝者に配られる。また、亥（イノシシ）は極陰の動物で火を鎮めるとされるので、火伏の神で知られる右京区嵯峨愛宕町の愛宕神社でも玄猪祭が亥の日に営まれる。京都では、この日に炬燵や茶室の炉が開かれる。

亥子餅

いのこもち

起源は、平安時代の宮中行事、御玄猪の儀式にまでさかのぼる。無病息災、子孫繁栄を祈願するもの。「亥

亥子祭〈護王神社〉

亥子祭・餅つき〈護王神社〉

子餅」は、亥の月（11月）の亥の日、亥の刻に餅を食べると、病にかからないという民間信仰に由来する。求肥に黒胡麻を混ぜた生地でつぶ餡を包んだ俵型のお菓子。中に、栗を入れたものもある。

●1日……ほうりんじのだるまき

法輪寺の達磨忌

●**法輪寺**／上京区下立売通御前西入る　MAP3・A2

達磨寺の通称名で知られる法輪寺で1日に営まれる達磨忌。本堂東北の起上達磨堂の中央に本尊達磨像が祀られ、周りも達磨像が押し合いへし合い。午前に法要があり、達磨大師にまつわる法話と堂内の公開がある。

達磨忌〈法輪寺〉

●2日〜3日……やくじんさい

薬神祭

●**薬祖神社**／中京区二条通両替町西入る　MAP4・C1

神農さんとも呼ばれる。薬祖神祠は、日本の大国主命、少彦名命、中国の神農、古代ギリシャの医家ヒポクラテスを祀る。宇治黄檗山萬福寺の開祖隠元禅師が神農像を伝えたともいわれる。二条通は江戸時代から「薬種の二条」といわれ、薬種問屋が軒を連ねた同業者町で、薬神祭にはかつて薬草で作った作り物が出た。夜店が出て、薬種業者だけでなく、町を上げて賑わう。

薬神祭〈薬祖神社〉

●上旬……いねちょうさんぎょうさい

伊根町産業祭

●**浦嶋公園**／与謝郡伊根町本庄浜　MAP24・B1

起源が最も古いといわれる浦嶋伝説を紹介している浦嶋公園で開催される町のイベント。農林水産業の振興と活性化をはかろうと、町内の野菜や果物、水産加工品などを11部門に分け、品評会を行ない、審査・表彰する。その他、農産物や地場産品の展示即売会や各種バザー、特設ステージではアトラクションが開催され、会場は親子連れなどで賑わう。

〔連絡先〕伊根町未来課　TEL０７７２（３２）０５０１

●上旬……みねやまさんぎょうまつり

峰山産業まつり

●**峰山町役場前広場**／中郡峰山町杉谷　MAP25・B2

昭和28年より開催されている伝統あるイベントで、町の産業を見つめなおし振興をはかる。丹後縮緬や地元の農産物、地場産品の展示即売の他、町が推進しているハイテク製品の展覧会や菊花展なども開催される。特設ステージでは様々な演奏会や発表などがあり、中央公民館で開かれる峰山町文化祭と合わせて町民の秋の行事となっている。

〔連絡先〕峰山町企画商工課　TEL０７７２（６２）７７０１

●1日〜3日……くがじんじゃあきまつり

久我神社秋まつり

●**久我神社**／北区紫竹下竹殿町　MAP2・B2

同社は上賀茂神社の摂社で、賀茂氏が大和の地から山城へ進出した際にこの地に祀った神社。賀茂氏の地主神として崇敬を集め発展した。1日の本殿祭では、神馬が神覧のために拝殿を三周する。3日には、鳳輦と神輿3基が中心に約１００名の神幸列となって氏子町内を巡る。

久我神社秋まつり〈久我神社〉

祇園をどり

● 1日～10日 …… ぎおんおどり

祇園をどり

● 祇園会館／東山区祇園町北側 MAP 9・A1

京の春を彩る都をどり、鴨川をどり、北野をどり、京をどりにたいして、秋の京を演出するをどり。京都五花街の1つ、祇園東新地歌舞会の主催で、芸舞妓が総出演する。昭和37年以来、毎年、演目に趣向がこらされ、京の四季や物語に主題を得た演目が情緒たっぷりに舞い踊られる。

● …… ちっちゅうことごとくふす

蟄虫咸く俯す

七十二候の54番目。新暦の11月3日～7日頃。蟄虫とは、土の中にいる虫。土の中の虫が土深くもぐり、動かなくなること。

● 3日 …… きょくすいのえん

曲水の宴

● 城南宮／伏見区中島宮ノ後町 MAP 11・B1

平安貴族の優雅な遊びを境内にしつらえた平安の庭の小川で再現する行事。小川の流れに沿って狩衣や女官姿の歌人が位置し、上流から流された鴛鴦台の酒杯が、流れつくまでに和歌を詠み上げ、短冊に書き上げる。和歌ができなければ酒杯を飲み干す。見物の人々は雅びな平安絵巻に引き込まれる。

曲水の宴〈城南宮〉

● …… きり

霧

京都で秋冬に発生する霧は放射霧と呼ばれるもの。よく晴れた風の弱い日には放射冷却により地表の温度が低下し、これに接する空気が冷えて放射霧が発生する。冷気は密度が大きく盆地にたまりやすいため、盆地でよく発生する。雲と霧は空気中の水蒸気が水滴になったもの。雲は水滴の大きさが0・005㎜、一方、霧は0・01㎜。雲は霧の半分以下で水のつぶが小さく地上に落ちない。靄は霧のうすいもので1㎞より先が見えない時に霧という。

田山花踊〈諏訪神社〉

●3日……たやまはなおどり

田山花踊

京都府指定無形民俗文化財

●諏訪神社／相楽郡南山城村田山　MAP⑱・C2

旱魃のとき踊られた雨乞い踊り。大正13（1924）年を最後に踊られなくなったが、昭和38年に田山花踊保存会が結成されて復活し、毎年諏訪神社の秋祭りに踊りを奉納してきた。平成9年からは文化の日に奉納している。行事は、午後、田山小学校に集合してまずそこで踊り、その後行列を組み棒振りが道中棒の芸を披露しながら諏訪神社に練り込む。神社では最初シンブチの口上があり、その後踊りが奉納される。踊りの中心は12名の踊り子で、化粧をして半纏、股引姿で胸に羯鼓をつけ、背中に桜の造花を挿した長さ2mのしないを背負う。このいでたちで12名の歌役が伝承の歌を歌うなか、手にした撥や背中のしないを振りながら踊る。

●……ひたきさい

火焚祭

神社や稲荷明神を祀る小祠で、11月に繰り広げられる行事。火焚祭の起源はさまざまで、一説に神楽の庭燎、新嘗祭の一種といわれ、社前で新穀のワラを焚いて五穀豊穣に感謝し、

火焚祭〈剣神社〉

家内安全、無病息災を祈ったという。また、平安時代、三条小鍛冶宗近が稲荷山の神のお告げを受け、神狐の相槌を得て名刀小狐丸を鍛えた伝説にちなんで、鞴を燃やしたとも。お火焚祭を別名ふいご祭と呼ぶのはこの故事によるという。東山区の合槌稲荷社はこの神狐を祀る。日ごろ、火を使う業種の家々の信仰が厚い。市内、府下を含めて多くの神社で火焚祭が行なわれている。

●3日……とうふうじんじゃのひたきさい

道風神社の火焚祭

●道風神社／北区杉坂道風町　MAP1・A2

拝殿横に薪を井桁に組み上げた夕刻の境内に地区の人々が参集。一堂が揃ったところで神事がはじまり、祝詞奏上、火焚祭がはじまる。風邪除けにみかんや小餅が配られる。

●3日……ぶんかのひ

文化の日

国民の祝日。もとは、旧制の四大節のひとつで明治天皇の誕生日にあたり、昭和12（1937）年に制定され昭和23年に廃止されるとともに文化の日と改められた。

業平塩竈祭〈十輪寺〉

●3日～20日の日曜日と祝日……なりひらしおがままつり

業平塩竈祭

●十輪寺／西京区大原野小塩町　MAP15・A3

平安時代の六歌仙のひとり在原業平を偲ぶ法要。晩年に十輪寺に隠遁生活を送った業平に恋する藤原高子が近くの大原野神社に参詣したとき、塩を焼いて立ち上る煙に思いをこめて伝えた故事による。昭和43年からはじめられた。境内の塩竈前で、声明による法要がある。また、5月28日には業平忌をいとなむ。

●……びわ

枇杷

バラ科の常緑高木で、高さは10mに達する。葉は厚くて堅い長だ円形で、下面には淡褐色の毛が密生している。11月頃、香りのよい黄色味をおびた白い小花を鈴なりにつける。初夏には、淡いオレンジ色の果実を結ぶ。常緑種であるため枝が茂ると日当たりが悪くなるので、庭の南に植えると病人が絶えないという言い伝えがある。葉は薬用として用いられる。

●3日……たんばこうげんろーどれーす

丹波高原ロードレース

京都のことわざ

弁当忘れても傘忘れるな

「丹後のウラニシ弁当忘れても傘忘れるな」京都丹後地方のいい伝え。晩秋から冬にかけて西寄りの季節風が吹き、晴れ、時雨、雨の繰り返し。ウラニシは浦西、裏西と見られ弁当より傘が大事なほど天候が変わりやすい。鳥取、島根県でも「弁当忘れても…」はよくつかわれる。

京都のことわざ

桂の里の鵜飼い舟

「京には車、淀に舟、桂の里の鵜飼い舟」都大路を行く牛車、大坂への舟便の伏見淀、桂川は夏の鵜飼い舟。室町時代の『閑吟集』にある名所づくしの歌。『閑吟集』は小唄、民謡、今の演歌にも引用される歌謡集。

京都のことわざ

三人寄れば文殊の知恵

文殊菩薩は知恵の神様。知恵のないものでも3人寄って知恵を出し合えば文殊も知恵を出そう。日本三文殊のうち二つまでが京都にあり、左京区黒谷金戒光明寺、京都宮津の智恩寺の切戸の文殊。そして奈良桜井市の知足院崇敬寺。

丹波高原ロードレース

●京都府立丹波自然運動公園／船井郡丹波町曽根　MAP㉑・B2

昭和57年から開催されている健康マラソン大会。府立丹波自然運動公園を発着会場として、3kmのファミリーコースから、タイムを競う10km、30kmのロードレースまであり、秋風がそよぐなか健脚を競い、丹波路は一日中、健康的な声に包まれる。子供から年配者までと対象も広く、全国から5000人余りが参加する。

〔連絡先〕京都丹波高原ロードレース実行委員会
TEL0771（82）3801

●3日……あさしろじんじゃあきまつり

朝代神社秋祭

●朝代神社／舞鶴市朝代　MAP㉓・A2

旧城下町の朝代神社の大祭には、かつて東吉原町の振物、西吉原町の舟屋台、平野屋町の大神楽、それに各町の芸屋台が祭礼行事に加わった。藩政時代の『朝代神社祭礼絵巻』はその当時の祭礼の様子を今に伝えている。芸屋台は昭和25年頃まで参加していた。現在では神輿をはじめ、大神楽、太鼓屋台などが奉納される。

朝代神社秋祭〈朝代神社〉

平八幡祭・振物〈平八幡神社〉

●3日……たいらはちまんまつり

平八幡祭（振物・神楽・三番叟）

京都府登録無形民俗文化財

●平八幡神社／舞鶴市平　MAP23・B1

舞鶴市平の八幡神社の秋祭りには、振物は平区、神楽は中田区、三番叟は赤野区の各区がそれぞれ奉納する。振物は2人1組で刀や棒で切り込む型を演じる。1人が払えば1人が受け、1人が打てば1人が跳ぶといった、攻撃と防御の対照的な技の組み合わせからなる。神楽は儀礼的な獅子神楽で、「御幣の舞」「太刀の舞」など5曲を伝える。三番叟は能の翁に準じる芸能で、鼓、太鼓、笛、拍子木の囃子で躍動的に演じられる。

平八幡祭・三番叟〈平八幡神社〉

●3日……おおかわじんじゃしゅうきたいさい

大川神社秋季大祭

●大川神社／舞鶴市大川　MAP23・A2

大川神社の氏子は岡田上・岡田中・岡田下・有路上・有路下・四所・東雲・神崎など由良川流域を中心に44地区にもおよぶ広域にわたっている。秋季の祭礼ではこれらの氏子集落が交代で太刀振り・奴ふり・太鼓やぐらなどそれぞれ年番で芸能が演じられる。

●3日……ひがしよしわらのふりもん

東吉原の振物

京都府登録無形民俗文化財

●朝代神社／舞鶴市朝代　MAP23・A2

この振物は戦国時代の国主大名細川氏が、田辺籠城に功のあった吉原漁民に許した武道の型を伝えたものと伝承されている。振は露払い、大薙刀、小薙刀、小太刀、野太刀、間抜け、前関棒、後関棒の8つの型がある。2人1組で行ない、露払いの他は激しい動きを見せ、ぴったりと息の合った切り組みのさまは、手に汗にぎる。この芸能は朝代神社の例祭の3日に4年に1回奉納される。

●3日……たなかまつり

田中祭（三番叟・姫三社・徳若万歳）

京都府登録無形民俗文化財

●鈴鹿神社／舞鶴市田中町　MAP 23・B2

下田中にあたる田中町は地元鈴鹿神社の氏子で、この下田中の氏子たちによって5年に1度の大祭には仮設舞台で三番叟、姫三社、徳若万歳が奉納される。三番叟では一番叟は小学校1、2年生、二番叟は小学校高学年、三番叟は中学生がつとめ、能の翁の形式を踏み、三番叟役は2人で受け持つのが特色である。姫三社の役者3人は小学校高学年の少女がつとめ、右手に扇を持ち、奥襟にさした御幣を左手に持ってゆっくりと舞う。徳若万歳では、役者2人は小学6年生から中学生の少年がつとめ、地方の謡にあわせて同じ所作で左右対称に舞う。姫三社と徳若万歳は京舞から伝わったと地元ではいう。

●6日……おおもとかいそさい

大本開祖祭

●梅松苑／綾部市本宮町　MAP 23・A3

綾部の大本教では、大神の秋の大祭に併せて、出口なをを開祖の、開教と人類救済の聖苦を偲び、その御徳をたたえる祭典。この日、その年の収穫に感謝する新穀感謝祭も併せて行なわれる。

●……みずはじめてこおる

水始めて氷る

七十二候の55番目。新暦の11月8日～12日頃。寒さが一段と厳しさをまし、水も凍り始める時節。

●8日……かにかくにまつり

かにかくに祭

●吉井勇歌碑前／東山区白川南通大和大路東入る　MAP 9・A1

祇園歌人といわれた吉井勇の古希を祝って昭和30年11月8日、祇園白川南通に建てられた「かにかくに祇園は恋ひし寝るときも枕の下を水の流るる」の歌碑前で行なわれる行事。歌碑のあたりは、吉井がこの歌を詠んだ文芸芸妓磯田多佳のお茶屋大友跡。当日は芸舞妓が出て、茶の接待などがある。

かにかくに祭〈吉井勇歌碑前〉

●8日……ふしみいなりのひたきさい

伏見稲荷の火焚祭

●伏見稲荷大社／伏見区深草藪之内町　MAP 12・B1

五穀豊穣を感謝して新しい稲ワラを忌火で焚き、田の神を山に送って新春に大神の再来を祈願する。午後1時、本殿祭についで山の斎場で神事があり、信者や参拝者から寄せられた数10万本の火焚串と稲穂が忌火で焚かれる。宮司をはじめ神職が大祓詞を読み上げ、巫女の神楽舞とともに家内安全、万福招来が祈られる。夕刻からは本殿前で朝廷からの奉納が慣例となっていた御神楽が奏せられ、人長舞が奉納される。

伏見稲荷の火焚祭

京都ちょっと昔のくらし

暖房の日

今日から暖房をするという日がありました。亥の月である11月の最初の亥の日（陰暦10月）が火入れの日と決められているのは、猪には火を鎮め、子孫繁栄の霊力があるからだとか。火鉢に炭、炬燵には練炭で暖をとっていた頃の習慣で、それまではどんなに火が恋しくても我慢をするのです。お茶人さんはこの日から冬のしつらいとなる炉開きをします。火入れの日の朝、熾った炭や練炭の香りがうれしく、心も温まりました。

火鉢

立冬 りっとう

二十四節気の19番目。新暦の11月7日、8日頃。立冬は、初めて冬の気配が現れてくる日、冬立つ日という意味。暦の上では、この日から節分までを冬とする。

●10日

大平和敬神祭 だいへいわけいしんさい

●**建勲神社**／北区紫野北舟岡町　MAP2・A3

豊臣秀吉は大徳寺で織田信長の法要を行なったのち、船岡山で霊を弔った。平安京の基点となる玄武の位置に当たる船岡山に、織田信長と息子信忠は祀られ、明治天皇から建勲の神号を授けられた。同社旧本殿に建立奉納された大平和敬神神石を祀り、人類の繁栄と世界平和を祈願する祭典。

●10日

大田神社秋祭 おおたじんじゃあきまつり

●**大田神社**／北区上賀茂本山町　MAP2・B1

天然記念物の杜若群落で知られる大田神社の秋例祭。上賀茂神社の八末社の一つ。病気平癒、縁結び、芸事の神で尊崇を集め、例祭には、里神楽が奉納される。神楽の原型といわれ、男女2人ずつ4人の老人が舞う。楽器は、太鼓、小鼓、銅拍子、五十鈴で、その音色から神楽は、チャンポン神楽の名がある。

●11日

菓祖大祭 かそたいさい

●**菓祖神社**／左京区吉田神楽岡町
吉田神社内　MAP8・B3

吉田神社南東を登ったところにある菓祖神社でいとなまれる祭。菓祖神社は、昭和32年11月11日、祭神を常世国から非時香菓をもたらした田道間守と、饅頭ゆかりの林浄因として創建されて以来、この日に大祭を営んでいる。菓子業者をはじめ関係者が参列する。

火焚鳥 ひたきどり

ツグミ科のジョウビタキをさすもの。火打石を打つ音に似た「ヒッヒッ」という地鳴きをすることからこの名がついた。全国にくる冬鳥。電柱や屋根の上にとまり、高い声で鳴いてなわばりを宣言する。雌と雄は色が異なるが、翼に白い紋があるので、紋付鳥とも呼ばれる。

●5日～15日

お十夜法要 おじゅうやほうよう

●**真如堂**／左京区浄土寺真如町　MAP8・B3

十日十夜別時念仏会といい、十日十夜の間、念仏を唱え極楽往生を願う法要。5日午後5時、本堂開扉に始まり、鉦講中によって8挺の大鉦（双盤鉦）が打ち鳴らされ、念仏を信者が唱和する。15日は、午後から山伏の法螺貝を先頭に稚児、御詠歌講、僧のお練りがある。この間、本堂前には本尊である阿弥陀如来像の手から善の綱を結んだ高さ5mの大きな角塔婆の回向柱が立てられ、信者は手にとって先祖供養する。

お十夜法要〈真如堂〉

お十夜法要〈大山崎町〉

●10日～16日……やまざきしょうてんだいよくゆく

山崎聖天大浴油供

●観音寺（山崎聖天）／乙訓郡大山崎町大山崎　MAP16・A2

一週間にわたって、歓喜天に感謝する修法が執り行なわれる。観音寺といわれるように、本尊は観世音菩薩だが山崎聖天で知れわたっているように、歓喜天に信仰を寄せる多くの人がいる。大浴油供は夫婦和合、子宝に恵まれるようにと、温めた胡麻油を108回、歓喜天に注ぐ修法がつとめられる。また、御神酒や大根焚きの接待がある。

●……さけ

鮭

サケ科の魚で全長約1m。川で生まれて海に下り、4～5年で生まれた川に戻ってくる。秋に川をさかのぼり、上流の砂地に産卵してから死を迎える。かつて日本海へそそぐ京都府下の由良川にも鮭の姿があったが、環境の変化で見られなくなり、その後、稚魚放流の努力もあって近年鮭が戻ってくるようになったという。

●……はつしも

初霜

その冬初めて降りる霜のこと。秋が深まり、冷えこんだ朝にうすく霜が降りるようになる。京都では11月半ば頃、初霜を記録する。よく晴れた風の弱い夜には放射冷却がおこり、京の底冷えといわれる寒さとともに、霜が降りやすい。

●12日……ばしょうき

芭蕉忌

●芭蕉堂／東山区鷲尾町　MAP9・B1

俳聖松尾芭蕉が亡くなったのは、元禄7（1694）年10月12日、大坂御堂筋花屋の裏座敷であった。享年51歳。真葛ケ原の芭蕉堂では、1カ月遅れの新暦の命日に芭蕉を偲び、蕉門十哲の1人、森川許六作と伝える芭蕉の小像を堂内に安置し、俳諧式による法要、句会がある。

芭蕉忌〈芭蕉堂〉

●11日～13日……こうえつかい

光悦会

●光悦寺／北区鷹峯光悦町　MAP1・B3

江戸初期、書をはじめ蒔絵、陶芸に独創的な才能を発揮し、この地に芸術村を開いた本阿弥光悦を偲ぶ法要茶会。光悦会は大正4（1915）年、京都の代表的な茶人や美術道具商が財団法人として結成、光悦寺内に大虚庵、騎牛庵、本阿弥庵を新築し大茶会を開いたのがはじまり。法要のあと3日間にわたって、茶会が催される。

●上旬の休日……けいはんなさいくるれーす

けいはんなサイクルレース

●相楽郡精華町・木津町　MAP18・A2

全国からサイクリストがけいはんな学研都市に集結して、自転車レースを行なう。一周1・6kmの周回コースをレベルに応じて競う。小学低学年の種目から、一般のハイレベルな競技まで13種目を数える。

〔連絡先〕京都府自転車競技連盟

TEL075（705）3144

●……ちはじめてこおる

地始めて氷る

七十二候の56番目。新暦の11月13日～17日頃。陽気も消えうせ、大地も凍り始める時節。

●……きたやましぐれ

北山しぐれ

初冬になると、京都盆地の北部では天気のいい日でも時折、北山しぐれと呼ばれる冷たいにわか雨が降る。パラパラとしぐれが降ってきた後、また日が出る様子を「きつねの嫁入り、日照り雨」といい、忙しい空模様になる。

●第2日曜日……ゆうぎりくよう

夕霧供養

●清凉寺／右京区嵯峨釈迦堂藤ノ木町　MAP14・A1

江戸時代に盛んだった廓・島原の伝説的な名妓夕霧太夫を供養する法会。夕霧は近松門左衛門『夕霧名残の正月』で、美貌とゆたかな教養で知られた名妓。境内に墓があり、この日法要のあと、島原の太夫が傘持ち、禿を従えた道中を繰り広げる。

●第2日曜日……くうやどうかいさんき

空也堂開山忌

●空也堂／中京区蛸薬師通堀川東入る　MAP④・B2

市聖と呼ばれ、念仏踊を広めた開山の空也上人を追悼する法要。空也堂は、正しくは紫雲山極楽院光勝寺。空也上人の忌日は11月13日。開山忌当日は、献茶式のあと、午後から上人像の前で歓喜踊躍念仏が行なわれる。僧たちが瓢、鉦、太鼓を叩き、上人作の和讃、和歌5首を唱えながら踊り、延々およそ1時間にわたって続ける。

空也堂開山忌〈空也堂〉

花山稲荷の火焚祭〈花山稲荷大社〉

●第2日曜日……かざんいなりのひたきさい

花山稲荷の火焚祭

●花山稲荷大社／山科区西野山欠ノ上町　MAP⑩・A2

三条小鍛冶宗近の故事にちなんで行なわれるお火焚祭である。火焚串をふいご形に積み上げ、稲荷の神を勧請し、五穀豊穣、無病息災を祈念する。火が鎮まる時みかんを投げ入れ拾い上げる。みかんは中風除け、風邪封じになるという。

七五三詣り

子どもが氏神に詣で、村落の一員として認めてもらうという農村の習慣が七五三詣りの原初の姿で、年齢に制限はなかったといいます。一方、2、3歳になった幼児が袴着の儀礼を行なう貴族の習慣と、武家の間で行なわれた3歳の髪置の習慣など、もとは個別に行なわれていた通過儀礼が習合して現在の様式になったようです。数え年7歳と3歳の女児、5歳と3歳の男児と決められ、各年齢の子どもがまとめて参詣するようになったのは江戸時代以降で、11月15日と定められたのは徳川綱吉の子、徳松がこの日に祝儀を行なったことに由来するという説があります。3歳の祝いは武家の作法から生まれた髪置の儀で、髪を伸ばして唐子髷に結う儀式。5歳の袴着の儀は、男児を碁盤の上に立たせ、吉方に向かせて左足から袴を着けるという貴族社会に伝わる儀式。7歳は帯解きの儀と呼ばれ、男女児とも着物の付け紐を取り、正式に帯を結ぶという古来の習慣が一つにまとまったのが七五三詣りです。

●……だいなごん

大納言

小豆の中でも、粒が大きく、味、色艶の良いものを大納言と呼ぶ。もとは、尾張原産の小豆を尾張大納言にあやかって呼び習わしたのが始まり。京都では、亀岡の馬路あたりで生産されている。厳選した大納言小豆をふっくらと炊き、半分に割った青竹に仕切りを施し詰めた、銘菓「大納言」は、小豆本来の旨みを生かしたお菓子。

●……ふゆじたく

冬支度

農家では漬物の仕込みや霜囲い、雪の多い地域では雪吊りや屋根の点検、薪割りなど冬に備えて準備をすること。現代の都市生活者なら、暖房器具の点検や衣類の入れ替えなど。

●第2日曜日……あらしやまもみじまつり

嵐山もみじ祭

●嵐山大堰川／右京区嵐山 MAP 14・A2

嵐山小倉山のもみじの美しさを讃え、一帯を守護する嵐山蔵王権現に感謝する行事。主催は嵐山保勝会。昭和22年、嵯峨風土研究会が中心になってはじめられた。渡月橋付近の大堰川で午前10時ごろから、午前と午後にわけて、黒木の鳥居に小柴垣を船上にのせた野々宮船、鯉と亀を飾った神輿の松尾大社船、狂言装束の嵯峨釈迦堂船、菊の花で飾った大覚寺船、貿易船の天龍寺船のほか、今様歌舞伎、長唄、小唄、箏曲などの芸能船が河を上り下りしながら妙技を演じる。河畔の舞台では、嵯峨大念仏狂言が上演される。島原の太夫による道中もある。

嵐山もみじ祭

もみじ祭〈光明寺〉

もみじ祭〈地主神社〉

●15日……ほうじゅうじおおごまく

法住寺大護摩供

●法住寺／東山区三十三間堂廻り町 MAP 9・A2

法住寺は、永暦元（1160）年に後白河法皇が院の御所をこの地に定められたことに始まる天台宗の寺院。法要はまず、同寺北側にある後白河

法住寺大護摩供〈法住寺〉

三春峠マラソン

法皇の陵に住職、稚児、天狗、鬼、信者らが参拝し、山内不動堂前で山伏問答のあと護摩に点火し、柴灯大護摩供が厳修される。燃え上がる炎の周囲を天狗と鬼たちが松明、まさかり、剣、小槌などを振りかざしながら一周し、厄除け祈願、諸願成就を祈るユーモラスで、ユニークな行事である。

●中旬の日曜日 ……みはるとうげまらそん

三春峠マラソン

●三和町役場前いこいの広場／天田郡三和町　MAP 21・A2

三和町の主催する健康マラソン大会で「ゆっくり走ろう」を合言葉に、平成元年より開催されている。5km・10kmとハーフマラソンコースの3つのコースがあり、参加者はそれぞれの体力に応じて走る。三和町役場前を発着点とし、ランナーたちは兵庫県との県境である三春峠山頂を目指してゆっくりと走っていく。三和町の秋のイベントとして恒例になっている。

〔連絡先〕三和町商工会　TEL0773（58）3667

● ……たんばくろまめ

丹波黒豆

大豆には色大豆と呼ばれる品種があり、そのうち、黒豆となるのは北海道などで栽培されている中生光黒と近畿、中国、四国などで栽培される丹波黒の2種。黒大豆は大粒で煮豆に適しているが、特に丹波地方の黒豆は大粒で丸く厚みがあり、煮ても皮が破れないことや味のよさで名産品として知られる。その理由は丹波地方の昼夜の寒暖の差の激しさや良質の水など肥沃な土地によるものとされる。江戸時代、徳川吉宗の時世に丹波地方の黒豆を献上して以来、丹波黒が有名になったといわれている。レシチン、サポニン、グリシンなど豊富な有効成分を含有し、健康食品としても見直されている。京都特産の黒豆、紫ずきんは枝豆としても美味。

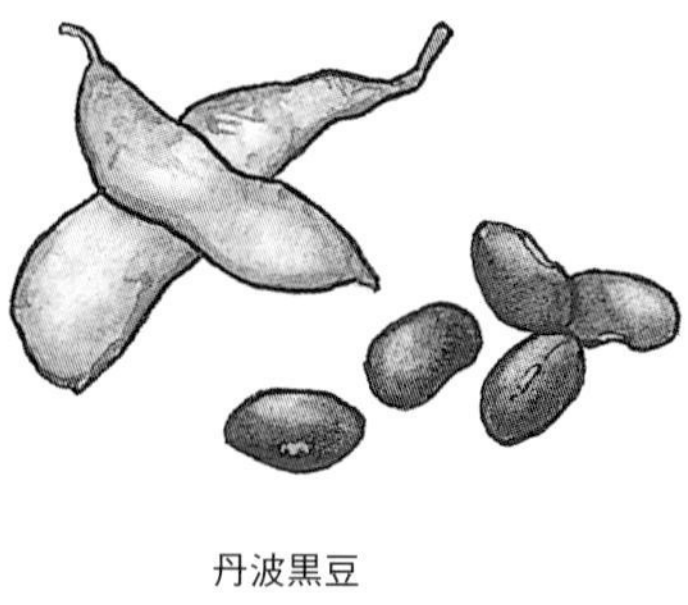
丹波黒豆

十一月の俳句

愛宕護符入口に貼りすぐき室　藤本安騎生

鯉揚げを見に来てゐたり七五三　上村佳与

紅葉の賀洛中洛外図を掲げ　島田たみ子

その影も地上にひとつ木守柿　高山知紅

茶の花や秦氏棲みたる邑歩く　式地須磨

曼殊院出でて茶の花日和かな　塩見道子

綿虫が飛ぶ石の宙竜安寺　勝井良雄

下向きて白き恥ぢらひお茶の花　熊谷潺子

泣く少年ひとり残して時雨過ぐ　丸山佳子

降る雪も小春なりけり知恩院　小林一茶

此道や行く人なしに秋の暮　松尾芭蕉

散紅葉こゝも掃きゐる二尊院　高濱虚子

時雨傘もとより用意嵯峨歩き　鈴鹿野風呂

霜解くる神の白砂底知れず　丸山海道

冬構へ意に叶ひしは鉄の錠　鈴鹿仁

冬に入る使ひやすきは片手鍋　境初子

冬日和挨拶一語に魚心　多田照江

銘鐘は国の秘蔵つ子冬紅葉　木村安子

●15日に近い日曜日　おぐらのおまつぎょうじ

小倉のお松行事

京都府登録無形民俗文化財

●富留山神社／舞鶴市小倉　MAP23・B2

お松行事は稲に見立てた3本の松明を燃やして、その燃え方で豊作を占う予祝行事である。松明は高さ2m50cmの柱の先端に、麻殻をすり鉢型に取りつけ、早生、中生、晩生に見立てて神前に立てる。氏子3人が宮司から神火を早生、中生、晩生の順に点火する。例えば、早生の松明が根元が燃え、途中で崩れる落ちると、稲の茎が病虫害にあう、松明の炎が風で揺れると台風がくるという。赤々と燃える松明の炎に豊作を祈る。

小倉のお松行事〈富留山神社〉

小倉のお松行事〈富留山神社〉

●第2土曜日・日曜日　ながおかきょうがらしゃさい

長岡京ガラシャ祭

●勝竜寺公園他／長岡京市勝竜寺　MAP16・A1

織田信長の命により、細川氏の勝竜寺城に嫁いできた明智光秀の娘「玉」、後の細川ガラシャの「愛と感動の物語」をテーマに、勝竜寺公園の完成と市制施行20周年を記念して、平成4年に開催された市民のまつり。時代行列や細川ガラシャのお輿入れ行列、各種団体や企業による町衆祝い行列など総勢1000人が長岡中学校を出発し、市役所、西国街道を経由して勝竜寺公園まで約3kmを練り歩く。この行列は単に長岡京市にまつわる人々だけの行列だけではなく、小学生のマーチングバンドや各種団体の神輿が出るなど、市民参加の祭りである。また楽市楽座ではフリーマーケットやステージも開催される。

〔連絡先〕長岡京ガラシャ祭実行委員会事務局

TEL075（959）1299

●　やけいみずにいりおおはまぐりとなる

野雉水に入り蜃と為る

七十二候の57番目。新暦の11月18日～22日頃。野雉は雉のことで、蜃は大はまぐりのこと。空を飛んでいた雉が海に入って、大はまぐりになる時節。かつて、中国では飛ぶ鳥が地中の生き物に変身すると信じられていたらしい。

●中旬　ふしみのさけしこみ

伏見の酒仕込み

伏見の町は中世、豊臣秀吉によって基盤ができ、江戸時代に京都と大阪を結ぶ中継地として栄えた。この地で酒造りが盛んになったのは江戸時代からである。水運の発達した伏見は良質の近江の酒米がふんだんに運びこめ、さらに酒造りに欠かせない

京都のしきたり

お火焚き饅頭とおこし

11月の京都はお火焚き行事の月である。大きな神社ばかりでなく、町なかの小さな祠でも、社前でお火焚き串や紙の形代を焚いて無病息災を祈る。日ごろ火を扱う業種の家では、火への感謝をこめて祈る。町内の子どもたちにとっては、なによりの楽しみが供物のお下がり。お火焚きのお下がりは、お火焚き饅頭とおこし、みかんが決まりだ。お火焚き饅頭は、火炎紋の焼き印を押した紅白の薄皮饅頭。おこしは糯米を蒸したあと、乾かして炒り胡麻や豆、香料をいれて水飴で固めたお菓子。饅頭は小判型で、小豆のこし餡がさっぱりしており、おこしは三角形に切られ、ほのかに柚子の香りがした。お火焚きは、季節の節目であると同時に子ども時代の郷愁に満ちている。

お火焚き饅頭

良質の水があったことや、厳しい気候風土が伏見の酒造りに適していた。かつては毎年11月中旬になると伏見の酒倉から杜氏たちの仕込み歌が聞こえたものだが、現在は近代的な設備で温度管理等が可能になり、年中醸造されている。

伏見の酒仕込み

伏見の酒仕込み

● 楓 かえで

カエデ科の落葉高木の総称。日本には20種類ほどが自生している。葉の多くは掌状で、葉の裂けないもの、複葉になるもの、紅葉しないものとさまざま。緑色の葉は霜にあうと美しく紅葉する。4月から5月には黄緑色や暗紅色の小花をつけ、その後、翼をもった果実を結ぶ。楓は紅葉樹の代表的な存在で、特に紅葉の美しいイロハカエデ、オオモミジ、ヤマモミジなどからは多くの園芸品種が作り出されている。イロハカエデは葉が小形、ヤマモミジは鋸歯がふぞろい、オオモミジは鋸歯が整然とそろっているのが特徴。

● 小春日和 こはるびより

旧暦の10月を小春という。新暦の11月頃。気候の穏やかな日が多く、ぽっかり晴れたよい日よりが続く。これを小春日和という。

● 15日 七五三詣り しちごさんまいり

京都で七五三詣りが一般化したのは戦後。それまでは、十三詣りが一般的だった。時代とともに習俗が一律化する傾向がみられる。しかし、子供の健やかな成長と無事を祈る親の気持ちは変わることはない。3歳と5歳の男子、3歳と7歳の女子は晴れ着に身を包み、参拝して千歳飴、福笹、知恵守りを授与してもらう。

七五三詣り

蕪蒸し
かぶらむし

大きな蕪が手に入ると、食べたくなるのが蕪蒸し。すりおろして水気を少し除いた蕪に卵白をつなぎに入れ、混ぜておく。別に、穴子、百合根、銀杏、粟麩、グジ、鶏などの具は下味をつけておく。大きめの蒸し茶碗に具を入れ、すりおろした蕪をこんもりとのせて蒸し、でき上がったところに本葛の餡をとろりと掛け、わさびを落としてあつあつをいただく。蕪の甘みを生かした一品。

吹き寄せ
ふきよせ

生砂糖・有平糖・片栗などを細工物や打ち物で、秋の深まりを見せるモミジ葉や銀杏、松毬などさまざまに仕上げるこの時期ならではの茶席の干菓子。紅葉に彩られた山道の景色がそのまま茶席に色を添える。形を抽象化し、色目もわびた、さまざまな形の煎餅の詰め合わせを指す場合もある。

吹き寄せ

紅葉狩り
もみじがり

盆地の京都は、市中から程近くに自然を感じることができる土地柄。春は桜、秋は紅葉と、その名所は数多い。大そうな仕度もなく、「ちょっと、そこまで」という気軽な気持ちで出かけられるところが良い。観光客の知らない名所にさりげなく出掛けて、仕出屋に詰めてもらった行楽弁当に舌鼓を打つのは、至福のひと時。

紅葉
もみじ

モミジ前線はサクラ前線とは逆に、北から南へ、山頂からふもとへと下りてくる。京都には高尾、栂尾、嵐山、八瀬、大原…と古くから紅葉の名所として知られるところが数多くある。紅葉を観賞できる寺院や史跡を歩くと、足もとは紅葉で織り上げられた赤い絨緞、頭上は綾錦の天蓋と、あたり一面が紅色に染めあげられ、京都特有の景勝を楽しむことができる。

ぼたん鍋
ぼたんなべ

猪の肉の鍋料理。名の由来は猪肉の薄切りを牡丹の花のように美しく形作り盛りつけることから。野菜や豆腐などの具をいれるのは他の鍋料理と同じだが、猪肉の臭みを取るため、味噌で味付けする。冬の季語。

ぼたん鍋

山茶花
さざんか

ツバキ科の常緑小高木。暖かい地方の植物なので、関東地方以西で栽培され、生垣や庭木として用いられる。葉は厚く秋から冬にかけて咲く花は、八重咲と一重咲があり、淡紅、濃紅、白色など多くの園芸品種がある。大きな種子からは、香りの高い油がとれる。一乗寺の詩仙堂には、石川丈山が寛永18（1641）年に隠遁したときに移し植えたと伝えられる山茶花の老木がある。今でも、冬になると、庭いっぱいに白い花を咲かせる。

●21日

一休寺開山忌
いっきゅうじかいさんき

●酬恩庵／京田辺市薪　MAP16・B2

開山である一休宗純禅師の遺徳を偲び、示寂したとされる11月21日に行なわれる行事。幼少より禅院に入り、とんち坊主として知られる一休だが、大徳寺の住持をつとめ、禅宗の民衆化に寄与した事績は大きく、禅僧の中でも最も親しみを持って巷間に知れわたっている。

銀杏
いちょう

公孫樹とも書く。イチョウ科の落葉高木。原産は中国で、日本には室町時代に渡来したとされる。春には、新葉とともに黄緑色の花を咲かせる。葉は扇形で秋になると、黄金色になる。雌雄異株で、雌木になる実はギンナンと呼ばれ、日本料理の彩りには欠かせない食材。しかしこの実には独特の臭いがあり、さわるとかぶれる。京都の街路樹にも多く用いられ、11月になるとイチョウの黄葉が街の景色を黄金色に染める。西本願寺の水吹きイチョウは京都市の天然記念物に指定されていて、見ごたえがある。京都御苑の大イチョウは、まわりを圧倒するような立派な姿。

●中旬……………………あやべさんぎょうまつり

あやべ産業まつり

●綾部工業団地・交流プラザ周辺／綾部市城山町　MAP㉓・A3

家族で楽しみながら綾部市内の産業を理解してもらおうと、農・工・商業が一体となって開催しているイベント。綾部工業団地の平成8年4月の完成を機に、それまで個々に行なわれていた消費生活展や農林業振興祭、地域物産展を1つに合わせて開催し、農産物、乳製品、畜産物などの展示即売が行なわれる。また800年の歴史を現在に伝える黒谷和紙の実演は、子供たちが和紙の手漉きを体験できるコーナーとして好評である。

〔連絡先〕綾部市商工観光課
TEL０７７３（４２）３２８０

●第2土曜・日曜日……………わづかちょうふれあいふぇすてぃばる

和束町ふれあいフェスティバル

●活動ケ丘公園　MAP⑱・B1

正式名称は、お茶の里わづか・ふれあいグリーンフェスティバル。町内の営農組合等による農作物が、格安の値で販売される。また、竹とんぼ作りの実演や指導とともに公式な竹とんぼ競技も行なわれ、親子で楽しめる催しが各種催される。

〔連絡先〕和束町企画情報課
TEL０７７４（７８）３００１

●21日〜28日……………………ほうおんこう

報恩講

●東本願寺／下京区烏丸通七条上る　MAP⑤・C2

弘長2（1262）年11月28日、90歳で亡くなった浄土真宗の開祖・親鸞聖人の忌日を結願の日として東本願寺、仏光寺、興正寺で営まれる法要。21日の通夜に始まり、25日を中日、28日の日中で満座となる。東本願寺では、最終日の28日、本堂の40数人の儀式僧が、身体を激しく揺すって念仏を唱和する坂東節がある。東本願寺独特の勤行で、越後に流された親鸞聖人が荒波に揺れる船中で念仏を唱えたという故事に因む。全国の門信徒が参集する。

報恩講〈東本願寺〉

●第3土曜日・日曜日……むこうしまつり

向日市まつり

●向日町競輪場内／向日市寺戸町　MAP⑯・A1

晩秋の向日市を彩る市民の祭典で、5万人のふれあいをテーマに開催されている。おまつり広場でのステージショーや商工・農業コーナーでの産品の展示即売会などが行なわれる。平成4年に始まり、同時開催されているかぐや姫行列は、子供から若い女性たち40人がかぐや姫や竹取りの翁に扮して練り歩く。長岡京大極殿跡から向日町競輪場までの1kmを行

京都ちょっと昔のくらし

お稲荷さんの雀

五穀豊穣、商売繁盛の神を祀る伏見稲荷大社。その参道には伏見人形や柚子でんぼ（柚子形の陶器の蓋物）、狐煎餅などを売る土産物屋が続きます。そして、香ばしい匂いとともに雀の焼き鳥を売る店が多いのも特徴。雀は体を2つに開かれ、串刺しになって焼かれています。神の元で少し残酷な感じもしますが、稲荷大社はイネナリの語源の如く、稲の神様。稲の天敵である雀を殺して焼き鳥にして食べてしまうのも神意に適っているのだそうです。

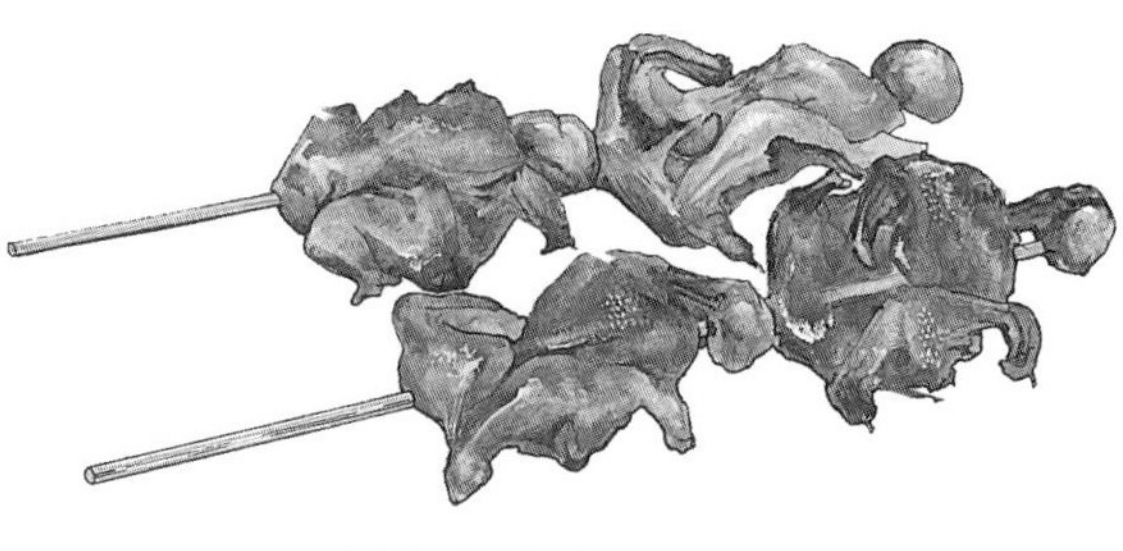

お稲荷さんの雀

進し、筍の産地であり、かぐや姫伝説の故郷でもある向日市を象徴するイベントとなっている。

〔連絡先〕向日市健康都市推進室
TEL075（953）1111

●下旬……へいあんじんぐうけんかさい

平安神宮献菓祭

●平安神宮／左京区岡崎西天王町　MAP8・A3

青空に映える朱塗りの社殿に、全国の銘菓が供えられる。和菓子の故郷ともいえる京都、その最初の天皇・桓武天皇と最後の天皇・孝明天皇の二天皇を祭神とする平安神宮で、全国銘菓献饌奉賛会により昭和48年より開催されている。境内額殿には、全国各地の老舗から供えられた自慢の銘菓が展示され、中でも京都の伝統的な製菓技法の粋を集めた雅びやかな工芸菓子は入場者の一層の注目を集める。期間中、菓子の特別頒布もある。境内入場無料。

〔連絡先〕平安神宮
TEL075（761）0221

●22日……しょうとくたいしおひたきさい

聖徳太子御火焚祭

●広隆寺／右京区太秦蜂岡町　MAP14・B2

聖徳太子の忌日に行なわれるお火焚祭。本堂での法要のあと、一山の僧が総出仕して参拝者から奉納された護摩木を積み上げ、貫主の読経のもとに諸願成就を祈る。この日、秘仏の聖徳太子像が公開される。

●……にいなめさい

新嘗祭

天皇が新穀を天神地祇に勧めて神をまつり、また自らも新穀を食して、その年の収穫を感謝する儀式。古くは11月の卯の日（2回ある年は下卯、3回あるときは中卯）に、天皇がその年に収穫した稲を天神・地祇にすすめ、自らも親しく食した宮中祭儀で、『日本書紀』には仁徳天皇の時代に見える。翌日は、豊明節会で、天皇が新穀を群臣とともに食した。とくに、天皇の即位後初めて行なうものを大嘗祭という。また新穀の豊作に感謝して祭儀を行なう神社もある。

●……しょうせつ

小雪

二十四節気の20番目。立冬から15日目で、11月22日、23日頃。小雪はわずかながら雪が降り始める頃という意味。寒さが深まる前で、冬の入り口を感じさせる時節である。

聖徳太子御火焚祭〈広隆寺〉

●23日……きんろうかんしゃのひ

勤労感謝の日

国民の祝日。新嘗祭に由来している。現在は、勤労を尊び、生産を祝い、国民が互いに感謝しあう日とされている。

●23日……くるまざきじんじゃのひたきさい

車折神社の火焚祭

●車折神社／右京区嵯峨朝日町　MAP14・B2

本殿前に据えた大釜に湯を沸かし、まわりに農作物を供えて竈祓いの神事のあと、お火焚きがある。斎場に高さ4m、幅3mの壇に数千本の火焚串を組み上げ、宮司の祝詞奏上についで火が移される。

車折神社の火焚祭〈車折神社〉

車折神社の火焚祭〈車折神社〉

虹蔵て見えず
にじかくれてみえず

七十二候の58番目。新暦の11月23日〜27日頃。空に陽気もなくなり、虹も見かけなくなる時節。

●23日 すがじんじゃのひたきさい

須賀神社の火焚祭

●須賀神社／左京区聖護院円頓美町　MAP8・A3

本殿前で、神火を井桁に積み上げた薪に移し、罪、穢れを祓い万福招来、家内安全、特に交通安全を願い、五穀豊穣に感謝して御札を焚きあげる。

須賀神社の火焚祭〈須賀神社〉

虎落笛
もがりぶえ

冬に吹く強い北風が竹垣や窓などの隙間に吹きつけて「ヒューヒュー」と音をたてる。この音を虎落笛といい、冬の季語でもある。

数珠供養〈赤山禅院〉

●23日 じゅずくよう

数珠供養

●赤山禅院／左京区修学院開根坊町　MAP8・B1

秋の喘息封じのへちま加持などで親しまれる比叡山延暦寺別院・赤山禅院で営まれる行事。破損したりした数珠を本堂前にしつらえた護摩壇で、比叡山千日回峰行を修めた大阿闍梨の供養法会のもと、日ごろ手元において愛用の数珠を参詣者は感謝をこめて供養する。全山を紅葉がうめた赤山禅院では11月中、紅葉祭が繰り広げられていて境内は賑わう。

●23日 ふでくよう

筆供養

●正覚庵／東山区本町　MAP9・A3

正覚庵は東福寺の塔頭で、筆の寺の名がある。江戸後期、境内に筆塚を立て供養したのがはじまり。午前11時、本堂、塚前で法要のあと、青竹の大筆を立てた筆神輿が山伏の先導で練る。午後からは塚前で大護摩法要がある。護摩壇の四方に大筆6本

筆供養〈正覚庵〉

京都のしきたり

鬼門除けのかけこみ

古代中国の陰陽五行説に基づいた禁忌に鬼門がある。万鬼が集まる東北の一角を指し、そこには禍が漲るといわれた。日本でも平安時代に流行し、鬼門は犯すべからずとされた。比叡山に延暦寺が建てられたのも都の東北にあたり、鬼門の禍を避ける意味があった。御所では、築地塀の東北角が一部削られて、破風内に御幣を担いだ猿の彫り物が置かれている。日吉神社の神使で、鬼門除けとして御所を守っているのである。鬼門を信じるか信じないかは別にして、禍はできることなら避けたいとは誰しも願うこと。町中にはさまざまな鬼門除けのおまじないを見ることができる。

軒屋根の一角が東北に直接向かう蔵では、その軒下の角壁を丸く削り取って、鬼門に逆らわないような配慮が払われている。職人さんがいうかけこみである。

商家にとっては大切な蔵に禍は避けられれば避けたい。かけこみは、鬼門に一歩控えた謙虚さの現れである。

を立て、山伏の法螺貝の音とともに点火、使い古した筆、護摩木を投げ入れ、筆に感謝と書の上達を祈る。供養される筆は2万本に上る。

●23日……たからでらふくまつり

宝寺福まつり

●**宝積寺**／乙訓郡大山崎町大山崎銭原　MAP16・A2

招福祈願祭。宝積寺には、聖武天皇が龍神から授かったという打出の小槌が大黒天とともに本堂左側の小槌宮に祀られていることから、平安時代から宝寺と呼ばれてきた。堂内では法要が営まれたあと、打出の小槌が参拝者に当てられる。男は左の掌を、女は右の掌を叩くと、福徳が授かるという。この時季がちょうど冬至にあたることから、冬至祭とも呼ばれている。

●23日……こだいあかまいにいなめたいさい

古代赤米新嘗大祭

●**籠神社**／宮津市大垣　MAP24・B2

新嘗とは収穫を祝い、初穂などを神に供えて感謝し、奉仕者・参加者も共食する祭儀のこと。平城京跡より出土した丹後の木簡のなかに、弥栄町芋野の古与曽という人が赤舂米（＝赤米）を貢進したと書かれていた。それを手がかりに昭和50年頃、赤米の栽培に取り組み、昭和60年に古代赤米復興として祭が行なわれるようになった。当日は、収穫された赤米とともに田造や八乙女、楽人による行列ほか、八乙女の舞などが社殿で奉納され、神様と人々がともに食べる直会が行なわれる。

●23日……ふくちやままらそん

福知山マラソン

●**三段池公園**／福知山市猪崎　MAP22・B2

平成3年より開催されている日本陸上連盟公認のマラソン大会。参加人数は年々増え、今や1万人を越える。福知山盆地内の42・195㎞を制限時間5時間以内で走破する。晩秋の丹波の風物詩ともなっており、応援バスや市内観光バスも運航され、市内は一日中賑わいを見せる。

〔連絡先〕福知山マラソン大会事務局　TEL０７７３（２４）３０３１

●23日……ふるさとふぇあくみやま

ふるさとフェア久御山

●**久御山中央公園**／久世郡久御山町田井　MAP16・B2

町の産業をみつめ、新しい久御山町を創造しようと、町の農・商・工の各種団体が一体となって開催するイベント。農産物や製品が展示・即売されるなど、地域産業の振興をはかり、また町の様々な業種を町民に知ってもらう契機ともなり、キャラクターショウや歌謡ショウには子供からお年寄りまで多くの人が集まり、町のメインイベントになっている。

〔連絡先〕久御山町産業課　TEL０７５（６３１）９９６４

●23日……おちゃくようまつり

お茶供養まつり

●**金胎寺**／相楽郡和束町原山　MAP18・B1

金胎寺は真言宗醍醐寺派の寺で、山号を鷲峰山と称する。白鳳（天武4（６７５）年、役小角が開創し、養老6（７２２）年、泰澄が再興したと伝え、大和の大峰山に対して北大峰と呼ばれる修験道の霊場である。お茶の産地でもある和束町のお茶供養まつりは、平成9年より開催され、日本人の生活・文化に欠かすことのできないお茶に感謝し、茶の生産を終えた茶樹の護摩供養の後、煎茶の野点、かわらけ投げやウォーキングラリーなどが開催される。

〔連絡先〕和束町産業経済課　TEL０７７４（７８）３００１

●下旬……えびすいち

ゑびす市

●**恵比寿神社**／舞鶴市北田辺　MAP23・A2

西舞鶴の市街地にある恵比寿神社の祭礼にあわせた祭り。商売の神様えびす様にあやかり、商売繁盛を願って、江戸時代の中期から開催されている。３００年以上の歴史をもつイベントで、一つの商店街だけでなく地域の全商店街あげての売出し市は珍しく、福引会やイベントが開催される。

〔連絡先〕舞鶴商工振興会　TEL０７７３（７５）０９３３

●最終土曜日……ほそいわきぞうひぜんさい

細井和喜蔵碑前祭

●**鬼子母神社**／与謝郡加悦町加悦奥　MAP24・A3

紡績工場に働く女子工員の苛酷な生活ぶりを、詳細な調査と体験に基づいて描いた『女工哀史』の著者・細井和喜蔵は、明治30年5月9日、加悦奥に父市蔵、母りきの長男として生まれたが、幼くして天涯孤独となり、地元の機屋や電力会社で働き、19歳で大阪へ出る。大阪と東京の紡績工場で働いた和喜蔵は、大正14年7月、『女工哀史』を出版した。そしてその1ヵ月後の8月18日に、29歳の若さでこの世を去った。昭和33年8月、生家近くの鬼子母神社境内に「女工哀史　細井和喜蔵碑」を建立し、毎年、細井和喜蔵をしのぶ。

●26日……おちゃつぼほうけんさい・しんぜんくちきりしき

お茶壺奉献祭・神前口切式

●北野天満宮／上京区今出川通御前上る　MAP 3・A1

豊臣秀吉の北野大茶湯のゆかりとして開かれる献茶祭の行事で、茶壺の献上と茶壺の口切が行なわれる。洛南の茶どころから献納された銘茶を各地域別に茶壺に詰め、この茶壺を納めた茶櫃を中心に御茶壺道中が、境内の松向軒前を出発して本殿に。本殿神前で、御茶壺奉献奉告祭を行なったあと、茶壺の口切式が古式にのっとり行なわれる。

神前口切式〈北野天満宮〉

お茶壺奉献祭〈北野天満宮〉

●……てんきじょうとうし、ちきかこうす

天気上騰し、地気下降す

七十二候の59番目。新暦の11月28日～12月2日頃。天地の気が上下逆さ、つまり、暑さ寒さが逆になり、いよいよ寒さが厳しくなるという時節。

●下旬……まねきあげ

まねき上げ

●南座／東山区四条大橋東詰　MAP 9・A1

師走の訪れを告げる京都の風物詩。

まねき上げ〈南座〉

師走恒例の顔見世興行に先立って、当日早朝、すでに決定した出演者の名が縦1・8m、横32cmのまねき看板に勘亭流と呼ばれる独特の書体で書き上げられ、竹矢来を組んだ南座正面に飾りつけられる。竹矢来の青い竹に墨痕鮮やかな太い文字のまねき。晴れやかに上げ終わると塩まき式があり、出演者が顔を揃えて、通行の人々に樽酒が振舞われる。京都はいよいよ師走である。

まねき上げ〈南座〉

十二月

師走 しわす

冬ざれの町に まねきの晴れがましさ

木々の葉が日ごとに朽葉色に変わり、
やがて冬ざれていく様は
まさしく、時の移ろう姿。
この一年の来し方を
想うにふさわしい光景です。
師走と呼ぶのは、
年の瀬の慌ただしさを言い得ていますが、
この町の古風の人は
十二ンガツと力をこめて発音します。
商いや正月支度のことなどでせわしなく、
一刻たりとも無駄にはすまいという
引き締まった心が伝わるもの言いです。
それでも、まねきの晴れがましさに誘われて、
一張羅に身をやつした人々で
南座のあたりは早々と正月気分。
そして十三日の事始めから
きっぱりと正月支度を始めるのです。
冬至が過ぎると畳の目ひとつずつほど日も延びて、
春が近づいてくる予感。
新春を迎える気分も高まってきます。

●1日～8日……ろうはちだいせっしん

臘八大接心

●禅宗各寺院

臘八とは臘月8日の略。臘月は、陰暦12月の異称である。釈迦はこの日、暁に星の光を見て悟りを開いたといわれ、禅宗の各寺院ではこの日にちなんで1日から7日間、外界との接触を絶ち、不眠不休の坐禅修行を行なう。成道会ともいわれる。接心は、僧が禅の教義を示すことの意である。8日の暁には、法要のあと、臘八粥と呼ばれる五味粥を食する。大悟した釈迦が乳粥で体力を取り戻した故事による。

●……へいそくしてふゆをなす

閉塞して冬を成す

七十二候の60番目。新暦の12月3日～6日頃。天地の気がふさがって真冬となる時節。

●6日～8日……ぶつみょうえ

仏名会

●各寺院

仏の名号を唱えることで、1年の終わりに際してこの1年間、心ならずも犯した罪を懺悔し、心の穢れを洗い清める法会。知恩院では、阿弥陀堂に一山をはじめ末寺の僧が集まり、一日千遍ずつ3日にわたって仏名を唱える。念仏の浄土宗にふさわしい厳かな法会である。

仏名会

●……にしんそば

にしん蕎麦

昔京都の惣菜に使われる魚類は、どれもひと塩物か干物かのどちらかだった。鮮魚を口にすることが難しかった時代が偲ばれる。にしんそばのニシンも硬く干されたみがきニシンを戻して甘辛く煮しめたもの。煮しめた姿のまま熱い蕎麦にのせられる。七味や山椒をふり、ふうふう湯気を顔に感じながらいただく。

●……ぼうだら

棒だら

真鱈を3枚におろし頭と臓物を除いて硬く乾燥させたもの。海から遠い京都での海産物といえば、塩をきかせたもの（塩さばなど）や乾燥させた保存のきくものでなければならなかった。棒だらは3～4日、水につけてもどしてから海老芋などと焚き合わせる。

柚子

● ゆず

柚子

ミカン科の常緑低木で中国が原産。高さは約3m。枝、幹、葉の付け根にトゲがある。夏に白色の小花を開いた後、初冬に金色の果実を結ぶ。果皮にはイボ状突起があり香気と酸味をもっている。右京区の水尾の里はユズの産地で、ユズ風呂と地鶏の水炊きを楽しむことができる。

● さかまんじゅう

酒饅頭

生地に酒粕を練り込んだ饅頭で、食べる前に蒸籠で蒸しなおすと風味がいっそう増して美味しくなる。ほのかに漂うお酒の香りに誘われて、いつの間にか家人が居間に集い、おうす（薄茶）一服の時間となる。身体が温まり、ほんのり顔も赤くなる。

● たいせつ

大雪

二十四節気の21番目。小雪から15日目で、12月7日、8日頃。雪が多く降り出し、寒くなる頃とされる。日本海側や北国では本格的に雪が降りだす時節。

● かっちょうなかず

鶡鳥鳴かず

七十二候の61番目。新暦の12月7日〜11日頃。鶡鳥とは、やまどりのこと。やまどりも鳴かなくなるほど寒くなる時節。

●第1日曜日・翌月曜日 さんぼうじのだいこだき

三宝寺の大根焚き

●三宝寺／右京区鳴滝松本町 MAP13・B2

日蓮宗宗祖日蓮聖人の忌日（陰暦10月13日）と日護上人による三宝寺開山の日が12月8日にあたり、法要とともに大根焚きがある。この日午前、日蓮、日朗、日像各上人の真骨を開扉して報恩御会式を営み、一年の罪穢れを祈願。信者に大釜で煮た大根と柚子の御斎の接待がある。大根煮は中風封じにご利益があり、柚子ご飯は日蓮上人が厳寒のなかで寒さをしのぐために食したという故事がある。

三宝寺の大根焚き〈三宝寺〉

●7日〜8日 だいこんだき・じょうどうえほうよう

大根焚き・成道会法要

●千本釈迦堂／上京区五辻通六軒町西入る MAP3・A1

釈迦が苦行の末、悟りを開いた日で法要を営み、この日にちなんで境内で大根焚きの振舞いがある。鎌倉時代、三世慈禅上人が、大根の切り口を鏡に見立てて面に梵字を書き、諸病退散を祈ったのがはじまり。集められた聖護院大根が加持祈祷されたあと、輪切りにして大鍋で煮込まれ、参詣者に出される。中風除けをはじめ諸病除けとしてご利益があり、境内は多くの信者、観光客も混じって賑わう。

大根焚き・成道会法要〈千本釈迦堂〉

大根焚き・成道会法要〈千本釈迦堂〉

カキ・魚まつり〈マリンプラザ〉

●第1日曜日……かき・さかなまつり

カキ・魚まつり

●マリンプラザ／熊野郡久美浜町湊宮　MAP㉕・A2

久美浜町の冬のイベントとして昭和60年より始められた。久美浜湾ではカキの養殖が明治時代より始められており、冬の味覚の代表となっている。焼カキなどの無料試食や早食い大会、各種ゲームなど多彩な行事が行なわれる。

〔連絡先〕小天橋観光協会　TEL0772(82)1781

●8日……はりくよう

針供養

●針神社／左京区岩倉幡枝町　MAP⑦・A3

●法輪寺／西京区嵐山虚空蔵山町　MAP⑮・B1

日ごろ、お世話になっている針に感謝し、使い古した針を納めて供養する法要。技芸守護の虚空蔵菩薩を本尊とする法輪寺は、平安時代、清和天皇が針を納める堂を建てて裁縫道の総司所を置いたことから針供養がはじまったという。境内には針の供

針供養〈針神社〉

養塔がある。法要では「針供養表白」が読み上げられ、織姫による舞を奉納。本堂では二枚重ねの大きなコンニャクが置かれ、参拝者は糸のついた大針を刺して、針への感謝と技芸の上達を祈る。針神社では供養祭があり、裁縫、手芸上達のお札が授与される。

● ……………しょうごいんだいこん

聖護院大根

大きな球状のダイコンで、京都市の聖護院あたりで栽培されたことからの名。江戸時代の後半、文政年間（1818～30）に尾張の国から黒谷の金戒光明寺に宮重大根が奉納された。これを見た田中屋喜兵衛という篤農家がこれをもらい受け、聖護院の畑で栽培、採種を続けるうちに細長い宮重大根が丸形になっていったといわれる。この説のほかにも、それより150年ほど前より栽培されていたともいわれる。聖護院ではもともと細長い中堂寺大根の栽培をしていたが、宮重大根の丸形の種子を選んで栽培するうちに丸形ダイコンの育成が固定化。聖護院一帯に栽培が広がり、聖護院大根の名も定着した。来歴が尾張ということもあり、尾張大根とも呼ばれる。

聖護院大根

鳴滝大根焚き〈了徳寺〉

●9日・10日 ……………なるたきだいこだき

鳴滝大根焚き

●了徳寺／右京区鳴滝本町 MAP14・B1

寺伝によれば、建長5（1253）年、親鸞聖人が法然上人の遺跡を巡錫するなか、立ち寄った了徳寺の尼僧から出された塩味の大根煮をおおいに喜んだのがはじまりという。上人は、そばに生えていた薄の穂をとって「帰命尽十方無碍光如来」の十文字書いて尼僧に与えた。いわゆる薄の名号である。以来、毎年大根を煮て聖人を偲び参詣者に振舞ったが、この大根が中風除け、長寿延命のご利益があるとされ、多くの人々が遠来する。朝から直径1mの大鍋に長大根が煮られ、参詣者がフウフウ吹きながらいただく姿は厳寒の京都の風物詩で知られる。10日には、報恩講がある。また、近くの三宝寺でも第1土曜日に大根焚きが行なわれる。

● ……………みずな

水菜

京菜が正式名称で『倭名類聚鈔』にも登場する古い菜。畔間に水を貯めて栽培することから水入菜と呼ばれ

水菜

た。あるいはその形状から千筋京水菜の異称もある。切れ目のついた葉が特徴でこの葉が壬生菜との違い。クジラ肉と合わせて鍋にするハリハリ鍋は、冬のおばんざいの定番であったが、クジラの保護条約に伴い、現在ではほとんど見られなくなった。ちなみに、壬生菜は水菜の分化した京菜。

●堀川牛蒡（ほりかわごぼう）

豊臣秀吉が築いた聚楽第が後に壊され、その堀に捨てられた塵芥の中から芽を出した巨大なゴボウがあった。これを付近の農家が生産しはじめたのが堀川牛蒡の起源といわれ、聚楽牛蒡の別称もある。長さ50cm程度で径は6～9cmもの太さがあり、肉質は柔らかく、独特の香りがある。表皮は厚いが中にはスが入っているため、鳥肉やカニ身などを詰めて煮物にされたり、たたきごぼうとして食される。

堀川牛蒡

●愛宕おろし（あたごおろし）

おろしとは、山の上から吹き降ろす風のこと。京都では比叡おろしもよく知られる。おろしは小規模な局地的な現象。師走の京都では、お正月前の時期に愛宕山から愛宕おろしが吹く。

磨き丸太

●磨き丸太（みがきまるた）

伐採した杉の皮を剥ぎ、太陽の下で1週間ほど自然乾燥させてから川で洗い、その後丹念に磨き砂で磨かれた木肌の美しい丸太。北区中川で室町時代の応永年間（1394～1427）、ウラスギ（北山杉）の育成が始まり、その後茶の湯の流行に伴い、茶室の床柱などの資材として重要な位置を占め、朝廷用木ともなった。磨き丸太にするまでには苗木の植樹、枝打ち、伐採、皮剥ぎ、小剥ぎ、丸太磨きの工程があるが、丸太磨きは主として女性の仕事で、磨き砂でていねいに磨いて光沢を出し、木目を整えていく作業。かつては、真冬でも素手で行なわれていた。磨き砂は、京道川の菩提の滝の砂「京道砂」がよいとされる。

●30日～12月25日 吉例顔見世興行（きちれいかおみせこうぎょう）

●南座／東山区四条大橋東詰　MAP 9・A1

師走の恒例歌舞伎興行。顔見世は江戸時代、1年契約だった役者が11月に入れ替わるに当たって新しい舞台に勢揃いして名乗り口上を述べたことで、顔見世、面見世と呼んだ。かつては江戸、大坂でもあった。これが新暦12月に変わり、1年の契約制度もなくなったが、歌舞伎発祥の地京都にだけ残った。東西の名優が顔を揃え、得意の演目で妍を競う。京都の師走の話題は顔見世に塗りつぶされて暮れていく。

京都ちょっと昔のくらし　顔見世

南座にまねきが揚がると顔見世の始まり。忙しい年末の時間を工面して、顔見世に出かける人で南座は賑わいます。東西の人気役者が文字通り顔を見せる顔見世は一足早いお正月で、この日のために着物を新調し、重箱にお弁当を詰めて出かけました。今は芝居を見ながらの飲食は禁じられていますが、かつては飲んでも食べてもお構いなし。晴着に身をやつした娘さんと年頃の息子さんがそれとなくお見合いをする場でもあったといいます。

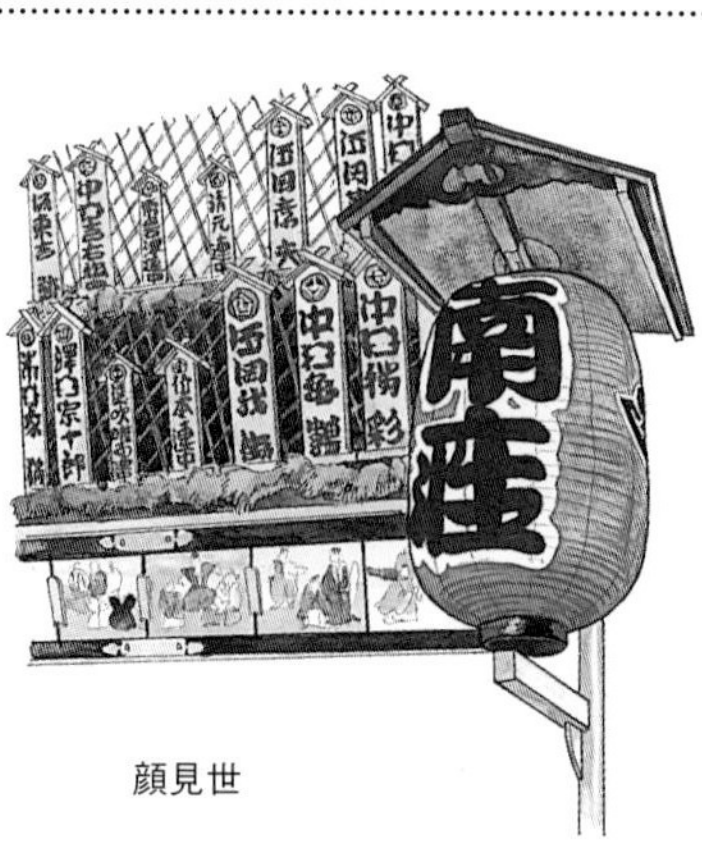

顔見世

百合鴎（ゆりかもめ）

カモメ科の鳥で全長40㎝。全国に渡ってくる冬鳥で、海岸や河口に住む。河をさかのぼって内陸の湖にもやってくる。水に住む虫や小さな魚を好んで食べるが、人があたえるパン屑も大好物。在原業平が和歌に詠んだ都鳥はユリカモメのことで、鴨川の上を舞う姿は、冬の京都の風物詩。

雉（きじ）

キジ科の鳥で日本の国鳥。雄は80㎝、雌は60㎝。全国で見られる留鳥で、里や山の草地や畑にすんでいる。雄は顔が赤色で首は青紫色、胸は緑色で尾が長い。雌は黄褐色で、全体的に地味な体色をしている。春になると雄は「ケーンケーン」と大きな声で鳴き、翼をふるわせて「ドドドドッ」という音をならす。

白鳥（はくちょう）

全国に渡ってくる冬鳥で、北日本や日本海側に多い。よくみられるのは、オオハクチョウ（カモ科）、コハクチョウ（カモ科）など。ゆったりと湖に浮かぶ白鳥の姿は優美で、古くから神聖なものとされてきた。「コホーコホー」と鳴き、アシやガマの茎、落ち穂などを食べる。冬は家族で群れをつくる。京都近辺では琵琶湖の湖北や湖西、天橋立などで見ることができる。

虎始めて交む（とらはじめてつるむ）

七十二候の62番目。新暦の12月12日～15日頃。たけき獣である虎が、いち早く春の気を感じ取って交尾する時節。

黒谷和紙（くろたにわし）

綾部市の黒谷町で生産される和紙で、鎌倉時代よりの伝承。楮の木を蒸し、皮を剥いで川で足揉みして皮を取り、日光や雪に晒してソーダ水で煮た後、繊維をたたきつぶし、トロロアオイの根から取った糊を混ぜて水の中で漉く。漉き道具は薄い箱に敷いたすだれで、まんべんなく水の中で形を整える作業は黒谷地域の風物詩ともなっている。現在でも着物の畳紙や高級文庫などに使用されるほか、便箋や封筒などの文具からクッションなどのインテリア用品まで、さまざまな工芸品を製作。京都の紙作りの歴史は古く奈良時代からといわれ、平安時代には官営の紙漉場が北野天満宮近くを流れる紙屋川近くにあった。その技術が黒谷に流れ、当地に定着したものといわれる。

●13日

大福梅（おおふくうめ）

●北野天満宮／上京区今出川通御前上る　MAP③・A1

7月に境内の梅苑などから収穫し土用干しした梅の実が、この日からお正月の大福梅として参拝者に授与される。大福梅は、招福息災の縁起物で知られ、お正月の祝膳に欠かせない。梅は例年、およそ3tの収穫がある。奉書に包まれた大福梅を受ける人々で社務所は賑わう。

大福梅

京都のことわざ

京女の長風呂

こういうことわざは確認の方法がない。しかし誰いうとなく「京女の長風呂」が定着したのにはそれらしい現象があったに違いない。芸妓さんらが閉店まぎわの終い風呂にかけつけることなども影響したのか。京都には花街専門の銭湯があった。洗髪に特別料金があった。

京都のことわざ

京によきもの三つ

「京によきもの三つ、女子、賀茂川の水、寺社」滝沢馬琴の有名な京都評。京都をたずねた文化人の評も同じ。だが海鮮食品が少ないため料理は評判が悪かった。ただし今は京料理は別格扱いされている。

京都のことわざ

白河夜船

白川をてっきり船の通る大きな川と早とちりして「夜、船で通った」と語り恥をかいた。「夢にだに見ざる名所の話こそ　げにも白川夜船なりけり」と江戸初期の狂歌。

おことうさんどす

おことうさんどす

おことうさんどす

「御事多さんどす」が詰まったもの。正月準備が忙しくなってきましたという意味で、事始めの12月13日以降に頻繁に交わされる挨拶言葉。年末だけでなく、商売繁盛で結構ですねといった意味でも使われることもある。かつて、事始めの日には分家から本家へ、弟子が師匠へなど、目上者に鏡餅を持って年末の挨拶にいった習慣があった。八朔の回礼同様、年々減少する習慣である。

●13日

事始め

ことはじめ

京都の町では、この日を区切りにお正月の仕度をはじめる慣わしがある。商家では、分家から本家へ鏡餅を持って伺い、一年間の恩義に感謝し、本家の繁栄を願うしきたりである。近年はあまり見られなくなったが、まだ老舗などの一部に伝えられる。

事始めの鏡餅

京都のしきたり

京都の冬至の七種

1年で1番昼が短いのが冬至。この日にはナンキン（カボチャ）、ニンジン、レンコン、キンカン、ギンナン、カンテン（寒天）、ウンドン（うどん）を食べ、風邪や中風予防にする。「運・鈍・根」にあやかったもの。レンコンは穴があいて見通しがよいとの縁起かつぎ。

京都のことわざ

瓢箪で鯰を押さえる

つるつるの瓢箪でぬるぬるの鯰は押さえられない。京都妙心寺山内の退蔵院に瓢鮎図の掛軸があり、国宝。禅問答の世界だ。

京都のことば

除夜の鐘は百八つ

人間の煩悩は百八つあるといわれている。除夜の鐘も煩悩の数にあわせて百八つ撞く。古老になるとどこの寺の鐘の音かを聴きわけられるという。

よく知られるのが京舞井上流・井上八千代家元宅で行なわれる事始め。日ごろ、京舞井上流を研鑽する祇園甲部の芸舞妓が次々に訪れ、「おめでとうさんどす」と挨拶し、家元から「おきばりやす」の励ましの言葉とともに、祝儀の舞扇をいただく。稽古場の家元の背後には、弟子の芸舞妓から届けられた１００個を超える鏡餅がずらりと並べられる。はんなりとした花街にふさわしい伝統行事である。

事始めのご挨拶

●中旬……むしくよう

虫供養

●光福寺・極楽寺／久世郡久御山町

MAP⑯・B2

久御山町では、夏の終わり頃、稲穂を害虫から守るために駆除を行なう。駆除された害虫や自然の恵みに感謝して虫供養を行なう。光福寺では、中旬の夜、住職が導師となって回向文を読み、檀信徒が読経をする。法要後、中風除けと無病息災に効くという小豆ご飯と炊き大根を食べる。極楽寺では、20日の夜、檀信徒が集まり、住職が偈文を読み上げる。祖先の鎮魂も供養とあわせて行なう。

●13日……まんぷくじのすすはらい

萬福寺の煤払い

●萬福寺／宇治市五ケ庄三番割

MAP⑰・A2

万福寺の煤払いは事始めの13日に行なわれる。梵鐘、太鼓などを合図に一山の僧が総動員で、一年間諸仏から堂塔伽藍の内部に溜まった埃りを払い清める。高い天井には梯子をかけて竹箒で、天王殿の弥勒如来には肩の上にあがって雑巾がけをする。煤払いがおわれば、寺内はいよいよ迎春準備に取り掛かることになる。

萬福寺の煤払い〈萬福寺〉

京都 ちょっと昔のくらし

チンドン屋さん

年末に決まって現れたのがチンドン屋さん。先頭には「歳末大売出し」などと大書された派手な旗を持つ人、次は日傘の下に鉦と太鼓を収めた棚のようなものを抱え、太鼓や鉦を叩く人、鳥追い笠を被った女性姿の人は三味線を弾き、外国の兵隊のような制服を着た人はクラリネットを吹いていました。「○○繁栄会」などと書いたビラを配る人がしんがりで町を練り歩きます。子どもたちはゾロゾロと後について歩き、迷子になる子もありました。

チンドン屋さん

●14日……ぎしまつりとほうよう

義士祭と法要

●法住寺／東山区三十三間堂廻り町 MAP 9・A2
●大石神社／山科区西野山桜ノ馬場町 MAP 10・A3
●瑞光院／山科区安朱堂ノ後町 MAP 10・A1
●岩屋寺／山科区西野山桜ノ馬場町 MAP 10・A3
●本妙寺／左京区仁王門通東大路東入る MAP 8・A3

元禄15（1702）年12月14日、大石内蔵助良雄ら四十七士とともに主君浅野長矩の仇の吉良上野介義央を江戸本所に討った日を偲んでいとなまれる法要。仇討ちは忠臣蔵で知られるが、京都には歌舞伎『仮名手本忠臣蔵』山科閑居の段など、四十七士にゆかりを持つ社寺が多い。大石良雄を祀る大石神社、大石の念持仏のある閑居地の岩屋寺、浅野長矩と四十七士の墓がある瑞光院、大石が大願成就を祈った法住寺、遺墨を伝える本妙寺などで、各社寺で法要が営まれる。大石神社では、神事のあと、討ち入り装束の義士たちによる巡行がある。瑞光院、岩屋寺などを巡る。午前10時前、毘沙門堂前を出発し大石神社まで4時間の行程である。

義士祭〈岩屋寺〉

義士会〈法住寺〉

丹後の海の幸

四季さまざまに豊かな海のめぐみを

針魚（さより）

針のように細く沿岸の海面近くを泳ぐ魚。30㎝ほどに成長する。この姿を見ると、春の到来を感じる人も多い。透き通るような身は、造りや天ぷらにしていただくとよい。

針魚

いさざ

白魚のことを丹後ではいさざと呼ぶ。ハゼ科の魚。体は透明で赤い斑点が見られ体長は5㎝くらい。春に産卵のため海から川に上がってきたところを河口付近で採る。生きたまま踊り食いにするほか、いさざをご飯に炊き込むいさざ飯がおいしい。

若布（わかめ）

丹後の磯で採れる若布。水深1・2mくらいのところに繁茂し、冬の海水温がその生育を左右するという。最も生育に適した温度は10度前後。養殖、天然のものがあり、乾燥させた板若布、塩蔵若布、おつまみになるよう味をつけた味付け若布などの製品となって流通する。

義士まつり〈大石神社〉

眼張（めばる）

目を見開いているところからメバルの名がある。棲息場所によって黒っぽくなったり赤っぽくなったりする。20cm前後のものがおいしく、身は淡泊なため煮付けにするとよい。磯釣りの人気魚。

金太郎いわし（きんたろういわし）

阿蘇海で棲息する脂ののった丸々としたマイワシのことを丹後ではその姿からか金太郎いわしと呼んだ。しかし、現在では環境悪化のためか、その姿を見ることはできなくなった。

鰯

真鯛（まだい）

丹後では5月が旬。姿、色、味と三拍子そろった魚の王様。祝いごとにはかかせない魚。毎年夏に体長5cmの子ダイを放流してきた成果が上がり、30～35cmに成長した3年魚の水揚げ量が増えてきた。

太刀魚（たちうお）

刀のような銀白色で独特の魚形をしている太刀魚。若狭湾が産卵場所の一つとなっているため、丹後の海に回遊してくるころには脂がのって食べごろとなる。一般的には塩焼にすることが多いが、獲れたてを小骨が多いので薄造りにして食べるのもよい。

飛魚（とびうお）

丹後ではアゴと呼び、初夏を知らせる魚である。身は淡泊なので大振りのものをカクトビといい、造りや塩焼にする。アゴのダンゴ汁もおいしい。また、カマボコの原料として多く利用される。

●13日～14日……きょうりょうりてんじたいかい

京料理展示大会

●みやこめっせ（京都勧業会館）／左京区岡崎公園　MAP⑧・A3

明治時代からの歴史を有するこの展示大会は、京の伝統的な京料理を継承するとともに、伝統を守りつつも時代に即応した料理への挑戦の場であり、研究発表の場所でもある。会場には老舗の京料理人が腕をふるった豪華な料理や、いかにも美味しそうな料理が多数展示される。全国各地から、料理のプロや卵たちが見学に訪れる。

〔連絡先〕京都料理組合　TEL075（221）5833

京料理展示大会

●13日～31日……………かくれねんぶつ

かくれ念仏

●六波羅蜜寺／東山区松原通大和大路東入る　MAP⑨・A2

空也上人が天暦5（951）年、京の町に流行した悪疫退散を祈念して、十一面観音像を車に乗せて念仏を唱え踊った。踊躍念仏の起こりである。この踊躍念仏を堂内で行なうのが、六波羅蜜寺のかくれ念仏である。本堂内陣に導師が着席、護摩壇の回りを山吹色の如法衣姿の4人の僧が左回りに「モーダ、ナンマイト」「モーダ、ナンマイト」と繰り返し唱和しながら行道する。各僧は、それぞれに首から提げた鉦鼓を叩き、右左と足を進め、上半身を起こしたり、屈めたり。呪文のような言葉は「南無阿弥陀仏」。僧の動きは念仏とともに、だんだん早くなる。長く秘法とされたが、昭和53年から公開された。

かくれ念仏〈六波羅蜜寺〉

●14日…………………いわしみずのみかぐら

石清水の御神楽

●石清水八幡宮／八幡市八幡高坊　MAP⑯・A2

石清水八幡宮に伝わる神楽。内侍所の御神楽の流れを汲むもので、宮中

栄螺（さざえ）

磯に棲息する渦巻き状の貝。丹後半島一帯で採れる。海藻を食べて3～4年で成熟し、夏の産卵期が旬となる。丹後サザエはやわらかく美味といわれる。

鳥貝（とりがい）

プランクトン豊富で波が穏やかな舞鶴湾で多く養殖されており、大ぶりの丹後のとり貝は肉厚でやわらかく甘味があって美味だと人気が高い。漁獲時期は6～7月。宮津湾でも養殖されている。

剣先烏賊（けんさきいか）

夏の夜、海岸線からは水平線のあたりに漁り火が見られる。これは烏賊釣り漁船の集魚灯の光で、夏の風物ともなっている。丹後町の漁港では烏賊釣り船に乗せてもらって体験もできる。夏を代表するイカは剣先烏賊で、1年で30～40cmになり一生を終える。

秋烏賊（あきいか）

アオリイカのこと。烏賊類の中でもっとも美味しいとされる。造りにしたり、一夜干しにしてあぶって食べるとその甘味が堪能できる。梅雨の時期に沿岸部で生まれて成長し、秋には親イカになり、定置網にかかる。

ぐじ

一般的には甘鯛といわれるが、京都ではグジと呼ぶ。頭がかくばっており、経ヶ岬から東の水深50～80mの若狭湾に棲息している。丹後ではトラエビを餌にポッコリ釣りという伝統的な漁法で釣り上げられる。グジの一夜干し、西京漬など保存も兼ねて焼物で食することが多いが、京料理では一塩したグジの造り、煮物椀の種などさまざまに調理される。

沖鱚（おきぎす）

普通のキスより小ぶりのキス。大きいものでも20cmくらいで、丹後では串に数尾を刺して素焼にして店に並んでいることが多い日常的な魚。

を始めとして、今日全国に伝わる御神楽の原型とされている。宰領役の人長が率いる楽人（所作人）により、夕刻、神前の庭燎（にわび）の中で奏される。この祭儀は、八幡大神の御心を和めるものとされ、一般には見ることができない。この神楽は、旧暦2月初卯日にも奏される。

●20日

お煤払い（おすすはらい）

お煤払い〈東本願寺〉

お煤払い〈西本願寺〉

はたはた

丹後沖水深200mの大陸棚に群れをなして棲息。はたはたの料理としては秋田のしょっつる鍋が有名だが、丹後ではオキアジと呼ばれ、焼魚として地元の食卓に上がる馴染み深い魚。

笹鰈（ささがれい）

年末年始に産卵期を迎えるので、秋の笹鰈は身は透き通るように美しく卵巣（らんそう）も透けて見える。脂（あぶら）ものり、鰈の中でも味がよい。一夜干しが美味しい。

松葉蟹（まつばがに）

クモガニ科の1種で脚を伸ばすと70cmにもなる大型の雄の蟹。水深230〜300mの海底に棲む。一般的にはズワイ蟹、北陸では越前蟹と呼ばれる。冬が旬で焼ガニ、カニ鍋などさまざまに食され、主な水揚漁港の間人（たいざ）や網野近辺の旅館や民宿にはカニ料理を自慢とする宿も多い。ちなみに、雌のカニはコッペガニといい、雄よりもずっと小さいが味はよく、地元の食卓では親しまれている。

牡蠣（かき）

海のミルクといわれるように、滋味深い味わいのカキ。丹後では明治時代から養殖が始められ、品質のよいカキを産している。特に久美浜湾や舞鶴湾は養殖の条件がそろっているのでふっくらした味わい深いカキが採れる。11月から翌年3月頃までが旬。

松葉蟹

●**西本願寺**／下京区堀川通花屋町下る　MAP5・B2
●**東本願寺**／下京区烏丸通七条上る　MAP5・C2

同じ行事でも日程が異なる両本願寺だが、年末の恒例行事のお煤払いだけは、同じ日に行なっている。その名の通りに一年間、御影堂などにたまった埃りを僧と奉仕の信徒が集まり、早朝から仏と宗祖に報恩と感謝をこめて作業に専念する。西本願寺では、まだ明けきらない朝、お勤めのあと、門主の御厨子の扉を払われるのを合図に、ほおかむり、マスク姿でヘギ竹を両手にして横一列に並んだ信徒が腰をかがめて千畳敷の畳を叩きながら進む。もうもうと立ち上がる埃りのなかを続いて大団扇を手にした信徒が後列となって、誇りを煽ぎ出す。欄間から障子にいたるまで作業は続き、一年を締めくくるのである。信徒のなかには前日から泊り込んで奉仕する人もある。

●**中旬～下旬**……すきーじょうびらき

スキー場開き

●**弥栄町スイス村スキー場**／竹野郡弥栄町野中　MAP25・B2
●**大江山スキー場**／宮津市小田　MAP25・A3

昭和53年、丹後半島の山間部に丹後縦貫林道が開通し便利になり、丹後半島森林公園（現在のスイス村）が開かれ、昭和59年、弥栄町スイス村スキー場が開設された。標高681mの太鼓山を中心に眺望がすばらしく、最近、風力発電所が運転を開始し、近くに「風のがっこう京都」が開校した。一方、大江山スキー場は宮津市の西端・大江町と接する標高468mの普甲山に昭和28年に開設した。いずれも京都府北部のスキーシーズンを目前にひかえ、シーズンの安全を祈願してスキー場開きが行なわれる。

●……みやこどり

都鳥

ミヤコドリ科の鳥で全長45cm。全国に渡ってくる冬鳥で、春秋に日本を通過する。背面は黒色、腹面は白色でくちばしは黄赤色。海岸や河口の干潟で見ることができる。

●……れいていいずる

茘挺出ずる

七十二候の63番目。新暦の12月16日～21日頃。茘挺とはオオニラのこと。寒気が強まり、オオニラが芽を出し始める時節。

鰤（ぶり）

アジ科の海魚。温帯海域に生息する回遊魚。成長するにしたがって名前のかわる出世魚。その身は脂肪ののった赤身であり、造り・照焼などにして食される。丹後では鰤しゃぶも美味。特に12月に入った頃からがおいしく、丹後では松葉蟹とともに冬を代表する味覚。伊根漁港での水揚げ量も多い。

鰤

鮃（ひらめ）

春の産卵を控えたころがもっとも美味しいとされるヒラメ。その頃には沿岸に近づいてくるので、大きなヒラメが釣れるようになる。毎年、稚魚を放流した成果もあり、年々水揚げ量も増えている。

鮟鱇（あんこう）

深海魚のイメージが強いアンコウも、冬には水深100m、時には30～40m辺りにやって来る。アンコウも丹後の冬を代表する味覚で鍋にされることが多いが、肝や頬の身もおいしい。

鮃

十二月の俳句

あたごさんとしこしさんに松迎　上島　清子

かやく飯付きもありけり大根焚　猪股　洋子

虚無僧は吹禅供養大根焚　矢野　典子

日の差して鳥鳴く納め大師かな　山中　弘通

降って湧くごと鴨来たる金閣寺　田中　はな

善峰の松に木雫札納め　矢田部美幸

一心の引目鉤鼻年用意　高木　晶子

下京や夜は素人の節季候　小林　一茶

顔見世や茶屋の傘行き通ひ　高濱　虚子

枯蔓の最後の力あなどれず　小林　紅輝

枯木より鳩の目こぼれ羅生門　丸山　海道

歳の市ひらひらとてのひらばかり　豊田　都峰

西向けば西の山あり事始め　池田十満里

二百年の門を洗ひて大三十日　鈴鹿野風呂

入り日して京の七つ野黄葉しぐれ　宮田津々絵

煤掃は己が棚釣る大工かな　松尾　芭蕉

棒読みの独語を流す冬の川　鈴鹿　仁

葉牡丹やほろ酔ひほどのゆるみあり　丸井　巴水

●21日……しまいこうぼう

終い弘法

●**東寺**／南区九条町MAP⑥・B1

弘法大師の縁日として毎月21日に賑わう東寺。弘法さんとして境内ばかりか周辺には露店が並んで、参詣者や観光客などで賑わう。一年最後の弘法さんは終い弘法と呼ばれて、とりわけ人気が高い。いつもは古着、骨董の露店が多くの人々を集めるが、師走も押し詰まって迎春用の縁起物の作り物や植木の店が活況を見せる。弘法さんは植木市で知られるが、この日は店数も多く、葉牡丹、縁起物のワラ細工、松竹梅、南天などの鉢ものを求める人々の列ができる。

終い弘法〈東寺〉

終い弘法〈東寺〉

●……はつゆき

初雪

冬に入って初めて降る雪のこと。京都ではおよそ12月半ばに初雪を記録する。

●……ろうばい

蝋梅

ロウバイ科の落葉低木で中国が原産。高さは3ｍほどになる。葉は卵形で両面ともざらざらしている。冬の寒い時期に、葉よりも先に花を咲かせる。花には蝋細工のような光沢があるので、この名前がつけられた。外側の花弁は黄色で内側は暗紫色。香りもよく、花が少ない時期に梅よりも早く花を開くので、観賞用として庭に植えられる。

●冬至の日……かぼちゃだいしくよう

南瓜大師供養

●**不思議不動院**／北区衣笠赤坂町 MAP②・A3

冬至にかぼちゃを食べると中風にかからないといわれ、このいい伝えにちなんで営まれる法要。本堂に祀られる弘法大師像は、もと醍醐寺に安置されていたといい、いつもカボチャが供えられていたことから、南瓜

京都のしきたり

運・鈍・根の食べ物

冬至の日、南瓜を食べるのは中風除けの呪いだとか。さらに、「ン」が2つつく食べ物を7種食べると出世するのだと言い伝えられています。ナンキン、キンカン、ニンジン、レンコン、ギンナン、カンテン、ウンドン（うどんの古名）の7種で、これは「運・鈍・根」の食べ物なのだそうです。根気よく努力して運を掴み、さらに「鈍」でないといけないと。鈍とは、器用貧乏の逆。己の能力を過信せず、ていねいに生きる心がけのことだとか。

運・鈍・根

南瓜大師供養〈不思議不動院〉

大師と呼ばれた。法要は、本堂大師像前にカボチャを供えて祈祷があり、カボチャを大釜で煮て、無病息災を願う参詣者に振舞われる。

● ……………………………… とうじ

冬至

二十四節気の22番目。大雪から15日目で、新暦の12月21日、22日頃。この日、北半球では太陽の高さが一年中で最も低くなる。そのため一年中で昼が一番短く、夜が一番長い日になる。冬至には、「ゆず湯」に入り、「冬至かぼちゃ」を食べる風習がある。「ゆず湯」は、厳しい寒さの中でも健康に暮らせるように浴槽に柚子を浮かべて入るお風呂のことで、風邪を防ぎ、皮膚を強くする効果があるといわれる。冬至は湯につかって病を治す―湯治にかけており、柚子は融通が利くようにという願いが込められている。

また、京都には冬至にかぼちゃを食べると中風除けのまじないになるといういい伝えがあり、北区の不思議不動院では、無病息災の祈祷法要が営まれ、南瓜大師供養が行なわれる。

● 冬至〜立春 ……………… いちようらいふく

一陽来復

● 車折神社／右京区嵯峨朝日町　MAP 14・B2

平安末期の儒学者清原頼業が祀られていることもあり、毎年冬至から翌年の立春の翌日まで一陽来復の御札が授与される。これは中国の故事に由来するもので、悪いことが続いたあといよいよ良い方に向うためのご利益があるという。一粒万倍の御札も授与される。この御札のご利益は、物が増え物事が伸長するという。

一陽来復

京都 ちょっと昔のくらし

煤払い

師走も半ばを過ぎる頃、煤払いと称して大掃除をしました。特に念を入れた所は日頃手の届かないハシリ（台所の流し）。大屋根まで吹き抜けになっているハシリには太い梁があります。ここに梯子を掛けて梁の上に登り、帚で煤を払い雑巾がけをするのです。

大方はその家の一番身軽な男子の役目で、男の子のいる家では中学生にもなれば梁掃除の仕事をしました。下から絞った雑巾を放り投げるのは女たち。怖さと楽しさが入り乱れた一大イベントでした。

煤払い

●冬至の日 ……………しめなわつくり

注連縄つくり

●宮川神社／亀岡市宮前町宮川　MAP 19・A2

約150戸の氏子の内、数え年37歳の男子全員と36歳の男子も見習いとして加わり注連縄を作る。年によって人数は異なるが十数人での奉仕で、このような慣習は明治以前からで厄除けの意味もあるという。当日朝9時、材料である餅ワラ、ゆずりは、うらじろ、みかん、松、紙垂等を境内の庭に持ち寄り、大小10数本の注連縄を製作し、門松もあわせて取りつけ、新年の準備をする。この日の参拝者には、注連縄作りに参加した婦人らによって、社務所でぜんざいも振るまわれる。

注連縄つくり〈宮川神社〉

注連縄つくり〈宮川神社〉

丹後伊根浦の正月迎え

◆準備

舟屋で知られる伊根町亀島の正月を迎える準備は、10月中旬に獲れる秋イカ（アオリイカ）を使って、正月の供え物に使うキリメイカづくりにはじまる。イカに塩をまぶして漬けておき、それを取り出し干してワラで包んで舟屋の軒下に、年の暮れまで下げておく。大歳（31日）に取り出し、水からゆでる。ゆで上がると塩分がほどよく抜けてころ合いとなる。ただし、ゆですぎても具合が悪い。また、12月に入ると正月に使う麹を多く加えた甘味噌仕立ての味噌をつくり丸め、おいておく。使う場合は固くなっているので、すり鉢ですって水でのばして使う。

年も押しせまってくると、餅を搗く音が各家々から賑やかに聞こえてくる。12月25～30日は餅搗きである。餅は縁起物であるためゲンを担ぎ、例えば29日は苦餅といって行なわない。また丑寅は「火ばしかい」（火の用心が悪い）といって餅搗きや煤払いはさける習わしである。餅はなによりのご馳走とされ、白餅・草餅（ヨモギ餅）・黄金餅（粟餅）などこの時とばかり色々な餅を搗く。白餅はお鏡用に大きく丸める。またワラやミズキの木を使って餅花を作る。粟餅は黄金色をしていることから黄金餅と呼び、お金が貯まることを願って作る。そして大歳には白米飯を炊き、ダイコ（大根）とキリメイカを切り、酢と味噌と塩少々であえたナマスや豆腐とコンニャクの炊き合わせなどを作る。漁師どころではダイコだけの精進ナマスは嫌う。

ワラツト

● ゆずゆ

ゆず湯

冬至の日には、風呂に柚子の実を入れて入る習慣がある。柚子の実を入れると、温浴効果が高まり、あかぎれやひび割れを治すといわれている。また、風邪の予防にもなるという。

●24日 しみんくりすます

市民クリスマス

●河原町カトリック教会／中京区河原町通三条上る　MAP4・C1

河原町カトリック教会が行なうクリスマス・イブのミサ。明治22年にフランシスコ・ザビエル教会として設立された歴史を持つ教会で、広く市民に参加を呼びかけ、聖堂で厳かにミサを行なう。このあと教会前庭で賛美歌を歌い、参加者によるキャンドル・サービスで、町を行く人々に世界平和と来る年の幸せを祈る。

●25日 しまばらのもちつき

島原の餅搗き

●島原・角屋／下京区揚屋町　MAP5・B2

遊郭の中でも別格の角屋。暮れに十二月と呼んで、餅搗きが盛大に行なわれてきたのも、角屋に限ったことだった。緋毛氈に並ぶ太夫の妖艶な美しさ、「十二月手まり唄」に合わせて搗かれ、その掌で丸められた餅は、ひときわ白く艶めかしく見えることだろう。来客には搗きたての餅の入った善哉が振るまわれる。

● きゅういんむすぶ

蚯蚓結ぶ

七十二候の64番目。新暦の12月22日〜26日頃。蚯蚓とはミミズのこと。地中にいるミミズが、寒さにあたって固まってしまう時節。

●25日 しまいてんじん

終い天神

●北野天満宮／上京区今出川通御前上る　MAP3・A1

毎月25日、祭神菅原道真の縁日として境内外に露店が出て広く親しまれる天神さん。一年の締めくくりの縁日が終い天神で、師走の風物詩として親しまれている。境内には多くの露店が出て賑わうが、毎月の縁日とは異なり、迎春用の縁起の品々を並べた店々も出る。正月飾りの橙、裏白、葉牡丹、注連縄、ワラで作った宝船、門松が売られる。13日から社務所で授受の始まった大福梅にも人気が集まる。

◆年迎え

大晦日の夜、オトコサン（家長）は風呂に入り羽織を着て、神棚に御神酒とナマスと白米飯を供える。そして、家族そろって大歳を祝う。祝いを終えると、オトコサンは羽織を着たまま、注連縄や餅花などのこしらえをする。こしらえは、膳のかわりに祝い筵を敷き、その上で注連縄をなう。その頃になると正法寺や慈眼寺の除夜の鐘が遠くから聞こえて来る。

N家では、家の神さんとヨソノバ（家の外の神さん）の2種類の注連飾りを作る。家の神さんの注連飾りは七・五・三の下がりに譲り葉や裏白がつき、床さん（床の間）・大神宮さん（神棚）・オベッさん・オクドさん・若水さんに掲げる。一方、家の外の神さんには土蔵・舟屋・船などに一・五・三の下がりの注連飾りである。床さんには注連飾りと餅花を飾り、三方飾りと舟玉飾り、そして歳祝い柿の入った一升枡を供える。

この三方飾りは、三方の上に半紙を敷いて鏡餅を2個重ね、その間に裏白をはさみ、お鏡を重ねた上には干し柿二連を白昆布で結んだものを置く。お鏡の回りには餅・白昆布・干し柿を細かく切り、洗米といっしょに半紙で包んだお捻りのようなオゴクを供える。このオゴクは正月のアガリゾメ（家のタカ・屋根裏の物置へ上がる）、ワカナムカエ（若菜迎え）、コリゾメ（山へ木こりに行く）の折に供える。オゴクを供えるのは、高い所へ上がる用心、家の火事、山での災難などから逃れるためという。

またオナゴ（女将さん）は正月のお節料理の準備をしておく。例えば正月から刃物を使うことを忌み嫌うこ

丹後の三方飾り

終い天神〈北野天満宮〉

伊根の乗り初め

とから正月用のナマスのダイコを切っておく、正月から水を流すのを嫌うことから三ヵ日分の米を洗っておくなど、正月から忙しい目をすると一年間が忙しいことになるといわれるため、年末のうちに支度をととのえておく。同様に正月三ヵ日は洗濯をしないという。

年も改まり元日の朝、オトコサンは5時頃に起き、若水迎えを行なう。桶に水を汲み、その水で湯を沸かす。正月木として焚きつけには豆殻やタモの木をあらかじめ用意をしておき、景気よくパチパチと燃やす。その火で雑煮を作り、神様にお供えをして拝む。その頃になると家族は起きだし、全員揃ったところで歳祝い柿やキリメイカをお福茶でいただき、雑煮で正月を祝う。この雑煮も元日は味噌仕立ての丸餅の雑煮、2日目は醤油仕立ての雑煮、3日目はぜんざい仕立ての雑煮と、三ヵ日それぞれ味が異なる。また七日正月ではダイコと菜を刻み、米少々と餅を入れた塩仕立ての雑炊（七日雑炊）を作ったりと変化に富んでいる。

2日目は事始めである。朝に若魚迎えと称して漁に出かける。そこで獲れた魚を、床の間に供えてある三方飾り・舟玉飾り、米と付木を入れた一升枡、御神酒、赤盃とともに船の船縁に供える。これを乗り初めといい、御神酒を家内中でいただき1年間が海上安全、大漁満足、悪事災難逃れますようにと舟玉さんに祈るのである。

●第1土曜日～15日間ほど ひろさわのいけのこいあげ

広沢の池の鯉上げ

●広沢の池／右京区嵯峨広沢町 MAP13・B2

広沢の池は、もともと辺りの田畑の灌漑用の池である。春から夏にかけて貯められた池の水を利用して鯉、フナ、モロコ、エビなどが養殖されてきた。冬場、池をきれいに保つため、水を抜いて底に溜まった泥をさらえる際、養殖していた魚を上げることが行なわれる。採れた魚は、料亭や一般にも販売される。2月には再び池に水がひかれる。

● ふくろう

梟

フクロウ科。全国で見られる留鳥。山にすむが冬は里におりてくる。夜行性で、羽音をたてずに飛ぶ闇の狩人。ヤマネや野うさぎなどを食べ、低く太い声で「ホーホー」と鳴く。シロフクロウの羽は楊弓の矢羽に、また茶の湯の羽箒として用いられる。

●23日 てんのうたんじょうび

天皇誕生日

今上天皇の生誕の日。平成になってから国民の祝日と定められた。

広沢の池の鯉上げ

南山城地方の正月迎え

砂撒き

南山城は村落組織の結びつきが強く、正月行事も氏神などで行なう村の行事の中に特徴的なものがみられる。そのため家の正月行事として、他の地域に比して特徴的なものは少ないが、その中にあって特に南山城独特の行事として砂撒きがある。

これは大晦日に砂を屋敷のにカドに撒く行為で、城陽市あたりから南部で行なわれている。砂は木津川のものを採取したが、現在、川砂の採取は禁止されているので山砂を使う。撒き方はカド一面に、あるいは波形に撒いたりする、また屋敷を出た所の道から母屋、小屋の入り口に向けて一本の筋を引くように撒いたりする家もある。より特徴的な撒き方としては山城町のように、格子模様や円形など造形的な撒き方をするところもある。この行為の意味、由来は伝承として残っていないが、正月を迎えるにあたっての屋敷の清めであると思われる。道から筋を引く形などは正月の神を祭場としての家に迎えるという正月の本来の意味がうかがえて興味深い。実際、城陽市寺田でも道から筋を引く形だが、ここでは「神様が通る道」といわれている。砂撒きは正月飾り、餅のお供えなど正月準備がすべて終わった大晦日の夕方に行なわれ、「砂撒きしたら正月や」といわれるように、まさに神を家に迎える最後の大事な正月行事である。

砂撒き

●下旬の日曜日

全国高校駅伝大会（ぜんこくこうこうえきでんたいかい）

●京都市内

正式には、全国高等学校駅伝競走大会。昭和25年から開催されている大会で、京都にコースが移されたのは昭和44年の第20回大会から。師走の京都を締めくくる風物詩ともいえる大会で、全国の都道府県代表の高校生たちが都大路を駆け抜ける。西京極陸上競技場をスタートし、五条通↓西大路通↓北大路通↓堀川通↓紫明通↓烏丸通↓丸太町通↓東大路通↓今出川通↓白川通↓京都国際会議場前を折り返し地点とし、コースを

全国高校駅伝大会

優勝校一覧〈男子〉

第1回	昭和25年	世羅（広島）
第2回	昭和26年	世羅（広島）
第3回	昭和27年	玉名（熊本）
第4回	昭和28年	筑紫野（福岡）
第5回	昭和29年	筑紫野（福岡）
第6回	昭和30年	飾磨工（兵庫）
第7回	昭和31年	常磐（福岡）
第8回	昭和32年	小林（宮崎）
第9回	昭和33年	常磐（福岡）
第10回	昭和34年	西条農（広島）
第11回	昭和35年	小林（宮崎）
第12回	昭和36年	小林（宮崎）
第13回	昭和37年	福岡大大濠（福岡）
第14回	昭和38年	中京商（愛知）
第15回	昭和39年	盈進（広島）
第16回	昭和40年	福岡大大濠（福岡）
第17回	昭和41年	中京商（愛知）
第18回	昭和42年	中京（愛知）
第19回	昭和43年	小林（宮崎）
第20回	昭和44年	福岡大大濠（福岡）
第21回	昭和45年	相原（神奈川）
第22回	昭和46年	中津商（大分）
第23回	昭和47年	世羅（広島）
第24回	昭和48年	小林（宮崎）
第25回	昭和49年	世羅（広島）
第26回	昭和50年	大牟田（福岡）
第27回	昭和51年	大牟田（福岡）
第28回	昭和52年	小林（宮崎）
第29回	昭和53年	小林（宮崎）
第30回	昭和54年	中京商（岐阜）
第31回	昭和55年	中京商（岐阜）
第32回	昭和56年	報徳学園（兵庫）
第33回	昭和57年	西脇工（兵庫）
第34回	昭和58年	報徳学園（兵庫）
第35回	昭和59年	報徳学園（兵庫）
第36回	昭和60年	報徳学園（兵庫）
第37回	昭和61年	市船橋（千葉）
第38回	昭和62年	埼玉栄（埼玉）
第39回	昭和63年	大牟田（福岡）
第40回	平成元年	報徳学園（兵庫）
第41回	平成2年	西脇工（兵庫）
第42回	平成3年	大牟田（福岡）
第43回	平成4年	西脇工（兵庫）
第44回	平成5年	仙台育英（宮城）
第45回	平成6年	西脇工（兵庫）
第46回	平成7年	西脇工（兵庫）
第47回	平成8年	報徳学園（兵庫）
第48回	平成9年	西脇工（兵庫）
第49回	平成10年	西脇工（兵庫）
第50回	平成11年	仙台育英（宮城）
第51回	平成12年	大牟田（福岡）
第52回	平成13年	仙台育英（宮城）

優勝校一覧〈女子〉

第1回	平成元年	市船橋（千葉）
第2回	平成2年	群馬女短大付（群馬）
第3回	平成3年	筑紫女学園（福岡）
第4回	平成4年	市船橋（千葉）
第5回	平成5年	仙台育英（宮城）
第6回	平成6年	仙台育英（宮城）
第7回	平成7年	埼玉栄（埼玉）
第8回	平成8年	埼玉栄（埼玉）
第9回	平成9年	埼玉栄（埼玉）
第10回	平成10年	田村（田村）
第11回	平成11年	筑紫女学園（福岡）
第12回	平成12年	立命館宇治（長崎）
第13回	平成13年	諫早（長崎）

逆に走り、西京極陸上競技場をゴールとする42・195km、7区間。女子大会は平成元年より開催され、西京極陸上競技場を発着点とするハーフコース5区間。午前に女子大会、午後に男子の大会が開催される。

〔連絡先〕毎日新聞社
TEL06（6345）1551

門松作り（かどまつづくり）

松の大きい真木に、梅の古木と青竹3本をあしらい、その下に松と熊笹で根元を隠し、割木十数本で円く巻き、上下2箇所を蕨縄（わらびなわ）で結び左右一対にした門松には、注連縄（しめなわ）がかけられる。民家の門に、立派な門松を見かけることはめっきり少なくなり、近年は、大きな店やデパートで見かけるぐらいだろうか。根引（ねび）き松は、まだ見ることができる。

夜なべ（よなべ）

夜に囲炉裏（いろり）に掛けた鍋のことから、鍋の夜食をとりながらする仕事や作業。夜仕事、夜業と同じ意味。また、昼間の仕事が夜まで延（の）べてしまったことから「夜延べ」が変化した語との説もある。徹夜のことを徹宵ともいう。

門松作り

京都・杉本家の正月迎え

杉本家は下京区綾小路通新町にあり、もとは呉服商「奈良屋」を営んでいて、当地に店を構えたのは明和4（1767）年。昔からの伝承やしきたりが今に受けつがれている。

杉本家では、13日の事始めを境に、この日あたりからお正月を迎えるための段取りに入る。家を清めることから始まり、祝い膳の食材の準備へと進めてゆく。まずは、障子の張替え、軒や、火袋（ひぶくろ）（町家特有の台所上部の梁）の煤払（すすはら）い、お仏壇のお磨（みが）き、たたき（お台所周（まわ）り）の掃除、床飾り、正月用のお膳一式の準備となり、棒鱈（ぼうだら）を水で戻し、いよいよ晦日も近づくと、お屠蘇（とそ）を造り、祝い箸に名前を記す。杉本家は、浄土真宗の教え通り、神を迎える支度はしない。

注連飾り

鎌鼬（かまいたち）

別名鎌風。何もさわっていないのにもかかわらず、手先などに突然切り傷ができることをいう。特に、冬の乾燥した季節に起ることが多い。昔は、鼬の仕業とされたので、この名がある。冬の季語。

●25日

御身拭式（おみぬぐいしき）

●**知恩院**／東山区東大路通四条上る　MAP 9・B1

御影堂内御厨子に安置されている宗祖法然上人坐像を白絹で拭う儀式。慶安期（1648〜52）から300年以上にわたって続けられている伝統行事で、宗祖の御徳を慕い幸多き新年を祈って行なわれる。午後1時から参列者が念仏を唱和するなか、坐像が式台へ移され、門主が拭い清める。この間、参列者は一切の私語を慎む。お身拭いに使われた白絹は、袈裟にして信徒に授与される。

●28日

鑽火式（さんかしき）

●**八坂神社**／東山区四条通東大路東入る　MAP 9・B1

御身拭式〈知恩院〉

京都のことわざ　果ての二十日

果ての二十日は12月（師走）の20日。この日は獄中の罪人の死刑執行の日。罪人は堀川通の一条戻り橋を渡って往生を願い、最後は寺町通高辻下るの浄国寺で末期の水の施しを受けて六条河原で処刑された。同寺は「果ての二十日寺」と呼ばれた。

京都ちょっと昔のくらし　すきやき

すきやきの日は一大イベントのようでした。牛肉がそれほどのごちそうだったことと、四つ足を食べるという特別の思いがあったからかもしれません。すきやきを食べる前には匂いを移してはいけないと仏壇の扉を閉めたり、過去帳を見て命日には控えるという家もありました。箸は割り箸で1回で捨て、食べ終わった後の玉割りなどの食器はご飯茶碗とは別にしてハシリの下で洗うという、精進のよい古風の家がたくさんありました。

31日の除夜祭に授与される新しいおけら火の火種を鑽り出す儀式。この朝午前4時、狩衣に烏帽子姿の神職が本殿拝の間で、穴のある檜の板(火切り臼)を置き、轆轤のような錐(火切り杵)で強く摩擦して点火する。先に火口を添えて火を取り3つの釣灯籠に移す。この火は、31日夜の除夜祭までお守りされ、おけら火として授与される。鑽りだす火が早いか遅いかで新年の豊凶を占ったという。

鑽火式〈八坂神社〉

● 28日……………びょうどういんのすすはらい

平等院の煤払い

● 平等院/宇治市宇治蓮華

平等院の煤払い〈平等院〉

MAP17・A2

平等院の煤払いは、一年が押し詰まった28日。一山の僧が出仕して本尊阿弥陀如来坐像に読経。そして大きな坐像に特殊な箒でお身拭いし、鳳凰堂内すみずみまで煤払いが始まる。

●……………まつばむしり

松葉むしり

京の民家では11月頃から翌年2月ころまで、庭木の手入れとして松葉むしりを行なう。これは松の枝を整理して形を整えることと、葉をむしることで風通しをよくし松の成長を促す。こうした手入れ方法のことを

松葉むしり

京透しともいう。庭木の松は手入れ世話をするほどに姿形がよくなり、それを見ると家人の人柄や心遣いをうかがい知ることができる。

綱掛祭〈新熊野神社〉

●第4日曜日……つなかけまつり

綱掛祭

●新熊野神社／東山区今熊野梛ノ森町　MAP 9・A2

御神木の大楠は健康で長寿であることを願って信仰を集めているが、中でも特にお腹にきく神様といわれている。この日は白の浄衣をつけた氏子たちが、おとな数人が手を広げたくらいの太さの楠の根元に、長さ約15mを越える大注連縄を掛ける行事を行なう。

綱掛祭〈新熊野神社〉

●……びかくげす

麋角解す

七十二候の65番目。新暦の12月27日～31日頃。麋角とは、大鹿のこと。大鹿も角を落とす時節。

●28日……もちつき

餅搗き

●石清水八幡宮／八幡市八幡高坊　MAP 16・A2

新年を迎える準備。御本殿に供える新年の餅は大小合わせて300個近くが必要とされる。午前9時ごろから、烏帽子をつけた神職などが餅を搗きだす。社務所に関係する人はもちろん、当宮のボーイスカウトの子どもたちも参加し、午後4時ごろまで1日がかりで作る。搗き上げられた餅は、総重量210kgにもなる。

●……しめなわづくり

注連縄作り

●北白川、洛北

注連縄は、正月の神を迎えるにあたり、清浄な所と外道との境を示す意

餅搗き〈石清水八幡宮〉

味がある。注連縄が張られた家内は、清浄とみなされる。この縄は、七五三縄とも書き、七は天神七代、五は地神五代、三は三貫子（みはしらのうづのみこ）を表す。また、七・五・三は、あわせて十五になり、天道を成立する十五に象るともいわれている。京都では12月5日頃から26、27日ごろまでの間に、北白川や洛北の農家の女達によって作られ、28日から30日の3日間で売りさばかれる。縄には、御幣、裏白、譲り葉がつけられる。喪中の家は、張らないことになっている。

注連縄作り

● 試み餅 こころみもち

昔、餅搗きを専門に各家々を回る餅搗き屋がいて、手馴れた段取りで餅を搗いて回っていた。正月用の餅はたいてい各家で搗き、鏡餅、神棚用の餅、お雑煮用の小餅を丸めた。手ごろな大きさにちぎった餅に、黒砂糖をはさんで二つ折りにした餅を試み餅と称して近所へ配っていた。時代は移り、餅は餅屋へ注文し、餅屋も機械で餅を搗くようになった。今は、暮れを代表する和菓子として、少しお上品な姿と味になった試み餅を口にする。

● 鵤 いかる

アトリ科。全長23㎝で全国で見られる留鳥。黒い頭と黄色くて太いくちばしが特徴。夏場は里や山のなかの森で過ごし、秋冬になると暖かい土地に移ってくる。黄櫨や榎などの実や草の種を食べる。口笛を吹いているような鳴声で「キキコーキィー」とさえずるが、鳴声が月日星と聞こえるところから三光鳥とも呼ばれる。

● 31日 大祓 おおはらい

● 日吉神社／亀岡市河原林町河原尻 MAP19・B2

氏子全員が午後8時までに人形を持参し、一年間の罪、穢れをお祓いしたあと川へ流す。6月30日の夏越の大祓でも人形に参拝者が願いごとを書き、苧、切麻、人形、八つ裂きの布を祭典終了後、川に流している。

● 31日 石清水八幡宮大祓 いわしみずはちまんぐうおおはらえ

● 石清水八幡宮／八幡市八幡高坊 MAP16・A2

半年間の罪穢れを祓う行事。本宮境内の祓戸において宮司他の神官が参列して祓いの儀を行ない、その後、門にしつらえた茅の輪を3回くぐり、山下の木津川に向かう。御幸橋近くの河原に台を置いて人形、御神酒、洗米、塩などを供える。人形は和紙を人の形に切ったもので、信者はあらかじめこれをいただいて名前を書き、息を吹きかけて八幡宮に送っておく。河原での祈祷が始まると、祝詞の奏上が行なわれる中、御神酒、洗米、塩を川に注ぎ人形が流される。6月30日にも、夏越の大祓えが行なわれる。

● 31日 砂撒き すなまき

● 山城地方

城陽市や山城町では大晦日に正月仕度として屋敷の庭や周辺に白砂を撒き、1年間の穢れを祓い清めて神を迎える風習がある。砂の撒き方には決まりがあるのではなく、丸を幾つも引いたり、正方形、碁盤の目状、波状等、地域や家によって異なる。近年は川砂を採集することができないので山砂を利用する。

● 31日 除夜祭 じょやさい

各神社で神に祈り災厄を取り払う大祓の儀式の一つで、六月の夏越の祓いと並ぶ重要な神事。一年の最終日の除夜に行なわれるので、除夜祭と呼ばれる。神前に神饌を供え、無事越年できる喜びを天地神明に感謝し、来る年の万民の安泰を祈る。

除夜祭〈伏見稲荷大社〉

●31日……みやごもり

宮籠り

●八瀬天満宮／左京区八瀬秋元町　MAP⑦・B3

大晦日の御影渡しの儀で、高殿（八瀬天満宮の1年間の神事のすべてを長として仕切る役）から新高殿が天満宮内陣の鍵などを受け正式に高殿となる。御影渡しの儀の後、新高殿と高殿は八瀬天満宮本殿前で篝火を焚き、初詣の里人を迎える準備をする。これを宮籠りといい、この時新高殿は晴れて格式のある頭巾を着用する。

おけら詣り〈八坂神社〉

宮籠り〈八瀬天満宮〉

除夜の鐘

大晦日の夜、12時を期していんいんと響きわたる除夜の鐘。京の町を取り巻くようにした寺々で撞かれる鐘々に、人々は行く年、来る年に思いを廻らす。鐘の数は百八つ。人間の煩悩の数で、過去・現在・未来にわたる煩悩を消し去るといわれ、一音一音に悲喜こもごもを託して祈るのである。闇を通して響く鐘の音にはあの鐘はどこ、この鐘はどこと耳馴染みがあって、思い思いに願いをこめる。

日本三大名鐘の一つとして撞かれるのが、知恩院の除夜の鐘。寛永13（1636）年鋳造の大鐘で、口径274cm、高さ（龍頭の下まで）333cm、重さ7・5トン。撞くのは一山の僧17人。12時を期して、大きな撞木に子綱が繋がれ、親綱を持った僧の「エーイ、ヒトツ！」の掛け声に、子綱が「ソレッ！」と応じて呼吸を合わせ、一斉に撞く。親綱の僧は、鐘に尻を向け、反り返るようにして勢いをつけて撞く。その姿に観衆から掛け声が飛ぶ。

除夜の鐘を一般参詣者にも撞かせる寺もある。清水寺、大覚寺、方広寺、永観堂、鞍馬寺など市内でも30ヵ寺を数える。

除夜の鐘〈方広寺〉

京都生活便利マップ

地図の使い方

- 本文項目末尾の地図記号と対応するように作成した。
- 本文で収録した項目を中心に情報を掲載した。ただし、情報が地域的に密集し過ぎているために割愛したものもある。
- 京都市内については全ての学校情報を掲載した。
- 社寺や観光ポイントは赤字で表現した。
- 情報のポイントはおよその場所を示した。
- 電話番号のデーターは役所・警察・消防などの公共性のあるものを重視したが、地域によっては適宜生活に密着した情報を掲載した。

京都生活便利マップ

若狭湾
丹後町 25
伊根町 24
網野町 25
弥栄町 25
宮津市 24
久美浜町 25
峰山町 25
大宮町 25
岩滝町 24
野田川町 24
宮津市 24
加悦町 24
舞鶴市 23
福井県
大江町 22
夜久野町 22
綾部市 23
福知山市 22
美山町 20
和知町 21
三和町 21
瑞穂町 21
丹波町 21
日吉町 19
京北町 20
兵庫県
琵琶湖
園部町 19
八木町 19
京都市
亀岡市 19
滋賀県
向日市 16
久御山町 16
宇治市 17
16 長岡京市
16 大山崎町
八幡市 16
城陽市 17
宇治田原町 17
京田辺市 16
井手町 17
和束町 18
大阪府
山城町 18
精華町 18
加茂町 18
南山城村 18
木津町 18
笠置町 18
奈良県
凡例
府庁
市役所
町村役場・区役所
学校
警察署・交番
郵便局
病院
寺院
神社
名勝・旧跡
海水浴場
美山町
京北町
左京区 7 8
北区 1 2
京都市
滋賀県
右京区 13 14
上京区 3
中京区 4
東山区 9
下京区 5
山科区 10
西京区 15
南区 6
伏見区 11 12
宇治市
大阪府

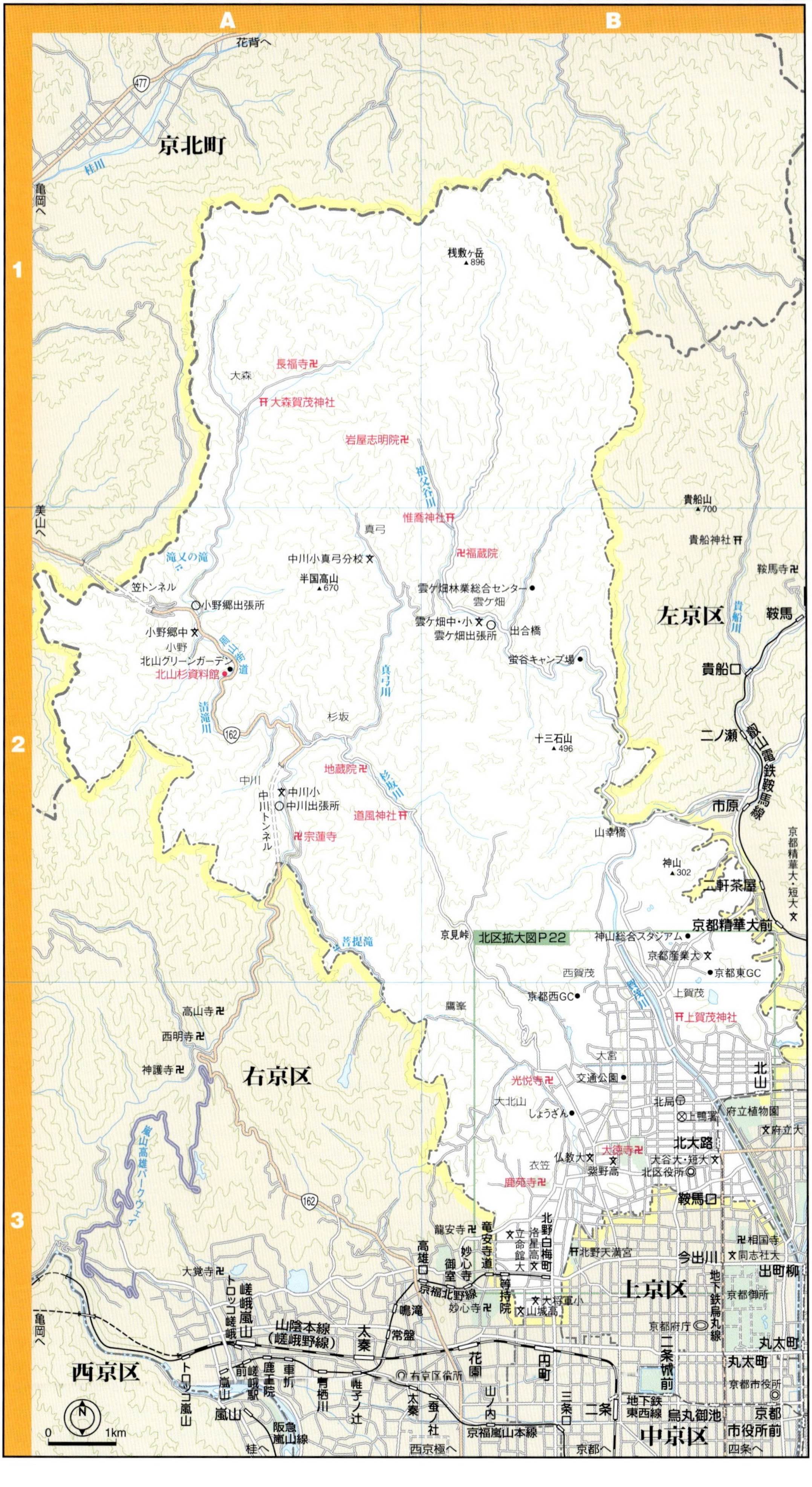

北区	075
北区役所	432-1181
小野郷出張所	406-2004
中川出張所	406-2340
雲ケ畑出張所	406-2001
福祉事務所	432-1181
子供支援センター	432-1181
保健所	432-1181
上京まち美化事務所	724-8881
上鴨警察署	493-0110
北消防署	491-4148
水道局	462-3251
関西電力	491-1141
北図書館	492-8810
北文化会館	493-0567
大宮交通公園	491-0202
船岡山公園	441-7739

A
B
1
2
3
西賀茂中
神山総合スタジアム
前池
京都産業大
柊野小
船山
317
蟻ガ池
小池
西賀茂橋
柊野別れ
川上神社
正伝寺
釈迦谷山
291
上賀茂神社
賀茂川
神光院
大田神社
愛染倉
西方寺
尺八池
大宮小
神馬堂
薬師山国鶴病院
なり田
社家・西村庭園
御薗橋
上賀茂小
ミレイユ
御薗橋西詰
カレーグウ
常照寺
円成寺
源光庵
鷹峯小
紙屋川
加茂川中
光悦寺
高麗美術館
萬川
カポディモンテ
上賀茂橋
FM京都
大宮交通公園
紫竹小
輪
御倉屋
プランシュ
マール
北山教会
北山
ボルドー
玄以通
紫竹西通
船岡東通
久我神社
堀川通
表千家北山会館
蕎麦屋じん六
それから
元町小
北山大橋
牛若通
堀川北山
北局
Cafe DOJI
国際会館へ
紫野泉堂町
北山通
北山大橋西詰
府立植物園
待鳳小
北署
大徳寺通
上鴨署
しょうざんボウル
大宮通
猪熊通
油小路通
新町通
衣棚通
室町通
大北山
旭丘中
大文字山
231
平川凰月堂
府立大
今宮神社
北文化会館
一和
北大路
警察病院
左京区
かざりや
鏡石
今宮通
鳳飛
キタオオジタウン
網道
グリルはせがわ
北大路ビブレ
367
仏教大
大原へ
紫野高
大徳寺
堀川北大路
大徳寺・久
松屋藤兵衛
北図書館
紫明小
大谷大・短大
千本北大路
ゾラッティ千本
北大路通
紫野和久傳
北区役所
鳳舞
グリッシュパイン
不思議不動院
盲人センター
きおり
わかどり
金閣寺
金閣寺前
楽只小
紫野小
小野篁・紫式部の墓
教育大附属中
京都市交響楽団練習場
船岡山
サラサ西陣
船岡温泉
茶洛
御旅所
玄武神社
紫明通
上品蓮台寺
建勲神社
楽庵
上善寺
楽
閑臥庵
権太呂
わら
柏野小
鞍馬口
衣笠中
わら天神
鞍馬口通
金閣小
笹屋守栄
まざーぐーす
地下鉄烏丸線
堂本印象美術館
妙顕寺
龍安寺
わら天神前
宝鏡寺
立命館大学
国際平和ミュージアム
立命館大
上京区
相国寺
右京区
平野神社
聖ヴィアトール修道院
北野白梅町
衣笠小
北野天満宮
等持院
堀川通
真如院
竜安寺道
西大路通
今出川通
今出川
等持院
同志社大
帷子ノ辻へ
洛星高・中
千本今出川
堀川今出川
烏丸今出川
京福北野線
千本通
京都御所
北野白梅町
0
300m
お好み焼じゃんぼ
高津古文化会館
四条へ

京都府庁	451-8111
上京区役所	441-0111
福祉事務所	441-0111
子供支援センター	441-0111
保健所	432-1181
上京まち美化事務所	441-2188
京都府警本部	451-9111
中立売警察署	431-0110
西陣警察署	465-0110
上京消防署	431-1371
水道局	432-3251
	841-9146
関西電力	491-1141
市民福祉センター	451-8971
社会福祉会館	301-6301
アルティー	441-1414
文化芸術会館	222-1046
こども文化会館	464-0356
宮内庁京都事務所	211-1211
京都御苑管理事務所	211-6348

中京区	075
京都市役所	222-3111
中京区役所	812-0061
福祉事務所	812-0061
子供支援センター	812-0061
保健所	812-0061
中京まち美化事務所	802-3270
京都市消防局	231-5311
中京消防署	841-6333
水道局	841-9146
関西電力	491-1141
中央図書館	802-3133
女性総合センター	212-7470
京都アスニー	802-3141
こどもみらい館	254-5001
元離宮二条城事務所	841-0096
京都芸術センター	213-1000
京都地方気象台	823-4302

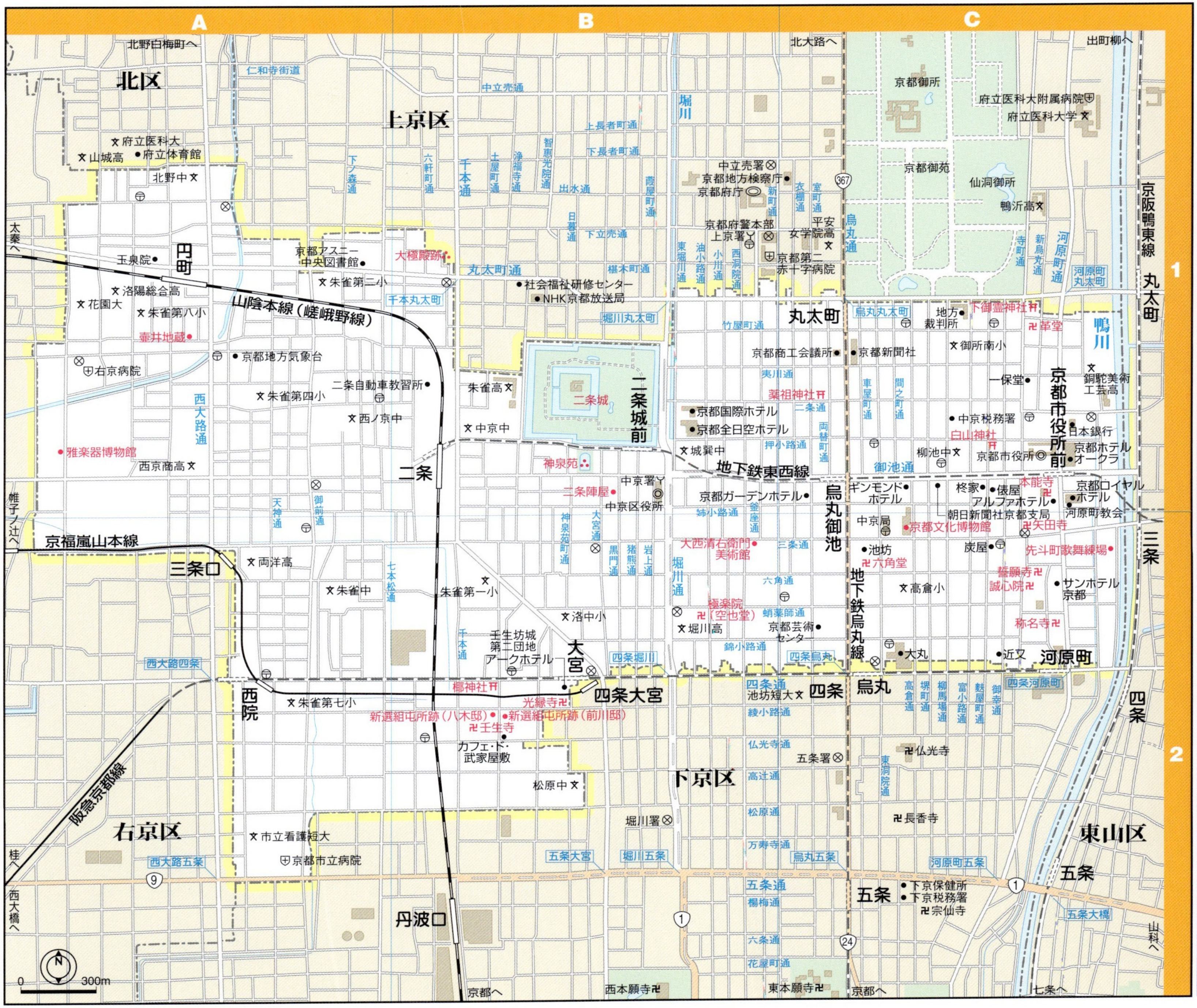

下京区　075

下京区役所	371-7101
福祉事務所	371-7101
子ども支援センター	371-7101
保健所	371-7101
下京まち美化事務所	311-4445
七条警察署	342-0110
堀川警察署	823-0110
下京消防署	361-4411
水道局	682-3910
関西電力	341-1144
下京図書館	351-8196
キャンパスプラザ	353-9111
京都産業会館	211-4506
京都リサーチパーク	322-7888
梅小路公園	352-2500

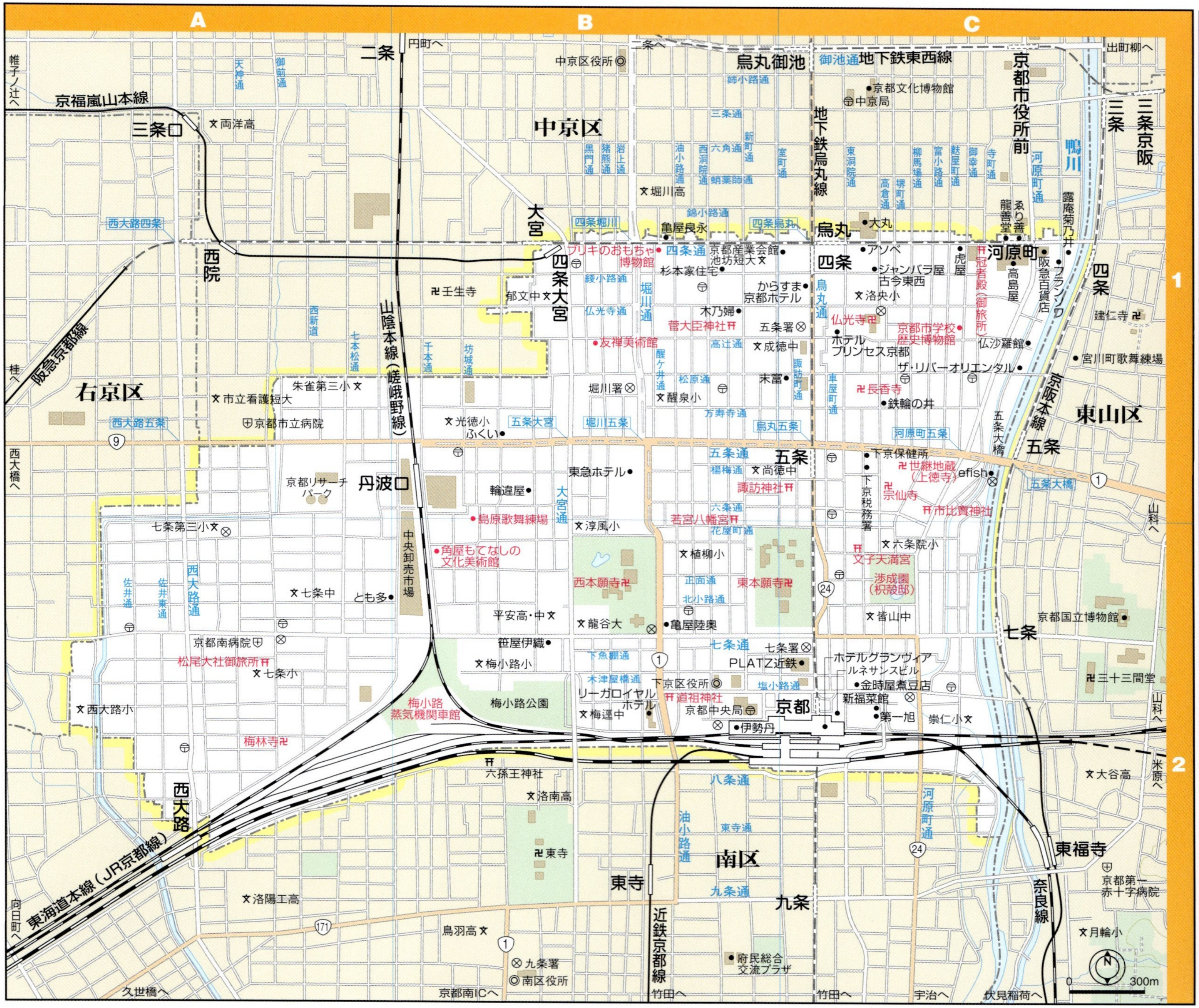

南区	075
南区役所	681-3111
久世出張所	921-0014
福祉事務所	681-3111
子ども支援センター	681-3111
保健所	681-3111
南まち美化事務所	681-0456
九条警察署	682-0110
南消防署	681-0711
水道局	682-3910
関西電力	341-1144
吉祥院図書館	681-1281
久世ふれあいセンター図書館	931-0035
南図書館	691-6888
アバンティホール	671-8188
京都テルサ	692-3400
女性総合センター	692-3433
青年会館	681-7721

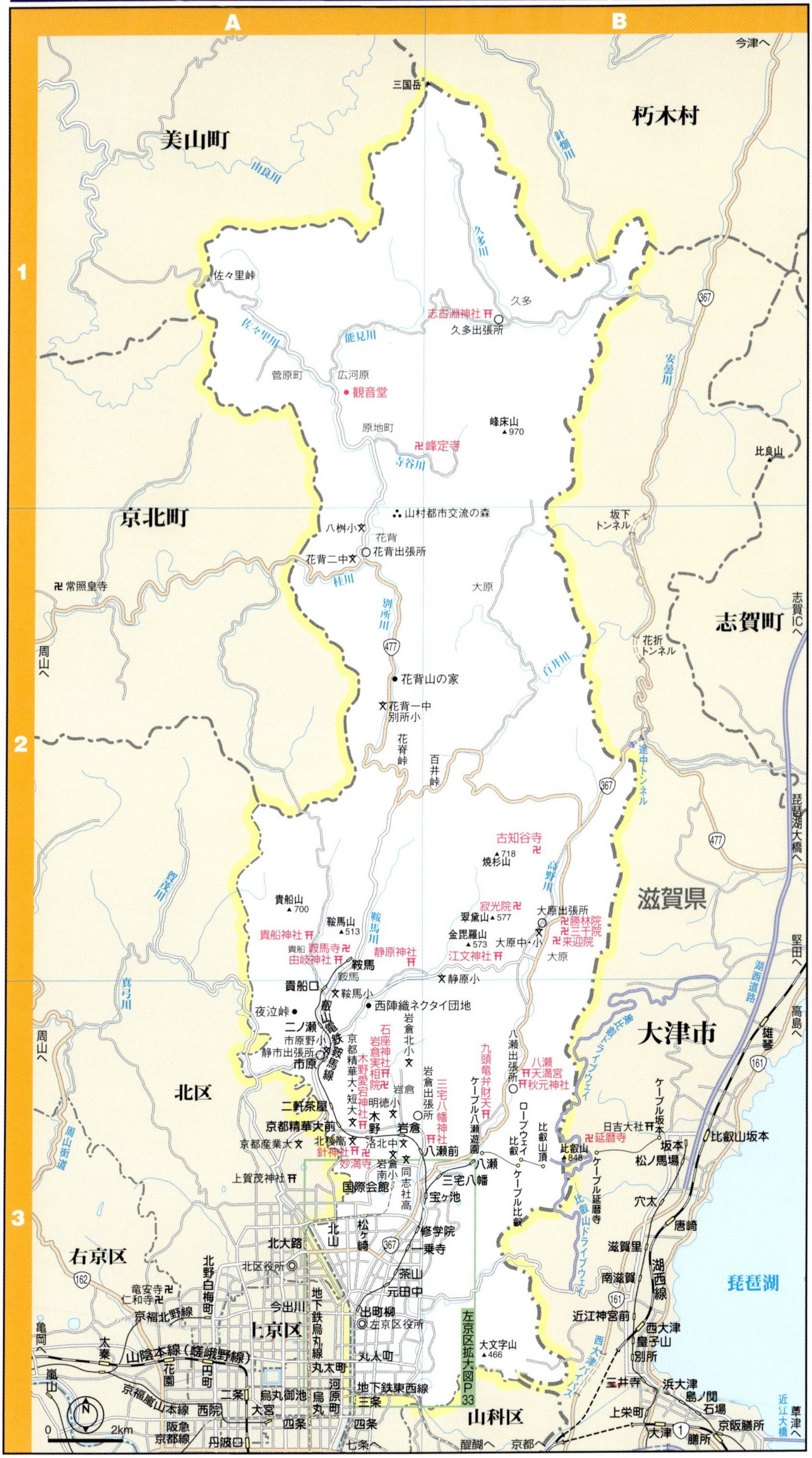

左京区	075
左京区役所	771-4211
岩倉出張所	781-3898
八瀬出張所	781-5091
大原出張所	744-2020
静市出張所	741-2002
花脊出張所	746-0215
久多出張所	748-2020
福祉事務所	771-4211
子供支援センター	771-4211
保健所	781-5171
左京まち美化事務所	722-4345
川端警察署	771-0110
下鴨警察署	703-0110
左京消防署	723-0119
水道局	722-7700
関西電力	491-1141
府立図書館	762-4655
左京図書館	706-5150
岩倉図書館	702-8510
京都国際会館	705-1234
京都会館	771-6051
コンサートホール	711-2244
国際交流会館	752-3010
みやこめっせ	762-2633
修学院離宮事務所	781-5203
岡崎公園	222-3586
宝が池公園	781-3010
府立植物園	701-0141
京都市動物園	771-0210
陶板名画の庭	724-2188
花脊山の家	746-0717

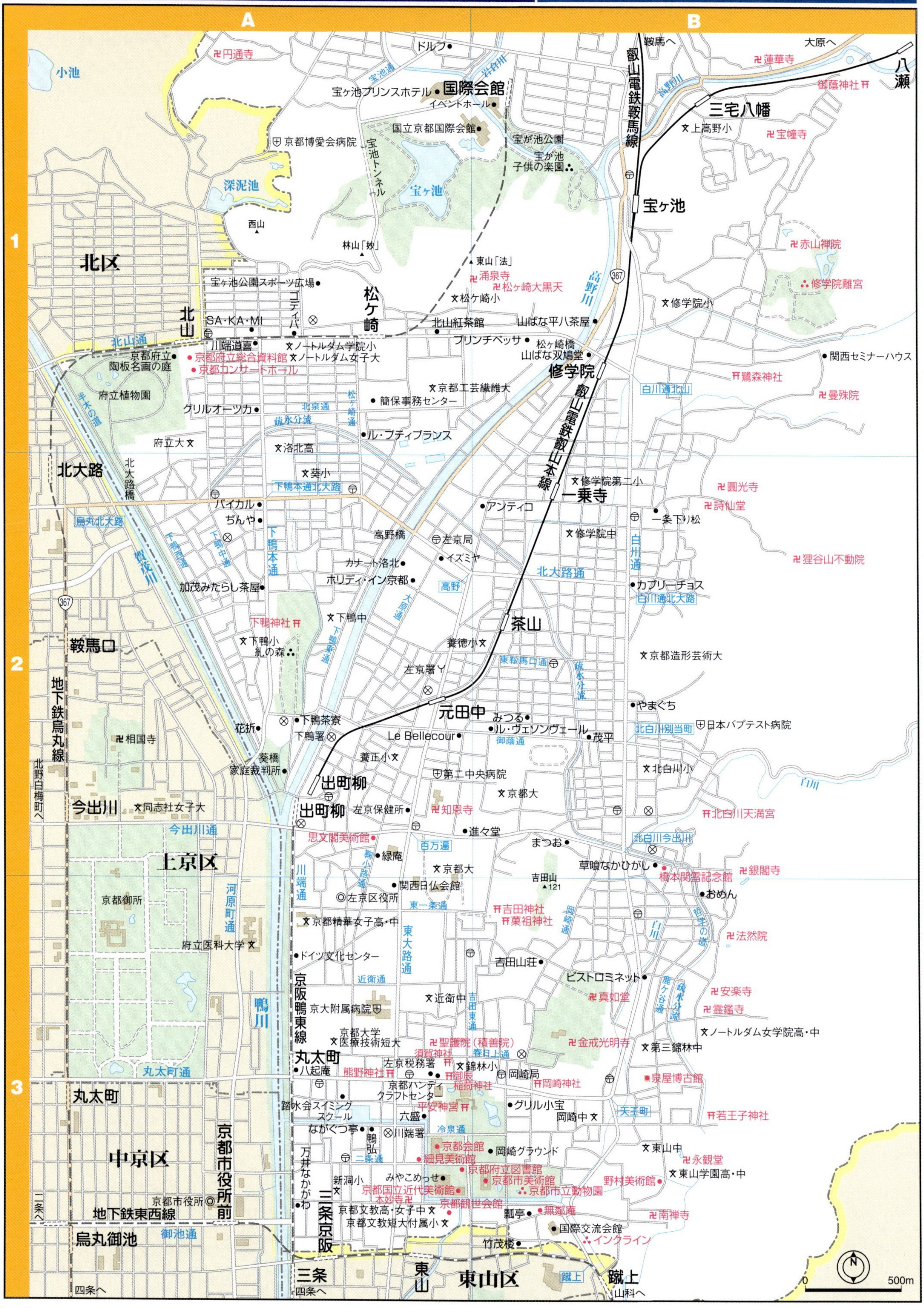
A
B
1
2
3
円通寺
小池
ドルフ
宝ヶ池プリンスホテル
国際会館
イベントホール
国立京都国際会館
京都博愛会病院
宝池トンネル
宝ヶ池
深泥池
西山
林山「妙」
東山「法」
涌泉寺
松ヶ崎大黒天
松ヶ崎小
宝が池公園
宝が池
子供の楽園
鞍馬へ
大原へ
蓮華寺
八瀬
御蔭神社
三宅八幡
上高野小
宝幢寺
叡山電鉄鞍馬線
高野川
赤山禅院
修学院離宮
修学院小
北区
宝ヶ池公園スポーツ広場
ゴディバ
松ケ崎
北山
SA・KA・MI
北山紅茶館
山ばな平八茶屋
北山通
川端道喜
ノートルダム学院小
ノートルダム女子大
プリンチペッサ
松ヶ崎橋
山ばな双鳩堂
修学院
関西セミナーハウス
京都府立陶板名画の庭
京都府立総合資料館
京都コンサートホール
鷺森神社
府立植物園
京都工芸繊維大
白川通北山
曼殊院
半木の道
グリルオーツカ
北泉通
松ヶ崎通
簡保事務センター
疏水分流
ル・プティブランス
府立大
洛北高
北大路
北大路橋
葵小
下鴨本通北大路
修学院第二小
叡山電鉄叡山本線
一乗寺
圓光寺
バイカル
アンティコ
詩仙堂
烏丸北大路
ちんや
一条下り松
高野橋
左京局
修学院中
下鴨西通
下鴨中通
下鴨本通
カナート洛北
イズミヤ
白川通
狸谷山不動院
賀茂川
ホリディ・イン京都
北大路通
加茂みたらし茶屋
高野
カプリーチョス
白川通北大路
大原通
下鴨神社
下鴨中
茶山
鞍馬口
下鴨小
糺の森
養徳小
下鴨東通
東鞍馬口通
疏水分流
京都造形芸術大
左京署
地下鉄烏丸線
やまぐち
花折
下鴨茶寮
元田中
みつる
ル・ヴェソンヴェール
日本バプテスト病院
相国寺
下鴨署
Le Bellecour
御蔭通
茂平
北白川別当町
葵橋
養正小
家庭裁判所
第二中央病院
北白川小
北野白梅町へ
出町柳
京都大
白川
今出川
同志社女子大
左京保健所
知恩寺
北白川天満宮
進々堂
今出川通
思文閣美術館
百万遍
まつお
北白川今出川
上京区
緑庵
京都大
草喰なかひがし
銀閣寺
川端通
吉田山
121
橋本関雪記念館
関西日仏会館
おめん
京都御所
河原町通
左京区役所
東一条通
吉田神社
菓祖神社
岡崎通
白川
哲学の道
京都精華女子高・中
法然院
府立医科大学
東大路通
ドイツ文化センター
吉田山荘
ビストロミネット
鹿ヶ谷通
疏水分流
安楽寺
近衛通
真如堂
霊鑑寺
京阪鴨東線
京大附属病院
近衛中
吉田東通
鴨川
京都大学医療技術短大
聖護院（積善院）
金戒光明寺
ノートルダム女学院高・中
春日上通
第三錦林中
丸太町
須賀神社
八起庵
熊野神社
左京税務署
錦林小
御辰稲荷神社
岡崎局
丸太町通
岡崎神社
泉屋博古館
京都ハンディクラフトセンター
踏水会スイミングスクール
平安神宮
グリル小宝
岡崎中
天王町
若王子神社
六盛
ながぐつ亭
川端署
冷泉通
鴨弘
中京区
京都市役所前
万井なかがわ
二条通
京都会館
岡崎グラウンド
東山中
細見美術館
永観堂
京都府立図書館
新洞小
みやこめっせ
京都市美術館
野村美術館
東山学園高・中
京都国立近代美術館
京都市立動物園
本妙寺
京都観世会館
三条京阪
京都市役所
京都文教高・女子中
瓢亭
無鄰菴
南禅寺
地下鉄東西線
京都文教短大付属小
二条へ
国際交流会館
烏丸御池
御池通
竹茂楼
インクライン
三条
東山
東山区
蹴上
蹴上
四条へ
四条へ
山科へ
0
500m
367

MAP 9 京都市東山区

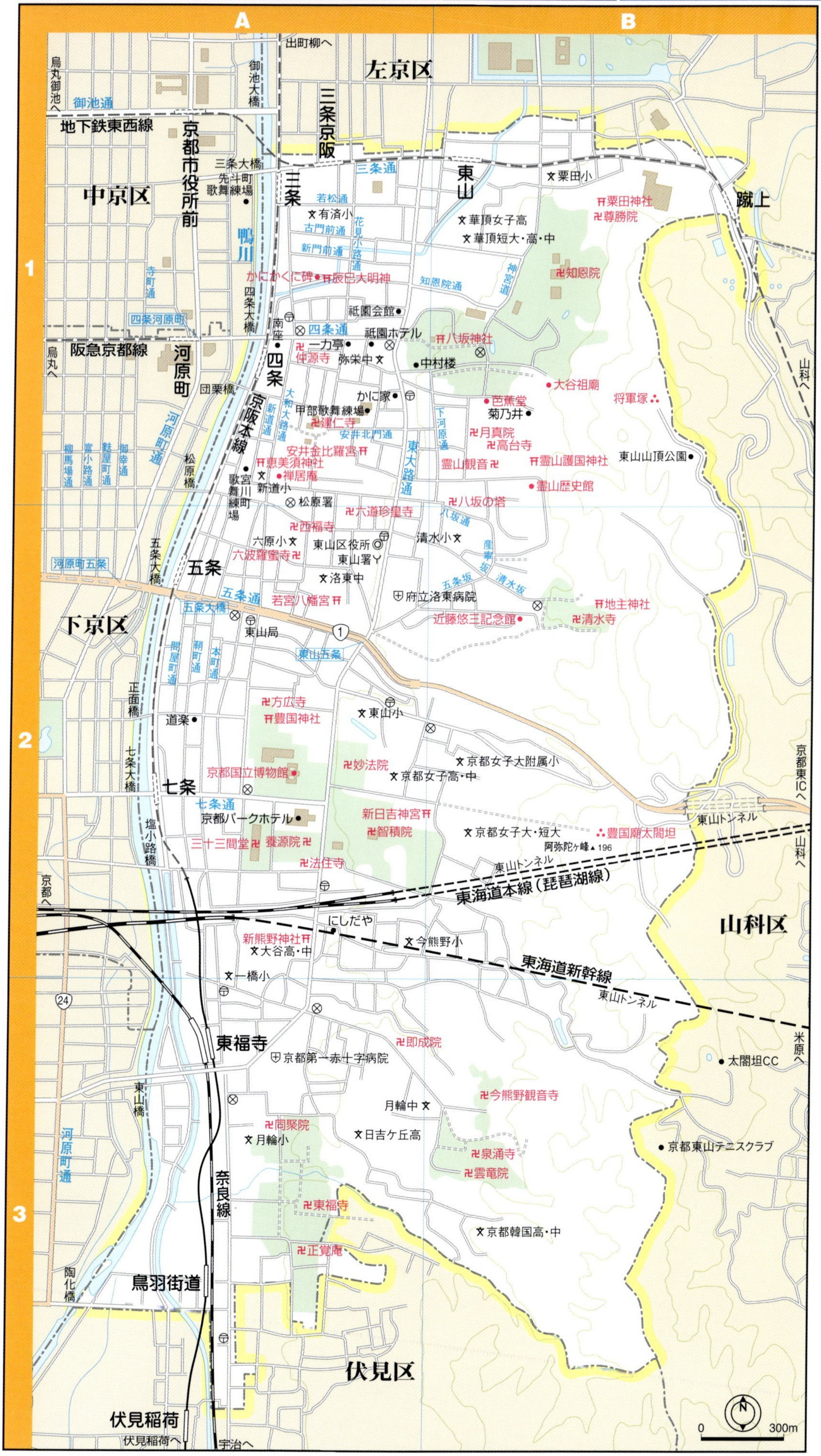

東山区	075
東山区役所	561-1191
福祉事務所	541-8315
子ども支援センター	561-1191
保健所	561-6195
東山まち美化事務所	541-2371
松原警察署	525-0110
東山消防署	541-0191
水道局	561-7117
関西電力	341-1144
東山図書館	541-5455
京都陶磁器会館	541-1102
円山公園	561-0533
東山山頂公園	222-3586

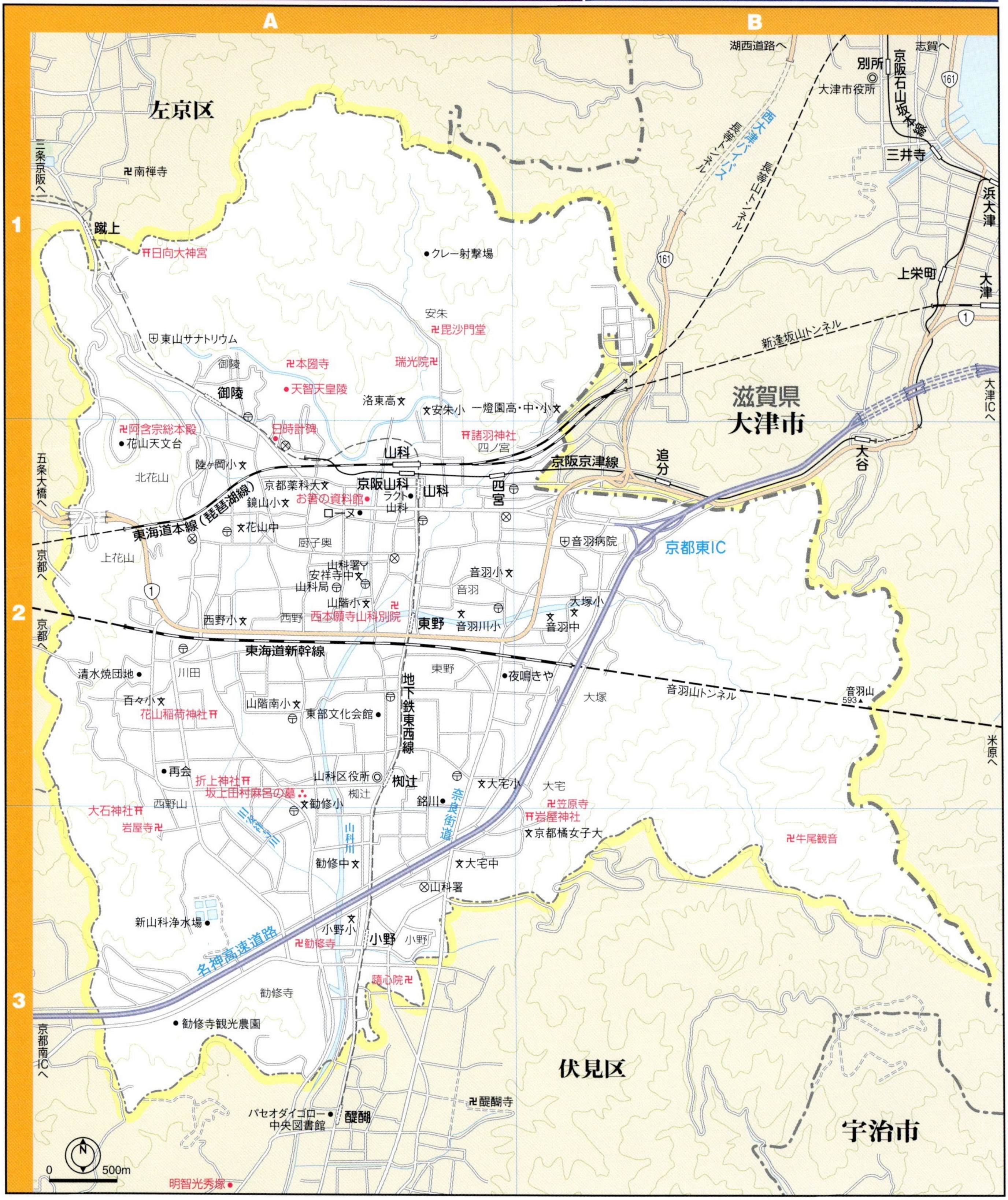

山科区	075	山科警察署	575-0110	やましなの家	591-5889
山科区役所	592-3050	山科消防署	592-9755		
福祉事務所	592-3050	水道局	592-3058		
子ども支援センター	592-3050	関西電力	581-6184		
保健所	592-3050	山科図書館	581-0503		
山科まち美化事務所	573-2457	東部文化会館	502-1012		
		アスニー山科	593-1543		

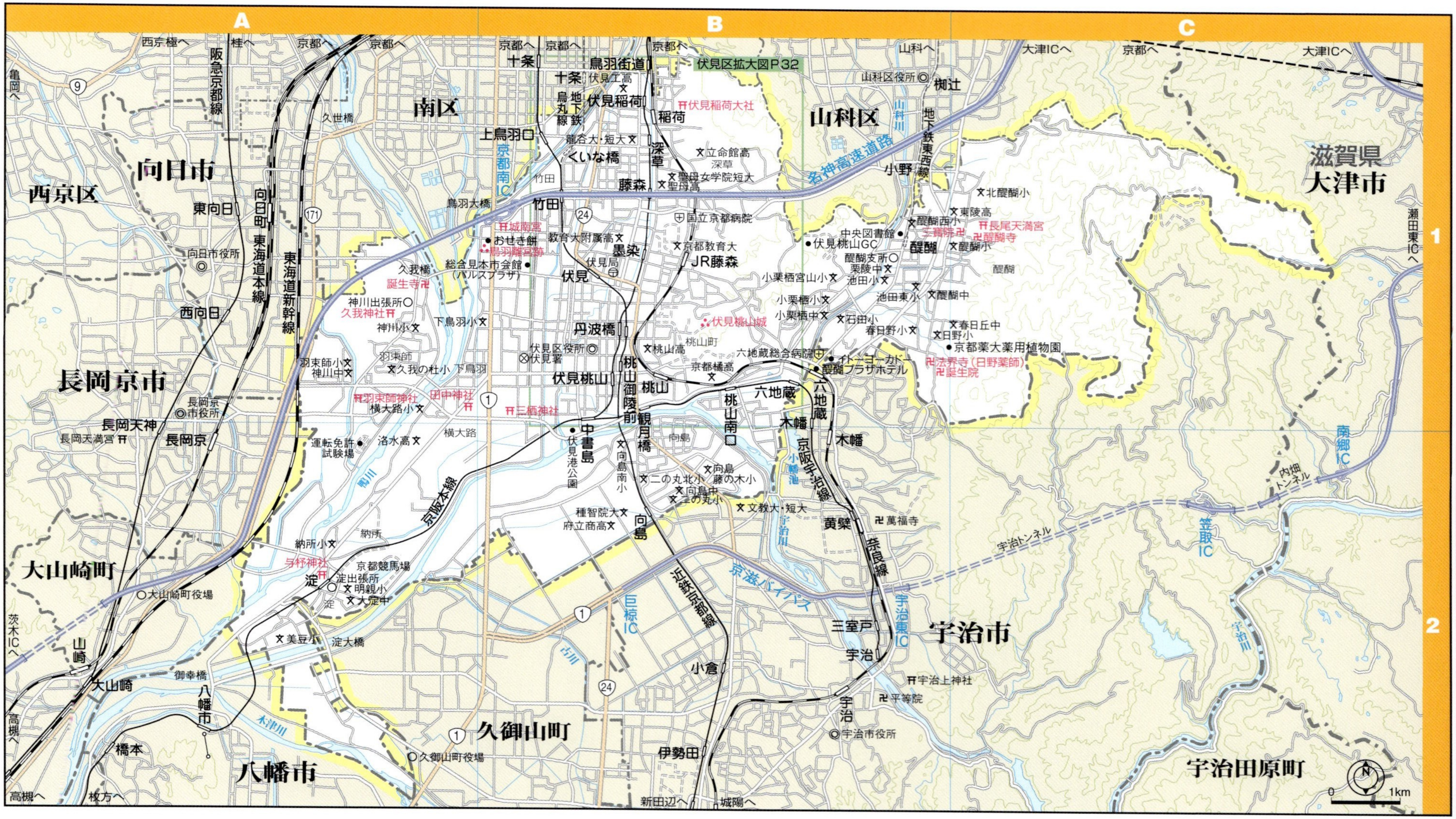

伏見区	075
伏見区役所	611-1101
神川出張所	921-0028
淀出張所	631-2040
深草支所	642-3101
醍醐支所	571-0003
福祉事務所	621-6660
深草福祉事務所	642-3101
醍醐福祉事務所	571-0003
子ども支援センター	621-6660
	642-3101
	571-0003
伏見保健所	611-1161
深草支所	642-3101
醍醐支所	571-0003
伏見まち美化事務所	601-7161
伏見警察署	602-0110
伏見消防署	641-5355
伏見中央図書館	622-6700
醍醐中央図書館	575-2584
向島図書館	622-7001
久我のもり図書館	934-2036
呉竹文化センター	603-2463
総合見本市会館	611-0011

A
B
1
2
3
十条
南区
山科区
鳥羽街道
伏見稲荷
稲荷
深草
藤森
竹田
上鳥羽口
くいな橋
伏見
墨染
JR藤森
丹波橋
近鉄丹波橋
桃山御陵前
伏見桃山
桃山
中書島
観月橋
桃山南口
六地蔵
京阪本線
奈良線
近鉄京都線
地下鉄烏丸線
京阪宇治線
名神高速道路
外環状線
伏見稲荷大社
伏見桃山城
伏見北堀公園
宇治川
山科川
鴨川
稲荷山 233
0 300m

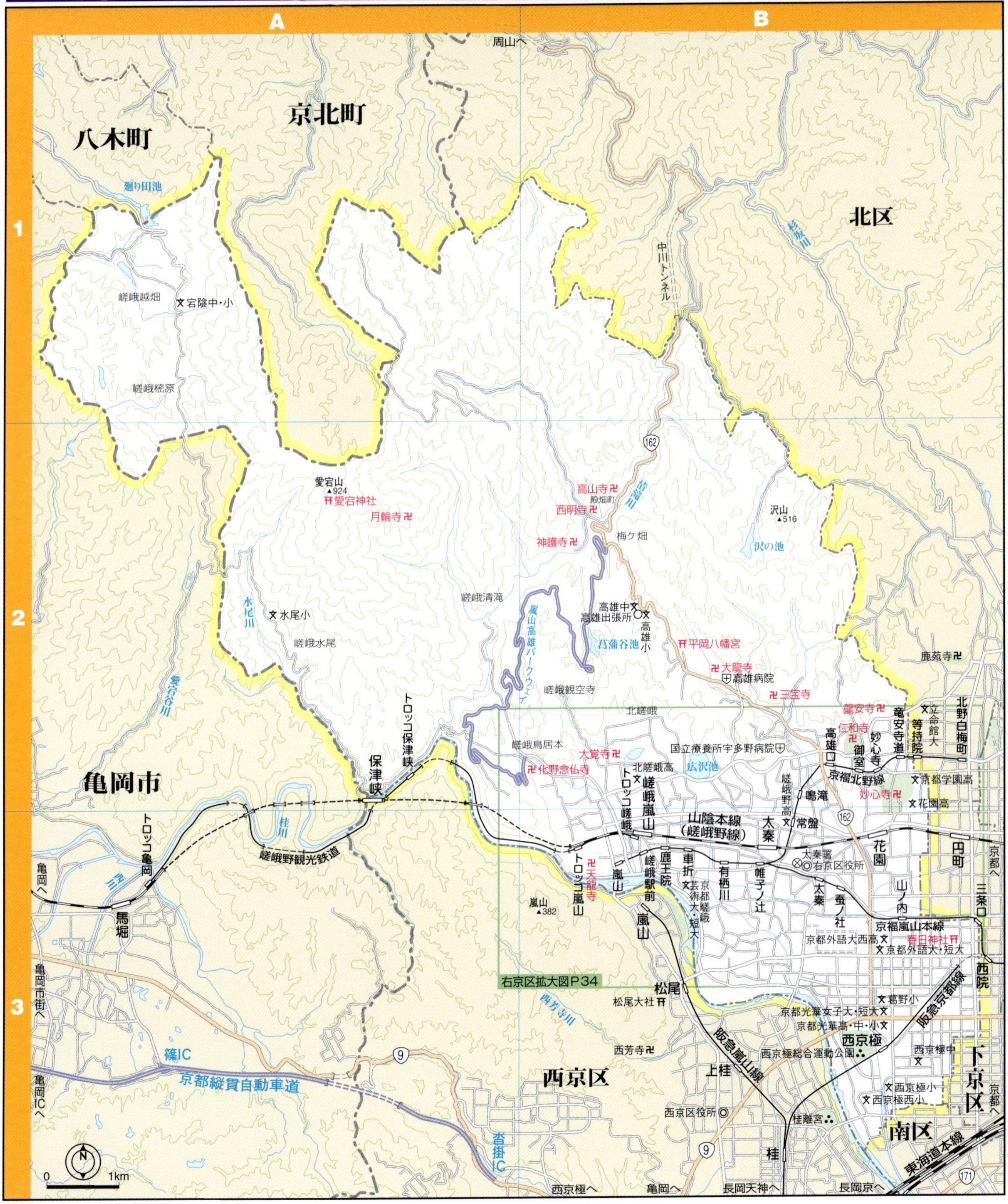

右京区	075				
右京区役所	861-1101	保健所	861-2176	右京図書館	871-5336
嵯峨出張所	861-0006	右京まち美化事務所	882-5787	ふれあい文化会館	822-3349
高雄出張所	861-0153	太秦警察署	865-0110	西京極総合運動公園	313-9131
宕陰出張所	0771-44-0314	右京消防署	871-0119	嵐山公園	701-0101
福祉事務所	861-1101	水道局	841-9184		
子供支援センター	861-1101	関西電力	491-1141		

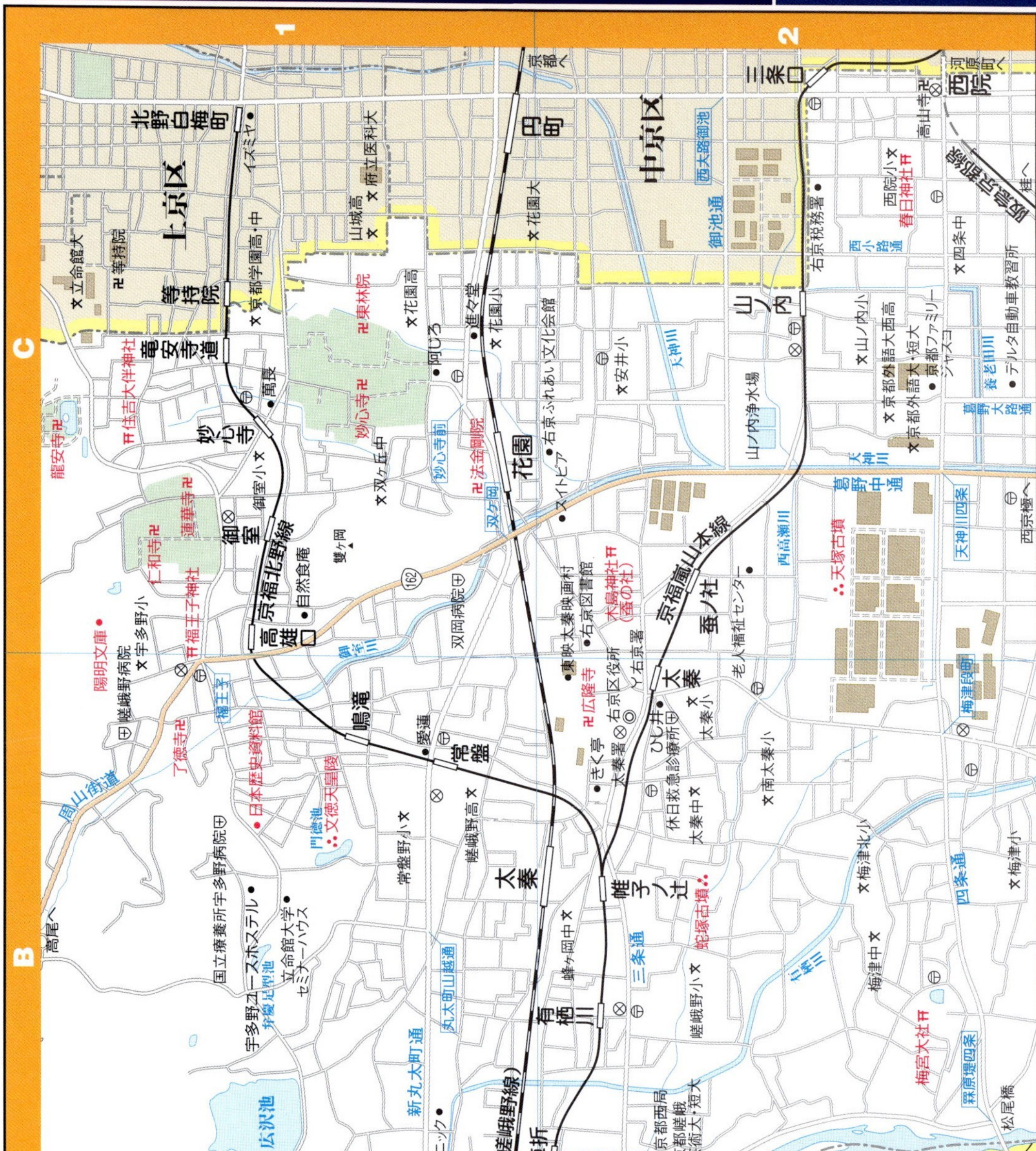
北野白梅町
上京区
等持院
竜安寺道
妙心寺
御室
宇多野
鳴滝
常盤
太秦
帷子ノ辻
有栖川
車折
鹿王院
嵯峨嵐山
トロッコ嵯峨
嵯峨駅前
嵐山
トロッコ嵐山
円町
花園
中京区
西院
山ノ内
蚕ノ社
太秦
三条口
松尾
西京区
京福北野線
京福嵐山本線
山陰本線（嵯峨野線）
阪急嵐山線
広沢池
大沢池
桂川（大堰川）
天神川
御池通
四条通
三条通
丸太町通
新丸太町通
周山街道
嵐山高雄パークウェイ
仁和寺
龍安寺
妙心寺
法金剛院
広隆寺
天龍寺
鹿王院
車折神社
野宮神社
梅宮大社
木嶋神社（蚕の社）
大覚寺
直指庵
祇王寺
滝口寺
化野念仏寺
愛宕念仏寺
常寂光寺
二尊院
落柿舎
大河内山荘
蛇塚古墳
天塚古墳
日本歴史資料館
陽明文庫
右京区役所
嵐山公園
渡月橋
法輪寺
嵐山 382
500m

西京区	075
西京区役所	381-7121
洛西支所	332-8111
福祉事務所	381-7121
	332-8111
子供支援センター	381-7121
	332-8111
保健所	392-5690
	332-8111
西京まち美化事務所	391-5983
桂警察署	391-0110
西京消防署	392-6071
水道局	392-8791
関西電力	951-0077
西京図書館	392-5558
洛西図書館	333-0577
国際日本文化研究センター	335-2222
西文化会館	394-2005
ふれあい会館	333-4651
桂離宮事務所	381-2029
桂坂野鳥遊園	333-4651
洛西竹林公園	331-3821
嵐山公園	701-0101
嵐山東公園	701-0101

向日市	075
市役所	931-1111
警察署	921-0110
向日消防署	934-0119
向陽保健所	933-1151
市立図書館	931-1181
市民会館	932-3166

長岡京市	075
市役所	951-2121
消防署	957-0119
市立図書館	951-4646
長岡京記念文化会館	955-5711
勝竜寺城公園	952-1146
洛西浄化センター公園	951-9161

大山崎町	075
町役場	956-2101
消防署	956-0119
保健センター	953-3430

八幡市	075
市役所	983-1111
警察署	981-0110
消防本部	981-4119
市民図書館	982-7322
男山市民図書館	982-4123
ふるさと学習館	972-2580
レクリエーションセンター	983-1611

久御山町	075
町役場	631-6111
消防本部	631-1515
町立図書館	0774-45-0003
ゆうホール	0774-45-0002

京田辺市	0774
市役所	63-1122
警察署	63-0110
消防本部	63-1125
田辺保健所	63-5745
中央図書館	65-2500
福祉会館	62-0571

宇治市	0774
市役所	22-3141
保健所	21-2191
休日急病診療所	22-4630
宇治警察署	21-0110
消防本部	22-0119
中央図書館	39-9256
西宇治図書館	39-9226
東宇治図書館	39-9182
市民会館	39-9272
植物公園	39-9387
天ヶ瀬森林公園	22-3141

城陽市	0774
市役所	52-1111
城陽警察署	53-0110
消防本部	54-0113
市立図書館	53-4000
文化パルク	55-1010
総合運動公園	55-6222

宇治田原町	0774
町役場	88-2250
消防分署	88-5500
町立図書館	88-5852
総合文化センター	88-5851

井出町	0774
町役場	82-2201
保健センター	82-3385
消防分署	82-3000
町立図書館	82-5700
勤労者福祉会館	82-3639

笠置町	0743
町役場	95-2301
公民館図書室	95-2746
笠置山公園	95-2301

加茂町	0774
町役場	76-3611
町立図書館	76-6466
文化センター	76-4611

和束町	0774
町役場	78-3001
図書室	78-4013
体験交流センター	78-4100
湯船森林公園	78-3010

南山城村	07439
村役場	3-0101
図書室	3-0522
やまなみホール	3-0560

木津町	0774
町役場	72-0501
リサイクル研修ステーション	75-2140
木津警察署	72-0110
木津消防署	72-2119
保健センター	72-3310
中央図書館	72-2980

精華町	0774
町役場	94-2004
国会図書館	98-1223
町立図書館	95-1911
けいはんなプラザ	95-5111

山城町	0774
町役場	86-2300
保健センター	86-5777
町立図書館	86-5001

MAP 19 亀岡市・日吉町・園部町・八木町

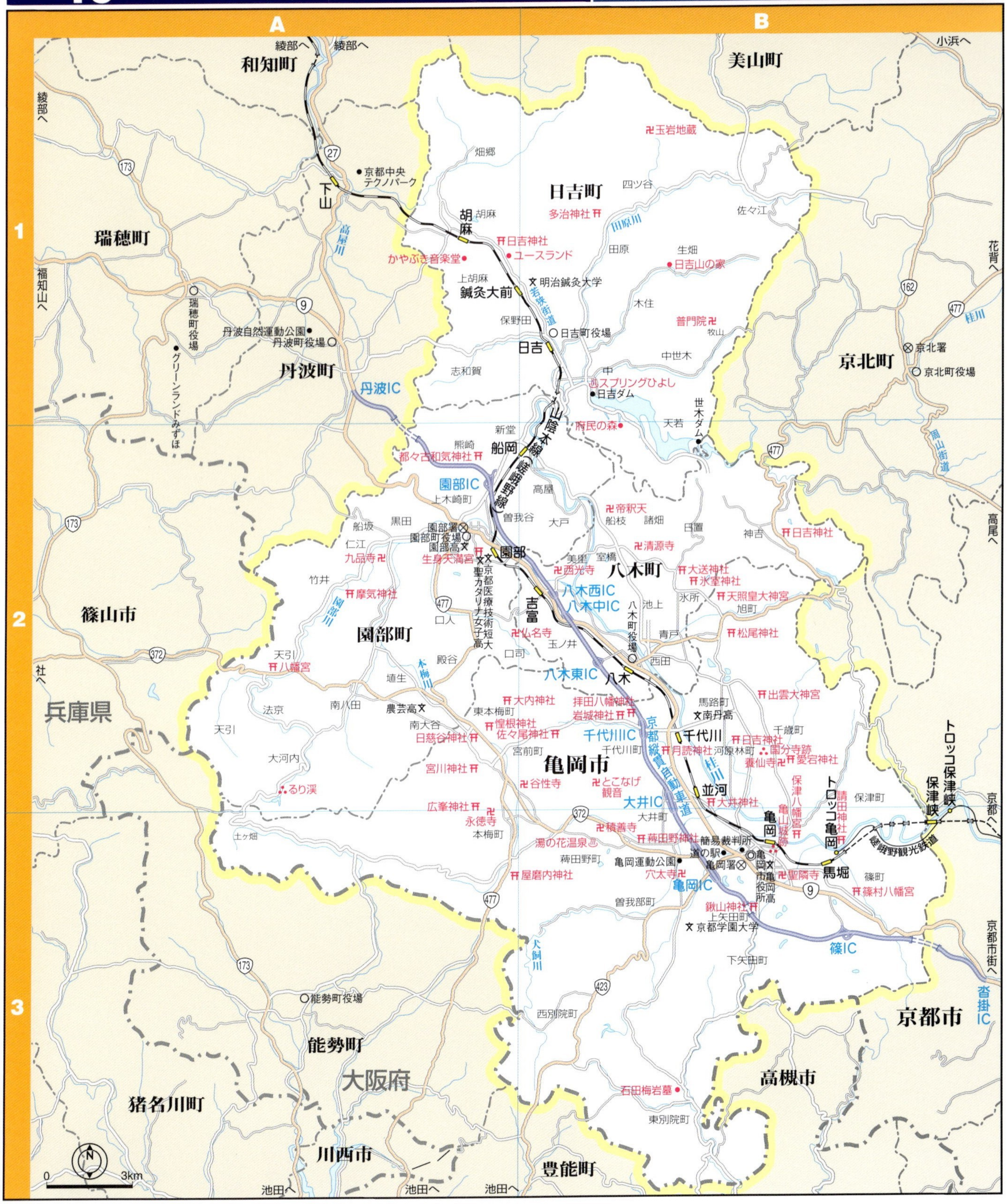

亀岡市	0771
市役所	22-3131
亀岡保健所	22-0264
保健センター	25-5004
亀岡警察署	24-0110
亀岡消防署	22-0119
市立図書館	24-4710
厚生会館	22-0408
運動公園	25-0372
園部町	**0771**
町役場	62-0550
園部保健所	62-4751
園部警察署	62-0110
園部消防署	62-0119
中央図書館	63-2980
国際交流会館	63-1777
るり渓温泉	65-5001
るり渓少年自然の家	65-0190
日吉町	**0771**
町役場	72-1160
ふるさと文庫	72-0950
ユースホール	74-0065
スプリングひよし	72-1526
八木町	**0771**
町役場	42-2300
消防署出張所	42-3119
郷土資料館図書室	42-2300
文覚ふれあい公園	42-5366

京北町	0771
町役場	52-1811
周山保健所	52-0050
保健センター	25-5004
警察署	54-0110
消防署出張所	54-0119
文化センター図書室	54-0120
宇津峡公園	55-1950
森林公園	53-0200

美山町	0771
町役場	75-0310
消防署出張所	75-0119
町立図書館	75-1834
和泉福泉館	75-0328
美山文化ホール	75-1831
大野ダム公園	75-0953

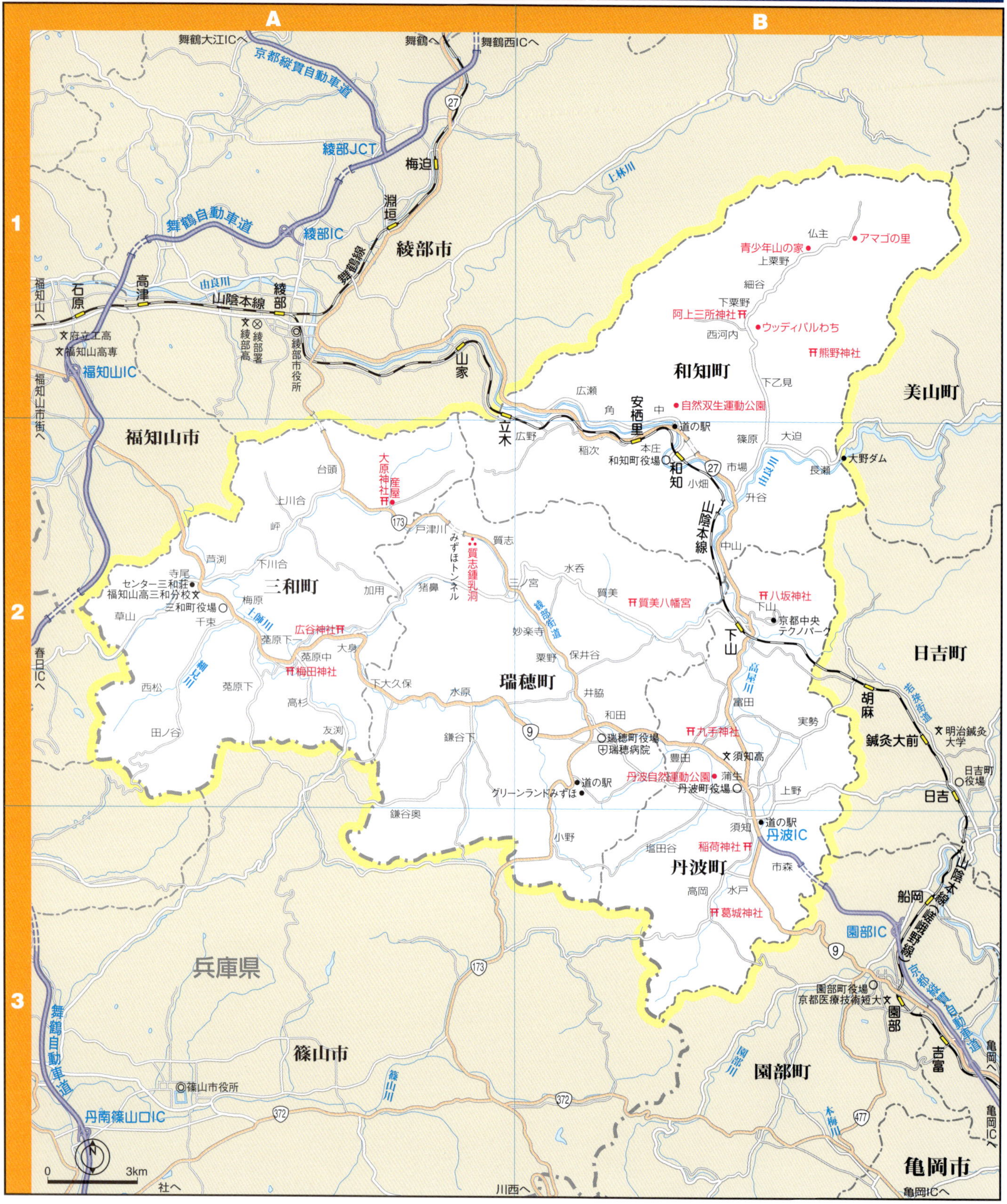

三和町 0773

町役場	58-3001
町立図書室	58-4715
センター三和荘	58-2310

瑞穂町 0771

町役場	86-0150
総合保健福祉センター	86-1800
教育委員会図書室	86-1150
グリーンランドみずほ	86-1512
質志鍾乳洞公園	86-1725

丹波町 0771

町役場	82-0200
健康管理センター	82-1800
消防署出張所	82-0119
丹波自然運動公園	82-0300

和知町 0771

町役場	84-0200
ふれあいセンター図書室	84-0028
自然双生運動公園	84-1991

福知山市	0773
市役所	22-6111
福知山保健所	22-6381
保健センター	23-2788
福知山警察署	22-0110
消防署	22-0119
市立図書館	22-3225
大正文化センター	22-5729
市民会館	22-9551
厚生会館	22-4955
総合福祉会館	23-3573

夜久野町	0773
町役場	37-1101
保健センター	37-1234
教育文化会館図書室	37-1108
農匠やくののんびり広場	37-2004
やくの玄武岩公園	37-1101
宝山公園	37-2004

大江町	0773
町役場	56-1105
保健福祉センター	56-2620
町立図書館	56-0025
新町会館	56-1992
金屋ふれあいセンター	56-1802

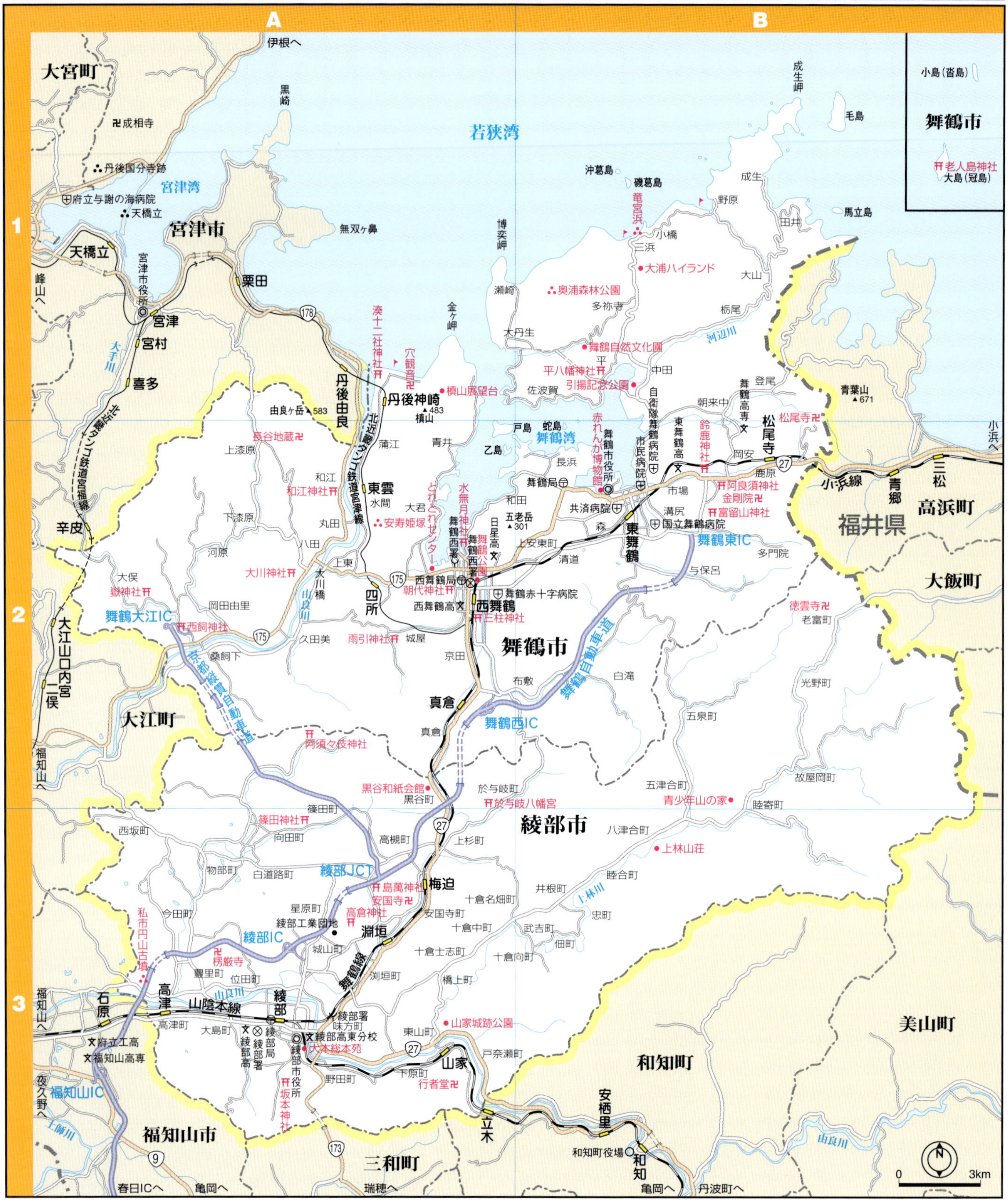

綾部市	0773	舞鶴市	0773				
市役所	42-3280	市役所	62-2300	東消防署	62-4590	総合文化会館	64-0880
綾部警察署	43-0110	西支所	75-2250	舞鶴保健所	75-0805	大浦森林公園	62-2300
消防本部	42-0119	加佐分室	83-0014	保健センター	65-0065	五老ケ岳公園	66-2582
市図書館	42-6980	西警察署	75-0110	西図書館	75-5406	青葉山ろく公園	66-1061
ふれあい牧場	48-0266	東警察署	62-0110	東図書館	62-0190	舞鶴公園	66-1047
私市円山古墳公園	43-1366	西消防署	75-2174	大浦会館	68-2010	舞鶴自然文化園	68-0221
				市民会館	75-0513		

宮津市 0772

市役所	22-2121
宮津警察署	25-0110
消防署	46-6119
宮津保健所	22-2107
市立図書館	22-2730
宮津会館	22-4144
天橋立公園	22-3244

伊根町 0772

町役場	32-0501
消防署分署	32-0119
本庄地区公民館図書室	33-0809
筒川文化センター	33-0161
水の江里浦嶋公園	33-5225

岩滝町 0772

町役場	46-3001
保健センター	46-0868
町立図書館	46-2451
一字観公園	46-0052
クアハウス岩滝	46-3500

加悦町 0772

町役場	43-1511
消防署分署	42-0119
中央公民館図書室	43-1551
古墳公園	43-1992
双峰公園	43-1581
滝の千年ツバキ公園	43-2161

野田川町 0772

町役場	42-3111
中央公民館図書室	43-0087
森林公園	42-4411
雲岩公園	44-2086

大宮町	0772
町役場	64-2400
保健センター	64-5691
中央公民館図書室	64-5692

峰山町	0772
町役場	62-4111
峰山警察署	62-0110
消防署	62-0119
町立図書館	62-5101

丹後町	0772
町役場	75-0260
保健センター	75-1433
中央公民館図書室	75-2111
碇高原牧場	76-1121
漁火温泉	75-1950
宇川温泉	76-1000

弥栄町	0772
町役場	65-2111
森林公園スイス村	66-0036
あしぎぬ温泉	65-2000

網野町	0772
町役場	72-0780
網野警察署	72-0110
あみの図書館	72-4946
浅茂川温泉	72-4126
木津温泉	74-0005

久美浜町	0772
町役場	82-0232
久美浜警察署	82-0110
町図書館	82-1771

京都生活便利情報

京都のお天気365日

5		4		3		2		1		（月）
舞鶴	京都	舞鶴	京都	舞鶴	京都	舞鶴	京都	舞鶴	京都	（都市）
39 ☀	48 ☀	43 ☀	43 ☀	39 ☃	29 ☃	43 ☃	39 ☀	53 ☂	39 ☀	1
48 ☀	53 ☀	43 ☀	62 ☀	29 ☂	34 ☀	48 ☃	43 ☀	62 ☂	48 ☁	2
53 ☀	48 ☀	58 ☀	62 ☀	48 ☂	29 ☁	29 ☁	39 ☀	43 ☂	43 ☀	3
53 ☀	39 ☁	48 ☀	43 ☀	34 ☂	34 ☀	39 ☃	34 ☀	29 ☃	43 ☀	4
53 ☀	53 ☀	53 ☀	48 ☀	34 ☂	29 ☂	43 ☃	39 ☂	39 ☂	34 ☀	5
39 ☀	48 ☂	48 ☂	48 ☀	34 ☂	48 ☀	43 ☃	29 ☀	29 ☁	34 ☂	6
58 ☀	58 ☀	48 ☀	39 ☀	34 ☀	34 ☀	43 ☃	39 ☀	34 ☃	39 ☁	7
62 ☀	58 ☀	53 ☀	43 ☀	39 ☀	58 ☀	39 ☃	34 ☀	48 ☂	34 ☀	8
58 ☀	62 ☀	58 ☂	62 ☂	43 ☀	39 ☁	48 ☀	48 ☁	39 ☂	53 ☀	9
67 ☀	67 ☀	48 ☂	48 ☀	58 ☂	58 ☂	48 ☃	39 ☃	34 ☃	29 ☀	10
62 ☀	58 ☀	48 ☀	48 ☀	39 ☂	39 ☀	43 ☃	48 ☁	43 ☃	43 ☀	11
72 ☀	72 ☀	48 ☀	48 ☀	34 ☀	34 ☁	39 ☀	39 ☀	39 ☃	34 ☁	12
62 ☀	39 ☀	48 ☀	53 ☀	39 ☂	34 ☁	39 ☂	39 ☀	39 ☃	39 ☁	13
58 ☀	48 ☂	62 ☀	53 ☀	43 ☂	39 ☂	39 ☁	62 ☁	58 ☃	29 ☀	14
43 ☀	39 ☀	53 ☂	48 ☂	34 ☀	48 ☀	48 ☃	39 ☀	43 ☃	43 ☀	15
39 ☀	39 ☀	48 ☂	58 ☂	39 ☂	48 ☀	34 ☃	34 ☀	43 ☃	39 ☃	16
53 ☀	43 ☀	53 ☂	48 ☀	72 ☂	53 ☂	39 ☃	39 ☂	43 ☃	39 ☁	17
62 ☀	67 ☀	67 ☀	77 ☀	43 ☀	48 ☀	34 ☂	48 ☀	43 ☃	34 ☀	18
43 ☀	62 ☀	62 ☀	62 ☀	48 ☀	48 ☀	53 ☂	34 ☁	39 ☃	43 ☀	19
48 ☀	43 ☀	48 ☀	43 ☂	43 ☀	43 ☀	39 ☂	34 ☀	43 ☃	48 ☀	20
62 ☀	58 ☀	53 ☀	48 ☀	62 ☂	58 ☂	43 ☃	39 ☃	39 ☂	39 ☀	21
48 ☀	53 ☀	43 ☀	43 ☀	39 ☂	34 ☀	34 ☃	43 ☀	48 ☃	39 ☃	22
72 ☀	77 ☀	72 ☀	67 ☀	48 ☂	53 ☂	39 ☂	43 ☂	29 ☀	34 ☀	23
62 ☀	58 ☀	62 ☀	67 ☀	62 ☂	39 ☂	43 ☂	29 ☂	43 ☂	34 ☂	24
67 ☀	62 ☀	62 ☀	67 ☀	43 ☂	48 ☀	48 ☃	34 ☂	39 ☃	39 ☀	25
53 ☀	53 ☀	53 ☀	62 ☀	58 ☀	72 ☀	34 ☃	34 ☀	43 ☃	43 ☀	26
53 ☀	58 ☀	48 ☀	48 ☀	67 ☀	62 ☀	39 ☃	34 ☀	34 ☃	48 ☀	27
43 ☀	48 ☀	39 ☀	48 ☂	53 ☀	77 ☀	48 ☃	43 ☃	62 ☃	34 ☀	28
53 ☀	53 ☀	43 ☂	53 ☂	58 ☀	48 ☀			39 ☃	34 ☃	29
48 ☀	43 ☀	53 ☀	43 ☀	58 ☂	58 ☂			48 ☂	34 ☁	30
62 ☀	58 ☀			43 ☂	39 ☁			29 ☀	29 ☀	31

※数字は表示されている天気の出現率。（20年間の平均値）　資料提供／京都地方気象台

12		11		10		9		8		7		6	
舞鶴	京都	舞鶴	京都	舞鶴	京都	舞鶴	京都	舞鶴	京都	舞鶴	京都	舞鶴	京都
39 ☂	58 ☀	48 ☀	62 ☀	48 ☂	43 ☀	43 ☀	43 ☀	62 ☀	48 ☀	43 ☁	53 ☂	53 ☀	58 ☀
43 ☀	43 ☂	48 ☂	67 ☀	53 ☀	43 ☀	67 ☀	48 ☀	58 ☀	43 ☀	53 ☂	48 ☂	62 ☀	58 ☀
39 ☂	58 ☀	43 ☀	67 ☀	34 ☀	48 ☀	53 ☀	43 ☀	62 ☀	43 ☀	48 ☀	53 ☁	48 ☀	48 ☂
39 ☀	62 ☀	39 ☀	53 ☀	43 ☀	43 ☀	43 ☀	39 ☂	48 ☀	39 ☂	53 ☁	39 ☂	67 ☀	48 ☀
43 ☂	53 ☀	43 ☂	39 ☂	48 ☂	48 ☀	62 ☀	53 ☀	58 ☀	43 ☀	53 ☂	53 ☂	58 ☀	53 ☀
58 ☂	34 ☀	43 ☂	43 ☀	39 ☀	53 ☀	53 ☀	39 ☀	58 ☀	34 ☀	53 ☂	53 ☂	53 ☀	58 ☀
43 ☂	53 ☀	43 ☂	39 ☁	48 ☂	48 ☀	48 ☂	43 ☂	48 ☀	43 ☀	62 ☂	67 ☂	43 ☀	58 ☀
48 ☂	53 ☀	43 ☀	53 ☀	58 ☂	48 ☀	48 ☂	53 ☂	53 ☀	53 ☀	39 ☀	58 ☂	58 ☀	43 ☀
48 ☀	62 ☀	43 ☂	39 ☁	39 ☀	62 ☀	58 ☂	48 ☂	67 ☀	48 ☀	43 ☂	53 ☂	53 ☀	58 ☀
43 ☂	48 ☀	43 ☀	39 ☀	43 ☀	53 ☀	67 ☂	62 ☂	58 ☀	58 ☀	43 ☂	43 ☂	43 ☀	43 ☀
53 ☂	43 ☀	43 ☂	53 ☀	43 ☂	39 ☀	48 ☂	43 ☂	58 ☀	39 ☀	62 ☂	67 ☂	48 ☂	53 ☂
48 ☂	48 ☀	48 ☂	48 ☀	39 ☀	39 ☀	43 ☀	43 ☀	72 ☀	39 ☀	72 ☂	53 ☂	48 ☀	34 ☀
39 ☀	62 ☀	53 ☂	43 ☀	43 ☂	48 ☀	43 ☀	43 ☂	82 ☀	58 ☀	53 ☂	43 ☂	43 ☀	58 ☁
39 ☂	43 ☀	43 ☀	48 ☀	53 ☂	48 ☀	43 ☀	43 ☀	62 ☀	62 ☀	53 ☂	43 ☂	39 ☂	39 ☀
48 ☂	48 ☀	67 ☂	39 ☀	58 ☀	72 ☀	34 ☀	43 ☂	48 ☀	48 ☀	43 ☀	39 ☀	39 ☀	39 ☀
43 ☂	48 ☂	43 ☂	48 ☁	39 ☀	39 ☀	48 ☀	48 ☀	48 ☀	48 ☀	48 ☂	39 ☂	48 ☀	39 ☀
53 ☂	62 ☀	58 ☂	39 ☂	48 ☂	43 ☂	43 ☀	48 ☁	53 ☂	48 ☀	39 ☀	58 ☂	43 ☀	53 ☂
29 ☀	53 ☀	39 ☁	72 ☀	48 ☀	48 ☀	43 ☂	39 ☂	43 ☀	39 ☁	62 ☀	48 ☀	48 ☂	58 ☂
67 ☂	43 ☀	43 ☀	62 ☀	53 ☂	43 ☂	48 ☂	43 ☀	58 ☀	48 ☀	48 ☀	43 ☂	58 ☂	39 ☂
34 ☀	53 ☀	43 ☂	48 ☀	43 ☀	67 ☀	48 ☂	48 ☂	58 ☀	43 ☂	58 ☀	43 ☀	43 ☁	48 ☂
58 ☂	53 ☀	53 ☂	62 ☀	58 ☀	67 ☀	34 ☀	39 ☁	48 ☂	53 ☂	62 ☀	39 ☀	53 ☂	62 ☂
43 ☂	39 ☂	62 ☂	58 ☂	62 ☀	62 ☀	62 ☂	43 ☁	53 ☀	43 ☀	58 ☀	39 ☀	43 ☂	48 ☂
43 ☂	48 ☀	39 ☂	43 ☀	39 ☀	62 ☀	39 ☂	43 ☁	53 ☀	48 ☀	58 ☀	48 ☀	48 ☂	48 ☂
43 ☂	43 ☀	53 ☂	48 ☀	43 ☂	43 ☀	53 ☂	43 ☂	48 ☀	53 ☀	58 ☀	43 ☀	48 ☂	43 ☂
48 ☂	43 ☀	53 ☂	43 ☀	53 ☀	67 ☀	39 ☂	43 ☂	39 ☀	48 ☁	62 ☀	48 ☀	58 ☂	62 ☂
53 ☂	39 ☀	53 ☂	43 ☀	48 ☂	43 ☀	39 ☂	53 ☂	43 ☀	48 ☂	67 ☀	53 ☀	53 ☂	39 ☁
39 ☂	48 ☀	43 ☂	53 ☂	43 ☀	67 ☀	43 ☀	48 ☀	48 ☀	48 ☁	58 ☀	58 ☀	43 ☀	67 ☂
34 ☀	58 ☀	53 ☂	43 ☀	43 ☀	58 ☀	48 ☂	43 ☁	58 ☀	58 ☁	58 ☀	39 ☁	58 ☂	53 ☂
39 ☁	53 ☀	39 ☂	48 ☀	48 ☀	53 ☀	43 ☀	39 ☀	53 ☀	48 ☀	67 ☀	48 ☀	58 ☂	53 ☂
58 ☂	43 ☀	53 ☂	43 ☀	43 ☂	48 ☀	67 ☂	43 ☂	62 ☀	53 ☀	72 ☀	48 ☀	58 ☂	48 ☂
58 ☂	53 ☀			48 ☂	58 ☀			48 ☀	48 ☀	58 ☀	48 ☀		

【葵祭巡行図】

5月15日

※通過時刻はおよその目安です。

【祇園祭巡行図】

7月17日

※通過時刻はおよその目安です。

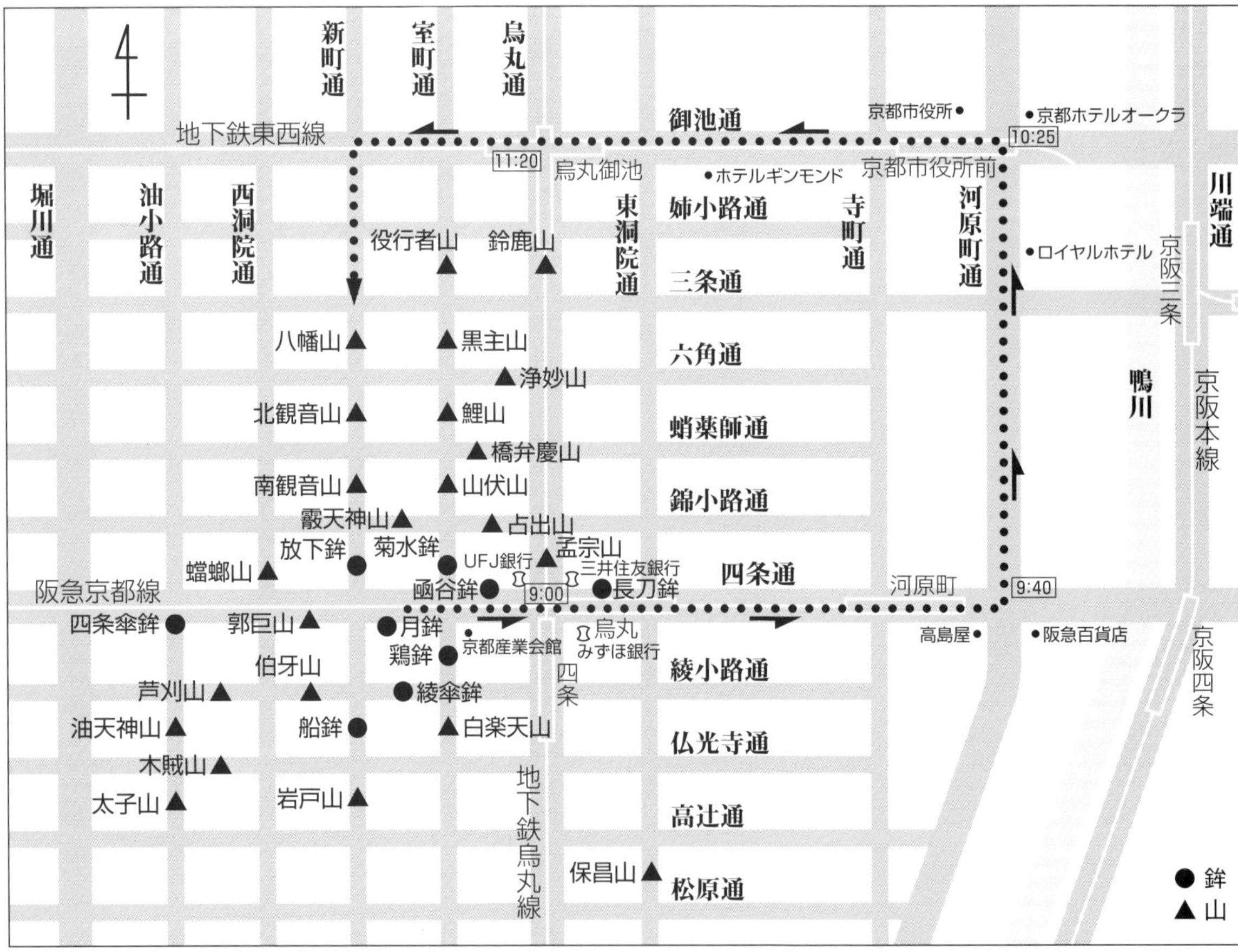

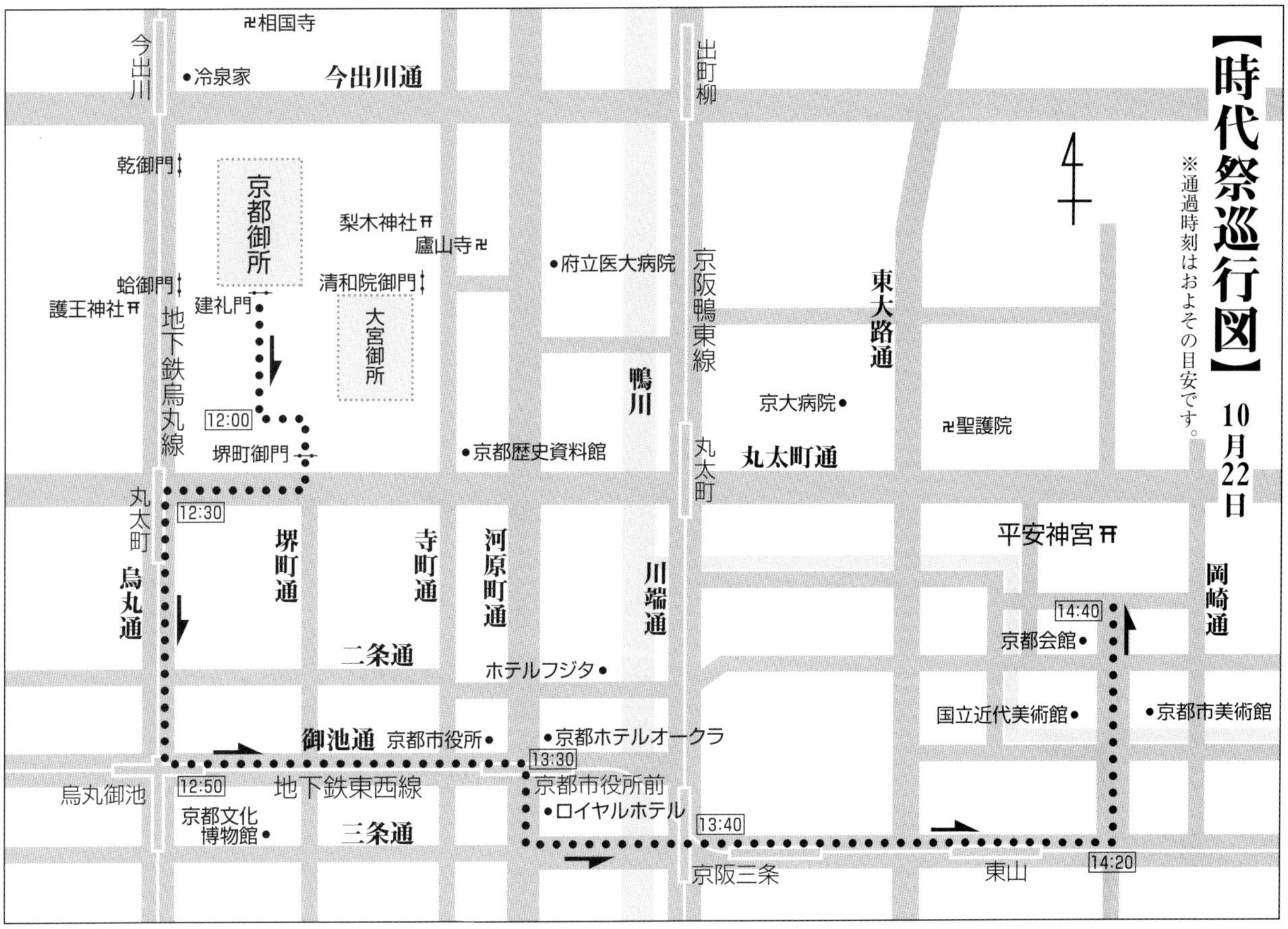
【時代祭巡行図】
10月22日
※通過時刻はおよその目安です。
相国寺
冷泉家
今出川通
今出川
出町柳
乾御門
京都御所
梨木神社
廬山寺
府立医大病院
京阪鴨東線
蛤御門
護王神社
清和院御門
大宮御所
建礼門
東大路通
地下鉄烏丸線
鴨川
京大病院
聖護院
12:00
堺町御門
京都歴史資料館
丸太町
丸太町通
12:30
平安神宮
烏丸通
堺町通
寺町通
河原町通
川端通
岡崎通
14:40
京都会館
二条通
ホテルフジタ
国立近代美術館
京都市美術館
御池通
京都市役所
京都ホテルオークラ
13:30
烏丸御池
12:50
地下鉄東西線
京都市役所前
京都文化博物館
三条通
ロイヤルホテル
13:40
京阪三条
東山
14:20

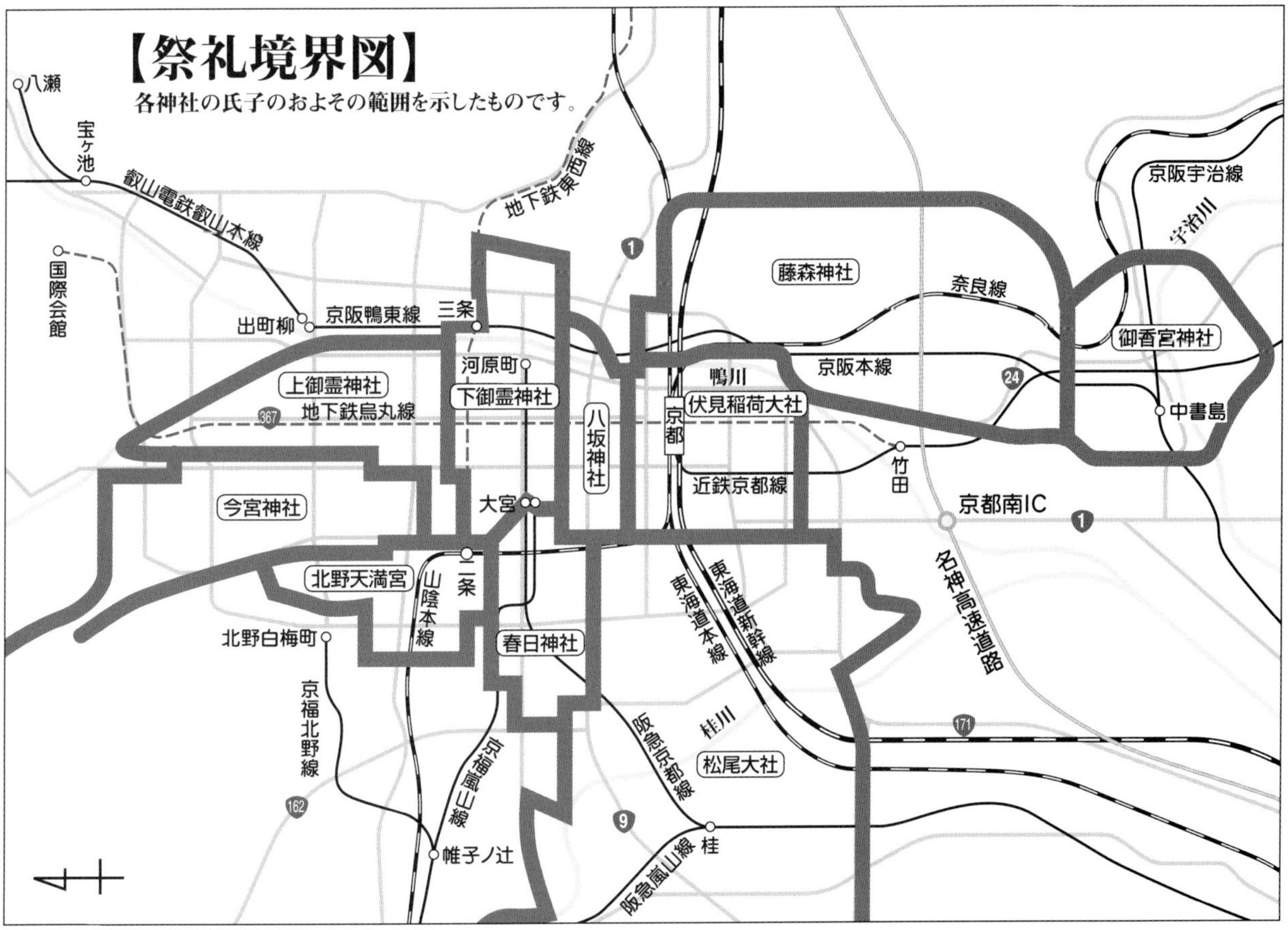
【祭礼境界図】
各神社の氏子のおよその範囲を示したものです。
八瀬
宝ヶ池
叡山電鉄叡山本線
地下鉄東西線
京阪宇治線
宇治川
国際会館
藤森神社
奈良線
出町柳
京阪鴨東線
三条
御香宮神社
河原町
鴨川
京阪本線
上御霊神社
下御霊神社
八坂神社
京都
伏見稲荷大社
中書島
地下鉄烏丸線
竹田
今宮神社
大宮
近鉄京都線
京都南IC
北野天満宮
二条
山陰本線
東海道本線
東海道新幹線
名神高速道路
北野白梅町
春日神社
京福北野線
阪急京都線
桂川
京福嵐山線
松尾大社
帷子ノ辻
桂
阪急嵐山線

五山送り火の火床図

大文字送り火風景『都名所図絵』より（安永９年）

●大文字・火床

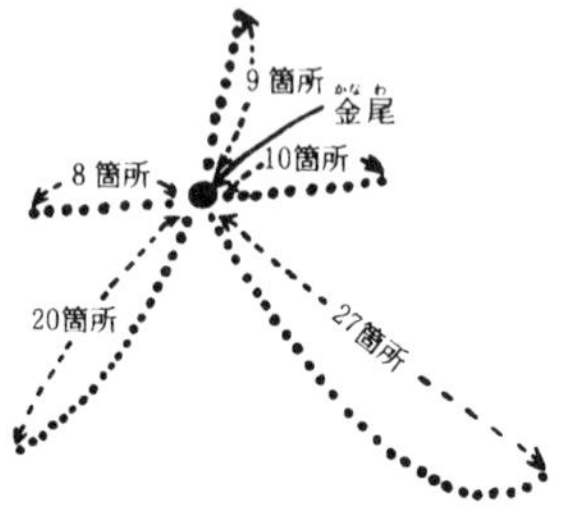

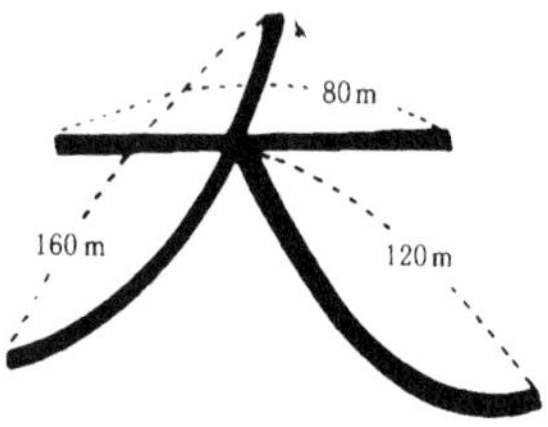

【火床の構造】横から見たところ

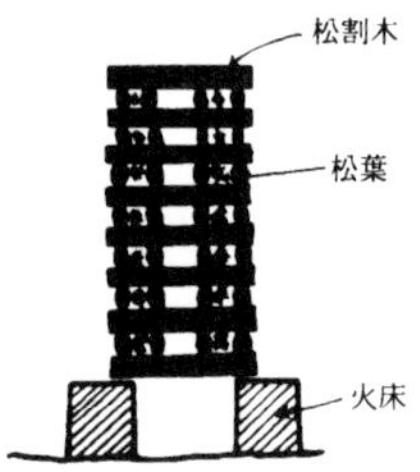

【火床の構造】上から見たところ

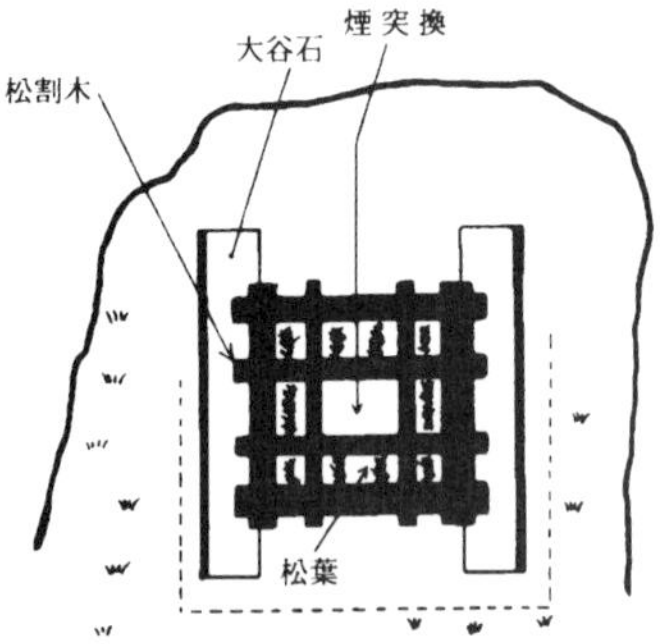

●松ヶ崎妙法・火床

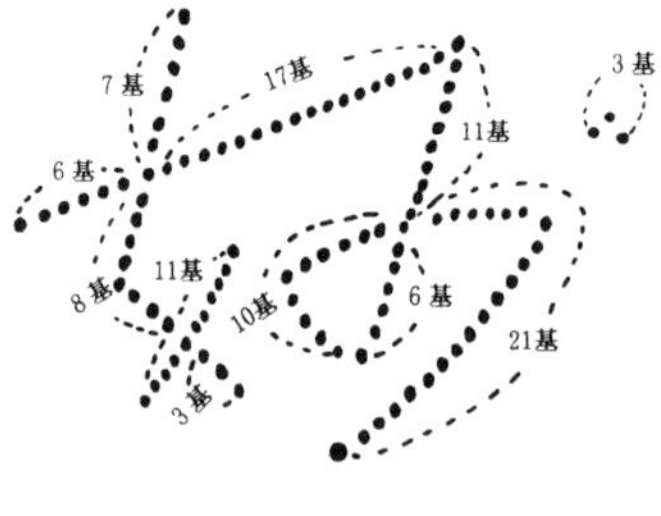

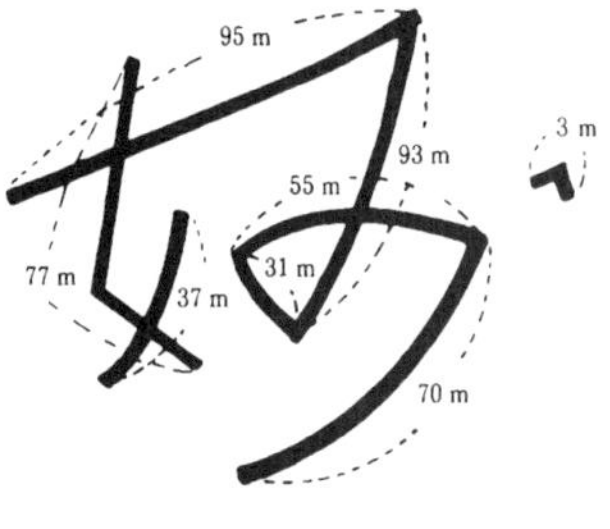

【火床の構造】横から見たところ

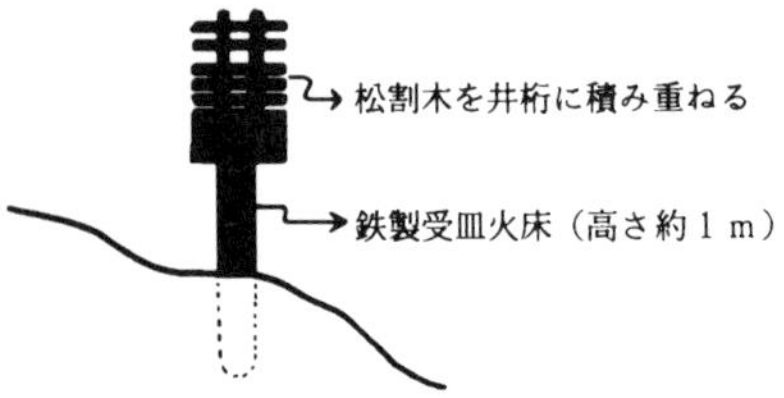

【火床の構造】上から見たところ

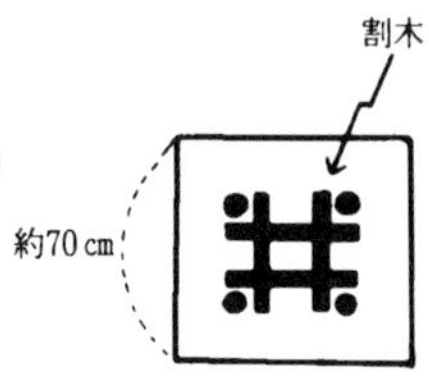

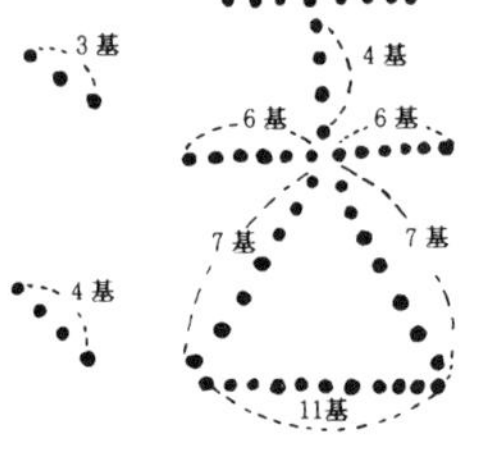

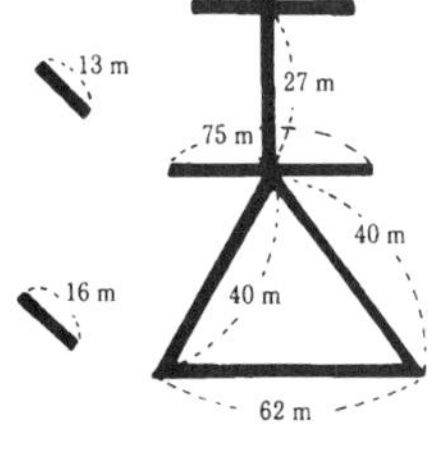

船形万燈籠・火床●

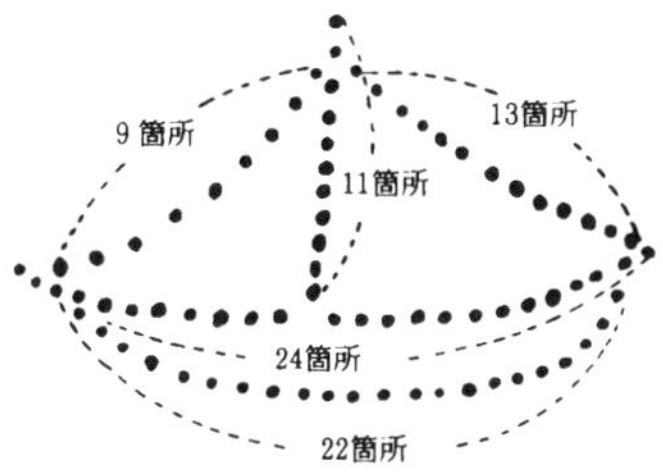

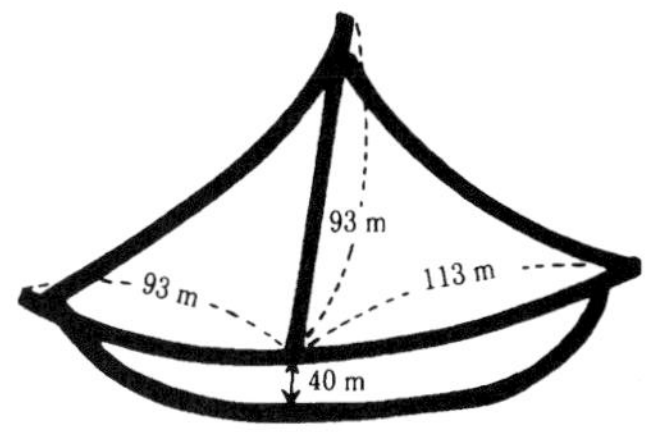

【火床の構造】横から見たところ

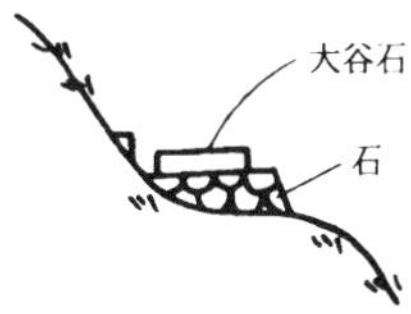

【火床の構造】上から見たところ

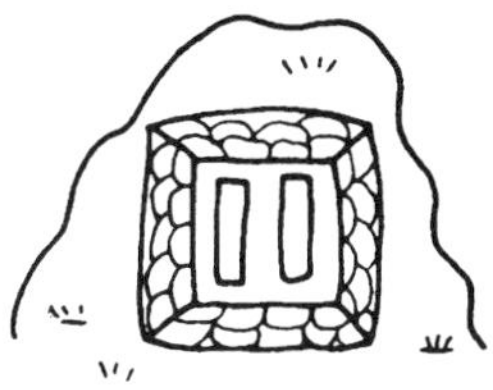

●左大文字・火床

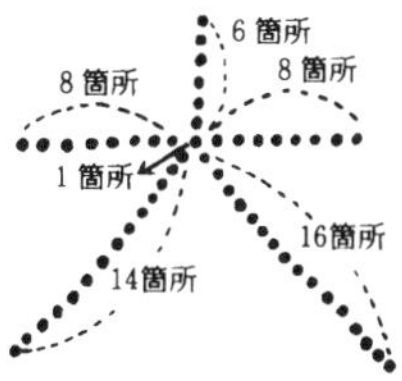

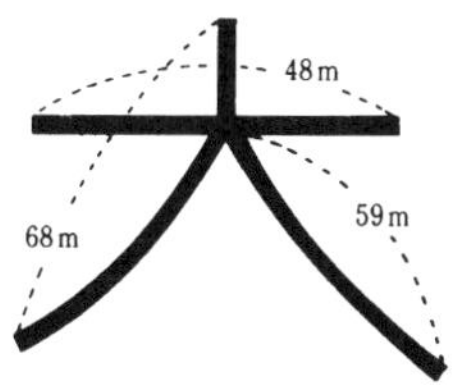

【火床の構造】横から見たところ

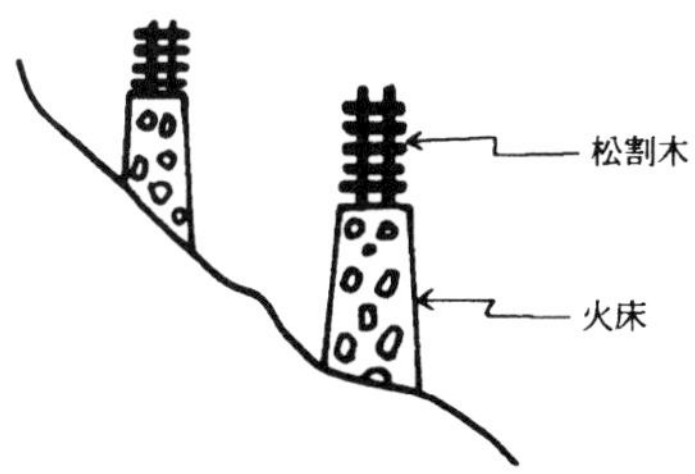

【火床の構造】上から見たところ

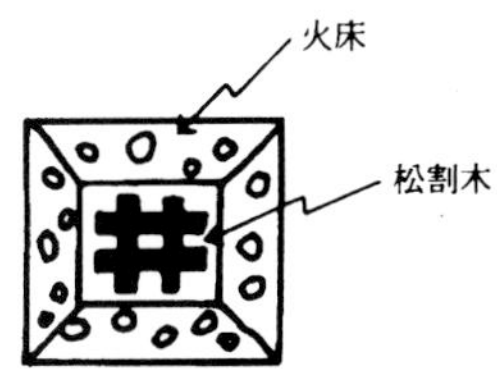

鳥居形松明・火床●

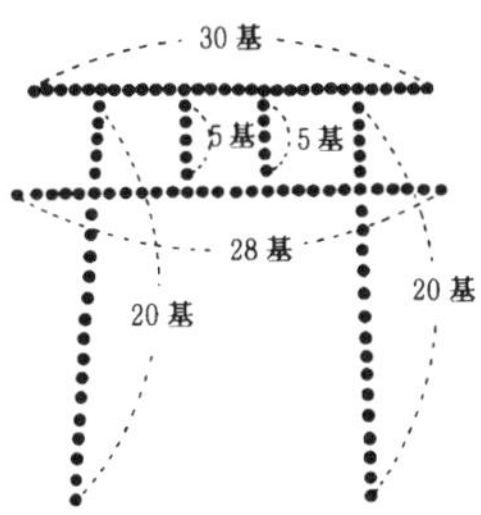

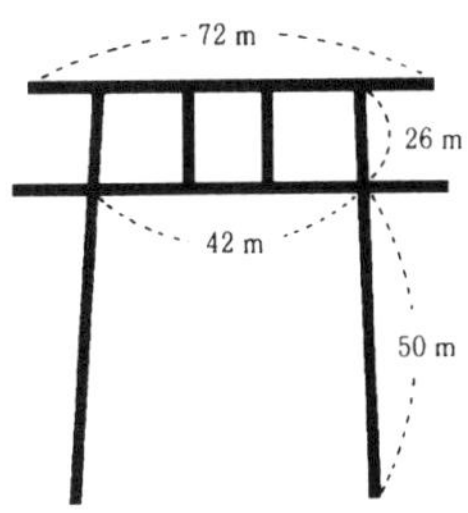

【火床の構造】横から見たところ

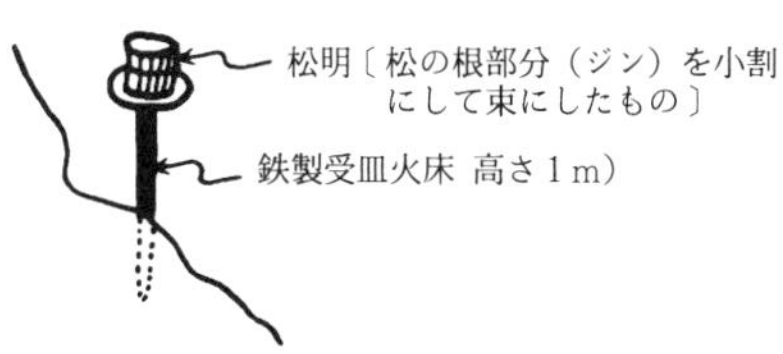

【火床の構造】上から見たところ

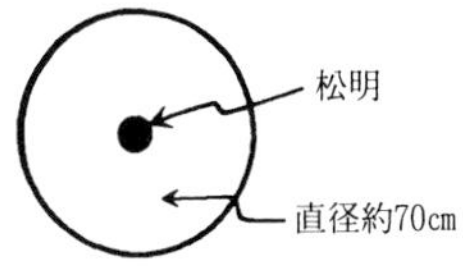

平安京大内裏図

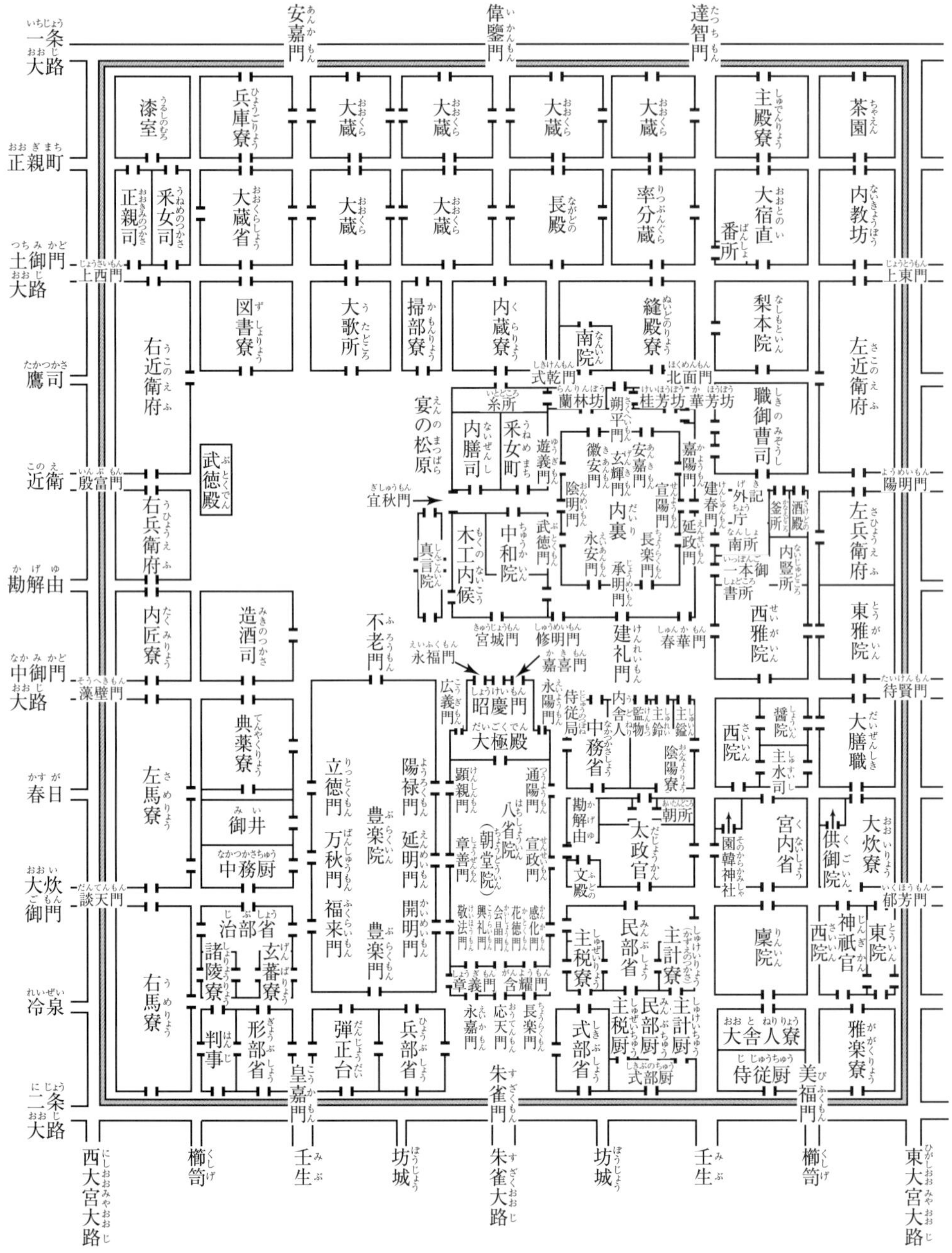

大極殿　天皇が政務をとり、また賀正・即位などの大礼を行う所。
太政官　国政を司る最高機関。
民部省　戸籍・租税・賦役など全国の民政・財政を担当するところ。
宮内省　御料・調度・調貢その他天皇・皇室の一切の事務を司る所。
武徳殿　騎射・競馬などを天覧する所。
雅楽寮　宮廷音楽の楽人管理・歌舞教習などを司る所。
大膳寮　供御（天皇の飲食物）・饗宴に関することを司る所。
廩　院　田祖や庸の米を収蔵した民部省の倉庫。
典薬寮　大嘗会・節会・競馬・相撲などを行う所。
造酒司　酒や酢などの醸造を行い、節会・宴などにおいて官人に対する饗饌にもあたった。
弾正台　違法行為を糾弾する特別検察機関。
兵部省　武官の考課・選叙など軍事関係の事務を司る所。
刑部省　裁判の量刑・判決・刑執行などを行う所。
式部省　文官の勤務評定や人事を司る所。
治部省　姓氏・継嗣・婚姻など身分の認定などを行う所。

平安京内裏図

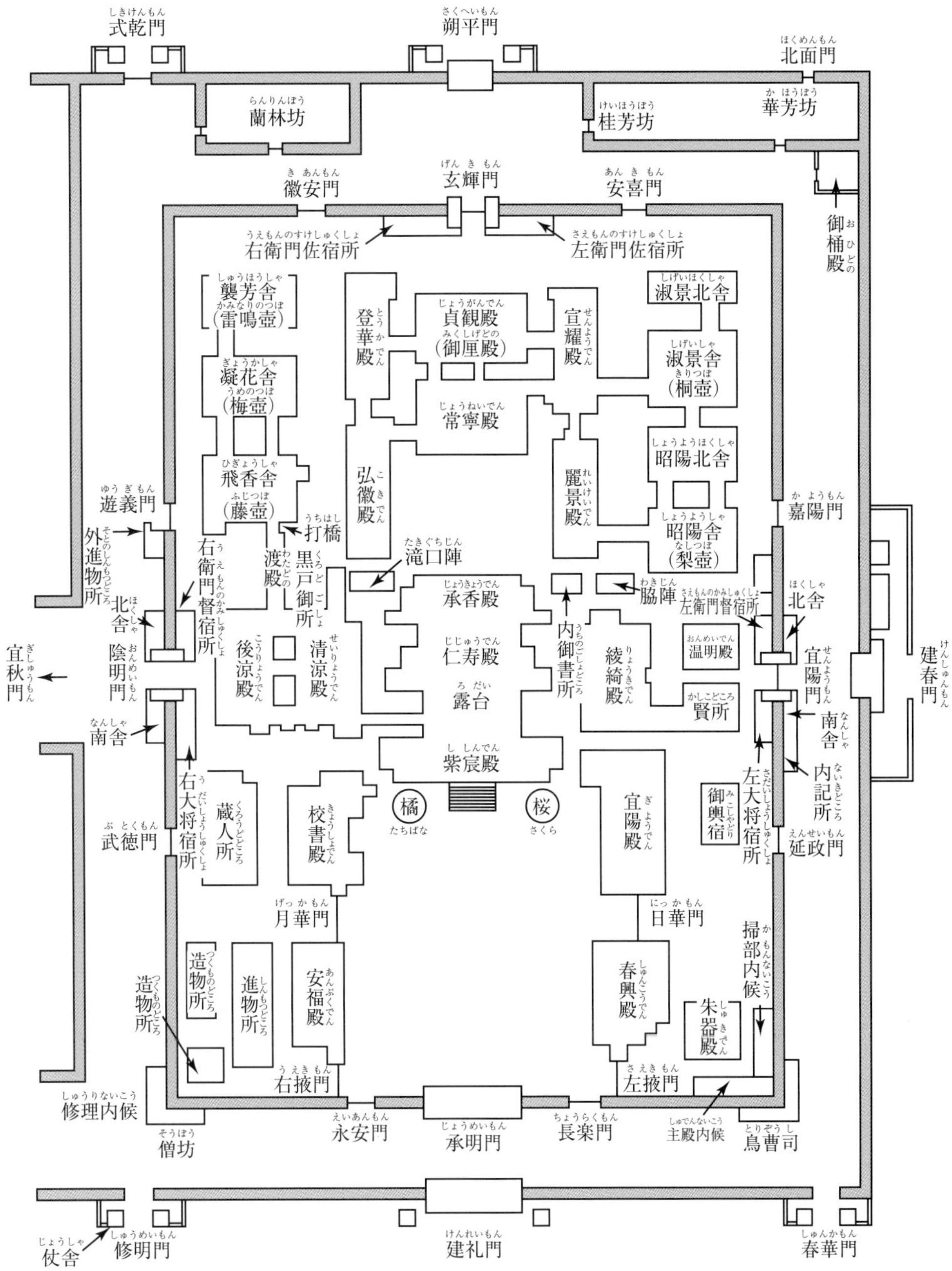

貞観殿　皇后宮の正庁で、大夫以下が参集して後宮の事務をとる所。
常寧殿　皇后・女御の居所。
弘徽殿　後宮（皇后・妃などの居所）のひとつで、麗景殿と相対する。
登華殿　中宮・女御の居所。
宣耀殿　内親王・女御などの居所。
紫宸殿　朝賀・公事などを行う所。
清涼殿　天皇の常の居所で、四方拝・叙位・除目などの公事も行った。
綾綺殿　沐浴・斎服（物忌みの時に着る服）着御の場所。
飛香舎　中宮・女御などの居所。坪庭に藤の花が植えてあったので藤壺ともいう。
蔵人所　天皇に近侍し、伝宣・進奏・儀式その他宮中の大小の雑事を司る役所。
進物所　天皇・皇族の食事の調進を司る所。
安福殿　侍医の控え所。
春興殿　武具などをおさめる所。

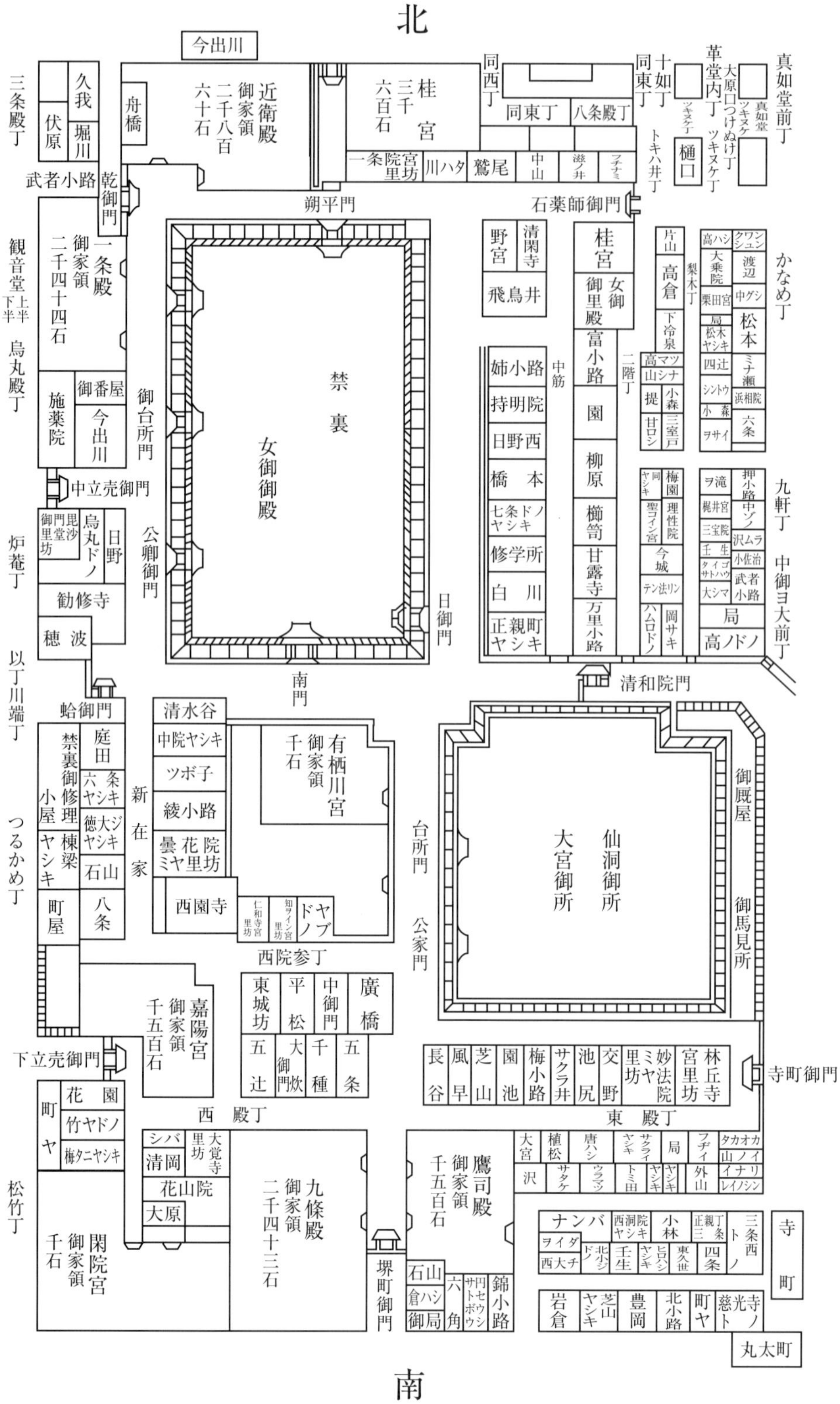

幕末頃の京都御所付近図

【難読地名一覧】

●【一画】●

一口	いもあらい	久御山町
乙方	おちかた	宇治市

●【二画】●

九折坂	つづらおりざか	左京区
七日市	なぬかいち	舞鶴市
八反田	はったんだ	舞鶴市
八戸地	はとち	舞鶴市
卜味金仏町	ぼくみかなぶつちょう	下京区
八入岡	やしおのおか	左京区

●【三画】●

上安	うえやす	舞鶴市
上延	うわのぶ	綾部市
大内	おおち	福知山市
大槻並	おおつくなみ	亀岡市
大丹生	おおにゅう	舞鶴市
大波	おおば	舞鶴市
大橋辺	おおはしべり	久御山町
大簾	おおみす	和知町
大宅	おおやけ	山科区
大呂	おおろ	福知山市
小栗栖	おぐりす・おぐるす	伏見区
小橋	おばせ	舞鶴市
大油子	おゆご	夜久野町
小呂	おろ	綾部市
上天津	かみあまつ	福知山市
上狛	かみこま	山城町
上紺屋	かみこや	福知山市
上立売	かみだちうり	京都市
上終町	かみはてちょう	左京区
上原	かんばら	綾部市
久僧	きゅうそ	丹後町
久貝	くがい	長岡京市
久住	くすみ	大宮町
口人	くちうど	園部町
口馬地	くちまじ	久美浜町
口司	こうし	園部町
上津屋	こうづや	城陽市、八幡市
久我	こが	伏見区
小田	こだ	弥栄町
山河	さんご	加悦町
下海印寺	しもかいいんじ	長岡京市
下紺屋	しもこや	福知山市
下替地	したのかち	綾部市
下天津	しもあまつ	福知山市
千束	せんぞく	三和町
三河	そうご	大江町
土ヶ畑	どんがはた	亀岡市
女布	にょう	舞鶴市、久美浜町
土師	はぜ	福知山市
万里小路	までのこうじ	京都市
三河内	みごち	野田川町
三埜	みつの	美山町
山越	やまごえ	右京区
山端	やまばな	左京区
与保呂	よほろ	舞鶴市

●【四画】●

不明門通	あけずどおり	京都市
化野	あだしの	右京区
天座	あまざ	福知山市
天田	あまだ	福知山市
五泉	いいずみ	綾部市
五十河	いかが	大宮町
五津合	いつあい	綾部市
犬甘野	いぬかんの	亀岡市
太秦	うずまさ	右京区
内久井	うちぐい	綾部市
円頓美町	えんとみちょう	左京区
公庄	ぐじょう	大江町、網野町
公文名	くもんな	舞鶴市
木住	こうずみ	日吉町
木幡	こわた	宇治市
中地	ちゅうじ	京北町
手洗水町	てあらいみずちょう	中京区
天使突抜通	てんしつきぬけどおり	京都市
戸津	とうづ	八幡市
木賊山町	とくさやまちょう	下京区
内宮	ないく	大江町
中尾陵	なかつらりょう	東山区
双ヶ丘	ならびがおか	右京区
仁江	にえ	園部町
仁王堂町	におどちょう	山科区
廿人講町	にじゅうにんこうちょう	下京区
日藤	ひとう	大江町
仏餉田町	ぶっしょうでんちょう	右京区
日置	へき	夜久野町
木瓜原町	ぼけはらちょう	上京区
仏主	ほどす	和知町
水主	みずし	城陽市
壬生	みぶ	中京区
六人部	むとべ	福知山市
六万部	ろくまんぶ	伊根町

●【五画】●

穴太	あなお	亀岡市
石原	いさ	福知山市
出角	いずすみ	久美浜町
市辺	いちのべ	城陽市
瓜生野	うりうの	園部町
北川顔	かたかわづら	久御山町
加悦	かや	加悦町
加舎	かや	亀岡市
北稲八間	きたいなやづま	精華町
生畑	きはた	日吉町
白柏	しらかせ	宮津市
台頭	だいと	三和町
立原	たつわら	福知山市
田貫	たぬき	京北町
外垣	とのがき	宮津市
布敷	ぬのしき	舞鶴市
白道路	はくどうじ	綾部市
氷所	ひどころ	八木町
平	へい	丹後町
布袋野	ほたいの	久美浜町
本庄	ほんじょ	和知町
本梅	ほんめ	亀岡市
四辻	よつつじ	野田川町

●【六画】●

安掛	あがけ	美山町
安久	あぐ	舞鶴市
安栖里	あせり	和知町
有市	ありいち	笠置町
有路	ありじ	大江町
安智	あんち	宮津市
行積	いつもり	福知山市
艮町	うしとらちょう	西京区
刑部	おさべ	八木町
吉坂	きつさか	舞鶴市
西石垣	さいせき	下京区
西松	さいまつ	三和町
多禰寺	たねじ	舞鶴市
竹久僧	たけきゅうそう	丹後町
多保市	とおのいち	福知山市
成生	なりう	舞鶴市
西小	にしお	加茂町
吐師	はぜ	木津町
羽束師	はつかし	伏見区
先斗町	ぽんとちょう	中京区
吉沢	よっさわ	弥栄町

●【七画】●

余部	あまるべ	舞鶴市、亀岡市
位田	いでん	綾部市
兎並	うなみ	加茂町
役行者町	えんのぎょうじゃちょう	下京区
私市	きさいち	福知山市
佐波賀	さばか	舞鶴市
佐女牛井町	さめがいちょう	下京区
志賀郷	しがさと	綾部市
宍人	ししうど	園部町
杣田	そまだ	和束町
糺森	ただすのもり	左京区
延利	のぶとし	大宮町
尾藤	びとう	大江町

●【八画】●

明石	あけし	京北町、加悦町
芦生	あしう	美山町
板生	いとう	夜久野町
長田	おさだ	福知山市
長田野	おさだの	福知山市
於与岐	およぎ	綾部市
金河内	かねごち	綾部市
金岐	かなげ	亀岡市
河原	こうら	舞鶴市
河守	こうもり	大江町
河辺	こうべ	大宮町
河梨	こうなし	久美浜町
芹生	せりょう	京北町
卓屋町	しょくやちょう	下京区
実勢	じっせ	丹波町
周枳	すき	大宮町
直違橋	すじかいばし	伏見区
松明町	たいまつちょう	下京区
長延	ちょうえん	伊根町
東掛	とうげ	亀岡市
東石垣	とうせき	東山区
並松	なんまつ	綾部市
波見	はみ	宮津市
波美	はび	大江町
波路	はじ	宮津市
拝師	はやし	福知山市
東小	ひがしお	加茂町
坤町	ひつじさるちょう	右京区、西京区
弘	ふけ	山科区
沮沢町	ふけちょう	左京区
物集女	もずめ	向日市
油池	ゆいけ	久美浜町
油江	ゆご	舞鶴市
岼	ゆり	三和町
和江	わえ	舞鶴市
和久市	わくいち	福知山市

●【九画】●

厚	あつ	福知山市
荒河	あらが	福知山市
相島	おじま	久御山町
音羽	おとわ	山科区
皆原	かいばら	宮津市
垣副	かきそえ	東山区、山科区
香河	かご	加悦町
柏原	かせばら	亀岡市
神谷	かんだに	久美浜町
神納	かんのう	山科区
神前	こうざき	亀岡市
神地	こうじ	亀岡市
後水町	こうずちょう	西京区
神田	こうだ	八木町
神足	こうたり	長岡京市
革堂	こうどう	上京区
神主	こうぬし	丹後町
故屋岡	こやおか	綾部市
是安	こりやす	丹後町
相楽	さがなか	木津町
柘榴	ざくろ	精華町
室谷	しつたん	京北町
科手	しなで	八幡市
城屋	じょうや	舞鶴市
津母	つも	伊根町
栂尾	とがのお	右京区
南掛	なんげ	亀岡市
祝園	ほうその	精華町
品田	ほんで	久美浜町
美豆	みず	伏見区
南稲八妻	みなみいなやづま	精華町
室牛	むろじ	舞鶴市
柳馬場通	やなぎのばんばどおり	京都市
柚原	ゆのはら	亀岡市

●【十画】●

馬路	うまじ	亀岡市
梅迫	うめざこ	綾部市
浦明	うらけ	久美浜町
栢原	かいばら	亀岡市
釜座通	かまんざどおり	京都市
烏丸通	からすまどおり	京都市
唐櫃越	からとごえ	西京区
畔ノ内	くろのうち	伏見区
高尾	こうの	宇治田原町
酒解神社	さかとけじんじゃ	大山崎町
笋町	たかんなちょう	中京区
栂谷	とつたに	北区
納所	のうそ	伏見区
唄ノ尾	ばいのお	北区
馬喰町	ばくろちょう	上京区

真幡木	まうたき	伏見区
宮垣	みやがい	福知山市
宮前	みやざき	亀岡市
笑路	わろうじ	亀岡市

●【十一画】●

猪野々	いのの	福知山市
勘解由小路	かげゆこうじ	上京区
帷子ノ辻	かたびらのつじ	右京区
郭巨山町	かっきょやまちょう	下京区
鹿野	かの	久美浜町
鹿原	かはら	舞鶴市
蛇の辻子	くちなわのずし	東山区
雀部	ささいべ	八木町
鹿ヶ谷	ししがたに	左京区
尉ヶ畑	じょうがはた	久美浜町
陶原	すえはら	山科区
埴生	はぶ	園部町
深泥池	みぞろがいけ	北区
鹿谷	ろくや	亀岡市

●【十二画】●

間之町通	あいのまちどおり	京都市
粟生	あお	長岡京市
朝来	あせく	舞鶴市
温江	あつえ	加悦町
幾地	いくじ	野田川町
靫屋町	うつぼやちょう	上京区
菟原	うばら	三和町
蛭子	えびす	宮津市
越方	おちかた	園部町
奥海印寺	おくかいいんじ	長岡京市
奥馬地	おくまじ	久美浜町
御室	おむろ	右京区
御前通	おんまえどおり	京都市
開田	かいでん	長岡京市
雲母坂	きららざか	左京区
御幸町通	ごこまちどおり	京都市
勝竜寺	しょうりゅうじ	長岡京市
須知	しゅうち	丹波町
椙ヶ本町	すがもとちょう	京都市
間人	たいざ	丹後町
菟道	とどう	宇治市
富野	との	城陽市
椥辻	なぎのつじ	山科区
硲町	はがまちょう	西京区
筈巻	はずまき	福知山市
筆石	ふでし	丹後町
報恩寺	ほおじ	福知山市
御陵	みささぎ	山科区
御射山町	みさやまちょう	中京区
御菩薩池	みぞろがいけ	左京区
御手洗川	みたらしがわ	北区
御道路町	みどろちょう	西京区
款冬町	やまぶきちょう	南区
葭屋町通	よしやまちどおり	京都市

●【十三画】●

遠下	おんげ	丹後町
蒲入	かまにゅう	伊根町
蒲江	かまや	舞鶴市
暗町	くらがりちょう	東山区
蒲生	こもう	丹波町
椹木町通	さわらぎちょうどおり	京都市
獅子崎	ししざき	宮津市
滑地	しるち	北区
新庄	しんじょ	網野町
滑石越	すべりいしごえ	東山区、山科区
獅子	ちし	宮津市
椿井	つばい	山城町
新井	にい	伊根町
新治	にんばり	峰山町
福来	ふき	舞鶴市
罧原	ふしはら	西京区
椋本町	むめもとちょう	山科区

●【十四画】●

漆端	うるしがはな	福知山市
綺田	かばた	山城町
銭司	ぜず	加茂町
蜻蛉尻町	とんぼじりちょう	右京区
榿ノ木町	はりのきちょう	北区

●【十五画】●

撰原	えりはら	和束町
瘤木	こぶのき	福知山市
質志	しづし	瑞穂町
質美	しつみ	瑞穂町
蓼原	たでわら	大江町

●【十六画】●

興	おき	福知山市
膳部町	かしわべちょう	左京区
樫原	かたぎはら	西京区
醒ヶ井通	かめがいどおり	京都市
鴨田	かもんでん	南区
樵木町通	こびきまちどおり	京都市
膳所裏	ぜぜうら	東山区
稗田野	ひえだの	亀岡市

●【十七画】●

篠屋町	ささやちょう	下京区

●【十八画】●

鵠坂	くぐいざか	山科区
櫛笥町	くしげちょう	上京区、下京区
額塚	すくもづか	福知山市
難波野	なんばの	宮津市
額田	ぬかた	夜久野町
贄田	ねだ	宇治田原町

●【十九画】●

鶏冠井	かいで	向日市

●【二十画】●

鐘鋳町	かねいちょう	東山区
譲羽	ゆずりは	西京区

●【二十一画】●

竈辻子	へっついのずし	中京区

●【二十三画】●

鷲峰山	じゅぶせん	和束町
鱒留	ますどめ	峰山町

●【二十四画】●

鷹峯	たかがみね	北区
鷹栖	たかのす	綾部市

わらべ歌 かぞえ歌

丸竹夷

東西の通りの数え歌

まるたけえべすに　丸太町・竹屋町・夷川
おしおいけ　二条・押小路・御池
あねさんろっかくたこにしき　姉小路・三条・六角・蛸薬師・錦
しあやぶったか　四条・綾小路・仏光寺・高辻
まつまんごじょう　松原・万寿寺・五条
せったちゃらちゃらうおのたな　魚の棚
ろくじょうさんてつとおりすぎ　六条・三哲
ひっちょうこえればはっくじょう　七条・八条・九条
じゅうじょうとうじでとどめさす　十条・東寺

京の大仏つぁん

京の京の大仏つぁんは
天火（てんび）でやけてな
三十三間堂が焼け残った
アラ、どんどんどん
コラ、どんどんどん
うしろの正面どなた
おさるキャッ、キャッ、キャッ、キャッ
鬼「○○さん」
「ちがいました、ちがいました、松の影」

一条戻り橋

一条戻り橋、二条の薬店（くすりみせ）
三条（さんじょ）のみすや針、四条（しじょ）芝居
五条の橋弁慶、六条（ろくじょ）の本願寺
七条（ひっちょ）のそば店、八条（はっちょ）のおいも掘り
九条の小便（しょんべん）とり、東寺、羅生門

坊さん頭は丸太町

ぼんさんあたまはまるたまち（丸太町）
つるっとすべってたけやまち（竹屋町）
みずのながれはえべすがわ（夷川）
にじょうでこうたきぐすりを（二条）
ただでやるのはおしこうじ（押小路）
おいけでおうたあねさんに（姉小路・三条）
ろくせんもろおてたこおて（六角・蛸薬師）
にしきでおとしてしかられて（錦・四条）
あやまったけどぶつぶつと（綾小路・仏光寺）
たかがしれてるまどしたろ（高辻・松原）

かくれんぼするもん

かくれんぼするもんこのゆびとまれ
かくれんぼするもんこのゆびとまれ
はやくしないとやまくずす

寺町御幸　南北の通りの数え歌

てらごこうふやにとみ　寺町・御幸町・麩屋町・富小路
やなぎさかいたかあいの　柳馬場・堺町・高倉・間之町
ひがしはくるまやちょう　東洞院・車屋町
からすりょうむろ　烏丸・両替町・室町
ころもしんかま　衣棚・新町・釜座
にしおがわ　西洞院・小川
あぶらさめがいほりかわのみず　油小路・醒ヶ井・堀川
いのくろおおみや　猪熊・黒門・大宮
まつひぐらしに、ちえこういん　松屋町・日暮・智恵光院
じょうふくせんぼん、はてはにしじん　浄福寺・千本

愛宕さんへ参って

愛宕さんへ参って細道とおって
花一本盗んで
毛虫にさされてほうぼうで目もろて
くちおしや、はらだちや、
音羽の滝やところてん

下駄隠し

下駄隠し(げたかく)しちゅうねんぼ
はしりの下のネズミがぞうりをくわえて
チュッチュクチュ
チュッチュク饅頭(まんじゅ)は誰が喰(く)た
だれもくわへんわしが喰た
表(おもて)の看板三味線屋(しゃみせんや)
裏から回って三軒目
こおっことお

どっちどっちえっべっさん

どっちどっちえべっさん
えべっさんの好いた方
大黒さんの好いた方
聞いたら分かる

正月きたら

正月きたら何うれし
お雪のようなまま食べて
割り木のような魚(とと)そえて
おこたにあたってねんねこし

じゅんどろ

一匹二匹あいのこ盗って逃げるは泥棒の子
後から追いかけるのは巡査の子

坊さんがへをこいた

坊さんがへをこいた臭いだら臭かった

ひとめふため

ひとめ、ふため、みやこし、よめご
いつやのむさし、ななやのやつし
ここのや、とおや
ひいやあ、ふうみい、やあよお
いいつや、むうなあ、なあや

盆の十六日

盆の十六日はつかねずみ押さえて
元服さして髪結(かみゆ)うて
ぼたもち売りにやったけど
ぼたもち売らずに昼寝して
ねこに捕られてにゃーごにゃご

いんでこ大文字

いんでこ大文字　大文字が灯(とも)った
もういんでこおっと大文字　大文字が灯った

京都の伝説・伝承

京都市内の伝説・伝承

大文字送り火の由来（左京区大文字町）

浄土寺の本尊だった阿弥陀さまが光明を発しておられるのを、弘法大師がご覧になり、大師はこの光明を未来に残して、人々の極楽の機縁にしようと思いたたれ、「大」の一字に封じ込まれた。それが大文字送り火の由来となった。「大」の字には「あまねく」や「優れている」という意味があり、大師の思いがこめられている。

千本通の卒塔婆（上京区千本十二坊）

冥界にやってきた日蔵上人は帝に「自分がこのような苦しみを受けるのは無罪の臣下を左遷した報いだ。千本の卒塔婆を立てて臣下の霊を供養してほしい」と頼まれ、蓮台野に千本の卒塔婆を立てた。それ以来ここを千本通りと呼ぶようになった。

安倍晴明と一条戻り橋（上京区堀川通一条上る）

陰陽師・安倍晴明は式神をこの橋の下に隠し、密かに操っていたといわれる。また、四天王の一人渡辺綱が美女に化けた鬼と出会い、その腕を切り落としたという伝説も伝わっている。戻り橋という名前の由来は文章博士・三善清行の葬列がこの橋わたる時蘇生したという故事による。

惟喬親王と桟敷ケ岳（北区雲ケ畑）

雲ケ畑の奥に桟敷ケ岳が聳えている。晴れた日には京の町が一望でき、惟喬親王が眺望した高楼があったので桟敷ケ岳と呼ばれるようになった。かつてこの頂上には池があり、昔からいろいろな金物や土器が掘り出され、これを家に持ち帰ったものは気がふれたという。これらの物は惟喬親王が御所で用いていたものだったという。

珍皇寺の幽霊飴（東山区東山通松原西入）

珍皇寺の近くにある湊屋という飴屋に、毎夜若い女が飴を買いに来た。不思議に思った番頭がある夜そっと女の後をつけていくと、女は東山の墓地で消えた。翌日、女が消えた新墓地を掘り返すと、葬ってまもない女の死骸があり、そばで赤ん坊が飴をなめながら元気に育っていた。その噂がひろがり、湊屋の飴を幽霊飴、あるいは子育て飴というようになった。

乙訓・南山城の伝説・伝承

琴の橋（向日市寺戸町）

応仁・文明の乱で都を逃れた姫君が、寺戸で行く手を川に阻まれた。すると大日如来があらわれて、琴を川に掛けよと告げ、姫は無事に川を渡ることができた。

千代桜天満宮縁起（向日市寺戸町　千代桜天満宮）

筑紫国に流される途中、寺戸を通った菅原道真が立ち止まり、都の方向へ散って行く桜をみつめた。道真の心を察した里人は、その場所に社を建てたが、桜は南風が吹くたびに都に向けて散った。

増井の井戸（向日市向日町　向日神社）

浪速で大火事があり、手のつけようもなかった時、古老の夢に霊験あらたかな水が向日神社にあるというお告げがあり、一斗樽でその水を持ち帰って火にかけると、すぐに鎮火したという。

庄屋茂右衛門（長岡京市粟生）

ある夜、仏の真の教えを説くという20年前の約束を果たすために、一人の僧が庄屋茂右衛門の家を訪れた。僧が専修念仏を唱えると後光がさし始め、僧は阿弥陀如来と化した。これが法然上人の教えの始まりという。

合体大師（長岡京市今里　乙訓寺）

早良親王の霊を慰めようとしていた弘法大師空海の夢に、古老に姿を変えた八幡大菩薩があらわれた。古老は「汝はわが首をつくれ、我は大師の体をつくらん」と告げ、頭は菩薩で体は空海という乙訓寺の仏像ができた。

打出の小槌（大山崎町　宝積寺）

聖武天皇が皇太子の頃、夢の中で竜神から授かった小槌で手を打つと、75日目に天皇になった。天皇は故事に従い、恵方にある宝積寺に神器と小槌を奉納した。

橋姫（宇治市宇治蓮華）

橋守の娘である橋姫が言い交わした男の消息を訪ねて伊勢まで行き、男の霊と対面する話。他に、嫉妬深い女が男の心変わりを恨んで宇治川に浸り、鬼と化して相手の女をとり殺す話もある。

田植地蔵（宇治市西笠取）

山間の村に、父が病気で田植ができず困っている少年がいた。ある朝、田植が終わっているのに気づき、不思議に思って畦の足跡をたどると、少年の心信している地蔵の前に至り、地蔵の足には泥がついていた。

亀石（宇治市宇治山田　興聖寺前）

伏見城築城の際、豊臣秀吉は宇治川の水を城内に引く地下水道を掘らせたが、その秘密を隠すために、亀の形をした自然石を水の取入口に置いたという。

狐娘柿と美女石（宇治田原町）

ある秋、柿の名産地の桑原に一人の美女がきて、村人に柿の干し方を教えた。村人が跡をつけると、美女は村はずれの大きな岩陰に消えた。これより、この柿を狐娘柿と呼び、またその岩を美女石と呼ぶようになった。

煮栗・焼栗（宇治田原町　御栗栖神社）

大海人皇子が大津宮から吉野へ落ちのびる途中、田原村を通った。村人から煮栗・焼栗の接待を受け、「運が開けると栗も実る」と栗を土に埋めた。のち皇子は即位して天武天皇となり、栗も大樹になった。

女郎花（八幡市）

男山の麓に住む小野頼風にはねんごろになった女がいたが、他の女に惹かれたため、もとの女は入水する。女を哀れんで塚をつくると一本の女郎花が咲き、その可憐な花にひかれて、頼風も女のあとを追って入水した。

長池の大蛇（城陽市長池）

奈良街道沿いの細長い池に悪蛇が住みついたことがあった。人々は恐れおののいて神々に祈り続けたところ、行基菩薩があらわれて蛇は切り捨てられ、その蛇の尾から一振の剣が出てきた。

弘法伝説（和束町、和知町、亀岡市千歳町など）

多くは、弘法大師（空海）が水や食物を求めた時、それに応じたかどうかで、村や人の盛衰が左右されたという内容。この形の伝説は全国各地に流布している。

蟹の恩返し（山城町）

信仰深い父娘がいた。ある時、娘は子供にいじめられていた蟹を救う。父は娘を与える約束で、蛇から蛙を助け、蛇が娘を迎えにくると、蟹がはさみで蛇を切り刻んでしまう。その蟹の供養として蟹満寺ができたという。

重衡の不生柿（木津町）

一の谷で捕えられた平重衡は、南都焼き討ちの罪で木津河原で処刑された。その前に重衡の食べた柿の種から芽吹いた木は不思議と実をつけない。実をつける時は異変が起こるという。

丹波の伝説・伝承

法皇腰掛石（京北町）

光厳天皇が修行中、ある石に坐ったが、眺めがよく、その地に常照寺（常照皇寺）を建立した。法皇の没後、旅人が法皇の石に坐ると石が尻から離れなくなったので、以後、石を伏せることになった。

小川の瓜と時頼（亀岡市千代川町）

内情視察中の北条時頼は喉の渇きを覚え、瓜を所望した。老婆は時頼本人とは知らずに、一つ目は日天様に、二つ目は天子様に、三つ目は時頼様に供えた後、四つ目を手渡した。時頼はこれを喜び、老婆に恩典を与えた。

血染の敷石（亀岡市荒瀬町　亀山城跡）

泰平の世、城主が美しい娘に熱をあげ、重臣がいさめた。城主は忠言を聞き入れ、「娘を城下に下ろせ」と命じたが、「殺せ」と聞き違えられ、娘は殺されてしまった。敷石についた血は、洗っても落ちなかった。

天狗松（亀岡市保津町）

保津の山に枯れかかった松があった。きこりが鋸をあてても切ることができなかったので、人々は、この松には天狗が憑いているのだといって恐れた。

矢杖地蔵（亀岡市横町）

源頼政が御所のヌエ退治の命を受けた時、横町の地蔵に願をかけた。矢田の奥の鶏山の白鳥の羽で矢をつくれというお告げがあり、頼政はこれによってヌエを退治することができた。この地蔵は今も矢を杖にしている。

鐘撞山（園部町）

農夫が身寄りのない娘を娶った。娘は大蛇の化身で、正体を知られて山に帰る時、村人が自分の住む岩穴を壊そうとしており、暗闇でも昼夜がわかるよう鐘をついてくれと頼んだ。農夫は毎朝夕、山に登って鐘をついた。

尾長野の椿さん（丹波町尾長野）

戦いに敗れ、傷ついて丹波に落ちのびてきた武将が覚悟を決めて切腹した。里人は遺骸を手厚く葬り、祠を建てて椿を植えた。やがて椿のそばに泉が湧いた。その水を口に含んで、椿の葉でなでると痛みがとれるという。

狼哀話（瑞穂町）

狼と暮らしている老婆がいたが、狼が人に危害を加えるので、村の僧が山に帰すように説得した。その最中、老婆は狼を撃ち殺し、山の上に供養塔を建てて自らもどこかへ行ってしまった。

蛇ヶ池伝説（和知町）

雨の降らない村の娘が、ひとりで竜神に願をかけていたが、満願日に父親にその姿を見られ、蛇となって池に消えた。ある日、漁師が金の弾で蛇を撃つと、ウロコが何枚か飛び散り、大雨が降りだした。

牧山の秘仏観音（日吉町　普陀落山普門院）

聖徳太子が、夢枕で蔵王権現のお告げを受け、観音像を彫って牧山に祀った。戦国の世に至り、兵火で堂が焼けた時、老翁が観音を背負って出てきたので、村人は蔵王権現だと口々にいい、以後、秘仏となった。

右衛門塚（三和町）

馬船の池の大蛇のために不作が続いた。ある日、右衛門の娘おつゆが池に消え、右衛門が大蛇に石を当てると村は水浸しとなった。そのあとには蛇と2人の遺体がのこり、以後、災害はなくなった。

白鷺になった藤（綾部市高倉町　高倉神社）

後白河法皇の皇子、以仁王が平家追討に敗れ、落ちのびた。村人たちは歓迎し、以仁王自ら「いやそう、いやそう」と田楽を踊った。いやそうは疲れを癒そうとの意味で、これがなまってヒヤソ踊と呼ぶようになった。

高城の蜘蛛（綾部市井倉）

由良川の井倉という村の大見の家に芳野という美人の娘がいた。美男の侍がくるとともに、娘は変調をきたしたので、男のあとをたどっていくと高城山の大蜘蛛で、芳野はたくさんの蜘蛛の子を生んで死んだという。

竜宮への道（福知山市戸田）

福寿院という山伏の夢に、浦島太郎があらわれ、戸田の村の沼から太郎が死んだと伝えてくれと頼んだ。そこは竜宮と通じており、以後、人々が沼に太郎を祀って願い事をするとかなうようになった。

小野脇の小町（福知山市小野脇）

みすぼらしい女が小野脇の薬師堂を宿に、湯を浴びつつ、病気の治療を念じたが、効き目なく、悩みを和歌に託して薬師に訴えると、もとの美しさに戻った。女性は小野小町とも伝えられる。

長者屋敷の井戸（夜久野町）

日照りの年、長者が娘をやる約束で、竜神に雨を願った。娘は必要なものがあれば井戸から自分に伝えるようにと言いおいて嫁ぐ。ある時、皿を借りたが、枚数不足のまま返した。以後、女のすすり泣きだけが聞こえた。

丹後の伝説・伝承

酒呑童子（大江町）

源頼光らが大江山の酒呑童子に神便鬼毒酒を飲ませて退治する話。同地には頼光らが山伏姿に変装するために立ち寄ったという鬼ヶ茶屋や、鬼の岩屋などが伝わる。

麻呂子親王伝説（大江町）

推古天皇の時、丹後の3人の凶徒が暴れだし、麻呂子親王は命を受けて討伐に出かける。その時、加護を求めて七仏薬師像を納めることを祈願した。古社寺の縁起や薬師信仰と結びついた伝説。

博奕岬（舞鶴市瀬崎）

昔、この岬で竜神とクジラの大王が出会って勝負をした。竜神は女なので、海岸にある黒石と白石を使い、囲碁で勝負を決めることになった。勝敗は不明だが、岬の突端にある岩はその跡といい、碁盤石と呼ばれている。

山椒太夫（宮津市由良・石浦、舞鶴市和江・下東）

越後で人買いにだまされ、山椒太夫のもとに買われてきた安寿と厨子王は、苦難の末に逃げ出し、厨子王がその敵を討つ。石浦は山椒太夫の屋敷があったところといわれ、また和江には安寿にちなむ姫塚がある。

岩見重太郎伝説（宮津市文珠）

重太郎が父の仇を討ったという天橋立の明神ヶ森に、試し切りをしたとされる石がある。重太郎はまた、夜な夜な人々を困らせていた狛犬を成敗したとも伝える。

鶏塚（宮津市文珠）

農夫源兵衛の飼猫が女房に化け、源兵衛を食い殺そうとした。鶏がそれを悟って鳴くと「源兵衛が殺される」と聞え、人々が駈けつけたので猫は鶏を殺して逃げた。

犬の堂（宮津市波路）

昔、戒岩寺という寺に、時間通りに使いをする犬がいた。寺の小僧はいつも犬と比較されるので、ある日、時の鐘をわざと早めに鳴らした。犬は時間に遅れてしまったと思い、死を選んだ。犬を弔って一堂が建てられた。

成相寺のつかずの鐘（宮津市　成相寺）

鐘楼を建てるために村々から奉加金を集めたが、赤子しか差し出すものをもたない貧しい女が断った。鋳造の日、女は鋳型の湯に赤子を落とした。以後、鐘をつくと赤子の泣き声がするので、この鐘をつかなくなった。

六兵衛屋敷の桜（加悦町）

六兵衛が金剛寺の美しい娘を嫁にもらった。裕福になったが、妻は病気で死んでしまった。庭に葬り、桜を植えるとみごとな花をつけた。金剛寺がこの桜をもらいうけたが、木は六兵衛の家に帰りたがって泣いたという。

七夕伝説（峰山町）

三右衛門は狩の途中、水浴びをしている天女を見つけ、羽衣を隠して一人の天女を家に連れて帰った。三女をもうけて家は栄えたが、やがて天女は、年に1度、七夕の日に会うことを約束して天に帰って行った。

羽衣伝説（峰山町）

比治山で天女が水浴びをしていたが、和奈佐老夫・和奈佐老婦が天女の羽衣を隠して連れて帰った。天女は酒造りがうまく、里は栄えるが、やがて天女は追い出され、奈具社のトヨウカメノミコトとなった。

徐福伝説（伊根町）

秦の始皇帝の命で、不老不死の薬草を求めて船出した徐福が、丹後の新井崎に漂着した。徐福の求めた薬草は「にいよもぎ」だったと言い伝えられる。また、同地の新井崎神社は徐福を祭神とする。

浦島太郎（伊根町、網野町）

浦島太郎が浜辺で亀を助けると、お礼に竜宮城に招かれる。故郷を思い、帰って土産の玉手箱を開けると、たちまち白髪の老人となった。伊根町には浦嶋神社（宇良神社）が、網野町には浦島児神社がある。

千年びく（丹後町）

人魚のような魚を食べた大久保喜兵衛の娘は、すくすく育って年もとらず、村人たちのために尽力して８００年余も生きたので、千年びくと呼ばれた。ある時、若狭の方に出かけたが、どうなったかは誰も知らない。

五色浜の小石（網野町）

五色浜に美しい女の死体と赤子が流れついた。赤子は五色浜の石を与えると泣きやんだが、やがて死んでしまい、母親とともに葬られた。以後、浜の小石を勝手に持ち帰ると腹痛を起こすと伝えられる。

勝田池の大蛇（網野町）

大阪鴻池の娘が丹後の男に一目ぼれして嫁入りする途中、桜尾峠の勝田池でひと休みするうち、急に池の中に入って再び姿を見せなかった。その後、池には大蛇が住みつき村人を悩ませたが、木津の三五郎に退治された。

狼薬（久美浜町）

大家と呼ばれる家の縁の下に狼が住んでいたが、ある時、村人に発見されて、この家を出なければならなくなった。狼は今まで住まわせてもらったお礼として血の道によく効く薬を教えた。家伝の薬として売られた。

不思議な貝（久美浜町）

弥一の船が嵐に遭い、遠くの島に流された。島人は昔日本人がきて竜を退治したが、みな討ち死したといい、その形見の不思議な貝を弥一にくれた。故郷に持ち帰ると貝が騒ぎだしたので、岩船神社に奉納したという。

能 狂言 歌舞伎の舞台となった京都

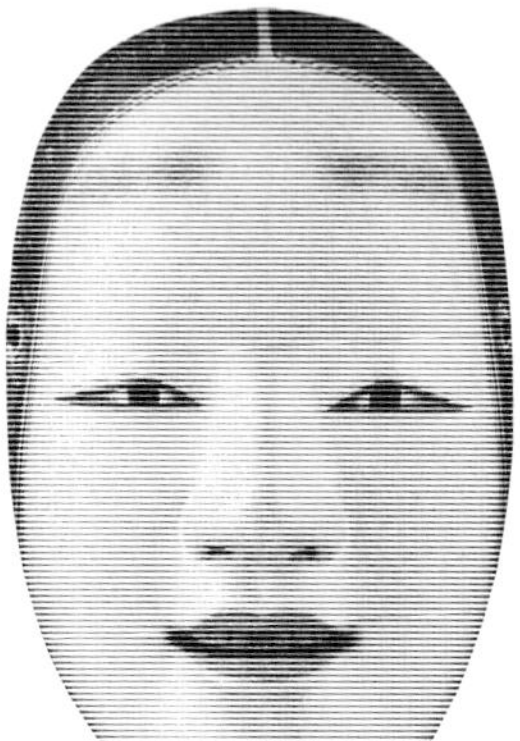

能 nou

曲名	作者	舞台	場面
嵐山	金春禅鳳	嵐山	吉野の桜を移した嵐山の景観を、桜の守護神たちが賛美しながら舞う。
生田敦盛	金春禅鳳	下鴨神社	平敦盛の遺子が加茂明神に祈誓をかけ、生田ノ森で父の亡霊に会う。
浮舟	横尾元久	宇治川畔・小野郷	宇治の里で浮舟の亡霊に会った旅僧は小野郷を訪れ恋の悩みをきく。
右近	世阿弥	北野右近馬場	桜葉の女神が、北野の桜を賛え、朧月夜に舞い戯れる華やかな能。
雲林院	世阿弥	紫野雲林院	在原業平の霊が『伊勢物語』に描かれた自らの恋物語を風雅に舞う。
大江山		丹波大江山	源頼光たちによる大江山の鬼退治。酒呑童子の童心をも描く。
小塩	金春禅竹	洛西大原野	在原業平の霊が往時の耽美的な生活の回想を桜の下で華やかに舞う。
落葉	世阿弥	洛北小野の里	『源氏物語』落葉宮は夕霧への慕情を込めて静かに舞う。
大原御幸		大原寂光院	寂光院を訪れた後白河法皇に、建礼門院は自ら数奇な人生を物語る。
女郎花	亀阿弥	男山石清水八幡宮	男を恨み自殺した女を埋めた塚から咲き出た可憐な女郎花の物語。
花月		清水寺	半僧半俗の美少年花月は清水寺の桜の下、様々な芸尽しを披露する。
鉄輪		洛北貴船神社	夫に捨てられた女が貴船宮に丑刻詣し、嫉妬の鬼となって男を呪う。
賀茂	金春禅竹	上賀茂神社	女人の姿で加茂三社のいわれを物語った後、豪快な別雷神が出現。
加茂物狂		糺の森	旅に出た夫を慕って狂女となった妻は葵祭の日、糺の森で再会する。

通小町	観阿弥（世阿弥改作）	八瀬の里・市原野	死してなお小野小町を追う深草少将の執念。
金札	観阿弥	伏見金札宮	平安京の造営にあたり、悪魔降伏の神が金札を降らし祝福する。
鞍馬天狗	宮増	鞍馬山	鞍馬山の大天狗は、孤独な牛若を励まし、平家討伐の兵法を授ける。
車僧		嵯峨野	破車に乗る高僧を魔道に誘い込むべく力競べを挑む天狗は敗退する。
小鍛冶	金春禅竹	稲荷社・粟田口	勅命で剣を打つ名匠に、稲荷明神の霊狐が相槌となって助力を与える。
小督		嵯峨野	身を隠した小督局を求めて名月の夜、源仲国は嵯峨野に馬を馳せる。
西行桜	世阿弥	大原野西行庵	西行と歌を論じた老桜の精は、やがて物静かな舞をまう。墨絵の趣。
鷺		神泉苑	五位を授けられた白鷺の喜びを「鷺乱」という特殊な舞で表現する。
自然居士	観阿弥	東山雲居寺	人買いから少女を取り戻すため捨身で当る行動的宗教者の芸尽し。
舎利		泉涌寺	泉涌寺に祀られた仏舎利を奪う足疾鬼とそれを追う韋駄天の闘争。
俊成忠度	内藤河内	藤原俊成館	六弥太は忠度の辞世を俊成に届け、忠度の霊も歌道執心を訴える。
正尊	観世長俊	堀川御所	義経暗殺の密命をおびた正尊は、弁慶と対決し偽りの起請文を読む。
墨染桜		深草墨染桜寺	天皇の崩御を悼み、墨染色に咲いた桜の精は法体で追憶の舞をまう。
誓願寺		誓願寺	和歌の徳により歌舞の菩薩となった和泉式部が誓願寺の縁起を舞う。
泰山府君	世阿弥	洛中桜町中納言邸	桜の花を慕い天人が舞い、地獄の鬼神も花の命をのばすため出現する。
田村	世阿弥	清水寺	清水寺の縁起を物語り鬼神退治の様を演ずる征夷大将軍坂上田村麻呂。
土蜘蛛		洛中頼光館・蜘蛛塚	頼光に千筋の糸を投げかけ迫る妖怪と、それを襲う家臣たちの死闘。
経正		御室仁和寺	生前愛した青山の琵琶を手向けての回向に経正の亡霊は昔を懐しむ。
定家	金春禅竹	千本辺	式子内親王を慕う定家の情念は蔦葛となってその墓に這いまつわる。
東北		東北院	春の夜の闇に匂う梅の香の艶と幽玄を、和泉式部の霊に託して舞う。
融	世阿弥	六条河原院跡	風流大臣源融の亡霊が月下の廃虚に往時の美的生活を追想して舞う。
野宮	金春禅竹	嵯峨野宮神社	晩秋の野宮であきらめ切れぬ源氏への恋を静かに回想する御息所。
半蔀	内藤河内	紫野雲林院・五条辺	夕顔の花を機縁に源氏と結ばれたはかない恋の想い出を静かに舞う。
橋弁慶	左阿弥	五条大橋	京の五条の橋の上、叡山の勇僧弁慶と源氏の御曹子牛若丸との出会い。
班女	世阿弥	糺の森	愛の誓の扇を抱いてさまよう狂女は糺の森で遂に恋人と再会する。
百万	観阿弥（世阿弥改作）	嵯峨清涼寺	嵯峨釈迦堂の大念仏の群衆の中に我が子をさがす女物狂いの芸尽し。
水無月祓	世阿弥	糺の森	夫婦約束を交した男を慕う物狂いの遊女は、水無月祓の日に再会。

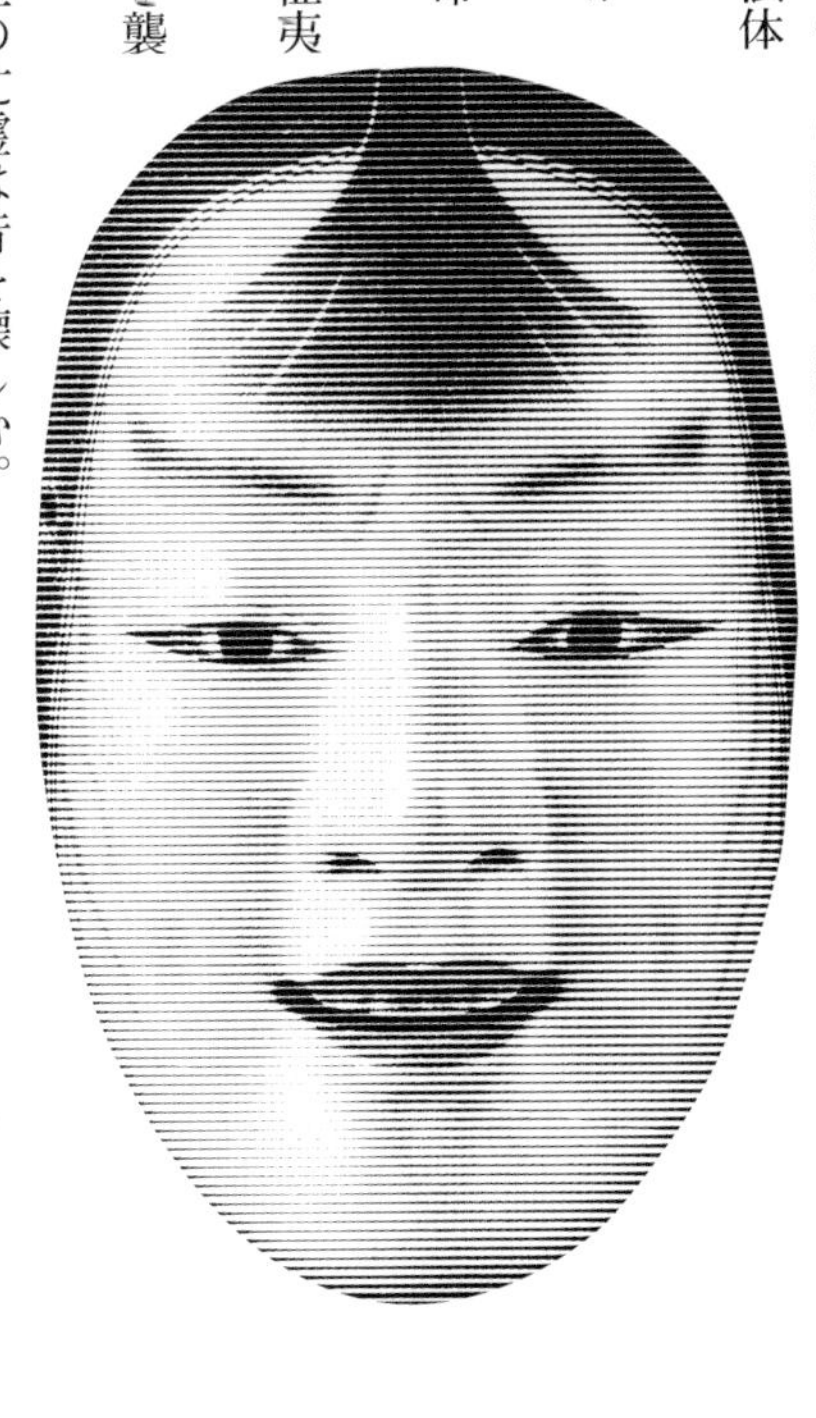

弓八幡	世阿弥	**石清水八幡宮**	石清水八幡宮の縁起を説き、弓は袋に剣は箱に納めて泰平の世を祝す。
熊野	世阿弥	**清水寺**	故郷の病母への想いを胸に清水寺の落花を浴びて舞う憂愁の美女。
頼政	世阿弥	**宇治平等院**	平家討伐の兵を挙げ、平等院に無念の死をとげた老将頼政の戦物語。
羅生門	観世信光	**頼光館・羅生門**	武士の意気地からただ一騎、羅生門の鬼退治に向かう渡辺綱の武勇譚。
輪蔵	観世長俊	**北野天満宮**	回転式書架輪蔵に収められた経巻の守護神が仏法を讃嘆して舞う。

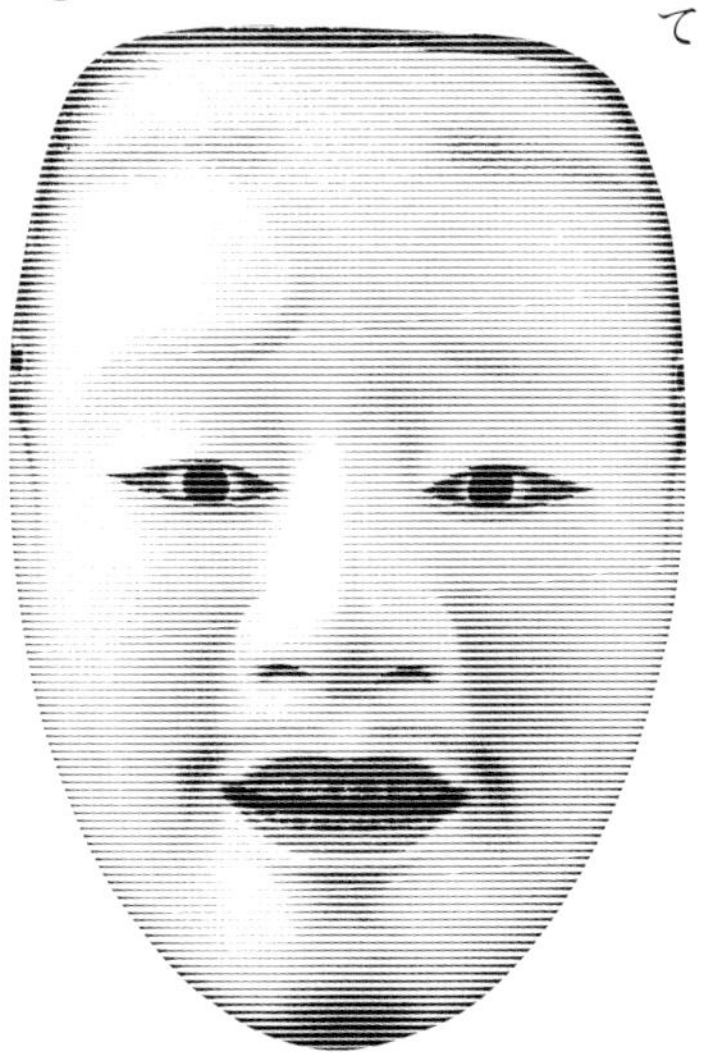

狂言 *kyohgen*

曲名	舞台	場面
因幡堂	**因幡堂**	大酒飲みの女房に手を焼いて離縁した夫が、よい後妻を授かろうと因幡堂に参籠する。
梅宮参	**梅宮神社**	杜若の名所梅宮神社に茶屋を出す男が、参詣人に当社の由緒を物語り、酒宴を共にする。
鬼瓦	**因幡堂**	長々在京の大名が帰国に際して因幡堂に参詣、破風の鬼瓦を見て、国許の妻を思って泣く。
栗隈神明	**宇治神明神社**	荷茶屋をかつぐ松の太郎は宇治明神の由来を語り、めでたく松尽しを謡い舞う。
子宝	**梅宮神社**	酒乱の夫に追われた妻は子を連れて梅宮に参詣、酔のさめた夫とめでたく復縁する。
太刀奪	**北野天満宮**	北野御手水の会の雑踏で人の太刀をねらったが、逆に主人の太刀まで奪われる。
通円	**宇治橋畔**	旅僧の供養に立ち現われ、茶を点て死した様を語る通円の亡霊。能「頼政」のパロディ。
成り上り	**清水寺**	清水寺に参籠中、都のスッパに主人の太刀を青竹にすり替えられた太郎冠者の驚き。
二九十八	**清水寺**	観世音御霊夢の女は、ニクといって去る。男は角から一八軒目の家を訪ねると女はいた。
武悪	**鳥辺野**	太郎冠者に命じて上意討にしたはずの武悪に、鳥辺山でばったり出会って主人はびっくり。
吹取	**五条橋**	笛の音にひかれて静かに歩み寄る衣を被いた女は、求婚の男より笛吹く男に迫ってくる。
福部の神	**北野天満宮**	都の茶筅売りが大勢にぎやかに囃し踊りながら、北野社の末社・瓢の神へ参詣する。
瓢の神	**松尾大社**	松尾大社の末社・瓢の神に励まされ道心をとりもどした鉢叩きが、仲間と和讃を唱えて踊る。
仏師	**因幡堂**	本尊を求めに来た田舎者から大金をせしめようと、スッパは仏師と仏像の二役早替り。
六地蔵	**因幡堂**	田舎者を相手に三人のスッパは、因幡堂を舞台に六体のお地蔵さんに化けてはみたが。

【歌舞伎】 *kabuki*

通称	本名題	作者	舞台	場面
朝顔日記	生写朝顔話	近松徳叟	宇治川	序幕―深雪（後の朝顔）が宮城阿曾次郎に出会うのが宇治川螢狩。
扇谷熊谷	源平魁躑躅	文耕堂他	五条橋	女装の敦盛と熊谷の二人の立廻りは牛若と弁慶のパロディ。
帯屋	桂川連理柵	菅専助	六角堂・虎石町・桂川	五十男と十四の小娘の道ならぬ恋を世間に隠す女房の苦衷。
金閣寺	祇園祭礼信仰記	中村阿契他	金閣寺	雪姫の爪先鼠の奇跡と東吉の機知が金閣寺を舞台に展開。
山門	楼門五三桐	並木五瓶	南禅寺	南禅寺山門から春宵の桜景色を悠然と眺める石川五右衛門。
花見	新薄雪物語	竹田小出雲他	清水寺	薄雪姫と左衛門の恋の発端、取り持つ奴妻平と腰元籬も恋仲。
加茂堤	菅原伝授手習鑑（序段）	竹田出雲他	加茂堤	加茂堤の牛車の中での斎世親王と苅屋姫の密会が事件の発端。
車引	菅原伝授手習鑑（三段目）	竹田出雲他	吉田神社	梅王と桜丸が時平公の車を襲うが、松王丸がそれをさえぎる。
寺子屋	菅原伝授手習鑑（四段目）	竹田出雲他	芹生	忠義ゆえの源蔵夫婦の苦衷と松王夫婦の悲劇を描いた名作。
茶屋場	仮名手本忠臣蔵（七段目）	竹田出雲他	祇園一力	敵の目をくらます由良之助の遊蕩ぶりと、お軽平右衛門の兄弟愛。
山科閑居	仮名手本忠臣蔵（九段目）	竹田出雲他	山科	討入前夜、雪の閑居に展開する親子夫婦の愛情と武士の義理。
藤十郎の恋		菊地寛	南座	藤十郎の口説が芸の工夫と知ってお梶は決然と死を選ぶ。
鳥辺山心中		岡本綺堂	四条河原	古い心中咄を近代解釈で見事に再生させた新歌舞伎の傑作。
鳴神	雷神不動北山桜	津打半十郎他	北山岩屋	美女の色香に迷い神通力を失う鳴神上人。歌舞伎十八番の一。
馬盥	時今也桔梗旗揚	鶴屋南北	本能寺・愛宕山	信長から受けた度重なる恥辱に光秀は遂に謀叛を決意する。
引窓	双蝶々曲輪日記	竹田出雲他	八幡里	引窓の開閉による明暗で町人の人情と武士の義理との交錯を表現。
堀川	近頃河原達引	奈河七五三助他	四条河原・堀川	お俊伝兵衛の悲劇は四条河原が発端。妹を思う与次郎の心情。
鳥居前	義経千本桜（二段目）	竹田出雲他	伏見稲荷	義経は初音鼓を形見に与えて静御前と別れる。狐忠信の出現。

京ことば

妹の嫁入り、ですわ。

お早うお帰りやす。

【アガル（上ル）】京都旧市内の通りを北へ行くこと。【アコギナ】物を得ながら、まだあきたらない。慾どおしい。「あんまりアコギナことすると、ろくなことないエ」【アジモ　シャシャリモナイ】少しの味わいもない。「アジモ　シャシャリモナイ言いヨウドスナー」【アラアラシイ　モノ】たいそう粗末なもの。（贈り物のときに使う挨拶語）。「アラアラシイモンドスけど、おひとつどうぞ」【アンスル】もてあます。「この仕事だけにはアンしたわ」【アンナー】あのねえ。【アンバヨー】上手に。都合よく。「アンバヨーやってヤ。頼ンマッセ」【イータイコトイー（言いたい事言い）】遠慮なしに物を言う人。【イヌ（往ぬ）】帰る。「エライ遅うなったし、もうイヌわ」【イモト（妹）のヨメイリ（嫁入り）】値段と相談すること。妹の嫁入りには姉と相談して決める風習から。【イワス】やりこめる。【ウノハナ】豆腐の絞りかす。おから【ウマキ】鰻巻き。鰻を芯にした卵焼き。【ウランチョ】裏の町。「ウランチョの風呂屋、今日休みエ」【エーヨナ（栄耀な）】贅沢な。「そんなエーヨナこと言うてたらアカンデ」【エゲツナイ】あくどい【エラシリヤ】よく知っていますよ。（少し自慢気に用いる）。「そんなことぐらい、エラシリヤ」【エンバント】あいにく。折悪しく。エンバトとも。「エンバント、今晩は主人が居りマヘンので」【オイナイ】おいでなさい。「ウチの家、オイナイナ」【オーキニ】たいへん。ありがとう。【オージョースル（往生する）】困る。閉口する。【オカイサン（お粥さん）】粥の丁寧語。【オケソクサン（御華足さん）】仏さんに供えるお餅。【オコシヤス】いらっしゃいませ。（オイデヤスよりも丁寧な意）【オコタ】こたつ。【オコトーサンドス】お忙しいことです。（大晦日に用いる挨拶語。祇園花街などでは、事始めの日にも用いる）【オシマイヤス】今晩は。（日没後の挨拶語）【オス】①あります。（存在の意味）「はさみヤッタラ、ここにオス」。②~でございます。（丁寧の意）。「ホンマニ、寒オスなぁ」【オセテンカ】教えてくれないか。「ここ分からへんし、オセテンカ」【オテボン（お手盆）】客に盆の代りに、手で茶菓子を出すこと。【オハヨー　オカエリヤス（お早うお帰りやす）】行ってらっしゃい。【オバンザイ】日常のお惣菜。【オブー】お茶。【オヘン】ありません。オマヘンとも。「ナンボ探しても、ここにはオヘン」【オヤカマッサン】お邪魔しました。（辞去のときの挨拶語）。「グダグダしゃべりまして、オヤカマッサンドシた」【カキヤ】かき餅。オカキは、餅を切って干したもの。【カッカ】下駄。「可愛いカッカ履く」【カナルイ】たやすい。容易な。「こんな事、カナルイコッチャ」【カナン】いやだ。かなわん。「これだけは、ナンボ言われてもカナンわ」【カマヘン】かまわない。「カマヘン、そんな事気にセントイテ」【ガンガ　アガル】費用がかかる。「ガンガアガルサカイ、おやめヤッシャ」【カンニンエ】ごめんね。許してください。「カンニンエ、こんな忙しいめさして」【キズイ（気随）】わがまま。【キズシ（生酢）】酢で締めた鯖の刺身。【キズカイ　ナイ】するはずがない。「あの人が来るキズカイナイ」【グジ】甘鯛。【クチナワ】蛇。【ケツジマリガ　ワルイ（尻締りが悪い）】後始末がわるい。「戸を開けた後はきちんと閉めんと、ケツジマリガワルイデ」【ケッタイナ】変な。おかしな。「ケッタイナこと言わはる」【コーテクル】買ってくる。【ゴキントサン（御金当さん）】仕事のじゃまになるのに、再々に来る人。ゴキントハンとも。「ゴキントサンに、ヨー顔出さハリマンナー」【ゴクラトンボ（極楽蜻蛉）】気楽者。【コゼワシナイ】せわしくて、落ち着かない。【ゴモク】ごみ。塵芥。【コロット】すっかり。とんと。「コロット、忘れてましたわ」【サイナラ】さようなら。【サガル（下る）】京都旧市内の通りを南へ行くこと。【サッパリ　ワヤヤ】全く台なしだ。「今年は不景気で、サッパリワヤヤ」【サブイボ（寒疣）】鳥肌。【サラネブリ（皿ねぶり）】勤め先を次々とかえる機械職人。【ザングリ】やわらかくてふくらみのある感じ。自然な感じで風味のある。なにげなしにすっと。「この料理の盛りつけは、ザングリしてるナー」【サンチガエリ】里帰り。【シカツイ】しかつめらしい。【シッポク】しっぽくうどん。かまぼこ、しいたけなどが入ったうどん。【シナコイ】弾力性があってねばり強い。「エー竹はシナコイトコがあるナ」【ジュンサイナ

御金当さん○

なんや、蓴菜な話やなぁ○

(蓴菜な)】いいかげんな。どっちつかずの。【ショービンナ】質素な。【ショーモナイ（仕様も無い）】つまらない。【ジョロクム（丈六組む）】あぐらをかく。【ズシ（辻子・図子）】抜け露地。【スースー】精一杯。かすかす。「みかんが、箱にスースー入ってるわ」【スッテンデ】少しのことで。既んでのことで。「スッテンデ、忘れてしまうトコヤッた」【スボッコナ】無愛想で淡白な。「スボッコナお人ドスナ」【セーダイ】精出して。うんと。【セツロシイ】気ぜわしい。「セツロシーコッチャナー」【セングリ（先繰り）】次から次へと。【ソーカテ】それでも。【ソーロト】そろりと。ゆっくりと。【ダイジ　オヘン】さしつかえない。「そんな事、気にしてもらわンでも、ダイジオヘン」【ダシマキ（煮出巻）】鶏卵に煮出し汁を入れて、巻き焼きにしたもの。【ダンナイ】さしつかえない。【チャチャ　イレル】かきまわす。邪魔する。【チョーズ　ツカウ（手水遣う）】朝起きて顔を洗う。【チョチョコバル】かがむ。しゃがむ。「そんなトコにチョチョコバッて、何してンの」【チョロコイ】たやすい。「こんなんに勝つのは、チョロコイもんや」【チンマリ】こじんまり。【ツクリ】刺身。【デアイモン】取り合わせのよい食べ物。「なすびとにしんと煮いたモンは、デアイモンドッセ」【デボチン】額。おでこ。【テンカラボシ（天乾干し）】炎天下干し。「漬けた梅は、土用にテンカラボシにセンと」【テンジョーガユ（天井粥）】水の多い粥。天井のうつるような粥。【ドーエ】どうですか。「この着物の柄、ドーエ」【ドス】です。「あれが八坂神社ドス」【ドヤス】なぐる。どなる。【ドンツキ】突き当たり。【トンド】左義長。【ナニ　ユートイヤス】どういたしまして。「ナニユートイヤス、ナンにもできしまへンのに」【ナルイ】はっきりしない。はがゆい。【ナンギヤナー（難儀やなあ）】困ったね。迷惑だね。【ナンバ】とうもろこし。【ニオグ】嗅ぐ。【ニヌキ（煮抜き）】ゆで玉子。【ネキ】そば。近く。【ノジ】持ちこたえ。「今年の餅は、ノジがあるナー」【ノッコツ】もてあますさま。「この蒸し芋、おいしいけどノッコツするわ」【ノラノラ　スル】仕事もしないで怠ける。「ノラノラシテたら、アカンデ」【ハシコイ】すばやい。頭の回転が早い。【ハバカリサン】ご苦労さん。ありがとう。「オーキニ、ハバカリサンドシた」【ハル】①なさる。（軽い尊敬の意を表す）。「あの人、走らハルヤロか」②なはる。（軽い丁寧の意を表す）。「この子、ヨー読まハリマッシャロ」【ハンナリ】陽気で上品な明るさのこと。（主に色彩についていう）「この着物の柄、ハンナリしてマッシャロ」【ヒザボン】膝小僧。【ビビル】ちぢこまる。気おくれがする。「アンナ強い相手と闘うナンテ、ビビルナ」【ブッチャケル（打ち明ける）】打ち明ける。【フミチャチャクル】踏みにじくる。「やけになって、足でフミチャチャクッてるわ」【ブブヅケ（ぶぶ漬け）】茶漬け飯。【ヘー】①はい。「ヘー、ソードス」②はあ。（あいづちの意を表す）。「ソードスな、へー」③はあ。（あいづちではあるが、否定の意を含む。「ヘーオーキニ。お酒ヤッたら、もう結構ドス」【ヘン】ない。ヒンとも。「ここには、何もオヘン」【ヘンネシ】拗ねること。【ホドノ　エー】すかっとして。ごてごてしない。節度のある。「まかすサカイ、ホドノエーようにシトイテ」【ホナ】そしたら。「ホナ、行きマヒョか」【ホンマ】ほんとう。真実。【マッタリ】とろんとして穏やかな口あたりのこと。「マッタリした味で、よろしオスなあ」【マムシ】鰻のかば焼。【ミトーミ】見てみなさい。「あれ、ミトーミ、きれいなこと」【ムラサキ】醤油。【メーオスル】見損なう。「お前のこと、メースッタわ」【メガ　カタイ（目が固い）】寝ないで、いつまでも起きていること。「ウチの子は、どの子もメガカタイのでカナイマヘンわ」【メメクソ】わずかな。「メメクソほどの小遣いや」【モッチャリ】野暮ったい。見ばえがしない。「モッチャリした服着て、ドーヤナ」【ヤクザナ】粗末な。こわれやすい。「ヤクザナモンドスけど、どうぞ」【ヤスケナイ】品がない。【ヤドバイリ】別家すること。店員が独立すること。【ヤニコイ】こわれやすい。ひよわい。「ヤニコイモンヤサカイ、キーつけてャ」【ヤマコハル（山子張る）】不相応な商売をする。ヤマコスルとも。「そんなヤマコハッても、アカンデ」【ヤヤコ】赤ん坊。【ヤワタマキ（八幡巻き）】牛蒡（ごぼう）を鰻でまいたもの。【ヨー　イワンワ】ばかなこと、いわないで。とんでもない。「そんな事、ヨーイワンワ」【ヨー　オマイリヤス】よくお参りになりました。（参詣のときに使う挨拶語）【ヨセル（寄せる）】仲間にいれる。「鬼ごっこに、ヨセたる」【ヨンベ】昨夜。

わが町のお国自慢

ここがスゴイ

宇治市【平等院】 平安時代の後期、永承7（1052）年に宇治関白藤原頼通が、父道長の別荘を寺院に改めたものです。「鳳凰堂」は、その翌年に阿弥陀堂として建てられ、仏師定朝の作になる阿弥陀如来像が安置されている中堂と、左右の翼廊、背面の尾廊で成り立っています。大屋根には鳳凰が飾られ、内部は絢爛な宝相華文様や極彩色の扉絵で装飾されています。二重の天蓋や雲中供養菩薩も必見です。

城陽市【サンガタウン城陽】 サンガタウン城陽は、1998年1月に市の東部・府道山城総合運動公園城陽線沿いにオープンした日本プロサッカーリーグ（Jリーグ）・「京都パープルサンガ」の練習場です。ここでレギュラークラスをはじめ、選手たち全員が調整を行なって、試合に備えます。

八幡市【流れ橋】 長さ356m、幅3・3m木津川にかかる日本最長級の木橋。川が増水すると、床板が流れるように作られている。白砂の河原と清流によく調和し、のどかな風景を残しているところから、映画等の撮影にしばしば利用されている。

京田辺市【一休寺】 とんちの一休さんで知られる一休禅師が晩年を過ごしたところから一休寺と呼ばれるようになったが、元は妙勝禅寺と称し、鎌倉時代の高僧大應国師が建立したもの。康正2（1456）年に再建して酬恩庵と名付けたのが一休禅師である。後小松天皇の落胤といわれる一休禅師は京都 大徳寺の住職を経て88歳の大往生をこの寺で迎えた。

宇治田原町【古老柿】 冬の味覚、年の瀬の贈答品として欠かせない古老柿は、干し柿の一種でその昔、村人の前に観音様が少女に姿を変えて現れ、渋い鶴の子と呼ばれる柿を、甘い古老柿に変える製法を教えたという伝説があるほど、古くから行なわれてきました。

久御山町【観葉植物】 久御山町には、関西で1番の規模・出荷数を誇る観葉温室組合があります。日本の経済が成長してきた昭和39年に5戸の農家が、これから「心の豊かさを大事にする時代になる」と考え、観葉植物の野村観葉温室組合が発足しました。

井手町【橘諸兄公時代絵巻行列】 奈良時代の文人であり政治家であった橘諸兄が、井堤の里に居を構えたことにちなんで奈良時代の衣装などをまとって町内を練り歩き、町のイメージアップとまちおこしを図るために行なわれます。

山城町【ぶどう】 大正6年に上狛の峯宗太郎さんが大阪府中河内郡片下村（現柏原市）の親戚からデラウェアの苗木を持ち帰り、栽培したことがはじまりとされています。ぶどうは、木津川沿いの平地や山すそにも作られており、小粒で甘みの多いデラウェアが主体ですが、巨峰やネオマスカットなども栽培されています。

木津町【関西文化学術研究都市】 関西文化学術研究都市（けいはんな都市）は、国家的プロジェクトとして位置づけられた学術研究都市建設構想です。産・学・官の協力のもとに計画・推進され、昭和62年に「関西文化学術研究都市建設促進法」が制定されてから、順調に基盤整備が進められ、現在では70を超える研究施設などが建設されています。

加茂町【壁紙】 明治時代に蚊帳地の生産をはじめましたが、住環境の変化にともない、いち早くふすま紙へと移行。第2次世界大戦後は、住宅建設の急増で壁紙の生産を開始し、全国有数のシェアを誇る地場産業になっています。

笠置町【笠置山自然公園】 笠置山上に1300年の歴史のある笠置寺と後醍醐天皇の行在所跡があり、戦前より観光地として名高いところです。笠置寺境内にはかつて一大修験行場として栄え、今日では行場めぐりとして名をとどめる周回コースがあり、大磨崖仏を拝み、岩のトンネルをくぐる胎内くぐりや、太鼓石、ゆるぎ石、蟻の戸渡りなどを楽しめます。

和束町【和束茶】 大正時代頃からお茶の製造方法が手揉みから機械製法に変わり茶業経営も合理化されるなど、農家の増産意欲を駆り立て、天恵の立地条件と相まって和束農業の中心となりました。その後、お茶の生産量は第2次世界大戦で食料増産のため茶畑が転作されるなど激減しましたが、戦後は国の復興とともに茶価の高騰が増産意欲を促し、今日のように「お茶は和束」といわれる茶産地になりました。

精華町【青とうがらし】 精華町での栽培の歴史は古く明治後半からと伝えられています。今では、ハウス栽培で京都府下最大の産地として、各市場に広く出荷されています。独特の甘みと風味がある青とうがらしです。4月上旬から7月下旬までの期間、出荷されます。

南山城村【童仙房】 明治維新の時、京都は政治的な地盤が低下し、食料が手薄になるのでは、という危機感と禄を失った士族の救済のために、農地開拓されたのが、童仙房。開拓当時は、学校や寺院、神社、さらに京都府の童仙房支庁もありました。標高500mの土地では、澄みきった空気と水のお陰で、今はトマトやお茶の栽培が盛んです。

向日市【かぐや姫行列】 竹取物語は、平安初期にできた最古の物語です。平成4年から「竹取物語」の登場人物の衣装を着飾って市内を練り歩く「かぐや姫行列」を実施し、また、平成7年からは、かぐや姫にゆかりのある3市4町が「かぐや姫サミット」を開催するなど夢とロマンに満ちたまちづくりを進めています。

長岡京市【勝竜寺城公園】 暦応2（1339）年に細川頼春が築城したといわれています。また、天正6（1578）年に明智光秀の娘、玉（後のガラシャ夫人）が細川忠興に嫁いだ城であり、後年の山崎の合戦では光秀がここに本陣を構えました。この城は鉄砲の時代に対応した先駆的な築城技術を用いており、わが国の城郭史上でも貴重なものであることが発掘調査で明らかになりました。この跡地が管理棟（資料展示室）櫓や庭園などを備えた都市公園の姿で復興しました。

大山崎町【天王山】 標高約270mの天王山は、わが国の歴史の舞台に数多く登場してきました。特に、戦国時代の終焉を告げた、羽柴秀吉と明智光秀による「山崎の戦い」では、世にいう天下分け目の天王山「山崎合戦」の舞台となったことで有名です。勝負ごとでの勝敗の分け目となる局面をさして「天王山」と呼ぶのは、ここに由来しています。

亀岡市【5435番の小惑星】 小惑星「KAMEOKA」は、平成2年に、滋賀県多賀町の民間天文台の職員の杉江淳さんが発見しました。天文台を経営している会社の創業者が亀岡市出身だったことから、この小惑星を「KAMEOKA」と名付け、平成7年3月に、正式な星の名前として認定されました。

綾部市【黒谷の和紙】 綾部市黒谷地区は、和紙の原料である楮の自生地であり、また清らかな水が得られることから古くから和紙の生産が盛んでした。現在、書道用紙や版画用紙、文庫紙など、いろいろな和紙が生産されており、また、クッションやハンドバッグ、札入れなどの紙工芸品や、色紙や短冊、はがき、便箋などの民芸品も生産されています。

福知山市【福知山城】 福知山城の天守閣は明治の廃城令で取り壊され、石垣だけが残されていましたが、市民の熱い思いで昭和61年に再建されました。福知山城は、天正8（1580）年頃、丹波平定に成功した明智光秀が丹波の拠点として新たに城を築いたのが始まりとされています。

京北町【維新勤皇山国隊】 山国隊の行進は、戊辰戦争の時、山国村の郷士83名が官軍募兵布告に応じて参戦し、農兵隊ながらも慶応4（186

8）年、錦の御旗を護衛して凱旋した故事にちなむもので、第1回京都時代祭（1894年）の魁としても知られています。

美山町【山菜・きのこ】 大自然に囲まれ、オガクズ（山林資源）の有効利用と「ひらたけ」ビン栽培方法により近代施設で生産されたしめじは、山菜の代表格。しめじをはじめとする自然林に自生する山菜や低農薬野菜は漬物やつくだ煮などに加工され、その伝統の味は土産ものとしても有名です。

園部町【るり渓】 園部町の南西部にある〝るり渓〟は、緑の中の渓谷で、国の名勝地にも指定されている自然公園です。〝るり〟とは紫色をおびた紺色の宝石のこと。標高500m、およそ4kmの散策コースには、るり渓十二勝と呼ばれる大小さまざまな滝や岩が、四季それぞれに変化する両岸の木々や花とマッチして、天下の名勝を誇っています。

八木町【木喰仏】 十六羅漢などの木喰上人が彫った仏像は、清源寺に22体、蔭涼寺に5体、民家に1体と八木町には合わせて28体もあります。いずれも木喰上人が文化3（1806）年10月から翌年2月までの短い期間滞在した間に、90歳という年齢で彫られたといいます。

丹波町【丹波栗】 丹波山地で取れる大粒の実は栗の王者の風格が十分。古くからの丹波の名産として親しまれてきました。栗羊羹、栗まんじゅうなど京菓子の材料としても人気があります。

日吉町【黒大豆】 丹波地方の黒大豆は「丹波黒」と呼ばれ、粉ふきで大粒良質な黒大豆。中でも、日吉町の黒大豆は「日吉丸」というブランド名で親しまれています。

瑞穂町【質志鐘乳洞公園】 京都府内で唯一の鍾乳洞がある質志鐘乳洞公園。夏でもヒンヤリの鍾乳洞の内部を探検すると、自然が造りあげた芸術のあまりの見事さに、思わずウットリ。まるで地底探検の気分。ハイキング、バードウォッチング、魚つりなど自然相手の遊びとキャンプの組み合わせで、アウトドアライフを満喫できます。

和知町【和知人形浄瑠璃】 和知の人形浄瑠璃は、江戸時代末期に大迫村で農閑期に楽しんでいたのが始まりといわれています。そのため、当初は「大迫人形」と呼ばれ、昭和に入って「和知文楽」と呼ばれるようになりました。そして、昭和60年5月、京都府無形民俗文化財に指定されたのを契機に「和知人形浄瑠璃」と改められました。

三和町【三春峠マラソン】 役場前の国道9号線を起点とし、兵庫県春日町との境・三春峠頂上までを往復するユニークなマラソン。高低差は約340m。コースは、ハーフマラソン・10km・5kmの3コースがあります。大会の最後には参加者を対象に抽選会が行なわれます。

夜久野町【農匠の郷やくの】 農匠の郷やくのは単なる観光施設としてではなく、夜久野町の文化、産業そして自然にふれることのできる「夜久野町の総合案内所」として平成11年4月15日にオープンしました。宿泊施設や、温泉、和菓子の体験工房などがあります。

大江町【日本の鬼の交流博物館】 鬼のことなら何でもわかる博物館で、国内はもとより世界各地から集められた、数々の鬼の資料が展示保存されています。また、単に展示するというだけでなく、人々が様々な鬼に触れることにより鬼を考え、さらに新たな鬼を創造してもらおうという、交流によって皆んなで創り上げていく博物館です。前庭には高さ5mの巨大鬼瓦「平成の大鬼」が睨みをきかしています。

舞鶴市【赤れんが博物館】 舞鶴市には、明治34年の旧海軍舞鶴鎮守府の開庁に伴い、海軍が建設したものを中心に多くの建造物が現存し、風雪を経た赤れんがはエキゾチックな雰囲気をかもし出しています。この赤れんが博物館建物は明治36年に旧舞鶴海軍兵器廠魚形水雷庫として建設されたもので、本格的な鉄骨構造のれんが建築物としてはわが国に現存する最古級のものとされています。

宮津市【天の橋立】 天橋立は大江山の麓を流れる野田川から砂を押し流し、宮津湾からの押し返しによりできた砂嘴で全長が3.6kmあります。白砂青松の美しさは格別で、古代より文人墨客の訪れる所となり、松島、宮島とともに日本三景のひとつです。

伊根町【伊根の舟屋】 伊根湾に沿って海面すれすれにずらりと建ち並んだ〝舟屋〟は、全国でも珍しくその景色は伊根町独自の詩情を漂わせています。1階は船揚場（船の格納庫）物置、作業場として、2階は客室、民宿など二次的な生活の場として活用されています。

岩滝町【クアハウス岩滝】 岩滝の町に、ひときわ目をひくおしゃれで近代的な建物。クアハウス岩滝には、ほかでは絶対に真似のできないところがあります。それは、ゆったりと温泉を楽しみながら大きなガラス越しに天橋立を眺めるという最高の贅沢です。その姿の雄大さに温泉の効能もあって、気分爽快、身も心もリフレッシュできることでしょう。

加悦町【古墳公園】 この公園は、4世紀後半に築造された『蛭子山古墳』と谷を一つ隔てたところに築造された5つの古墳からなる作山古墳を平成4年に復元整備した古代歴史の公園です。資料館や物産館もあります。蛭子山古墳は全長145m。日本海3大古墳の一つに数えられ、中でも最も古いものとされています。後円部では、舟形石棺を見学することもできます。

野田川町【三河内の曳山祭り】 5月3日、4日の倭文（しどり）神社の祭礼行事に、太鼓台とよばれるダシが町内を巡行しながら神社まで練りあるきます。「見送り」はちりめんの里だけに豪華絢爛なものです。曳山行事は、京都府登録無形民俗文化財に指定されています。

大宮町【小町ろまん全国短歌大会】 丹後の絹の町・大宮町は、平安の彩色兼備の歌人「小野小町」が生涯を終えた土地として知られています。その縁を軸にして町づくりのひとつとして全国から短歌を募っています。選者には現代短歌を代表する歌人があたり、テーマは小町にちなみ「愛」です。家族への愛、恋人への愛、病人への愛、故郷の父母への愛、生まれてくるわが子への愛……。さあ、あなたも応募してみませんか。

峰山町【羽衣伝説】 峰山町につたわる羽衣伝説。この伝説に登場する天女は、羽衣を隠した狩人・さんねもと結ばれ、3人の娘を生みますが、再び羽衣を手にして天上へと帰っていきます。この里には、娘の一人をおまつりする乙女神社があり、天女を慕う地元の人たちに親しまれています。お参りすると美しい女の子が授かると伝えられています。

網野町【琴引浜】 白砂青松の大変美しい海岸で、砂浜をすり足で歩くと〝キュッキュッ〟と鳴ることから琴引浜と呼ばれています。鳴き砂は、石英の砂の粒同士がこすれあい振動しあって音が出るので、砂がきれいであることが必須の条件です。

丹後町【丹後ちりめん】 細い路地に面した家々から、ガチャンガチャンと機織の小気味良い音が響いてきます。丹後は振袖や訪問着の生地となる白い美しい布、ちりめんの名産地。全国の生産量の約60%を占め、ちりめんの代名詞ともなっているのが丹後ちりめんです。

弥栄町【スイス村】 春はうららかな陽射しに包まれてピクニック・スポーツ・バードウォッチング。夏はキャンプ、テニス、683mの太鼓山に、夏とは思えない涼風が吹きわたります。眼下に広がる丹後の海も最高の眺め。紅葉が目に鮮やかなスイス村の秋はハイキング・スポーツ・名所巡りと楽しさ多彩。冬は初心者にやさしいスロープのあるスキー場で楽しめます。

久美浜町【ドラゴンカヌー選手権大会】 例年、全国から100を超えるクルーが参加し、龍の頭のついた10人乗りカヌーで速さを競うこの大会、平成14年で13回目を迎えました。普段静かな久美浜湾に太鼓やドラの音が響きわたり、参加選手はずぶ濡れになりながらも懸命にパドルを漕いでゴールを目指します。

京都の文学碑

【作者】	【碑文】	【場所】	【住所】
吉井勇	年ひとつ加ふることもたのしみとしてしづかなる老に入らまし	いこいの家	北区上賀茂上賀茂神社南側
水原秋桜子	紅葉せりつらぬき立てる松の幹	光悦寺	北区鷹ケ峯光悦町
蓮月尼	やどかさぬ人のつらさを情にておぼろ月よの花の下ぶし	神光院	北区西賀茂神光院町
藤原長能	白砂の豊みてくらをとりもちていはひぞそむる紫の野に	今宮神社	北区紫野今宮町
松尾芭蕉	半日は神を友にやとし忘れ	上御霊神社	上京区烏丸上御霊通東入
五升庵蝶夢	春立つや新年ふるき米五升	阿弥陀寺	上京区寺町今出川上る
上田秋成	我寺の鐘と思はず夕霞	阿弥陀寺	上京区寺町今出川上る
湯川秀樹	ふみよめば絵を巻きみればかにかくに昔の人のしのばるるかな	梨木神社	上京区寺町広小路上る
新島襄	千年の昔の園もかくやありし木の下かげに乱れさく萩	梨木神社	上京区寺町広小路上る
鈴鹿野風呂	良心之全身ニ充満シタル丈夫ノ起リ来ラン事ヲ	同志社大学	上京区同志社大学正門入口左
夏目漱石	今年竹まこと真緑光琳忌	妙顕寺	上京区堀川寺ノ内東入
池西言水	春の川を隔てて男女哉	御池大橋	中京区御池大橋西南詰
平賀紅寿	こがらしの果はありけり海の音	誠心院	中京区新京極蛸薬師上る
松瀬青々	碁盤目に世界の京として灯り	天性寺	中京区寺町三条下る
中川四明	土蜘蛛は壬生の若葉に棲みもせめ	壬生寺	中京区壬生梛ノ宮町
与謝蕪村	同じ寺の土になる身と萩折りて	光琳寺	下京区綾小路大宮西入
大谷句仏	粟嶋へはだしまゐりや春の雨	粟嶋堂	下京区岩上通三哲角
吉井勇	勿体なや祖師はかみこの九十年	枳殻邸	下京区正面間之町
鈴鹿野風呂	珈琲の香にむせびたるゆふべより夢見るひととなりにけらしな	喫茶・ソワレ	下京区西木屋町四条下る
松尾芭蕉	さにづらふ紅葉の雨の詩仙堂	詩仙堂	左京区一乗寺門口町
与謝蕪村	うき我をさびしがらせよかんこ鳥	金福寺	左京区一乗寺才形町
寺村百池	花守は野守に劣るけふの月	金福寺	左京区一乗寺才形町
	西と見て日は入りにけり春の海	々	(連合句碑)

鈴木ゆり	栗色の落葉をいだきかまきりの今朝のつめたき土にうごかず	金福寺	左京区一乗寺才形町
高浜虚子	柿紅葉踏みてたづねぬ円通寺	円通寺	左京区岩倉幡枝町
鈴鹿野風呂	風薫る左文右武の学舎跡	旧武徳会前	左京区岡崎、京都会館北側
三高寮歌	紅もゆる丘の花	吉田山	左京区神楽岡町
松尾いはほ	貴船より奥に人住む葛の花	貴船神社	左京区鞍馬貴船町
与謝野晶子	何となく君にまたるるここちしていでし花野の夕月夜かな	鞍馬山本堂付近	左京区鞍馬本町
与謝野寛	遮那王が背くらべ石を山に見てわがこころなほ明日を待つかな	鞍馬山本堂付近	左京区鞍馬本町
西田幾太郎	見はるかす山の頂梢には風も動かず鳥も鳴かずまてしばしやがて汝も休はん	法然院	左京区鹿ケ谷御所ノ段町
河上肇	たどりつき振りかへり見れば山川を越えては越えて来つるものかな	法然院	左京区鹿ケ谷御所ノ段町
高浜虚子	念仏の法のあやめの返り花	法然院	左京区鹿ケ谷御所ノ段町
鈴鹿野風呂	鶯や今日の本尊にこやかに	法然院	左京区鹿ケ谷御所ノ段町
向井去来	涼しさの野山に満つる念仏かな	真如堂	左京区浄土寺
鈴鹿野風呂	宝永元年九月の露の滋かりけむ	真如堂	左京区浄土寺
吉井勇	雷すでに起こらずなりぬ秋深く大比叡の山しずまりたまへ	阿弥陀堂	大津市坂本本町
九条武子	山の院檽子の端にせきれいの巣ありひな三つ母まちて鳴く	釈迦堂	大津市坂本本町
川村多実二	時ならぬつばきの花をよろこびてめじろ友よぶ山かげの寺	釈迦堂	大津市坂本本町
宮沢賢治	ねがはくは妙法如来正徧知大師のみ旨成らしめたまへ	根本中堂	大津市坂本本町
種田山頭火	こんやはここで雨がふる春雨	順正	左京区南禅寺草川町
菅原道真	宵の間や都の空に住みつらん心つくしの有明の月	秋元神社	左京区一乗寺下り松
与謝野晶子	御目ざめ鐘は知恩院聖護院いでてみ給へ紫の水	浄水場	東山区粟田口
種田山頭火	鉄鉢の中へも霰	即成院	東山区泉涌寺山内
与謝野晶子	清水へ祇園をよぎる桜月夜こよひ逢ふ人みな美しき	八坂神社	東山区祇園町北側
後藤比奈夫	東山回して鉾を回しけり	八坂神社	東山区祇園町北側
吉井勇	かにかくに祇園は恋し寝るときも枕の下を水の流るる	白川畔	東山区祇園町北側
吉井勇	かく大き愛のすがたはいまだ見ずこの群像に涙し流る	知恩院	東山区林下町
高浜虚子	東山西山こめて花の京	知恩院	東山区林下町
八木芹舎	見あかぬよみぬ日もなくてひがし山	月真院	東山区高台寺河原町
吉野太夫	嘸（さぞ）さくらわれは廓の菜たねさへ	妙見宮	東山区五条坂、西大谷本廟北
山口誓子	燃えさかり筆太となる大文字	京阪三条	東山区三条大橋東詰
赤松柳吏	清水のとぼし畏し冬紅葉	茶店・六花亭	東山区清水　清水寺山門内
中河与一	とつくにの人なりながらこの国の柱となりて散りし君はも	霊山観音	東山区下河原町
荻原井泉水	南無観世音ふじはようらく空にちる	善能寺	東山区本町泉涌寺山内

丸山海道	添水閣小石が石に育つとき	新善光寺	東山区本町泉涌寺山内
松尾芭蕉	ふる池や蛙飛こむ水の音	東福寺	東山区本町東福寺山内　愛染堂東
川端茅舎	通天やしぐれ宿りの俳諧師	東福寺	東山区本町東福寺山内　正覚庵
長田幹彦	月はおぼろに東山　かすむ夜ごとのかがり火に　夢もいざよふ紅ざくら しのぶおもひをふりそでに　祇園恋しや　だらりの帯よ	円山公園	東山区円山公園、瓢箪池畔
高桑蘭更	見るものはまづ朝日なり花の春	芭蕉堂	東山区円山公園音楽堂南
村田橙重	百八の一つを撞きぬ除夜の鐘	長楽寺	東山区円山公園東南
大谷句仏	口あけて落花ながむる子は仏	東大谷本廟	東山区円山公園東南
松尾芭蕉	ほととぎす大竹やぶをもる月夜	車折神社	右京区太秦車折町
向井去来	柿ぬしやこずゑハちかき阿羅し山	々	(連合句碑)
富岡鉄斎	言の葉をこの世の後に伝えゆく筆のいさをはつきじとぞおもふ	車折神社	右京区太秦車折町
鈴鹿野風呂	真開きの竜胆玉の如き晴	平岡八幡宮	右京区梅ケ畑宮ノ口町
佐々木一水	啄木鳥の天鼓のひびき山桜	々	(連合句碑)
吉田兼好	契りおく花とならびの岡の上に哀れ幾世の春をすぐさむ	長泉寺	右京区御室岡ノ裾町
村岡矩子	窓近き竹の林は朝夕に心をみがく種とこそなれ	直指庵	右京区北嵯峨北ノ段町
川田順	わか友の平田の大人のおもひもの東をんなの見目うつくしと	大沢池	右京区嵯峨大沢町
鈴鹿野風呂	嵯峨の虫いにしへ人になりて聞く	大沢池	右京区嵯峨大沢町
向井去来	柿主やこずゑはちかきあらし山	落柿舎	右京区嵯峨小倉山
松尾芭蕉	五月雨や色紙へぎたる壁の跡	落柿舎	右京区嵯峨小倉山
高浜虚子	凡そ天下に去来程の小さき墓に詣りけり	落柿舎	右京区嵯峨小倉山
与謝野晶子	ほととぎす嵯峨へは一里京へ三里水の清滝夜のあけやすき	錦雲渓対岸	右京区嵯峨清滝道
楠正行	かへらじとかねておもへば梓弓なき数に入る名をぞとどむる	宝筐院	右京区嵯峨釈迦堂門前
吉井勇	いまもなほなつかしとおもふ夕霧の墓にまうでしかへり路の雨	釈迦堂	右京区嵯峨清涼寺境内
藤原定家	嵯峨の野辺をついのすみかにしめおかむ身の跡かくせ草のいろいろ	釈迦堂	右京区嵯峨清涼寺境内
丸山海道	釈迦も粧ふ初秋の襞こまやかに	釈迦堂	右京区嵯峨清涼寺境内
丸山佳子	もろ蝉に息あはせきく釈迦若し	々	(連合句碑)
祇王	萌え出るも枯るるも同じ野辺の草いづれか秋に逢はで果つべき	祇王寺	右京区嵯峨鳥居本
松尾芭蕉	清滝や波に散り込む青松葉	落合橋畔	右京区嵯峨鳥居本
田端比古	白露のうつくしかりし仏たち	化野念仏寺	右京区嵯峨鳥居本化野町
丸山佳子	萩咲かす二尊に触れて来し風に	二尊院	右京区嵯峨二尊院前長神町
高浜虚子	散紅葉ここも掃きゐる二尊院	二尊院	右京区嵯峨二尊院前長神町
阿波野青畝	緋連雀一斉に立ってもれもなし	正覚寺	右京区嵯峨野々宮町

松尾芭蕉	名月や池をめぐりて夜もすがら	広沢池	右京区嵯峨広沢池町
保田与重郎	何もない庭の日さしや冬来る	落柿舎	右京区嵯峨小倉山
露営の歌	勝ってくるぞと勇ましく	大悲閣	右京区嵯峨大悲閣道
松尾芭蕉	花の山二丁のぼれば大悲閣	大悲閣	右京区嵯峨大悲閣道
松尾芭蕉	六月や峰に雲おくあらし山	大悲閣	右京区嵯峨大悲閣道
水原秋桜子	ひぐらしやここにいませし茶の聖	高山寺	右京区梅ヶ畑栂尾町
五島茂	まさかりを過ぎしもみぢ葉ためいろのくれなゐ霧らし夕日かがよふ	大原野神社	西京区大原野南春日町
五島美代子	目さむればいのちありけり霧ふふむ朝山ざくらぬかにふれゐて	々	（連合歌碑）
高浜虚子	禅寺の苔を啄む小鳥哉	苔寺（西芳寺）	西京区松尾神ケ谷町
臼田亜浪	曙や比枝のかすみの街へのび	城南宮	伏見区中島宮ノ後
鈴鹿野風呂	春風に五百羅漢のとはれ貌	石峰寺	伏見区深草石峰寺山町
鈴鹿野風呂	刀痕はいづこ寺田屋寒柱	寺田屋	伏見区南浜
松尾芭蕉	梅が香にのつと日の出る山路哉	御香宮	伏見区御香宮門前町
向井去来	応々といへど敲くや雪の門	々	（連合句碑）
山口誓子	早苗挿す舞の仕草の左手右手	伏見稲荷大社	伏見区深草藪之内町
鈴鹿野風呂	浄土門ここにはじまる照紅葉	光明寺	長岡京市粟生西条内
山崎宝鑑	うづききてねぶとに鳴くや郭公	宝積寺	乙訓郡大山崎町銭原
松尾芭蕉	山吹や宇治のほいろの匂ふ頃	三室戸寺	宇治市滋賀谷
明治天皇	もののふのやそうぢ川にすむ月の光りに見ゆる朝日山かな	宇治橋畔	宇治市宇治橋西南詰
松尾芭蕉	木隠れて茶摘も聞くや時鳥	橋寺（放生院）	宇治市宇治東内
叢居	琴坂を登れば風の薫りけり	興聖寺	宇治市宇治山田
佐藤宣展	花咲きて実となるならば後の世にもののふの名もいかで残らん	平等院	宇治市宇治蓮華
山本宣治	山宣ひとり孤塁を守るだが私は淋しくない背後には大衆が支持してゐるから	善法寺墓所	宇治市妙楽
種田山頭火	春風の扉ひらけば南無阿弥陀佛	対鳳庵傍	宇治市塔の川
菊舎女	山門を出づれば日本の茶摘うた	萬福寺	宇治市五ケ庄三番割
明恵上人	都賀山の尾上の茶の木分け植ゑてあとぞ生くべき駒の蹄影	萬福寺	宇治市五ケ庄三番割
西行法師	夕ぐれに田原の嶺を越え行けばすごくきこゆる山鳩のこゑ	くつわ池	綴喜郡宇治田原町郷之口
与謝蕪村	見のこしの茸のかほりや宇治拾遺	妙楽寺	綴喜郡宇治田原町郷之口
紀貫之	音にきく井堤の山吹みつれども蛙の声はかはらざりけり	玉川保育園傍	綴喜郡井手町玉川
藤原俊成	駒とめてなお水かわん山吹の花の露そふ井手の玉川	玉川橋畔	綴喜郡井手町
後醍醐天皇	さしてゆく笠置の山を出でしより天が下にはかくれがもなし	大正池畔	綴喜郡井手町
出口王仁三郎	常永（とことわ）に流れ清しきいづみ川は瑞（みず）の御霊の姿なるかも	城南別院	相楽郡和束町

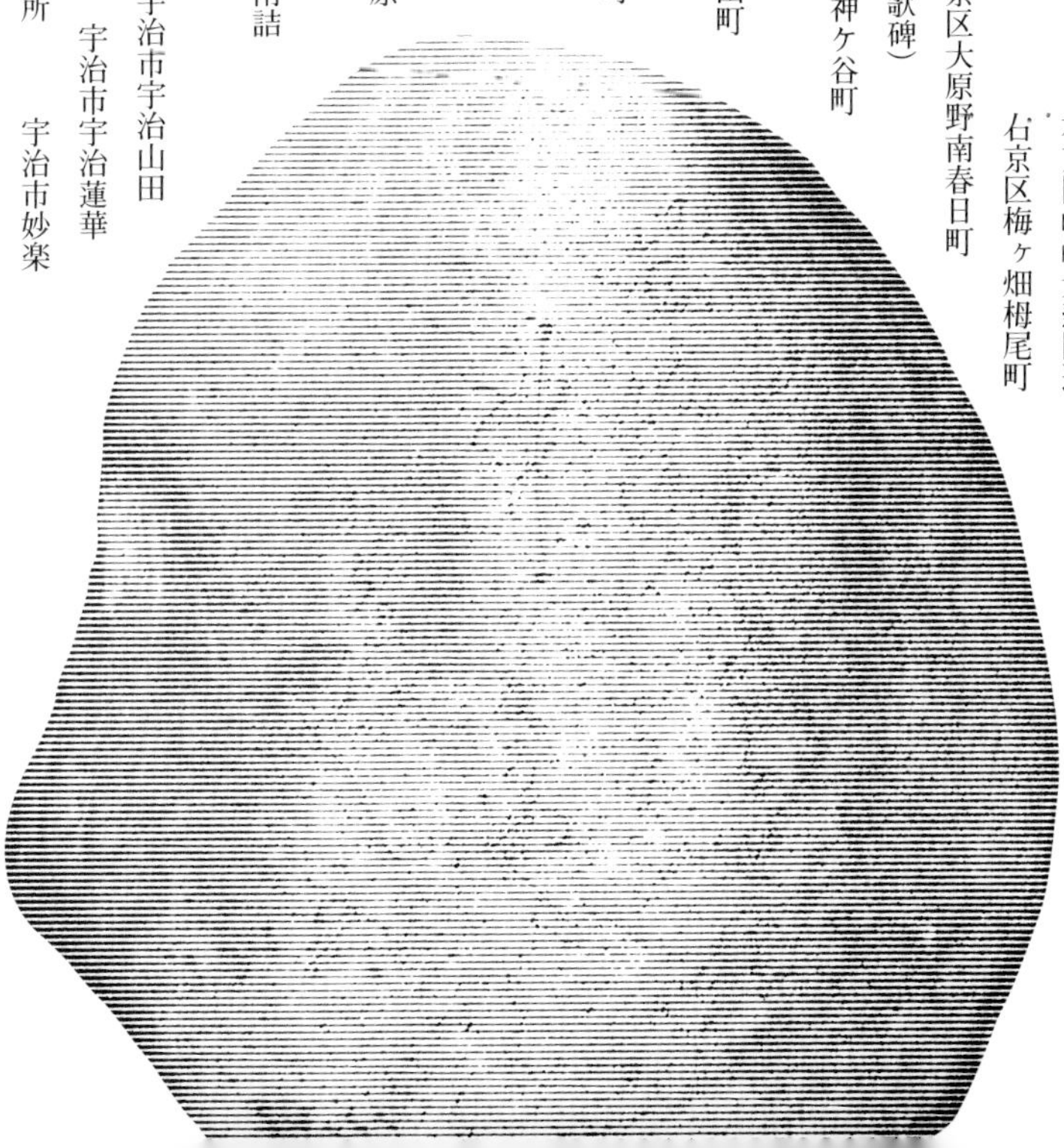

出口すみ	ひのもとのくににうまれしかみのこよよきたねおまけのにもやまにも	亀山公園	亀岡市天恩郷
鈴鹿野風呂	丹波路は糸の春雨衣の靄	永林寺	北桑田郡京北町塩田
中田余瓶	皇統譜かかげて花の勅願寺	常照皇寺	北桑田郡京北町井戸丸山
塩見寄水	京よりも丹波しぐれのやや荒く	三段池公園	福知山市猪崎
佐藤杏雨	大江山かくすかくさぬ時雨かな	御霊公園	福知山市御霊公園
坂本鋼亭	栄転栄転ついに故郷を持たぬ子ら	八幡神社	綾部市神宮寺
岸本水府	仲のよい二人のような山と水	由良川畔	綾部市並松
吉井勇	綾部川の水のひびきの中に聴く人の心の高きしらべを	紫水閣	綾部市味方町紫水ケ丘公園
荻原井泉水	夏雲白し山中広し市をなす	紫水ケ丘公園頂上	綾部市味方町紫水ケ丘公園
真下飛泉	此処はお国を何百里	宮川畔	加佐郡大江町関
真下飛泉	少しのひまもいそしみて　すこしのものもそまつにせず 人にもつくし世につくす　人こそ人の中の人	河守小学校校門前	加佐郡大江町河守
与謝蕪村	短夜や六里の松に更け足らず	見性寺	宮津市小川町
松尾芭蕉	けふばかり人も年よれ初しぐれ	如願寺	宮津市字宮
宮城亜亭	はし立にくれて宮津の灯に泊り	滝上公園	宮津市滝上公園
昭和天皇	文殊なる宿の窓よりうつくしとしばし見わたす天の橋立	玄妙庵	宮津市文珠
山添山青	橋立の海をかこみて山眠る	智恩寺	宮津市文珠
与謝蕪村	はし立や松は月日のこぼれ種	橋立明神	宮津市文珠
松尾芭蕉	一声の江によこたふや子規	千貫松畔	宮津市文珠
角川源義	花山河生野の道はなほ遠し	夕汐台公園	舞鶴市東舞鶴
千賀天声	晴れてよし時雨れてもよし与謝の海	橋立中学傍	与謝郡岩滝町岩滝
谷口益治	橋立の内は夕日や片時雨	板列神社	与謝郡岩滝町男山
落合直文	ふるさとの我が松島に比べみむ朝霧晴れよ天の橋立	男山八幡宮	与謝郡岩滝町男山
与謝野寛	み柱にわが師のみ名の残るにもぬかづき申す岩滝の宮	々	(三首合同歌碑)
与謝野晶子	海の気と山の雫にぬるるごと八幡の神の与謝の御社	々	
河東碧梧桐	小春雲線と飛ぶ松沈むかと	妙見堂	与謝郡岩滝町大内峠
五升庵蝶夢	はし立や松を時雨の越えんとす	妙見堂	与謝郡岩滝町大内峠
山添山青	初雪は里より早し大江山	八幡神社	与謝郡野田川町四辻
山添山青	初雪や峰々白き大江山	実相寺	与謝郡加悦町加悦
服部福里	のどかさや湯舟にひびく下駄の音	木津温泉	竹野郡網野町

京都のご利益さん

【名称】	【ご利益】	【住所】	【電話番号】
敷地神社（わら天神）	安産・子宝	北区衣笠天神森町	075（461）7676
今宮神社	疫病退散	北区紫野今宮町	075（491）0082
大将軍八神社	方除け	上京区一条通御前西入	075（461）0694
白峯神宮	球技上達・縁結び・厄除け	上京区今出川通堀川東入飛鳥井町	075（441）3810
北野天満宮	合格祈願	上京区馬喰町	075（461）0005
護王神社	祈願成就・厄除け	上京区烏丸通下長者町下る	075（441）5458
大報恩寺（千本釈迦堂）	夫婦円満・開運招福	上京区五辻通六軒町西入	075（461）5973
出世稲荷神社	出世開運	上京区千本通竹屋町下る聚楽町	075（841）1465
石像寺（釘抜地蔵）	諸病回復	上京区千本通上立売上る花車町	075（414）2233
本隆寺	夜泣き止め	上京区智恵光院通五辻上る	075（441）5762
首途八幡宮	旅行安全・かんの虫・開運厄除け	上京区智恵光院通今出川上る	075（431）0977
称念寺（猫寺）	ペット供養	上京区寺ノ内通浄福寺西入上る	075（441）4519
宝鏡寺	人形供養	上京区寺ノ内通堀川東入	075（451）1550
晴明神社	四柱推命・厄除け・魔除け	上京区堀川通一条上る晴明町	075（441）6460
櫟谷七野神社	愛情の復活・浮気封じ	中京区大宮通蘆山寺上る西入	
誓願寺	技芸上達	中京区新京極桜之町	075（221）0958
安養寺	女性守護	中京区新京極通蛸薬師下る東側町	075（221）4850
行願寺（革堂）	無病息災・極楽往生	中京区寺町通竹屋町上る	075（211）2770
壬生寺	厄除け	中京区坊城通仏光寺上る	075（841）3381
頂法寺（六角堂）	華道上達・縁結び	中京区六角通東洞院西入堂の前町	075（221）2686
市比賣神社	カード供養・女性守護	下京区市姫通河原町西入	075（361）2775
宗徳寺（粟嶋堂）	諸病平癒（特に腰から下の病）	下京区岩上通塩小路上る	075（371）2332
鉄輪井戸	縁切り	下京区堺町通松原下る鍛治屋町	
正行院（猿寺）	災難除け・交通安全・安産	下京区東洞院塩小路東入る	075（351）7885
狸谷山不動院	交通安全・商売繁盛・健脚長寿	左京区一乗寺狸谷	075（781）5664
古知谷阿弥陀寺	安産守護	左京区大原古知平町	075（744）2048
貴船神社・結社	縁結び・雨乞い・航海安全	左京区鞍馬貴船町	075（741）2016
金戒光明寺	学業成就	左京区黒谷町	075（771）2204
須賀神社	縁結び・交通安全	左京区聖護院円頓美町	075（771）1178
真正極楽寺（真如堂）	女性守護・極楽往生	左京区浄土寺真如町	075（771）0915
満足稲荷神社	出世開運	左京区東大路通三条上る	075（771）3035

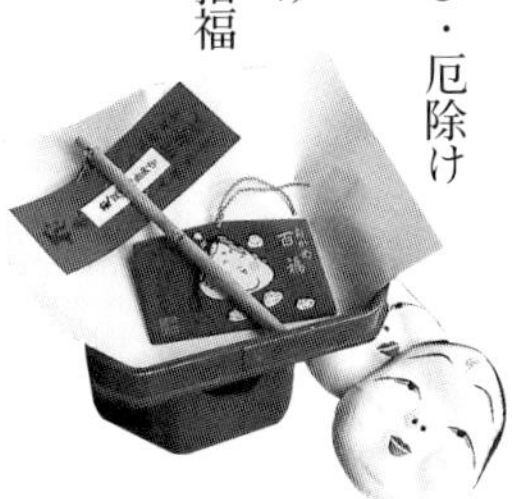

京都のご利益さん

吉田神社	厄除け	左京区吉田神楽岡町	075(771)3788
泉涌寺・楊貴妃観音堂	縁結び・安産・育児	東山区泉涌寺山内町	075(561)1551
仲源寺（目疾地蔵）	眼病回復・雨止み祈願	東山区祇園町南側	075(561)1273
若宮八幡宮	陶器業守護・厄除け・開運	東山区五条橋東	075(561)1261
蓮華王院（三十三間堂）	頭痛平癒・災難除け・諸願成就	東山区七条通東大路西入	075(561)0467
赤山禅院	商売繁盛・ぜん息封じ・方除け	東山区修学院開根坊町	075(701)5181
安井金比羅宮	断ち事・商売繁盛	東山区東大路通松原上る	075(561)5127
恵美須神社	商売繁盛・平和・交通安全	東山区大和大路通四条下る	075(525)0005
大龍寺	便所守護・下半身守護	右京区梅ヶ畑高鼻町	075(881)1121
梅宮大社	安産守護・家内安全・酒造業守護	右京区梅津フケノ川町	075(861)2730
愛宕神社	火災予防	右京区嵯峨愛宕町	075(861)0658
清凉寺（嵯峨釈迦堂）	極楽往生	右京区嵯峨釈迦堂藤の木町	075(861)0343
化野念仏寺	水子供養・死者供養	右京区嵯峨鳥居本化野町	075(861)2221
了徳寺	中風除け	右京区鳴滝本町	075(463)0714
法輪寺	知恵授け・裁縫上達・電気守護	西京区嵐山虚空蔵山町	075(861)0069
松尾大社	酒造業守護・家内安全	西京区嵐山宮町	075(871)5016
善峯寺	神経痛・腹痛回復	西京区大原野小塩町	075(331)0020
教王護国寺（東寺）	学業成就・諸願成就	南区九条町	075(691)3325
六孫王神社	子宝祈願・縁結び・安産守護	南区壬生通八条上る	075(691)0310
毘沙門堂	出世開運	山科区安朱稲荷山町	075(581)0328
随心院	ラブレター上達	山科区小野御霊町	075(571)0025
城南宮	方除け	伏見区下鳥羽中島宮ノ前町	075(623)0846
醍醐寺	盗難除け・災難除け	伏見区醍醐東大路町	075(571)0002
伏見稲荷大社	商売繁盛・肩凝り解消・咳止め・家出人探し	伏見区深草藪之内町	075(641)7331
許波多神社	方除け・厄除け・延命長寿・金運福徳・牛馬守護	宇治市五ヶ庄古川	0774(31)8676
平等院	極楽往生	宇治市宇治蓮華	0774(21)2861
県神社	一願成就・安産・子授け・人気上昇・病気封じ	宇治市宇治蓮華	0774(21)3014
楊谷寺（楊谷観音）	眼病回復・病気平癒・諸願成就	長岡京市浄土谷柳谷	075(956)0017
離宮八幡宮	交通安全・企業繁栄・油業電気業発展	乙訓郡大山崎町西谷	075(956)0218

京都のご利益さん

宝積寺（宝寺）	厄除け開運・諸願成就・金運福徳・交通安全・滅罪生善・極楽往生	乙訓郡大山崎町銭原	075(956)0047
観音寺（山崎聖天）	商売繁盛・夫婦和合・縁結び・除病延命	乙訓郡大山崎町白味才	075(956)0016
飛行神社	航空安全	八幡市八幡土井	075(982)2329
石清水八幡宮	厄除け開運・産業発展・病気封じ・陸海交通安全・勝運・夫婦円満	八幡市八幡高坊	075(981)3001
涌出宮	雨乞い成就・五穀豊穣・家内安全・諸願成就・交通安全・子授け	相楽郡山城町平尾	0774(86)2639
蟹満寺	子供の難病平癒・開運厄除け・家内安全・足腰痛封じ・眼病治癒	相楽郡山城町綺田浜	0774(86)2577
谷山宝山寺（谷山不動）	除災開運・病気封じ・一願成就・交通安全	相楽郡山城町平尾字峰山	0774(86)3445
海住山寺	厄除け開運・中風封じ	相楽郡加茂町例幣	0774(76)2256
穴太寺	病気平癒・安産・災難除け	亀岡市曽我部町穴太	0771(24)0809
養仙寺（布袋寺）	福徳円満・子孫繁栄・人格形成	亀岡市千歳町国分	0771(23)0506
神蔵寺	耳病治癒・病気平癒	亀岡市稗田野町佐伯岩谷の内院の芝	0771(23)5537
新宮寺（子安権現）	子授け・安産・子育て成長・交通安全	船井郡丹波町豊田	0771(82)0758
一宮神社	縁結び・産業医薬発展・金運福徳・病気除け・厄除け開運	福知山市堀	0773(22)2058
大川神社	安産・五穀豊穣・海陸交通安全・漁業建築鉄工業発展・火難除け	舞鶴市大川	0773(82)0011
智恩寺（切戸の文殊）	知恵発達・学業成就	宮津市文珠	0772(22)2553
籠神社（丹後一の宮）	家内安全・諸業繁栄・縁結び・安産・交通安全・夫婦円満・出世開運	宮津市大垣	0772(27)0006
成相寺	願望成就・勝運・心身健康・厄除け開運・中風除け・美人成就	宮津市成相寺	0772(27)0018
宇良神社（浦島神社）	延命長寿・縁結び・海上安全・豊作豊漁・織物業発展・牛馬守護	与謝郡伊根町本庄浜	0772(33)0721
竹野神社	出世開運・病気平癒・海上安全・くらげ除け（大漁）	竹野郡丹後町宮	0772(75)0600
本願寺	延命長寿・厄除け・極楽往生	熊野郡久美浜町	0772(82)0154

【体験できる寺院】

京都の社寺でこんなことが体験できます。

事前に開催日時をご確認下さい。

●写経ができる寺院

	【住所】	【電話番号】	【予約】
瑞峯院	北区紫野大徳寺山内	075(491)1454	要
浄蓮華院	左京区大原来迎院町	075(744)2408	要
三千院	左京区大原来迎院町	075(744)2531	団体要
鞍馬寺	左京区鞍馬本町	075(741)2003	要
狸谷山不動院	左京区一乗寺松原町	075(722)0025	不要
南禅院	左京区南禅寺福地町	075(771)0365	団体要
霊山観音教会	東山区下河原町	075(561)2205	要
法住寺	東山区三十三間堂廻り町	075(561)4137	団体要
来迎院	東山区泉涌寺山内町	075(561)8813	要
雲龍院	東山区泉涌寺山内町	075(541)3916	団体要
大覚寺	右京区嵯峨大沢町	075(871)0071	団体要
寂庵	右京区嵯峨鳥居本仏餉田町	075(861)6770	要

●写経と法話が聞ける寺院

来迎院	左京区大原来迎院町	075(744)2161	不要
鞍馬寺	左京区鞍馬本町	075(741)2003	要
醍醐寺文化講座	伏見区醍醐東大路町	075(571)0002	不要

●法話が聞ける寺院

大仙院	北区紫野大徳寺町	075(491)8346	要
本能寺	中京区寺町御池下る	075(231)5335	要
松ヶ崎大黒天	左京区松ヶ崎東町	075(781)5067	団体要
狸谷山不動院	左京区一乗寺松原町	075(722)0025	不要
宝泉院	左京区大原勝林院町	075(744)2409	要
知恩院内源光院	東山区林下町	075(531)0365	不要
寂庵	右京区嵯峨鳥居本仏餉田町	075(861)6770	要
直指庵	右京区北嵯峨北ノ段町	075(871)1880	要

●座禅と法話が聞ける寺院

相国寺	上京区今出川通烏丸東入	075(231)0301	要
霊山観音教会	東山区下河原町	075(561)2205	要
月輪寺	右京区嵯峨清滝月輪町	075(871)1376	要
妙心寺	右京区花園妙心寺町	075(462)5226	要
妙心寺大衆禅堂	右京区花園妙心寺町	075(463)3121	要
大心院	右京区花園妙心寺町	075(461)5714	団体要
宝福寺	伏見区帯屋町	075(611)6037	要

●座禅ができる寺院

源光庵	北区鷹峯北鷹峯町	075(492)1858	
詩仙堂	左京区一乗寺門口町	075(781)2954	要
浄蓮華院	左京区大原来迎院町	075(744)2408	要
南禅院	左京区南禅寺福地町	075(771)0365	暁天坐禅・団体要
建仁寺	東山区大和大路四条下る	075(561)0190	要
天龍寺	右京区嵯峨天龍寺芒ノ馬場町	075(881)1235	団体要
寂庵	右京区嵯峨鳥居本仏餉田町	075(861)6770	要
宝福寺	伏見区西大文字町	075(611)6037	
喜運寺	伏見区鷹匠町	075(621)2174	
誕生寺	伏見区久我本町	075(932)4650	毎月26日

●一日尼僧修行ができる寺院

念仏寺	右京区山ノ内宮前町	075(821)2732	要
笠原寺	山科区大宅岩屋殿	075(572)9400	要

●精進料理を教えていただける寺院

東林院	右京区花園妙心寺町	075(463)1334	要

京都の寺院にはこんなに素敵なところが一杯あります。

●精進料理や普茶料理がいただける寺院

智積院	東山区七条東大路	075(541)5361
天龍寺	右京区嵯峨天龍寺芒ノ馬場町	075(881)1235
東林院	右京区花園妙心寺山内	075(463)1334
三宝院	伏見区醍醐東大路町	075(571)0002
萬福寺	宇治市五ケ庄三番割	0774(32)3900

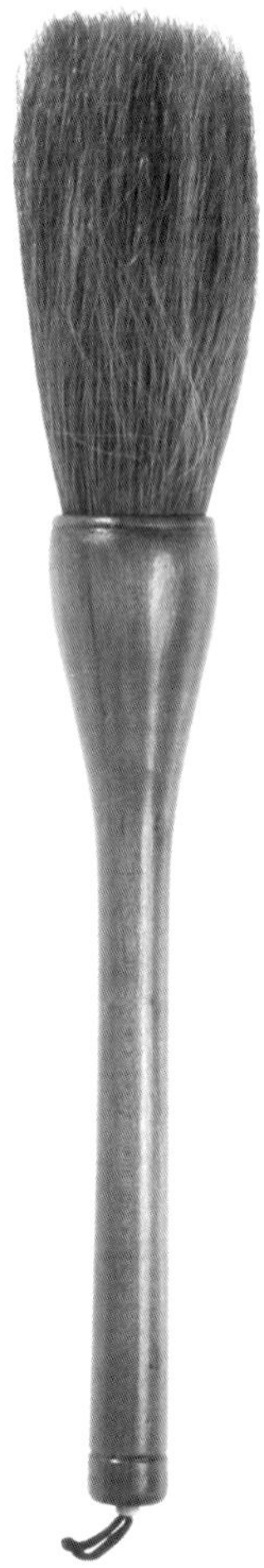

●雲龍図が素晴らしい寺院

相国寺	上京区今出川烏丸東入	075(231)0301
南禅寺	左京区南禅寺福地町	075(771)0365
建仁寺	東山区大和大路四条下る	075(561)0190
天龍寺	右京区嵯峨天龍寺芒ノ馬場町	075(881)1235
妙心寺	右京区花園妙心寺町	075(461)5226

●釈迦涅槃図が素晴らしい寺院

本法寺	上京区堀川寺ノ内上る	075(441)7997	長谷川等伯作
真如堂	左京区浄土寺真如町	075(771)0915	江戸時代
東福寺	東山区本町	075(561)0087	明兆作
泉涌寺	東山区今熊野山内町	075(561)1551	江戸時代中期
清凉寺	右京区嵯峨釈迦堂藤ノ木町	075(861)0343	

●素敵なお茶室がある寺院

【茶室名】	【作者(好み)】	【所在】	【住所】
忘筌席	小堀遠州	孤蓬庵	北区紫野大徳寺山内
密庵席	小堀遠州	龍光院	北区紫野大徳寺山内
蓑庵	如心斎宗左	玉林院	北区紫野大徳寺山内
松向軒	細川三斎	高桐院	北区紫野大徳寺山内
閑隠席	伝 千利休	聚光院	北区紫野大徳寺山内
篁庵	古田織部	三玄院	北区紫野大徳寺山内
昨夢軒	伝 武野紹鴎	黄梅院	北区紫野大徳寺山内
庭玉軒	金森宗和	真珠庵	北区紫野大徳寺山内
大虚庵	伝 本阿弥光悦	光悦寺	北区鷹峯
八窓席	良尚法親王	曼殊院	左京区一乗寺
同仁斎	足利義政	銀閣寺	左京区銀閣寺町
八窓席	小堀遠州	金地院	左京区南禅寺山内
澱看席	藤村庸軒	西翁院	左京区黒谷町
鬼瓦席	伝 灰屋紹益	高台寺	東山区高台寺下河原町
東陽坊席	伝 東陽坊	建仁寺	東山区大和大路四条下る
頤神室	千宗旦	慈照院	上京区相国寺山内
憶昔席	竹陰紹智	西本願寺	下京区堀川七条上る
夕佳亭	金森宗和	金閣寺	北区金閣寺町
蓬庵	竹猗紹智	天球院	右京区花園妙心寺山内
既白軒	伝 藤村庸軒	桂春院	右京区花園妙心寺山内
清漣亭	伝 足利義政	等持院	北区等持院中町
遼廓亭	尾形光琳	仁和寺	右京区御室仁和寺
湘南亭	千少庵	西芳寺	西京区松尾
松琴亭	伝 小堀遠州	桂離宮	西京区桂
待庵	千利休	妙喜庵	乙訓郡大山崎町

●境内や庭園が美しい寺院

金閣寺	北区金閣寺町	075(461)0013
大仙院	北区紫野大徳寺山内	075(491)8346
高桐院	北区紫野大徳寺山内	075(492)0068
光悦寺	北区鷹峯光悦町	075(491)1399
常照寺	北区鷹峯北鷹峯町	075(492)6775
等持院	北区等持院北町	075(461)5786
曼殊院	左京区一乗寺竹ノ内町	075(781)5010
詩仙堂	左京区一乗寺門口町	075(781)2954
永観堂	左京区永観堂町	075(761)0007
実相院	左京区岩倉上蔵町	075(781)5464
円通寺	左京区岩倉幡枝町	075(781)1875
銀閣寺	左京区銀閣寺町	075(771)5725
法然院	左京区鹿ケ谷御所ノ段町	075(771)2420
蓮華寺	左京区上高野八幡町	075(781)3494
三千院	左京区大原来迎院町	075(744)2531
南禅寺本坊	左京区南禅寺福地町	075(771)0365
金地院	左京区南禅寺山内	075(771)3511
真如堂	左京区浄土寺真如町	075(771)0915
青蓮院	東山区粟田口三条坊町	075(561)2345
泉涌寺	東山区今熊野山内町	075(561)1551
智積院	東山区七条東大路下る	075(541)5361
知恩院	東山区林下町	075(531)2111
清水寺	東山区清水	075(551)1234
高台寺	東山区高台寺下河原町	075(561)9966
東福寺	東山区本町	075(561)0087
退蔵院	右京区花園妙心寺山内	075(463)2855
東林院	右京区花園妙心寺山内	075(463)1334
滝口寺	右京区嵯峨亀山町	075(871)3929
大覚寺	右京区嵯峨大沢町	075(871)0071
龍安寺	右京区龍安寺御陵下町	075(463)2216
祇王寺	右京区嵯峨鳥居本小坂町	075(861)3574
天龍寺	右京区嵯峨天龍寺芒ノ馬場町	075(881)1235
二尊院	右京区嵯峨二尊院	075(861)0687
神護寺	右京区梅ケ畑高雄町	075(861)1769
西芳寺	西京区松尾神ケ谷町	075(391)3631
善峯寺	西京区大原野小塩町	075(331)0020
随心院	山科区小野御霊町	075(571)0025
勧修寺	山科区勧修寺仁王堂町	075(571)0048
平等院	宇治市蓮華	0774(21)2861
三室戸寺	宇治市莵道滋賀谷	0774(21)2067
一休寺	京田辺市薪里ノ内	0774(62)0193

京都の通称寺

【通称寺の名】	【正式寺名】	【電話番号】	【所在地】
椿寺	地蔵院	075(461)1263	北区大将軍川端町
千本えんま堂	引接寺	075(462)3332	上京区千本通廬山寺上る
大雅寺	浄光寺	075(431)1887	上京区寺之内通千本東入
猫寺	称念寺	075(441)4519	上京区寺之内通浄福寺西入上る
釘抜地蔵	石像寺	075(414)2233	上京区千本通上立売上る
鳴虎	報恩寺	075(414)1550	上京区小川通寺之内下る
湯たくさん茶くれん寺	浄土院	075(461)0701	上京区今出川通千本西入
清荒神	護浄院	075(231)3683	上京区荒神口通寺町東入
出水の毘沙門さま	華光寺	075(841)5807	上京区出水通六軒町西入
ひょうたん寺	福勝寺	075(841)5818	上京区出水通千本西入
だるま寺	法輪寺	075(841)7878	上京区下ノ下立売通紙屋川東入
妻取地蔵	祐正寺	075(821)0720	上京区下立売七本松東入
革堂	行願寺	075(211)2770	中京区寺町通竹屋町上る
六角堂	頂法寺	075(221)2686	中京区六角通東洞院西入
こぬか薬師	薬師院	075(211)1890	中京区釜座通二条上る
菩提薬師	大福寺	075(231)3624	中京区麩屋町通二条上る
寅薬師	西光寺	075(211)1938	中京区新京極通蛸薬師上る
蛸薬師	永福寺	075(255)3305	中京区新京極通蛸薬師下る
世継地蔵	上徳寺	075(351)4360	下京区富小路通五条下る
粟嶋堂	宗徳寺	075(371)2332	下京区岩上通三哲上る
大文字寺	浄土院	075(771)5158	左京区銀閣寺町
紫雲石	西雲院	075(771)3175	左京区黒谷町
赤穂義士の寺	本妙寺	075(771)2244	左京区仁王門通東大路東入
真如堂	真正極楽寺	075(771)0915	左京区浄土寺真如町
くろ谷さん	金戒光明寺	075(771)2204	左京区黒谷町
小町寺	補陀洛寺	075(741)3285	左京区静市市原町
松ヶ崎の大黒さん	妙円寺	075(781)5067	左京区松ヶ崎東町
めやみ地蔵	仲源寺	075(561)1273	東山区四条通大和大路東入
六はらさん	六波羅蜜寺	075(561)6980	東山区五条通大和大路上る
日限地蔵	安祥院	075(561)0655	東山区五条通東大路東入
血天井・宗達寺	養源院	075(561)3887	東山区三十三間堂廻り町
那須の与市さん	即成院	075(561)3443	東山区泉涌寺山内町
今熊野	観音寺	075(561)5511	東山区泉涌寺山内町
山科聖天	双林院	075(581)0036	山科区安朱稲荷山町
牛尾観音	法厳寺	075(581)1586	山科区音羽南谷町
水子供養寺	念仏寺	075(821)2732	右京区山ノ内宮前町
嵯峨釈迦堂	清凉寺	075(861)0343	右京区嵯峨釈迦堂藤ノ木町
沙羅双樹の寺	東林院	075(463)1334	右京区花園妙心寺町
桂地蔵	地蔵寺	075(381)3538	西京区桂春日町
なりひら寺	十輪寺	075(331)0154	西京区大原野小塩
花の寺	勝持寺	075(331)0601	西京区大原野南春日町
中書島の弁天さん	長建寺	075(611)1039	伏見区東柳町
日野薬師	法界寺	075(571)0024	伏見区日野西大道町
橋寺	放生院	0774(21)2662	宇治市宇治東内

除夜の鐘が撞ける寺院

清浄華院	上京区寺町広小路上る	先着順。	０７５(２３１)２５５０
妙蓮寺	上京区妙蓮寺前町	整理券が必要。甘酒の接待。	０７５(４５１)３５２７
壬生寺	中京区壬生梛ノ宮町	先着２００名に甘酒の接待。	０７５(８４１)３３８１
誓願寺	中京区六角通新京極下る	整理券が必要。甘酒の接待。	０７５(２２１)０９５８
鞍馬寺	左京区鞍馬本町	先着順に撞ける。	０７５(７４１)２００３
永観堂	左京区永観堂町	グループで撞く。甘酒の接待。	０７５(７６１)０００７
金戒光明寺	左京区黒谷町	整理券が必要	０７５(７７１)２２０４
真如堂	左京区浄土寺真如町	４～５人１組で撞く。甘酒の接待。	０７５(７７１)０９１５
勝林院	左京区大原勝林院町	法話が聞ける。拝観料２００円が必要。	０７５(７４４)２４０９
浄蓮華院	左京区大原来迎院町	宿坊があり、平素よりさまざまなイベントを企画。	０７５(７４４)２４０８
知恩寺	左京区田中門前町	大念珠繰りの後に整理券が配付される。	０７５(７８１)９１７１
南禅寺	左京区南禅寺	最初と最後を僧侶が撞き、残り50打を参拝者が撞く。要整理券。	０７５(７７１)０３６５
知恩院	東山区新橋東大路東入	17人の僧侶が打つ。一般の人は撞けない。	０７５(５３１)２１１１
青蓮院	東山区粟田口三条坊町	11時45分より自由に撞けます。	０７５(５６１)２３４５
方広寺	東山区正面通大和大路東入	先着順にグループで撞く。「国家安康」の銘で有名。	０７５(５３１)４９２８
清水寺	東山区清水一丁目	整理券が必要。二人一組で撞く。	０７５(５５１)１２３４
建仁寺	東山区大和大路四条下る	整理券が必要。	０７５(５６１)６３６３
長楽寺	東山区円山町	５００円の整理券が必要。釣鐘形のお守りと厄除けのお札つき。	０７５(５６１)０５８９
大覚寺	右京区嵯峨大沢町	全員が必ず撞ける。	０７５(８７１)００７１
二尊院	右京区二尊院門前長神町	全員が必ず撞ける。甘酒の接待。通称「しあわせの鐘」	０７５(８６１)０６８７
瑞光寺	伏見区深草坊町	僧侶に続いて自由に撞る。甘酒の接待。	０７５(６４１)１７０４
醍醐寺	伏見区醍醐伽藍町	有料で醍醐寺のお皿や、おまもりがもらえる。要整理券。	０７５(５７１)０００２
興聖寺	宇治市宇治山田	全員撞けます。そばの接待。	０７７４(２１)２０４０
平等院	宇治市宇治蓮華	４～５人１組で撞く。	０７７４(２１)２８６１
萬福寺	宇治市五ヶ庄三番割	整理券が必要。先着１０００名に無料で年越そばの接待。	０７７４(３２)３９００
光明寺	長岡京市粟生	整理券が必要。甘酒の接待。	０７５(９５５)０００２
乙訓寺	長岡京市今里	自由に撞けます。生姜湯の接待。	０７５(９５１)５７５９
勝龍寺	長岡京市勝竜寺	自由に撞けます。	０７５(９５１)６９０６
楊谷寺	長岡京市浄土谷堂ノ谷	自由に撞けます。	０７５(９５６)００１７
山崎聖天	乙訓郡大山崎町銭原	参拝者が多い時は、４～５人１組で撞く。	０７５(９５６)００１６
宝寺	乙訓郡大山崎町銭原	整理券が必要。	０７５(９５６)００４７

三井ガーデンホテル京都四条	下京区西洞院通四条下る	075-361-5531	8300円～	SRC　サービス料の廃止 季節により料金変わります
からすま京都ホテル	下京区烏丸四条下る	075-371-0111	9680円～	SRC
アランヴェールホテル京都	下京区五条通室町西入る	075-365-5111	8250円	SRC展望大浴場有り
東横イン京都烏丸五条	下京区烏丸通松原下ル五条烏丸町	075-344-1045	6200円	SRC
京都国際ホテル	中京区堀川通二条城前	075-222-1111	9000円～	SRC
ホテルフジタ京都	中京区二条大橋西詰	075-222-1511	9800円～	SRC
京都全日空ホテル	中京区堀川通二条城前	075-231-1155	13000円～	SRCシーズンと曜日で料金変わります。 税・サ別々
京都ロイヤルホテル	中京区河原町通三条上る	075-223-1234	14000円～	SRC
ホテルギンモンド	中京区御池通高倉西入る	075-221-4111	8300円～	SRC
アークホテル京都	中京区壬生賀陽御所町	075-812-1111	8800円～	SRC
ホテルアルファ京都	中京区河原町通三条上ル西側	075-241-2000	6800円～	SRC
サンホテル京都	中京区河原町通三条下る	075-241-3351	7000円～	SRC
ハートンホテル京都	中京区東洞院御池上る	075-222-1300	8500円～	SRC
京都ガーデンホテル	中京区室町御池下る	075-255-2000	6500円～	SRC
三条烏丸ホテル京都	中京区三条通烏丸西入る	075-256-3331	9100円～	SRC　サービス料の廃止 季節により料金変わります。
京都ホテルオークラ	中京区河原町通御池	075-211-5111	16000円～	SRC
ホテルハーヴェスト京都	中京区烏丸通丸太町下る大倉町	075-251-1092	11000円	SRC　食事付プラン有
東横イン京都四条大宮	中京区壬生坊城町	075-803-1045	5800円	SRC　税込
京都ガーデンパレス	上京区烏丸下長者町上る龍前町	075-411-0111	8500円～	SRC
京都ブライトンホテル	上京区烏丸通中立売下る	075-441-4411	28000円～	TRC
ホテルニュー京都	上京区堀川通丸太町角	075-801-2111	8000円～	SRC
ウェスティン都ホテル京都	東山区蹴上	075-771-7111	10000円～	SRC
京都祇園ホテル	東山区祇園町南側	075-551-2111	8800円～	SRC
京都パークホテル	東山区三十三間堂東隣	075-525-3111	8500円～	SRC
京都宝ヶ池プリンスホテル	左京区宝ヶ池	075-712-1111	34100円～	SRC
ホテル平安の森京都	左京区岡崎東天王町	075-761-3130	9000円～	SRC　JR京都駅車25分
ロテル・ド・比叡	左京区比叡山一本杉	075-701-0201	19800円～	朝食付
ホテルブライトンシティ山科	山科区山科駅前	075-502-1111	7500円～	SRC
アーバンホテル京都	伏見区深草西浦町	075-647-0606	6800円～	SRC

●ユースホステル	所在地	電話番号	宿泊料金（税別）	備考
宇多野ユースホステル	右京区太秦中山町	075-462-2288	4000円～	シーツ代含む
北山ユースホステル	北区鷹峯光悦寺畔	075-492-5345	5000円～	会員2700円
東山ユースホステル	東山区三条通白川橋東	075-761-8135	4500円～	2食付
桂ユースホステル	西京区御陵南荒木町	075-392-2248	2700円～	5名以上

●公共・公営の宿	所在地	電話番号		備考
ルビノ京都堀川	上京区東堀川通下長者町下る	075-432-6161		公立学校共済組合京都宿泊所
平安会館	上京区京都御所中立売御門前	075-432-6181		地方職員共済組合
KKR京都くに荘	上京区河原町通荒神口上る	075-222-0092		国家公務員共済組合
御車会館	上京区河原町通今出川下る	075-211-5626		文部省共済組合京都宿泊所
京都ガーデンパレス	上京区烏丸通下長者町上る龍前町	075-411-0111		私立学校教職員共済組合
京都弥生会館	中京区西ノ京栂尾町	075-841-8411		JR共済組合
京都学生研修会館	左京区田中関田町	075-771-6025		
京都教育文化センター	左京区聖護院川原町	075-771-4221		教員互助組合
京都松ヶ崎会館（アピカルイン京都）	左京区松ヶ崎小竹藪町	075-722-7711		NTT共済組合
花のいえ	右京区嵯峨天竜寺角倉町	075-861-1545		公立学校共済組合保養所
京都エミナース	西京区大原野東境谷町	075-332-5800	14700円～	TRC　国民年金京都会館 阪急桂駅バス10分
ホテルセントノーム京都	南区東九条東山王町	075-682-8777		京都府市町村職員共済組合
関西セミナーハウス	左京区一乗寺竹ノ内町	075-711-2115		（財）日本クリスチャンアカデミー
京大会館	左京区吉田河原町	075-751-8311		（財）京大会館楽友会
国立京都国際会館	左京区宝ヶ池	075-705-1265		
コミュニティ嵯峨野	右京区嵯峨天竜寺広道町	075-871-9711		京都府勤労者研修センター
白河院	左京区岡崎法勝寺町	075-761-0201		私立学校教職員共済組合京都宿泊所
ゆうりぞうと京都洛翠	左京区南禅寺下河原町	075-771-3535		郵政共済組合

京都のおすすめ宿泊情報

●宿坊	所在地	電話番号	宿泊料金（税別）	備考
宝筐院	右京区嵯峨釈迦堂門前南中院町	075-861-0610	5000円	朝食付　女性のみ　年末年始休み
鹿王院	右京区嵯峨北堀町	075-861-1645	4500円	朝食付　女性のみ　年末年始休み
大心院	右京区花園妙心寺町	075-461-5714	4500円	朝食付（夕食付相談）　不定休
東林院	右京区花園妙心寺町	075-463-1334	5700円	2食付　朝食付4700円　不定休
ホテル花園会館	右京区花園妙心寺町	075-461-6857	6500円～	素泊　年中無休
妙蓮寺	上京区寺ノ内大宮東入る	075-451-3527	3500円	素泊　不定休　内湯がないので銭湯へ
悲田院	東山区泉涌寺山内町	075-561-8781	4500円	朝食付　素泊4100円　不定休
智積院会館	東山区東山七条	075-541-5363	7000円	2食付　朝食付5500円 別に灯明料1000円
浄蓮華院	左京区大原来迎院町	075-744-2408	7000円	（税込）2食付　年末年始・お盆休み
阿弥陀寺	左京区大原古知平町	075-744-2048	6500円	2食付　男性のみのグループは不可 1·2·3·7·8·12月休み

●和風旅館	所在地	電話番号	宿泊料金（税別）	備考
東寺洛南会館	南区九条町	075-691-3101	9000円～	
ハトヤ瑞鳳閣	下京区西洞院通塩小路角	075-361-1231	8000円～	JR京都駅歩5分
ホテル法華クラブ京都	下京区京都駅正面	075-361-1251	6800円～	素泊
松本旅館	下京区塩小路通室町角	075-371-2622	12000円～	JR京都駅歩1分
とみや旅館	下京区塩小路通東洞院西入る	075-371-0948	9000円～	JR京都駅歩1分
宿屋　枳殻荘	下京区下枳殻馬場通河原町西入る	075-371-2989	18000円～	
ホテル近江屋	下京区上珠数屋町通東洞院東入	075-351-5292	10000円～	
ホテル緑風荘	下京区西洞院通六条上る	075-341-7201	15000円～	JR京都駅車5分
田鶴	下京区木屋町通松原上る	075-341-3376	18000円～	JR京都駅バス15分
金岩楼別館	下京区木屋町通松原下る	075-351-5010	16000円～	京阪五条駅歩3分
柊家旅館	中京区麩屋町通御池角	075-221-1136	25000円～	JR京都駅車15分
俵屋旅館	中京区麩屋町通姉小路上る	075-211-5566	40250円～	JR京都駅車15分
炭屋旅館	中京区麩屋町通三条下る	075-221-2188	25000円～	阪急河原町歩7分
ホテル本能寺会館	中京区御池通河原町西入る	075-231-3123	10000円～	阪急河原町歩10分
幾松	中京区木屋町通二条下る	075-231-1234	16500円～	JR京都駅バス20分
ぎおん畑中	東山区祇園下河原八坂鳥居前	075-541-5315	27000円～	JR京都駅車15分
玉半	東山区祇園下河原町	075-561-3188	25000円～	
吉田山荘	左京区吉田下大路町	075-771-6125	35000円～	
八瀬かまぶろ温泉ふるさと	左京区八瀬近衛町	075-791-4126	16400円～	
魚山園	左京区大原来迎院町	075-744-2321	18000円～	JR京都駅バス55分
くらま温泉	左京区鞍馬本町	075-741-2131	15000円～	
ひろや	左京区鞍馬貴船町	075-741-2401	30000円～	叡山電鉄貴船口車5分
然林房	北区鷹峯北鷹峯町	075-491-2231	9000円～	JR京都駅バス40分
ホテル嵐亭	右京区嵯峨天竜寺芒ノ馬場町	075-371-1119	16000円～	阪急・京福嵐山駅歩5分
嵐峡館	西京区嵐山元録山町	075-871-0001	18000円～	
嵐峡館別館	西京区嵐山中尾下町	075-871-8471	16000円～	阪急・京福嵐山駅歩5分
史跡・寺田屋	伏見区南浜町	075-622-0243	7000円～	夕欠
花屋敷浮舟園	宇治市宇治塔ノ川	0774-21-2126	18000円～	京阪宇治駅歩10分
すみや亀峰菴	亀岡市稗田野町湯の花	0771-22-0394	18000円～	
ホテル渓山閣	亀岡市稗田野町佐伯下峠	0771-22-0250	16000円～	
京・湯の花　翠泉	亀岡市稗田野町芦ノ山イノシリ	0771-22-7575	27500円～	

●ホテル	所在地	電話番号	宿泊料金（税別）	備考
新・都ホテル	南区京都駅八条口	075-661-7111	9000円～	SRC
ホテル京阪京都	南区東九条西山王町	075-661-0321	7900円～	SRC
京都第一ホテル	南区東九条下殿田町	075-661-8800	6800円～	SRC（税・サービス料込）
京都プラザホテル	南区油小路通八条下る	075-691-0100	6800円	SRC（税・サービス料込）
エル　イン京都	南区東九条東山王町	075-672-1100	6800円	SRC（税・サービス料込）
京都タワーホテル	下京区烏丸通七条下る	075-361-3212	7500円～	SRC
京都新阪急ホテル	下京区塩小路通京都駅正面	075-343-5300	12000円～	SRC
京都センチュリーホテル	下京区東洞院通塩小路下る東塩小路町	075-351-0111	10000円～	SRC
ホテルグランヴィア京都	下京区烏丸通塩小路下る東塩小路町657「京都駅ビル」内	075-344-8888	20000円～	TRC
アパホテル（京都駅前）	下京区西洞院通塩小路下る南不動堂町	075-365-4111	7500円～	SRC　身障者用1室有り
リーガロイヤルホテル京都	下京区東堀川通塩小路下る	075-341-2311	12000円～	SRC
ホテルプリンセス京都	下京区烏丸高辻東入	075-342-2111	12000円～	SRC

目的別見学スポット

休日に出かけてみませんか

親子で楽しめるスポット

立命館大学国際平和ミュージアム	北区等持院北町	075(465)8151
京都市大宮交通公園	北区大宮西脇台町	075(491)0202
織成舘〈手織体験〉	上京区浄福寺通上立売上る	075(431)0020
安達くみひも館〈くみひも体験〉	上京区出水通烏丸西入	075(432)4113
益富地学会館〈石の博物館〉	上京区出水通烏丸西入	075(441)3280
京都芸術センター〈旧、明倫小学校〉	中京区室町通蛸薬師下る	075(213)1000
漢検漢字資料館〈文字の博物館〉	下京区烏丸通松原下る	075(352)8300
ブリキのおもちゃ博物館	下京区四条堀川東入	075(223)2146
梅小路蒸気機関車館〈SLに乗る〉	下京区観喜寺町	075(314)2996
梅小路公園いのちの森	下京区上中之町	075(352)2500
京都タワー展望台	下京区烏丸通七条下る	075(361)3210
琵琶湖疎水記念館	左京区南禅寺草川町	075(752)2530
京都伝統産業ふれあい館	左京区岡崎成勝寺町	075(762)2670
京都府立陶版名画の庭	左京区下鴨半木町	075(724)2188
京都大学総合博物館	左京区吉田本町	075(753)3272
宝ヶ池こどもの楽園	左京区上高野流田町	075(781)3010
京都府立植物園	左京区下鴨半木町	075(701)0141
京都市動物園	左京区岡崎法勝寺町	075(771)0210
京都市青少年科学センター	伏見区深草池ノ内町	075(642)1601
京都嵐山オルゴール博物館	右京区嵯峨天龍寺立石町	075(865)1020
京都・嵐山美空ひばり館	右京区嵯峨天龍寺芒ノ馬場町	075(864)5000
東映太秦映画村	右京区太秦東蜂岡町	075(864)7716
嵐山モンキーパークいわたやま	西京区嵐山元録山町	075(872)0950
桂坂野鳥園	西京区大枝北沓掛町	075(333)4651
京都市洛西竹林公園	西京区大枝北福西町2丁目	075(331)3821
JR稲荷駅ランプ小屋	伏見区深草 JR稲荷駅構内	075(641)0506
伏見桃山城キャッスルランド	伏見区桃山町大蔵	075(611)5121
勧修寺観光農園	山科区勧修寺南大日町	075(571)2580
山城総合運動公園〈太陽が丘〉	宇治市広野町八軒屋谷	0774(24)1313
宇治市植物公園	宇治市広野町八軒屋谷	0774(39)9387
きっづ光科学館ふぉとん	相楽郡木津町梅見台	0774(71)3180
京都府立山城郷土資料館	相楽郡山城町上狛千両岩	0774(86)5199
加茂町プラネタリウム館	相楽郡加茂町北大門	0774(76)7645
京都府立丹波自然運動公園	船井郡丹波町曽根	0771(82)0300
質志鍾乳洞公園	船井郡瑞穂町質志	0771(86)1725
大江山鬼瓦公園	加佐郡大江町河守	0773(56)1101
日本の鬼の交流博物館	加佐郡大江町仏性寺	0773(56)1996
丹後魚っ知館	宮津市小田宿野	0772(25)2026
青少年海洋センター	宮津市田井大池	0772(22)0501
加悦SL広場	与謝郡加悦町滝	0772(42)3186
加悦町古墳公園	与謝郡加悦町明石	0772(43)1992
水の江里浦嶋公園	与謝郡伊根町字本庄浜	0772(33)5225
丹後あじわいの郷ゆーらぴあ	竹野郡弥栄町字鳥取	0772(65)4193
かぶと山公園	熊野郡久美浜町向磯	0772(83)1457
奥山自然たいけん公園	熊野郡久美浜町奥山	0772(84)0270

ちょっと珍しいスポット

西村家庭園〈賀茂の社家〉	北区上賀茂中大路町	075(781)0666
川人ハンズ〈象嵌体験〉	北区等持院南町	075(461)2773

新島襄旧邸	上京区寺町通丸太町上る	０７５（２５１）３１６５
二條陣屋〈小川家住宅〉	中京区大宮通御池下る	０７５（８４１）０９７２
八木邸〈新選組屯所〉	中京区壬生	
新風館〈ファッション＆イベント＆グルメ〉	中京区烏丸通姉小路下る場之町	０７５（２１３）６６８８
黒竹家〈カフェ・ド・武家屋敷〉	中京区壬生賀陽御所町	０７５（８４２）９８５９
岩倉具視幽棲旧宅	左京区岩倉上蔵町	０７５（７８１）７９８４
藤井斉成会有鄰館	左京区岡崎円勝寺町	０７５（７６１）０６３８
無鄰菴〈山県有朋別邸〉	左京区南禅寺草川町	０７５（７７１）３９０９
お米の歴史館	左京区新間之町通仁王門上る	０７５（７７１）２９８７
京都クラフトセンター	東山区祇園町北側	０７５（５６１）９６６０
ギオンコーナー〈歌舞伎ｅｔｃ〉	東山区花見小路四条下る	０７５（５６１）１１１９
京都太秦工芸館	右京区太秦一ノ井町	０７５（８６４）１１８８
落柿舎〈俳人・去来の草庵〉	右京区嵯峨小倉山緋明神町	０７５（８８１）１９５３
まゆ村人形塾〈繭を使った人形〉	右京区嵯峨鳥居本化野町	０７５（８８２）４５００
手描友禅工房　久利匠	右京区嵯峨天龍寺造路町	０７５（８８１）４８８４
京都市嵯峨鳥居本町並み保存館	右京区嵯峨鳥居本仙翁町	０７５（８６４）２４０６
大河内山荘〈大河内伝次郎旧宅〉	右京区嵯峨小倉山田渕山町	０７５（８７２）２２３３
大橋家庭園	伏見区深草開土町	０７５（６４１）１３４６
龍馬館	伏見区塩屋町龍馬通り商店街	０７５（６０２）２５５０
寺田屋〈伏見の船宿〉	伏見区南浜町	０７５（６１１）１２２３
上林記念館〈宇治茶〉	宇治市宇治妙楽	０７７４（２２）２５１３
朝日焼窯芸資料館	宇治市宇治山田	０７７４（２３）３３１１
舞鶴市立赤れんが博物館	舞鶴市字浜	０７７３（６６）１０９５
舞鶴引揚記念館	舞鶴市字平無番地	０７７３（６８）０８３６
海軍記念館	舞鶴市余部下	０７７３（６２）２２５０

ほろ酔い気分でお勉強

キリンビアパーク京都	南区久世高田町	０７５（９２４）２１００
サントリー京都ビール工場	長岡京市調子	０７５（９５２）５７７０
山崎蒸留所〈サントリーウイスキー〉	大阪府三島郡島本町山崎	０７５（９６２）１４２３
キンシ正宗　堀野記念館	中京区堺町通二条上る	０７５（２２３）２０７２
黄桜カッパカントリー	伏見区塩屋	０７５（６１１）９９２１
月桂冠大倉記念館	伏見区南浜町	０７５（６２３）２０５６
丹山酒造	亀岡市横町	０７７１（２２）００６６
丹波地酒の館	亀岡市稗田野町佐伯	０７７１（２２）０６３２
丹波ワイン	船井郡丹波町豊田千原	０７７１（８２）２００３
ハクレイ酒造	宮津市字由良	０７７２（２６）０００１

京都の企業を深く知る

島津創業記念資料館	中京区木屋町通二条南	０７５（２５５）０９８０
ハカリの小歴史館	左京区聖護院山王町	０７５（７７１）４１４１
オムロン創業記念館	右京区鳴滝春木町	０７５（３４４）７０００
天ヶ瀬発電所ＰＲ館	宇治市宇治金井戸	０７７４（２１）２０２４
松下資料館	相楽郡木津町相楽台	０７７４（７２）７７７６
福寿園ＣＨＡ研究センター	相楽郡木津町相楽台	０７７４（７３）１２００
グンゼ博物苑	綾部市青野町・グンゼ工場内	０７７３（４３）１０５０
日立造船・舞鶴館	舞鶴市字余部下	０７７３（６２）８７００
丹後ちりめん歴史館	与謝郡野田川町岩屋	０７７２（４３）０４６９

名画・名品に出会える美術館

京都府立堂本印象美術館	北区平野上柳町	０７５（４６３）０００７
高麗美術館	北区紫竹上岸町	０７５（４９１）１１９２
茶道資料館	上京区堀川通寺ノ内上る	０７５（４３１）６４７４
樂美術館	上京区油小路通中立売上る	０７５（４１４）０３０４
北村美術館	上京区河原町今出川下る東入	０７５（２５６）０６３７
大西清右衛門美術館〈茶の湯の釜〉	中京区三条通新町西入	０７５（２２１）２８８１
大丸ミュージアムＫＹＯＴＯ	下京区四条通高倉西入	０７５（２１１）８１１１
美術館「えき」ＫＹＯＴＯ	下京区烏丸通塩小路下る　伊勢丹	０７５（３５２）１１１１
角屋もてなしの文化美術館	下京区西新屋敷揚屋町	０７５（３５１）００２４
ＫＹＯＴＯ手塚治虫ワールド	下京区烏丸通塩小路　京都駅ビル２Ｆ	０７５（３４１）２３７６
野村美術館	左京区南禅寺下河原町	０７５（７５１）０３７４

泉屋博古館〈住友コレクション〉	左京区鹿ヶ谷下宮ノ前町	075(771)6411
白沙村荘〈橋本関雪記念館〉	左京区浄土寺石橋町	075(751)0446
細見美術館〈グッズ&喫茶〉	左京区岡崎最勝寺町	075(752)5555
観峰美術館	左京区岡崎南御所町	075(771)7130
思文閣美術館	左京区田中関田町	075(751)1777
京都ギリシアローマ美術館	左京区下鴨北園町	075(791)3561
洛東遺芳館	東山区問屋町五条下る	075(561)1045
河井寛次郎記念館	東山区五条坂鐘鋳町	075(561)3585
清水三年坂美術館	東山区清水門町三寧坂北入る	075(532)4270
近藤悠三記念館	東山区清水新道1丁目	075(561)2996
高台寺・掌美術館	東山区高台寺下河原町	075(561)1414
何必館・京都現代美術館	東山区祇園町北側	075(525)1311
池大雅美術館	西京区松尾万石町	075(381)2832
源氏物語ミュージアム	宇治市宇治東内	0774(39)9300
松花堂美術館	八幡市八幡女郎花	075(981)0010
アサヒビール大山崎山荘美術館	乙訓郡大山崎町大山崎銭原	075(957)3123

寺社の宝物と出会える館

承天閣美術館〈相国寺〉	上京区今出川通烏丸東入	075(241)0423
北野天満宮宝物殿	上京区馬喰町	075(461)0005
大将軍八神社方徳殿	上京区一条通御前西入	075(461)0694
壬生寺文化財展観室	中京区坊城仏光寺上る	075(841)3381
鞍馬山霊宝殿	左京区鞍馬本町	075(741)2368
豊国神社博物館	東山区大和大路正面茶屋町	075(561)3802
霊山歴史館	東山区清閑寺霊山町	075(531)3773
金比羅絵馬館	東山区東大路松原上る下弁天町	075(561)5127
清凉寺霊宝館	右京区嵯峨釈迦堂藤ノ木町	075(861)0343
広隆寺霊宝殿	右京区太秦蜂岡町	075(861)1461
仁和寺霊宝館	右京区御室大内	075(461)1155
東寺宝物館	南区九条町	075(671)9191
乃木神社宝物館	伏見区桃山町板倉周防	075(601)5472
藤森神社宝物館	伏見区深草鳥居崎町	075(641)1045
醍醐寺霊宝館	伏見区醍醐東大路町	075(571)0002

本格的に学びたい人のための博物館・美術館

京都市考古博物館	上京区今出川通大宮東入	075(432)3245
京都市歴史博物館	上京区寺町通丸太町上る	075(241)4312
花園大学歴史博物館	中京区西ノ京壺ノ内町	075(811)5181
京都文化博物館	中京区三条高倉	075(222)0888
風俗博物館	下京区新西中筋六条下る	075(342)5345
眼科外科医療器具歴史博物館	下京区川端通正面橋西入	075(371)0781
京都市学校歴史博物館	下京区御幸町通仏光寺下る	075(344)1305
京都工芸繊維大学美術工芸博物館	左京区松ヶ崎御所海道町	075(724)7924
京都市美術館	左京区岡崎円勝寺町	075(771)4107
京都国立近代美術館	左京区岡崎円勝寺町	075(761)4111
京都府立総合資料館	左京区下鴨半木町	075(723)4831
京都国立博物館	東山区東山通七条	075(541)1151
京都市立芸術大学芸術博物館	西京区大枝沓掛町	075(334)2232

ちょと自慢できる素敵なスポット

北山杉資料館	北区小野下ノ町	075(406)2241
高津古文化会館	上京区今出川天神筋下る	075(461)8700
京菓子博物館〈ギルドハウス京菓子〉	上京区烏丸通上立売上る	075(432)3101
雅楽器博物館	中京区西小路御池北上る	075(802)2505
いけばな博物館	中京区六角通東洞院西入	075(221)2686
京の道博物館	下京区西洞院通塩小路下る	075(351)3300
湯川記念室	左京区北白川追分町	075(753)7003
大原郷土館	左京区大原勝林院町	075(744)2246
匠斎庵〈瀧澤家住宅〉	左京区鞍馬本町	075(741)3232
井村美術館	左京区下鴨松原町	075(722)3300
京都民芸資料館	左京区岩倉幡枝町	075(722)6885

博物館さがの人形の家	右京区嵯峨鳥居本仏餉田町	075(882)1421
想い出博物館	右京区嵯峨二尊院門前	075(862)0124
宮艸ランプ館	西京区山田六ノ坪町	075(381)9178
京の田舎民具資料館	山科区小山小川町	075(581)2302
一燈園資料館「香倉院」	山科区四ノ宮柳山町	075(581)3136
中村甲刀修史館	東山区花見小路四条下る	075(525)3921
日本髪博物館	東山区大和大路四条上る	075(551)9071
向日市天文館	向日市向日町南山	075(935)3800
勝竜寺城公園	長岡京市勝竜寺	075(952)1146
京都フラワーセンター	相楽郡精華町北稲八間大路	0774(93)0811
美山民俗資料館	北桑田郡美山町北	0771(77)0587
私市円山古墳公園	綾部市私市町円山	0773(43)1366
福知山市都市緑化植物園	福知山市猪崎	0773(22)6617
福知山市児童科学館	福知山市猪崎	0773(23)6292
福知山市動物園	福知山市猪崎	0773(23)4497

京都の情報発信基地〈会館・ホール・劇場〉

エンゼルハウス〈京都こども文化会館〉	上京区一条通七本松西入る	075(464)0356
アルティ〈京都府立府民ホール〉	上京区烏丸通一条下る	075(441)1414
京都府立文化芸術会館	上京区河原町通広小路下る	075(222)1046
KBSホール	上京区烏丸上長者町	075(431)7350
ウィングス〈京都市女性総合C〉	中京区東洞院六角下る	075(212)7470
京都芸術センター〈元、明倫小学校〉	中京区室町蛸薬師下る	075(213)1000
ラポール京都〈京都労働者総合会館〉	中京区四条通御前	075(801)5311
京都アスニー〈京都市生涯学習総合C〉	中京区丸太町七本松西入	075(802)3141
キャンパスプラザ京都	下京区西洞院通塩小路下る	075(353)9111
シルクホール〈京都産業会館〉	下京区四条通烏丸西入る	075(211)8341
京都教育文化センター	左京区聖護院川原町	075(771)4221
みやこめっせ〈京都市勧業会館〉	左京区岡崎成勝寺町	075(762)2633
京都会館	左京区岡崎成勝寺町	075(771)6051
京都市国際交流会館	左京区粟田口鳥居町	075(752)3010
関西ドイツ文化センター	左京区吉田河原町	075(761)2188
日本イタリア京都会館	左京区吉田牛ノ宮町	075(761)4356
関西日仏学館	左京区吉田泉殿町	075(761)2105
京都コンサートホール	左京区下鴨半木町	075(711)2244
森田記念講堂	右京区西院笠目町	075(322)6052
青山音楽記念館	西京区松尾大利町	075(393)0011
京都市アバンティホール	南区東九条山王町	075(671)8188
ウィングパル京都〈京都府青年会館〉	南区上鳥羽石橋町	075(681)7721
京都市呉竹文化センター	伏見区京町南7丁目	075(603)2463
京都市東部文化会館	山科区椥辻西浦町	075(502)1012
京都観世会館	左京区岡崎円勝寺町	075(771)6114
河村能舞台	上京区烏丸通上立売上る	075(451)4513
大江能楽堂	中京区押小路通柳馬場東入る	075(231)7625
南座	東山区四条大橋東詰仲之町	075(561)1155
上七軒歌舞練場	上京区今出川通七本松西入る	075(461)0148
祇園甲部歌舞練場	東山区祇園町南側	075(541)3391
先斗町歌舞練場	中京区木屋町通三条下る	075(221)2025
宮川町歌舞練場	東山区宮川筋	075(561)1151
京都劇場	下京区烏丸通塩小路下る	075(341)2360
MOVIX京都	中京区河原町三条下る東側	075(254)3215
東宝公楽	中京区河原町三条東入る	075(231)0107
京極東宝	中京区新京極四条上る	075(221)0636
京都スカラ座	中京区河原町三条下る西側	075(221)5145
京都宝塚	中京区河原町六角角2F	075(221)5151
京都弥生座1・2	中京区新京極蛸薬師上る72ビル3F	075(221)2744
美松映画劇場1・2	中京区新京極四条上る3筋目東入る	075(221)4645
八千代館	中京区新京極四条上る	075(221)2250
京都朝日シネマ1・2	中京区河原町三条上る	075(255)6760
祇園会館	東山区祇園町北側	075(561)0160
みなみ会館	南区西九条東比永城	075(661)3993

町家に出かけよう

	【店名】	【住所】	【電話番号】
菓子	田丸弥	北区堀川通今宮下る西入	075-491-7371
カフェ	サラサ西陣	北区紫野東藤ノ森町	075-432-5075
蕎麦	手打ち蕎麦 かね井	北区紫野東藤ノ森町	075-441-8283
カフェ	Shi じ Ma（しじま）	上京区油小路通一条下る	075-415-0736
和風料理	上七軒 くろすけ	上京区今出川通七本松西入	075-466-4889
欧風料理	カーサ ビアンカ	上京区今出川通寺町西入	075-241-3023
カフェ	西陣　ほんやら洞	上京区大宮通寺之内上る	075-441-8381
ギャラリー	町家写真館	上京区大宮通元誓願寺下る	075-431-5500
ギャラリー	Machiya de ほっ	上京区大宮通元誓願寺下る	075-451-0325
中国料理	広東料理　糸仙（いとせん）	上京区北野上七軒	075-463-8172
資料館	山中油店　京・町家文化館	上京区下立売通智恵光院西入	075-841-8537
見学	織成館（おりなすかん）	上京区浄福寺通上立売上る	075-431-0020
聞香体験	山田松香木店（やまだまつこうぼくてん）	上京区室町通下立売上る	075-441-4694
カフェ	九里九馬（くりくま）	上京区室町通下長者町西入	075-451-0008
見学	西村衛生ボーロ本舗	中京区間之町通二条上る	075-231-1232
駄菓子	格子屋	中京区大宮通押小路角	075-841-4464
カフェ＆雑貨	丸益西村屋	中京区小川通御池下る	075-211-3273
創作料理	まんざら 本店	中京区河原町通夷川上る	075-253-1558
中国料理	一之船入（いちのふないり）	中京区河原町通二条下る	075-256-1271
蕎麦	本家 尾張屋	中京区車屋町通二条下る	075-231-3446
創作料理	Fire Diner 炭炭（たんたん）	中京区車屋町通竹屋町上る	075-241-1718
欧風料理	altrettanto（あるとれたんと）	中京区堺町通三条上る東側	075-253-3339
見学	キンシ正宗　堀野記念館	中京区堺町通二条上る	075-223-2072
欧風料理	居食屋　コルドン・ブルー	中京区三条通木屋町下る二筋目東入	075-254-6130

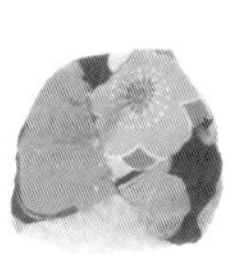

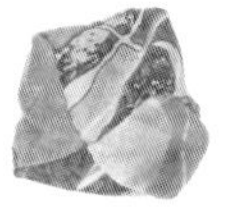

	【店名】	【住所】	【電話番号】
和風料理	百足屋	中京区新町通錦小路上る	075-256-7039
欧風料理	レストラン パスカル ペニョ	中京区新町通夷川下る東側	075-211-9776
雑貨	くろちく百千足館	中京区新町通錦小路上る	075-256-9393
見学	吉田家（無名舎）	中京区新町通六角下る	075-221-1317
串焼	炭火串焼き 串くら	中京区高倉通御池上る柊町	075-213-2211
創作料理	亀甲屋	中京区高倉通御池下る東側	075-221-1270
雑貨	和 座 百 衆	中京区蛸薬師通烏丸西入	075-211-6710
創作料理	おいしんぼ　からすま別邸	中京区蛸薬師通烏丸西入北側	075-255-1746
カフェ	cafe いわさき	中京区富小路通四条上る東側	075-221-3748
雑貨	丁子屋	中京区二条通麩屋町北東角	075-213-6200
湯葉	湯葉半老舗	中京区麩屋町通御池上る	075-221-5622
創作料理	虎杖	中京区麩屋町通錦小路上る西側	075-221-3976
創作料理	左近太郎　麩屋町店	中京区麩屋町通錦小路上る	075-254-6636
蕎麦	晦庵　河道屋	中京区麩屋町通三条上る	075-221-2525
創作料理	茜屋 純心軒	中京区先斗町三条下る	075-212-8224
創作料理	天下一品 先斗町 味がさね	中京区先斗町三条下る	075-256-1777
欧風料理	西洋かっぽう 井田	中京区先斗町三条下る四筋目西入	075-255-4455
和風料理	酒菜屋　連	中京区先斗町四条上る西側	075-251-7575
中国料理	中国料理 MADAM 紅蘭	中京区丸太町通寺町東入北側	075-212-8090
和風料理	酒菜　波多野	中京区丸太町通富小路東入	075-212-2629
和風料理	近又	中京区御幸町通四条上る	075-221-1039
和風料理	カフェ＆京菜美膳 たま妓	中京区両替町通二条下る	075-213-4177
和風料理	懐石 瓢樹	中京区六角通新町西入北側	075-211-5551
和風料理	京料理 にしむら	中京区六角通高倉西入	075-241-0070
見学	秦家（元、薬種商）	下京区油小路通仏光寺下る	075-351-2565
見学	杉本家	下京区綾小路通新町西入	075-344-5724
雑貨	四君子	下京区四条通西洞院東入	075-221-0456
創作料理	とんがら屋	下京区西木屋町通市之町	075-344-0308
カフェ＆工房	四条京町家	下京区四条通西洞院東入	075-213-0350
和風料理	天ぷらと惣菜の店　天ゆう	左京区今出川通鞠小路下る	075-752-6666
カフェ	からふね屋 熊野店	左京区聖護院山王町	075-751-9449
創作料理	ぐろっと	左京区浄土寺西田町	075-771-0606
鯰料理	十一屋	左京区山端川端	075-701-0638
ギャラリー	楽空間 祇をん小西	東山区祇園花見小路四条下る	075-561-1213
和風料理	やげんぼり 末吉店	東山区祇園末吉町切通し角	075-551-3331
中国料理	桃庭　祇園店	東山区祇園町歌舞練場前	075-531-2357
和風料理	山口西店	東山区祇園花見小路末吉町西入	075-551-2995
和風料理	祇園 らんぷる	東山区祇園町南側	075-533-3141
食事＆雑貨	明保野亭	東山区清水三年坂	075-561-5963
和風料理	京料理 道楽	東山区正面通本町西入	075-561-0478
創作料理	維座家	東山区新橋通東大路西入	075-561-3505
欧風料理	ぎをん 萬養軒	東山区新橋通大和大路東入	075-525-5101
家庭料理	食べもん屋 かんから	東山区祇園花見小路四条下る	075-532-4455
創作料理	お茶屋ダイニング 祇をん かくかくに	東山区祇園花見小路末吉町西入北側	075-561-5879
豆腐料理	豆水楼　祇園店	東山区東大路通松原上る	075-561-0035
創作料理	レストラン　よねむら	東山区八坂鳥居前下る清井町	075-533-6699
和風料理	京麹	東山区大和大路通四条上る一筋目東入	075-541-0015
和風料理	祇をん　八咫	東山区大和大路通新橋東入	075-525-5511
菓子	中村軒	西京区桂浅原町	075-381-2650
鳥料理	鳥せい　本店	伏見区上油掛町	075-622-5533
資料館	月桂冠　大倉記念館	伏見区南浜町	075-623-2056
蕎麦	萬寿亭　橘	山科区小野御霊町	075-572-7001

もっと京都を楽しむために

【百貨店・地下街】	所在地	電話番号	備考
京都駅ビル専門店街 The CUBE	京都駅ビル内	075-371-2134	定休日　不定休
京都駅前地下街ポルタ	下京区烏丸通塩小路下る	075-365-7528	定休日第3火曜日
プラッツ近鉄	下京区烏丸通七条下る	075-361-1111	定休日　不定休
ジェイアール京都伊勢丹	下京区京都駅ビル内	075-352-1111	定休日　不定休
アバンティ	南区東九条西山王町	075-671-8761	定休日　不定休
イズミヤ京都店	南区東九条西山王町	075-682-5031	定休日　不定休
大丸京都店	下京区四条高倉西	075-211-8111	定休日　不定休
高島屋京都店	下京区四条河原町西	075-221-8811	定休日　不定休
藤井大丸	下京区四条寺町角	075-221-8181	定休日　火曜日
阪急百貨店	下京区四条河原町東	075-223-2288	定休日　不定休
ゼスト御池	地下鉄京都市役所前駅	075-212-5000	定休日第3水曜日
河原町OPA	中京区河原町通四条上る	075-255-3100	定休日　不定休
河原町ビブレ	中京区河原町通蛸薬師西入る	075-223-1331	定休日　不定休

【ボウリング場】	所在地	電話番号	備考
嵯峨ニックボウル	右京区嵯峨広沢南野町	075-872-3029	52レーン
MKボウル上賀茂	北区上賀茂西河原町	075-701-2131	52レーン
しょうざんボウル	北区衣笠鏡石町	075-495-2090	64レーン
京劇ドリームボウル	中京区河原町三条下る	075-211-0573	44レーン
ROUND1京都河原町店	中京区河原町通三条下る	075-213-8400	48レーン
京都エミナース	西京区大原野東境谷町	075-332-5800	11レーン
スーパーボウル吉祥院	南区吉祥院石原長田町	075-672-4321	50レーン
山科MKボウル	山科区西野楳本町	075-592-2701	50レーン

【レンタカー】	所在地	電話番号	備考
駅レンタカー（京都営業所）	下京区東塩小路	075-371-3020	8：00～20：00
エックスレンタカー（四条烏丸店）	下京区四条新町東月鉾	075-241-3711	8：00～19：30
オリクスレンタカー（京都駅前店）	南区東九条上殿田（八条口）	075-681-4543	8：00～20：00
サガレンタリース（丸太町営業所）	右京区常盤森町	075-871-3717	8：00～19：00
ジャパレン（京都駅前営業所）	南区西九条北ノ内	075-672-3900	8：00～20：00
トヨタレンタリース（新幹線口営）	京都駅八条口	075-365-0100	8：00～20：00
日産レンタカー（京都駅前営業所）	京都駅烏丸口（中央郵便局北側）	075-351-4123	8：00～20：00
日産レンタカー（京都新幹線営業所）	京都駅八条口	075-661-4123	8：00～20：00
ニッポンレンタカー（京都センター営業所）	南区東九条中殿田（八条口）	075-681-0311	8：30～20：00
マツダレンタカー（京都駅前店）	南区西九条院（八条口）	075-681-7779	8：30～19：00

【レンタサイクル】	所在地	電話番号	備考
サガレンタリース（丸太町店）	右京区常盤森町	075-871-3717	8：00～19：00
サガレンタリース(国際会館営業所)	左京区宝が池・国際会館	075-721-4270	8：00～17：00
サガレンタリース（伏見営業所）	伏見区深草紺屋町	075-642-6363	8：00～19：00
レンタサイクル京都	嵐山渡月橋左岸角	075-861-0117	9：00～17：00
嵐山サイピック	阪急電車嵐山駅前	075-882-1112	9：00～17：00
京阪レンタサイクル嵐山	嵐山渡月橋左岸角	075-861-1656	9：00～17：00
京都嵐鴨石油大覚寺給油所	大覚寺門前近く（六道町）	075-861-1121	8：00～17：00
宇多野ユースホステル	右京区太秦中山町	075-462-2288	9：00～21：00
レントピアサービス	JR京都駅八条口新都ホテル南	075-672-0662	9：00～19：00
レンタサイクル安本	三条京阪交差点北東	075-751-0595	9：00～17：00
レンタサイクルイワイ	下京区大宮通七条下る	075-341-2101	9：00～18：00
サイクルハウス大晃	上京区下長者町室町角	075-431-4522	9：00～19：00
キタザワサイクル	左京区川端御池	075-771-2272	8：00～17：00

【海水浴場】	所在地	電話番号	備考
野原海水浴場	舞鶴市野原	0773-67-0737	
竜宮浜海水浴場	舞鶴市三浜	0773-68-0849	
神崎海水浴場	舞鶴市西神崎	0773-82-5120	
丹後由良海水浴場	宮津市由良	0772-22-0670	
田井海水浴場	宮津市田井	0772-22-0670	
日置海水浴場	宮津市日置	0772-22-0670	
大島海水浴場	宮津市大島	0772-22-0670	
府中海水浴場	宮津市江尻	0772-22-0670	
上司海水浴場	宮津市上司	0772-22-0670	
岩ヶ鼻海水浴場	宮津市岩ヶ鼻	0772-22-0670	
里波見海水浴場	宮津市里波見	0772-22-0670	
天橋立海水浴場	宮津市文珠	0772-22-0670	
中津海水浴場	宮津市中津	0772-22-0670	
島陰海水浴場	宮津市島陰	0772-22-0670	
泊海水浴場	与謝郡伊根町泊	0772-32-0277	
本庄浜海水浴場	与謝郡伊根町本庄浜	0772-32-0277	
夕日ヶ浦海水浴場	竹野郡網野町浜詰	0772-72-0900	
琴引浜遊海水浴場	竹野郡網野町掛津	0772-72-0900	
琴引浜掛津海水浴場	竹野郡網野町掛津	0772-72-0900	
八丁浜海水浴場	竹野郡網野町小浜	0772-72-0900	
浅茂川海水浴場	竹野郡網野町浅茂川	0772-72-0900	
小浜海水浴場	竹野郡網野町小浜	0772-72-0900	
竹野海水浴場	竹野郡丹後町竹野	0772-75-0437	
平海水浴場	竹野郡丹後町平	0772-75-0437	
上野海水浴場	竹野郡丹後町上野	0772-75-0437	
久僧海水浴場	竹野郡丹後町久僧	0772-75-0437	
中浜海水浴場	竹野郡丹後町中浜	0772-75-0437	
袖志海水浴場	竹野郡丹後町袖志	0772-75-0437	
後ヶ浜海水浴場	竹野郡丹後町間人岡成	0772-75-0437	
砂方海水浴場	竹野郡丹後町砂方	0772-75-0437	
小天橋海水浴場	熊野郡久美浜町湊宮地内	0772-83-0149	
箱石浜海水浴場	熊野郡久美浜町箱石	0772-82-1781	
葛野浜海水浴場	熊野郡久美浜町葛野	0772-82-1781	
蒲井浜海水浴場	熊野郡久美浜町蒲井	0772-82-1781	

【キャンプ場】	所在地	電話番号	備考
山城町森林公園	相楽郡山城町神童子三上山	0774-86-4507	通年
府民の森ひよし	船井郡日吉町天若上ノ所	0771-72-1339	通年
美山町自然文化村	北桑田郡美山町大字中	0771-77-0014	4月～11月末
宇津峡公園	北桑田郡京北町下宇津	0771-55-1950	通年
福知山自然休養村センターキャンプ場	福知山市大呂	0773-33-2041	4月～10月
青葉山ろく公園グリーンスポーツセンター	舞鶴市字岡安	0773-66-1061	3月～11月末
青葉山ろく公園デイキャンプ場	舞鶴市字岡安	0773-66-1047	通年
世屋高原家族旅行村	宮津市松尾	0772-27-0795	通年
大江山憩いの広場・双峰公園	与謝郡加悦町与謝	0772-43-1581	3月中～12月下
大内峠一字観公園	与謝郡岩滝町字弓木小字坂尻	0772-46-0052	4月～11月末
スイス村キャンプ場	竹野郡弥栄町宇野中	0772-66-0036	4月～11月末
テンキテンキ村オートキャンプ場	竹野郡丹後町間人	0772-75-2526	4月末～10月末
奥山自然たいけん公園	熊野郡久美浜町奥山	0772-84-0270	4月～11月末
かぶと山キャンプ場	熊野郡久美浜町向磯	0772-83-1457	4月～11月末

京都の花火大会

やさか納涼花火大会	京都府弥栄町溝谷	7月20日
間人港まつり花火大会	丹後町間人	7月25日
みなと舞鶴ちゃったまつり花火大会	舞鶴市字浜	7月最終土曜か日曜
あやべ水無月まつり花火大会	綾部市並松町	7月最終土曜か日曜
笠置夏まつり花火大会	木津川河川敷	8月第1土曜
小西川ふれあいまつり花火大会	峰山町御旅	8月3日
木津川納涼花火大会	木津川河川敷	8月第1日曜
たんば夏まつり花火大会	丹波町・道の駅「丹波マーケス」付近	8月5日
亀岡平和祭花火大会	大堰川緑地東公園	8月7日
千日会観光祭	久美浜町浜公園	8月9日
宇治川花火大会	宇治市	8月10日
八木町花火大会	八木町太堰橋上下流	8月14日
ドッコイセ福知山花火大会	福知山	8月15日
宮津燈籠流し花火大会	宮津市島崎公園付近	8月16日
京田辺夕涼みのつどい花火大会	田辺高校西側、馬坂川沿い	8月16日
京北夏まつり花火大会	京北町役場駐車場	8月16日
瑞穂町納涼花火大会	瑞穂町高屋川河畔	8月17日
野田川万燈	野田川わーくぱる周辺	8月18日
淀花火大会	淀競馬場　（不定期）	8月18日
伊根町花火大会	七面山物揚場	8月24日

個人で参加できるお祭り

ドラゴンカヌー選手権大会……………**久美浜町・6月**

船首が竜頭形のカヌーに、10人が乗り込み、1レース6艇ずつで競漕。男女別に競技。100クルー以上が参加する盛大な大会です。　☎0772(82)2006　参加料が必要

平成おんな鉾……………**祇園祭　7月**

平成女鉾の囃子方として祭事に参加し、その技量の習得のために継続して練習に励める方で運営にも協力していただける方を募集します。　☎075(255)2900　会員制

峰山よさこい踊り……………**峰山町・8月**

町外の方たちと交流を図るとともに、健康増進を目的に峰山町商工会女性部が中心に運営。　☎0772(62)0342

女神輿・やまぶき会……**松尾大社・9月1日の八朔祭に巡行**

祭好きの女性なら誰でも参加できます。年齢不問。松尾大社から野宮神社まで巡行します。女神輿は総ひのき造りで、重量約300kg。　☎075(871)5016

橘諸兄公時代絵巻行列（たちばなもろえ）……………**井手町・10月**

奈良時代の貴族、橘諸兄の別業(別荘)の地であった井手の里。諸兄の存在なくしては井手町の歴史は語れません。その諸兄を偲んでの時代行列です。　☎0774(82)2001

宇治大田楽……………**宇治市・10月**

市内を行進し、塔の島で演技を披露します。狂言師の野村万之丞さんの実技指導により横笛、太鼓、ビンササラなどを奏でながら飛び跳ねる、かなりハードな踊りです。

☎0774(22)5557　参加費3000円

※開催日や参加条件等、詳細は主催者にお尋ねください。

朝市&フリーマーケット

【フリーマーケット名】	【開催日】	【開催時間】	【開催場所】	【主催者連絡先】
みんなの朝市のだがわ	毎週火曜	8時45分～12時15分	野田川町・割烹うらたにP	0772(43)1020
わちふれあい朝市	毎週水・日・祝・休日	8時～正午	和知町・道の駅「和なごみ」	0771(84)1008
Ｍｉｎｔガーデンフリーマーケット	毎週土曜	10時30分～	福知山市和久市町	0773(23)5488
大原ふれあい朝市フリーマーケット	毎週日曜	7時～11時	左京区・吉田木材跡地	075(744)2236
北山の朝市	毎週日曜	8時30分～11時30分	北区・北山丸太生産協同組合P	075(406)2648
び・ぜん・ぎゃるりフリーマーケット	毎月第1土曜	11時～15時	左京区・び・ぜん・ぎゃるり	075(711)0711
大将軍一の市	毎月第1日曜	10時30分～16時	上京区・大将軍八神社	075(707)7960
やましなさんのふしぎ市	毎月第1日曜	9時～14時	山科区・本願寺山科別院	075(581)0924
東寺ガラクタ市	毎月第1日曜	早朝～夕暮れ	南区・東寺	0771(22)3992
おちゃめ市	毎月第1日曜	10時～15時頃	城陽市・平井神社	0774(55)5618
かみなり市	毎月第2土曜・日曜	10時～15時	北区・上賀茂神社	075(781)0011
伏見桃山御香さん楽市楽座	毎月第2土曜	10時～16時	伏見区・御香宮神社	090(8125)9243
フリーマーケット「亀の市」	毎月第2日曜	9時～15時30分	西京区・松尾大社	075(871)5016
深草ふれあい市	毎月第3水曜	9時～なくなり次第	伏見区・JA伏見支店P	075(641)7101
フリーマーケットinパセオ・ダイゴロー	毎月最終日曜	10時～16時	伏見区・パセオ・ダイゴロー	075(575)2551
西陣楽市楽座桃山文化村	毎月12日	9時～16時	上京区・妙蓮寺	075(451)3527
ごりょうさんの縁日　轉市	毎月18日	9時頃から16時頃	上京区・上御霊神社	075(441)2260
東寺・弘法さんの市	毎月21日	早朝～16時30分	南区・東寺	0774(31)5550
北野天満宮「天神さんの骨董市」	毎月25日	早朝～16時30分	上京区・北野天満宮	090(8951)5093
フリーマーケット六孫さんのおもしろ市	毎月28日	10時～15時	南区・六孫王神社	075(411)3256
ＷＵＦＵうーふーフリーマーケット	奇数月の最終日曜	10時～17時	宇治市・中西接骨院P	0774(21)3089
フリマやります！in南	不定期	12時～15時	南区・南青少年活動センター	075(671)0356

※Pは駐車場を表します。

※会場の都合や季節により変更される場合があります。詳しい情報は必ず主催者にお尋ねください。

参考図書

京都の民俗芸能　京都府教育委員会
京都府文化財総合目録　京都府教育委員会
京都の文化財　京都府教育委員会
俳句歳時記　新版　角川書店
京都語辞典　東京堂出版
京都歳時記　淡交社
京都文学散歩　白川書院
京都のわらべ歌　柳原書店
京都観光情報　京都市産業観光局
京都の観光便利帖　京都観光旅館連盟
京都大事典　淡交社
京都大事典　府域編　淡交社
京の365日㊤㊦　淡交社
京都ことわざ散歩　京都新聞社
京・伏見歴史の旅　山川出版社
京都丹後へ行こう　京都新聞社
伏見・宇治・山城を歩こう　京都新聞社
ご利益BOOK IN 京都　淡交社
京都の伝説散歩　洛中洛外を歩く　淡交社
京都の伝説散歩　乙訓山城を歩く　淡交社
京都の伝説散歩　丹波を歩く　淡交社
京都の伝説散歩　丹後を歩く　淡交社
洛北探訪　淡交社
洛西探訪　淡交社
洛東探訪　淡交社
現代こよみ読み解き事典　柏書房
野鳥　山と溪谷社
ほか

跋

住んでみると、京都の深さはまことにはかりしれないものがあります。まさに、日本人の自然、歴史、暮らしを包括した生きたミュージアムとも言えましょう。

自然でいうと、たとえば北山へ車を三十分ほど走らせたところに、雲ケ畑という山里があります。そこはもう京都盆地の水源の地に近く、文字通り山水のおもむきを味わうことができます。あるいは街中においても、夜明けに東の比叡山へむけて歩みを進めれば、山の端にかかる紫色の雲に出会うことも夢ではありません。それはいまだに『枕草子』の自然が生きていることを教えてくれます。

本書の監修者のお一人、梅原猛先生が「歴史の冷凍庫」と表現されているように、京都の千年の歴史は洛中洛外に色濃く刻みつけられています。繁華街のなんでもない道標一つが坂本龍馬の事績をしのばせ、竹林の中の尼寺が『平家物語』の哀史をとどめています。

歴史の伝承についても、京都ならではのものがあります。「この前の戦争」と言いますと、ふつうは太平洋戦争をさすのでしょうが、京都では時に「蛤御門の変」であったり、「応仁の乱」であったりするようです。

京都の自然、歴史と挙げてみて、なによりも大切に守っていく必要があるのは、折節の移りかわりにもとづく暮らしの伝統ではないでしょうか。新しい年を迎えるための「事始め」に始まり、さまざまな年末年始のしきたり、それは衣食住全般にわたるものです。一月、二月の「京の底冷え」は京都人に貴重な知恵の数々をあたえてくれました。夏も、京都の暑さは定評があります。その蒸し暑さが、京都の住まい特有の美しいデザインを生みだしました。

本書は、長い時間をかけて膨大に蓄積された京都の遺産の中から暮らしの伝統に焦点を絞り、詳細に、しかも実用の便をはかって周到に編集された決定版であります。

内容について一言触れておきますと、「祭事・行事、生活、自然、食べ物、俳句、動植物、七十二候、宮中、京のことわざ」に関する約一五〇〇項目を十二ヵ月に配分し、その月々に心得ておくべき豆知識や特集などを多面的に構成、その実際の写真を可能な限り収録いたしました。また付録では、京都の天気365日、生活便利マップなど、暮らしに役立つ情報を盛りだくさんに収めています。キーワードで便利に探せる索引とともに編集に工夫を加えたところであります。

本書の制作にあたりましては、企画の段階において京都府書店商業組合のご推薦をいただきました。読者に最も身近におられる書店の方々の温かいご指導をえながら、言わば二人三脚の道のりで出版にこぎつけることができました。関係各位に対し、衷心より感謝をいたしております。

なお、本書の刊行のため、監修の労をおとりくださいました、梅原猛、森谷尅久、市田ひろみ先生には、数々のご助言をいただきました。また収録写真のほとんどが横山健蔵先生の撮影によるものです。併せまして心より御礼申し上げます。

長年にわたり京都関連の出版をつづけてまいりました私どもにとりまして、『京都大事典』（一九八四年）『同　府域編』（一九九四年）以来の満を持してのこのたびの出版にあたりましては、川口壽夫編集局長のもと、北村恒夫が総括し、社内で奥村寿子・冷水眞理・山崎智子、社外で浜田佐智子が編集にあたり、制作を八杉直人が担当しました。また、装幀は濱崎実幸氏にいつもながらの素晴らしいデザインをしていただきました。

世紀が移り、老若男女を問わず、日本人の暮らしはかつてないすがたで変貌を遂げようとしています。「温故知新」のこころをもって、京都に伝わるかけがいのない風習やしきたり、知恵の数々をいま一度かえりみて、暮らしの彩りの一端にしていただければ幸いに存じます。

平成十四年十一月

淡交社編集代表　服部　友彦

【索　　　引】

【50音別索引】

あ

アーエーの相撲	あーえーのすもう	涌出宮	288
アイフサギ	あいふさぎ		170
葵祭	あおいまつり	下鴨神社	176
葵祭	あおいまつり	上賀茂神社	176
青葉まつり	あおばまつり	智積院	201
青山祭	あおやまさい	石清水八幡宮	80
県祭	あがたまつり	県神社	194
赤ちゃん初土俵入り	あかちゃんはつどひょういり	日吉神社内杉末神社	298
赤蜻蛉	あかとんぼ		280
赤煉瓦サマージャズ	あかれんがさまーじゃず	赤煉瓦倉庫群	241
赤れんがフェスタ	あかれんがふぇすた	舞鶴市政記念館周辺	314
あかん三切れ	あかんみきれ		114
秋烏賊	あきいか		376
秋の七草	あきのななくさ		280
秋の福知山市民まつり	あきのふくちやましみんまつり	御霊神社	295
秋深し	あきふかし		314
木通	あけび		326
阿含の星まつり	あごんのほしまつり	阿含宗本殿	95
朝顔	あさがお		207
朝代神社秋祭	あさしろじんじゃあきまつり	朝代神社	347
朝題目、夕念仏	あさだいもく、ゆうねんぶつ		251
紫陽花	あじさい		204
小豆がゆ	あずきがゆ		75
小豆粥の会	あずきがゆのかい	妙心寺東林院	71
阿須々伎神社の祭礼芸能	あすすぎじんじゃのさいれいげいのう	阿須々伎神社	338
東男に京女	あずまおとこにきょうおんな		119
馬酔木	あせび		124
愛宕おろし	あたごおろし		370
愛宕古道街道灯し	あたごこどうかいどうともし	化野念仏寺付近	266
愛宕の火祭り	あたごのひまつり	坂本神社	83
穴観音春の大祭	あなかんのんはるのたいさい	穴観音	140
穴文殊祭	あなもんじゅまつり	文殊堂	267
あぶり餅	あぶりもち	今宮神社門前	178
甘子	あまご		246
雨乞い	あまごい		210
雨乞祭	あまごいさい	貴船神社	113
雨乞練込踊	あまごいねりこみおどり	天照玉命神社	314
あまご祭	あまごまつり	河内谷	119
甘酒講	あまざけこう	聖神社	291
天田踊	あまだおどり		254
天の川	あまのがわ		209
天橋立アート	あまのはしだてあーと	天橋立大天橋	267
天橋立岩滝温泉まつり	あまのはしだていわたきおんせんまつり	岩滝町民体育館	335
天橋立寒中てんころ舟競争	あまのはしだてかんちゅうてんころぶねきょうそう	智恩寺海岸一帯	104

天橋立炎の架け橋	あまのはしだてほのおのかけはし	天橋立大天橋	219
阿弥陀の光もカネしだい	あみだのひかりもかねしだい		139
飴細工（しんこ細工）	あめざいく（しんこざいく）		140
雨喜び三獄おろし	あめよろこびみたけおろし	三獄神社	314
あめんぼう	あめんぼう		203
文子天満宮祭	あやこてんまんぐうさい	文子天満宮	139
あやべ産業まつり	あやべさんぎょうまつり	綾部工業団地ほか	359
あやべ盆踊り大会	あやべぼんおどりたいかい	西町アイタウン	247
あやべ水無月まつり	あやべみなづきまつり		232
鮎	あゆ		211
鮎かけ	あゆかけ		195
鮎釣り	あゆつり		211
鮎擬	あゆもどき		181
洗い張り	あらいはり		212
嵐山夏まつり	あらしやまなつまつり	嵐山中ノ島公園	258
嵐山の鵜飼	あらしやまのうかい	大堰川	209
嵐山三船祭	あらしやまみふねまつり	車折神社	182
嵐山もみじ祭	あらしやまもみじまつり	大堰川	353
荒見祭	あらみさい	荒見神社	292
袷	あわせ		178
粟田神社大祭	あわたじんじゃたいさい	粟田神社	312
鮟鱇	あんこう		378
あんころ餅	あんころもち		230

い

鵤	いかる		391
生身天満宮例祭	いきみてんまんぐうれいさい	生身天満宮	312
生身天満祭	いきみてんまんさい	生身天満宮	158
居籠祭	いごもりさい	涌出宮	97
居籠祭	いごもりまつり	祝園神社	70
いさざ	いさざ		374
石田梅岩墓前祭	いしだばいがんぼぜんさい	石田梅岩記念公園	288
医者の若死に出家の地獄	いしゃのわかじにしゅっけのじごく		249
異常乾燥	いじょうかんそう		147
和泉式部忌	いずみしきぶき	誠心院	122
出雲風流花踊り	いずもふりゅうはなおどり	出雲大神宮	144
伊勢へ七たび	いせへしちたび		206
虎杖	いたどり		121
市坂太鼓念仏	いちさかたいこねんぶつ	念仏石堂	248
市比賣祭	いちひめまつり	市比賣神社	175
銀杏	いちょう		358
一陽来復	いちようらいふく	車折神社	381
一休寺開山忌	いっきゅうじかいさんき	酬恩庵	358
一宮神社秋祭(牧の練込太鼓)	いっきゅうじんじゃあきまつり	一宮神社	302
五郷しょうらい踊	いつごうしょうらいおどり	上狛地区	248
糸人形	いとにんぎょう		262
蝗	いなご		322
稲荷祭（神幸祭）	いなりさい	伏見稲荷大社	145
稲荷神社例祭	いなりじんじゃれいさい	稲荷神社	337

稲荷祭	いなりまつり	伏見稲荷大社	162
犬甘野の御田	いぬかんののおんだ	松尾神社	210
伊根町産業祭	いねちょうさんぎょうさい	浦嶋公園	343
伊根祭（八坂神社祭礼船屋台）	いねまつり	八坂神社	234
亥子祭	いのこまつり	護王神社	342
亥子餅	いのこもち		342
新熊野神社祭	いまくまのじんじゃまつり	新熊野神社	164
新日吉祭	いまひえさい	新日吉神社	175
今宮神社例大祭	いまみやじんじゃれいたいさい	今宮神社	297
今宮祭	いまみやまつり	今宮神社	178
今様歌合わせの会	いまよううたあわせのかい	法住寺	307
芋名月	いもめいげつ		284
石座火祭	いわくらのひまつり	石座神社	336
鰯	いわし		90
いわし雲	いわしぐも		318
鰯の頭も信心から	いわしのあたまもしんじんから		90
石清水祭	いわしみずさい	石清水八幡宮	277
石清水の御神楽	いわしみずのみかぐら	石清水八幡宮	376
石清水八幡宮大祓	いわしみずはちまんぐうおおはらえ	石清水八幡宮	391
岩滝の川裾祭	いわたきのかわすそまつり	水無月神社	235
岩滝の川裾祭	いわたきのかわすそまつり	板並神社	235
岩滝祭	いわたきまつり	板列稲荷神社	159
岩滝祭	いわたきまつり	板列八幡神社	159
岩魚	いわな		235
岩船のおかげ踊り	いわふねのおかげおどり	白山神社	319
隠元禅師祥当忌	いんげんぜんじしょうとうき	黄檗山萬福寺	127
引声阿弥陀経会	いんぜいあみだきょうえ	真如堂	314

う

五月満月祭	うえさくさい	鞍馬寺	180
魚氷を上る	うおこおりをのぼる		98
萍始めて生ず	うきくさはじめてしょうず		147
鶯	うぐいす		86
うぐいす餅	うぐいすもち		102
宇治上神社還幸祭	うじかみじんじゃかんこうさい	宇治上神社	168
宇治川鵜飼開き	うじがわうかいびらき	宇治川観光通船	200
宇治川マラソン大会	うじがわまらそんたいかい	宇治市	101
宇治大田楽	うじだいでんがく	塔の島	335
宇治田原三社祭の舞物	うじたわらさんじゃまつりのまいもの	御旅所	324
宇治茶	うじちゃ		160
宇治茶まつり	うじちゃまつり	興聖寺・塔の島付近	293
宇治は茶どころ	うじはちゃどころ		171
牛祭	うしまつり	広隆寺	304
牛祭	うしまつり	積善寺（桜天満宮）	268
宇治祭（神幸祭）	うじまつり	宇治神社	171
宇治祭（還幸祭）	うじまつり	宇治神社	198
後ろ弁天、まえ般若	うしろべんてん、まえはんにゃ		171
雨水	うすい		101
薄氷	うすごおり		107
団扇	うちわ		227

卯杖の神事	うづえのしんじ	上賀茂神社	64
空木	うつぎ		204
独活	うど		122
鰻	うなぎ		225
ウナギの寝床	うなぎのねどこ		151
うなぎ祭	うなぎまつり	三島神社	337
海猫	うみねこ		209
海の日	うみのひ		219
梅	うめ		100
梅衣	うめごろも		102
梅津六斎念仏	うめづろくさいねんぶつ	梅宮大社	258
梅宮祭	うめのみやさい	梅宮大社	162
梅は食うても種食うな	うめはくうてもたねくうな		207
宇良神社祭	うらじんじゃまつり	宇良神社	241
運・鈍・根の食べ物	うん・どん・こんのたべもの		380
運動会	うんどうかい		307
温風至る	うんぷういたる		211
え			
疫神祭	えきじんさい	八坂神社内の疫神社	80
エジソン生誕祭	えじそんせいたんさい	石清水八幡宮	96
江戸店持ちの京商人	えどたなもちのきょうしょうにん		194
江戸紫に京鹿子	えどむらさきにきょうかのこ		271
江之姫神社祭	えのひめじんじゃまつり	江之姫神社	242
ゑびす市	えびすいち	恵比寿神社	363
烏帽子儀	えぼしぎ		134
円覚寺六斎念仏	えんかくじろくさいねんぶつ	円覚寺	255
道切様	えんださん	田内畑町内	67
延年祭	えんねんさい	宇良神社	118
えんま堂大念仏狂言	えんまどうだいねんぶつきょうげん	千本閻魔堂	159
お			
お稲荷さんの雀	おいなりさんのすずめ		359
桜花祭	おうかさい	平野神社	136
王瓜生ず	おうかしょうず		179
皇服茶	おうぶくちゃ	六波羅蜜寺	51
大石忌	おおいしき	一力亭	119
大江山酒呑童子祭り	おおえやましゅてんどうじまつり	大江山酒呑童子の里	338
大江山春祭	おおえやまはるまつり	鬼嶽稲荷神社	164
大川神社秋季大祭	おおかわじんじゃしゅうきたいさい	大川神社	348
大川神社春季例祭	おおかわじんじゃしゅんきれいさい	大川神社	153
大御身	おおごしん	西本願寺	67
大山椒魚	おおさんしょううお		243
大滝祭	おおたきまつり	湯屋谷の滝	272
大田神社秋祭	おおたじんじゃあきまつり	大田神社	350
大田神社春祭	おおたじんじゃはるまつり	大田神社	135
大祓	おおはらい	日吉神社	391
大原神社祭	おおばらじんじゃまつり	大原神社	163
大福梅	おおふくうめ	北野天満宮	371
大福茶	おおぶくちゃ		51
大俣祭(大俣太鼓)	おおまたさい	嶽神社ほか	299
大水凪鳥	おおみずなぎどり		211

大身のヤンゴ踊り	おおみのやんごおどり	広谷神社	296
大本開祖祭	おおもとかいそさい	梅松苑	349
大山祭	おおやまさい	伏見稲荷大社	61
おかげ踊り	おかげおどり	園天満宮	326
おかげ踊り	おかげおどり	玉津岡神社	320
おかげ踊り	おかげおどり		126
岡崎神社祭	おかざきじんじゃまつり	岡崎神社	321
おかみそり	おかみそり	西本願寺	68
お粥隠しの長暖簾	おかゆかくしのながのれん		206
御粥祭	おかゆさい	下鴨神社など	77
御粥祭	おかゆさい	上賀茂神社など	77
沖鱚	おきぎす		376
奥榎原の練込太鼓	おくえばらのねりこみだいこ	榎原神社	316
おくすべ	おくすべ	大雲寺	65
小倉のお松行事	おぐらのおまつぎょうじ	富留山神社	356
送り火の燃えさし	おくりびのもえさし		251
おことうさんどす	おことうさんどす		372
おこない	おこない		62
おこない・御弓	おこない・おゆみ	浄楽堂	76
小塩の上げ松	おしおのあげまつ		266
おしくら饅頭	おしくらまんじゅう		84
雄島づけ	おしまづけ		192
お釈迦さんのはなくそ	おしゃかさんのはなくそ		117
お十夜	おじゅうや		340
お十夜法要	おじゅうやほうよう	真如堂	350
お精霊さん	おしょらいさん		251
お精霊さんの好物	おしょらいさんのこうぶつ		252
お煤払い	おすすはらい	西本願寺	377
お煤払い	おすすはらい	東本願寺	377
お涼み祭	おすずみまつり	城南宮	220
お砂踏法要	おすなふみほうよう	観音寺	283
おせち料理	おせちりょうり		55
御懺法講	おせんぼうこう	三千院	186
お雑煮	おぞうに		56
おそ霜	おそしも		161
お田植祭	おたうえさい	石清水八幡宮	191
御田刈祭	おたかりさい	大原野神社	275
オタメ	おため		139
お茶供養まつり	おちゃくようまつり	金胎寺	363
御茶壷道中	おちゃつぼどうちゅう	建仁寺	160
御茶壷道中	おちゃつぼどうちゅう	八坂神社	160
お茶壺奉献祭	おちゃつぼほうけんさい	北野天満宮	364
落山神楽	おちやまかぐら	下垣神社	316
お中元	おちゅうげん		245
お通夜法要（3月）	おつやほうよう	即成院	119
お通夜法要（9月）	おつやほうよう	即成院	285
おとう	おとう	五社神社	120
お豆腐屋さん	おとうふやさん		181

お年玉	おとしだま		51
お登勢まつり	おとせまつり	寺田屋	274
お屠蘇	おとそ		56
御当渡し	おとわたし・おこと	浦島神社	130
女座の祭	おなござのまつり	涌出宮	120
鬼くすべ	おにくすべ	宝積寺	145
おはぎ(ぼたもち)	おはぎ		285
おばけ	おばけ	祇園花街	91
大原女まつり	おはらめまつり	大原周辺	180
おばんざい	おばんざい		111
御火焚祭	おひたきさい	向日神社	318
お火焚き饅頭とおこし	おひたきまんじゅうとおこし		356
帯まつり	おびまつり	常照寺	175
おべっさん（伊根恵比須祭）	おべっさん	蛭子神社	262
お水取り	おみずとり		111
女郎花	おみなえし		282
御身拭式	おみぬぐいしき	知恩院	388
御湯式	おゆのしき	八瀬天満宮社	103
御弓神事	おゆみしんじ	北白川天満宮	77
御弓儀	おゆみのぎ	わら天神	131
御弓始神事	おゆみはじめしんじ	御香宮神社	100
於与岐八幡宮の祭礼芸能	およぎはちまんぐうのさいれいげいのう	於与岐八幡宮	300
遠下のチイライ踊	おんげのちいらいおどり	依遅神社	310
おんごろどん	おんごろどん	宮ノ口地区	73
土竜追	おんごろもちおい・おんごろどん		91
御田	おんだ	大宮神社	71
御田祭	おんだまつり	多治神社	161
御田祭	おんだまつり	八坂神社	186

か

海水浴	かいすいよく		238
楓	かえで		357
蛙	かえる		195
顔見世	かおみせ		370
花街始業式	かがいしぎょうしき		63
案山子	かかし		282
鏡餅	かがみもち		53
牡蠣	かき		377
カキ・魚まつり	かき・さかなまつり	マリンプラザ	368
柿御供	かきごく	吉祥院天満宮	305
書き初め	かきぞめ	北野天満宮	56
杜若	かきつばた		180
柿祭	かきまつり	板列八幡神社	336
神楽・太刀振り・笹ばやし	かぐら・たちふり・ささばやし	木積神社	156
かくれ念仏（3月）	かくれねんぶつ	六波羅蜜寺	113
かくれ念仏（12月）	かくれねんぶつ	六波羅蜜寺	376
駈馬神事	かけうましんじ	藤森神社	168
陽炎	かげろう		124
笠置の勧請縄	かさぎのかんじょうなわ	布目川	65
鵲始めて巣くう	かささぎはじめてすくう		71

傘の張り替え	かさのはりかえ		243
花山稲荷の火焚祭	かざんいなりのひたきさい	花山稲荷大社	352
樫	かし		127
河鹿	かじか		212
嘉祥菓子	かじょうがし		202
柏餅	かしわもち		167
樫原の田楽	かしわらのでんがく	川上神社	304
春日祭	かすがまつり	春日神社	313
禾乃ち登る	かすなわちみのる		274
数の子	かずのこ		56
風祈祷	かぜきとう	広谷神社	270
家族でラジオ体操	かぞくでらじおたいそう		245
菓祖神社春祭	かそじんじゃはるまつり	菓祖神社	146
菓祖大祭	かそたいさい	菓祖神社	350
蝸牛	かたつむり		198
がたり三文	がたりさんもん		274
郭公	かっこう		192
鶡鳥鳴かず	かっちょうなかず		367
桂	かつら		181
桂瓜	かつらうり		229
葛城神社の曳山行事	かつらぎじんじゃのひきやまぎょうじ	葛城神社	339
桂の里の鵜飼い舟	かつらのさとのうかいぶね		346
桂六斎念仏	かつらろくさいねんぶつ	地蔵寺	256
門松	かどまつ		52
門松作り	かどまつづくり		387
蚊取り線香	かとりせんこう		226
金引の滝大祭	かなびきのたきたいさい	金引不動	232
かにかくに祭	かにかくにまつり	吉井勇歌碑前	349
蟹供養放生会	かにくようほうじょうえ	蟹満寺	146
兜虫	かぶとむし		211
蕪蒸し	かぶらむし		358
南瓜大師供養	かぼちゃだいしくよう	不思議不動院	380
鎌鼬	かまいたち		388
蟷螂	かまきり		295
竈飾り	かまどかざり		54
蒲入の精霊船	かまにゅうのしょうろうぶね	西明寺	251
神移し	かみうつし	厳島神社	84
上乙見の田楽	かみおとみのでんがく	熊野神社	307
上御霊祭（神幸祭）	かみごりょうまつり	上御霊神社	158
上御霊祭（還幸祭）	かみごりょうまつり	上御霊神社	181
紙芝居	かみしばい		141
紙芝居のお菓子	かみしばいのおかし		318
上高野念仏供養踊	かみたかのねんぶつくようおどり	宝幢寺	262
上鳥羽六斎念仏	かみとばろくさいねんぶつ	浄禅寺	256
雷乃ち声を収む	かみなりすなわちこえをおさむ		283
雷乃ち声を発す	かみなりすなわちこえをはっす		121
雷除大祭（火之御子社例祭）	かみなりよけたいさい	北野天満宮	190
上宮津祭	かみみやづまつり	愛宕神社	140

亀岡春まつり	かめおかはるまつり	南郷公園ほか	161
亀島の精霊船	かめしまのしょうろうぶね	亀島地区	251
賀茂葵	かもあおい		181
鴨川サクラまつり	かもがわさくらまつり	鴨川河川敷	131
鴨川納涼床	かもがわのうりょうゆか	鴨川西岸	158
鴨川の茶店	かもがわのちゃみせ	半木の道	138
賀茂川の水と山法師	かもがわのみずとやまほうし		194
鴨川をどり	かもがわをどり	先斗町歌舞練場	158
賀茂曲水宴	かもきょくすいのえん	上賀茂神社	139
賀茂競馬	かもくらべうま	上賀茂神社	177
加茂茄子	かもなす		230
加茂の恵美須祭	かものえびすまつり	恵美須神社	69
蚊帳	かや		226
加悦谷祭	かやだにまつり		151
唐板	からいた	上御霊神社門前	179
辛味大根	からみだいこん		340
雁北に郷う	かりきたにむかう		63
かるた	かるた		·60
かるた始め	かるたはじめ	八坂神社	56
川裾祭	かわすそまつり	水無月神社	235
川施餓鬼	かわせがき	大堰川	281
翡翠	かわせみ		230
川谷の狐がえり	かわたにのきつねがえり		74
観阿弥祭	かんあみさい	京都観世会館	202
管弦雅楽始め	かんげんががくはじめ	下鴨神社	75
観光船十石船運航	かんこうせんじゅっこくぶねうんこう	伏見運河	277
神崎の扇踊	かんざきのおうぎおどり	湊十二社	302
神縄座	かんじょうざ		93
勧請縄と歩射神事	かんじょうなわとぶしゃしんじ	走田神社	72
寒蝉鳴く	かんせんなく		257
菅大臣天満宮例祭	かんだいじんてんまんぐうれいさい	菅大臣神社	184
寒中托鉢	かんちゅうたくはつ	聖護院	67
寒中見舞	かんちゅうみまい		63
寒椿	かんつばき		71
神無月のお留守番	かんなづきのおるすばん		302
かんにんえ	かんにんえ		151
関白忌	かんぱくき	平等院	107
綺原祭	かんばらまつり	綺原神社	323
寛平法皇祭	かんぴょうほうおうまつり	寛平法皇堂	231
がん封じ祭	がんふうじまつり	蒋田野神社	161
寒牡丹	かんぼたん		77
簡保ばら展	かんぽばらてん	簡保事務センター	174
桓武天皇御鎮座記念祭	かんむてんのうごちんざきねんさい	平安神宮	117
冠島老人嶋大祭	かんむりじまおいとしまたいさい	老人嶋神社	192
寒露	かんろ		298

き

祇園をどり	ぎおんおどり	祇園会館	344
祇園放生会	ぎおんほうじょうえ	巽橋	196
祇園祭	ぎおんまつり		214

祇園祭	ぎおんまつり		222
帰雁	きがん		117
桔梗	ききょう		247
菊	きく		335
菊に黄華有り	きくにこうかあり		326
雉	きじ		371
木島神社祭	きじまじんじゃまつり	木島神社(蚕の社)	304
義士祭と法要	ぎしまつりとほうよう	岩屋寺	374
義士祭と法要	ぎしまつりとほうよう	瑞光院	374
義士祭と法要	ぎしまつりとほうよう	大石神社	374
義士祭と法要	ぎしまつりとほうよう	法住寺	374
義士祭と法要	ぎしまつりとほうよう	本妙寺	374
きずし	きずし		320
帰省	きせい		245
北野の梅実採取	きたののうめのみさいしゅ	北野天満宮	202
北山しぐれ	きたやましぐれ		351
北山杉	きたやますぎ		110
吉例顔見世興行	きちれいかおみせこうぎょう	南座	370
乞巧奠	きっこうでん		207
吉祥院天満宮春季大祭	きっしょういんてんまんぐうしゅんきたいさい	吉祥院天満宮	150
吉祥院六斎念仏	きっしょういんろくさいねんぶつ	吉祥院天満宮	258
きつね面	きつねめん		92
木津の祇園祭	きづのぎおんまつり	天王神社	209
木津の太鼓台	きづのたいこだい	岡田国神社	327
木津の太鼓台	きづのたいこだい	御霊神社	327
木津の太鼓台	きづのたいこだい	田中神社	327
木野愛宕神社烏帽子着	きのあたごじんじゃえぼしぎ	木野愛宕神社	334
貴船の川床	きぶねのかわどこ	貴船	158
鬼門除けのかけこみ	きもんよけのかけこみ		362
蚯蚓出ず	きゅういんいず		173
蚯蚓結ぶ	きゅういんむすぶ		383
牛馬攘疫祭	ぎゅうばじょうえきさい	水主神社	102
きゅうり封じ	きゅうりふうじ	神光院	222
きゅうり封じ	きゅうりふうじ	蓮華寺	222
きゅうりもみ	きゅうりもみ		211
京女の長風呂	きょうおんなのながぶろ		371
行者講	ぎょうじゃこう	岩根山行者堂	162
行者講	ぎょうじゃこう	都々古和気神社	113
行者餅	ぎょうじゃもち		216
行水	ぎょうずい		227
夾竹桃	きょうちくとう		231
京では右と左が逆になる	きょうではみぎとひだりがぎゃくになる		302
KYOTO演劇フェスティバル	きょうとえんげきふぇすてぃばる	京都府立文化芸術会館	104
京都大骨董祭	きょうとだいこっとうさい	パルスプラザ	124
京都大骨董祭	きょうとだいこっとうさい	パルスプラザ	336
京都薪能	きょうとたきぎのう	平安神宮	190
京都西陣夢まつり	きょうとにしじんゆめまつり	西陣織会館	318
京都の蝉	きょうとのせみ		250

京都の冬至の七種	きょうとのとうじのしちしゅ		372
京都ＢＢＦ	きょうとびっぐばんどふぇすてぃばる	京都コンサートホール	75
京都まつり	きょうとまつり	御池通ほか	338
京によきもの三つ	きょうによきものみっつ		371
京の厚化粧	きょうのあつげしょう		207
京の着倒れ大阪の食い倒れ	きょうのきだおれおおさかのくいだおれ		77
京の底冷え	きょうのそこびえ		82
京の町人は五位の位	きょうのちょうにんはごいのくらい		114
京の夏まつり友禅流し	きょうのなつまつりゆうぜんながし	鴨川河川敷	239
京の昼寝	きょうのひるね		119
京のぶぶづけ	きょうのぶぶづけ		77
京はお口のべっぴん	きょうはおくちのべっぴん		195
京湯葉	きょうゆば		78
京料理展示大会	きょうりょうりてんじたいかい	みやこめっせ	376
曲水の宴	きょくすいのえん	城南宮	153
曲水の宴	きょくすいのえん	城南宮	344
清水焼団地陶器まつり	きよみずやきだんちとうきまつり	清水焼団地	216
桐	きり		162
霧	きり		344
桐始めて華く	きりはじめてはなさく		129
切山お弓の行事	きりやまおゆみのぎょうじ	八幡宮	326
金魚	きんぎょ		231
金魚売り	きんぎょうり		238
金太郎いわし	きんたろういわし		375
金木犀	きんもくせい		295
勤労感謝の日	きんろうかんしゃのひ		360

く

空也堂開山忌	くうやどうかいさんき	空也堂	352
久我神社秋まつり	くがじんじゃあきまつり	久我神社	343
くき座	くきざ	小倉神社	106
公卿の達者なものは	くぎょうのたっしゃなものは		210
苦菜秀ず	くさいひいず		182
ぐじ	ぐじ		376
櫛まつり	くしまつり	安井金比羅宮	288
九条葱	くじょうねぎ		100
くず切り	くずきり		246
薬玉	くすだま		169
楠（樟）	くすのき		187
大樟祭	くすのきまつり	新熊野神社	317
九頭龍大社春季大感謝祭	くずりゅうだいしゃしゅんきだいかんしゃさい	九頭龍大社	148
久世祭(大かがり火神事)	くせまつり	久世神社	294
久世六斎念仏	くぜろくさいねんぶつ	蔵王堂光福寺	258
久多の松上げ	くたのまつあげ		266
久多の虫送り	くたのむしおくり	久多	220
久多の山の神・お弓	くたのやまのかみ・おゆみ	志古淵神社	58
久多花笠踊	くたはながさおどり	志古淵神社	267
口焼き	くちやき		87
首塚大明神例祭	くびづかだいみょうじんれいさい	首塚大明神	142
汲み取り屋さん	くみとりやさん		231

雲ヶ畑の松上げ	くもがはたのまつあげ	雲ヶ畑	268
鞍馬の火祭	くらまのひまつり	由岐神社	333
グリーンフェア	ぐりーんふぇあ	梅小路公園	298
栗狩・松茸狩	くりがり・まつたけがり		319
車折神社の火焚祭	くるまざきじんじゃのひたきさい	車折神社	360
黒谷和紙	くろたにわし		371
鍬山神社の秋祭	くわやまじんじゃのあきまつり	鍬山神社	337
栗田住吉神社祭	くんだすみよしじんじゃまつり	住吉神社	306
羣鳥羞を養う	ぐんちょうしゅうをやしなう		282

け

夏安居	げあんご		212
稽古初め	けいこはじめ		60
啓蟄	けいちつ		113
芸能上達祈願祭	げいのうじょうたつきがんさい	法輪寺	114
けいはんなサイクルレース	けいはんなさいくるれーす		351
京北大踊大会	けいほくおおおどりたいかい	京北町役場前	254
京北夏まつり	けいほくなつまつり	ウッディ京北前	254
敬老の日	けいろうのひ		278
下戸の建てたる蔵	げこのたてたるくら		278
夏至	げし		203
化粧品の量り売り	けしょうひんのはかりうり		179
蹴鞠始め	けまりはじめ	下鴨神社	59
蹴鞠奉納	けまりほうのう	白峯神宮	140
欅	けやき		130
鳧	けり		179
建国記念日	けんこくきねんび		95
剣先烏賊	けんさきいか		376
現代版楽市楽座	げんだいばんらくいちらくざ	伏見桃山城	179
玄鳥至る	げんちょういたる		120
玄鳥帰る	げんちょうかえる		277
元服式	げんぷくしき	伏見稲荷大社	73
憲法記念日	けんぽうきねんび		164

こ

恋志谷神社大祭	こいしだにじんじゃたいさい	恋志谷神社	273
鯉幟	こいのぼり		166
更衣・袷	こうい・あわせ		292
更衣・単	こうい・ひとえ		190
光悦会	こうえつかい	光悦寺	351
鴻雁帰る	こうがんかえる		103
鴻雁来る	こうがんきたる		275
鴻雁来賓す	こうがんらいひんす		298
黄砂	こうさ		106
甲坂の三番叟	こうさかのさんばそう	山木神社	306
口司の虫送り	こうしのむしおくり	鏡神社	219
郷社祭	ごうしゃまつり	園天満宮	325
江州音頭京都大会	ごうしゅうおんどきょうとたいかい	岡崎公園グランド	238
神谷太刀宮祭	こうたにたちみやさい	神谷太刀宮神社	299
河梨の十二灯	こうなしのじゅうにとう		263
弘法さんが雨なら	こうぼうさんがあめなら		271
弘法大師降誕会	こうぼうたいしごうたんえ	東寺	202

光明寺大布薩会	こうみょうじだいふさつえ	光明寺	294
光琳・乾山忌	こうりん・けんざんき	泉妙院	193
氷供進	こおりぐしん		126
氷冷蔵庫	こおりれいぞうこ		265
蟋蟀	こおろぎ		294
五箇の三番叟	ごかのさんばそう	愛宕神社	311
穀雨	こくう		147
御香宮祭	ごこうのみやさい	御香宮神社	291
御香宮神社例大祭	ごこうのみやじんじゃれいたいさい	御香宮神社	142
試み餅	こころみもち		391
五色豆	ごしきまめ		91
後七日御修法	ごしちにちみしゅほ	東寺	67
御所一般公開（春）	ごしょいっぱんこうかい	京都御所	135
御所一般公開（秋）	ごしょいっぱんこうかい	京都御所	318
秋桜	こすもす		297
古代赤米新嘗大祭	こだいあかまいにいなめたいさい	籠神社	363
五大力尊仁王会	ごだいりきそんにんのうえ	積善院準提堂	102
五大力尊仁王会	ごだいりきそんにんのうえ	醍醐寺	102
炬燵	こたつ		78
東風	こち		111
事始め	ことはじめ		372
籠祭（葵祭）	このまつり	籠神社	149
木の芽時	このめどき		106
小春日和	こはるびより		357
古墳まつり	こふんまつり	湯舟坂古墳	267
駒牽	こまひき		153
胡麻日吉神社の馬駈け	ごまひよしじんじゃのうまかけ	胡麻日吉神社	323
独楽まわし	こままわし		61
ごまめ	ごまめ		56
虚無僧さんと尺八	こむそうさんとしゃくはち		113
古森神社祭	こもりじんじゃまつり	古森神社	242
小屋根の鍾馗さん	こやねのしょうきさん		187
小山郷六斎念仏	こやまごうろくさいねんぶつ	上善寺	258
鮴	ごり		179
金色蚕糸神祭	こんじきさんししんさい	実相寺	335
金比羅神社祭	こんぴらじんじゃまつり	金比羅神社	310

さ

斎王代御禊神事	さいおうだいみそぎしんじ	下鴨神社	177
斎王代御禊神事	さいおうだいみそぎしんじ	上賀茂神社	177
佐伯灯籠	さいきどうろう	薭田野神社ほか	249
西教寺六斎念仏	さいきょうじろくさいねんぶつ	西教寺	249
西光寺六斎念仏	さいこうじろくさいねんぶつ	西光寺	262
豺乃ち獣を祭る	さいすなわちけものをまつる		334
歳旦祭	さいたんさい	各社寺	51
西方寺六斎念仏	さいほうじろくさいねんぶつ	西方寺	256
囀市	さえずりいち	上御霊神社	257
早乙女	さおとめ		192
嵯峨お松明	さがおたいまつ	清凉寺	117
嵯峨菊	さがぎく		340

嵯峨大念仏狂言	さがだいねんぶつきょうげん	清凉寺	137
相楽の御田	さがなかのおんだ	相楽神社	75
魚屋さんの出張料理	さかなやさんのしゅっちょうりょうり		169
嵯峨野六斎念仏	さがのろくさいねんぶつ	阿弥陀寺	257
嵯峨祭	さがまつり	愛宕神社	174
嵯峨祭	さがまつり	野宮神社	174
酒饅頭	さかまんじゅう		367
左義長	さぎちょう	各神社や学校行事	78
策伝忌	さくでんき	誓願寺	334
朔弊祭	さくへいさい		91
桜	さくら		128
桜切る馬鹿、梅切らぬ馬鹿	さくらきるばか、うめきらぬばか		139
桜の庭園開放	さくらのていえんかいほう	宇多野ＹＨ庭園	131
桜まつり	さくらまつり	大覚寺	131
桜祭	さくらまつり	梅宮大社	132
さくら餅	さくらもち		135
雙栗神社祭	さぐりじんじゃさい	雙栗神社	297
鮭	さけ		351
栄螺	さざえ		376
笹鰈	ささがれい		377
笹に小判	ささにこばん		327
笹百合	ささゆり		191
山茶花	さざんか		358
差し引きすれば仏様に	さしひきすればほとけさまに		302
皐月	さつき		191
五月女に盆坊主	さつきおんなにぼんぼうず		186
さつき晴れ	さつきばれ		171
索餅祭	さっぺいさい	向日神社	91
さなぶり行事宵宮	さなぶりぎょうじよいみや		194
鯖寿司	さばずし		178
サマーナイトコンサート	さまーないとこんさーときょうと	西京極総合運動公園	243
五月雨	さみだれ		173
左女牛の神事	さめうしのしんじ	若宮八幡宮	87
針魚	さより		374
沙羅の花を愛でる会	さらのはなをめでるかい	東林院	204
百日紅	さるすべり		248
沢蟹	さわがに		211
沢桔梗	さわぎきょう		274
鑽火式	さんかしき	八坂神社	388
残菊	ざんぎく		335
山茱萸	さんしゅゆ		122
残暑	ざんしょ		272
三人寄れば文殊の知恵	さんにんよればもんじゅのちえ		346
三宝院門跡大峰山花供入峰	さんぼういんもんぜきおおみねさんはなくにゅうほう	三宝院	198
三宝寺の大根焚き	さんぽうじのだいこだき	三宝寺	367
秋刀魚	さんま		282
山門懺法	さんもんせんぼう	妙心寺	201
サンヤレ	さんやれ	土ヶ畑	268

幸在祭	さんやれさい	上賀茂神社	103
幸在祭	さんやれさい	大田神社	103
さんやれ祭	さんやれまつり	鷺森神社	166

し

鹿	しか		323
鹿の角解つ	しかのつのおつ		203
地獄の釜	じごくのかま		270
仕事始め	しごとはじめ		60
鹿ヶ谷南瓜	ししがたにかぼちゃ		228
鹿ケ谷かぼちゃ供養	ししがたにかぼちゃくよう	安楽寺	227
ジジバイ講	じじばいこう	梅林寺	67
獅子舞	ししまい		52
獅子舞・天狗の舞と瑞饋神輿	ししまい・てんぐのまいとずいきみこし	御園神社	302
四十雀	しじゅうから		112
静原神社春祭	しずはらじんじゃはるまつり	静原神社	163
地蔵盆	じぞうぼん		263
地蔵盆	じぞうぼん		264
時代祭	じだいまつり	京都御所	332
時代祭	じだいまつり	平安神宮	332
枝垂れ桜	しだれざくら		129
枝垂れ柳	しだれやなぎ		122
七五三詣り	しちごさんまいり		357
七神社祭礼芸能	しちじんじゃさいれいげいのう	七神社	141
七福神めぐり	しちふくじんめぐり	泉涌寺	66
七面さん	しちめんさん	本昌寺	218
鷙鳥厲疾す	しちょうれいしつす		83
蟋蟀壁に居る	しっしゅつかべにおる		212
質美の曳山行事	しつみのひきやまぎょうじ	質美八幡宮	313
四方拝	しほうはい	日向大神宮など各神社	50
終い弘法	しまいこうぼう	東寺	380
終い天神	しまいてんじん	北野天満宮	383
島原の餅搗き	しまばらのもちつき	島原・角屋	383
島万神社の振物、太鼓踊	しままじんじゃのふりもん、たいこおどり	島万神社	300
清水	しみず		235
市民クリスマス	しみんくりすます	河原町カトリック教会	383
市民煎茶の会	しみんせんちゃのかい	二条城	163
市民大茶会	しみんだいちゃかい	二条城・清流園	338
注連縄神事	しめなわしんじ	大原江文神社	68
注連縄つくり	しめなわつくり	宮川神社	382
注連縄作り	しめなわづくり	北白川・洛北	390
下御霊祭	しもごりょうまつり	下御霊神社	181
謝恩会	しゃおんかい		114
著莪	しゃが		191
釈迦涅槃会	しゃかねはんえ	真如堂	115
釈迦涅槃会	しゃかねはんえ	泉涌寺	115
釈迦涅槃会	しゃかねはんえ	東福寺	115
釈迦涅槃会	しゃかねはんえ	妙心寺ほか	98
石楠花	しゃくなげ		148
芍薬	しゃくやく		210

蛇綱	じゃづな	今福公民館作業場	81
赦免地踊	しゃめんちおどり	秋元神社	306
獣魂法要	じゅうこんほうよう	法輪寺	135
十三参り	じゅうさんまいり	法輪寺	138
十七烈士墓前祭	じゅうしちれっしぼぜんさい	天王山	330
終戦記念日	しゅうせんきねんび		250
秋分の日	しゅうぶんのひ		285
秋霖	しゅうりん		277
住蓮・安楽房供養	じゅうれん・あんらくぼうくよう	安楽寺	198
十六社朱印めぐり	じゅうろくしゃしゅいんめぐり		52
修正会	しゅしょうえ	各社寺	51
数珠供養	じゅずくよう	赤山禅院	362
蓴菜	じゅんさい		197
じゅんさいな	じゅんさいな		197
春分の日	しゅんぶんのひ		119
春雷	しゅんらい		141
正月飾り	しょうがつかざり		52
小寒	しょうかん		61
床几	しょうぎ		227
聖護院大根	しょうごいんだいこん		369
小暑	しょうしょ		211
小暑至る	しょうしょいたる		186
小雪	しょうせつ		360
醸造祭	じょうぞうさい	伏見稲荷大社	330
聖徳太子御火焚祭	しょうとくたいしおひたきさい	広隆寺	360
聖徳太子正当忌	しょうとくたいししょうとうき	広隆寺	102
城南宮神幸祭	じょうなんぐうしんこうさい	城南宮	328
菖蒲刺し・葺菖蒲	しょうぶさし・ふきしょうぶ		166
菖蒲田植	しょうぶたうえ	天満神社	165
菖蒲湯	しょうぶゆ		167
菖蒲湯	しょうぶゆ		170
小便除けの鳥居	しょうべんよけのとりい		274
小満	しょうまん		182
正御影供	しょうみえく	仁和寺	120
城屋の揚松明	じょうやのあげたいまつ	雨引神社	246
精霊船行事	しょうらいぶねぎょうじ		250
女子駅伝競走	じょしえきでんきょうそう		74
処暑	しょしょ		266
初風炉	しょぶろ		159
除夜祭	じょやさい		391
除夜の鐘	じょやのかね		392
白川女と番茶	しらかわめとばんちゃ		225
白川女花行列	しらかわめはなぎょうれつ	北白川天神宮	130
白河夜船	しらかわよぶね		371
知らぬが仏見ぬが極楽	しらぬがほとけみぬがごくらく		77
白酒	しろざけ		111
代田	しろた		191
神鳩祭	しんきゅうさい	三宅八幡神社	132

	真盛豆	しんせいまめ		292
	神泉苑大念仏狂言	しんせんえんだいねんぶつきょうげん	神泉苑	159
	神泉苑の水	しんせんえんのみず		138
	神前口切式	しんぜんくちきりしき	北野天満宮	364
	新選組供養祭	しんせんぐみくようさい	壬生寺	214
	新茶	しんちゃ		160
	沈丁花	じんちょうげ		122
	新聞紙でお掃除	しんぶんしでおそうじ		273
	甚平	じんべい		218
	親鸞聖人降誕会	しんらんしょうにんごうたんえ	西本願寺	185
	親鸞聖人御正忌報恩講	しんらんしょうにんごしょうきほうおんこう	西本願寺	68
	森林公園まつり	しんりんこうえんまつり	野田川町森林公園	172
す	西瓜	すいか		216
	瑞饋祭	ずいきまつり	北野天満宮	291
	瑞饋神輿	ずいきみこし	棚倉孫神社	312
	水行・火焚祭	すいぎょう・ひたきさい	松ヶ崎大黒天	98
	水行祈祷会	すいぎょうきとうえ	三宝寺	106
	水仙	すいせん		69
	水泉動く	すいせんうごく		58
	水沢腹く堅し	すいたくあつくかたし		84
	水中花	すいちゅうか		232
	水蜜桃	すいみつとう		230
	睡蓮	すいれん		206
	須賀神社の火焚祭	すがじんじゃのひたきさい	須賀神社	362
	菅野の神楽	すがののかぐら	上山神社	150
	須賀祭	すがまつり	須賀神社	172
	杉	すぎ		110
	スキー場開き	すきーじょうびらき	スイス村スキー場	378
	スキー場開き	すきーじょうびらき	大江山スキー場	378
	周枳の笹ばやし	すきのささばやし	大宮売神社	311
	周枳の三番叟	すきのさんばそう	大宮売神社	311
	杉本家の正月迎え	すぎもとけのしょうがつむかえ		387
	すきやき	すきやき		388
	すぐき	すぐき		81
	双六	すごろく		61
	芒	すすき		283
	煤払い	すすはらい		381
	鈴虫	すずむし		295
	雀大水に入り蛤と為る	すずめたいすいにいりこはまぐりとなる		314
	須津祭	すづまつり	須津彦神社	150
	砂撒き	すなまき	山城地方	391
	州浜	すはま		76
	住まい京都に武士薩摩	すまいきょうとにぶしさつま		275
	住吉大伴神社神幸祭	すみよしおおともじんじゃしんこうさい	住吉大伴神社	322
	諏訪祭	すわまつり	諏訪神社	323
せ	勢観忌	せいかんき	百万遍知恩寺	71
	成人の日	せいじんのひ		76
	清明	せいめい		129

晴明神社例祭	せいめいじんじゃれいさい	晴明神社	284
誓文払い	せいもんばらい	冠者殿	326
青嵐	せいらん		158
鶺鴒	せきれい		170
銭司の鬼立て	ぜずのおにたて		77
銭司の勧請縄	ぜずのかんじょうなわ	春日神社	58
銭司の獅子舞・田楽・相撲	ぜずのししまい・でんがく・すもう	春日神社	318
雪隠の神さん	せっちんのかみさん		76
節分祭	せつぶんさい		88
節分のおばけ	せつぶんのおばけ	祇園花街	96
蝉	せみ		230
蜩始めて鳴く	せみはじめてなく		203
世屋高原雪まつり	せやこうげんゆきまつり	世屋高原家族旅行村	102
線香花火	せんこうはなび		241
全国高校駅伝大会	ぜんこくこうこうえきでんたいかい	京都市内	386
禅定寺の勧請縄	ぜんじょうじのかんじょうなわ		66
千灯供養	せんとうくよう	化野念仏寺	266
千日功徳会	せんにちくどくえ	金蔵寺	285
千日詣り	せんにちまいり	愛宕神社	235
千日詣と火渡り祭	せんにちもうでとひわたりまつり	狸谷不動院	234
千年椿まつり	せんねんつばきまつり	椿公園	141
千本釈迦念仏	せんぼんしゃかねんぶつ	千本釈迦堂	120
千本づき	せんぼんづき		93
千本六斎念仏	せんぼんろくさいねんぶつ	千本閻魔堂	255
千両・万両	せんりょう・まんりょう		53

そ

霜降	そうこう		334
倉庚鳴く	そうこうなく		115
総早苗振	そうさなぶり	廣峯神社	213
草木黄落す	そうもくこうらくす		338
草木萌動す	そうもくほうどうす		106
卒業	そつぎょう		114
そのべれんげフェスタ	そのべれんげふぇすた	園部公園一帯	164
蘇民将来	そみんしょうらい		222

た

体育の日	たいいくのひ		298
大雨時に行く	たいうときにゆく		238
大覚寺観月の夕べコンサート	だいかくじかんげつのゆうべこんさーと	大覚寺	288
大覚寺の観月の夕べ	だいかくじのかんげつのゆうべ	大覚寺	284
鯛かぶら	たいかぶら		75
大寒	だいかん		81
太閤花見行列	たいこうはなみぎょうれつ	醍醐寺	137
大護摩法要	だいごまほうよう	金胎寺	274
醍醐味	だいごみ		139
大根焚き・成道会法要	だいこんだき・じょうどうえほうよう	千本釈迦堂	367
泰山府君祭	たいざんふくんさい	赤山禅院	167
帝釈天春の大祭	たいしゃくてんはるのたいさい	帝釈天堂	172
大暑	たいしょ		227
戴勝桑に下る	たいしょうくわにくだる		156
大将軍八神社例祭	だいしょうぐんはちじんじゃれいさい	大将軍八神社	330

大雪	たいせつ		367
大徳寺の茶面	だいとくじのちゃづら		186
大納言	だいなごん		352
大日盆	だいにちぼん	京都市内各地	268
大般若経会	だいはんにゃきょうえ	養源院	282
台風	たいふう		282
大幣神事	たいへいしんじ	県神社	196
大平和敬神祭	だいへいわけいしんさい	建勲神社	350
大名練込行列	だいみょうねりこみぎょうれつ	大森神社	213
大文字送り火	だいもんじおくりび		253
大文字のからけし	だいもんじのからけし		249
平八幡祭	たいらはちまんまつり	平八幡神社	348
田植え	たうえ		191
田植祭	たうえさい	伏見稲荷大社	191
田歌の神楽	たうたのかぐら	八坂神社	213
田鰻	たうなぎ		318
尊氏忌法要	たかうじきほうよう	安国寺	153
高雄納涼川床	たかおのうりょうかわどこ	高雄	194
鷹化して鳩となる	たかけしてはととなる		118
鷹乃ち学習す	たかすなわちがくしゅうす		215
鷹乃ち鳥を祭る	たかすなわちとりをまつる		263
高瀬川舟まつり	たかせがわふねまつり	高瀬川一の船入	285
竹野のテンキテンキ	たかののてんきてんき	竹野神社	308
高盛御供	たかもりごく	北白川天神宮	295
高山桃の花祭り	たかやまもものはなまつり	徳光高山桃団地一帯	142
宝寺福まつり	たからでらふくまつり	宝積寺	363
滝明神祭	たきみょうじんさい	直見谷の滝神社	171
竹	たけ		127
竹送り	たけおくり	観音寺	95
竹伐り会式	たけきりえしき	鞍馬寺	202
筍	たけのこ		126
筍ご飯	たけのこごはん		167
筍さん	たけのこさん	篠田神社	92
凧上げ	たこあげ		60
たたき牛蒡	たたきごぼう		56
太刀魚	たちうお		375
太刀振り・花踊	たちふり・はなおどり	新井崎神社	141
獺魚を祭る	たつうおをまつる		101
建具替え	たてぐかえ		200
譬えにうそ無し	たとえにうそなし		195
田中祭	たなかまつり	田中神社	330
田中祭	たなかまつり	鈴鹿神社	349
棚野の千両祭	たなののせんりょうまつり	諏訪神社	293
七夕	たなばた		207
七夕	たなばた		208
田螺	たにし		178
たのみの節句	たのみのせっく		242
田原のカッコスリ	たはらのかっこすり	多治神社	313

玉津岡神社のおかげ踊り	たまつおかじんじゃのおかげおどり	玉津岡神社	126
田村忌	たむらき	清水寺	182
田山・高尾の翁舞	たやま・たかおのおきなまい	諏訪神社	320
田山のおこない	たやまのおこない	観音寺	63
田山花踊	たやまはなおどり	諏訪神社	345
達磨忌	だるまき	興聖寺	340
達磨忌	だるまき	禅宗諸寺院	340
達磨忌	だるまき	万福寺	340
だるまストーブ	だるますとーぶ		78
丹後伊根浦の正月迎え	たんごいねうらのしょうがつむかえ		382
丹後100kmウルトラマラソン	たんごうるとらまらそん	久美浜町	278
丹後100kmウルトラマラソン	たんごうるとらまらそん	網野・丹後・弥栄町	278
丹後王国古代まつり	たんごおうこくこだいまつり	加悦町古墳公園	290
丹後震災記念展	たんごしんさいきねんてん	峰山町中央公民館	113
丹後ちりめん	たんごちりめん		109
丹波栗	たんばぐり		329
丹波黒豆	たんばくろまめ		354
丹波高原ロードレース	たんばこうげんろーどれーす	丹波自然運動公園	346
丹波太郎	たんばたろう		243
丹波太郎と山城次郎	たんばたろうとやましろじろう		210
たんば夏まつり	たんばなつまつり	須知地区内	243
丹波の芝むくり	たんばのしばむくり	多久神社	309
暖房の日	だんぼうのひ		349

ち

稚児餅	ちごもち		216
父の日	ちちのひ		203
蟄虫咸く俯す	ちっちゅうことごとくふす		344
蟄虫戸を坏す	ちっちゅうとをとざす		288
蟄虫始めて振るう	ちっちゅうはじめてふるう		94
茅の輪	ちのわ	疫神社（八坂神社内）	236
地始めて氷る	ちはじめてこおる		351
粽	ちまき		167
粽	ちまき		216
茶筅供養	ちゃせんくよう	興聖寺	293
茶宗明神社春季大祭	ちゃそうみょうじんじゃしゅんきたいさい	茶宗明神社	142
茶の木	ちゃのき		170
中元	ちゅうげん		214
中堂寺六斎念仏	ちゅうどうじろくさいねんぶつ	壬生寺	255
チューリップ	ちゅーりっぷ		122
蝶	ちょう		138
長五郎餅	ちょうごろうもち		156
釿始め	ちょうなはじめ	広隆寺	55
重陽	ちょうよう		276
重陽の神事と烏相撲	ちょうようのしんじとからすずもう	上賀茂神社	276
重陽の節会	ちょうようのせちえ	法輪寺	276
ちりめん祭	ちりめんまつり	アミティ丹後	139
鎮火祭	ちんかさい	愛宕神社	150
チンドン屋さん	ちんどんやさん		373

つ

月見団子	つきみだんご		278
土潤いて溽暑す	つちうるおいてじょくしょす		234
躑躅	つつじ		173
綱掛祭	つなかけまつり	新熊野神社	390
綱引神事	つなひきしんじ	大送神社	80
角大師	つのだいし		275
椿井の虫送り	つばいのむしおくり	椿井地区	209
椿の花を愛でる会	つばきのはなをめでるかい	平岡八幡宮	118
燕帰る	つばめかえる		274
梅雨明け	つゆあけ		215
梅雨入り	つゆいり		198
梅雨寒む	つゆざむ		198
鶴ヶ岡の上げ松	つるがおかのあげまつ	川合・殿	267

て

堤防神社祭	ていぼうじんじゃまつり	御霊公園	251
でっち羊羹	でっちようかん		306
てっぱい	てっぱい		111
寺田の神輿行列と湯立	てらだのみこしぎょうれつとゆだて	水度神社	290
寺を開かば唐傘一本	てらをひらかばからかさいっぽん		210
照り葉	てりは		307
天瓜粉	てんかふん		245
天気上騰し地気下降す	てんきじょうとうしちきかこうす		364
天狗飛び	てんぐとび	阿上三所神社	300
田鼠化して鴽と為る	でんそけしてうずらとなる		135
天高し	てんたかし		290
天地始めて粛む	てんちはじめてしじむ		267
電電宮大祭	でんでんぐうたいさい	法輪寺	184
天道花	てんとうばな		132
天女舞	てんにょまい	阿良須神社	339
天皇誕生日	てんのうたんじょうび		385
天満神社祭(相撲甚句)	てんまんじんじゃさい	天満神社	299

と

桃花神事	とうかしんじ	上賀茂神社	107
導観稲荷神社祭	どうかんいなりじんじゃまつり	導観稲荷神社	166
陶器市	とうきいち	五条坂	244
陶器市と陶器供養	とうきいちととうきくよう	千本釈迦堂	213
冬至	とうじ		381
道成寺の鐘供養	どうじょうじのかねくよう	妙満寺	137
投扇	とうせん		61
道相神楽	どうそうかぐら	道相神社	297
陶枕	とうちん		212
東風凍りを解く	とうふうこおりをとく		93
道風神社の火焚祭	とうふうじんじゃのひたきさい	道風神社	346
蟷螂生ず	とうろうしょうず		195
通し矢	とおしや	三十三間堂	73
多保市天神笹ばやし	とおのいちてんじんささばやし	天神神社	251
得度式	とくどしき	東本願寺	239
土解祭	とげまつり	上賀茂神社	127
独鈷抛山千日参り	とこなげさんせんにちまいり	千手寺	142
心太	ところてん		218

	歳徳さん	としとくさん		54
	栃谷の三番叟	とちだにのさんばそう	深谷神社	321
	ドッコイセ祭	どっこいせまつり		247
	飛魚	とびうお		375
	飛び梅	とびうめ		100
	どぼ漬	どぼづけ		228
	富山の薬売り	とやまのくすりうり		240
	土用丑の日	どようしのひ		225
	土用鰻	どようなぎ		225
	土用干し	どようぼし	北野天満宮	226
	豊国神社例大祭	とよくにじんじゃれいたいさい	豊国神社	281
	ドラゴンカヌー選手権大会	どらごんかぬーせんしゅけんたいかい	カヌーレーシング会場	240
	とらしょうしょう	とらしょうしょう	鹿背山	211
	虎始めて交む	とらはじめてつるむ		371
	どら焼	どらやき		156
	鶏合	とりあわせ		109
	鳥居の上の石	とりいのうえのいし		272
	鳥貝	とりがい		376
	トロッコ列車運転開始	とろっこれっしゃうんてんかいし		106
な	長岡京ガラシャ祭	ながおかきょうがらしゃさい	勝龍寺公園他	356
	鳴声を楽しむ虫	なきごえをたのしむむし		294
	椰神社大祭	なぎじんじゃたいさい	椰神社	182
	泣き相撲	なきずもう	国津神社	319
	奈具祭(舟木の踊り子)	なぐまつり	奈具神社	310
	夏越の神事	なごしのしんじ	下鴨神社	242
	夏越の祓	なごしのはらい		236
	名残	なごり		323
	梨木神社例祭	なしのきじんじゃれいさい	梨木神社	305
	菜種きんとん	なたねきんとん		111
	菜種梅雨	なたねつゆ		117
	夏への衣替え	なつへのころもがえ		201
	撫子	なでしこ		280
	七草粥	ななくさかゆ	城南宮	96
	菜の花	なのはな		138
	菜の花御供	なのはなごく	吉祥院天満宮	121
	業平忌	なりひらき	十輪寺	186
	業平塩竈祭	なりひらしおがままつり	十輪寺	346
	鳴滝大根焚き	なるたきだいこだき	了徳寺	369
	南天	なんてん		78
に	新嘗祭	にいなめさい		360
	西飼祭(地頭太鼓)	にしがいまつり	西飼神社	299
	虹蔵て見えず	にじかくれてみえず		362
	西七条奉射祭	にししちじょうほうしゃさい	松尾大社御旅所	70
	虹始めて見る	にじはじめてみる		141
	二十五菩薩お練り供養法会	にじゅうごぼさつおねりくようほうえ	即成院	331
	二十坊主に牛の金玉	にじゅうぼうずにうしのきんたま		303
	二条城観桜茶会	にじょうじょうかんおうちゃかい	二条城	132
	二条城内本丸御殿特別公開	にじょうじょうないほんまるごてんとくべつこうかい	二条城	281

	にしん蕎麦	にしんそば		366
	日蓮上人降誕会	にちれんしょうにんごうたんえ	本能寺	100
	日蓮上人降誕会	にちれんしょうにんごうたんえ	本圀寺	100
	にぬき	にぬき		292
	二の会	にのえ	新殿神社	66
	二九	にのこう		94
	二百十日	にひゃくとおか		270
	二百十日・二百二十日	にひゃくとおか・にひゃくはつか	天満宮	270
	入学式	にゅうがくしき		135
	入道雲	にゅうどうぐも		221
	女房は京都	にょうぼうはきょうと		114
	にらみ鯛	にらみだい		57
	鶏始めて乳す	にわとりはじめてにゅうす		82
ぬ	額田のダシ行事	ぬかたのだしぎょうじ	一宮神社	301
	抜穂祭	ぬきほさい	伏見稲荷大社	337
ね	根生い分限の大名貸し	ねおいぶんげんのだいみょうかし		278
	ネギとはんぺい汁	ねぎとはんぺいしる		303
	猫の恋	ねこのこい		103
	ネコの鼻と愛宕山	ねこのはなとあたごやま		207
	猫祭	ねこまつり	称念寺	147
	根引松	ねびきまつ		53
	合歓	ねむ		212
	練込ばやし	ねりこみばやし	天神社	250
	燃灯祭	ねんとうさい	上賀茂神社	101
の	納涼	のうりょう		228
	納涼古本まつり	のうりょうふるほんまつり	下鴨神社糺の森	245
	納涼祭と松明	のうりょうまつりとたいまつ	栃	265
	野神の神事	のがみのしんじ	野神	193
	野中の田楽	のなかのでんがく	大宮神社	309
	野宮神社例祭	ののみやじんじゃれいさい	野宮神社	330
	野薔薇	のばら		170
	信長公忌	のぶながこうき	聖隣寺	193
	信長祭	のぶながまつり	本能寺	195
	のぼりたて	のぼりたて		164
は	羽蟻	はあり		231
	梅花祭	ばいかさい	北野天満宮	103
	売茶翁忌	ばいさおうき	萬福寺	214
	萩	はぎ		273
	萩まつり	はぎまつり	梨木神社	281
	白山神社祭	はくさんじんじゃさい	白山神社	325
	白鳥	はくちょう		371
	白馬奏覧神事	はくばそうらんしんじ	上賀茂神社	63
	歯供養	はくよう	ぬりこべ地蔵	193
	白露下る	はくろくだる		247
	箸紙とり	はしがみとり		58
	始めて雹す	はじめていなびかりす		124
	芭蕉忌	ばしょうき	芭蕉堂	351
	蓮	はす		206

畑菜	はたけな		100
畑の姥	はたけのおば		224
旗立楊祭	はたたてあげさい	篠村八幡宮	156
はたはた	はたはた		377
八十八夜	はちじゅうはちや		160
八十八夜のお茶	はちじゅうはちやのおちゃ		170
鉢巻飯の神事	はちまきめしのしんじ	常盤神社	112
初県祭	はつあがたまつり	県神社	62
初生け式	はついけしき	池坊	61
初午大祭	はつうまたいさい	伏見稲荷大社	92
初ゑびす	はつえびす	恵美須神社	69
二十日恵美須大祭	はつかえびすたいさい	恵美須神社	326
二十日講	はつかこう	栂尾・梅ケ畑	82
初釜	はつがま	茶道各家元	65
初甲子祭	はつきのえねさい	松ヶ崎大黒天	65
初庚申	はつこうしん	猿田彦神社	64
初庚申	はつこうしん	尊勝院	64
初庚申	はつこうしん	八坂庚申堂	64
初弘法	はつこうぼう	東寺	82
初護摩	はつごま	狸谷山不動院	51
初金比羅	はつこんぴら	安井金比羅宮	70
八朔	はっさく		238
八朔踊り	はっさくおどり	江文神社	271
八朔祭	はっさくさい	安行山稲荷宮	238
八朔祭	はっさくさい	元伊勢大神宮	238
八朔祭	はっさくさい	江文神社	238
八朔祭	はっさくさい	松尾大社	238
八朔祭	はっさくさい	蔵王堂光福寺	238
八朔祭	はっさくさい	豊受大神社	238
初霜	はつしも		351
八千枚大護摩供	はっせんまいおおごまく	赤山禅院	61
初空	はつぞら		50
初大国	はつだいこく	下鴨神社	68
初辰神事	はつたつしんじ	貴船神社	64
初天神	はつてんじん	北野天満宮	83
初寅大祭	はつとらたいさい	鞍馬寺	64
初寅大祭	はつとらたいさい	毘沙門堂	64
初荷	はつに		60
初音	はつね		98
初不動	はつふどう	狸谷山不動院	84
初雪	はつゆき		380
初夢	はつゆめ		54
初六阿弥陀めぐり	はつろくあみだめぐり	真如堂ほか	93
果ての二十日	はてのはつか		388
花筏	はないかだ		135
花曇り	はなぐもり		127
花菖蒲	はなしょうぶ		169
花しょうぶまつり	はなしょうぶまつり	観音堂	169

花蘇芳	はなずおう		147
花背の松上げ	はなせのまつあげ	花背八桝	252
「花の天井」春の特別拝観	はなのてんじょうはるのとくべつはいかん	平岡八幡宮	118
花火	はなび		241
花冷え	はなびえ		135
はなびら餅	はなびらもち		57
花まつり	はなまつり	各寺院	133
花まつり	はなまつり	石塔寺	162
花見団子	はなみだんご		135
はねず踊り	はねずおどり	随心院	121
羽根つき	はねつき		60
はばかりさん	はばかりさん		270
馬場のおこない	ばばのおこない	卒台寺	72
母の日	ははのひ		175
蛤	はまぐり		107
鱧まつり	はもまつり		215
鱧料理	はもりょうり		215
隼人舞	はやとまい	月読神社	316
薔薇	ばら		173
ばらずし	ばらずし		111
針供養	はりくよう	針神社	368
針供養（2月）	はりくよう	法輪寺	93
針供養（12月）	はりくよう	法輪寺	368
春浅し	はるあさし		107
春一番	はるいちばん		104
春風	はるかぜ		126
春時雨	はるしぐれ		114
春の観光まつり	はるのかんこうまつり	乙訓寺	151
春の観光まつり	はるのかんこうまつり	長岡天満宮	151
春の七草	はるのななくさ		63
春まつり（鉦講）	はるまつり	安養寺	118
バレンタインデー	ばれんたいんでー		97
ハロウィーン	はろうぃーん		339
半夏生ず	はんげしょうず		206
繁昌大国秋祭	はんじょうだいこくあきまつり	下鴨神社	301
反舌声無し	はんぜつこえなし		202
はんなり	はんなり		170

ひ

ひいなまつり	ひいなまつり	市比賣神社	108
麋角解す	びかくげす		390
日傘	ひがさ		218
東一口のとんど	ひがしいもあらいのとんど	大池神社近くの田	78
東吉原の振物	ひがしよしわらのふりもん	朝代神社	348
彼岸	ひがん		119
引き千切り	ひきちぎり		111
蜩	ひぐらし		257
飛行神社年次祭	ひこうじんじゃねんじさい	飛行神社	156
菱餅	ひしもち		111
歩射の頭	びしゃのとう	天照皇大神社	124

毘沙門堂観桜会	びしゃもんどうかんおうかい	山科毘沙門堂	131
靡草死る	びそうかる		186
火焚祭	ひたきさい		345
火焚鳥	ひたきどり		350
氷所の流鏑馬	ひどころのやぶさめ	幡日佐神社	329
ヒトリアガリ	ひとりあがり		141
檜	ひのき		109
日使頭祭	ひのとさい	離宮八幡宮	127
火鉢	ひばち		83
向日葵	ひまわり		244
日向大神宮例祭	ひむかいだいじんぐうれいさい	日向大神宮	321
百度打ち	ひゃくどうち	早尾・三柱・稲荷神社	301
百日草	ひゃくにちそう		107
百人一首と坊主めくり	ひゃくにんいっしゅとぼうずめくり		64
百八煩悩寺の鐘	ひゃくはちぼんのうてらのかね		372
百万遍大念珠くり	ひゃくまんべんだいねんじゅくり	知恩寺	200
百味祭	ひゃくみさい	佐牙神社	325
百味の御食	ひゃくみのおんじき	涌出宮	325
ヒヤソ踊	ひやそおどり	高倉神社	303
冷奴	ひややっこ		226
瓢箪で鯰を押さえる	ひょうたんでなまずをおさえる		372
平等院の煤払い	びょうどういんのすすはらい	平等院	389
平岡八幡宮例祭	ひらおかはちまんぐうれいさい	平岡八幡宮	304
平野神社の名月祭	ひらのじんじゃのめいげつさい	平野神社	283
比良八荒	ひらはっこう		121
鮃	ひらめ		378
昼寝	ひるね		227
広河原の松上げ、盆踊	ひろがわらのまつあげ、ぼんおどり	観音堂	267
広沢の池の鯉上げ	ひろさわのいけのこいあげ	広沢の池	385
広谷祭	ひろたにまつり	広谷神社	296
鶸	ひわ		317
枇杷	びわ		346

ふ

風鈴	ふうりん		228
フェスタ峰山	ふぇすたみねやま	峰山町役場前広場	241
不快指数	ふかいしすう		203
深田部祭(黒部の踊り子)	ふかたべまつり	深田部神社	308
吹き寄せ	ふきよせ		358
福王子神社例大祭	ふくおうじじんじゃれいたいさい	福王子神社	329
ふぐ供養会	ふぐくようえ	霊山観音	139
福寿草	ふくじゅそう		87
福給会	ふくたばえ	穴太寺	59
福知山お城まつり	ふくちやまおしろまつり	福知山城公園他	130
福知山マラソン	ふくちやままらそん	三段池公園	363
梟	ふくろう		385
福笑い	ふくわらい		65
藤	ふじ		173
伏見稲荷大社産業祭	ふしみいなりたいしゃさんぎょうさい	伏見稲荷大社	134
伏見稲荷の火焚祭	ふしみいなりのひたきさい	伏見稲荷大社	349

	伏見義民祭	ふしみぎみんさい	御香宮神社	182
	伏見五福めぐり	ふしみごふくめぐり		62
	伏見人形	ふしみにんぎょう		94
	伏見の酒仕込み	ふしみのさけしこみ		356
	伏見三栖神社祭	ふしみみすじんじゃまつり	三栖神社	307
	武射神事	ぶしゃしんじ	上賀茂神社	80
	腐草螢と為る	ふそうほたるとなる		226
	仏生寺六斎念仏	ぶっしょうじろくさいねんぶつ	仏生寺公民館	266
	仏壇の灯明	ぶつだんのとうみょう		119
	仏名会	ぶつみょうえ	知恩院	366
	筆供養	ふでくよう	正覚庵	362
	普度勝会	ふどしょうえ	萬福寺	331
	布団の打ち直し	ふとんのうちなおし		283
	船岡祭	ふなおかまつり	建勲神社	326
	舟屋の里つつじまつり	ふなやのさとつつじまつり	舟屋の里公園	156
	舟屋の里ほっかほっか祭り	ふなやのさとほっかほっかまつり	舟屋の里公園	83
	ぶぶづけ	ぶぶづけ		94
	麩饅頭	ふまんじゅう		219
	冬支度	ふゆじたく		352
	芙蓉	ふよう		244
	鰤	ぶり		378
	ふるさとフェア久御山	ふるさとふぇあくみやま	久御山中央公園	363
	文化の日	ぶんかのひ		346
	文七踊	ぶんしちおどり	JR和知駅前広場	268
へ	平安神宮献菓祭	へいあんじんぐうけんかさい	平安神宮	360
	閉塞して冬を成す	へいそくしてふゆをなす		366
	へちま加持	へちまかじ	赤山禅院	284
	紅しだれコンサート	べにしだれこんさーと	平安神宮	133
	蛇祭	へびまつり		114
	弁天祭	べんてんさい	長建寺	220
	弁当忘れても傘忘れるな	べんとうわすれてもかさわすれるな		346
ほ	報恩講	ほうおんこう	東本願寺	359
	法界寺裸踊り	ほうかいじはだかおどり	法界寺	73
	宝鏡寺春の人形展	ほうきょうじはるのにんぎょうてん	宝鏡寺	107
	豊国廟例祭	ほうこくびょうれいさい	豊国廟	144
	芒種	ぼうしゅ		195
	法住寺大護摩供	ほうじゅうじおおごまく	法住寺	353
	大龍寺放生会	ほうじょうえ	大龍寺	139
	棒だら	ぼうだら		366
	法然上人御忌大法要	ほうねんしょうにんぎょきだいほうよう	知恩院	144
	蓬莱船	ほうらいぶね	上賀茂神社	52
	炮烙灸祈祷	ほうらくきゅうきとう	三宝寺	224
	法輪寺の達磨忌	ほうりんじのだるまき	法輪寺	343
	鎮火祭	ほしずめまつり	大原神社	86
	細井和喜蔵碑前祭	ほそいわきぞうひぜんさい	鬼子母神社	363
	布袋野の三番叟	ほたいののさんばそう	河上三神社	140
	螢	ほたる		197
	螢狩り	ほたるがり		197

ぼたん鍋	ぼたんなべ		358
保津川下り川開き	ほづがわくだりかわびらき		115
保津の火祭	ほづのひまつり	請田神社	327
保津の火祭	ほづのひまつり	保津八幡宮	327
杜鵑	ほととぎす		197
骨正月	ほねしょうがつ		82
堀川牛蒡	ほりかわごぼう		370
ホワイトデー	ほわいとでー		115
盆行灯	ぼんあんどん		253
盆市	ぼんいち		246
盆踊り	ぼんおどり		246
盆行事	ぼんぎょうじ		263
盆過ぎての蓮の花	ぼんすぎてのはすのはな		251
梵灯のあかりに親しむ会	ぼんとうのあかりにしたしむかい	東林院	173

ま

まいづる魚まつり	まいづるさかなまつり	水産流通センター	329
まいづる田辺城まつり	まいづるたなべじょうまつり	舞鶴公園	187
魔おどし	まおどし	勝林院	55
魔おどし	まおどし	来迎院	55
牧山の松明行事	まきやまのたいまつぎょうじ	普門院（観音堂）	264
摩気神社の御田	まけじんじゃのおんだ	摩気神社	193
摩気神社の流鏑馬	まけじんじゃのやぶさめ	摩気神社	312
真鯛	まだい		375
町かどの芸能	まちかどのげいのう	般若林	328
松	まつ		170
松尾大社遷幸祭	まつおたいしゃせんこうさい	松尾大社	178
松尾の神輿渡御	まつおのみこしとぎょ	松尾大社	151
松ヶ崎題目踊り	まつがさきだいもくおどり	涌泉寺	247
松風	まつかぜ		334
松茸狩り	まつたけがり		328
松の内	まつのうち		52
松尾大社御田祭	まつのおたいしゃおんださい	松尾大社	221
松尾大社中酉祭（醸造感謝祭）	まつのおたいしゃちゅうゆうさい	松尾大社	144
松尾大社の八朔祭	まつのおたいしゃのはっさくさい	松尾大社	272
松尾大社例祭	まつのおたいしゃれいさい	松尾大社	127
松尾寺の仏舞	まつのおでらのほとけまい	松尾寺	170
松葉蟹	まつばがに		377
松葉むしり	まつばむしり		389
松原通の鉾	まつばらどおりのほこ		221
まねき上げ	まねきあげ	南座	364
ままごと	ままごと		112
豆炭	まめたん		84
豆まき	まめまき		89
豆焼	まめやき	相楽神社	72
満月の夜の糠袋縫い	まんげつのよるのぬかぶくろぬい		280
万人講	まんにんこう	円福寺	146
万人講	まんにんこう	円福寺(達磨寺)	329
萬福寺の煤払い	まんぷくじのすすはらい	萬福寺	373

み

御阿礼神事	みあれしんじ	上賀茂神社	177
磨き丸太	みがきまるた		370
御蔭祭	みかげさい	御蔭神社	177
御勝八幡祭(紫宸殿田楽)	みかつはちまんまつり	御勝八幡神社	322
三河内の曳山	みごちのひきやま	倭文神社	161
水菜	みずな		369
水始めて涸る	みずはじめてかる		292
水始めて氷る	みずはじめてこおる		349
瑞穂町納涼大会	みずほちょうのうりょうたいかい	高屋川畔	256
水祭	みずまつり	貴船神社	210
御園の青物祭	みそののあおものさい	御園神社	303
三岳練込太鼓	みたけねりこみだいこ	森尾神社	302
御棚会神事	みたなえしんじ	上賀茂神社	72
御手洗団子	みたらしだんご	下鴨神社	224
御手洗祭	みたらしまつり	下鴨神社	224
御手洗祭	みたらしまつり	蚕の社	224
三槲	みつがしわ		147
光秀公忌	みつひでこうき	谷性寺	200
御戸代会神事	みとしろえしんじ	上賀茂神社	206
水度神社例祭	みとじんじゃれいさい	水度神社	288
みどりの日	みどりのひ		156
水無月	みなづき		203
水無月の祓い	みなづきのはらい		204
水無月祭	みなづきまつり	島児神社	235
みなと舞鶴ちゃった祭	みなとまいづるちゃったまつり	西舞鶴・東舞鶴	232
みなと祭	みなとまつり	間人	231
みなと祭	みなとまつり	中浜	231
南山城地方の正月迎え	みなみやましろちほうのしょうがつむかえ		385
源実朝忌	みなもとのさねともき	大通寺	83
峰山おどり大会	みねやまおどりたいかい	峰山町役場前	255
峰山産業まつり	みねやまさんぎょうまつり	峰山町役場前広場	343
三柱祭	みはしらまつり	三柱神社	310
三春峠マラソン	みはるとうげまらそん	いこいの広場	354
壬生大念仏狂言（春）	みぶだいねんぶつきょうげん	壬生寺	147
壬生大念仏狂言（秋）	みぶだいねんぶつきょうげん	壬生寺	297
壬生六斎念仏	みぶろくさいねんぶつ	壬生寺	255
都七福神めぐり	みやこしちふくじんめぐり	市内各所	65
都鳥	みやこどり		378
宮籠り	みやごもり	八瀬天満宮	392
宮津灯籠流し花火大会	みやづとうろうながしはなびたいかい	島崎公園	255
宮津祭	みやづまつり	日吉神社	174
宮津祭	みやづまつり	和貴宮神社	174
美山雪まつり	みやまゆきまつり	美山町自然文化村	92
茗荷祭	みょうがさい	須代神社	96
茗荷祭	みょうがまつり	阿須々伎神社	87
三和町鮎まつり	みわちょうあゆまつり	新橋サンダル公園	227

む

麦手餅	むぎてもち		198
向日市まつり	むこうしまつり	向日町競輪場内	359

	虫供養	むしくよう	光福寺・極楽寺	373
	虫払定	むしはらいのさだめ	神護寺	158
	虫干し	むしぼし		221
	無双	むそう		178
	紫式部	むらさきしきぶ		291
め	鳴鳩其の羽を払う	めいきゅうそのはねをはらう		151
	名月祭	めいげつさい	北野天満宮	278
	名月祭	めいげつさい		284
	名月の宴	めいげつのうたげ	勝龍寺城公園	274
	鳴弦蟇目神事・歩射神事	めいげんひきめしんじ・びしゃしんじ	下鴨神社	176
	眼張	めばる		375
	めんこ遊び	めんこあそび		62
も	虎落笛	もがりぶえ		362
	木蓮	もくれん		122
	鵙始めて鳴く	もずはじめてなく		198
	餅座	もちざ	小倉神社	96
	餅搗き	もちつき	石清水八幡宮	390
	餅花飾り	もちばなかざり		53
	餅花まつり	もちばなまつり	相楽神社	86
	餅は餅屋	もちはもちや		138
	もっちゃり	もっちゃり		270
	元伊勢例祭	もといせれいさい	元伊勢皇大神社	151
	紅葉	もみじ		358
	紅葉音頭	もみじおんど	上賀茂神社	275
	紅葉狩り	もみじがり		358
	桃	もも		107
	桃初めて華く	ももはじめてはなさく		114
	諸子	もろこ		126
	文殊出船祭	もんじゅでふねまつり	智恩寺	229
	門前の小僧	もんぜんのこぞう		138
や	矢形餅の神事	やかたもちのしんじ	室城神社	112
	焼餅	やきもち	上賀茂神社門前	179
	薬師祭	やくしまつり	徳雲寺	265
	厄神祭	やくじんさい	篠村八幡宮	80
	薬神祭	やくじんさい	薬祖神社	343
	やくの高原まつり	やくのこうげんまつり	夜久野高原	267
	夜久野茶堂大師祭	やくのちゃどうだいしまつり	放光院（茶堂）	147
	厄払い	やくばらい		87
	矢車	やぐるま		166
	野雞始めて鳴く	やけいはじめてなく		77
	野雞水に入り蜃と為る	やけいみずにいりおおはまぐりとなる		356
	焼けて口あく蛤御門	やけてくちあくはまぐりごもん		206
	野菜飾り	やさいかざり	湯屋谷	265
	矢射講	やしゃご		94
	矢代田楽	やしろでんがく	日吉神社	317
	安井金比羅宮秋季例大祭	やすいこんぴらぐうしゅうきれいたいさい	安井金比羅宮	298
	やすらい祭	やすらいまつり	今宮神社	136
	八つ橋	やつはし		200

	八橋忌	やつはしき	法然院	200
	柳	やなぎ		109
	柳谷の千日詣	やなぎだにのせんにちまいり	楊谷寺（柳谷観音）	256
	柳のお加持	やなぎのおかじ	三十三間堂	73
	柳箸	やなぎばし		55
	流鏑馬神事	やぶさめしんじ	下鴨神社	176
	山紫陽花	やまあじさい		206
	病い弘法・欲稲荷	やまいこうぼう・よくいなり		171
	山蔭神社例祭	やまかげじんじゃれいさい	吉田神社末社	172
	山口祭	やまぐちまつり	山口神社	295
	山国隊軍楽	やまぐにたいぐんがく	山国護国神社	149
	山国隊軍楽	やまぐにたいぐんがく	山国神社	303
	山崎聖天大浴油供	やまざきしょうてんだいよくゆく	観音寺(山崎聖天)	351
	山桜	やまざくら		128
	山宣祭	やませんさい	山本家墓前	112
	山鳥	やまどり		323
	山の神祭り	やまのかみまつり		68
	山吹	やまぶき		142
	山女	やまめ		195
	山焼き	やまやき		98
	八幡ふれあいまつり	やわたふれあいまつり	八幡市民スポーツ公園	335
ゆ	夕霧供養	ゆうぎりくよう	清凉寺	351
	夕涼み	ゆうすずみ		228
	夕立	ゆうだち		221
	夕凪	ゆうなぎ		231
	夕やけ	ゆうやけ		317
	幽霊飴	ゆうれいあめ	六道珍皇寺門前	251
	浴衣	ゆかた		242
	床開き	ゆかびらき		196
	雪花	ゆきばな		86
	雪柳	ゆきやなぎ		130
	行く春	ゆくはる		138
	柚子	ゆず		367
	ゆず湯	ゆずゆ		383
	湯立神楽	ゆたてかぐら	城南宮	82
	湯立祭	ゆたてさい	日慈谷神社	277
	湯立神事	ゆたてしんじ	石清水八幡宮	86
	湯立神事	ゆだてしんじ	岩城神社	274
	ユトウ	ゆとう	月読神社	317
	弓座	ゆみざ	小倉神社	71
	弓始め式	ゆみはじめしき	春日神社	70
	湯屋谷地蔵盆	ゆやだにじぞうぼん	長福寺	265
	由良神社祭	ゆらじんじゃさい	由良神社	302
	百合鴎	ゆりかもめ		371
よ	養源院大般若経会	ようげんいんだいはんにゃきょうえ	養源院	82
	栄西忌	ようさいき	建仁寺	194
	養老祭	ようろうまつり		317
	吉田神社例祭	よしだじんじゃれいさい	吉田神社	144

義経祭	よしつねまつり	鞍馬寺	277
吉野太夫花供養	よしのたゆうはなくよう	常照寺	148
四つ頭茶礼	よつがしらちゃれい	建仁寺	146
与杼神社例祭	よどじんじゃれいさい	与杼神社	296
夜なべ	よなべ		387
粥占祭	よねうらさい	出雲大神宮	75
夜店	よみせ		248
ヨメナ	よめな		274
蓬餅	よもぎもち		111
頼政忌	よりまさき	平等院	186
夜、爪を切ると	よる、つめをきると		194
夜の特別法要	よるのとくべつほうよう	比叡山延暦寺	244

ら

ラジオ体操	らじおたいそう		227
ラムネ	らむね		217

り

利休忌	りきゅうき	聚光院	122
離宮八幡祭	りきゅうはちまんさい	離宮八幡宮	278
立夏	りっか		169
立花行事	りっかぎょうじ	大井神社	258
立秋	りっしゅう		243
立春	りっしゅん		87
立冬	りっとう		350
流星	りゅうせい		244
良縁祈願祭	りょうえんきがんさい	地主神社	147
漁師町の浮太鼓	りょうしまちのうきだいこ	日吉神社	174
涼風至る	りょうふういたる		243
林間学校	りんかんがっこう		244
綸言汗のごとし	りんげんあせのごとし		195

れ

冷泉家の乞巧奠	れいぜいけのきっこうでん	冷泉家	207
茘挺出ずる	れいていいずる		378
レンコンを食べると	れんこんをたべると		77
練炭	れんたん		83
蓮如上人・中宗会	れんにょしょうにん・ちゅうしゅうえ	西本願寺山科別院	138
蓮如上人祥月命日法要	れんにょしょうにんしょうつきめいにちほうよう	東本願寺	121

ろ

絽・紗・麻	ろ・しゃ・あさ		206
螻蝈鳴く	ろうこくなく		170
臘梅	ろうばい		380
臘八大接心	ろうはちだいせっしん	禅宗各寺院	366
六斎念仏	ろくさいねんぶつ		254
六孫王神社例祭(宝永祭)	ろくそんのうじんじゃれいさい	六孫王神社	305
六道まいり	ろくどうまいり	六道珍皇寺	242
ロバのパン屋さん	ろばのぱんやさん		248

わ

若葉	わかば		168
若水祭	わかみずさい	日向大神宮	50
若宮八幡宮大祭	わかみやはちまんぐうたいさい	若宮八幡宮	244
若布	わかめ		374
別れ霜	わかれしも		126
渡り鳥	わたりどり		334
和知ほたるファンタジー	わちほたるふぁんたじー	和知青少年山の家	203

和束町ふれあい	わづかちょうふれあい	活動ヶ丘公園	359
ワラの獅子	わらのしし		67
わら灰	わらばい		83
蕨	わらび		117
わらび餅	わらびもち		219
藁屋の雨と仏法は出て聞け	わらやのあめとぶっぽうはでてきけ		271

【エリア別索引】

京都市

北区

御弓儀	わら天神	131
雲ヶ畑の松上げ	雲ヶ畑	268
久我神社秋まつり	久我神社	343
船岡祭	建勲神社	326
大平和敬神祭	建勲神社	350
光悦会	光悦寺	351
やすらい祭	今宮神社	136
今宮祭	今宮神社	178
今宮神社例大祭	今宮神社	297
あぶり餅	今宮神社門前	178
蓬莱船	上賀茂神社	52
白馬奏覧神事	上賀茂神社	63
卯杖の神事	上賀茂神社	64
御棚会神事	上賀茂神社	72
武射神事	上賀茂神社	80
燃灯祭	上賀茂神社	101
幸在祭	上賀茂神社	103
桃花神事	上賀茂神社	107
土解祭	上賀茂神社	127
賀茂曲水宴	上賀茂神社	139
葵祭	上賀茂神社	176
斎王代御禊神事	上賀茂神社	177
御戸代会神事	上賀茂神社	206
紅葉音頭	上賀茂神社	275
重陽の神事と烏相撲	上賀茂神社	276
御粥祭	上賀茂神社など	77
焼餅	上賀茂神社門前	179
小山郷六斎念仏	上善寺	258
吉野太夫花供養	常照寺	148
帯まつり	常照寺	175
きゅうり封じ	神光院	222
西方寺六斎念仏	西方寺	256
幸在祭	大田神社	103
大田神社春祭	大田神社	135
大田神社秋祭	大田神社	350
道風神社の火焚祭	道風神社	346
南瓜大師供養	不思議不動院	380
桜花祭	平野神社	136
平野神社の名月祭	平野神社	283
名月祭	北野天満宮	278
利休忌	聚光院	122
山の神祭り		68

上京区

御所一般公開	京都御所	135
秋の御所一般公開	京都御所	318
時代祭	京都御所	332
KYOTO演劇フェスティバル	京都府立文化芸術会館	104
亥子祭	護王神社	342
猫祭	称念寺	147
上御霊祭（神幸祭）	上御霊神社	158
上御霊祭（還幸祭）	上御霊神社	181
幡市	上御霊神社	257
唐板	上御霊神社門前	179
晴明神社例祭	晴明神社	284
京都西陣夢まつり	西陣織会館	318
千本釈迦念仏	千本釈迦堂	120
陶器市と陶器供養	千本釈迦堂	213
大根焚き・成道会法要	千本釈迦堂	367
えんま堂大念仏狂言	千本閻魔堂	159
千本六斎念仏	千本閻魔堂	255
光琳・乾山忌	泉妙院	193
大将軍八神社例祭	大将軍八神社	330
蹴鞠奉納	白峯神宮	140
町かどの芸能	般若林	328
宝鏡寺春の人形展	宝鏡寺	107
法輪寺の達磨忌	法輪寺	343
書き初め	北野天満宮	56
初天神	北野天満宮	83
梅花祭	北野天満宮	103
雷除大祭（火之御子社例祭）	北野天満宮	190
北野の梅実採取	北野天満宮	202
土用干し	北野天満宮	226
瑞饋祭	北野天満宮	291
お茶壺奉献祭	北野天満宮	364
神前口切式	北野天満宮	364
大福梅	北野天満宮	371
終い天神	北野天満宮	383
萩まつり	梨木神社	281
梨木神社例祭	梨木神社	305
冷泉家の乞巧奠	冷泉家	207

中京区

下御霊祭	下御霊神社	181
市民クリスマス	河原町カトリック教会	383
空也堂開山忌	空也堂	352
京都まつり	御池通ほか	338

高瀬川舟まつり	高瀬川一の船入	285
神泉苑大念仏狂言	神泉苑	159
壬生大念仏狂言（春）	壬生寺	147
新選組供養祭	壬生寺	214
中堂寺六斎念仏	壬生寺	255
壬生六斎念仏	壬生寺	255
壬生大念仏狂言（秋）	壬生寺	297
和泉式部忌	誠心院	122
策伝忌	誓願寺	334
鴨川をどり	先斗町歌舞練場	158
初生け式	池坊	61
二条城観桜茶会	二条城	132
市民煎茶の会	二条城	163
二条城内本丸御殿特別公開	二条城	281
市民大茶会	二条城・清流園	338
日蓮上人降誕会	本能寺	100
信長祭	本能寺	195
薬神祭	薬祖神社	343
梛神社大祭	梛神社	182

下京区

誓文払い	冠者殿	326
ひいなまつり	市比賣神社	108
市比賣祭	市比賣神社	175
西七条奉射祭	松尾大社御旅所	70
菅大臣天満宮例祭	菅大臣神社	184
大御身	西本願寺	67
おかみそり	西本願寺	68
親鸞聖人御正忌報恩講	西本願寺	68
親鸞聖人降誕会	西本願寺	185
お煤払い	西本願寺	377
島原の餅搗き	島原・角屋	383
蓮如上人祥月命日法要	東本願寺	121
得度式	東本願寺	239
報恩講	東本願寺	359
お煤払い	東本願寺	377
グリーンフェア	梅小路公園	298
ジジバイ講	梅林寺	67
文子天満宮祭	文子天満宮	139
杉本家の正月迎え		387

左京区

京料理展示大会	みやこめっせ	376
住蓮・安楽房供養	安楽寺	198
鹿ケ谷かぼちゃ供養	安楽寺	227
初寅大祭	鞍馬寺	64
五月満月祭	鞍馬寺	180
竹伐り会式	鞍馬寺	202
義経祭	鞍馬寺	277
江州音頭京都大会	岡崎公園グランド	238
岡崎神社祭	岡崎神社	321
蹴鞠始め	下鴨神社	59
初大国	下鴨神社	68
管弦雅楽始め	下鴨神社	75
葵祭	下鴨神社	176
流鏑馬神事	下鴨神社	176
斎王代御禊神事	下鴨神社	177
御手洗団子	下鴨神社	224
御手洗祭	下鴨神社	224
夏越の神事	下鴨神社	242
繁昌大国秋祭	下鴨神社	301
御粥祭	下鴨神社など	77
納涼古本まつり	下鴨神社糺の森	245
花背の松上げ	花背八桝	252
菓祖神社春祭	菓祖神社	146
菓祖大祭	菓祖神社	350
簡保ばら展	簡保事務センター	174
広河原の松上げ、盆踊	観音堂	267
貴船の川床	貴船	158
初辰神事	貴船神社	64
雨乞祭	貴船神社	113
水祭	貴船神社	210
吉田神社例祭	吉田神社	144
山蔭神社例祭	吉田神社末社	172
久多の虫送り	久多	220
京都ＢＢＦ	京都コンサートホール	75
観阿弥祭	京都観世会館	202
九頭龍大社春季大感謝祭	九頭龍大社	148
神移し	厳島神社	84
御蔭祭	御蔭神社	177
八朔祭	江文神社	238
八朔踊り	江文神社	271
さんやれ祭	鷺森神社	166
御懺法講	三千院	186
神鳩祭	三宅八幡神社	132
久多の山の神・お弓	志古淵神社	58
久多花笠踊	志古淵神社	267
赦免地踊	秋元神社	306
魔おどし	勝林院	55
初甲子祭	松ヶ崎大黒天	65
水行・火焚祭	松ヶ崎大黒天	98
おこない・御弓	浄楽堂	76
釈迦涅槃会	真如堂	115
引声阿弥陀経会	真如堂	314
お十夜法要	真如堂	350
初六阿弥陀めぐり	真如堂ほか	93
針供養	針神社	368
須賀祭	須賀神社	172

須賀神社の火焚祭	須賀神社	362
寒中托鉢	聖護院	67
静原神社春祭	静原神社	163
石座火祭	石座神社	336
五大力尊仁王会	積善院準提堂	102
八千枚大護摩供	赤山禅院	61
泰山府君祭	赤山禅院	167
へちま加持	赤山禅院	284
数珠供養	赤山禅院	362
おくすべ	大雲寺	65
注連縄神事	大原江文神社	68
大原女まつり	大原周辺	180
初護摩	狸谷山不動院	51
初不動	狸谷山不動院	84
千日詣と火渡り祭	狸谷不動院	234
百万遍大念珠くり	知恩寺	200
宮籠り	八瀬天満宮	392
御湯式	八瀬天満宮社	103
鴨川の茶店	半木の道	138
勢観忌	百万遍知恩寺	71
桓武天皇御鎮座記念祭	平安神宮	117
紅しだれコンサート	平安神宮	133
京都薪能	平安神宮	190
時代祭	平安神宮	332
平安神宮献菓祭	平安神宮	360
上高野念仏供養踊	宝幢寺	262
八橋忌	法然院	200
白川女花行列	北白川天神宮	130
高盛御供	北白川天神宮	295
御弓神事	北白川天満宮	77
義士祭と法要	本妙寺	374
道成寺の鐘供養	妙満寺	137
木野愛宕神社烏帽子着	木野愛宕神社	334
松ヶ崎題目踊り	涌泉寺	247
鞍馬の火祭	由岐神社	333
魔おどし	来迎院	55
口焼き		87
蛇祭		114
烏帽子儀		134
久多の松上げ		266

東山区

粟田神社大祭	粟田神社	312
初金比羅	安井金比羅宮	70
櫛まつり	安井金比羅宮	288
安井金比羅宮秋季例大祭	安井金比羅宮	298
大石忌	一力亭	119
茅の輪	疫神社（八坂神社内）	236
お砂踏法要	観音寺	283
おばけ	祇園花街	91
節分のおばけ	祇園花街	96
祇園をどり	祇園会館	344
かにかくに祭	吉井勇歌碑前	349
初ゑびす	恵美須神社	69
二十日恵美須大祭	恵美須神社	326
四つ頭茶礼	建仁寺	146
御茶壺道中	建仁寺	160
栄西忌	建仁寺	194
陶器市	五条坂	244
通し矢	三十三間堂	73
柳のお加持	三十三間堂	73
うなぎ祭	三島神社	337
左女牛の神事	若宮八幡宮	87
若宮八幡宮大祭	若宮八幡宮	244
新熊野神社祭	新熊野神社	164
大樟祭	新熊野神社	317
綱掛祭	新熊野神社	390
新日吉祭	新日吉神社	175
筆供養	正覚庵	362
田村忌	清水寺	182
七福神めぐり	泉涌寺	66
釈迦涅槃会	泉涌寺	115
お通夜法要（3月）	即成院	119
お通夜法要（9月）	即成院	285
二十五菩薩お練り供養法会	即成院	331
初庚申	尊勝院	64
祇園放生会	巽橋	196
法然上人御忌大法要	知恩院	144
仏名会	知恩院	366
御身拭式	知恩院	388
良縁祈願祭	地主神社	147
青葉まつり	智積院	201
釈迦涅槃会	東福寺	115
まねき上げ	南座	364
吉例顔見世興行	南座	370
芭蕉忌	芭蕉堂	351
初庚申	八坂庚申堂	64
かるた始め	八坂神社	56
御茶壺道中	八坂神社	160
鑽火式	八坂神社	388
疫神祭	八坂神社内の疫神社	80
今様歌合わせの会	法住寺	307
法住寺大護摩供	法住寺	353
義士祭と法要	法住寺	374
豊国神社例大祭	豊国神社	281
豊国廟例祭	豊国廟	144
養源院大般若経会	養源院	82

大般若経会	養源院	282
ふぐ供養会	霊山観音	139
六道まいり	六道珍皇寺	242
幽霊飴	六道珍皇寺門前	251
皇服茶	六波羅蜜寺	51
かくれ念仏（3月）	六波羅蜜寺	113
かくれ念仏（12月）	六波羅蜜寺	376
花街始業式		63

山科区

阿含の星まつり	阿含宗本殿	95
花山稲荷の火焚祭	花山稲荷大社	352
義士祭と法要	岩屋寺	374
毘沙門堂観桜会	山科毘沙門堂	131
義士祭と法要	瑞光院	374
清水焼団地陶器まつり	清水焼団地	216
蓮如上人・中宗会	西本願寺山科別院	138
義士祭と法要	大石神社	374
若水祭	日向大神宮	50
日向大神宮例祭	日向大神宮	321
初寅大祭	毘沙門堂	64
日蓮上人降誕会	本圀寺	100
はねず踊り	随心院	121
二九		94

右京区

嵯峨野六斎念仏	阿弥陀寺	257
嵯峨祭	愛宕神社	174
千日詣り	愛宕神社	235
桜の庭園開放	宇多野ＹＨ庭園	131
円覚寺六斎念仏	円覚寺	255
初庚申	猿田彦神社	64
千灯供養	化野念仏寺	266
愛宕古道街道灯し	化野念仏寺付近	266
広沢の池の鯉上げ	広沢の池	385
新始め	広隆寺	55
聖徳太子正当忌	広隆寺	102
牛祭	広隆寺	304
聖徳太子御火焚祭	広隆寺	360
高雄納涼川床	高雄	194
水行祈祷会	三宝寺	106
炮烙灸祈祷	三宝寺	224
三宝寺の大根焚き	三宝寺	367
御手洗祭	蚕の社	224
嵐山三船祭	車折神社	182
車折神社の火焚祭	車折神社	360
一陽来復	車折神社	381
住吉大伴神社神幸祭	住吉大伴神社	322
春日祭	春日神社	313
虫払定	神護寺	158
正御影供	仁和寺	120
嵯峨お松明	清凉寺	117
嵯峨大念仏狂言	清凉寺	137
夕霧供養	清凉寺	351
サマーナイトコンサート	西京極総合運動公園	243
嵐山の鵜飼	大堰川	209
嵐山もみじ祭	大堰川	353
桜まつり	大覚寺	131
大覚寺の観月の夕べ	大覚寺	284
大覚寺観月の夕べコンサート	大覚寺	288
大龍寺放生会	大龍寺	139
二十日講	栂尾・梅ケ畑	82
梵灯のあかりに親しむ会	東林院	173
沙羅の花を愛でる会	東林院	204
桜祭	梅宮大社	132
梅宮祭	梅宮大社	162
梅津六斎念仏	梅宮大社	258
福王子神社例大祭	福王子神社	329
椿の花を愛でる会	平岡八幡宮	118
「花の天井」特別拝観	平岡八幡宮	118
平岡八幡宮例祭	平岡八幡宮	304
山門懺法	妙心寺	201
釈迦涅槃会	妙心寺ほか	98
小豆粥の会	妙心寺東林院	71
木島神社祭	木島神社(蚕の社)	304
嵯峨祭	野宮神社	174
野宮神社例祭	野宮神社	330
嵐山夏まつり	嵐山中ノ島公園	258
鳴滝大根焚き	了徳寺	369
きゅうり封じ	蓮華寺	222
千本づき		93

西京区

千日功徳会	金蔵寺	285
おとう	五社神社	120
首塚大明神例祭	首塚大明神	142
業平忌	十輪寺	186
業平塩竈祭	十輪寺	346
松尾大社例祭	松尾大社	127
松尾大社中酉祭（醸造感謝祭）	松尾大社	144
松尾の神輿渡御	松尾大社	151
松尾大社還幸祭	松尾大社	178
松尾大社御田祭	松尾大社	221
八朔祭	松尾大社	238
松尾大社の八朔祭	松尾大社	272
川施餓鬼	大堰川	281
御田刈祭	大原野神社	275
桂六斎念仏	地蔵寺	256
針供養（2月）	法輪寺	93

芸能上達祈願祭	法輪寺	114
獣魂法要	法輪寺	135
十三参り	法輪寺	138
電電宮大祭	法輪寺	184
重陽の節会	法輪寺	276
針供養（12月）	法輪寺	368

伏見区

歯供養	ぬりこべ地蔵	193
京都大骨董祭	パルスプラザ	124
京都大骨董祭	パルスプラザ	336
御弓始神事	御香宮神社	100
御香宮神社例大祭	御香宮神社	142
伏見義民祭	御香宮神社	182
御香宮祭	御香宮神社	291
伏見三栖神社祭	三栖神社	307
三宝院門跡大峰山花供入峰	三宝院	198
お登勢まつり	寺田屋	274
湯立神楽	城南宮	82
七草粥	城南宮	96
曲水の宴	城南宮	153
お涼み祭	城南宮	220
城南宮神幸祭	城南宮	328
曲水の宴	城南宮	344
五大力尊仁王会	醍醐寺	102
太閤花見行列	醍醐寺	137
弁天祭	長建寺	220
田中祭	田中神社	330
道切様	田内畑町内	67
駈馬神事	藤森神社	168
大山祭	伏見稲荷大社	61
元服式	伏見稲荷大社	73
初午大祭	伏見稲荷大社	92
伏見稲荷大社産業祭	伏見稲荷大社	134
稲荷祭（神幸祭）	伏見稲荷大社	145
稲荷祭	伏見稲荷大社	162
田植祭	伏見稲荷大社	191
醸造祭	伏見稲荷大社	330
抜穂祭	伏見稲荷大社	337
伏見稲荷の火焚祭	伏見稲荷大社	349
観光船十石船運航	伏見運河	277
現代版楽市楽座	伏見桃山城	179
法界寺裸踊り	法界寺	73
与杼神社例祭	与杼神社	296

南区

菜の花御供	吉祥院天満宮	121
吉祥院天満宮春季大祭	吉祥院天満宮	150
吉祥院六斎念仏	吉祥院天満宮	258
柿御供	吉祥院天満宮	305
上鳥羽六斎念仏	浄禅寺	256
八朔祭	蔵王堂光福寺	238
久世六斎念仏	蔵王堂光福寺	258
源実朝忌	大通寺	83
後七日御修法	東寺	67
初弘法	東寺	82
弘法大師降誕会	東寺	202
終い弘法	東寺	380
八朔祭	豊受大神社	238
六孫王神社例祭(宝永祭)	六孫王神社	305

向日市

索餅祭	向日神社	91
御火焚祭	向日神社	318
向日市まつり	向日町競輪場内	359
花まつり	石塔寺	162

長岡京市

春の観光まつり	乙訓寺	151
光明寺大布薩会	光明寺	294
長岡京ガラシャ祭	勝龍寺公園他	356
名月の宴	勝龍寺城公園	274
勧請縄と歩射神事	走田神社	72
馬場のおこない	卒台寺	72
春の観光まつり	長岡天満宮	151
柳谷の千日詣	楊谷寺（柳谷観音）	256
矢射講		94

八幡市

万人講	円福寺	146
万人講	円福寺(達磨寺)	329
獅子舞・天狗の舞と瑞饋神輿	御園神社	302
御園の青物祭	御園神社	303
青山祭	石清水八幡宮	80
湯立神事	石清水八幡宮	86
エジソン生誕祭	石清水八幡宮	96
お田植祭	石清水八幡宮	191
石清水祭	石清水八幡宮	277
石清水の御神楽	石清水八幡宮	376
餅搗き	石清水八幡宮	390
石清水八幡宮大祓	石清水八幡宮	391
八幡ふれあいまつり	八幡市民スポーツ公園	335
飛行神社年次祭	飛行神社	156

宇治市

宇治川マラソン大会	宇治市	101
宇治上神社還幸祭	宇治上神社	168
宇治祭（神幸祭）	宇治神社	171

宇治祭（還幸祭）	宇治神社	198
宇治川鵜飼開き	宇治川観光通船	200
隠元禅師祥当忌	黄檗山萬福寺	127
茶筅供養	興聖寺	293
達磨忌	興聖寺	340
宇治茶まつり	興聖寺・塔の島付近	293
初県祭	県神社	62
県祭	県神社	194
大幣神事	県神社	196
山宣祭	山本家墓前	112
宇治大田楽	塔の島	335
白山神社祭	白山神社	325
関白忌	平等院	107
頼政忌	平等院	186
平等院の煤払い	平等院	389
達磨忌	万福寺	340
売茶翁忌	萬福寺	214
普度勝会	萬福寺	331
萬福寺の煤払い	萬福寺	373

城陽市

花しょうぶまつり	観音堂	169
久世祭(大かがり火神事)	久世神社	294
荒見祭	荒見神社	292
牛馬攘疫祭	水主神社	102
水度神社例祭	水度神社	288
寺田の神輿行列と湯立	水度神社	290

京田辺市

竹送り	観音寺	95
おんごろどん	宮ノ口地区	73
隼人舞	月読神社	316
ユトウ	月読神社	317
百味祭	佐牙神社	325
一休寺開山忌	酬恩庵	358
瑞饋神輿	棚倉孫神社	312

乙訓郡

大山崎町

山崎聖天大浴油供	観音寺(山崎聖天)	351
弓座	小倉神社	71
餅座	小倉神社	96
くき座	小倉神社	106
十七烈士墓前祭	天王山	330
鬼くすべ	宝積寺	145
宝寺福まつり	宝積寺	363
日使頭祭	離宮八幡宮	127
離宮八幡祭	離宮八幡宮	278

久世郡

久御山町

春まつり（鉦講）	安養寺	118
ふるさとフェア久御山	久御山中央公園	363
虫供養	光福寺・極楽寺	373
矢形餅の神事	室城神社	112
鉢巻飯の神事	常盤神社	112
東一口のとんど	大池神社近くの田	78
野神の神事	野神	193
雙栗神社祭	雙栗神社	297

綴喜郡

宇治田原町

宇治田原三社祭の舞物	御旅所	324
茶宗明神社春季大祭	茶宗明神社	142
湯屋谷地蔵盆	長福寺	265
練込ばやし	天神社	250
野菜飾り	湯屋谷	265
大滝祭	湯屋谷の滝	272
禅定寺の勧請縄		66
神縄座		93

井手町

玉津岡神社のおかげ踊り	玉津岡神社	126
おかげ踊り	玉津岡神社	320

相楽郡

精華町

居籠祭	祝園神社	70
弓始め式	春日神社	70
二の会	新殿神社	66
けいはんなサイクルレース		351

山城町

蟹供養放生会	蟹満寺	146
五郷しょうらい踊	上狛地区	248
椿井の虫送り	椿井地区	209
居籠祭	涌出宮	97
女座の祭	涌出宮	120
アーエーの相撲	涌出宮	288
百味の御食	涌出宮	325
綺原祭	綺原神社	323

木津町

木津の太鼓台	岡田国神社	327
木津の太鼓台	御霊神社	327
とらしょうしょう	鹿背山	211
西教寺六斎念仏	西教寺	249
豆焼	相楽神社	72
相楽の御田	相楽神社	75

餅花まつり	相楽神社	86
御田	大宮神社	71
木津の祇園祭	天王神社	209
木津の太鼓台	田中神社	327
市坂太鼓念仏	念仏石堂	248
盆市		246

和束町

郷社祭	園天満宮	325
おかげ踊り	園天満宮	326
大護摩法要	金胎寺	274
お茶供養まつり	金胎寺	363

加茂町

加茂の恵美須祭	恵美須神社	69
銭司の勧請縄	春日神社	58
銭司の獅子舞・田楽・相撲	春日神社	318
岩船のおかげ踊り	白山神社	319
仏生寺六斎念仏	仏生寺公民館	266
銭司の鬼立て		77

笠置町

泣き相撲	国津神社	319
切山お弓の行事	八幡宮	326
笠置の勧請縄	布目川	65

南山城村

田山のおこない	観音寺	63
田山・高尾の翁舞	諏訪神社	320
田山花踊	諏訪神社	345
二百十日・二百二十日	天満宮	270
恋志谷神社大祭	恋志谷神社	273

亀岡市

佐伯灯籠	稗田野神社ほか	249
がん封じ祭	稗田野神社	161
鎮火祭	愛宕神社	150
八朔祭	安行山稲荷宮	238
稲荷神社例祭	稲荷神社	337
湯立神事	岩城神社	274
注連縄つくり	宮川神社	382
鍬山神社の秋祭	鍬山神社	337
福給会	穴太寺	59
厄神祭	篠村八幡宮	80
旗立楊祭	篠村八幡宮	156
粥占祭	出雲大神宮	75
出雲風流花踊り	出雲大神宮	144
犬甘野の御田	松尾神社	210
信長公忌	聖隣寺	193
保津の火祭	請田神社	327
石田梅岩墓前祭	石田梅岩記念公園	288
牛祭	積善寺（桜天満宮）	268
独鈷抛山千日参り	千手寺	142
立花行事	大井神社	258
光秀公忌	谷性寺	200
歩射の頭	天照皇大神社	124
サンヤレ	土ヶ畑	268
亀岡春まつり	南郷公園ほか	161
大祓	日吉神社	391
湯立祭	日慈谷神社	277
保津の火祭	保津八幡宮	327
総早苗振	廣峯神社	213

綾部市

茗荷祭	阿須々伎神社	87
阿須々伎神社の祭礼芸能	阿須々伎神社	338
あやべ産業まつり	綾部工業団地ほか	359
尊氏忌法要	安国寺	153
於与岐八幡宮の祭礼芸能	於与岐八幡宮	300
行者講	岩根山行者堂	162
ヒヤソ踊	高倉神社	303
愛宕の火祭り	坂本神社	83
筍さん	篠田神社	92
諏訪祭	諏訪神社	323
甘酒講	聖神社	291
あやべ盆踊り大会	西町アイタウン	247
島万神社の振物、太鼓踊	島万神社	300
薬師祭	徳雲寺	265
納涼祭と松明	栃	265
大本開祖祭	梅松苑	349
あやべ水無月まつり		232

福知山市

一宮神社秋祭(牧の練込太鼓)	一宮神社	302
御当渡し	浦島神社	130
奥榎原の練込太鼓	榎原神社	316
御勝八幡祭(紫宸殿田楽)	御勝八幡神社	322
堤防神社祭	御霊公園	251
秋の福知山市民まつり	御霊神社	295
雨喜び三獄おろし	三獄神社	314
福知山マラソン	三段池公園	363
三岳練込太鼓	森尾神社	302
雨乞練込踊	天照玉命神社	314
多保市天神笹ばやし	天神神社	251
福知山お城まつり	福知山城公園他	130
ドッコイセ祭		247
天田踊		254

北桑田郡

京北町

京北夏まつり	ウッディ京北前	254
京北大踊大会	京北町役場前	254
山国隊軍楽	山国護国神社	149
山国隊軍楽	山国神社	303
矢代田楽	日吉神社	317
小塩の上げ松		266

美山町

あまご祭	河内谷	119
棚野の千両祭	諏訪神社	293
鶴ヶ岡の上げ松	川合・殿	267
樫原の田楽	川上神社	304
道相神楽	道相神社	297
田歌の神楽	八坂神社	213
美山雪まつり	美山町自然文化村	92
川谷の狐がえり		74

船井郡

八木町

西光寺六斎念仏	西光寺	262
綱引神事	大送神社	80
帝釈天春の大祭	帝釈天堂	172
氷所の流鏑馬	幡日佐神社	329

園部町

そのべれんげフェスタ	園部公園一帯	164
口司の虫送り	鏡神社	219
生身天満祭	生身天満宮	158
生身天満宮例祭	生身天満宮	312
行者講	都々古和気神社	113
摩気神社の御田	摩気神社	193
摩気神社の流鏑馬	摩気神社	312

日吉町

胡麻日吉神社の馬駈け	胡麻日吉神社	323
御田祭	多治神社	161
田原のカッコスリ	多治神社	313
牧山の松明行事	普門院（観音堂）	264

丹波町

葛城神社の曳山行事	葛城神社	339
たんば夏まつり	須知地区内	243
丹波高原ロードレース	丹波自然運動公園	346
導観稲荷神社祭	導観稲荷神社	166
御田祭	八坂神社	186

瑞穂町

瑞穂町納涼大会	高屋川畔	256
質美の曳山行事	質美八幡宮	313

和知町

文七踊	JR和知駅前広場	268
天狗飛び	阿上三所神社	300
上乙見の田楽	熊野神社	307
和知ほたるファンタジー	和知青少年山の家	203

天田郡

三和町

三春峠マラソン	いこいの広場	354
風祈祷	広谷神社	270
大身のヤンゴ踊り	広谷神社	296
広谷祭	広谷神社	296
三和町鮎まつり	新橋サンダル公園	227
鎮火祭	大原神社	86
大原神社祭	大原神社	163

夜久野町

額田のダシ行事	一宮神社	301
滝明神祭	直見谷の滝神社	171
天満神社祭(相撲甚句)	天満神社	299
夜久野茶堂大師祭	放光院（茶堂）	147
やくの高原まつり	夜久野高原	267

舞鶴市

天女舞	阿良須神社	339
城屋の揚松明	雨引神社	246
ゑびす市	恵比寿神社	363
穴観音春の大祭	穴観音	140
山口祭	山口神社	295
松尾寺の仏舞	松尾寺	170
まいづる魚まつり	水産流通センター	329
西飼祭(地頭太鼓)	西飼神社	299
みなと舞鶴ちゃった祭	西舞鶴・東舞鶴	232
赤煉瓦サマージャズ	赤煉瓦倉庫群	241
大名練込行列	大森神社	213
大川神社春季例祭	大川神社	153
大川神社秋季大祭	大川神社	348
朝代神社秋祭	朝代神社	347
東吉原の振物	朝代神社	348
小倉のお松行事	富留山神社	356
まいづる田辺城まつり	舞鶴公園	187
赤れんがフェスタ	舞鶴市政記念館周辺	314
平八幡祭	平八幡神社	348
神崎の扇踊	湊十二社	302
田中祭	鈴鹿神社	349
冠島老人嶋大祭	老人嶋神社	192
大俣祭(大俣太鼓)	嶽神社ほか	299
精霊船行事		250

宮津市

上宮津祭	愛宕神社	140
落山神楽	下垣神社	316
金引の滝大祭	金引不動	232
江之姫神社祭	江之姫神社	242
蛇綱	今福公民館作業場	81
栗田住吉神社祭	住吉神社	306
須津祭	須津彦神社	150
世屋高原雪まつり	世屋高原家族旅行村	102
スキー場開き	大江山スキー場	378
文殊出船祭	智恩寺	229
天橋立寒中てんころ舟競争	智恩寺海岸一帯	104
天橋立炎の架け橋	天橋立大天橋	219
天橋立アート	天橋立大天橋	267
宮津灯籠流し花火大会	島崎公園	255
宮津祭	日吉神社	174
漁師町の浮太鼓	日吉神社	174
赤ちゃん初土俵入り	日吉神社内杉末神社	298
由良神社祭	由良神社	302
宮津祭	和貴宮神社	174
籠祭（葵祭）	籠神社	149
古代赤米新嘗大祭	籠神社	363
さなぶり行事宵宮		194
養老祭		317

加佐郡

大江町

大江山春祭	鬼嶽稲荷神社	164
元伊勢例祭	元伊勢皇大神社	151
八朔祭	元伊勢大神宮	238
大江山酒呑童子祭り	大江山酒呑童子の里	338

与謝郡

加悦町

丹後王国古代まつり	加悦町古墳公園	290
細井和喜蔵碑前祭	鬼子母神社	363
金色蚕糸神祭	実相寺	335
茗荷祭	須代神社	96
千年椿まつり	椿公園	141
加悦谷祭		151

岩滝町

天橋立岩滝温泉まつり	岩滝町民体育館	335
岩滝の川裾祭	水無月神社	235
岩滝の川裾祭	板並神社	235
岩滝祭	板列稲荷神社	159
岩滝祭	板列八幡神社	159
柿祭	板列八幡神社	336
神楽・太刀振り・笹ばやし	木積神社	156

野田川町

森林公園まつり	野田川町森林公園	172
三河内の曳山	倭文神社	161

伊根町

延年祭	宇良神社	118
宇良神社祭	宇良神社	241
伊根町産業祭	浦嶋公園	343
亀島の精霊船	亀島地区	251
古森神社祭	古森神社	242
七神社祭礼芸能	七神社	141
舟屋の里ほっかほっか祭り	舟屋の里公園	83
舟屋の里つつじまつり	舟屋の里公園	156
菅野の神楽	上山神社	150
太刀振り・花踊	新井崎神社	141
蒲入の精霊船	西明寺	251
伊根祭（八坂神社祭礼船屋台）	八坂神社	234
おべっさん（伊根恵比須祭）	蛭子神社	262
ワラの獅子		67

中郡

大宮町

周枳の三番叟	大宮売神社	311
周枳の笹ばやし	大宮売神社	311
のぼりたて		164

峰山町

五箇の三番叟	愛宕神社	311
金比羅神社祭	金比羅神社	310
丹波の芝むくり	多久神社	309
丹後震災記念展	峰山町中央公民館	113
峰山おどり大会	峰山町役場前	255
フェスタ峰山	峰山町役場前広場	241
峰山産業まつり	峰山町役場前広場	343
七面さん	本昌寺	218

竹野郡

網野町

ちりめん祭	アミティ丹後	139
寛平法皇祭	寛平法皇堂	231
水無月祭	島児神社	235

丹後町

遠下のチイライ踊	依遅神社	310
みなと祭	間人	231
三柱祭	三柱神社	310
百度打ち	早尾・三柱・稲荷神社	301
竹野のテンキテンキ	竹野神社	308
みなと祭	中浜	231
高山桃の花祭り	徳光高山桃団地一帯	142

穴文殊祭	文殊堂	267

弥栄町

スキー場開き	スイス村スキー場	378
深田部祭(黒部の踊り子)	深田部神社	308
野中の田楽	大宮神社	309
奈具祭(舟木の踊り子)	奈具神社	310

熊野郡

久美浜町

ドラゴンカヌー選手権大会	カヌーレーシング会場	240
カキ・魚まつり	マリンプラザ	368
布袋野の三番叟	河上三神社	140
甲坂の三番叟	山木神社	306
栃谷の三番叟	深谷神社	321
神谷太刀宮祭	神谷太刀宮神社	299
川裾祭	水無月神社	235
菖蒲田植	天満神社	165
古墳まつり	湯舟坂古墳	267
河梨の十二灯		263

【日付別索引】

1月

1月上旬〜下旬	小豆粥の会	71
1月1日	若水祭	50
1月1日	四方拝	50
1月1日〜3日	初護摩	51
1月1日〜3日	皇服茶	51
1月1日〜3日	大福茶	51
1月1日〜3日	獅子舞	52
1月1日〜8日	歳徳さん	54
1月1日〜14日	歳旦祭	51
1月1日〜14日	修正会	51
1月1日〜14日	伏見五福めぐり	62
1月1日〜15日	都七福神めぐり	65
1月1日〜15日	蓬莱船	52
1月1日〜15日	七福神めぐり	66
1月1日〜2月末日	十六社朱印めぐり	52
1月2日	新始め	55
1月2日〜3日	魔おどし	55
1月2日〜4日	書き初め	56
1月3日	福給会	59
1月3日	久多の山の神・お弓	58
1月3日	銭司の勧請縄	58
1月3日	かるた始め	56
1月3日〜15日	箸紙とり	58
1月4日	蹴鞠始め	59
1月4日〜15日	稽古初め	60
1月4日頃	仕事始め	60
1月5日	初県祭	62
1月5日	八千枚大護摩供	61
1月5日	初生け式	61
1月5日	大山祭	61
1月6日	田山のおこない	63
1月6日〜7日	おくすべ	65
1月6日〜20日頃	寒中見舞	63
1月7日	白馬奏覧神事	63
1月7日	笠置の勧請縄	65
1月7日〜	初釜	65
1月7日頃	花街始業式	63
1月8日	二の会	66
1月8日	大御身	67
1月8日	道切様	67
1月8日	ジジバイ講	67
1月8日	禅定寺の勧請縄	66
1月8日	ワラの獅子	67
1月8日〜14日	後七日御修法	67
1月8日〜18日	寒中托鉢	67
1月9日	初大国	68
1月9日	山の神祭り	68
1月9日〜16日	親鸞聖人御正忌報恩講	68
1月中旬	管弦雅楽始め	75
1月中旬の日曜	京都ＢＢＦ	75
1月10日	初金比羅	70
1月10日	加茂の恵美須祭	69
1月10日	初ゑびす	69
1月10日	弓始め式	70
1月10日	注連縄神事	68
1月10日頃	西七条奉射祭	70
1月11日	御田	71
1月12日	勢観忌	71
1月13日	弓座	71
1月14日	おんごろどん	73
1月14日	御棚会神事	72
1月14日	豆焼	72
1月14日	勧請縄と歩射神事	72
1月14日	馬場のおこない	72
1月14日	法界寺裸踊り	73
1月14日	川谷の狐がえり	74
1月15日	御粥祭	77
1月15日	左義長	78
1月15日	柳のお加持	73
1月15日	粥占祭	75
1月15日	御粥祭	77
1月15日	おこない・御弓	76
1月15日	相楽の御田	75
1月15日	東一口のとんど	78
1月15日	御弓神事	77
1月15日	小豆がゆ	75
1月15日	銭司の鬼立て	77
成人の日の前後	元服式	73
成人の日前後	通し矢	73
成人式の頃	おかみそり	68
1月第2日曜	女子駅伝競走	74
1月第2日曜	成人の日	76
1月16日	武射神事	80
1月17日	綱引神事	80
1月18日	青山祭	80
1月19日	蛇綱	81

1月19日	厄神祭	80
1月19日	疫神祭	80
1月20日	湯立神楽	82
1月20日	二十日講	82
1月20日	骨正月	82
1月21日	初弘法	82
1月21日	養源院大般若経会	82
1月24日	愛宕の火祭り	83
1月25日	初天神	83
1月27日	源実朝忌	83
1月28日	初不動	84
1月最終日曜	舟屋の里ほっかほっか祭り	83
1月初卯の日	卯杖の神事	64
1月初庚申の日	初庚申	64
11月初甲子の日	初甲子祭	65
1月初辰の日	初辰神事	64
1月初寅の日	初寅大祭	64
1月申日～戌日	居籠祭	70

2月

2月～3月初旬	KYOTO演劇フェスティバル	104
2月1日	餅花まつり	86
2月1日と3日	湯立神事	86
2月3日	茗荷祭	87
2月3日	鎮火祭	86
2月4日	筍さん	92
2月4日	左女牛の神事	87
2月6日	索餅祭	91
2月8日	初六阿弥陀めぐり	93
2月8日	針供養	93
2月8日	神縄座	93
2月8日	千本づき	93
2月9日	二九	94
2月9日	矢射講	94
2月第1又は第2日曜	美山雪まつり	92
2月中旬の日曜	世屋高原雪まつり	102
2月11日	阿含の星まつり	95
2月11日	竹送り	95
2月11日	七草粥	96
2月11日	茗荷祭	96
2月11日	エジソン生誕祭	96
2月11日	建国記念日	95
2月11日～13日	餅座	96
2月14日	バレンタインデー	97
2月15日	水行・火焚祭	98
2月15日	釈迦涅槃会	98
2月15日～17日	居籠祭	97
2月第2子の日	燃灯祭	101
2月16日	日蓮上人降誕会	100
2月下旬	宇治川マラソン大会	101
2月20日	牛馬攘疫祭	102
2月22日	聖徳太子正当忌	102
2月23日	五大力尊仁王会	102
2月23日～24日	幸在祭	103
2月25日	御湯式	103
2月25日	梅花祭	103
2月最終日曜	天橋立寒中てんころ舟競争	104
2月中卯の日	御弓始神事	100

3月

3月1日	水行祈祷会	106
3月1日～4月3日	宝鏡寺春の人形展	107
3月1日～12月29日	トロッコ列車運転開始	106
3月2日	関白忌	107
3月3日	ひいなまつり	108
3月3日	くき座	106
3月3日	鶏合	109
3月5日	山宣祭	112
3月6日	矢形餅の神事	112
3月6日	鉢巻飯の神事	112
3月7日前後	丹後震災記念展	113
3月8日	かくれ念仏	113
3月9日	雨乞祭	113
3月第1日曜	行者講	113
3月中旬の土・日曜	春まつり（鉦講）	118
3月中旬～5月連休	「花の天井」特別拝観	118
3月10日	芸能上達祈願祭	114
3月10日	蛇祭	114
3月10日～11月30日	保津川下り川開き	115
3月14日	ホワイトデー	115
3月14日～16日	釈迦涅槃会	115
3月15日	嵯峨お松明	117
3月15日	桓武天皇御鎮座記念祭	117
3月17日	延年祭	118
3月19日	お通夜法要	119
3月下旬～4月中旬	椿の花を愛でる会	118
3月20日	大石忌	119
3月21日	正御影供	120
3月春分の日	女座の祭	120
3月21日に近い日曜	おとう	120
3月21日頃	春分の日	119
3月22日	千本釈迦念仏	120
3月24日～25日	蓮如上人祥月命日法要	121
3月25日	菜の花御供	121
3月第4土曜・日曜	はねず踊り	121
3月第4日曜	和泉式部忌	122

3月27日～28日　利休忌　122
3月最終日曜　あまご祭　119
3月末の日曜　歩射の頭　124
3月上巳の日　桃花神事　107
3月金曜～日曜　京都大骨董祭　124

4月

4月上旬　入学式　135
4月上旬の3日間　紅しだれコンサート　133
4月上旬の5日間　御所一般公開　135
4月1日～10日頃　桜の庭園開放　131
4月1日～9月晦日　氷供進　126
4月2日　松尾大社例祭　127
4月3日　隠元禅師祥当忌　127
4月3日　土解祭　127
4月3日　日使頭祭　127
4月3日・10月16日　玉津岡神社のおかげ踊り　126
4月6日　白川女花行列　130
4月8日　花まつり　133
4月第1土曜・日曜　福知山お城まつり　130
4月第1日曜　御弓儀　131
4月第1日曜　神鳩祭　132
4月第1日曜　毘沙門堂観桜会　131
4月第1日曜　伏見稲荷大社産業祭　134
4月中旬　高山桃の花祭り　142
4月中旬　ふぐ供養会　139
4月中旬の土曜・日曜　嵯峨大念仏狂言　137
4月10日　大田神社春祭　135
4月10日　桜花祭　136
4月10日　獣魂法要　135
4月10日　烏帽子儀　134
4月12日～13日　道成寺の鐘供養　137
4月13日　十三参り　138
4月13日～14日　蓮如上人・中宗会　138
4月14日　蹴鞠奉納　140
4月14日・9月14日　穴観音春の大祭　140
4月15日　上宮津祭　140
4月15日　七神社祭礼芸能　141
4月15日　首塚大明神例祭　142
4月15日　太刀振り・花踊　141
4月15日　茶宗明神社春季大祭　142
4月第2土曜　鴨川の茶店　138
4月第2日曜　ちりめん祭　139
4月第2日曜　布袋野の三番叟　140
4月第2日曜　やすらい祭　136
4月第2日曜　賀茂曲水宴　139
4月第2日曜　大龍寺放生会　139
4月第2日曜　太閤花見行列　137
4月第2日曜　千年椿まつり　141
4月第2日曜　二条城観桜茶会　132
4月16日　文子天満宮祭　139
4月17日　御香宮神社例大祭　142
4月17日　独鈷抛山千日参り　142
4月18日　蟹供養放生会　146
4月18日　吉田神社例祭　144
4月18日　出雲風流花踊り　144
4月18日　鬼くすべ　145
4月18日　豊国廟例祭　144
4月18日～25日　法然上人御忌大法要　144
4月19日　菓祖神社春祭　146
4月第3日曜　猫祭　147
4月第3日曜　吉野太夫花供養　148
4月第3日曜　良縁祈願祭　147
4月第3日曜　桜祭　132
4月下旬と8月中旬　駒牽　153
4月20日　万人講　146
4月20日　四つ頭茶礼　146
4月20日頃の日曜　稲荷祭（神幸祭）　145
4月21日～29日　壬生大念仏狂言（春）　147
4月21日・9月21日　夜久野茶堂大師祭　147
4月23日に近い日曜　山国隊軍楽　149
4月24日　鎮火祭　150
4月24日　九頭龍大社春季大感謝祭　148
4月24日　籠祭（葵祭）　149
4月24日～25日　須津祭　150
4月25日　吉祥院天満宮春季大祭　150
4月25日　菅野の神楽　150
4月第4土曜・日曜　春の観光まつり　151
4月第4日曜　松尾の神輿渡御　151
4月26日　元伊勢例祭　151
4月29日　尊氏忌法要　153
4月29日　旗立楊祭　156
4月29日　舟屋の里つつじまつり　156
4月29日　曲水の宴　153
4月29日　大川神社春季例祭　153
4月29日　飛行神社年次祭　156
4月29日　みどりの日　156
4月30日～5月1日　神楽・太刀振り・笹ばやし　156
4月最終日曜　加悦谷祭　151
4月第一卯の日　御当渡し　130
4月中酉の日　松尾大社中酉祭（醸造感謝祭）　144

5月

5月1日　上御霊祭（神幸祭）　158
5月1日　生身天満祭　158
5月1日　岩滝祭　159

5月1日～3日	えんま堂大念仏狂言	159
5月1日～4日	神泉苑大念仏狂言	159
5月1日～5日	虫払定	158
5月1日～24日	鴨川をどり	158
5月1日～9月30日	鴨川納涼床	158
5月1日～9月30日頃	貴船の川床	158
5月2日	御茶壺道中	160
5月2日～3日	大原神社祭	163
5月3日	がん封じ祭	161
5月3日	流鏑馬神事	176
5月3日	行者講	162
5月3日	静原神社春祭	163
5月3日	花まつり	162
5月3日	御田祭	161
5月3日	亀岡春まつり	161
5月3日	梅宮祭	162
5月3日	稲荷祭	162
5月3日	憲法記念日	164
5月3日～4日	そのべれんげフェスタ	164
5月3日～4日	三河内の曳山	161
5月3日～5日	市民煎茶の会	163
5月4日～5日	新熊野神社祭	164
5月4日～5日	のぼりたて	164
5月5日	宇治上神社還幸祭	168
5月5日	鳴弦蟇目神事・歩射神事	176
5月5日	大江山春祭	164
5月5日	さんやれ祭	166
5月5日	賀茂競馬	177
5月5日	泰山府君祭	167
5月5日	菖蒲田植	165
5月5日	駈馬神事	168
5月5日	導観稲荷神社祭	166
5月5日	薬玉	169
5月8日	宇治祭（神幸祭）	171
5月8日	山蔭神社例祭	172
5月8日	松尾寺の仏舞	170
5月8日前後の日曜	滝明神祭	171
5月中旬	梵灯のあかりに親しむ会	173
5月中旬～末日	大原女まつり	180
5月中旬の土曜・日曜	篩保ばら展	174
5月中旬の日曜	花しょうぶまつり	169
5月中旬の日曜	今宮祭	178
5月10日頃	斎王代御禊神事	177
5月12日	御蔭祭	177
5月12日	御阿礼神事	177
5月13日～15日	宮津祭	174
5月13日に近い日曜	市比賣祭	175
5月15日	葵祭	176
5月15日	漁師町の浮太鼓	174
5月第2土曜	帯まつり	175
5月第2日曜	新日吉祭	175
5月第2日曜	須賀祭	172
5月第2日曜	帝釈天春の大祭	172
5月第2日曜	森林公園まつり	172
5月第2日曜	母の日	175
5月18日	下御霊祭	181
5月18日	伏見義民祭	182
5月18日	上御霊祭（還幸祭）	181
5月第3・第4日曜	嵯峨祭	174
5月第3土曜・日曜	菅大臣天満宮例祭	184
5月第3日曜	嵐山三船祭	182
5月第3日曜	椰神社大祭	182
5月下旬の土曜・日曜	現代版楽市楽座	179
5月21日	親鸞聖人降誕会	185
5月23日	田村忌	182
5月23日	電電宮大祭	184
5月26日	頼政忌	186
5月28日	業平忌	186
5月30日	御懺法講	186
5月最終日曜	御田祭	186
5月最終日曜	まいづる田辺城まつり	187
5月神幸祭から3週間目の日曜	松尾大社還幸祭	178
5月満月の夜	五月満月祭	180

6月

6月上旬～9月下旬	高雄納涼川床	194
6月1日	雷除大祭（火之御子社例祭）	190
6月1日～2日	京都薪能	190
6月1日～7日	冠島老人嶋大祭	192
6月1日～9月30日	更衣・単	190
6月2日	信長公忌	193
6月2日	光琳・乾山忌	193
6月4日	歯供養	193
6月5日	栄西忌	194
6月5日	野神の神事	193
6月5日～6日	県祭	194
6月5日に近い日曜	摩気神社の御田	193
6月7日～9日	三宝院門跡大峰山花供入峰	198
6月8日	住蓮・安楽房供養	198
6月8日	宇治祭（還幸祭）	198
6月8日	大幣神事	196
6月第1土曜	さなぶり行事宵宮	194
6月第1土曜・日曜	信長祭	195
6月第1日曜	祇園放生会	196
6月中旬	北野の梅実採取	202
6月10日	田植祭	191

6月12日	八橋忌	200
6月14日	光秀公忌	200
6月15日	百万遍大念珠くり	200
6月15日	青葉まつり	201
6月15日	弘法大師降誕会	202
6月15日頃～7月5日頃	沙羅の花を愛でる会	204
6月16日	嘉祥菓子	202
6月18日	山門懺法	201
6月19日	観阿弥祭	202
6月第3日曜	父の日	203
6月下旬	和知ほたるファンタジー	203
6月20日	竹伐り会式	202
6月吉日	お田植祭	191

7月

7月～8月	絽・紗・麻	206
7月初旬～	鮎釣り	211
7月1日	御戸代会神事	206
7月1日～8月末日	嵐山の鵜飼	209
7月3日前後	冷泉家の乞巧奠	207
7月7日	水祭	210
7月7日	木津の祇園祭	209
7月7日	乞巧奠	207
7月7日	七夕	207
7月9日～12日	陶器市と陶器供養	213
7月第1土曜	椿井の虫送り	209
7月第1日曜	犬甘野の御田	210
7月中旬の3日間	清水焼団地陶器まつり	216
7月13日	稚児餅	216
7月14日	大名練込行列	213
7月14日	田歌の神楽	213
7月15日頃	総早苗振	213
7月16日	新選組供養祭	214
7月16日	売茶翁忌	214
7月16日	行者餅	216
7月18日	口司の虫送り	219
7月18日	七面さん	218
7月第3日曜	松尾大社御田祭	221
7月20日	お涼み祭	220
7月20日	天橋立炎の架け橋	219
7月20日	海の日	219
7月22日	久多の虫送り	220
7月22日～23日	弁天祭	220
7月24日	文殊出船祭	229
7月25日	鹿ケ谷かぼちゃ供養	227
7月25日～26日	みなと祭	231
7月26日	寛平法皇祭	231
7月27日～28日	伊根祭（八坂神社祭礼船屋台）	234
7月28日	千日詣と火渡り祭	234
7月29日～30日	岩滝の川裾祭	235
7月30日	川裾祭	235
7月30日	水無月祭	235
7月31日	茅の輪	236
7月31日	八朔祭	238
7月最終土曜～日曜	みなと舞鶴ちゃった祭	232
7月最終土曜または日曜	あやべ水無月まつり	232
7月最終日曜	金引の滝大祭	232
7月31日夕	千日詣り	235
7月旧暦5月28日	とらしょうしょう	211
7月暑中	きゅうりもみ	211
7月土用の丑の日	御手洗団子	224
7月土用の丑の日	炮烙灸祈祷	224
7月土用の丑の日	御手洗祭	224
7月土用の頃	虫干し	221
7月土用丑の前後	きゅうり封じ	222
7月梅雨明け	土用干し	226
7月又は8月の日曜	三和町鮎まつり	227

8月

8月上旬	江州音頭京都大会	238
8月上旬	サマーナイトコンサート	243
8月上旬	得度式	239
8月上旬	フェスタ峰山	241
8月上旬の3日間	夜の特別法要	244
8月上旬の土曜～日曜	赤煉瓦サマージャズ	241
8月上旬の土曜・日曜	京の夏まつり友禅流し	239
8月上旬の日曜	ドラゴンカヌー選手権大会	240
8月1日	八朔祭	238
8月5日	たんば夏まつり	243
8月6日	古森神社祭	242
8月6日	江之姫神社祭	242
8月6日～7日	宇良神社祭	241
8月7日～10日	陶器市	244
8月7日～10日	六道まいり	242
8月8日	若宮八幡宮大祭	244
8月9日	壬生六斎念仏	255
8月11日～16日	納涼古本まつり	245
8月12日	盆市	246
8月12日～15日	精霊船行事	250
8月13日～16日	お精霊さん	251
8月14日	佐伯灯籠	249
8月14日	城屋の揚松明	246
8月14日	五郷しょうらい踊	248
8月14日	西教寺六斎念仏	249
8月14日	市坂太鼓念仏	248
8月14日～16日	蒲入の精霊船	251

8月14日～16日	宮津灯籠流し花火大会	255
8月14日～16日	峰山おどり大会	255
8月14日～16日	天田踊	254
8月14日～下旬	ドッコイセ祭	247
8月15日	花背の松上げ	252
8月15日	堤防神社祭	251
8月15日	千本六斎念仏	255
8月15日	練込ばやし	250
8月15日	終戦記念日	250
8月15日～16日	亀島の精霊船	251
8月15日～16日	松ヶ崎題目踊り	247
お盆	幽霊飴	251
8月16日	京北夏まつり	254
8月16日	円覚寺六斎念仏	255
8月16日	京北大踊大会	254
8月16日	中堂寺六斎念仏	255
8月16日	あやべ盆踊り大会	247
8月16日	西方寺六斎念仏	256
8月16日	多保市天神笹ばやし	251
8月16日	大文字送り火	253
8月17日	瑞穂町納涼大会	256
8月17日	柳谷の千日詣	256
8月18日	囀市	257
8月19日	立花行事	258
8月19日	上高野念仏供養踊	262
8月19日～20日	おべっさん（伊根恵比須祭）	262
8月下旬	古墳まつり	267
8月下旬	嵐山夏まつり	258
8月20日、23日	西光寺六斎念仏	262
8月20日前後の日曜	湯屋谷地蔵盆	265
8月20日前後の日曜	野菜飾り	265
8月22日	小山郷六斎念仏	258
8月22日	上鳥羽六斎念仏	256
8月22日	桂六斎念仏	256
8月22日～24日	盆行事	263
8月23日	嵯峨野六斎念仏	257
8月23日	河梨の十二灯	263
8月23日	地蔵盆	263
8月23日	久多の松上げ	266
8月23日・24日	千灯供養	266
8月23日・24日	愛宕古道街道灯し	266
8月23日に近い土曜	小塩の上げ松	266
8月24日	雲ヶ畑の松上げ	268
8月24日	広河原の松上げ、盆踊	267
8月24日	久多花笠踊	267
8月24日	鶴ヶ岡の上げ松	267
8月24日	サンヤレ	268
8月24日	薬師祭	265
8月24日	納涼祭と松明	265
8月24日	牧山の松明行事	264
8月24日	仏生寺六斎念仏	266
8月24日	穴文殊祭	267
8月25日	文七踊	268
8月25日	吉祥院六斎念仏	258
8月25日	牛祭	268
8月28日	大日盆	268
8月31日	久世六斎念仏	258
8月最終土曜・日曜	天橋立アート	267
8月最終日曜	梅津六斎念仏	258
8月最終日曜	やくの高原まつり	267
立秋前夜	夏越の神事	242

9月

9月1日	風祈祷	270
9月1日	八朔踊り	271
9月1日	大滝祭	272
9月1日・10日	二百十日・二百二十日	270
9月2日・4月2日	恋志谷神社大祭	273
9月6日	湯立神事	274
9月7日	お登勢まつり	274
9月7日	紅葉音頭	275
9月9日	重陽の神事と烏相撲	276
9月9日	重陽の節会	276
9月第1日曜	大護摩法要	274
9月第1日曜	松尾大社の八朔祭	272
9月第1又は第2土曜	名月の宴	274
9月中旬～11月下旬	観光船十石船運航	277
9月中旬の10日間	二条城内本丸御殿特別公開	281
9月中旬の土曜～日曜	丹後100kmウルトラマラソン	278
9月中旬の土曜～日曜	萩まつり	281
9月11日	湯立祭	277
9月15日	義経祭	277
9月15日	石清水祭	277
9月15日	離宮八幡祭	278
9月15日	敬老の日	278
9月第2日曜	御田刈祭	275
9月18日～19日	豊国神社例大祭	281
9月下旬	大覚寺観月の夕べコンサート	288
9月21日	大般若経会	282
9月21日～25日	お砂踏法要	283
9月22日	お通夜法要	285
9月22日～23日	晴明神社例祭	284
9月23日	千日功徳会	285
9月秋分の日	高瀬川舟まつり	285
9月23日頃	秋分の日	285
9月24日	石田梅岩墓前祭	288

9月第4月曜 櫛まつり 288
9月30日 アーエーの相撲 288
9月30日～10月2日 水度神社例祭 288
9月30日～10月2日 寺田の神輿行列と湯立 290
9月中秋 へちま加持 284
9月中秋 大覚寺の観月の夕べ 284
9月中秋 平野神社の名月祭 283
9月彼岸の日曜 川施餓鬼 281

10月

旧暦9月13日 名月祭 278
10月3年毎 奥榎原の練込太鼓 316
10月初旬頃の日曜 丹後王国古代まつり 290
10月上旬 グリーンフェア 298
10月1日 甘酒講 291
10月1日～5日 荒見祭 292
10月1日～5日 瑞饋祭 291
10月1日～10日 御香宮祭 291
10月1日～26日 鍬山神社の秋祭 337
10月1日～5月晦日 更衣・袷 292
10月4日 光明寺大布薩会 294
10月5日 達磨忌 340
10月5日 棚野の千両祭 293
10月5日～7日 久世祭(大かがり火神事) 294
10月6日 高盛御供 295
10月8日 大身のヤンゴ踊り 296
10月8日～9日 今宮神社例大祭 297
10月8日～10日 与杼神社例祭 296
10月9日 天狗飛び 300
10月9日 繁昌大国秋祭 301
10月9日 道相神楽 297
10月9日 雙栗神社祭 297
10月9日～10日 遠下のチイライ踊 310
10月9日～10日 広谷祭 296
10月9日～10日 三柱祭 310
10月9日～10日 神谷太刀宮祭 299
10月9日～10日 周枳の三番叟 311
10月9日～10日 周枳の笹ばやし 311
10月9日～10日 竹野のテンキテンキ 308
10月9日・10日・15日 粟田神社大祭 312
10月第1土曜・日曜 秋の福知山市民まつり 295
10月第1日曜 茶筅供養 293
10月第1日曜 宇治茶まつり 293
10月第1日曜 山口祭 295
10月中旬の3日間 京都西陣夢まつり 318
10月中旬の4日間 普度勝会 331
10月中旬の5日間 秋の御所一般公開 318
10月10日 安井金比羅宮秋季例大祭 298
10月10日 一宮神社秋祭(牧の練込太鼓) 302
10月10日 於与岐八幡宮の祭礼芸能 300
10月10日 柿御供 305
10月10日 獅子舞・天狗の舞と瑞饋神輿 302
10月10日 御園の青物祭 303
10月10日 牛祭 304
10月10日 赦免地踊 306
10月10日 樫原の田楽 304
10月10日 赤ちゃん初土俵入り 298
10月10日 平岡八幡宮例祭 304
10月10日 木島神社祭 304
10月10日 由良神社祭 302
10月10日 梨木神社例祭 305
10月10日 六孫王神社例祭(宝永祭) 305
10月10日・2月第1日曜 百度打ち 301
10月10日前後の日曜 深田部祭(黒部の踊り子) 308
10月10日前後の日曜 野中の田楽 309
10月10日前後の日曜 奈具祭(舟木の踊り子) 310
10月12日と16日に近い日曜 伏見三栖神社祭 307
10月13日 粟田住吉神社祭 306
10月14日 隼人舞 316
10月14日 ユトウ 317
10月14日～15日 摩気神社の流鏑馬 312
10月14日～16日 引声阿弥陀経会 314
10月15日 落山神楽 316
10月15日 大樟祭 317
10月15日 生身天満宮例祭 312
10月15日 矢代田楽 317
10月15日 養老祭 317
10月第2日曜 体育の日 298
体育の日 甲坂の三番叟 306
体育の日 西飼祭(地頭太鼓) 299
体育の日 大俣祭(大俣太鼓) 299
体育の日の前々日 五箇の三番叟 311
体育の日の前日 天満神社祭(相撲甚句) 299
体育の日の前日・前々日 金比羅神社祭 310
体育の日の前日・前々日 丹波の芝むくり 309
10月第2土曜～日曜 赤れんがフェスタ 314
10月第2土曜・日曜 額田のダシ行事 301
10月第2土曜・日曜 神崎の扇踊 302
10月第2日曜 上乙見の田楽 307
10月第2日曜 御火焚祭 318
10月第2日曜 ヒヤソ踊 303
10月第2日曜 山国隊軍楽 303
10月第2日曜 質美の曳山行事 313
10月第2日曜 三岳練込太鼓 302
10月第2日曜 栃谷の三番叟 321
10月第2日曜 瑞饋神輿 312

10月第2日曜	雨乞練込踊	314
10月第2日曜	島万神社の振物、太鼓踊	300
10月第2日曜	今様歌合わせの会	307
10月第2日曜とその前日	春日祭	313
10月15日に近い日曜	胡麻日吉神社の馬駈け	323
10月15日に近い日曜	田原のカッコスリ	313
10月16日	岡崎神社祭	321
10月16日	おかげ踊り	320
10月16日	泣き相撲	319
10月16日	田山・高尾の翁舞	320
10月16日	岩船のおかげ踊り	319
10月16日～17日	日向大神宮例祭	321
10月16日のあとの日曜	住吉大伴神社神幸祭	322
10月17日	宇治田原三社祭の舞物	324
10月17日	百味祭	325
10月17日	銭司の獅子舞・田楽・相撲	318
10月17日	百味の御食	325
10月17日	綺原祭	323
10月17日～18日	郷社祭	325
10月17日～18日	白山神社祭	325
10月17日に近い日曜	御勝八幡祭(紫宸殿田楽)	322
10月17日より前の日曜	諏訪祭	323
10月18日	おかげ踊り	326
10月18日	切山お弓の行事	326
10月19日	船岡祭	326
10月19日～21日	二十日恵比須大祭	326
10月第3日曜	まいづる魚まつり	329
10月第3日曜	二十五菩薩お練り供養法会	331
10月第3日曜	田中祭	330
10月第3日曜	福王子神社例大祭	329
10月第3日曜	野宮神社例祭	330
10月下旬	大将軍八神社例祭	330
10月下旬	宇治大田楽	335
10月下旬の3日間	町かどの芸能	328
10月下旬の土曜～日曜	八幡ふれあいまつり	335
10月下旬の日曜	金色蚕糸神祭	335
10月20日	万人講	329
10月20日	誓文払い	326
10月20日	保津の火祭	327
10月20日・21日	木津の太鼓台	327
10月20日に近い日曜	城南宮神幸祭	328
10月21日	十七烈士墓前祭	330
10月21日	氷所の流鏑馬	329
10月21日	醸造祭	330
10月22日	時代祭	332
10月22日・23日	鞍馬の火祭	333
10月23日	石座火祭	336
10月23日	木野愛宕神社烏帽子着	334
10月25日	稲荷神社例祭	337
10月25日	抜穂祭	337
10月26日	うなぎ祭	337
10月27日	柿祭	336
10月31日	ハロウィーン	339
10月最終土曜	葛城神社の曳山行事	339
10月最終土曜・日曜	京都まつり	338
10月最終日曜	阿須々伎神社の祭礼芸能	338
10月最終日曜	天女舞	339
10月最終日曜	大江山酒呑童子祭り	338
10月末～11月3日頃	市民大茶会	338
10月末～11月上旬	策伝忌	334
10月末の金曜～日曜	京都大骨董祭	336
10月連休の3日間	壬生大念仏狂言（秋）	297

11月

11月上旬	伊根町産業祭	343
11月上旬	峰山産業まつり	343
11月上旬の休日	けいはんなサイクルレース	351
11月1日	亥子祭	342
11月1日	法輪寺の達磨忌	343
11月1日～3日	久我神社秋まつり	343
11月1日～10日	祇園をどり	344
11月2日～3日	薬神祭	343
11月3日	曲水の宴	344
11月3日	田山花踊	345
11月3日	大川神社秋季大祭	348
11月3日	丹波高原ロードレース	346
11月3日	朝代神社秋祭	347
11月3日	東吉原の振物	348
11月3日	道風神社の火焚祭	346
11月3日	平八幡祭	348
11月3日	田中祭	349
11月3日	文化の日	346
11月3日～20日の日曜と祝日	業平塩竈祭	346
11月5日～15日	お十夜法要	350
11月6日	大本開祖祭	349
11月8日	かにかくに祭	349
11月8日	伏見稲荷の火焚祭	349
11月中旬	あやべ産業まつり	359
11月中旬	伏見の酒仕込み	356
11月中旬の日曜	三春峠マラソン	354
11月10日	大平和敬神祭	350
11月10日	大田神社秋祭	350
11月10日～16日	山崎聖天大浴油供	351
11月11日	菓祖大祭	350
11月11日～13日	光悦会	351
11月12日	芭蕉忌	351

11月15日	法住寺大護摩供	353
11月15日	七五三詣り	357
11月第2土曜～日曜	長岡京ガラシャ祭	356
11月第2日曜	花山稲荷の火焚祭	352
11月第2日曜	空也堂開山忌	352
11月第2日曜	夕霧供養	351
11月第2日曜	嵐山もみじ祭	353
11月第2土・日曜	和束町ふれあい	359
11月15日に近い日曜	小倉のお松行事	356
11月第3土曜～日曜	向日市まつり	359
11月下旬	ゑびす市	363
11月下旬	まねき上げ	364
11月下旬	平安神宮献菓祭	360
11月21日	一休寺開山忌	358
11月21日～28日	報恩講	359
11月22日	聖徳太子御火焚祭	360
11月23日	ふるさとフェア久御山	363
11月23日	お茶供養まつり	363
11月23日	福知山マラソン	363
11月23日	車折神社の火焚祭	360
11月23日	須賀神社の火焚祭	362
11月23日	筆供養	362
11月23日	数珠供養	362
11月23日	宝寺福まつり	363
11月23日	古代赤米新嘗大祭	363
11月23日	勤労感謝の日	360
11月26日	お茶壺奉献祭	364
11月26日	神前口切式	364
11月30日～12月25日	吉例顔見世興行	370
11月最終土曜	細井和喜蔵碑前祭	363

12月

12月1日～8日	臘八大接心	366
12月6日～8日	仏名会	366
12月7日～8日	大根焚き・成道会法要	367
12月8日	針供養	368
12月8日	針供養	368
12月9日・10日	鳴滝大根焚き	369
12月第1土曜～15日間ほど	広沢の池の鯉上げ	385
12月第1日曜	カキ・魚まつり	368
12月第1日曜～翌月曜	三宝寺の大根焚き	367
12月中旬	虫供養	373
12月中旬～下旬	スキー場開き	378
12月13日	大福梅	371
12月13日	萬福寺の煤払い	373
12月13日	事始め	372
12月13日～14日	京料理展示大会	376
12月13日～31日	かくれ念仏	376
12月14日	義士祭と法要	374
12月14日	石清水の御神楽	376
12月下旬の日曜	全国高校駅伝大会	386
12月20日	お煤払い	377
12月21日	終い弘法	380
12月23日	天皇誕生日	385
12月24日	市民クリスマス	383
12月25日	御身拭式	388
12月25日	島原の餅搗き	383
12月25日	終い天神	383
12月第4日曜	綱掛祭	390
12月28日	餅搗き	390
12月28日	鑚火式	388
12月28日	平等院の煤払い	389
12月31日	砂撒き	391
12月31日	石清水八幡宮大祓	391
12月31日	大祓	391
12月31日	宮籠り	392
12月31日	除夜祭	391
12月31日	除夜の鐘	392
冬至～立春	一陽来復	381
冬至の日	注連縄つくり	382
冬至の日	南瓜大師供養	380

【ちょっと昔のくらし】

飴細工	140
洗い張り	212
お稲荷さんの雀	359
おしくら饅頭	84
お釈迦さんのはなくそ	117
お精霊さんの好物	252
お豆腐屋さん	181
お火焚き饅頭とおこし	356
傘の張り替え	243
家族でラジオ体操	245
紙芝居	141
汲み取り屋さん	231
化粧品の量り売り	179
氷冷蔵庫	265
虚無僧さんと尺八	113
雪隠の神さん	76
魚屋さんの出張料理	169
地蔵盆	264
菖蒲湯	170
白川女と番茶	225
新聞紙でお掃除	273

節分のおばけ 96
建具替え 200
暖房の日 349
チンドン屋さん 373
富山の薬売り 240
鳥居の上の石 272
夏への衣替え 201
畑の姥 224
百人一首と坊主めくり 64
福笑い 65
布団の打ち直し 283
盆行灯 253
ままごと 112
めんこ遊び 62
ロバのパン屋さん 248

【京都のことわざ・しきたり】

あかん三切れ 114
朝題目、夕念仏 251
東男に京女 119
阿弥陀の光もカネ次第 139
医者の若死に出家の地獄 249
伊勢へ七たび 206
鰯の頭も信心から 90
宇治は茶どころ 171
後ろ弁天、まえ般若 171
ウナギの寝床 151
梅は食うても種食うな 207
運・鈍・根の食べ物 380
江戸店持ちの京商人 194
江戸紫に京鹿子 271
お粥隠しの長暖簾 206
送り火の燃えさし 251
がたり三文 274
桂の里の鵜飼い舟 346
賀茂川の水と山法師 194
神無月のお留守番 302
かんにんえ 151
鬼門除けのかけこみ 362
京女の長風呂 371
京では右と左が逆になる 302
京都の冬至の七種 372
京によきもの三つ 371
京の厚化粧 207
京の着倒れ大阪の食い倒れ 77
京の昼寝 119
京のぶぶづけ 77
京の町人は五位の位 114
京はお口のべっぴん 195
公卿の達者なものは歌、蹴鞠 210
下戸の建てたる蔵 278
弘法さんが雨なら天神さんは晴れ 271
五月女に盆坊主 186
桜切る馬鹿、梅きらぬ馬鹿 139
差し引きすれば仏様に貸しがある 302
三人寄れば文殊の智恵 346
地獄の釜 270
小便除けの鳥居 274
除夜の鐘は百八つ 372
白川夜船 371
知らぬが仏見ぬが極楽 77
神泉苑の水 138
住まい京都に武士薩摩 275
小屋根の鐘馗さん 187
醍醐味 139
大徳寺の茶面 186
大文字のからけし 249
譬えにうそ無し、坊主に毛無し 195
たのみの節句 242
丹波太郎と山城次郎 210
角大師 275
寺を開かば唐傘一本 210
女房は京都 114
ネギとはんぺい汁 303
ネコの鼻と愛宕山 207
根生い分限の大名貸し 278
八十八夜のお茶 170
二十日坊主に牛の金玉 303
果ての二十日 388
はばかりさん 270
瓢箪で鯰を押さえる 372
仏壇の灯明 119
弁当忘れても傘忘れるな 346
盆過ぎての蓮の花 251
餅は餅屋 138
もっちゃり 270
門前の小僧 138
焼けて口あく蛤御門 206
病い弘法、欲稲荷 171
夜、爪を切ると 194
綸言汗のごとし 195
レンコンを食べると見通しがきく 77
藁屋の雨と仏法は出て聞け 271

監修

梅原猛　哲学者
森谷尅久　武庫川女子大学教授
市田ひろみ　服飾評論家

写真

横山健蔵　日本写真家協会会員

執筆

石橋郁子　エッセイスト
井之本泰　京都府立丹後郷土資料館
杉田博明　日本文芸家協会会員
杉本歌子　奈良屋記念　杉本家保存会
長友麻希子　フリーライター
西村弘滋　京都市教育委員会
原田三壽　京都府教育庁文化財保護課
三浦隆夫　日本ペンクラブ会員
森治子　京都造形芸術大学非常勤講師
森雅樹　京都文化博物館
横出洋二　京都府立山城郷土資料館

選句協力

- 京鹿子／鈴鹿仁
- 氷室／金久美智子
- 天塚／木田千女
- 海門／土田祈久男
- 運河／茨木和生

取材協力

- 京都新聞社
- 宇治市体育協会
- 加悦町商工会
- 京都丹波高原ロードレース実行委員会
- 久美浜町役場商工観光水産課
- 三和町商工会
- 今宮神社
- 春日神社
- 上賀茂神社
- 上御霊神社
- 北野天満宮
- 御香宮神社
- 下御霊神社
- 下鴨神社
- 藤森神社
- 伏見稲荷大社
- 松尾大社
- 八坂神社
- 大文字五山保存連合会
- 祇園祭山鉾連合会
- 長刀鉾保存会
- 環境庁自然保護局京都御苑管理事務所
- 京都地方気象台
- 堀安右衞門
- 神田佳明
- 金子直樹
- 田丸弥

イラスト

- 浅間明香
- 寺井久美子
- 中村洋子

装幀

- 濱崎実幸

京都　暮らしの大百科

二〇〇二年一一月三〇日　初版第一刷発行

監修　梅原猛・森谷尅久・市田ひろみ

発行者　納屋嘉人

発行所　株式会社　淡交社
本社　京都市北区堀川通鞍馬口上ル
営業　☎〇七五（四三二）五一五一
編集　☎〇七五（四三二）五一六一
支社　東京都新宿区市谷柳町三九―一
営業　☎〇三（五二六九）七九四一
編集　☎〇三（五二六九）一六九一

印刷　凸版印刷　株式会社

製本　株式会社　オービービー

ISBN4-473-01924-1

http://tankosha.topica.ne.jp